G. R. Lefrançois

Psychologie des Lernens

4., überarbeitete und erweiterte Auflage

Mit 102 Abbildungen und 23 Tabellen

Guy R. Lefrançois
University of Alberta

Titel der amerikanischen Originalausgabe: Theories of Human Learning, What the Old Woman Said, 5th edn.
© 2006 Thomson Wadsworth, a part of The Thomson Corporation.
ISBN 0-534-64152-0

ISBN 13 978-3-540-32857-5
Springer Medizin Verlag Heidelberg

Bibliografische Information der Deutschen Bibliothek
Die Deutsche Bibliothek verzeichnet diese Publikation in der Deutschen Nationalbibliografie;
detaillierte bibliografische Daten sind im Internet über http://dnb.ddb.de abrufbar.

Dieses Werk ist urheberrechtlich geschützt. Die dadurch begründeten Rechte, insbesondere die der Übersetzung, des Nachdrucks, des Vortrags, der Entnahme von Abbildungen und Tabellen, der Funksendung, der Mikroverfilmung oder der Vervielfältigung auf anderen Wegen und der Speicherung in Datenverarbeitungsanlagen, bleiben, auch bei nur auszugsweiser Verwertung, vorbehalten. Eine Vervielfältigung dieses Werkes oder von Teilen dieses Werkes ist auch im Einzelfall nur in den Grenzen der gesetzlichen Bestimmungen des Urheberrechtsgesetzes der Bundesrepublik Deutschland vom 9. September 1965 in der jeweils geltenden Fassung zulässig. Sie ist grundsätzlich vergütungspflichtig. Zuwiderhandlungen unterliegen den Strafbestimmungen des Urheberrechtsgesetzes.

Springer Medizin Verlag.

springer.com

© Springer Medizin Verlag Heidelberg 1976, 1986, 1994, 2006
Printed in Germany

Die Wiedergabe von Gebrauchsnamen, Handelsnamen, W ahme, dass solche Namen im Sinne der Warenzeichen- und Markenschutz-Gesetzgebung als frei zu betrachten wären und daher von jedermann benutzt werden dürften.

Produkthaftung: Für Angaben über Dosierungsanweisungen und Applikationsformen kann vom Verlag keine Gewähr übernommen werden. Derartige Angaben müssen vom jeweiligen Anwender im Einzelfall anhand anderer Literaturstellen auf ihre Richtigkeit überprüft werden.

Planung: Dr. Svenja Wahl
Projektmanagement: Michael Barton
Übersetzung: Dr. Silke Lissek, Bochum
Copy Editing: Kerstin Barton, Heidelberg
Layout: deblik Berlin
Umschlaggestaltung: deblik Berlin
SPIN 80036066
Satz und Digitalisierung der Abbildungen: Fotosatz-Service Köhler GmbH, Würzburg

Gedruckt auf säurefreiem Papier   26 – 5 4 3 2

Dieses Buch ist einer alten Dame, Emerilda Francœur, und einem alten Herrn, Hervé Lefrançois, gewidmet. Beide haben mir Dinge beigebracht, die ich auf andere Art niemals hätte lernen können.

(Dies ist das Motto der alten Dame, ihr Daumenabdruck, Siegel und ihre Unterschrift – alles zusammen ist offenbar notwendig, um den Wahrheitsgehalt eines Dokumentes zu bestätigen.)

Vorwort – bitte lesen!

Nicht nur, weil es das Vorwort ist und am Anfang dieses Buches steht, sondern weil, wenn Sie es nicht tun, Sie sich fragen werden, was zum Henker das alles überhaupt bedeuten soll.

Lassen Sie mich am besten gleich zur Sache kommen: Das Ungewöhnlichste an diesem Buch ist wohl, dass es nicht von einem »von uns« geschrieben wurde. Tatsächlich stammen die ersten Auflagen von Kongor.

Es war vor etwa drei Jahrzehnten, als Kongor zu mir kam. Ich bin immer noch im Besitz der Notizen, die ich damals aufzeichnete. Sie liegen hier in einem Schuhkarton der Größe 44. Der allererste Eintrag kam wie folgt zustande: Ich schlief auf einer Parkbank am Fluss, als ich plötzlich ein leichtes Zupfen an meinem Zeh spürte. Zuerst dachte ich, es sei ein Traum, doch als ich aufwachte, blickte ich geradewegs in die riesigen, hervorstehenden Augen eines winzigen, blauhäutigen Männchens mit rosa Haarbüscheln auf der Brust und über den Ohren.

Es stellte sich heraus, dass es Kongor hieß und Verhaltensforscher auf Koros, einem Planeten des dritten Sonnensystems Androneas, war. Kongor war auf die Erde geschickt worden, um einen Bericht über die hier vorherrschende Lebensform zu schreiben. Dies war Teil seiner Ausbildung. Er[1] blieb etwa ein Jahr bei mir. In dieser Zeit schrieb er eine Reihe von Berichten für seine Vorgesetzten. Einer dieser Berichte fasste unseren bis dahin bekannten Wissensstand über das Lernen zusammen. Als er nach Koros zurückbeordert wurde, hinterließ er mir den Bericht mit der schriftlichen Erlaubnis, darüber frei zu verfügen. Dieser Bericht war die Erstausgabe dieses Buches, in Deutschland veröffentlicht im Jahr 1976 unter dem Titel: »*Psychologie des Lernens. Report von Kongor dem Androneaner*«. Weitere Auflagen erschienen 1986 und 1994.

Dann tauchte eine alte Frau in meiner Buschhütte auf und murmelte ohne weitere Einführung: »Die Dinge ändern sich. Die Wissenschaft steht nicht still. Darum bringe ich Ihnen die nächste Auflage.« Ich fragte, wer sie sei und woher sie kam, doch sie lachte nur heiser und ignorierte alle meine Fragen. »Sie können mich die ›Alte Dame‹ nennen«, sagte sie. »Doch nun passen Sie auf, denn ich werde Ihnen die nächste Auflage vorlesen.«

Genau so war es. Nur dieses Vorwort, einige Fußnoten und wenige Worte stammen von mir. Alles andere, in 12 Kapitel gefasst, ist das, was die alte Dame sagte. Sie las aus einem zerfletterten, handschriftlichen Manuskript und bestand darauf, dass ich ihre Worte beim Lesen aufzeichnen und zusätzlich handschriftliche Notizen machen sollte. Als ich fragte, warum, sagte sie: »Machen Sie einfach nur Notizen für die Nachwelt«.

Ich änderte nichts von dem, was die alte Dame sagte; ich war nur ihr Sekretär. Immer wenn etwas »nicht auf Band« sollte, so bestand sie darauf, dass ich den Rekorder ausschaltete. Doch alles, was mir davon wichtig erschien, habe ich, soweit ich mich daran erinnern oder es von meinen Notizen entziffern konnte, in Fußnoten festgehalten.

Die alte Dame wollte, dass ich den Lesern deutlich klarmache, nicht alles in diesem Buch seien ihre Worte und Gedanken – wenngleich sie alles aussprach, während sie es mir vorlas. Sie verlangte, dass ich Ihnen gewissenhaft mitteile, dass dieses Buch eine Überarbeitung ist. Es soll das auf den neuesten Stand bringen und korrigieren, was Kongor und dann ich in den ersten Auflagen zusammengetragen haben. Sie sagte, dass viele unserer Worte und Beispiele in dieser

---

[1] Es ist nie ganz klar geworden, ob Kongor wirklich ein männliches Wesen war, obgleich meine Großmutter darauf beharrte, da er an einem Samstagabend mit Sylvia zum Tanzen ging. Wir haben hingegen keinerlei überzeugenden Hinweis gefunden, dass er weiblicher Natur gewesen sein könnte, und ihn mit »es« zu benennen schien uns ebenfalls nicht angemessen. Daher entschieden wir uns für »er« (Guy R. Lefrançois).

VIII Vorwort – bitte lesen!

4. Auflage erhalten geblieben sind und dass sie es zwar hätte besser machen können, wenn sie die Zeit gehabt hätte, noch einmal ganz von vorn anzufangen, sie hätten es ihr jedoch nicht erlaubt. Sie ging nicht näher darauf ein, wen sie mit »sie« meinte.

Die wenigen eigenen Anmerkungen, die ich mir in dieser 4. Auflage erlaubt habe – stets in Form von Fußnoten – sollen lediglich etwas über die alte Dame aussagen. Sie dienen zur Illustration dessen, wo sich die alte Dame in diesem oder jenem Moment gerade aufhielt und was sie dabei tat. Sehr selten stellte ich Fragen, die sie mir manchmal beantwortete, meistens aber nicht. Wenn ja, so habe ich das, woran ich mich erinnere, eingefügt – doch stets nur in Fußnoten.

Was ist Gegenstand der 4. Auflage?

Diese 4. Auflage ist eine Übersicht und Interpretation der wichtigsten Theorien und Entdeckungen der Lernpsychologie. Sie gibt einen historischen Überblick über die Entwicklung behavioristischer und kognitiver Theorien und beschreibt und wertet die wichtigsten dieser Ansätze aus. Dabei wird sowohl auf die gegenwärtige Hirnforschung als auch auf Ansätze wie den Konnektionismus (neuronale Netzwerkmodelle) sowie auf Gedächtnis- und Motivationsmodelle und Modelle des sozialen Lernens eingegangen. Der Schwerpunkt liegt durchweg auf der Klarheit der Darstellung, der Bedeutung und praktischen Anwendbarkeit der vorgestellten Themen sowie darin, dass Interesse der Leser aufrechtzuerhalten.

Das Buch richtet sich hauptsächlich an Studierende der Humanwissenschaften, an Lehrer, Beratende, Sozialarbeiter, Arbeitspsychologen, Krankenschwestern, Sozialpsychologen, Numismatiker, Mediziner, Anwälte, Zahnärzte, Ingenieure, Hausfrauen, Bauern, Sachverständige und Richter, Fischer, Gärtner, Glasbläser, Vagabunden, Poeten, Philosophen, Rentner und alle anderen – und zwar in dieser Reihenfolge.

Danksagung

Die alte Dame wünschte, dass ich in ihrem Namen etwa 500 Personen auflisten solle, denen sie ihre Anerkennung aussprechen wollte. Sie alle hätten Vergütung, Ansehen, Applaus und viele nasse Küsse verdient. Ich sagte, dafür sei kein Platz, es handele sich ja nicht um eine Enzyklopädie. Schließlich gab sie nach, ich sollte mich nur bei Vicki Knight, Marianne Taflinger, Jennifer Keever, Lucy Faridany, Candace Chen, Robin Gold, Carolyn Decay, Harry Briggs, Denise Davidson, meiner Großmutter Emerilda Francœur, Lord Thompson, dem Kerl, von dem ich das Boot geliehen habe, und meiner Büroreinigungsfirma bedanken. Ich sagte »Wow, das sind genug, wollen Sie jetzt doch alle 500 auflisten?« Und sie sagte: Nein, aber bedanken Sie sich noch bei den Reviewern für deren kompetente und kluge Beratung: Aneeq Ahmad, Cindy Arnold, Sandra Harris, Yvonne Lippa, Mary McNaughton-Cassill, Debora Scheffel, Jerome Wagner und Mark Winkel.

Die alte Dame wünschte auch zu erwähnen, dass sie nicht verantwortlich sei für irgendwelche Fehler und Missinterpretationen, die in diesem Text noch verblieben seien. »Wenn sich Fehler eingeschlichen haben«, sagte sie, »so wurden sie von Korrektoren, Lektoren und anderen Verlagstypen verursacht.« Doch dies stimmt natürlich überhaupt nicht. Die alte Dame ist vollauf verantwortlich für jegliche Schwachstellen und Mängel in diesem Buch.

Guy R. Lefrançois

Vorwort zur deutschen Ausgabe

Die »Psychologie des Lernens« von Guy R. Lefrançois ist ein ganz besonderes Lehrbuch. Die Inhalte der ersten deutschen Auflage waren eingebunden in die Legende des Außerirdischen Kongor, der Lefrançois den Text des Buches diktiert hatte, weil er Berichte an seinen Heimatplaneten senden musste. In den nächsten Auflagen mussten sich die deutschen Leser allerdings von Kongor verabschieden, – obwohl sie ihn lieb gewonnen hatten.

Auch die vierte deutsche Auflage wurde dem Verfasser des Lehrbuchs nicht von Kongor, sondern von einer alten Dame diktiert, die sich z.T. recht merkwürdig verhält. Nichtsdestrotz weiß sie eine ganze Menge sowohl über klassische als auch über moderne Lerntheorien.

Dargestellt wird der Stand des Wissens der Lernforschung, angefangen bei den klassischen Ansätzen von Pawlow und Watson über evolutionspsychologische Ansätze bis hin zu den neuronalen Netzwerkmodellen. – Und die Erkenntnisse der Lernforschung werden natürlich auch bei der Gestaltung dieses Lehrbuchs und dessen Didaktik genutzt:

- Im **Kapitelinhaltsverzeichnis** sehen Sie auf einen Blick vorab die Gliederung des nachfolgenden Kapitels.
- Der **Kapiteltrailer** bettet den Kapitelinhalt in eine Rahmengeschichte über die alte Dame ein.
- Der Kasten »**In diesem Kapitel**« liefert eine Vorausschau auf die Kapitelinhalte und verdeutlicht anhand der aufgelistesten **Lernziele**, welche Themen Sie nach der Lektüre beherrschen sollten.
- **Schlüsselbegriffe** sind im Text fett hervorgehoben.
- Zahlreiche **Übersichten** und **Tabellen** fassen das Wissen zusammen, **Abbildungen** und **Cartoons** bringen die Inhalte auf den Punkt.
- Besonderes Augenmerk legt das Lehrbuch auf die Anwendbarkeit und Praktikabilität der vorgestellten Theorien: So findet sich in nahezu jedem Kapitel ein gesonderter Abschnitt »**Anwendungen der Theorie in Erziehung und Unterricht**«. Durch diesen Praxisbezug wird das vermittelte Wissen noch einmal sehr anschaulich auf den Alltag angewandt.
- Die **Zusammenfassung** am Kapitelende rekapituliert jeweils noch einmal den gelesenen Stoff.

Mit dieser optimalen Aufbereitung des Lernstoffs macht das Lernen Spaß. Und allen Psychologinnen, Pädagogen, Medizinerinnen, Soziologen, Lehrerinnen, Erziehern, Sozialarbeiterinnen und allen anderen, die sich für menschliches Verhalten und vor allem für das Lernen interessieren, wünschen wir genau das: Viel Spaß beim Lernen!

Planung Psychologie-Lehrbuch
Springer Medizin Verlag

Sektionsinhaltsverzeichnis

I   Wissenschaft und Theorie

1   Menschliches Lernen: Wissenschaft und Theorie   – 3

II   Behavioristische Theorien

2   Früher Behaviorismus – Pawlow, Watson, Guthrie   – 29

3   Auswirkungen von Verhalten: Thorndike und Hull   – 61

4   Operante Konditionierung: Skinners radikaler Behaviorismus   – 87

5   Evolutionspsychologie: Lernen, Biologie und das Gehirn   – 119

III   Der Beginn des modernen Kognitivismus

6   Übergang zum modernen Kognitivismus:
Hebb, Tolman und die Gestaltpsychologen   – 151

IV   Kognitive Theorien

7   Drei kognitive Theorien: Bruner, Piaget und Wygotski   – 187

8   Neuronale Netzwerke: der neue Konnektionismus   – 231

9   Lernen und Erinnern   – 253

10   Motivation   – 283

11   Soziales Lernen: Banduras kognitive Theorie
des sozialen Lernens   – 309

IV   Zusammenfassung

12   Analyse, Synthese und Integration   – 329

Inhaltsverzeichnis

I Wissenschaft und Theorie

1 Menschliches Lernen: Wissenschaft und Theorie 3

1.1 Psychologie und Lernen 4
1.1.1 Erkenntnis, Wissen und Bewusstsein ... 4
1.1.2 Lernen 6
1.1.3 Verhaltensausführung vs. Lernen 7

1.2 Theorie 7
1.2.1 Theorien, Prinzipien, Gesetze und Überzeugungen 8
1.2.2 Zweck von Theorien 9
1.2.3 Eigenschaften guter Theorien 10

1.3 Wissenschaft und die Entwicklung psychologischer Theorien 11
1.3.1 Was ist Wissenschaft? 12
1.3.2 Regeln der wissenschaftlichen Methode 12
1.3.3 Experimente 13
1.3.4 Evaluation psychologischer Forschung 14
1.3.5 Teilnehmer an psychologischen Untersuchungen 17
1.3.6 Ethik von Tierexperimenten 18
1.3.7 Menschen als Versuchspersonen 19

1.4 Lerntheorie: Kurzer Überblick 20
1.4.1 Anfänge der Lerntheorie 20

1.5 Vorschau auf den Text 22

1.6 Anwendungen der Lerntheorie für Erziehung und andere Zwecke 24

II Behavioristische Theorien

2 Früher Behaviorismus – Pawlow, Watson, Guthrie 29

2.1 Die Anfänge der wissenschaftlichen Psychologie 30
2.1.1 Frühe Psychophysik 31

2.2 Iwan P. Pawlow (1849–1936) 32
2.2.1 Klassische Konditionierung 33
2.2.2 Erklärungen für Stimulus-Reaktions-Assoziationen 36
2.2.3 Variationen der Kontiguität 37
2.2.4 Phänomene der klassischen Konditionierung 38
2.2.5 Implikationen von Pawlows klassischer Konditionierung für die schulische Erziehung 39
2.2.6 Pawlows klassische Konditionierung: Bewertung 40

2.3 John B. Watson (1878–1958) 41
2.3.1 Behaviorismus 41
2.3.2 Lernen: Erklärung aus der klassischen Konditionierung 42
2.3.3 Emotionales Lernen 42
2.3.4 Transfer 43
2.3.5 Watsons Environmentalismus 46
2.3.6 Höhere Lernformen 47
2.3.7 Anwendungen von Watsons Psychologie in Erziehung und Unterricht und für andere Zwecke 47
2.3.8 Watsons Behaviorismus: Bewertung ... 48

2.4 Edwin Guthrie (1886–1959) 49
2.4.1 Guthries Gesetz des One-Shot-Learning (Lernen durch ein einmaliges Ereignis) .. 49
2.4.2 Übung 51
2.4.3 Bewegungserzeugte Stimuli (movement produced stimuli, MPS) 51
2.4.4 Gewohnheiten 52

2.4.5	Vergessen	52
2.4.6	Belohnung und Bestrafung	52
2.4.7	Praktische Anwendungen von Guthries Theorie: Formen und Durchbrechen von Gewohnheiten	53
2.4.8	Guthries Lernen durch ein einmaliges Ereignis: Bewertung	56
2.5	**Frühe behavioristische Theorien: Bewertung**	57
3	**Auswirkungen von Verhalten: Thorndike und Hull**	61
3.1	**Edward L. Thorndike (1874–1949): Konnektionismus**	63
3.1.1	Problemkäfige und Intelligenz bei Tieren	63
3.1.2	Kontiguität oder Verstärkung	65
3.1.3	Thorndikes Theorie vor 1930: Schwerpunkt Übung	65
3.1.4	Nebengesetze	68
3.1.5	Thorndikes Theorie nach 1930: Schwerpunkt Verstärkung	70
3.1.6	Bewertung von Thorndikes Konnektionismus	72
3.2	**Clark L. Hull (1884–1952): ein hypothetisch-deduktives System**	73
3.2.1	Überblick über Hulls System	73
3.2.2	Hauptkomponenten von Hulls System	74
3.2.3	Graphische Zusammenfassung von Hulls System	75
3.2.4	Eingangsvariablen: Prädiktoren	75
3.2.5	Intervenierende Variablen	76
3.2.6	Ausgangsvariablen: das Vorhergesagte	80
3.2.7	Partielle antizipierende Zielreaktionen	80
3.2.8	Hierarchien zielbezogener Gewohnheiten	81
3.2.9	Bewertung von Hulls formalem Behaviorismus	82
3.3	**Implikationen der Theorien von Thorndike und Hull für die schulische Erziehung**	84

4	**Operante Konditionierung: Skinners radikaler Behaviorismus**	87
4.1	**Ist Skinners radikaler Behaviorismus antitheoretisch?**	89
4.1.1	Skinners radikaler Behaviorismus: Überblick	89
4.2	**Verstärkung**	94
4.2.1	Positive und negative Verstärkung	95
4.2.2	Bestrafung	95
4.2.3	Illustrationen von Verstärkung und Bestrafung	96
4.2.4	Primäre und sekundäre Verstärker	97
4.3	**Verstärkerpläne**	97
4.3.1	Kontinuierliche oder intermittierende Verstärkung	98
4.3.2	Auswirkungen verschiedener Verstärkerpläne	99
4.3.3	Verstärkerpläne im Alltagsleben	102
4.3.4	Shaping (Verhaltensformung)	103
4.3.5	Chaining (Verkettung)	105
4.3.6	Shaping beim menschlichen Lernen	106
4.4	**Ausblenden (Fading), Generalisierung und Diskrimination**	106
4.4.1	Beispiel 1: Wie man Tauben das Lesen beibringt	106
4.4.2	Beispiel 2: Wie man verliebte Wachteln hereinlegt	107
4.4.3	Relevanz für menschliches Lernen	107
4.5	**Anwendungen operanter Konditionierung**	108
4.5.1	Anwendung positiver Kontingenzen in Erziehung und Unterricht	109
4.5.2	Anwendung aversiver Konsequenzen	110
4.5.3	Andere Anwendungen: Verhaltensmanagement	113
4.6	**Skinners Position: eine Bewertung**	115
4.6.1	Beiträge	115
4.6.2	Bewertung als Theorie	115
4.6.3	Einige philosophische Einwände	116

Inhaltsverzeichnis

5 Eolutionspsychologie:
Lernen, Biologie und das Gehirn 119

5.1 Geschmacksaversionslernen 121
5.1.1 Konditionierung als Erklärung
für Geschmacksaversionen 121
5.1.2 Blocking 124
5.1.3 Erklärungen für das Blocking 125
5.1.4 Darwin'sche natürliche Selektion
und die Psychologie 127

5.2 Evolutionspsychologie 128
5.2.1 Autoshaping 129
5.2.2 Instinktive Überlagerung 130

5.3 Biologische Beschränkungen 132

5.4 Soziobiologie:
Vorläufer der Evolutionspsychologie . 133
5.4.1 Inklusive Fitness und Altruismus 133
5.4.2 Einige Reaktionen auf die Soziobiologie 134

5.5 Evolutionspsychologie:
Bewertung 134

5.6 Praktische Anwendungen:
Biofeedback und Neurofeedback . . . 135
5.6.1 Konditionierung autonomer
Reaktionen 136
5.6.2 Wie Biofeedback funktioniert 136

5.7 Lernen und Gehirn 139
5.7.1 Studium der Hirnfunktionen 139
5.7.2 Hinterhirn 142
5.7.3 Mittelhirn 142
5.7.4 Vorderhirn 142
5.7.5 Gehirn und Erfahrung 144
5.7.6 Betrachtung von Lernen auf der
Grundlage von Gehirnfunktionen 145

III Der Beginn des modernen Kognitivismus

6 Übergang zum modernen
Kognitivismus: Hebb, Tolman
und die Gestaltpsychologen 153

6.1 Hebbs Theorie: Höhere geistige
Prozesse 153
6.1.1 Höhere geistige Prozesse – zwischen
Stimulus und Reaktion 153
6.1.2 Physiologie des Lernens 154
6.1.3 Funktionen des zentralen Nervensystems 154
6.1.4 Hebbs neurophysiologische
Annahmen 156
6.1.5 Neurologische Veränderungen beim
Lernen 157
6.1.6 Neurologie von Reaktivität
und Plastizität 158
6.1.7 Vermittelnde Prozesse: Hypothesen
und Annahmen 159
6.1.8 Lernen und Denken in Hebbs Theorie . . 161
6.1.9 Set und Aufmerksamkeit 162
6.1.10 Anwendungen von Hebbs Theorie
für die Erziehung 162
6.1.11 Hebbs Theorie: Bewertung 163

6.2 Vom Behaviorismus zum
Kognitivismus 164

6.3 Tolmans zweckorientierter
Behaviorismus 166
6.3.1 Verhalten sich Ratten zielgerichtet? 166
6.3.2 Implikationen für den Schulunterricht
und Zusammenfassung: Prinzipien
von Tolmans System 169
6.3.3 Tolmans zweckorientierter Behaviorismus:
Bewertung 170

6.4 Gestaltpsychologie: grundlegende
Annahmen 171
6.4.1 Einsicht vs. Versuch und Irrtum beim
Lernen von Menschenaffen 171
6.4.2 Gestalt bedeutet »das Ganze« 173

6.4.3	Gestalttheorie: Gesetze der Wahr-		7.5	Aktuelle Forschung zu Konzepten	201
	nehmung	173	7.5.1	Entwicklung des Konzeptlernens	201
6.4.4	Annahmen der Gestaltpsychologie zu		7.5.2	Kategoriegrenzen	201
	Lernen und Gedächtnis	175	7.5.3	Neurobiologie von Kategorien	201
6.4.5	Jenseits der Wahrnehmung:		7.5.4	Abstraktion	202
	das Verhaltensfeld	177			
6.4.6	Gestaltpsychologie und zeitgenössischer		7.6	**Bruners Standpunkt: Bewertung**	203
	Kognitivismus	178			
6.4.7	Implikationen der Gestaltpsychologie		7.7	**Implikationen von Bruners Theorie**	
	für Erziehung und Schule	178		**für Erziehung und Schule**	204
6.4.8	Gestaltpsychologie: Bewertung	179			
			7.8	**Jean Piaget: Annahmen zur kognitiven**	
6.5	**Metaphern in der Psychologie**	180		**Entwicklung**	204
6.5.1	Metaphern im Behaviorismus	180	7.8.1	Méthode Clinique	205
6.5.2	Metaphern im Kognitivismus	181	7.8.2	Theoretische Orientierung	206
			7.8.3	Assimilation und Akkomodation:	
				Prozesse der Adaptation	207

IV Kognitive Theorien

			7.8.4	Spiel	208
			7.8.5	Imitation	209
			7.8.6	Intelligenz	209
			7.8.7	Piagets Stufentheorie	210
7	**Drei kognitive Theorien:**		7.8.8	Sensomotorische Entwicklung:	
	Bruner, Piaget und Wygotski	189		Geburt bis 2. Lebensjahr	210
			7.8.9	Präoperationales Denken:	
7.1	**Kognitionspsychologie**	189		2. bis 7. Lebensjahr	212
			7.8.10	Operationen	214
7.2	**Vergleich zwischen Kognitions-**		7.8.11	Konkrete Operationen:	
	psychologie und Behaviorismus	190		7. bis 11./12. Lebensjahr	215
7.2.1	Die wichtigste Metapher der Kognitions-		7.8.12	Formale Operationen:	
	psychologie	191		nach dem 11./12. Lebensjahr	218
			7.8.13	Piagets Theorie als Lerntheorie	220
7.3	**Bruners Lerntheorie:**				
	»über die gegebene Information		7.9	**Implikationen von Piagets Theorie**	
	hinausgehen«	191		**für Erziehung und Schule**	220
7.3.1	Evolution des Gehirns	191			
7.3.2	Evolution mentaler Repräsentationen	193	7.10	**Piagets Standpunkt: Bewertung**	221
7.3.3	Repräsentationen und kognitive		7.10.1	Forschung	221
	Theorie	194			
7.3.4	Bruners Theorie der Repräsentationen:		7.11	**Lew Wygotski: eine kulturell-kognitive**	
	Kategorisierung	194		**Theorie**	223
7.3.5	Kategorien als Regeln	195	7.11.1	Hauptideen in Wygotskis Theorie	224
7.3.6	Entscheidungsfindung	196	7.11.2	Wygotskis Theorie: Implikationen	
7.3.7	Kodiersysteme	196		für die Erziehung	226
			7.11.3	Scaffolding (Gerüstbau)	226
7.4	**Konzepterwerb**	197			
7.4.1	Strategien des Konzepterwerbs	198	**7.12**	**Wygotskis Theorie: Bewertung**	227
7.4.2	Strategien des Konzepterwerbs				
	im Alltagsleben	200			

Inhaltsverzeichnis

8 Neuronale Netzwerke: der neue Konnektionismus 231

8.1 Computersimulation und künstliche Intelligenz 233
8.1.1 Computer klüger machen 234
8.1.2 Können Maschinen denken? Der Turing-Test 235

8.2 Computer und Gehirn 237
8.2.1 Menschen und Maschinen: Computermetaphern 237
8.2.2 Parallel Distributed Processing (parallele verteilte Informations-verarbeitung) 239

8.3 Symbolische und konnektionistische Modelle 239
8.3.1 Symbolische Modelle 240
8.3.2 Konnektionistische Modelle 242

8.4 Neuronale Netzwerke 244
8.4.1 Modelle neuronaler Netzwerke 244

8.5 Konnektionistische Modelle: Bewertung 247
8.5.1 Einige Vorbehalte und Kritikpunkte 248

8.6 Implikationen für den Unterricht . . . 249

8.7 Ein Forschungsfeld in Entwicklung 250

9 Lernen und Erinnern 253

9.1 Metaphern in der Erforschung des Gedächtnisses 255
9.1.1 Grundlegende Konzepte und Definitionen zum Gedächtnis 255
9.1.2 Definition von Gedächtnis 257
9.1.3 Frühe Gedächtnisforschung 258

9.2 Drei-Komponenten-Modell des Gedächtnisses 259
9.2.1 Sensorisches Gedächtnis 260
9.2.2 Kurzzeit- (oder Arbeits-)Gedächtnis 261
9.2.3 Langzeitgedächtnis 265

9.2.4 Kurzzeit- und Langzeitgedächtnis im Vergleich 267

9.3 Verschiedene Formen des Langzeit-gedächtnisses 268
9.3.1 Explizites (deklaratives) und implizites (nicht deklaratives) Gedächtnis 268
9.3.2 Zwei Formen des deklarativen Gedächtnisses 269
9.3.3 Modelle des deklarativen Langzeit-gedächtnisses 271

9.4 Physiologie des Gedächtnisses 272
9.4.1 Engramm 272
9.4.2 Untersuchungen am Gehirn der Ratte und an Planaria 273
9.4.3 Bildgebende Verfahren, EKPs und EKFs . . 274
9.4.4 Konnektionistische Betrachtungsweise 275

9.5 Vergessen 275
9.5.1 Verletzungen des Gehirns 275
9.5.2 Theorie des Spurenzerfalls (Fading-Theorie) 275
9.5.3 Verzerrungstheorie (Distortions-Theorie) 276
9.5.4 Verdrängungstheorie 276
9.5.5 Interferenz-Theorie 277
9.5.6 Versagen beim Abruf von Hinweisreizen 277

9.6 Implikationen für den Unterricht: Gedächtnis- und Erinnerungshilfen 278
9.6.1 Rehearsal (Wiederholung) 278
9.6.2 Elaboration 278
9.6.3 Organisation 278
9.6.4 Systeme zur Verbesserung des Erinnerns 279

10 Motivation 283

10.1 Motivation und Emotionen 284

10.2 Reflexe, Instinkte und Prägung 285
10.2.1 Reflexe 285
10.2.2 Der Orientierungsreflex 285
10.2.3 Instinkte 286
10.2.4 Prägung 287

10.3 Psychologischer Hedonismus 288

10.4	**Triebreduktion und Anreize**	288	**11.4**	**Kognitive Einflüsse**	318

10.4 **Triebreduktion und Anreize** 288
10.4.1 Bedürfnisse und Triebe 289
10.4.2 Psychologische Bedürfnisse 289
10.4.3 Maslows Hierarchie 290
10.4.4 Bedürfnis-/Trieb-Modelle: eine Bewertung 291
10.4.5 Anreize 293

10.5 **Arousaltheorie** 293
10.5.1 Arousal: Messen von Motivation 293
10.5.2 Yerkes-Dodson-Gesetz 294
10.5.3 Hebbs Arousaltheorie 294
10.5.4 Sensorische Deprivation 295
10.5.5 Ursachen von Arousal 296

10.6 **Kognitive Theorien der Motivation** 296
10.6.1 Theorie kognitiver Dissonanz 296

10.7 **Intrinsische und extrinsische Motive** 299
10.7.1 Können externale Belohnungen die intrinsische Motivation verringern? 300
10.7.2 Selbstbestimmungs-Theorie 300
10.7.3 Attributionstheorie 301
10.7.4 Selbstwirksamkeit 302

10.8 **Anwendungen der Motivationstheorie für den Unterricht und andere Zwecke** 305
10.8.1 Vorhersage von Verhalten 305
10.8.2 Kontrolle und Veränderung von Verhalten 305
10.8.3 Motivation im Klassenzimmer 306

11 **Soziales Lernen: Banduras kognitive Theorie des sozialen Lernens** 309

11.1 **Soziales Lernen** 310
11.1.1 Das Produkt sozialen Lernens 310
11.1.2 Die Prozesse sozialen Lernens 311

11.2 **Hauptideen von Banduras kognitiver Theorie des sozialen Lernens** 312
11.2.1 Modelle 312
11.2.2 Die Prozesse beim Beobachtungslernen 313

11.3 **Imitation und operante Konditionierung** 314
11.3.1 Verstärkungsquellen bei Imitation 315
11.3.2 Drei Wirkungen von Modellen 316

11.4 **Kognitive Einflüsse** 318
11.4.1 Verhaltenskontrollsysteme 318
11.4.2 Verhaltenskontrollsysteme in der Praxis 320
11.4.3 Banduras Handlungsperspektive 320
11.4.4 Selbstwirksamkeit 321

11.5 **Anwendungen für den Unterricht und andere Zwecke** 322
11.5.1 Beobachtungslernen 322
11.5.2 Verhaltenskontrollsysteme 323
11.5.3 Personal Agency (persönliche Wirkungskraft) und Selbstwirksamkeit 323

11.6 **Banduras Theorie: Bewertung** 324

V Zusammenfassung

12 **Analyse, Synthese und Integration** 329

12.1 **Die zwei großen Ansätze der Lerntheorie** 331

12.2 **Zusammenfassungen der Schlüsseltheorien** 332
12.2.1 Behavioristisch geprägte Theorien 332
12.2.2 Übergang zum modernen Kognitivismus 335
12.2.3 Moderner Kognitivismus 337
12.2.4 Faktoren, die das Lernen beeinflussen 339

12.3 **Synthese und Bewertung** 341
12.3.1 Stärken und Schwächen 343

12.4 **Zwei eklektische Integrationen** 345
12.4.1 Robert Gagné: Instructional Design Theorie 345
12.4.2 Jerome Bruner: Modelle des Lernenden 349

12.5 **Ein letztes Wort** 351

Literatur 353

Sachverzeichnis 371

Quellenverzeichnis 377

I Wissenschaft und Theorie

1 Menschliches Lernen:
Wissenschaft und Theorie – 3

Menschliches Lernen: Wissenschaft und Theorie

Die beiden wesentlichen Motive für Forschung in den Verhaltenswissenschaften sind die Entwicklung wissenschaftlicher Theorien und die Lösung von Problemen des Alltagslebens.   R. Hastle (2001)

Es sind weniger die Dinge, die wir nicht wissen, die uns in Schwierigkeiten bringen. Es sind vielmehr die Dinge, die wir wissen und die eigentlich gar nicht so sind.   Artemus Ward

1.1	**Psychologie und Lernen** – 4	1.3.3	Experimente – 13
1.1.1	Erkenntnis, Wissen und Bewusstsein – 4	1.3.4	Evaluation psychologischer Forschung – 14
1.1.2	Lernen – 6	1.3.5	Teilnehmer an psychologischen Untersuchungen – 17
1.1.3	Verhaltensausführung vs. Lernen – 7	1.3.6	Ethik von Tierexperimenten – 18
1.2	**Theorie** – 7	1.3.7	Menschen als Versuchspersonen – 19
1.2.1	Theorien, Prinzipien, Gesetze und Überzeugungen – 8	**1.4**	**Lerntheorie: Kurzer Überblick** – 20
1.2.2	Zweck von Theorien – 9	1.4.1	Anfänge der Lerntheorie – 20
1.2.3	Eigenschaften guter Theorien – 10	**1.5**	**Vorschau auf den Text** – 22
1.3	**Wissenschaft und die Entwicklung psychologischer Theorien** – 11	**1.6**	**Anwendungen der Lerntheorie für Erziehung und andere Zwecke** – 24
1.3.1	Was ist Wissenschaft? – 12		
1.3.2	Regeln der wissenschaftlichen Methode – 12		

Als ich an jenem kalten Märzmorgen kam, um die Vögel zu füttern, stieg Rauch aus dem Ofenrohr und ich dachte: »Verflixt, irgendjemand hat sich in die Waldhütte eingeschlichen!« Ich öffnete behutsam die Tür und rief: »Wer ist da?«

Wer da war und vor dem heißen Ofen saß, den einäugigen Kater zusammengerollt auf ihrem Schoß, war eine alte Dame. »Holen Sie Ihren Kassettenrekorder und Ihr Notizbuch!« sagte sie, als würden wir einander schon lange Zeit kennen. »Seit der letzten Auflage hat es einige wichtige Veränderungen gegeben.« Sie wedelte mit einer Handvoll zerrupfter Seiten.

»Was… woher sind Sie… w… ?« Ich stieß ein paar unbeendete Fragen aus. Aber die alte Dame ignorierte sie alle. Stattdessen wiederholte sie, dass ich den Rekorder holen solle, sie sei bereit, anzufangen.

»Wir können uns später unterhalten«, sagte sie. »Wir reden dann, wenn das, was ich zu sagen habe, nicht so wichtig ist.« Ich dachte, sie wolle sich vielleicht über mich lustig machen.

Ich holte den Rekorder und schaltete ihn ein. Die alte Dame begann zu reden. Hier kommt das, was sie sagte.

4 **Kapitel 1 · Menschliches Lernen: Wissenschaft und Theorie**

┌─ In diesem Kapitel… ─────────────────────────────

Was die alte Dame sagte

Dieses Buch, erklärte sie, während sie ein neues Stück Birke in den Ofen warf, fasst zusammen, was Ihr Psychologen über menschliches Lernen wisst und glaubt. Es liefert einen historischen Überblick über die Entwicklung psychologischer Theorien, die sich mit menschlichem Lernen befassen. Es beschreibt die wesentlichen Prinzipien und die praktischen Anwendungen jeder Theorie, und es bewertet die wichtigsten Stärken und Schwächen jeder Theorie.

Lernziele

Sagen Sie Ihren Lesern, sprach die alte Dame, dass dieses erste Kapitel so etwas wie eine Präambel darstellt: Es definiert wichtige Begriffe und schafft den Rahmen für das, was später kommt. Erklären Sie Ihnen, dass sie nach dem Lesen dieses Kapitels wissen werden:

- was der Begriff Lernen bedeutet
- was psychologische Theorien sind
- wie Theorien entwickelt werden
- wie Theorien bewertet werden können
- welches die wichtigsten Methoden zur Informationssammlung in der Psychologie sind
- welches die Stärken und Schwächen dieser Methoden sind.

───

1.1 Psychologie und Lernen

Lassen Sie mich am Anfang anfangen, sagte die alte Dame. **Psychologie** ist die Wissenschaft, die sich mit menschlichem Verhalten und Denken beschäftigt. Sie betrachtet, wie Erfahrung Denken und Handeln beeinflusst; sie erforscht die Rollen von Biologie und Erblichkeit; sie untersucht Bewusstsein und Träume; sie spürt der Entwicklung von Menschen vom Säugling zum Erwachsenen nach; sie untersucht soziale Einflüsse. Im Kern versucht sie zu erklären, warum Menschen so denken, handeln und fühlen, wie sie es tun.

Natürlich beschäftigt sich dieses Buch nicht mit der gesamten Psychologie, sondern beschränkt sich auf psychologische Theorien, in denen es um menschliches Lernen und Verhalten geht – und auch um Lernen bei Tieren, weil Untersuchungen zum Lernen bei Tieren untrennbar mit der Entwicklung von Theorien zu menschlichem Lernen verwoben sind. Daher ist es wichtig, von Anfang an zu begreifen, was Lernen ist.

1.1.1 Erkenntnis, Wissen und Bewusstsein

Was lernen wir? Was wissen wir? Was bedeutet Kenntnis?

Diese Fragen definieren einen Bereich der Philosophie, der **Epistemologie** genannt wird. Die Epistemologie fragt, wie wir die Welt erkennen. Sie fragt weiterhin, woher wir wissen, dass das, was wir für real halten, es auch tatsächlich ist.

Einige der antiken griechischen Philosophen, z.B. Aristoteles (384-322 v.Chr.), beantworteten diese Fragen mit einem Theorievorschlag, der besagt, dass alles, was draußen in der Welt ist, in den **Geist** kopiert wird. Was dabei geschieht, erklärte er, ist, dass der Akt der Wahrnehmung zu einer Kopie führt, die wir dann irgendwie **kennen**. Daher können wir die Realität niemals direkt erkennen. Alles, was wir wissen, ist indirekt, es resultiert aus unserer Kenntnis von Kopien der Realität. Unser Wissen beruht nicht so sehr auf unserer Sinneswahrnehmung, argumentierte er, als vielmehr auf unserem Verstand. Daher weiß ein gebildeter Mensch, dessen Geist vermutlich mehr Verstand besitzt, mehr über die Reali-

1.1 · Psychologie und Lernen

tät als ein ungebildeter. »Die Wurzeln der Bildung sind bitter«, sagte Aristoteles, »aber die Früchte sind süß.«

Platon (428-347 v.Chr.), ein anderer bekannter griechischer Philosoph, der übrigens Aristoteles' Lehrer war, glaubte ebenfalls, dass wir nur Ideen kennen (obwohl er und Aristoteles über die Wesensart von Ideen uneinig waren). Daher kommt der Bildung des Menschen, seiner Erziehung zum Denker, zum Philosophen, so große Bedeutung zu. »Und können wir nicht sagen«, fragte Platon, »dass die talentiertesten Geister zu den schlimmsten werden, wenn sie schlecht ausgebildet sind?« (Platon, 1993, S. 491).

Aber, fragten andere Philosophen, woher wissen wir denn überhaupt, dass eine Realität dort draußen existiert, wenn wir nur Kopien davon in unserem Geist haben? Vielleicht, schlugen einige vor, existiert die Realität nur in unserem Geist – eine Annahme, die manchmal als **Idealismus** bezeichnet wird, im Gegensatz zum **Materialismus**. Während der Materialismus davon ausgeht, dass alles, was existiert, physikalisch (materiell) ist, nimmt der Idealismus an, dass Ideen die einzig erkennbare Realität sind.

Diese Fragen liegen einer großen Frage in der Psychologie zugrunde: Dem **Leib-Seele-Problem**. Einfach ausgedrückt wird darin nach der Beziehung zwischen dem Geist und dem Körper gefragt. Wie kann etwas rein Physikalisches wie eine Katze etwas rein Mentales wie die **Idee** von einer Katze erzeugen? Und wie kann die Idee von einer Katze in eine Handlung übertragen werden, wie bspw. die, nach einer Katze zu suchen?

Der französische Philosoph und Mathematiker, René Descartes (1596-1650), lieferte eine der ersten und einflussreichsten Lösungen für dieses Problem. Dabei schrieb er einen der bekanntesten und am häufigsten wiederholten Sätze nieder, der jemals von einem Philosophen erdacht wurde: **Ich denke, also bin ich.** Descartes kam zu dieser Einsicht, indem er zunächst vorgab, dass alles, was er dachte, nicht real, sondern nur ein Traum sei. Er schreibt:

>»Aber unmittelbar darauf bemerkte ich, dass während ich versuchte, alles für falsch zu halten, was ich denke, doch zutreffen muss, dass ich, der dieses dachte, jemand war. Und als ich

▼

bemerkte, dass diese Wahrheit ›Ich denke, daher existiere ich‹ so solide und sicher war, dass selbst die extravagantesten Einwände von Skeptikern sie nicht umstürzen könnten, schlussfolgerte ich, dass ich keine Skrupel haben muss, diese Wahrheit als das erste Prinzip zu akzeptieren.« (Anscombe & Geach, 1954, S. 31-32).

Ich denke, also bin ich. Auf Lateinisch, der Sprache, in der gelehrte Philosophen und Wissenschaftler zu Descartes' Zeiten schrieben, lautet dieser Satz **Cogito, ergo sum.** Infolgedessen wird dieses Prinzip üblicherweise als Descartes' **Cogito** bezeichnet. Eine sehr wichtige Schlussfolgerung, die sich laut Descartes aus diesem Prinzip ergibt, ist, dass alle Ideen von Gott kommen müssen, weil Menschen ganz klar nicht perfekt genug sind, um sie selbst zu generieren (Vrooman, 1970). Daher müssen Geist und Körper getrennt sein, behauptete Descartes. Außerdem beweist das Vorhandensein von Ideen, dass das, was wir denken, dort draußen tatsächlich existiert, denn Gott würde uns sicher keine Ideen eingeben, die falsch sind. Daher sind Ideen rein und immanent, weil sie von Gott kommen. Im Gegensatz dazu ist der Körper physikalisch oder materiell, seine Funktionsweise gleicht der Funktionsweise einer Maschine.

Daraus folgt, dass es zwei grundlegende Substanzen in der Welt gibt, sagt Descartes: materielle und immaterielle. Materiell sind Dinge wie Körper, Fledermäuse und Getränke, die alle tatsächlich im Raum existieren und die alle in ihrer Funktionsweise mit Maschinen vergleichbar sind. Immateriell ist der Geist, oder, um einen von Descartes als äquivalent betrachteten Begriff zu verwenden, die Seele. Die Seele ist mit Gott enger verbunden als mit einer Maschine. Daher sind Geist und Körper fundamental unterschiedlich und voneinander getrennt. Diese kartesische (auf Descartes bezogene) Position wird als **Dualismus** bezeichnet. Descartes wird als **interaktiver Dualist** bezeichnet, weil er glaubte, dass, obwohl Geist und Körper getrennt – d. h. dual – sind, sie doch in gewisser Weise im Gehirn vereint seien. Das Gehirn ermöglicht es dem Körper, den Geist zu beeinflussen, und dem Geist, den Körper zu beeinflussen. Daher **interaktiver Dualismus**.

Descartes glaubte, dass alle Kommunikation zwischen Körper und Geist über ein kleines Organ im

Gehirn laufe: über die **Zirbeldrüse**. Warum die Zirbeldrüse? Weil sie die einzige Struktur im Gehirn war, die es seines Wissens nicht zweimal gab. Die meisten Hirnstrukturen sind nämlich doppelt angelegt, jeweils in beiden Gehirnhälften (**Hemisphären** genannt; siehe die Besprechung der Anatomie und der Funktionen des Gehirns in ▶ Kap. 5.) Wir wissen inzwischen, dass Descartes mit seinen Annahmen über die Zirbeldrüse unrecht hatte.

Descartes' Spekulationen über Geist und Körper betonen ein für Psychologen sehr wichtiges Problem: Was ist Bewusstsein? Oder anders ausgedrückt: Wie werden physikalische Sinneseindrücke in die subjektive Welt übersetzt, sodass wir uns der Realität bewusst werden? Ein Weg, dieses Problem zu umgehen ist, Geist und Bewusstsein, die nicht direkt beobachtbar sind, einfach zu ignorieren und stattdessen nach den Gesetzen zu suchen, die das beobachtbare menschliche Verhalten regulieren. Dieser Lösungsansatz durchdringt einen großen Teil der frühen Forschung und Theoriebildung über das Lernen.

1.1.2 Lernen

Fragen Sie jemanden, was Lernen ist, und die Antwort wird sich wahrscheinlich irgendwie um den Erwerb von Information drehen. Wenn ich Ihnen sage, dass der Vogel dort drüben ein Kiefernzeisig ist, und wenn Sie diesen Vogel beim nächsten Mal korrekt als Kiefernzeisig identifizieren, könnte ich daraus folgern, dass Sie etwas gelernt haben. In diesem Fall ist der Typ Information, die Sie erworben haben, offensichtlich. Beachten Sie zusätzlich, dass **sich Ihr Verhalten als Resultat dieser Erfahrung verändert hat**. In diesem Fall beeinflusst das Erleben meiner Mitteilung, dass der Vogel ein Kiefernzeisig ist, Ihre Reaktion, wenn Sie das nächste Mal einen Vogel dieser Spezies sehen.

In vielen Fällen ist das, was beim Lernen erworben wird, nicht so offensichtlich. Toch und Schulte (1961) verwendeten bspw. einen Apparat (ein Stereoskop), um Polizeischülern für den Bruchteil einer Sekunde verschiedene Bilder für jedes Auge darzubieten – ein neutrales Bild und eines, das eine Gewaltszene zeigte. In fast allen Fällen sahen Schüler im dritten Ausbildungsjahr signifikant häufiger die Gewaltszenen, als es die Neulinge taten.

Der Begriff **Lernen** ist komplexer als eine Definition erfassen kann, die sich allein auf den Erwerb von Information beschränkt. Es ist sicher nicht ganz klar, welche Information die Polizeischüler in der dreijährigen Ausbildung erworben hatten, die dazu führen würde, dass sie einen Typ Bilder häufiger sahen als die anderen. Offensichtlich hatten sie etwas gelernt, aber dieses Lernen hatte nichts mit der Wiedergabe von Information zu tun, dennoch hatte sich ebenfalls das Verhalten verändert.

Psychologen suchen normalerweise in Verhaltensänderungen, die aus Erfahrung resultieren, nach Belegen für Lernen. Aber nicht alle Verhaltensänderungen sind Ergebnis von Lernen. Wenn jemand Sie hart auf den Kopf schlägt oder Ihnen Drogen verabreicht, kann sich Ihr Verhalten in bizarrer Weise verändern. Genau das passierte wahrscheinlich einem Studenten, über den berichtet wurde, dass er glaubte, sein Schrank sei von einem Paar kleiner Drachen bewohnt, und der daraufhin wie von Sinnen die Straße entlanglief und um Hilfe schrie. Wir haben hier eine unübersehbare Verhaltensänderung, aber zu behaupten, dass diese ein Ergebnis von Lernen sei, hieße den Begriff über das vernünftige Maß hinaus zu strapazieren.

Verhaltensänderungen, die das zeitweilige Resultat von Einflüssen wie Müdigkeit oder Drogen sind, stellen keine Beispiele für Lernen dar. In ähnlicher Weise sind Veränderungen, die hauptsächlich biologisch determiniert sind, wie körperliches Wachstum oder sexuelle Reifung, oder die durch Verletzungen oder Krankheiten verursacht werden (insbesondere des Gehirns oder anderer Teile des Nervensystems) keine Beispiele für Lernen.

Definition

Zusammengefasst lautet eine allgemeine Definition für **Lernen**: Alle relativ dauerhaften Veränderungen im Verhaltenspotenzial, die aus Erfahrung resultieren, aber nicht durch Müdigkeit, Reifung, Drogengebrauch, Verletzung oder Krankheit verursacht sind. Strenggenommen wird Lernen natürlich nicht durch tatsächliche oder potenzielle Verhaltensänderungen definiert. Stattdessen ist Lernen das, was im (menschlichen oder nichtmenschlichen) Organismus als Resultat von Erfahrung geschieht. Verhaltensänderungen sind lediglich Belege dafür, dass Lernen stattgefunden hat (◼ Abb. 1.1).

1.2 · Theorie

Erfahrung	Lernen	Verhaltensänderung
Kontakt mit, Teilnahme an externalen oder internalen Ereignissen, für die der Organismus sensitiv ist.	Alle relativ dauerhaften Veränderungen des Potentials für Verhalten, die aus Erfahrung resultieren, aber nicht durch Müdigkeit, Reifung, Drogengebrauch, Verletzung oder Krankheit verursacht sind.	Tatsächliche oder potenziell beobachtbare Veränderung infolge von Erfahrung, die Belege dafür liefern, dass Lernen stattgefunden hat.

◻ **Abb. 1.1.** Belege für Lernen finden sich in tatsächlichen oder potenziellen Verhaltensänderungen als Resultat von Erfahrungen. Lernen selbst ist aber ein unsichtbarer, internaler neurologischer Prozess

1.1.3 Verhaltensausführung vs. Lernen

Die Definition von Lernen beinhaltet Änderungen im Verhaltenspotenzial anstatt einfacher Verhaltensänderungen. Warum? Weil die dauerhaften Auswirkungen von Erfahrung nicht immer offensichtlich zutage treten. In einem klassischen Experiment ließ Buxton (1940) Ratten mehrere Nächte lang in einem großen Labyrinth umherlaufen. Dieses besaß Startboxen am Anfang und Zielboxen (ohne Futter) am Ende. Nach wenigen Nächten im Labyrinth gab es keine Hinweise darauf, dass die Ratten irgendetwas gelernt hatten. Später aber gab Buxton ihnen ein kleines Häppchen Futter in die Zielboxen und setzte sie danach in die Startboxen. Mehr als die Hälfte der Ratten rannte daraufhin direkt zu den Zielboxen, ohne einen einzigen Fehler zu machen! Es war klar, dass sie während der ersten Nächte im Labyrinth eine Menge gelernt hatten. Aber ihr Lernen war **latent**, nicht offensichtlich. Das heißt, das Lernen war im Verhalten nicht erkennbar, solange nicht auch eine Veränderung in ihrer Disposition stattgefunden hatte – in diesem Fall in ihren Gründen dafür, durch das Labyrinth zu laufen.

Lernen kann also Veränderungen der **Fähigkeit** zu einem Verhalten enthalten, aber auch Änderungen der Disposition, also der **Neigung**, ein Verhal-

ten zu zeigen. Hinweise darauf, dass Lernen stattgefunden hat, können auch von der **Gelegenheit** abhängen, das Verhalten auszuführen; daher die Notwendigkeit, Lernen als Änderungen des Verhaltenspotenzials zu definieren anstatt einfach als Verhaltensänderung. Während Sie bspw. dieses Buch lesen, werden möglicherweise erstaunliche Änderungen Ihrer Fähigkeiten auftreten. Dass diese Änderungen zum größten Teil potenziell bleiben und nur dann zum Vorschein kommen, wenn Sie die Gelegenheit zur Ausführung bekommen, z.B. in einem Test, macht sie nicht weniger real.

1.2 Theorie[1]

Verhalten ist eine komplizierte Sache: Alle möglichen Faktoren bestimmen mit, was jemand tut. Die Hauptaufgabe des Lernpsychologen besteht darin, Verhalten und Verhaltensänderungen zu verstehen. Aus diesem Verstehen resultiert die Fähigkeit, Vorhersagen zu treffen und manchmal auch Kontrolle auszuüben – beides nützliche und wichtige Funktionen. So sind Vorhersagen von Lehrern über die wahrscheinliche Leistung von Schülern bedeutsam für Entscheidungen zu Unterricht und Benotung.

---

[1] An diesem Punkt sagte die alte Dame, dass einige der intelligenteren meiner Studenten sich jetzt vielleicht einige philosophische Fragen stellen. Als ich sie fragte, worauf sich diese philosophischen Fragen beziehen könnten, sagte sie: Freier Wille und Determinismus. Determinismus, erklärte sie, ist die Überzeugung, dass alles Verhalten aus identifizierbaren Ursachen resultiert – sogar wenn wir diese Ursachen nicht kennen – und dass es nicht aus der Ausübung des freien Willens resultiert. Viele Philosophen glauben, diese beiden seien nicht kompatibel, sagte sie und meinte damit den Determinismus und den freien Willen. Sie sagte, dass Lerntheoretiker ganz klar davon ausgehen müssen, dass Verhalten determiniert sei. Das ist eine der grundlegenden Annahmen von Wissenschaft, sagte sie und schüttelte den Kopf – ich konnte nicht entscheiden, woran es lag, ob sie traurig war oder verwirrt. Bedeutet das dann, dass es keinen freien Willen gibt, fragte ich, und sie antwortete: Tja, das ist die philosophische Frage. Dann wandte sie sich wieder ihren Notizen zu.

Kapitel 1 · Menschliches Lernen: Wissenschaft und Theorie

Um etwas so Kompliziertes wie Verhalten zu verstehen, müssen Psychologen vereinfachen, Regelhaftigkeiten und Vorhersagbarkeiten entdecken, Metaphern (Vergleiche) entwickeln. Der Mann sucht nach Ordnung, wo es keine gibt, sagt Francis Bacon (der vielleicht noch nicht erkannte, dass die Frau sich dessen ebenso schuldig macht wie der Mann). Und Bacon könnte recht damit gehabt haben, dass Menschen nach Ordnung suchen, selbst wenn es keine gibt, dass sie ein Bedürfnis nach Ordnung zu haben scheinen. Wir nehmen seit langem an, dass tatsächlich beachtliche Regelhaftigkeiten in der Welt existieren. Diese Annahme hat unsere Forschung geleitet und unsere Theorien gefärbt, behaupten Ballou, Matsumo und Wagner (2002). Diese angenommenen Regelhaftigkeiten zu entdecken und zu erklären ist das, was Theoriebildung ausmacht. »Theorien sind systematische Aussagen über Prinzipien, die Naturphänomene erklären«, sagen Sommer und Sommer (2002, S. 3).

Menschen formulieren gern Theorien, sagt Stagner (1988). Vor vielen Jahren schon entwickelten sie Theorien über das Licht am Himmel, über die Gründe, die Babies wie ihre Eltern aussehen lassen, über die Form der Erde. Oft wurden diese Theorien als Metaphern formuliert: Die Sonne ist ein Streitwagen, der über den Himmel rast, Träume sind die Abenteuer von Seelen, die in parallelen Welten wandern, während der Körper schläft. Moderne wissenschaftliche Theorien können oft auch als Metaphern erklärt und verstanden werden: Das Herz ist eine Pumpe, das Gehirn ist ein Computer, das Auge ist eine Kamera. In ▶ Kap. 6 werden wir uns genauer mit Metaphern in der Psychologie befassen.

1.2.1 Theorien, Prinzipien, Gesetze und Überzeugungen

Eine wissenschaftliche **Theorie** ist eine Sammlung zusammenhängender Aussagen, deren Hauptfunktion es ist, Beobachtungen zusammenzufassen und zu erklären. Vereinfacht gesagt funktioniert Theoriebildung etwa so: Theoretiker beginnen mit bestimmten Annahmen (unbewiesenen Überzeugungen) über menschliches Verhalten, die gegebenenfalls auf Beobachtungen von Regelhaftigkeiten oder auf der Vorhersagbarkeit von Verhalten beruhen.

Daraufhin entwickelten sie provisorische Erklärungen für ihre Beobachtungen. Dies bringt sie dazu, zu vermuten, dass bestimmte Beziehungen vorhanden sind – **wenn** dies geschieht, **dann** ist das die Folge. Diese **Wenn-Dann**-Aussagen oder fundierten Vermutungen werden als **Hypothesen** bezeichnet. Nun sammelt der Theoretiker Beobachtungen (Daten), um die Validität der Hypothesen zu überprüfen. Wie Sommer und Sommer (2002) anmerken, ist es in der wissenschaftlichen Forschung extrem bedeutsam, dass Hypothesen testbar sind. Hypothesen, die durch Belege unterstützt werden, gestatten es den Theoretikern, Generalisierungen abzuleiten – Aussagen, die die Beziehungen zusammenfassen und zu einem Teil der Theorie werden. Einige dieser Aussagen können die Form von Prinzipien annehmen, andere können als Gesetze ausgedrückt werden, weitere können einfach nur Überzeugungen sein.

Prinzipien sind Aussagen, die sich auf eine Vorhersagbarkeit in der Natur oder – für die Psychologie wichtiger – im Verhalten beziehen. Lernprinzipien beschreiben bspw. spezielle Faktoren, die Lernen und Erinnern beeinflussen. Ein sehr allgemeines Lernprinzip, das in späteren Kapiteln detaillierter besprochen wird, könnte wie folgt formuliert werden: **Verhalten, das von bestimmten Konsequenzen gefolgt ist, wie Nahrung, Sex oder Lob, nimmt an Wahrscheinlichkeit zu.** Wie Pashler und Medin (2002) betonen, haben Theoretiker lange Zeit darauf gehofft, dass einige wenige einfache Prinzipien dieser Art große Anteile menschlichen Verhaltens erklären könnten. Dieses Prinzip bspw. erscheint sehr offensichtlich. Es zeigt sich darin, dass Vögel im Winter zu Futterhäuschen kommen, dass Hunde schnell lernen, eine Rolle seitwärts zu machen, wenn sie dafür gefüttert, gestreichelt oder gelobt werden, dass Kinder, die für fleißiges Lernen belohnt werden, weiterhin fleißig lernen. Aber, wie wir in ▶ Kap. 5 sehen werden, lernen nicht alle Kinder fleißiger, wenn sie dafür gelobt werden oder gute Noten bekommen, machen nicht alle Hunde eine Rolle seitwärts für einen Hundeknochen, scheuen manche Vögel auch vor gut gefüllten Futterhäuschen zurück. Per Definition sind Prinzipien probabilistisch und unsicher. Obwohl sie allgemein akzeptierte Schlussfolgerungen auf der Grundlage solider Belege darstellen, sind sie dennoch provisorisch. Bei neuen Belegen können sich Prinzipien auch ändern.

1.2 · Theorie

Dies gilt nicht für Gesetze. **Gesetze** sind Aussagen, deren Genauigkeit außer Zweifel steht. Sie sind Schlussfolgerungen aus unleugbaren Beobachtungen und außer Frage stehender Logik. Im Gegensatz zu Prinzipien sind Gesetze per Definition nicht offen für Ausnahmen und Zweifel. Die Aussage $E=mc^2$ ist bspw. ein Gesetz. Gesetze dürfen nicht mit Wahrheiten verwechselt werden, da auch jedes Gesetz widerlegt werden kann, wenn genügend gegenteilige Belege vorliegen. Per Definition kann die Wahrheit nie als unwahr festgestellt werden.

Überzeugungen beschreiben Aussagen, die eher privat und persönlicher sind als Prinzipien und Gesetze. Beispielsweise ist die Auffassung, dass rothaarige Menschen mehr zu Ärgerausbrüchen neigen als schwarzhaarige eine Überzeugung und kein Prinzip oder Gesetz.

Zu beachten ist dabei, dass Überzeugungen, genau wie Prinzipien und Gesetze, allgemeine Tatsachen zu beschreiben versuchen. Unglücklicherweise werden sie oft wie universelle Prinzipien (oder gar Gesetze) behandelt. Überzeugungen bilden sich oft sehr früh im Leben aus, bemerkt Pajares (1992), und sie basieren nicht immer auf objektiven Beobachtungen oder verlässlicher Logik. Sie werden meist auch im Angesicht starker Widersprüche aufrechterhalten. Sie fungieren als eine Art Filter, durch die Menschen die Welt sehen und verstehen – Überzeugungen leiten das Denken und das Handeln.

Großmutterpsychologie und Volkspsychologie
Alle Gesellschaften verfügen über eine Sammlung allgemeiner Überzeugungen zu menschlichem Verhalten. Diese Überzeugungen sind Teil dessen, was Kelley (1992) als **Großmutterpsychologie** (bubba psychology) bezeichnet. Der Begriff verweist also auf eine intuitive Art von Volkspsychologie, die manchmal auch **implizite** oder **naive** Psychologie genannt wird.[2]

---

[2] Als ich die alte Dame darauf hinwies, dass es im Zeitalter der »political correctness« nicht klug sei, identifizierbare Gruppen als Beispiele für etwas, das in irgendeiner Weise negativ sein könnte, herauszustellen, feuerte sie zurück, dass sie nicht wirklich an political correctness interessiert sei. Wenn das Buch nicht politisch korrekt genug sei, sagte sie mit einem ihrer – wie ich später erfuhr – Lieblingsausdrücke, dann … **!* (Unkenntlichmachung durch den Verlag).

Die Überzeugungen der Volkspsychologie treffen oft zu. Täten sie es nicht, wären die Menschen ständig überrascht darüber, was andere sagen oder tun. Die meisten Menschen wissen genug über menschliches Verhalten um vorherzusagen, dass bspw. traurige Menschen wahrscheinlich weinen, überglückliche lächeln und lachen werden, und dass Menschen, die wütend sind, schreckliche Dinge tun können.

Ziemlich häufig sind die Überzeugungen der Volkspsychologie aber falsch. Beispielsweise könnte offensichtlich erscheinen, dass viele Menschen nicht träumen, dass manche Frauen eher Söhne gebären als andere, und dass die meisten Menschen altruistisch genug sind, um zu versuchen, jemandem zu helfen, der vergewaltigt, geschlagen oder beraubt wurde. Tatsächlich träumen jedoch alle normalen Menschen, obwohl sich nicht alle daran erinnern können; ist es das Sperma des Mannes und nicht das Ei der Frau, welches das Geschlecht des Kindes bestimmt; zeigen manche Untersuchungen, dass viele Menschen keine Hilfe leisten, wenn jemand vergewaltigt, beraubt, geschlagen – oder sogar getötet – wird (s. bspw. Darley & Latané, 1968).

Persönliche Überzeugungen können in der Wissenschaft sehr gefährlich sein, weil sie oft irreführend oder schlichtweg falsch sind. Dennoch werden sogar Menschen mit guter Schul- und Ausbildung oft Opfer falscher Überzeugungen. Gilovich (1991) fand bspw. heraus, dass viele Kinderschwestern glauben, dass kinderlose Paare, die ein Kind adoptieren, mit höherer Wahrscheinlichkeit ein eigenes bekommen. Einige sind auch davon überzeugt, dass mehr Kinder bei Vollmond geboren werden. Beide Überzeugungen sind falsch.

1.2.2 Zweck von Theorien

Aber natürlich sind nicht alle persönlichen Überzeugungen falsch. Theorien liefern unter anderem eine Basis für die Beurteilung der Genauigkeit und Nützlichkeit von Überzeugungen. Die wichtigste Funktion einer Theorie ist es, Beobachtungen zu vereinfachen und zu organisieren, und eine Grundlage für Vorhersagen zu schaffen. Im Endeffekt hängt die Nützlichkeit einer psychologischen Theorie stark von ihrer Vorhersagegenauigkeit ab. Daher muss eine Theorie, die zu erklären versucht, wie Menschen durch Erfahrung lernen, in der Lage sein, die wahrscheinlichsten Effekte verschiedener Erfahrungen vorherzusagen. Auch sollte solch eine Theorie Folgerungen darüber ermöglichen, wie Erfahrungen strukturiert sein müssen, damit das Verhalten auf gewünschte Weise verändert wird.

Zusätzlich zu ihrer praxisbezogenen Nützlichkeit für die Vorhersage und Kontrolle von Verhalten enthalten Theorien auch Annahmen dazu, welche Fakten (Beobachtungen) am wichtigsten und welche Beziehungen zwischen diesen Fakten am bedeutsamsten sind (Thomas, 2000). Die Vorstellungen der Theoretiker über wichtige Aspekte unterscheiden sich jedoch dramatisch, sodass in demselben For-

schungsbereich eine ganze Reihe von Theorien entstehen kann. Und obwohl diese Theorien durchaus unterschiedlich sein können, ist wahrscheinlich keine von ihnen komplett falsch, obwohl einige nützlicher sind als andere. In letzter Analyse kann eine Theorie nicht daraufhin evaluiert werden, ob sie richtig oder falsch ist. Sie muss stattdessen anhand ihrer Nützlichkeit beurteilt werden.

1.2.3 Eigenschaften guter Theorien

Laut Thomas (2000) sind gute psychologische Theorien nicht nur nützlich, sondern können auch anhand verschiedener Eigenschaften beurteilt werden:

Eigenschaften guter psychologischer Theorien nach Thomas (2000)

1. Die besten Theorien sind solche, die wichtige Fakten (Beobachtungen) zusammenfassen und organisieren. Theorien basieren auf Beobachtungen und sollten diese exakt wiedergeben.

2. Eine gute Theorie muss klar und verständlich sein.

3. Theorien sollten vereinfachen, Ordnung schaffen, wo sonst Komplexität und Chaos herrschen würde. Anders ausgedrückt, Theorien sollten sparsam sein. Das **Sparsamkeitsprinzip**, auch **Occam's Razor** genannt, sagt aus, dass von zwei konkurrierenden Theorien, die jeweils Beobachtungen erklären und zusammenfassen, die am wenigsten komplexe die bessere ist. Entsprechend beschreibt eine sparsame Theorie alle wichtigen Beziehungen in einfachstmöglichen, aber genauestmöglichen Begriffen. Über unnötig detaillierte und komplexe Theorien sagt man, ihnen fehle es an Sparsamkeit.

4. Eine Theorie sollte sowohl für Vorhersage wie für Erklärung nützlich sein. Tatsächlich ist eines der wesentlichsten Kriterien für eine gute Theorie, dass sie zu Vorhersagen führt, die potenziell falsch – d. h. **falsifizierbar** sind. Der Grund dafür ist, dass eine Theorie, die keine falsifizierbaren Vorhersagen liefert, sich nicht

als falsch und demzufolge auch nicht als richtig erweisen kann.

5. Wie wir schon gesehen haben, sollten die Vorhersagen und Erklärungen, die von einer Theorie geliefert werden, Nützlichkeit, d. h. Anwendbarkeit in der realen Welt – bspw. für Erziehung oder Therapie – oder für die Weiterentwicklung von Theorien besitzen.

6. Theorien sollten internal konsistent und widerspruchsfrei sein. Schlechtere Theorien führen manchmal zu widersprüchlichen Erklärungen und Vorhersagen. Solche Theorien können nur schwer getestet werden und sind daher von begrenztem Nutzen.

7. Theorien sollten nicht auf einer großen Zahl von **Annahmen** basieren (Überzeugungen, die als Fakten akzeptiert werden, aber letztlich nicht verifizierbar sind). Theorien, die auf vielen Annahmen basieren, können nur schlecht beurteilt werden. Und wenn die Annahmen, auf denen sie basieren, ungültig sind, können solche Theorien irreführend sein. Trotzdem basieren, wie in einer früheren Fußnote angeführt, wissenschaftliche Theorien allgemein auf der unvermeidlichen Annahme des Determinismus – mit anderen Worten: Dass Verhalten aus vorhersagbaren Beziehungen zwischen Ursache und Wirkung resultiert und nicht aus

▼

1.3 · Wissenschaft und die Entwicklung psychologischer Theorien

▼

etwas, das man als **freien Willen** bezeichnen könnte.

8. Zum Schluss sollte eine gute Theorie zum Nachdenken anregen und dazu zufriedenstellende Erklärungen liefern. Die einflussreichsten Theorien in einem Forschungsfeld sind oft solche, die auf ebensoviel Widerstand

wie auf Unterstützung treffen. Solche Theorien stimulieren oft Forschungsarbeiten, mit deren Hilfe sie unterstützt, widerlegt oder verfeinert werden sollen. Man sagt über sie, sie hätten einen großen **heuristischen** Wert in einem Sinne, dass sie zu neuer Forschung und neuen Entdeckungen führen.

◻ **Tab. 1.1.** Kriterien für eine gute Theorie, angewandt auf Großmutter Francœurs Düngertheorie. Diese Theorie besagt zum Teil, dass Pferdedünger das Wachstum von Kartoffeln und Karotten stimuliert, dass Hühnerkot Kohl stärkt und getrockneter Kuhdung das Blumenwachstum fördert

Kriterien für eine gute Theorie	Großmutter Francœurs Theorie
Reflektiert sie die Fakten?	Ja, wenn Karotten, Kartoffeln und andere Pflanzen sich unter den genannten Bedingungen wie erwartet verhalten.
Ist sie klar und verständlich?	Sie ist ziemlich klar und verständlich, außer für sehr dumme Leute, die selten darum gebeten werden, eine Theorie zu beurteilen.
Reflektiert sie die Verwendung von Occam's Razor?	Sie ist möglicherweise weniger sparsam als sie sein könnte, da Umständlichkeit eine unserer Familieneigenschaften ist.
Ist sie für Vorhersagen und Erklärungen nützlich?	Sehr. Sie erlaubt z.B. dem Gärtner, im Frühjahr vorherzusagen, was im Herbst passiert, abhängig von dem verwendeten Dünger. Die Vorhersagen sind auch klar falsifizierbar. Daher kann die Theorie direkt getestet werden.
Ist sie nützlich für die Praxis?	Ganz klar ja, für alle, die sich mit der Zucht von Gemüse befassen.
Ist sie internal konsistent?	Unglücklicherweise nicht. Die alte Dame hat manchmal behauptet, dass Hühnerkot für Kartoffeln besser ist als Pferdemist.
Basiert sie auf vielen nicht verifizierbaren Annahmen?	Nein. Die Annahmen, auf denen sie basiert, können verifiziert – oder falsifiziert – werden.
Ist sie zufriedenstellend und regt sie das Nachdenken an?	Oh ja!

Diese Kriterien werden in ◻ Tab. 1.1 zusammengefasst und am Beispiel von Großmutter Francœurs Theorie über Ausscheidungen illustriert.[3]

1.3 Wissenschaft und die Entwicklung psychologischer Theorien

Viele der hartnäckigsten und verbreitetsten Überzeugungen über menschliches Verhalten, die oft auf dem sogenannten **gesunden Menschenverstand** (common sense) gründen, sind falsch.

Gilovich (1991) weist z.B. darauf hin, dass es über 20mal mehr Astrologen als Astronomen in

Nordamerika gibt. Aber es existieren keine überzeugenden Belege dafür, dass die Annahmen und Vorhersagen der Astrologie auch nur die geringste Gültigkeit besitzen. In ähnlicher Weise glauben [in den USA] mehr Menschen an außersinnliche Wahrnehmung, eine Sammlung von Phänomenen, die die Wissenschaft nicht verifizieren konnte, als an die Evolution, eine Theorie, die über breite wissenschaftliche Unterstützung verfügt.

---

[3] Die fragliche Großmutter ist meine eigene. Als ich jünger war, hatten meine Cousins und ich ein weniger dezentes Wort für das, was die alte Dame Großmutters Theorie der Ausscheidungen nannte. Wir sagten dazu Großmutters ****** Theorie (Unkenntlichmachung durch den Verlag).

Eine wichtige Aufgabe der Psychologie ist festzustellen, welche Überzeugungen über menschliches Verhalten Sinn machen. Wie kann die Psychologie dies erreichen? Die Antwort besteht aus einem einzigen Wort: **Wissenschaft**.

1.3.1 Was ist Wissenschaft?

Einerseits ist Wissenschaft eine Sammlung von Informationen über ein Forschungsfeld. Die Wissenschaft Physik ist bspw. eine Sammlung von Informationen über die Natur und die Eigenschaften von Materie. Die Wissenschaft Psychologie ist eine Sammlung von Informationen über die Natur und die Eigenschaften von menschlichem Denken und Verhalten.

Andererseits ist Wissenschaft eine Methode, mit Information umzugehen. Der wissenschaftliche Ansatz im Umgang mit Information zeigt sich (a) in einer Haltung zum Erkenntnisgewinn, bei der Replizierbarkeit (Wiederholbarkeit), Objektivität und Konsistenz betont werden, und (b) in einer Vielzahl von Methoden für die Sammlung und Analyse von Beobachtungen, die geeignet sind, objektive und generalisierbare Schlussfolgerungen zu erzeugen.

Die Wissenschaft ist das wichtigste Werkzeug der Psychologie, um Fakt und Fiktion zu unterscheiden.

1.3.2 Regeln der wissenschaftlichen Methode

Eine sinnvolle Weise, sich dem Begriff Wissenschaft anzunähern, besteht darin, sie eher als eine Haltung anzusehen denn als eines von verschiedenen Wissensgebieten oder als eine Reihe von Rezepten, wie man Erkenntnis erwerben und systematisieren kann. Als Haltung beharrt die Wissenschaft auf Objektivität, Genauigkeit und Replizierbarkeit. Sie akzeptiert nur solche Beobachtungen als gültig, die auf eine Weise gesammelt wurden, die von anderen unter ähnlichen Umständen wiederholt werden kann.

Dieser Blick auf die Wissenschaft bedingt einen bestimmten Satz von Methoden für die Informationssammlung. Zusammengenommen machen diese Methoden das aus, was oft als die wissenschaftliche Methode bezeichnet wird. Seit inzwischen mehr

als 100 Jahren verwenden die Sozialwissenschaften die wissenschaftliche Methode zur Verringerung von Unsicherheit und zum Erkenntniserwerb (Haslam & McGarty, 2001).

Die wissenschaftliche Methode kann mittels fünf Regeln einfach dargestellt werden:

1. **Fragen stellen**

   Arbeiten immer diejenigen Menschen am härtesten, die am höchsten dafür belohnt werden? Ist Bestrafung wirksam, um unerwünschtes Verhalten zu eliminieren? Bekommen Adoptiveltern mit höherer Wahrscheinlichkeit eigene Kinder, nachdem sie eines adoptiert haben? Es herrscht kein Mangel an Fragen bei der Untersuchung von Lernen und Verhalten. Als Methode beurteilt die Wissenschaft nicht, ob Fragen trivial oder wichtig sind, sie verlangt nur, dass sie klar formuliert sind.

   Außerdem ist sie absolut nicht zu voreiligen Schlussfolgerungen bereit. Es gibt bestimmte Prozeduren, die befolgt werden müssen, bestimmte logische Schritte, die zunächst durchlaufen werden müssen.

   In der Praxis besteht der erste Schritt eines Forschers nach der Identifikation eines Problems darin, herauszufinden, was darüber bereits bekannt ist. Normalerweise erfordert dies das Recherchieren in Bibliotheken, am Computer, oder das Heranziehen anderer Quellen, z.B. von Experten und Menschen, die in diesem Bereich tätig sind.

2. **Eine Hypothese entwickeln**

   Nachdem der Forscher relevante Hintergrundinformationen gefunden hat, besteht der nächste Schritt darin, eine vorläufige Schlussfolgerung oder Hypothese zu entwickeln. Dabei handelt es sich um eine fundierte Vermutung, welche die Forschungen leitet. Sie hat normalerweise die Form einer Vorhersage oder einer Aussage über Beziehungen. Hypothesen basieren oft auf Theorien. Per Definition sind sie **ungeprüft** und **falsifizierbar**. Letztendlich kann das Resultat einer wissenschaftlichen Untersuchung zur **Widerlegung** einer Hypothese führen.

3. **Relevante Informationen sammeln**

   Die wissenschaftliche Untersuchung aller Phänomene beginnt stets mit Beobachtungen, der Grundlage aller Wissenschaft. Beobachtungen

1.3 · Wissenschaft und die Entwicklung psychologischer Theorien

sind letztlich das, was die Wissenschaft zu erklären und zu verstehen sucht.

Die Wissenschaft kennt einige unterschiedliche Wege, Beobachtungen zu sammeln. Der mächtigste davon ist das **Experiment** (▶ Abschn. 1.3.3). In Experimenten werden häufig **Stichprobenerhebungen** verwendet, eine Methode, mittels derer Beobachtungen über Verhalten, Überzeugungen und andere Eigenschaften einer Stichprobe, die für eine Population repräsentativ ist, gesammelt werden können. Stichprobenerhebungen nutzen oft **Fragebogen** (Listen vorbereiteter Fragen, die von Probanden beantwortet werden), **Befragungen** (Interviews, bei denen Teilnehmer von den Forschern befragt werden) oder verschiedene Tests und Messungen (wie Intelligenz- oder Persönlichkeitstests oder Messungen von Gewicht und Körpergröße).

4. **Die Hypothese testen**

Der Grund für das Sammeln von Beobachtungen besteht darin, die Gültigkeit der Hypothese zu überprüfen. Der ganze Sinn des Unternehmens darin, diejenigen Fragen zu beantworten, durch die die Forschungsarbeit anfänglich inspiriert wurde.

Wenn Schlussfolgerungen gültig sein sollen, müssen die Beobachtungen genau und bedeutungsvoll sein. Die Wissenschaft will vermeiden, dass Beobachtungen möglicherweise nur zufällig sind – dass sie, mit anderen Worten, nicht viel **bedeuten**. Aus diesem Grunde verwenden Forscher oft eine oder mehrere spezielle mathematische Prozeduren, um Zufallsereignisse von **signifikanten** Ereignissen zu unterscheiden. Einfach ausgedrückt, helfen diese **statistischen** Prozeduren dabei, die Wahrscheinlichkeit dafür festzulegen, dass Beobachtungen nicht einfach nur Zufallsereignisse sind. Viele wissenschaftliche Schlussfolgerungen basieren auf der Annahme, dass beobachtete Ereignisse, von denen man ein zufälliges Auftreten nur sehr selten erwartet, eine identifizierbare Ursache haben müssen.

5. **Zu einer Schlussfolgerung gelangen und diese veröffentlichen**

In der wissenschaftlichen Forschung wird in Schlussfolgerungen üblicherweise die Hypothese angenommen oder widerlegt, die in der Untersuchung getestet wurde. Natürlich sind die Resultate manchmal unklar oder zeigen das Gegenteil dessen, was erwartet wurde. Oftmals liefern sie eher eine neue Frage als eine Antwort, oder führen zu einer weiteren Hypothese. Daher sind Schlussfolgerungen oft eher vorläufig als endgültig. Manchmal kann eine Reihe unerwarteter Beobachtungen und Schlussfolgerungen zu umfangreichen Änderungen in den Theorien führen, auf deren Grundlage die Hypothesen entwickelt wurden.

Außerdem müssen die Ergebnisse veröffentlicht werden, wenn die Wissenschaft Fortschritte machen soll. Ein fundamentales Prinzip akademischer Wissenschaft besteht darin, dass ihre Früchte allen gehören.

1.3.3 Experimente

Laut Gould (2002) ist das **Experiment** das mächtigste Werkzeug der Wissenschaft, um die Validität von Hypothesen zuverlässig zu überprüfen. Ein Experiment ist eine Situation, in der Untersucher einen Aspekt der Umwelt (**Variable** genannt) systematisch manipulieren, um dessen Auswirkungen auf irgendein wichtiges Ergebnis zu untersuchen. Der manipulierte Aspekt ist die **unabhängige Variable**, die Auswirkung dieser Kontrolle oder Manipulation reflektiert sich in der **abhängigen Variable**.

Betrachten wir als Beispiel die Hypothese, dass **Belohnungen für aktuelles Lernen positive Auswirkungen auf zukünftiges Lernen haben**. Der erste Schritt in einem Experiment zum Test dieser Hypothese besteht darin, die beteiligten abstrakten Begriffe auf solche Weise zu definieren, dass sie manipuliert, kontrolliert und gemessen werden können. Solche Definitionen werden als **Operationalisierungen** bezeichnet. Operationalisierungen werden meist über die verwendeten Messmethoden definiert. Beispielsweise könnte Hunger über die Anzahl der Stunden, während derer nichts gegessen wurde, definiert werden. »Zukünftiges Lernen« könnte über die Leistung in einem bestimmten Test nach einer klar definierten Lernerfahrung operationalisiert werden. In ähnlicher Weise könnte eine Operationalisierung von »Belohnungen für gegenwärtiges Lernen« sich auf objektive, messbare Konsequenzen wie Geld, Preise, Privilegien oder verbales Lob beziehen. Darüber hinaus müssen Operationalisierungen einige weitere Details spezifizieren, wie z.B. ob der Lernende vorherige Erwartungen an das Belohntwerden hatte usw. Ein einfaches Experiment zur Überprüfung dieser Hypothese (**Belohnungen für aktuelles Lernen haben positive Auswirkungen auf zukünftiges Lernen**) könnte darin bestehen, dass einige Teilnehmer für ihre Noten bezahlt werden, andere nicht, alle werden danach einer Lernerfahrung ausgesetzt und die Leistung der belohnten Gruppe wird mit der Leistung der nicht belohnten Gruppe verglichen. In diesem Fall ist die unabhängige Variable (die durch den Experimentator kontrolliert wird) die Belohnung in Form von Geld, die abhängige Variable ist die spätere Leistung des Schülers.

Die Identifikation abhängiger und unabhängiger Variablen ist relativ einfach, wenn das Experiment als eine Wenn-Dann-Aussage formuliert wird. Das Ziel eines Experimentes besteht darin, herauszufinden, ob die Aussage »wenn dies, dann das« zutrifft. Der »wenn«-Teil der Gleichung repräsentiert den kontrollierten oder manipulierten Aspekt – also die **unabhängige** Variable; der »dann«-Teil repräsentiert die Konsequenzen oder Folgen – also die **abhängige** Variable. Buchstäblich jede Hypothese kann als eine Wenn-Dann-Aussage formuliert werden. Daher kann das beschriebene Beispiel auch wie folgt neu formuliert werden: **Wenn** ein Lernender konsistent für seine Leistungen belohnt wird, **dann** verbessert sich das zukünftige Lernen.

Stichproben und Kontrollgruppen

Ein wichtiger Schritt bei der Durchführung der meisten psychologischen Experimente ist die Auswahl der Teilnehmer am Experiment (oft als **Probanden** oder Versuchspersonen bezeichnet). Es ist klar, dass Versuchsleiter ihre Untersuchungen kaum jemals mit der gesamten **Population** durchführen können, für die sie sich interessieren (bspw. **alle** Schüler der 5. Klasse, **alle** linkshändigen Männer, **alle** dreijährigen Kinder). Stattdessen führen Forscher ihre Experimente mit kleinen Gruppen (oder manchmal mit einzelnen Individuen) – den sogenannten **Stichproben** – durch, die aus einer größeren Population **ausgewählt** werden.

Für ein Experiment ist es sehr wichtig, dass die Teilnehmer **randomisiert** aus der Population ausgewählt werden, auf die der Forscher generalisieren möchte. Randomisierung bedeutet, dass jeder die gleiche Chance hat teilzunehmen. Bei den häufigen **nichtrandomisierten** Auswahlmethoden werden Freiwillige zur Teilnahme aufgefordert oder die Teilnehmer aus Anstalten oder Schulklassen ausgewählt.

Das Problem bei nichtrandomisierter Auswahl der Versuchspersonen besteht darin, dass sich ein systematischer Bias (eine Tendenz) einschleichen kann. Beispielsweise könnten Personen, die sich freiwillig für Experimente zur Verfügung stellen, abenteuerlustiger sein als solche, die dies nicht tun – sodass die Schlussfolgerungen des Forschers dann nur für abenteuerlustige Personen gelten. In ähnlicher Weise könnten sich Schüler systematisch von Nicht-Schülern unterscheiden (und Menschen in Anstalten von Menschen, die nicht in Anstalten leben) – hinsichtlich ihrer Interessen, ihrer Motivation, ihres Hintergrundes und anderer Eigenschaften. Infolgedessen sind Schlussfolgerungen aus Studien, die nichtrandomisierte Stichproben verwenden, möglicherweise nicht für die größere Population gültig.

Nach der Auswahl der Teilnehmer teilt der Untersucher sie dann **randomisiert** einer von zwei Gruppen zu: Der **Experimentalgruppe** oder der **Kontrollgruppe** (Kontrollgruppen werden manchmal auch als Vergleichs- oder unbehandelte Gruppen bezeichnet). Diese beiden Gruppen ähneln einander so weit wie möglich, mit der Ausnahme, dass die Experimentalgruppe eine **experimentelle Behandlung** erfährt (wie für Noten belohnt zu werden), die Kontrollgruppe hingegen nicht. Ohne eine Kontrollgruppe kann sich der Untersucher nicht sicher sein, dass nach der experimentellen Behandlung auftretende Veränderungen tatsächlich durch diese Behandlung verursacht wurden und nicht durch irgendetwas anderes.

1.3.4 Evaluation psychologischer Forschung

Eine wichtige Beschränkung psychologischer Untersuchungen besteht darin, dass die Beobachtungen, mit denen sich die Psychologie befasst, nicht immer unleugbare Tatsachen sind. Beobachtungen in an-

1.3 · Wissenschaft und die Entwicklung psychologischer Theorien

deren Wissenschaften, wie in der Chemie oder der Physik, sind aus verschiedenen Gründen weniger zweifelhaft. Es ist eine Tatsache, dass Äpfel herabfallen, wenn sie sich vom Baum lösen. Und wenn ein fauler Newton unter dem Baum und direkt unter dem herabfallenden Apfel schläft, **wird** er ihm auf den Kopf fallen. Anders ausgedrückt: Die Schwerkraft ist mehr als nur eine Überzeugung oder auch ein Prinzip: Sie ist ein Naturgesetz. Dass die Belohnung von Kindern für gutes Verhalten dazu führt, dass die Wahrscheinlichkeit für ihr Wohlverhalten steigt, ist kein Gesetz, sondern ein Prinzip. Und es ist nicht einmal immer ein sehr einfaches Prinzip; es gibt Umstände, unter denen das Belohnen von Kindern unerwartete Resultate haben kann (▶ Kap. 10).

Die Eigenschaften von Kindern sind sehr variabel und komplex, zumindest in mancher Hinsicht sind Äpfel einfach vorhersagbarer.[4]

Psychologische Untersuchungen unterliegen auch Einschränkungen hinsichtlich der Kontrolle, die der Untersucher über relevante Variablen hat. Von zwei Ratten, die in identischen Käfigen aufgezogen wurden und seit ihrer Geburt dieselbe tägliche Routine erleben, kann man mit gutem Grund annehmen, dass sie stark vergleichbare Erfahrungen gemacht haben. Dieselbe Annahme kann aber nicht ebenso zuversichtlich für zwei Kinder gemacht werden, die in verschiedenen Familien aufwachsen. Weil ihre Eltern, Freunde, Geschwister, Verwandten und viele andere Aspekte ihrer Welten unterschiedlich sind, sind ihre Erfahrungen ebenfalls unterschiedlich. Eine Kontrolle psychologischer Experimente muss diese und viele andere wichti-

ge Unterschiede zwischen Probanden berücksichtigen.

Dies wird im Folgenden illustriert:

Problem: Die Beziehung zwischen Schlafentzug und Problemlöseverhalten herauszufinden.

Probanden: Alle Schüler einer Privatschule werden für die Studie ausgewählt. Sie werden randomisiert zwei Gruppen zugeteilt.

Hypothese: Probanden zeigen nach Schlafentzug eine signifikant schlechtere Leistung in einem Test zum Problemlösen.

Experimentelle Behandlung: Eine Gruppe schläft wie üblich, die andere wird die ganze Nacht wachgehalten. Am Morgen machen alle Probanden den Test, die Resultate der beiden Gruppen werden verglichen.

Resultat: Die Gruppe mit Schlafentzug zeigt signifikant bessere Leistungen.

Ist die Schlussfolgerung eines Zusammenhangs zwischen Schlafentzug und der Fähigkeit zum Problemlösen gerechtfertigt? Die Antwort lautet ja, vorausgesetzt, **eine Anzahl anderer relevanter Variablen wurde auch kontrolliert.** Wenn bspw. die Schlafgruppe im Durchschnitt mehr oder weniger intelligent ist, nur männliche oder weibliche Probanden aufweist, oder vorherige Übung im Problemlösen hat, dann können auch diese Variablen für Unterschiede in der Testleistung verantwortlich sein. Dann wäre es nicht logisch zu folgern, dass Schlaf der ausschlaggebende Faktor ist. Aber weil die Probanden **randomisiert** einer der beiden Gruppen zugewiesen wurden, besteht eine größere Chance, dass die Gruppen sich in jeder dieser wichtigen Variablen ähneln.

Randomisierte Auswahl und Zuweisung zu Gruppen ist eine Methode, um eine Vergleichbarkeit der Gruppen bezüglich wichtiger Variablen zu gewährleisten – und auch um sicherzustellen, dass die Stichprobe die Population gut repräsentiert. Eine andere Möglichkeit besteht darin, die Gruppen direkt abzugleichen, wodurch sichergestellt wird, dass die Gruppenzusammensetzungen hinsichtlich der Variablen Intelligenz, Geschlecht, vorherige Übung usw. sehr ähnlich sind. Tatsächlich ist es normalerweise jedoch unmöglich, alle relevanten Variablen in psychologischen Experimenten zu berücksichtigen. Forscher müssen sich dessen bewusst sein, dass die Ergebnisse von Experimenten nicht immer das bedeuten, was

---

[4] Als ich der alten Dame sagte, dass dies möglicherweise nicht jedermann wirklich klar sein könnte und dass es so klinge, als sollten wir den Resultaten psychologischer Untersuchungen nicht allzu sehr vertrauen, sagte sie nein, überhaupt nicht. Sie erklärte, dass man aus diesen Kommentaren nicht schließen solle, dass physikalische Fakten »faktischer« seien als psychologische Fakten. Tatsächlich, so sagte sie, ist in dieser chaotischen und relativistischen Welt das Wort Fakt – sei es ein physikalischer oder psychologischer Fakt – ein statistisches Konzept mit variierender Wahrscheinlichkeit. Der Punkt ist, schloss sie, dass es einfach ist, einen Apfel herabfallen zu sehen, aber dass es viel schwieriger ist, die Auswirkungen von Belohnung, die Bindung von Kindern an ihre Mütter oder die Auswirkungen von Bestrafung auf Hunde und Katzen und Menschen usw. usf. zu bewerten.

sie zu bedeuten scheinen. Die Wissenschaft fordert, dass Forscher und Konsumenten von Forschung kritisch denken. Zumindest muss man, verlangt die Wissenschaft, bei der Interpretation und Bewertung von psychologischer Forschung die folgenden Fragen stellen:

Habe ich den Benennungsfehler (nominal fallacy) begangen?

Luria (1968) berichtet von dem Fall eines gewissen S., dessen Gedächtnis so außergewöhnlich war, dass er sich an die trivialsten Einzelheiten komplett und genau erinnern konnte – nicht nur über Minuten, Stunden oder Tage, sondern über Jahrzehnte. Er schien niemals auch nur die bedeutungslosesten Töne, die sinnlosesten Worte zu vergessen. »Ja, ja«, sagte er, als Luria ihn bat, sich an einen durcheinandergewürfelten Textabschnitt oder eine komplexe Zahlentabelle zu erinnern, die er sich Jahre zuvor eingeprägt hatte. »Ja, das war die Serie, die Sie mir einmal gaben, als wir in Ihrer Wohnung waren… Sie trugen einen grauen Anzug und schauten mich etwa so an…« (Luria, 1968, S. 12).

Warum konnte sich S. so gut erinnern? Glauben Sie, dass es daran lag, dass er etwas hatte, was man im allgemeinen Sprachgebrauch ein **photographisches Gedächtnis** nennt? Oder konnte er sich so gut erinnern, weil er von Beruf **Mnemoniker**, ein professioneller Gedächtniskünstler, war?

Keine dieser Möglichkeiten ist richtig. Tatsächlich ist keine auch nur eine Erklärung. S. konnte sich nicht deshalb so gut erinnern, weil er ein Mnemonist war oder weil er ein photographisches Gedächtnis besaß. Diese Begriffe sind nur Etiketten für jemanden mit einem guten Gedächtnis, aber sie **erklären** nicht, warum diese Person so außergewöhnlich gute Gedächtnisleistungen zeigt. Die Annahme, dass Namen Erklärungen sind, ist der **Benennungsfehler.**

Benennungsfehler sind ziemlich häufig. Wenn Sie z.B. glauben, dass einige Kinder Lernschwierigkeiten haben, weil sie geistig zurückgeblieben oder lernbehindert sind, machen Sie sich des Benennungsfehlers schuldig. Zu sagen, dass Kinder Lernschwierigkeiten haben, weil sie lernbehindert oder geistig zurückgeblieben sind, sagt nichts darüber aus, **warum** sie Schwierigkeiten haben.

Ist die Stichprobe repräsentativ?

Die Stichproben, auf Grundlage derer Schlussfolgerungen gezogen werden, müssen für die Gruppen repräsentativ sein, auf welche die Schlussfolgerungen generalisiert werden. Daher versuchen Forscher, tendenzlose Stichproben zu rekrutieren (Stichproben, deren Eigenschaften sehr ähnlich sind wie die der Gesamtpopulation), wobei sie, wann immer möglich, eine randomisierte Auswahl verwenden. Die Forschung ist jedoch zuweilen auf bestimmte Gruppen, wie Schüler/Studenten, Anstaltsinsassen oder Bewohner eines Wohnkomplexes beschränkt. In solchen Fällen ist zur Sicherstellung der Repräsentativität der Stichprobe für die Gesamtpopulation notwendig, Stichprobe und Population hinsichtlich wesentlicher Variablen wie Alter, Geschlecht und Bildungsgrad zu vergleichen. Wenn die Stichprobe eine **Tendenz** aufweist (sich von der Population unterscheidet), können Schlussfolgerungen möglicherweise nur für die Stichprobe gelten, auf der sie basieren.

Kann man Probanden glauben?

Manchmal stößt die Forschung auf Gedächtnisprobleme. Wie gut können Probanden sich an ihren vierten Geburtstag erinnern? Erinnern sie sich an das Alter, in dem sie erstmals ihre Menstruation bekamen? Ihre erste Ejakulation? Können sie sich erinnern, was der Dieb an hatte? An die Farbe ihrer Augen?

Manchmal handelt es sich um ein Problem mit der Ehrlichkeit. Fragebogen, die in sehr persönliche Bereiche eindringen, sind besonders anfällig für bewusste Verzerrung. Und wenn dem so ist, man also durch die Präsentation eines bestimmten Images etwas gewinnen oder verlieren kann, so muss ein kritischer Konsument von Forschung auch diese Tatsache in Betracht ziehen.

Gibt es einen Versuchspersonen-Bias?

In einer historischen Untersuchung versuchten Roethlisberger und Dickson (1939), die Produktivität einer Gruppe von Arbeitern in der Fa. Hawthorne Electric zu steigern, indem sie Aspekte der Arbeitsumgebung änderten. Über eine Reihe von Experimenten erhöhten oder verringerten die Forscher die Anzahl der Arbeitsphasen, verlängerten oder verkürzten die Pausen, verstärkten oder reduzierten

1.3 · Wissenschaft und die Entwicklung psychologischer Theorien

die Beleuchtung, gewährten oder entzogen Bonuszahlungen. Seltsamerweise spielte es überhaupt keine Rolle, was die Forscher taten, die Produktivität stieg immer an. Es schien, als reagierten die Probanden allein auf das Wissen, dass sie untersucht wurden. Vielleicht wollten sie nur den Untersuchern gefallen.

Obwohl dieser **Hawthorne-Effekt** nicht oft auftritt und normalerweise auch nicht sehr groß ist (siehe Rice, 1982), könnte er dennoch ein wichtiger Faktor in einigen psychologischen Untersuchungen sein. Teilnehmer an Experimenten sind oft sehr bemüht, dem Experimentator zu gefallen, daher können ihre Reaktionen gelegentlich irreführend sein. Um sich vor dieser Gefahr zu schützen, wird Probanden oft nicht mitgeteilt, dass sie zu den Experimentalgruppen gehören, oder man vergleicht sie mit anderen, die glauben, sie seien Teil des Experiments, es aber in Wirklichkeit nicht sind.

Gibt es einen Versuchsleiter-Bias?

Die bekannte Anthropologin und Soziologin Margaret Mead war von Grund auf überzeugt, dass die Kultur den Menschen formt. Während ihrer Untersuchungen von isoliert lebenden Einwohnern Neuguineas entdeckte sie drei sehr unterschiedliche Stämme (Mead, 1935). Bei den kannibalistischen Mundugummor waren Männer wie Frauen mitleidslos, aggressiv und nach nordamerikanischem Standard sehr maskulin. Im Gegensatz dazu erschienen beide Geschlechter bei den Landwirtschaft betreibenden Arapesh traditionell feminin (nicht kompetitiv, nicht aggressiv, warm und emotional). Bei einem dritten Stamm, den Tchambuli, wo die Männer die meiste Zeit damit verbrachten, sich zu schmücken und neue Tänze zu erdenken, während die Frauen Nahrung sammelten, schienen die Geschlechterrollen umgekehrt. Mead behauptete, dies sei ein schlagender Beweis für die Macht der Kulturen, wesentliche Charakterzüge wie Maskulinität und Feminität zu prägen.

Stimmt nicht, widerspricht Freeman (1983). Nach sechs Jahren Forschungsarbeiten in Samoa, wo Mead die meisten ihrer Arbeiten zu Kulturen durchgeführt hatte, fand Freeman nur wenig Hinweise auf so deutliche kulturelle Unterschiede, wie sie von Mead beschrieben worden waren. Ihre Beobachtungen und Schlussfolgerungen, schreibt er, waren sehr subjektiv und weitgehend undokumentiert. Freeman meint, dass Mead so von der Bedeutung der Kultur überzeugt war, dass ihr Bias sie für die widersprechenden Belege blind machte.

So wie man Probanden zur Vermeidung des Versuchspersonen-Bias manchmal nicht mitteilt, ob sie zur Experimental- oder zur Kontrollgruppe gehören, so kann man auch Versuchsleiter in Unwissenheit darüber belassen, welche Probanden zur Experimentalgruppe gehören und welche nicht. Diese Prozedur wird jeweils als **Blindversuch** (single-blind procedure) bezeichnet. Ein **Doppelblindversuch** (double-blind procedure) findet dann statt, wenn weder Probanden noch Versuchsleiter wissen, welche Versuchspersonen welche Behandlung erfahren. Beispielsweise können Tests ausgewertet und interpretiert werden, ohne dass der Versuchsleiter weiß, ob der jeweilige Proband zur Experimentalgruppe gehört oder nicht.

1.3.5 Teilnehmer an psychologischen Untersuchungen

Obwohl Psychologen vorrangig an menschlichem Verhalten interessiert sind, verwenden sie oft Tiere für experimentelle Untersuchungen. In sehr bekannten Untersuchungen wurden bspw.

- Affenbabies bei der Geburt von ihren Müttern getrennt und in Käfigen mit unbelebten Drahtmodellen mit bizarr aussehenden Masken aufgezogen.
- Schmeißfliegen die Nervenverbindungen zwischen ihrem Gehirn und ihren Darmrohren durchtrennt und dabei beobachtet, wie sie solange Nahrung aufnahmen, bis sie platzten.
- Würmer trainiert, zermahlen und an andere Würmer verfüttert.
- Ratten Elektroschocks verabreicht.
- Katzen in Sicht- und Riechweite von (vermutlich) anregenden Stückchen Fisch in Käfigen gehalten.

Diese Untersuchungen lieferten uns potenziell nützliche Informationen über die Bindung von jungen Lebewesen an ihre Mütter, über die Mechanismen, mit denen die Nahrungsaufnahme kontrolliert wird, über die Eigenschaften von Gedächtnis, über die Beziehung zwischen negativen Konsequenzen und Lernen sowie über die Rolle von Versuch und Irrtum beim Lernen.

Sie sind gute Beispiele für einen der Vorteile der Verwendung von Tieren in psychologischer Forschung: Dass nämlich viele der Prozeduren, die manchmal mit Tieren gemacht werden, aus ethischen Gründen nicht mit Menschen durchgeführt werden können.

Die Verwendung von Tieren anstelle von Menschen in psychologischer Forschung hat weitere deutliche Vorteile: Beispielsweise können die Erfahrungen von Tieren sehr sorgfältig kontrolliert werden, was bei menschlichen Probanden kaum jemals möglich ist. Weiterhin können sich Tiere in relativ kurzer Zeit über viele Generationen fortpflanzen, und ihre Geschlechtspartner können entsprechend den Erfordernissen der Untersuchung für sie ausgewählt werden. Dieser Punkt ist insbesondere für Untersuchungen genetischer Einflüsse sehr nützlich. Menschen pflanzen sich sehr viel langsamer fort und bestehen typischerweise darauf, sich ihre Partner selbst auszusuchen.

In vielen Fällen können Ergebnisse von Tierstudien auf Menschen generalisiert werden, zumindest vorläufig. Dennoch ist es immer möglich, dass Schlussfolgerungen aus der Tierforschung nicht auf Menschen übertragbar sind. Und letztlich interessiert sich die Psychologie am meisten für den Menschen.[5]

1.3.6 Ethik von Tierexperimenten

In unserer Zeit, die geprägt ist von einem größerem Feingefühl, von mehr Bewusstsein, Mitleid und politischer Sensibilität werden manche Prozeduren, wie sie in den gerade beschriebenen Experimenten angewandt wurden, von einigen Menschen aus moralischen und ethischen Gründen als inakzeptabel angesehen. Wie Tannenbaum (2001) erklärt, leisten viele Widerstand gegen die Verwendung von Tieren in der Forschung. Einige argumentieren, dass das erklärte Ziel der Wissenschaft, menschliches Wohlergehen zu verbessern, nicht automatisch als Rechtfertigung dienen könne, um Tiere Schmerz und Leiden auszusetzen (oder sie zu opfern). Die Verwendung von Tieren anstatt Menschen zeige, dass Tiere für weniger **wertvoll** gehalten werden als Menschen. Viele Tierrechtsaktivisten fordern, dass Tiere nicht nur vor Schmerz und Leiden geschützt werden müssen, sondern dass sie ein Recht auf Freude und sogar Glück haben. Einige sind der Ansicht, dass Tiere unter keinen Umständen im Interesse der Wissenschaft zu Schaden kommen dürfen.

Auf der anderen Seite dieser sehr kontroversen und emotional geführten Debatte stehen jene, die behaupten, dass der letztlich erwachsende Nutzen die Forschung an Tieren unter gewissen Umständen rechtfertigt (Brody, 2001). Tierforscher müssen sich stärker mit Informationen an die Öffentlichkeit wenden, schlägt Morrison (2001) vor, damit der potenzielle Nutzen von Tierforschung deutlicher wird und um zu zeigen, dass in der Forschung verwendete Tiere menschlich und ethisch behandelt werden.

Die Association for the Study of Animal Behavior (Guidelines for the treatment of animals, 2002) wie auch die American Psychological Association (APA, 2002, URL: http://www.apa.org/science/anguide. html) listen eine Reihe von Prinzipien als Richtlinien für das Verhalten von an Tieren forschenden Wissenschaftlern auf (▶ Übersicht).

---

[5] Hier unterbrach die alte Dame und bat mich, den Rekorder auszuschalten. Sie sagte, dies sei nicht wirklich Teil des Buches, aber sie wolle erklären, dass viele Menschen während der gesamten Geschichte große Bemühungen unternommen haben, zu beweisen, dass sie sich fundamental von nichtmenschlichen Tieren unterscheiden. Manche haben viel Zeit und Mühe darauf verwandt, die genauen Unterschiede herauszufinden. Sie sagte, dass einige – wie Aristoteles – die **Seele** als unterscheidendes Kriterium annahmen, andere haben dafür **Sprache** oder **Bewusstsein** vorgeschlagen. Wieder andere [z.B. die Kreationisten in den USA] behaupten, dass

ein Schöpfer die Menschen nach seinem Bild schuf und dass dies den kritischen, grundlegenden Unterschied darstellt. Sie wies auf die Argumente einiger Psychologen hin, wegen dieser Unterschiede zwischen Menschen und nichtmenschlichen Lebewesen seien Tiere schlechte Versuchsobjekte in Untersuchungen menschlichen Verhaltens; andere argumentieren, dass Mensch und Tier einander in verschiedenen Aspekten sehr ähneln, und dass angesichts der Tatsache, dass man gewisse experimentelle Prozeduren besser mit Tieren durchführt, es durchaus sinnvoll sei, Tiere in psychologischer Forschung einzusetzen.

1.3 · Wissenschaft und die Entwicklung psychologischer Theorien

Auszug aus den APA-Richtlinien für Forschungsarbeiten an Tieren

- Die Haltung von Tieren muss gültigen Gesetzen und Regelungen entsprechen.
- Jede Forschung mit Tieren muss von einem Psychologen überwacht werden, der in der Haltung von Labortieren geschult ist.
- Alle Mitarbeiter, die mit Tieren arbeiten, sollten in Tierhaltung geschult sein.
- Auf jede nur mögliche Weise muss Schmerz und Leiden der Tiere minimiert werden.
- Tiere dürfen nur dann operiert, ihnen darf nur dann Schmerz und Unbehagen zugefügt werden, wenn dies durch den potenziellen Wert der Forschung gerechtfertigt ist.
- Wenn Tiere getötet werden müssen, soll dies schnell und schmerzlos geschehen.

1.3.7 Menschen als Versuchspersonen

Menschliche Versuchspersonen werden nur selten solch offensichtlichen Schmerzen und Leiden ausgesetzt wie Affen, deren Rolle im Experiment darin besteht, dass sie experimentell induzierte Geschwüre entwickeln, oder wie Kaninchen, die allergieauslösenden Kosmetika ausgesetzt werden. Dennoch existieren experimentelle Behandlungen von Menschen, die psychologisch stressbelastend sind, einige könnten sogar bleibende negative Konsequenzen haben. Infolgedessen hat die American Psychological Association (APA) einen Satz von Richtlinien entwickelt, welche die Durchführung von Forschungsarbeiten mit menschlichen Probanden regeln. Das wichtigste Prinzip, das diesen Richtlinien zugrunde liegt, ist das der **Einverständniserklärung**. Den Probanden muss die Art und der Zweck der Forschung dargelegt werden, sie müssen vollständig frei in ihrer Entscheidung sein, **nicht** teilzunehmen. Dies ist insbesondere für Fälle wichtig, in denen die Untersucher sich in einer Machtposition gegenüber potenziellen Probanden befinden – wie z.B. gegenüber Schülern oder Bewohnern von Altenheimen.

In der Praxis müssen fast alle Untersuchungen, die an nordamerikanischen Schulen durchgeführt

Richtlinien der APA für Forschungsarbeiten mit menschlichen Probanden (Sales & Folkman, 2000)

- Der Versuchsleiter ist dafür verantwortlich, die ethische Annehmbarkeit der Forschungsarbeit einzuschätzen.
- Versuchsleiter müssen überprüfen, ob Probanden einem »Risiko« oder einem »minimalen Risiko« ausgesetzt sind.
- Vor der Untersuchung müssen den Probanden alle Aspekte der Forschungsarbeit dargelegt werden, die ihre Bereitschaft zur Teilnahme beeinflussen könnten.
- Wenn es die Untersuchung erfordert, dass Probanden getäuscht werden, müssen die Versuchsleiter (a) überprüfen, ob der potenzielle Nutzen der Studie die Täuschung rechtfertigt; (b) überprüfen, ob nicht andere Ansätze, die ohne Täuschung auskommen, dieselben Fragen beantworten könnten; (c) den Probanden so bald wie möglich eine »ausreichende« Erklärung geben.
- Probanden müssen die freie Entscheidung haben, nicht teilzunehmen.
- Probanden müssen vor physischen und geistigen Schäden oder Unbehagen geschützt werden. Prozeduren, die möglicherweise zur Schädigung von Probanden führen, dürfen nur dann eingesetzt werden, wenn ihr Nichteinsatz stärker schädigende Konsequenzen haben würde oder wenn der potenzielle Nutzen sehr signifikant ist und alle Probanden voll informiert ihre Zustimmung gegeben haben.
- Wenn schädigende Konsequenzen für die Probanden gegeben sind, ist der Versuchsleiter dafür verantwortlich, diese zu beseitigen und zu korrigieren.
- Die Informationen über die Probanden sind vertraulich zu behandeln, wenn nicht vorab anders vereinbart.

20   Kapitel 1 · Menschliches Lernen: Wissenschaft und Theorie

werden, durch Ethikkomitees genehmigt werden. Der Zweck dieser Komitees ist es, sicherzustellen, dass angemessene ethische Standards eingehalten werden – Standards, deren Sinn es ist, die Probanden zu schützen. Die Richtlinien der APA für Forschungsarbeiten mit menschlichen Probanden enthalten die in der ▶ Übersicht wiedergegebenen Regeln (Sales & Folkman, 2000).

1.4 Lerntheorie: Kurzer Überblick

Weil Lernen Verhaltensänderung als Resultat von Erfahrung bedeutet, basiert die Lernpsychologie auf Beobachtungen von Verhalten und Verhaltensänderungen. Nicht überraschend ist daher, dass die Begriffe **Lerntheorie** und **Verhaltenstheorie** in der psychologischen Literatur oft synonym gebraucht werden.

Lerntheorien (oder Verhaltenstheorien) entstehen aus Versuchen von Psychologen, Struktur in die Beobachtungen, Hypothesen, Ahnungen, Gesetze, Prinzipien und Vermutungen zum Thema menschlichen Verhaltens zu bringen. Es ist nicht überraschend, dass die frühesten Lerntheorien in vielfacher Hinsicht einfacher waren als die erst später entwickelten Theorien. Aufgrund neuerer Befunde und der Erkenntnis, dass die früheren Theorien nicht alle Fakten erklären können, sind Theorien immer komplexer geworden. Dennoch haben die frühesten Theorien weiterhin einen grundlegenden Einfluss auf alle gegenwärtigen Theorien und Forschungsarbeiten.

1.4.1 Anfänge der Lerntheorie

Zu den Ursprüngen der gegenwärtigen psychologischen Theorien gehören frühe Versuche von Psychologen, Verhalten auf der Basis von Instinkten und Emotionen zu erklären. Frühe Psychologen – bspw. William James und Edward Bradford Titchener – verließen sich stark auf **Introspektion** (eine Methode, die eigenen Gefühle und Motive zu untersuchen und daraus zu generalisieren) als eine Art und Weise, Dinge über menschliches Lernen und Verhalten herauszufinden. Man erinnere sich, dass auch Des-

cartes diesen Ansatz benutzte, um die menschliche Natur zu verstehen. Dieser Ansatz unterscheidet sich dramatisch von den objektiveren Methoden der Wissenschaft, die später die Psychologie dominierten.

Die Gründung eines Psychologielabors in Leipzig durch Wilhelm Wundt im Jahre 1879 wird von vielen als der Beginn der **Psychologie als Wissenschaft** angesehen. Obwohl Wundt und seine Nachfolger sich weiterhin mit mentalistischen Konzepten wie Bewusstsein, Empfindung, Gefühl, Vorstellung und Wahrnehmung beschäftigten, versuchten sie, zu deren Untersuchung die objektiven Methoden der Wissenschaft zu verwenden.

Klassifikation der Lerntheorien

Im frühen 20. Jahrhundert begannen Psychologen (insbesondere in den Vereinigten Staaten), subjektive und schwierige Themen wie Geist und Denken abzulehnen, um sich stattdessen auf die objektiveren Aspekte des **Verhaltens** zu konzentrieren. Diese Orientierung wurde schließlich als **Behaviorismus** bekannt. Der Behaviorismus entwickelte Lerntheorien, die sich hauptsächlich mit objektiven Ereignissen wie Stimuli, Reaktionen und Belohnungen befassten. Behavioristische Theoretiker behaupteten, dass **Stimuli** (Bedingungen, die Verhalten auslösen) und **Reaktionen** (tatsächliches Verhalten) die einzigen direkt beobachtbaren Aspekte des Verhaltens seien, daher seien sie die objektiven Variablen, die zur Entwicklung einer Wissenschaft des Verhaltens verwendet werden können. »Die Essenz des Behaviorismus«, erklärt Mills, »ist die Gleichsetzung von Theorie mit Anwendung, von Verstehen mit Vorhersagen, und von den Vorgängen im menschlichen Geist mit sozialer Technologie« (1998, S. 2). Zu den behavioristischen Theorien gehören die von Pawlow, Watson und Guthrie (▶ Kap. 2), Thorndike und Hull (▶ Kap. 3) und Skinner (▶ Kap. 4). Andere Theorien, die viele der Überzeugungen der Behavioristen teilen, die aber stärker auf biologische (▶ Kap. 5) oder mentalistische (▶ Kap. 6) Konzepte zurückgreifen, bilden den Übergang zu der zweiten größeren Hauptgruppe von Theorien, dem **Kognitivismus**.

Kognitionspsychologen interessieren sich für die geistige Aktivität von Menschen, speziell für drei Dimensionen menschlicher geistiger Aktivität: Informationsverarbeitung, Repräsentation, und Be-

1.4 · Lerntheorie: Kurzer Überblick

wusstsein für das Selbst (Mandler, 1985). Gestalt-theorien mit ihrem Interesse für Wahrnehmung und Bewusstsein sind wichtige frühe Beispiele kognitiver Theorien (▶ Kap. 6). Weitere Beispiele sind die von Bruner, Piaget und Wygotski (▶ Kap. 7). Jüngere informationsverarbeitende Ansätze, die Computer-modelle des Denkens entwerfen (▶ Kap. 8) sowie gegenwärtige Untersuchungen von Gedächtnis (▶ Kap. 9) und Motivation (▶ Kap. 10) sind ebenfalls eindeutig kognitiv (❏ Tab. 1.2).

Die zentrale Bedeutung der Unterscheidung zwischen behavioristischen und kognitiven Theorien liegt darin, dass sie eine einfache Klassifizierung von Erklärungen menschlichen Lernens ermöglicht. Dadurch wird es einfacher, die Lerntheorien zu verstehen, sie abzurufen und anzuwenden. Es ist aber zu bedenken, dass Behaviorismus und Kognitivismus nur bequeme Etiketten für extrem komplexe Theorien darstellen. Sogar Theorien, die sehr unterschiedlich erscheinen, enthalten oft gemeinsame Ideen. Nur wenige können als klare Beispiele für einen einzigen theoretischen Ansatz gelten.

❏ **Tab. 1.2.** Klassifikation der Lerntheorien

	Interessierende Variablen	Repräsentative Theorien
Behaviorismus	Stimuli	Thorndike
	Reaktionen	Pawlow
	Verstärkung	Guthrie
	Bestrafung	Watson
		Skinner
		Hull
Übergang: der Beginn des Modernen	Evolutionspsychologie	Rescorla-Wagner
	Soziobiologie	Wilson
	Stimuli	Hebb
	Reaktionen	Tolman
	Verstärkung	Koffka
	Vermittlung (Mediation)	Köhler
	Zweck	Wertheimer
	Ziele	
	Erwartung	
	Repräsentation	
Kognitive Theorien	Repräsentation	Bruner
	Bewusstsein (für das Selbst)	Piaget
	Informationsverarbeitung	Wygotski
	Wahrnehmung	Computermodelle
	Organisation	Informationsverarbeitung
	Entscheidungsfindung	Gedächtnis- und Motivationsmodelle
	Problemlösen	
	Aufmerksamkeit	
	Gedächtnis	
	Kultur	
	Sprache	

22   Kapitel 1 · Menschliches Lernen: Wissenschaft und Theorie

1.5   Vorschau auf den Text

> **In diesem Kapitel…**
>
> Die alte Dame sagte, dass wir nun fast mit Kapitel 1 fertig seien, aber bevor wir
> zum nächsten Kapitel übergingen, würde sie eine Vorschau für jedes der verblei-
> benden elf Kapitel des Buches vorstellen. Sie erklärte, dass diese als hors d'oeuvres
> angeboten würden. Wie hors d'oeuvres, sagte sie, würden sie den Appetit wecken,
> bei nur sehr geringem Appetit vollständig sättigen oder sogar Übelkeit verursa-
> chen. Sie könnte sich vorstellen, dass einige vielleicht lieber direkt zum Entrée
> übergehen würden, und sie wies darauf hin, dass es keinen Nachtisch und wahr-
> scheinlich auch keinen Wein geben würde, und dann lachte sie so plötzlich, dass
> der einäugige Kater aufstand und davonlief und nicht einmal zurückschaute.

Kapitel 2. Früher Behaviorismus: Pawlow, Watson und Guthrie

Man sagt, dass Watson seine Freunde gern mit der Intelligenz seines Hundes beeindruckte. Eines Abends beim Essen kniete er sich neben den Hund und begann in der Art und Weise zu bellen, wie es ein intelligenter Hund wohl auch täte. Der Hund hörte höflich zu und begann danach zu fressen. Am nächsten Abend wiederholte Watson dieselbe Sache. Er kniete sich hin und bellte und heulte, während der Hund abermals aufmerksam zuhörte und dann sein Futter fraß. Watson versuchte, dem Hund beizubringen, nicht auf normale Art, sondern intelligent für sein Futter zu bellen. Die Prozedur, Konditionierung genannt, funktionierte halbwegs. Nach zwei Wochen bellte der Hund immer noch nicht, aber er verweigerte vollständig das Fressen, bis Watson sich hingekniet und gebellt hatte. Warum?

Kapitel 3. Die Auswirkungen von Verhalten: Thorndike und Hull

Einige Professoren beklagen sich darüber, dass ihre Studenten häufig einschlafen, wenn sie ihre großartigen Vorlesungen über Hull halten. Sie glauben, dass die Studenten sich langweilen, aber möglicherweise erleiden die meisten einfach einen Symbolschock.

Was mag dies bedeuten: $SER = SHR \times D \times V \times K$?

Kapitel 4. Operante Konditionierung: Skinners radikaler Behaviorismus

Einmal beschloss ein intelligenter Psychologe, einer Ratte beizubringen, wie man frisst. »Pah«, krächzte seine Großmutter, »Ratten wissen schon, wie man

frisst.« Das war es aber nicht, was ihr Enkel meinte, er wollte vielmehr dieser Ratte beibringen, ordentlich zu essen, mit einem kleinen Löffel, an einem Tisch sitzend und mit geschlossenem Maul kauend. Er erwartete auch, dass die Ratte schließlich lernen würde, nach einem besonders appetitlichen Bissen ihr Maul zierlich mit einer Serviette abzuwischen.

Der Psychologe versuchte dies und hatte beinahe Erfolg. Unglücklicherweise starben sowohl die Ratte wie auch die Großmutter an Altersschwäche, bevor das Lernprogramm beendet war. Wie wurde die Ratte trainiert?

Kapitel 5. Evolutionspsychologie: Lernen, Biologie und das Gehirn

Als er viel jünger war und bei seiner Großmutter wohnte, aß Lefrançois, wie er sagt, viele Kaninchen – Dutzende jeden Winter.[6] Aber eines Abends, als der Eintopf zu alt war, die Milch verdorben oder das Kaninchen zu alt, befiel alle, die am Essen teilgenommen hatten, kurz darauf starke Übelkeit. Seit damals, sagt er, ärgert oder isst er keine Kaninchen mehr – ja, schreibt nicht einmal mehr über sie.

Warum?

Kapitel 6. Übergang zum modernen Kognitivismus: Hebb, Tolman und die Gestaltpsychologen

Ein armer Psychologiestudent, getrieben von Hunger (nach Nahrung und nach Wissen) nahm einen

---

[6] Ich habe keinen Zweifel daran, dass meine Großmutter der alten Frau etwas sehr Ähnliches wie diese Geschichte erzählte, weil die wesentlichen Teile davon tatsächlich passiert sind – wenn auch nicht genau so wie beschrieben.

Ferienjob in einem einsam gelegenen Feuerwachturm an. Mit dem Hubschrauber wurde er zu dem Turm geflogen und dort zurückgelassen – ganz allein. Am zweiten Morgen ging sein Radio kaputt.

Am sechsten Morgen kam der Hubschrauber zurück, mit einem Radiomechaniker an Bord. Aber der Student war verschwunden. Er hatte eine Notiz gekritzelt: **Halte das nicht aus. Gehe nach Hause.** Zuhause war nur 450 km weit weg, durch Fichtenwald und Moor. Er wurde nie wieder gesehen.

Warum? Nicht: Warum wurde er nie wieder gesehen, sondern: Warum ging er weg? Er war nicht dumm.

Kapitel 7. Drei kognitive Theorien: Bruner, Piaget und Wygotski

Wenn ich zu Ihnen sage: »Rotes Haar, blaues Auge, Narbe«, sehen Sie dann einen Schopf rötlichen Haares, einen einzigen Augapfel mit einer blauen Iris, die Länge einer chirurgischen Narbe? Oder haben Sie schon ein Gesicht zusammengesetzt, Nase und Ohren hinzugefügt, die Narbe vom Ohr zur Kehle gezeichnet?

Könnten Sie verhindern, über die gegebene Information hinaus zu gehen?

Kapitel 8. Neuronale Netzwerke: der neue Konnektionismus

Können Maschinen denken? Wie denken sie? Was denken sie? Können sie absichtlich lügen?

Kapitel 9. Lernen und Erinnern

In einem sorgfältig geschützten Psychologielabor einer großen nordamerikanischen Universität sitzt eine kleine, bebrillte, schäbig gekleidete Vordiplomstudentin auf einem Küchenstuhl mit gerader Lehne. Ihr Name ist Miranda. Vor Miranda steht ein Teller, gefüllt mit schrumpeligen, gräulichen Stückchen Nahrung. Sie weiß nicht, was das für eine Speise ist, aber gut gesalzen und gepfeffert schmeckt sie recht gut. Sie hat 24 Stunden lang nichts zu essen bekommen und langt nun eifrig zu.

Unmittelbar vor dieser Mahlzeit wurde Miranda eine einfache Aufgabe in fortgeschrittener Differentialrechnung gestellt – bei der sie kläglich versagte. Nun, nach vier Tellern dieser Speise wird erwartet, dass sie die Aufgabe lösen kann. Warum? Und glauben Sie diese Geschichte wirklich?

Kapitel 10. Motivation

Drei radikale Studentenführer werden auf raffinierte Weise zur Teilnahme an einer psychologischen Untersuchung genötigt. Sie stellen später fest, dass von ihnen erwartet wird, ein Essay zu schreiben, in dem sie einen Standpunkt vertreten, der nicht radikal ist und stattdessen das Establishment befürwortet. Keiner von ihnen wagt, dies zu verweigern, um nicht den Ärger des Psychologiedozenten zu provozieren. Für seine Bemühungen erhält einer der Studenten 50$, der zweite 10$, dem dritten wird eine einzelne 1$-Note überreicht. Den Studenten wird mitgeteilt, dass ihre Essays sehr gut seien und dass die Leitung sie gern veröffentlichen würde. Das Geld ist angeblich ein Honorar für die Rechte an der Veröffentlichung. Die Studenten stimmen der Veröffentlichung ihrer Arbeiten zu. Am nächsten Tag erkundet ein gewiefter Interviewer die tatsächliche Einstellung der Studenten zum Establishment. Eine Großmutter würde fast mit Sicherheit vorhersagen, dass der Student, der 50$ erhalten hat, am ehesten positivere Gefühle gegenüber dem Establishment entwickelt hat. Aber die Großmutter hätte unrecht. Warum? Sie ist nicht dumm.

Kapitel 11. Soziales Lernen: Banduras kognitive Theorie des sozialen Lernens

Dem zwölfjährigen Ronald, der sein ganzes kurzes bisheriges Leben ein gehorsames Kind war, wird erlaubt, den Sommer mit seinem Cousin Edward zu verbringen. Einen Tag kurz nach der Rückkehr aus den Sommerferien schlägt sich Ronald mit dem Hammer auf den Daumen, während er seinem Vater hilft, einen Hühnerstall zu bauen. »@#!%**&«, sagt Ronald mit beeindruckender Überzeugung. Sein Vater hat Ronald vorher nie @#!%**& sagen hören. Was könnte es über Edward verraten, dass Ronald nun @#!%**& sagt? Und was könnte es über Ronald verraten?

Kapitel 12. Analyse, Synthese und Integration

Es gibt viele verschiedene Arten des Lernens, unterschiedliche Resultate des Lernprozesses und vielfältige Modelle des Lernenden, z.B.:

1.6 Anwendungen der Lerntheorie für Erziehung und andere Zwecke

Wie wir gesehen haben, beinhaltet Lernen relativ dauerhafte potenzielle oder tatsächliche Änderungen des Verhaltens als Resultat von Erfahrung. Lerntheorien sind Versuche, diese Veränderungen systematisch zu erklären. Gute Lerntheorien erlauben uns, das Verhalten zu erklären und vorherzusagen und es möglicherweise zu kontrollieren.

Die Aufgabe von Erziehung ist es, das Verhalten zu ändern – und es gleichzeitig vorherzusagen und zu kontrollieren. Vorhersage, Kontrolle und Änderung des Verhaltens sind also die Aufgaben von Eltern, von Therapeuten, von Verkäufern und von vielen anderen menschlichen Zielsetzungen.

In den meisten Fällen besitzen daher gute Lerntheorien praktischen Nutzen für all diese Unternehmungen. Demgemäß enthält jedes Kapitel dieses Buches einen oder mehrere Abschnitte, die sich speziell mit den Implikationen der Lerntheorien für die Erziehung beschäftigen, sowie auch mit einigen ihrer Anwendungen in anderen Bereichen.

1.6 · Anwendungen der Lerntheorie für Erziehung und andere Zwecke

Zusammenfassung

Psychologie ist diejenige Wissenschaft, die sich mit menschlichem Verhalten und Denken beschäftigt. Ihre Wurzeln liegen in der **Epistemologie**, die sich mit der Natur des Wissens befasst. Das **Leib-Seele-Problem** fragt nach der Beziehung zwischen dem Geist (Bewusstsein) und der physikalischen Welt (einschließlich des Körpers).

Lernen kann als relativ dauerhafte, aus Erfahrung resultierende Veränderung im **Potenzial** für Verhalten definiert werden. Daher ist Lernen nicht immer im gezeigten Verhalten erkennbar.

Theorien sind Sammlungen aufeinander bezogener Aussagen, deren Zweck es ist, wichtige Beobachtungen zusammenzufassen und zu erklären. Diese Aussagen sind selten Gesetze (verifizierbare Fakten, über Zweifel erhaben), sie haben stattdessen öfter die Form von Prinzipien (Aussagen, die sich auf eine allgemeinere Vorhersagbarkeit beziehen) oder von Überzeugungen (persönlichere Überzeugungen, manchmal zutreffend und manchmal nicht, die Grundlage der Großmutterpsychologie).

Lerntheorien sind Versuche, zu systematisieren und zu organisieren, was über menschliches Lernen bekannt ist. Sie sind nützlich für die Erklärung, Vorhersage und Kontrolle von Verhalten, und sie können zu neuem Informationsgewinn führen.

Gute Theorien stellen die Fakten dar, sind klar und verständlich, sparsam, von praktischem Nutzen, sind internal konsistent, basieren auf wenigen nicht-verifizierbaren Annahmen, sie sind außerdem befriedigend und regen zum Nachdenken an, sodass sie Anregungen für weitere Forschung geben (sie haben heuristischen Wert).

Der Begriff Wissenschaft bezieht sich auf Sammlungen aufeinander bezogener Informationen (Chemie oder Physik bspw.) wie auch auf eine Haltung zur Suche nach Wissen (sie besteht auf Objektivität, Replizierbarkeit, Konsistenz) und auf eine Methodensammlung, mit der Objektivität gewährleistet wird (eine Frage stellen; eine Hypothese aufstellen; relevante Beobachtungen sammeln; die Hypothese testen; zu einer Schlussfolgerung kommen und diese mitteilen).

Das Experiment ist das mächtigste Werkzeug der Wissenschaft, um die Validität von Hypothesen festzustellen. Im Experiment wird ein Aspekt der Umwelt systematisch manipuliert, um die Auswirkungen dieser Manipulation zu ermitteln. Es kann als eine Methode zum Test von Wenn-Dann-Aussagen angesehen werden, wobei sich das »Wenn« auf unabhängige Variablen bezieht, die manipuliert werden können, um ihre Wirkung auf abhängige Variablen zu überprüfen (das »Dann«).

Psychologische Forschung sollte kritisch hinterfragt werden, z.B. so: Liefert sie eine Erklärung oder nur ein Etikett? Ist die Stichprobe, auf der Schlussfolgerungen basieren, repräsentativ? Besteht die Möglichkeit, dass Probanden unehrlich waren oder sich so verhalten haben, wie sie es taten, weil sie um ihre Mitwirkung in einem Experiment wussten? Könnten die Versuchsleiter durch ihre eigenen Erwartungen beeinflusst worden sein?

Befunde, die auf Tierforschung basieren, können nur mit Vorsicht auf Menschen generalisiert werden. Zusätzlich existieren wichtige ethische Richtlinien für die Forschung sowohl an Tieren wie auch an Menschen.

Die traditionelle Unterteilung von Lerntheorien gründet sich auf die primären Interessen verschiedener Theoretiker. Der Behaviorismus beschreibt einen Ansatz, der sich hauptsächlich mit den beobachtbaren Aspekten menschlichen Funktionierens beschäftigt; Kognitivismus befasst sich hauptsächlich mit Themen wie Wahrnehmung, Informationsverarbeitung, Konzeptbildung, Bewusstsein und Verstehen.

II Behavioristische Theorien

2   Früher Behaviorismus – Pawlow, Watson,
    Guthrie   – 29

3   Auswirkungen von Verhalten:
    Thorndike und Hull   – 61

4   Operante Konditionierung:
    Skinners radikaler Behaviorismus   – 87

5   Evolutionspsychologie:
    Lernen, Biologie und das Gehirn   – 119

2

Früher Behaviorismus – Pawlow, Watson, Guthrie

Geist, m. – eine geheimnisvolle Materieform, die vom Gehirn abgesondert wird. Ihre Hauptaktivität besteht in dem Bemühen, die eigene Natur zu verstehen. Die Vergeblichkeit dieses Versuchs liegt in der Tatsache begründet, dass der Geist nichts hat außer sich selbst, um sich zu verstehen. — Ambrose Bierce

2.1	**Die Anfänge der wissenschaftlichen Psychologie** – 30		2.3.6	Höhere Lernformen – 47
2.1.1	Frühe Psychophysik – 31		2.3.7	Anwendungen von Watsons Psychologie in Erziehung und Unterricht und für andere Zwecke – 47
2.2	**Iwan P. Pawlow (1849–1936)** – 32		2.3.8	Watsons Behaviorismus: Bewertung – 48
2.2.1	Klassische Konditionierung – 33			
2.2.2	Erklärungen für Stimulus-Reaktions-Assoziationen – 36		2.4	**Edwin Guthrie (1886–1959)** – 49
2.2.3	Variationen der Kontiguität – 37		2.4.1	Guthries Gesetz des One-Shot-Learning (Lernen durch ein einmaliges Ereignis) – 49
2.2.4	Phänomene der klassischen Konditionierung – 38		2.4.2	Übung – 51
2.2.5	Implikationen von Pawlows klassischer Konditionierung für die schulische Erziehung – 39		2.4.3	Bewegungserzeugte Stimuli (movement produced stimuli, MPS) – 51
2.2.6	Pawlows klassische Konditionierung: Bewertung – 40		2.4.4	Gewohnheiten – 52
			2.4.5	Vergessen – 52
			2.4.6	Belohnung und Bestrafung – 52
2.3	**John B. Watson (1878–1958)** – 41		2.4.7	Praktische Anwendungen von Guthries Theorie: Formen und Durchbrechen von Gewohnheiten – 53
2.3.1	Behaviorismus – 41			
2.3.2	Lernen: Erklärung aus der klassischen Konditionierung – 42		2.4.8	Guthries Lernen durch ein einmaliges Ereignis: Bewertung – 56
2.3.3	Emotionales Lernen – 42			
2.3.4	Transfer – 43		2.5	**Frühe behavioristische Theorien: Bewertung** – 57
2.3.5	Watsons Environmentalismus – 46			

Die alte Dame war schon auf dem See, als ich ankam, obwohl ich nicht sagen könnte, wie sie dorthin gekommen war. Sie hatte gesagt: »Ich werde einen verdammten Weißfisch fangen«, und dass ich sie am Pigeon Lake treffen sollte.

»Gefällt Ihnen dieser Wagen?«, fragte sie, als sie mich sah, und wedelte mit einer großformatigen Zeitungsanzeige. Ich weiß nicht mehr, was für ein Auto es war, aber ich erinnere mich, dass sich ein langbeiniges Fotomodell auf der Motorhaube räkelte.

»Und wie ist es mit dem hier?«, fragte sie und zeigte mir eine weitere Anzeige: eine andere fast perfekte weibliche Gestalt, ein anderes Auto.

»Ich weiß, dass sie Ihnen gefallen«, sagte sie ein wenig aggressiv, ohne mir Zeit zu lassen, mir eine intelligente Antwort auszudenken. »Und ich werde Ihnen sagen, warum.«
▼

▼

Ich wartete darauf, dass sie mir sagte warum. Stattdessen forderte sie mich auf, den Rekorder einzuschalten, und dass die Antwort im zweiten Kapitel käme. Ich fragte, ob ich vielleicht angeln könnte, während sie sprach, aber sie sagte:»Nein, hören Sie zu. Außerdem brauchen Sie beide Hände um Notizen zu machen. Ich fange genug.« Dann begann sie, ihr Manuskript vorzulesen.

In diesem Kapitel...

Im ersten Kapitel dieses Buches, las sie, wurden Begriffe und Konzepte definiert, die für das Studium menschlichen Lernens wichtig sind, und Ansätze der Theorie- bildung diskutiert. Dieses zweite Kapitel spürt den frühen Anfängen des Behavio- rismus nach, dessen explizites Anliegen das tatsächliche Verhalten ist – im Gegen- satz zu mentaleren Dingen wie Wissen oder Denken. Das Kapitel beschreibt eine der einfachsten Formen des Lernens: die klassische Konditionierung.

Lernziele

Sagen Sie Ihren Lesern, sprach die alte Dame, dass sie nach dem Lesen dieses Ka- pitels einen unwiderstehlichen Drang verspüren könnten, völlig Fremde auf der Straße anzuhalten, um ihnen zu erklären,

- was klassische Konditionierung ist
- welche Bedeutung die Begriffe US, UR, CS, CR, Löschung, Spontanerholung, Generalisierung, Diskrimination und Transfer haben
- wie Emotionen gelernt werden können
- warum Fotomodelle Autos verkaufen
- welche Ähnlichkeiten es zwischen Pawlow, Watson und Guthrie gibt
- und welche Unterschiede
- was der Unterschied zwischen Kontiguität und Verstärkung ist
- warum es so schwierig ist, einer Kuh beizubringen, sich aufrecht hinzusetzen.

Erklären Sie ihnen auch, dass sie nicht ihre Großmütter fragen sollen, wenn sie die- se Dinge nach dem Lesen dieses Kapitels immer noch nicht wissen. Sie sollen stattdessen an Lefrançois schreiben, sagte sie.[1]

2.1 Die Anfänge der wissen- schaftlichen Psychologie

Wie in ▶ Kap. 1 erwähnt, verließen sich die frühen Psychologen stark auf Introspektion als ein Werkzeug zur Untersuchung menschlichen Verhaltens. Schließ- lich besaßen sie auch keinen Zugang zu den ausgefeil- ten Instrumenten, mit denen wir heutzutage mentale Aktivität messen (bspw. Elektroenzephalogramme oder Magnetenzephalographen ▶ Kap. 5; oder Com- puter ▶ Kap. 8). Mittels Introspektion analysierten und interpretierten Psychologen systematisch ihre persönlichen Gedanken und Gefühle in dem Versuch, zu einem Verständnis zu gelangen, das auf andere übertragen werden konnte. Introspektion, manchmal als »Lehnstuhlforschung« bezeichnet, war die Metho- de, die Descartes verwandte, als er die Bedeutung der Realität, des Wissens und des Geistes zu erkennen suchte. Es war auch die Methode, die William James verwandte, der allgemein anerkannte Vater der ameri- kanischen Psychologie. James versuchte, menschliche Erfahrung und menschliches Bewusstsein als **Ganzes**

---

[1] So ist er, der merkwürdige Humor der alten Dame. Schreiben Sie aber nicht, ohne Geschenke mitzuschicken. Ansonsten fragen Sie Ihre eigene Großmutter.

2.1 · Die Anfänge der wissenschaftlichen Psychologie

zu verstehen, er behauptete, dass es keinen Sinn mache, es in kleine Stücke wie Reize und Reaktionen zu zerhacken oder es mit Begriffen wie Sinnesempfindungen und Assoziationen verstehen zu versuchen.

»Ein Fluss oder ein Strom – mit diesen Metaphern kann man es am besten beschreiben«, so behauptete er – daher der gängige Begriff »stream of consciousness« (Strom des Bewusstseins). (James, 1890/1950, S. 239).

Zu der Zeit, als James in Amerika lehrte und schrieb, war in Europa eine andere mächtige Bewegung im Gange. Diese Bewegung war stark durch Biologie und Physiologie beeinflusst. Anstatt sich allein auf die sehr subjektive Methode der Introspektion zu verlassen, wurde ein wissenschaftlicherer Ansatz für das Studium des Geistes verfolgt. Die Methoden entstammten der Psychophysik, der Messung physikalischer Stimuli und ihrer Auswirkungen.

2.1.1 Frühe Psychophysik

Stellen Sie sich vor, Sie stehen in einem völlig dunklen Raum und schauen in die Richtung einer ausgeschalteten 100 Watt-Glühbirne. Solange das Licht aus ist, sehen Sie die Glühbirne nicht. Und selbst wenn das Licht eingeschaltet wird, sehen Sie weiterhin nichts, solange es nur schwach ist. Tatsächlich werden Sie so lange nichts sehen, bis die Lichtintensität ein ausreichendes Mindestniveau erreicht hat.

Absolute Schwelle
Frühe Psychologen, wie Wilhelm Wundt und Gustav Theodor Fechner in Europa und Edward Bradford Titchener, einer von Wundts Schülern, in den Vereinigten Staaten, interessierten sich für Fragen wie: Was ist die Mindestmenge Licht, die das menschliche Auge wahrnehmen kann? Was ist das leiseste hörbare Geräusch? Die leichteste spürbare Berührung? Was sie mittels ihrer psychophysikalischen Messungen erreichen wollten, war eine exakte Festlegung der absoluten Schwelle für jede Sinnesmodalität, d. h. die geringste Menge an Stimulation, durch die eine Sinnesempfindung ausgelöst wird (▶ Biographie Wilhelm Wundt).

Es zeigt sich, dass dies nicht möglich ist, weil es kein bestimmtes Niveau von Licht oder Ton oder Druck gibt, das jedes Mal eine Stimulation auslöst, während alle Reizungen unterhalb dieser Schwelle unbemerkt bleiben. Es gibt Menschen, die empfindlicher als andere sind (die z. B. besser sehen oder hören). Für jedes Individuum gibt es aber eine untere Grenze, unterhalb der ein Stimulus niemals bemerkt wird, und eine obere Grenze, oberhalb der er immer bemerkt wird. Zwischen diesen beiden gibt es einen Punkt, bei dem der Stimulus in 50 % der Fälle erkannt wird. Dieser Punkt wird absolute Schwelle genannt, obwohl er eigentlich eher eine Annäherung als absolut ist.

Wilhelm Wundt (1832–1920)

Wundt war eines von vier Kindern eines evangelischen Geistlichen und seiner Frau, die in Mannheim lebten. Außer ihm und einem seiner Brüder starben die Kinder alle im Kindesalter. Berichten zufolge war er ein sehr introvertierter Junge, dessen einziger Freund etwas älter und geistig behindert war. Wundt wurde extrem streng erzogen, er wurde oft in dunkle Räume gesperrt, wenn er sich schlecht benommen hatte. Wundts frühe Schullaufbahn war schwierig und nicht sehr erfolgreich, aber als er zur Universität ging, begannen ihn die Anatomie und die Geheimnisse des Gehirns zu faszinieren und er wurde quasi über Nacht zum Gelehrten. Im Alter von 24 Jahren machte er seinen Abschluss in Medizin und wurde danach Dozent für Physiologie. 17 Jahre verbrachte er in der medizinischen Fakultät der Universität Heidelberg, 1 Jahr in Zürich als Professor für Philosophie und 42 Jahre in Leipzig, wo er das Psychologie-Labor gründete, das allgemein als Keimzelle der Psychologie als Wissenschaft angesehen wird. Offenbar war er ein ruhiger, bescheidener Mann, der sein Labor und sein Heim nur selten verließ. Er schrieb fast ununterbrochen und produzierte mehr als 500 Bücher und Artikel. Boring (1950) schätzte, dass Wundt über 68 Jahre hinweg, Tag und Nacht, durchschnittlich alle 2 Minuten ein veröffentlichtes Wort schrieb. Sein größtes Lehrbuch zur Psychologie erschien in der Erstausgabe in drei Bänden mit 553, 680 und 796 Seiten.

Unterschiedsschwelle
Psychophysiker maßen nicht nur Schwellen, sondern auch etwas, was sie **Unterschiedsschwelle** nannten. Diese wird auch häufig als **eben merklicher Unterschied** bezeichnet. Man kann den Unterschied zwischen Gewichten von 1 und 2 Pfund erkennen – dies ist leicht zu demonstrieren, indem man einen Beutel Bohnen mit 1 Pfund Gewicht und einen anderen mit 2 Pfund Gewicht hochhebt – der Unterschied zwischen beiden ist ein **merklicher Unterschied**. Fechner (1860/1966) und sein Schwager, Max Weber, interessierten sich dafür, die geringste Stimulusänderung herauszufinden, die festgestellt werden kann, also die **Unterschiedsschwelle** oder den **eben merklichen Unterschied**.

Wenn man den Unterschied zwischen 1 und 2 Pfund bemerken kann, bedeutet das dann, dass der eben merkliche Unterschied für Gewicht etwas weniger als 1 Pfund beträgt? Nein, sagt Weber. Man kann den Unterschied zwischen 1 und 2 Pfund erkennen, vielleicht auch den zwischen 6 und 7 Pfund, aber schwerlich den Unterschied zwischen 10 und 11 Pfund und noch weniger den zwischen 99 und 100 Pfund. Gleichermaßen kann man den Unterschied zwischen einer 25 Watt-Glühbirne und einer 60 Watt-Glühbirne erkennen, einen Unterschied von 35 Watt. Aber man kann nicht zwischen 1.000 Watt und 1.100 Watt diskriminieren. Obwohl der Unterschied im zweiten Fall beinahe dreimal so groß ist, handelt es sich nicht um einen merklichen Unterschied.

Eben merkliche Unterschiede sind laut Weber eine konstante Proportion eines Stimulus. Für angehobene Gewichte beträgt diese Konstante bspw. etwa 1/30. Das bedeutet, dass ein Gewichtheber, der normalerweise 300 Pfund heben kann, zusätzliche 5 Pfund wahrscheinlich nicht bemerkt, wohl aber einen Unterschied von 10 Pfund. Ein Gewichtheber, der 600 Pfund heben kann, benötigt 20 zusätzliche Pfund, bevor er einen Unterschied bemerkt (◘ Abb. 2.1). Fechner nannte diese Schlussfolgerung das Webersche Gesetz.

Für die Psychophysik ist es ein unglücklicher Umstand, dass Webers Konstanten nicht besonders konstant sind. Einige Menschen reagieren sensitiver auf Stimulusänderungen als andere, außerdem kann die Sensitivität von Menschen von Tag zu Tag oder sogar von Augenblick zu Augenblick schwanken – abhängig von Müdigkeit und anderen Faktoren. Dennoch scheint das Webersche Gesetz als allgemeines Prinzip Gültigkeit zu haben (Falmagne, 1985).

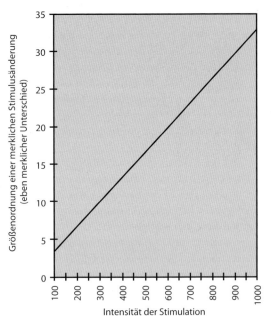

◘ **Abb. 2.1.** Eine graphische Darstellung des Weberschen Gesetzes. Wenn die Intensität der Stimulation steigt, werden proportional größere Anstiege der Stimulation benötigt, damit sie wahrnehmbar sind

2.2 Iwan P. Pawlow (1849–1936)

Fechner, Weber, Titchener, Wundt und andere frühe Psychologen waren sowohl Physiologen als auch Psychologen. Ein weiterer Physiologe mit starkem Einfluss auf die Entwicklung der Psychologie weltweit war der Russe Iwan Pawlow (▶ Biographie Pawlow).

Das Experiment, für das Pawlow am berühmtesten wurde, war das Ergebnis einer beinahe zufälligen Beobachtung. Pawlow hatte die Rolle verschiedener Verdauungssäfte, einer davon Speichel, erforscht und eine Prozedur entwickelt, mit der er den Speichelfluss der von ihm in Experimenten verwendeten Hunde feststellen und messen konnte. Im Jahre 1904 erhielt er den Nobelpreis in Medizin und Physiologie für seine Forschung zur Verdauung – Arbeiten, die laut Smith (1995) Pawlows bemerkenswerte Fähigkeiten im Experimentieren und Schlussfolgern illustrieren.

2.2 · Iwan P. Pawlow (1849–1936)

Iwan Petrowitsch Pawlow (1849–1936)

Pawlow wurde als Sohn eines armen Dorfpriesters in Russland geboren und begann zunächst, in die Fußstapfen seines Vaters zu treten und ebenfalls eine Priesterlaufbahn anzustreben. In der Grundschule war er ein ziemlich schlechter Schüler; niemand hätte sich erträumt, dass er eines Tages den Nobelpreis erhalten würde.

Seine erste Ausbildung nach dem Abschluss der höheren Schule begann er im kirchlichen Seminar in Riazan. Aber laut Windholz (1997) war der junge Pawlow so stark durch russische Übersetzungen westlicher Wissenschaftsschriften beeinflusst, insbesondere durch ihre darwinistischen Gedanken, dass er prompt seine religiöse Ausbildung aufgab. Stattdessen ging er an die Universität Sankt Petersburg, wo er sich auf Tierphysiologie und Medizin spezialisierte.

Nach seinem Abschluss in Medizin ging Pawlow nach Deutschland, wo er für weitere 2 Jahre Physiologie und Medizin studierte, bevor er nach Sankt Petersburg zurückkehrte, um als Assistent in einem Physiologielabor zu arbeiten. Später wurde er zum Professor für Pharmakologie ernannt und im Alter von 41 Jahren Leiter der Abteilung Physiologie. Seine Arbeiten beschäftigten sich weiterhin fast ausschließlich mit physiologischen Themen, insbesondere mit Verdauungsprozessen. Erst im Alter von 50 Jahren begann er mit der Untersuchung der klassischen Konditionierung, diese Studien setzte er über 30 Jahre lang fort. Seine internationale Reputation war laut Windholz (1997) so groß, dass er als einer von wenigen sowjetischen Wissenschaftlern das bolschewistische Regime offen kritisieren und straffrei für die Menschenrechte eintreten konnte. Im Jahre 1923, mit 74 Jahren, besuchte der berühmte Wissenschaftler und Nobelpreisträger die Vereinigten Staaten. Im New Yorker Grand Central Bahnhof wurde Pawlow ausgeraubt (Thomas, 1997).

Bis zu seinem Ende bestand Pawlow darauf, dass er Physiologe und nicht Psychologe sei. Tatsächlich betrachtete er die Psychologie mit solcher Verachtung, dass er seine Mitarbeiter bestrafte, wenn sie psychologische anstatt physiologische Ausdrücke verwendeten (Watson, 1971). Dennoch schrieb er Veröffentlichungen und verfasste theoretische Erklärungen für psychologische Themen wie Hypnose und Paranoia und lieferte unschätzbare Beiträge zur Entwicklung der Lerntheorien (Windholz, 1996a, 1996b).

Während seiner Arbeiten bemerkte Pawlow zufällig, dass einige seiner Laborhunde zu speicheln begannen, bevor sie gefüttert wurden. Er sah außerdem, dass dies nur bei Hunden auftrat, die schon längere Zeit im Labor lebten.

2.2.1 Klassische Konditionierung

Um eine wissenschaftliche Erklärung für das Speicheln seiner Hunde vor der Fütterung zu finden, entwarf Pawlow eine Serie von heute sehr berühmten Experimenten zur **klassischen Konditionierung**. In diesen Experimenten zeigte er, dass nicht nur der Anblick von Futter Speichelfluss bei seinen Hunden auslösen konnte, sondern dass beinahe jeder klar erkennbare Stimulus dieselbe Wirkung haben konnte, wenn er nur oft genug mit Futter gepaart dargeboten wurde. Stets der Physiologe, glaubte Pawlow, dass er »psychische Ausscheidungen« entdeckt hatte.

In seiner Demonstration beschreibt Pawlow das Futter als **unkonditionierten Stimulus (US)**. Es wird als Stimulus bezeichnet, weil es ein Umweltereignis ist, welches den Organismus beeinflusst, und es wird **unkonditioniert** genannt, weil es zu einer Reaktion führt (einer Muskel- oder Drüsenreaktion), ohne dass zuvor Lernen stattgefunden hat. Der Speichelfluss in Reaktion auf das Futter wird als **unkonditionierte Reaktion (UR)** bezeichnet, weil er mit einem unkonditionierten Stimulus assoziiert ist. Demzufolge ist eine unkonditionierte Reaktion eine Reaktion, die ohne Lernen auftritt.[2]

---

[2] Tatsächlich, warf die alte Dame ein, verwendete Pawlow nicht die Begriffe »konditioniert« und »unkonditioniert«. Er sprach von »konditional« und »unkonditional« – Begriffe, die wesentlich mehr Sinn machen, wenn man darüber nachdenkt. Es waren die Übersetzer, die das vermasselt haben, nörgelte sie.

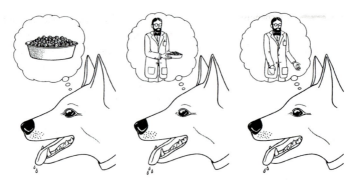

☐ **Abb. 2.2.** Pawlow bemerkte zunächst, dass der Anblick des Pflegers allein genügte, um bei einigen seiner Experimentalhunde Speichelfluss auszulösen. In weiteren Experimenten untersuchte er die daran beteiligten Lernprozesse

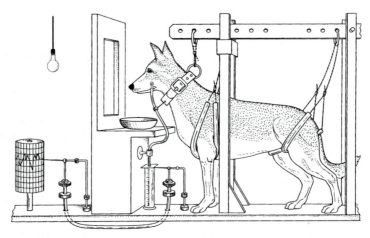

☐ **Abb. 2.3.** In seinen Experimenten setzte Pawlow seine Hunde oft in ein solches Geschirr. Pulverisiertes Futter kann entweder in das Maul des Hundes oder in den Napf gegeben werden. Ein Schlauch wird chirurgisch in den Kanal der Parotis (Ohrspeicheldrüse) eingeführt, sodass die Speichelmenge beim Herabtropfen in den Schlauch gemessen werden kann, wobei sie eine Bewegung in einem Gleichgewichtsmechanismus am anderen Ende des Schlauches auslöst. Diese Bewegung wird auf einer rotierenden Trommel aufgezeichnet. Im hier gezeigten Experiment wird der US (Futter) mit einem CS (Licht, das durch das Fenster scheint) gepaart

Pawlow zeigte wiederholt, dass wenn ein US (z. B. Futter) nur oft genug mit einem anderen Stimulus gepaart wird, dieser andere Stimulus schließlich die Reaktion auslöst, die ursprünglich nur mit dem US assoziiert war (in diesem Falle Speichelfluss). Wenn bspw. jedes Mal ein Summer ertönt, wenn dem Hund Futter präsentiert wird, dann wird schließlich der Summer – bezeichnet als **konditionierter Stimulus (CS)** – die Reaktion des Speichelns auslösen – dies ist nun eine **konditionierte Reaktion (CR)**. Illustrationen dieser Prozedur sind in den ☐ Abb. 2.2, 2.3 und 2.4 zu sehen.[3]

Klassische Konditionierung wird auch als **Lernen durch Stimulus-Substitution** bezeichnet. Der Grund dafür ist, dass der konditionierte Stimulus nach ausreichend häufiger Paarung mit dem unkonditionierten Stimulus diesen ersetzen kann. Der CS löst eine ähnliche, wenn auch schwächere Reaktion aus. Der Vorgang wird auch manchmal als **Signallernen** bezeichnet, weil der konditionierte Stimulus als Signal für das Auftreten des unkonditionierten Stimulus dient. In Pawlows Demonstration ist der Summer ein Signal dafür, dass bald Futter folgen wird.

---

[3] So, sagte die alte Dame an diesem Punkt, verstehen Sie nun, warum halbangezogene menschliche Körper Autos verkaufen? Aber, wie aus meinen Notizen hervorgeht, redete sie weiter, bevor ich antworten konnte. Die Antwort findet sich in ▶ Kap. 11.

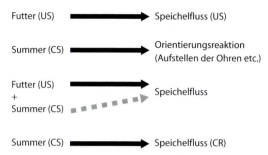

◘ Abb. 2.4. Klassische Konditionierung. Futter löst bei einem Hund Speichelfluss aus, der Summer hat keine solche Wirkung. Nach aufeinanderfolgenden Paarungen von Futter und Summer beginnt auch der Summer, den Speichelfluss hervorzurufen

Bei der klassischen Konditionierung beginnt Lernen immer mit einer ungelernten Reaktion (UR), die zuverlässig durch einen spezifischen Stimulus ausgelöst werden kann (den US). Diese ungelernte Stimulus-Reaktions-Einheit wird als **Reflex** bezeichnet.

Menschliche Reflexe

Reflexe sind definiert als einfache, unbeabsichtigte und ungelernte Verhaltensweisen. In gewissem Sinne sind sie vorverdrahtete Stimulus-Reaktions-Einheiten. Der Stimulus Futter löst zuverlässig Speichelfluss aus, ob man nun speicheln will oder nicht; die Reaktion ist reflektorisch, das bedeutet, sie ist unwillkürlich und weitgehend unkontrollierbar. In ähnlicher Weise kommt es zu einem Ruck des Knies, wenn jemand auf die Patellarsehne (Kniesehne) schlägt. Auf dieselbe Weise blinzelt man, wenn etwas potenziell Gefährliches sich dem Auge nähert.

Menschen werden mit einer Anzahl von Reflexen geboren, von denen viele sehr wichtig für das Überleben sind. Der **Saugreflex**, der beim Säugling das Saugen auslöst, wenn der Mund angemessen stimuliert wird, steht klar im Zusammenhang mit dem Überleben des Säuglings. Dasselbe gilt für den **Moro-Reflex**, obwohl seine Bedeutung für das Überleben weniger offensichtlich ist. Der Moro-Reflex ist die Schreckreaktion des Säuglings. Er besteht in einem symmetrischen Nach-vorn-Werfen von Armen und Beinen, die danach wieder zurückgezogen werden. Es gibt Spekulationen, dass diese reflektorische Reaktion für auf Bäumen lebende Primatenkinder wichtig gewesen sein könnte, weil diese damit möglicherweise einen Ast greifen und sich so retten konnten, wenn sie plötzlich von einer unachtsamen Mutter fallengelassen wurden (◘ Tab. 2.1).

Die meisten Reflexe, die zuverlässig durch einen Stimulus ausgelöst werden können, können bei Mensch und Tier klassisch konditioniert werden. Der Patellarsehnenreflex, der Lidschlagreflex und der Pupillenreflex können alle auf verschiedene Stimuli konditioniert werden. Darüber hinaus können einige Drüsenreaktionen (wie Speicheln) und andere internale Reaktionen konditioniert werden. Der

◘ **Tab. 2.1.** Einige Reflexe des Neugeborenen

Reflex	Stimulus	Reaktion
Saugen	Objekt im Mund oder an den Lippen	Saugt
Rooting-Reflex (Suchreflex)	Streicheln der Wange oder des Mundwinkels	Wendet den Kopf zur berührten Seite
Schlucken	Nahrung im Mund	Schluckt
Niesen	Irritation in den Nasenwegen	Niest
Moro-Reflex	Plötzliches lautes Geräusch, Verlust des Halts	Wirft die Arme und Beine symmetrisch nach vorn
Babinski-Reflex	Kitzeln der Mitte der Fußsohlen	Spreizt und hebt die Zehen
Zehengreifen	Kitzeln der Fußsohle direkt unterhalb der Zehen	Biegt die Zehen um das Objekt
Greifreflex	Objekt, in die Hand des Säuglings gelegt	Hält das Objekt fest
Schwimmreflex	Säugling horizontal gehalten, am Unterleib unterstützt	Führt koordinierte Schwimmbewegungen aus
Schreitreflex	Säugling vertikal gehalten, die Füße berühren leicht eine ebene Fläche	Führt koordinierte Laufbewegungen aus

Ausdruck **interozeptive Konditionierung** wird verwendet, um die Konditionierung von Reaktionen zu beschreiben, an denen Drüsen oder die glatte Muskulatur beteiligt sind. So kann bspw. die Verengung oder Erweiterung von Blutgefäßen, welche durch externes Anlegen von kalten oder heißen Packungen ausgelöst wird, auf eine Glocke oder einen Summer konditioniert werden. Auch das Urinieren kann klassisch konditioniert werden.

Wenn ausreichend Luft in die Blase eines Menschen eingebracht wird, steigt der Druck in der Blase und es kommt zum Urinieren. Wenn das Einführen von Luft mit einer Glocke oder einem Summer gepaart wird, löst die Glocke allein schon nach relativ wenigen Paarungen das Urinieren aus.

Im Zusammenhang damit berichtet Keller (1969) von einer Prozedur, bei der Probanden gebeten werden, ihre rechte Hand in Behälter mit Eiswasser zu tauchen. Dies führt zu einem sofortigen Temperaturabfall in dieser Hand und interessanterweise auch zu einem leichten messbaren Temperaturabfall in der anderen Hand. Wenn die Hand in regelmäßigen Abständen (alle 3 bis 4 Minuten) ins Eiswasser getaucht wird und jedem Eintauchen ein Summton vorausgeht, dann löst nach etwa 20 Paarungen der Summton allein eine messbare Verringerung der Handtemperatur aus.

Ein weiterer, leicht klassisch zu konditionierender Reaktionstyp ist Geschmacksaversion – eine starke Abneigung, bestimmte Dinge zu essen oder zu trinken. Einige Geschmacksaversionen sind erblich, sie hindern Tiere und Menschen daran, bitter schmeckende Substanzen zu essen (welche zufälligerweise oft gerade deshalb bitter schmecken, weil sie giftig sind). (Klassische Konditionierung von Geschmacksaversion ▶ Kap. 5).

Wie leicht eine klassisch konditionierte Reaktion erworben werden kann, hängt von einer Reihe von Faktoren ab. Nicht der unwichtigste Faktor davon ist die Unterscheidbarkeit des konditionierten Stimulus. Summer und andere Töne haben sich im Tierexperiment als besonders gute Konditionierungsstimuli erwiesen, weil sie gut unterscheidbare Stimuli sein können.[4]

2.2.2 Erklärungen für Stimulus-Reaktions-Assoziationen

Grundsätzlich bietet die Konditionierungstheorie zwei verschiedene Erklärungen für das Lernen: **Kontiguität und Verstärkung**. Kontiguität, das simultane oder beinahe simultane Auftreten von Ereignissen, ist die von Pawlow vorgebrachte Erklärung und, wie wir bald sehen werden, auch die von Theoretikern wie Watson und Guthrie. Diese Theoretiker glaubten, dass die Paarung von zwei Ereignissen (manchmal nur einmal, manchmal häufiger) für das Auftreten einer Verhaltensänderung ausreichend sei. Bei Verstärkung handelt es sich um ein komplexeres Konzept, das mit der Wirkung eines Stimulus zu tun hat. Eine Art von Verstärkung ist bspw. positive Verstärkung, bei der eine Wirkung (wie das Stillen von Hunger) zu Lernen führt. Verstärkung wird

---

[4] Nachdem sie diesen Abschnitt beendet hatte, sagte die alte Dame, dass sie noch ein anderes Beispiel kenne, aber ich solle den Kassettenrekorder abschalten. Als ich fragte, warum, sagte sie, ihr sei es eigentlich gleichgültig, aber nachdem sie die Kommentare für die Revision der alten, 4. Auflage dieses Buches gelesen habe, sei sie zu dem Schluss gekommen, dass es aus verschiedenen Gründen wie z. B. political correctness wichtig sei, Studenten nicht bestimmten Themen auszusetzen. Sie erinnerte mich daran, dass einer der Lektoren geschrieben hatte (auf einen anderen Abschnitt bezogen): »Unser Ziel ist es zu lehren, nicht zu reizen.« Daraufhin schaltete ich den Kassettenrekorder ab. Die alte Dame schwieg, während sie den Köder an den Haken hängte, ihn im rechten Winkel zu der Angelschnur ausrichtete und dann in das Loch herabsenkte, wobei sie sich vorbeugte, um die Tiefe zu prüfen. Dann begann sie, eine Untersuchung von Letourneau und O`Donohue (1997) zu beschreiben. Un-

glücklicherweise sind meine Notizen hier beinahe unleserlich, weil die alte Dame mitten in der Geschichte einen Weißfisch fing, und als ich ihr zu Hilfe eilte, wurde mein Notizbuch nass und die Tinte verlief. Woran ich mich erinnere ist dies: In der Studie wurden 25 Frauen im Alter von 18 bis 40 Jahren im Rahmen einer Konditionierungsuntersuchung erotische Videoclips gezeigt und diese mit einem Warnlicht (gelbem Licht) gepaart, außerdem wurde die sexuelle Erregung der Frauen mittels physiologischer Methoden wie vaginaler Impulsamplitude und vaginaler Photopletysmograph-Aufzeichnungen gemessen. Verschiedene Paarungen von Licht und Videos wurden verwendet, die Resultate zeigten, dass sexuelle Erregung klassisch konditioniert werden kann, sodass diese Frauen dann durch ein dummes Warnlicht erregt werden konnten. Aber es ist nicht nötig, so etwas im Buch zu erwähnen, erklärte die alte Dame.

im nächsten Kapitel detaillierter definiert und beschrieben (▶ Kap. 3).

2.2.3 Variationen der Kontiguität

Ereignisse besitzen **Kontiguität**, wenn sie zur selben Zeit am selben Ort auftreten. Kontiguität bedeutet nicht automatisch **Kontingenz**. Ereignisse sind kontingent, wenn das Auftreten des einen vom Auftreten des anderen abhängig ist. So besteht eine Kontingenz zwischen Ereignis A und Ereignis B, wenn das Auftreten von A vom Auftreten von B abhängig ist. Zum Beispiel: Wenn man ein neues Auto bekommt, sofern man eine Menge X von CLEANSOAP verkauft hat, dann ist der Erhalt des Autos kontingent, also abhängig vom Verkauf der Seife. Pawlow'sche Konditionierung basiert auf Kontiguität und nicht auf Kontingenz. Im Gegensatz dazu verwenden verstärkungsbasierte Theorien wie B.F. Skinners operante Konditionierung die Kontingenz als Erklärungsprinzip.

In der klassischen Konditionierung bedeutet Kontingenz nicht immer, dass der CS zu exakt derselben Zeit beginnt und endet wie der US. Tatsächlich ist eine solche **simultane Paarung** (oder **simultane Konditionierung**) nicht die effektivste Methode, um eine Reaktion klassisch zu konditionieren.

Weit effektiver ist eine **verzögerte Paarung** (**verzögerte Konditionierung**), bei der der CS vor dem US und während der Präsentation des US präsentiert wird. Diese Form der Konditionierung heißt verzögert aufgrund des zeitlichen Abstandes zwischen der Präsentation des CS und dem Beginn des US. Bei der **Spurpaarung** (oder **Spurkonditionierung**) beginnt und endet der CS vor dem Beginn des US, sodass sich ein geringer Zeitabstand zwischen den beiden ergibt (bei Zeitabständen von länger als einer halben Sekunde ist Spurkonditionierung normalerweise nicht sehr effektiv). Bei der **Rückwärtspaarung** (oder **Rückwärtskonditionierung**) wurde der US bereits präsentiert, bevor der CS gezeigt wird.

Bei der klassischen Pawlow'schen Demonstration erfordert eine simultane Paarung, dass der Summer im selben Moment ertönt, in dem das pulverisierte Futter ins Maul des Hundes gegeben wird; eine verzögerte Paarung würde bedeuten, dass der Summer kurz vor der Gabe des pulverisierten Futters ertönt und im selben Moment endet wie die Futtergabe; eine Spurpaarung würde erfordern, dass der Summer ertönt und verstummt, bevor das pulverisierte Futter in das Maul des Hundes gelangt; bei der Rückwärtspaarung schließlich wird zuerst das pulverisierte Futter gegeben und kurze Zeit später ertönt der Summer. Diese vier Möglichkeiten werden in ◻ Abb. 2.5 dargestellt, in der Reihenfolge von der wirksamsten bis zur am wenigsten wirksamen Variante.

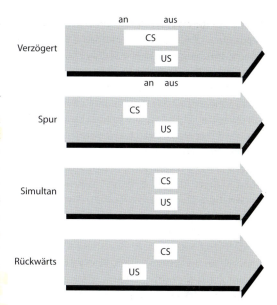

◻ **Abb. 2.5.** Auswirkungen von Variationen in CS-US Paarungen. Die Paarungssequenzen werden hier in der Reihenfolge ihrer Wirksamkeit gezeigt. Beim verzögerten Konditionieren erfolgt die Konditionierung am schnellsten, wenn der konditionierte Stimulus (z. B. der Summer) kurz vor dem unkonditionierten Stimulus (pulverisiertes Futter) präsentiert wird und während der Präsentation des US weiter ertönt

Rückwärtskonditionierung und biologische Prädispositionen

Rückwärtskonditionierung – oder Rückwärtspaarung, wobei der CS dem US folgt – wurde lange Zeit für komplett unwirksam gehalten. Tatsächlich kommt es in den meisten Fällen normalerweise nicht zu klassischer Konditionierung, wenn diese Anordnung verwendet wird. Bei einer kleinen Zahl sehr spezifischer Experimente ist es Forschern jedoch gelungen, Rückwärtskonditionierung zu erzeugen. In einem für diese Untersuchungen repräsentativen Experiment (Keith-Lucas & Guttman, 1975) wurde eine Vermeidungsreaktion bei Ratten klassisch konditioniert, indem man ihnen Elektroschocks (US) gab und danach einen Plastikigel (CS) in ihre Käfige setzte. Eine signifikante Anzahl der Ratten reagierte mit offensichtlicher Angst, wenn ihnen am nächsten Tag das Plastikspielzeug gezeigt wurde, vorausgesetzt es wurde innerhalb von 10 Sekunden nach dem Schock in die Käfige gesetzt. Ratten, bei denen ein 40-sekündiger Abstand zwischen Schock und Präsentation des Spielzeugs verwendet wurde, zeigten wenig Angst.

Die Bedeutung dieser und ähnlicher Untersuchungen liegt weniger darin, dass sie die Möglichkeit einer Konditionierung durch Rückwärtspaarung zeigen, sondern vielmehr darin, dass sie zu der wachsenden Zahl von Belegen dafür gehören, dass bestimmte Arten von Lernen einigen Organismen leichter fallen als anderen. Wie in ▶ Kap. 5 gezeigt wird, scheinen Menschen eine Bereitschaft für das Lernen mancher Dinge (z. B. Sprache) zu besitzen, andererseits scheinen Menschen auch eine Bereitschaft zu haben, manche Dinge nicht zu lernen (z. B. Vermeidung süßer Speisen – eine Form von Lernen, für die Menschen gerade keine Bereitschaft zu besitzen scheinen). In ähnlicher Weise besitzen Ratten eine Bereitschaft, Angst vor Igeln zu erwerben, aber nicht dafür, Sprache zu erlernen. Die Entdeckung und Ausarbeitung dieser biologischen Beschränkungen stellt einen wichtigen, wachsenden Bereich psychologischer Forschung und Theoriebildung dar (▶ Kap. 5).

2.2.4 Phänomene der klassischen Konditionierung

In mehr als 20 Jahren detaillierter Experimente zur klassischen Konditionierung entdeckten Pawlow und seine Schüler verschiedene Phänomene, von denen einige weiterhin untersucht werden.

Erwerb (Akquisition)
Pawlow und seine Schüler fanden z. B. heraus, dass der **Erwerb**, also die Bildung einer Assoziation zwischen Stimulus und Reaktion, eine gewisse Anzahl von CS-US Paarungen benötigt.

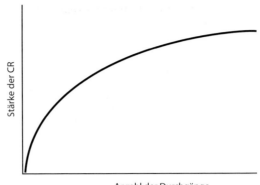

Abb. 2.6. Eine hypothetische Lernkurve. Bemerkenswert ist, dass die Stärke der konditionierten Reaktion zunächst stark ansteigt und dann abflacht

Nach nur ein oder zwei Paarungen löst der CS normalerweise keine CR aus. Aber mit einer steigenden Anzahl von Paarungen tritt die CR häufiger und **stärker** auf. Im Speichelfluss-Experiment z. B. steigt die Speichelmenge als Reaktion auf den CS an, bis sie einen Höchstwert erreicht, wonach sie in geringerem Masse steigt. Forscher und Studenten in der Psychologie haben Tausende von Lernkurven gezeichnet, die dieses Phänomen illustrieren. Eine davon ist in ◘ Abb. 2.6 zu sehen.

Lernkurven werden durch die Anzahl der Paarungen von US und CS und durch die Stärke des US beeinflusst. Im Allgemeinen gilt: Je stärker der US (je größer das Steak; je lauter das Geräusch; je stärker der Luftstoß), desto schneller erreicht die CR ihren Höchstwert.

Löschung (Extinktion) und Erholung
Ein weiterer wichtiger Befund Pawlows ist, dass klassisch konditionierte Assoziationen bemerkenswert dauerhaft sind. Ein Hund, der konditioniert wurde, auf einen Ton hin zu speicheln, danach monatelang in Ruhe gelassen wird und nichts anderes tut als das, was Hunde normalerweise tun, wird sofort wieder speicheln (wenn auch möglicherweise etwas geringer), wenn er zurück ins Labor gebracht wird und ihm dort derselbe Ton präsentiert wird. Gleichermaßen wird Maurice, der als kleiner Junge mehrmals angsteinflößende Erfahrungen mit Schlangen gemacht hat, sofort wieder der kalte Schweiß ausbrechen, wenn man ihm heute eine Schlange zeigt, auch

2.2 · Iwan P. Pawlow (1849–1936)

wenn er zwischendurch jahrelang keine Schlange gesehen hat.

Aber klassisch konditionierte Reaktionen können eliminiert werden – eine Prozedur, die Pawlow **Löschung (Extinktion)** nannte. Eine Methode, eine konditionierte Reaktion zu löschen besteht darin, den konditionierten Stimulus wiederholt ohne den unkonditionierten Stimulus zu präsentieren. Wenn z. B. der Summer weiter summt, aber kein Futter präsentiert wird, hört der Hund nach kurzer Zeit auf zu speicheln. Interessant ist jedoch, dass der Hund wieder speichelt, wenn auch mit geringerer Intensität, wenn der CS (der Summer) einige Zeit später abermals präsentiert wird, – ein Phänomen, das als **Spontanerholung** bezeichnet wird. Um eine Reaktion vollständig zu löschen, wäre es notwendig, den CS noch einmal ohne den US zu zeigen und diese Prozedur möglicherweise mehrere Male zu wiederholen. Schließlich wird dann jedes Anzeichen von Spontanerholung verschwinden (◘ Abb. 2.7.).

Generalisierung und Diskrimination

Pawlow demonstrierte auch, dass wenn ein Hund konditioniert wurde, auf einen bestimmten Ton hin zu speicheln, er dies dann normalerweise auch in Reaktion auf einen größeren Bereich von Tönen tun wird. Dieses Phänomen wird als **Stimulusgeneralisierung** bezeichnet. Dabei wird dieselbe oder eine ähnliche Reaktion auf eine Anzahl verschiedener, verwandter Stimuli gezeigt. Bei dem entgegengesetzten Phänomen, der **Stimulusdiskrimination**, werden unterschiedliche Reaktionen auf verwandte, aber klar unterscheidbare Stimuli gezeigt. Pawlow illustriert Stimulusdiskrimination mit Studien, in denen gezeigt wurde, dass Hunde, die konditioniert wurden auf einen bestimmten Ton hin zu speicheln, auch konditioniert werden können auf einen zweiten Ton, der in der Höhe nur geringfügig von dem ursprünglichen konditionierten Stimulus abweicht, **nicht** zu speicheln.

Konditionierung höherer Ordnung

Ein Hund, der konditioniert wurde auf einen Ton zu reagieren, wird schließlich bereitwillig in Reaktion auf diesen Ton speicheln – und vielleicht auch auf ähnliche Töne hin (Stimulusgeneralisierung). Wenn der Ton dann wiederholt mit einem anderen Stimulus – sagen wir einem Licht – gepaart wird, wobei dieser zweite Stimulus (in diesem Fall das Licht) aber niemals mit Futter gepaart wird, dann kann der Hund trotzdem lernen, in Reaktion auf das Licht zu speicheln. Dies ist ein Beispiel dafür, was Pawlow als **Konditionierung zweiter Ordnung** (eine Form der **Konditionierung höherer Ordnung**) bezeichnete. Wenn das Licht nun mit noch einem weiteren Stimulus gepaart wird, z. B. einem schwarzen Quadrat, dann löst das schwarze Quadrat schließlich den Speichelfluss aus. Dieses Beispiel für Konditionierung höherer Ordnung wird manchmal als Konditionierung dritter Ordnung bezeichnet.

Wie wir später sehen werden, griffen viele Behavioristen, so auch Skinner, in ihren Theorien häufig auf das Konzept der Konditionierung höherer Ordnung zurück. Konditionierung höherer Ordnung erweitert die Anwendbarkeit von Konditionierungstheorien enorm. Sie liefert eine Erklärung für die Beobachtung, dass Reaktionen, Stimuli und Verstärker oft auf komplexe Weise miteinander verknüpft werden.

2.2.5 Implikationen von Pawlows klassischer Konditionierung für die schulische Erziehung

Obwohl wir uns dessen selten bewusst sind, tritt klassische Konditionierung, insbesondere von emotionalen Reaktionen, in allen Schulen und zu fast jeder Zeit auf. Zumindest teilweise kommt es durch unbewusste Prozesse klassischer Konditionierung

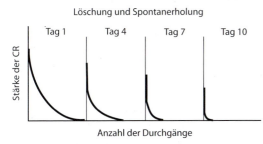

◘ Abb. 2.7. Eine hypothetische Darstellung der Spontanerholung nach erfolgter Löschung. Bemerkenswert ist, wie die Stärke der CR nach jeder Löschungsperiode geringer wird und wie zunehmend weniger Durchgänge für die Löschung erforderlich sind

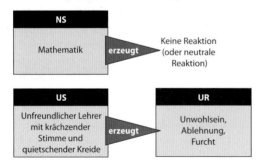
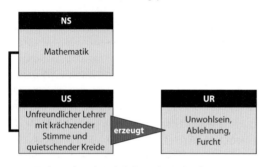
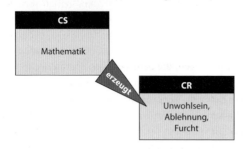

Abb. 2.8. Klassische Konditionierung einer Mathematik-Phobie. Aus: Guy R. Lefrançois, Psychology for Teaching (10. Aufl.). Gedruckt mit Genehmigung

dazu, dass Schüler die Schule, Lehrer und bestimmte Fächer mögen oder nicht mögen.

Um dies zu illustrieren, nehmen wir an, dass zu Beginn ein bestimmtes Fach wie Mathematik, ein neutraler Stimulus ist. Das bedeutet, es führt bei den meisten Schülern nicht zu einer starken positiven oder negativen emotionalen Reaktion. Aus dem, was wir über klassische Konditionierung wissen, folgt, dass nichtneutrale Stimuli, die wiederholt vorhanden sind, wenn Schüler Unterricht im Fach Mathematik erhalten, als unkonditionierte Stimuli dienen können. Diese unkonditionierten Stimuli können mit positiven Reaktionen assoziiert sein (ein lächelnder, freundlicher Lehrer, ein bequemes Pult, eine freundliche Umgebung) oder sie können mit negativen Reaktionen assoziiert sein (ein strenger, fordernder Lehrer mit unangenehmer, kreischender Stimme, ein kaltes, unbequemes Pult, eine unfreundliche Umgebung). Nach einiger Zeit kann Mathematik zu einem konditionierten Stimulus werden, der entweder mit negativen oder positiven Reaktionen assoziiert wird, abhängig von den unkonditionierten Stimuli, mit denen die Mathematik wiederholt gepaart wird. Auf diese Weise ist es möglich, Mathematik zu lehren und gleichzeitig den Schülern mittels klassischer Konditionierung beizubringen, Mathematik zu mögen oder abzulehnen (◘ Abb. 2.8).

Zu den nützlichsten Implikationen von Pawlows klassischer Konditionierung für Lehrer gehören die folgenden (Lefrançois, 2000):
- Lehrer sollten möglichst viel dafür tun, um Häufigkeit, Erkennbarkeit und Stärke von angenehmen unkonditionierten Stimuli in ihrer Klasse zu maximieren.
- Lehrer sollten versuchen, die unangenehmen Aspekte des Lernens im Unterricht zu minimieren, indem sie die Anzahl und Stärke negativer unkonditionierter Stimuli verringern.
- Lehrer müssen wissen, was in ihren Klassen womit gepaart wird.

2.2.6 Pawlows klassische Konditionierung: Bewertung

Wie in den folgenden Kapiteln deutlich werden wird, hat Pawlows Beschreibung der klassischen Konditionierung eine zentrale Rolle für die frühe Entwicklung der Psychologie. Es ist äußerst bemerkenswert, dass die Arbeiten dieses russischen Physiologen – dargestellt in einer einzigen klassischen Untersuchung eines Hundes, der auf einen Ton hin zu speicheln lernt – auch mehr als ein Jahrhundert später in den meisten Ländern der Welt immer noch einen grundlegenden Teil jedes Psychologie-Einführungskurses bilden. Außerdem werden viele Prinzipien der klassischen Konditionierung (bspw. Generalisierung und Löschung) weiterhin in der klinischen Psychologie, in der Erziehung, der Industrie und andernorts angewandt.

2.3 John B. Watson (1878–1958)

Ein entschlossener junger Rebell, grundlegend beeinflusst durch Pawlows Modell der klassischen Konditionierung, machte sich auf, die amerikanische Psychologie zu revolutionieren – und es gelang ihm. Sein Name war John Broadus Watson.

2.3.1 Behaviorismus

Im frühen 20. Jahrhundert war die Psychologie eine intuitive und äußerst subjektive Disziplin. Ihre frühe Entwicklung basierte weitgehend auf den von Wundt vorgebrachten Ideen. Wundt sah die Psychologie als eine Disziplin an, deren zentrale Untersuchungsmethoden Überlegung (Kontemplation) und Spekulation (Introspektion) waren, und deren wesentlichste Fragestellungen sich mit dem Bewusstsein beschäftigten. Laut Watsons Beschreibungen sahen die meisten Anhänger der Psychologie diese als »das Studium der Wissenschaft der Phänomene des Bewusstseins« an (1914, S. 1). Dies, so Watson, war ein Fehler. Er war dieser Meinung, weil die Psychologie aufgrund dieser Ausgangsposition seit der Gründung des Wundt'schen Psychologielabors keine nennenswerten Entdeckungen gemacht hatte. »Es ist nun«, sagte Watson, »schlüssig gezeigt worden, dass die sogenannte introspektive Psychologie in Deutschland auf falschen Hypothesen gründete« (1930, S. 5). »Das Thema der Psychologie des Menschen«, behauptete er, »*ist das Verhalten des menschlichen Wesens*« (S. 2, kursiv im Original). Damit aus diesem Ansatz eine Wissenschaft wird, ist es von zentraler Bedeutung, dass diese vollständig objektiv ist dass sie sich mit dem tatsächlichen **Verhalten** befasst und nicht mit mentalistischen Dingen wie Gedanken und Emotionen. Diese Wissenschaft wird Behaviorismus genannt.

Im Jahr 1913 schrieb Watson einen kurzen Artikel, der heute oft als das behavioristische Manifest bezeichnet wird, mit dem Titel: »Psychologie aus der Sicht des Behavioristen«. Der einleitende Satz stellt seine Position – und seinen Widerstand gegen Introspektion – sehr klar dar: »Psychologie aus der Sicht des Behavioristen ist ein rein objektiver Zweig der Naturwissenschaften. Ihr theoretisches Ziel ist die Vorhersage und Kontrolle von Verhalten. Introspektion bildet keinen essenziellen Teil ihrer Methoden« (S. 158).

Watson glaubte fest daran, dass Bewusstsein ein irrelevantes Konzept ist, da menschliches Handeln über das tatsächliche Verhalten verstanden werden kann, das ohne Probleme beobachtet und untersucht werden kann. Wenn man die Psychologie auf tatsächliches Verhalten beschränkt, argumentierte er, würden viele der Widersprüche entfallen, die in der Psychologie auftreten. »Bewusstsein«, behauptet er, »ist weder ein klar umrissenes noch ein verwendbares Konzept« (Watson, 1930, S. 2).

Der Begriff **Behaviorismus** bedeutet mittlerweile Beschäftigung mit beobachtbaren Aspekten des Verhaltens. Diese Richtung geht davon aus, dass Verhalten Reaktionen beinhaltet, die beobachtet und mit anderen beobachtbaren Ereignissen in Zusammenhang gebracht werden können, wie z. B. den Bedingungen, die dem Verhalten vorausgehen oder darauf folgen. »Behaviorismus ist die wissenschaftliche Untersuchung menschlichen Verhaltens«, schrieb Watson. »Sein wirkliches Ziel ist es, die Grundlage für Vorhersage und Kontrolle menschlicher Wesen zu liefern: In Anbetracht einer gegebenen Situation zu sagen, was das menschliche Wesen tun wird; in Anbetracht eines handelnden Mannes[6] zu sagen, warum er in dieser Weise reagiert« (1928, S. 2). Das ultimative Ziel des Behaviorismus ist es, Gesetze abzuleiten, die die Beziehung zwischen vorausgehenden Bedingungen (Stimuli), Verhalten (Reaktionen)

---

[6] Und vermutlich auch einer Frau, murmelte die alte Dame bei sich. Watson lebte in einem chauvinistischeren, weniger politisch korrekten Zeitalter.

Behavioristen versuchten, die Psychologie auf die Untersuchung tatsächlichen beobachtbaren Verhaltens einzugrenzen

und darauffolgenden Bedingungen (Belohnung, Bestrafung oder neutrale Auswirkungen) erklären.

Einfach ausgedrückt in einer Form, die Watson als »technische Sprache« bezeichnete, ist die Aufgabe des Behavioristen »anhand einer gegebenen Stimulus die Reaktion vorherzusagen – anhand einer gegebenen Reaktion den Stimulus zu benennen« (Watson, 1928, S. 2).

Mills fasst die grundlegenden Ansichten und Zwecke des Behaviorismus wie folgt zusammen:

> Alle (Behavioristen) leugneten ein intrinsisches Leben des Geistes, keiner glaubte, dass der Geist der primäre Untersuchungsbereich der Psychologie war, und alle waren der Ansicht, dass Introspektion eine vergebliche und irreführende Methode sei, um psychologische Daten zu sammeln. … Alle teilten den Glauben, dass die behavioristische Doktrin direkt auf menschliche Wesen angewendet werden kann und dass Experimente mit Menschen der gerade Weg zu Erkenntnissen seien. Fast alle glaubten darüber hinaus, dass psychologische Forschung unmittelbare soziale Implikationen haben würde (1998, S. 3).

2.3.2 Lernen: Erklärung aus der klassischen Konditionierung

Watsons (1930) Erklärung des Lernens basiert unmittelbar auf Pawlows Modell der klassischen Konditionierung. Menschen werden mit einer Vielzahl von Reflexen geboren, sagt Watson. Diese Reflexe sind u. a. körperliche Reaktionen und Drüsenreaktionen wie Speichelfluss in Reaktion auf Nahrung oder Blinzeln in Reaktion auf einen Luftstoß und eine Handvoll emotionaler Reaktionen wie Angst und Wut und Liebe. Jeder dieser Reflexe kann durch einen spezifischen Stimulus ausgelöst werden. So könnten bspw. Gefühle von Liebe durch Gestreicheltwerden ausgelöst werden; Angst dadurch, dass man plötzlich aus großer Höhe fallengelassen wird; und Ärger dadurch, dass man festgehalten wird. Pawlows Modell klassischer Konditionierung stellt klar, behauptet Watson, dass jeder klar erkennbare Stimulus, der zum Zeitpunkt einer reflektorischen Reaktion vorhanden ist, als ein CS dienen kann. Wenn dieser Stimulus oft genug vorhanden ist, wird er schließlich mit der Reaktion assoziiert.

2.3.3 Emotionales Lernen

Daraus folgt, sagt Watson, dass emotionales Verhalten, wie alle anderen Arten des Verhaltens auch, einfach ein weiteres Beispiel klassischer Konditionierung ist.

Er nahm an, dass anfänglich keine individuellen Unterschiede existieren – d. h. alle Menschen werden mit denselben emotionalen Reflexen von Angst, Liebe und Wut geboren. Diese reflektorischen Reaktionen treten am Anfang nur in Reaktion auf gewisse spezifische Stimuli auf, wie auf laute Geräusche, plötzlichen Verlust des Halts oder Zärtlichkeiten. Später reagieren Menschen aber auf eine Vielzahl von Dingen emotional, die vorher gar keine emotionale Bedeutung besaßen. Watson schlug vor, dieses wichtige Phänomen mit der klassischen Konditionierung zu erklären. Alle späteren emotionalen Reaktionen, erklärte er, resultierten aus der Paarung anfänglich neutraler Stimuli mit solchen Stimuli, die mit emotionalen Reaktionen assoziiert sind. Um diese Sichtweise zu validieren und zu illustrieren, unternahm er zusammen mit seiner damaligen Schülerin Rayner eine seiner berühmtesten und am stärksten kontrovers diskutierten Untersuchungen: die Untersuchung am kleinen Albert (Watson & Rayner, 1920).

Der kleine Albert

Die Studie zum kleinen Albert ist eher eine Demonstration als ein Experiment. Sie enthält eher die Darstellung einer emotionalen Konditionierung als die systematische Manipulation einer Variablen, um deren Auswirkungen auf eine andere zu erforschen. Tatsächlich, wie von Paul und Blumenthal (1989) angemerkt, ist die ursprüngliche Studie wissenschaftlich schwach, sie wurde oft von späteren Autoren geschönt.

In dieser Studie wurde der kleine Albert, ein 11 Monate alter Junge, untersucht. Zu Beginn der Demonstration zeigte der kleine Albert keinerlei Angst vor einer Vielzahl von Objekten und Menschen. »Er griff nach allem im Umkreis von 30 cm und manipulierte es«, sagte Watson (1930, S. 159). Zu den Dingen, nach denen er immer griff, gehörte auch eine weiße Ratte, mit der er wochenlang gespielt hatte.

Aber Watson und Rayner fanden schnell heraus, dass Albert, wie die meisten Babys, auf laute Geräusche mit Furcht reagierte. »Eine Stahlstange von etwa 2,5 cm Durchmesser und etwa 1 m Länge, auf die mit einem Zimmermannshammer geschlagen wurde, erzeugte die deutlichste Reaktion«, teilt Watson mit (1930, S. 159). Und so begann die Studie mit dem kleinen 11 Monate und 3 Tage alten Albert, während dieser auf seiner Matratze saß und nach einer weißen Ratte griff. Gerade als seine Hand die Ratte berührte, schlug Watson – boing! – auf die Stange, »unmittelbar hinter seinem (Alberts) Kopf«, und der arme Albert zuckte heftig zusammen und fiel nach vorn, begrub sein Gesicht in der Matratze.« Aber Albert war ein tapferer kleiner Bursche, er weinte nicht. Tatsächlich griff er abermals nach der Ratte – und wieder schlug Watson (oder Rayner, Watsons Notizen sind da nicht ganz eindeutig) auf die Stahlstange, sobald Alberts Hand die Ratte berührte. Dieses Mal begann Albert zu wimmern und, wie Watson es darstellt, »aufgrund seines aufgeregten Zustandes wurden eine Woche lang keine weiteren Tests gemacht« (1930, S. 160).

Eine Woche später wurde die Prozedur wiederholt, die Ratte und der laute Ton wurden insgesamt noch fünf weitere Male kombiniert. Nun hatte sich Alberts Verhalten dramatisch verändert. Wenn die Ratte allein präsentiert wurde, griff er nicht mehr nach ihr. In den Worten Watsons: »Im selben Augenblick, in dem die Ratte gezeigt wurde, begann das Baby zu weinen. Fast sofort wandte er sich scharf nach links, fiel vornüber, erhob sich auf alle viere und begann schnell davonzukrabbeln, sodass man Schwierigkeiten hatte, ihn einzufangen, bevor er die Kante der Matratze erreicht hatte« (1930, S. 161).

Watson betrachtete diese Demonstration als extrem wichtig für seine Theorie. »Dies ist sicherlich der Beleg für den konditionierten Ursprung einer Furchtreaktion«, behauptete er. »Es liefert ein Erklärungsprinzip, das die enorme Komplexität im emotionalen Verhalten von Erwachsenen erklären wird« (1930, S. 161).

2.3.4 Transfer

Das Erklärungsprinzip besitzt zwei Facetten: (1) Emotionale Reaktionen werden durch die Paarung von konditionierten Stimuli wie bestimmten Tönen, Gerüchen, visuellen oder Geschmacksreizen mit unkonditionierten Stimuli, die Furcht oder Liebe oder Ärger erzeugen, auf verschiedene Stimuli konditioniert.

John Broadus Watson (1878–1958)*

Der Begründer des amerikanischen Behaviorismus, John Watson, wurde im Jahr 1878 in Greenville, South Carolina, geboren. Offenbar war er ein aggressiver Junge und wurde mindestens zweimal festgenommen (einmal wegen einer Schlägerei, ein andermal, weil er innerhalb der Stadtgrenzen ein Gewehr abgefeuert hatte). Er gab selbst zu, kein besonders guter Schüler gewesen zu sein, obwohl er bei einer Gelegenheit der Einzige war, der ein Abschlussexamen in Griechisch bestand. Später behauptete er, das sei ihm nur deshalb gelungen, weil er den gesamten Nachmittag davor damit verbracht hatte, zu pauken und einen ganzen Liter Coca-Cola Sirup^{TM} [7] zu trinken (Murchison, 1936).

Watson absolvierte seine Hochschulausbildung an der Universität von Chicago und arbeitete während des Studiums als Rattenpfleger. Nach seinem Abschluss lehrte er an der Universität von Chicago. Sieben Jahre später, er war gerade 29 Jahre alt, erhielt er eine Professur an der John Hopkins Universität in Baltimore. Er machte schnell Karriere, teilweise weil der Leiter der Abteilung, James Baldwin, Pech hatte: Bei einer Polizeirazzia wurde er in einem Bordell in Baltimore angetroffen und daraufhin zum Rücktritt gezwungen. Watson übernahm ohne Probleme Baldwins Stelle, er lenkte die Entwicklung der Psychologie an der John Hopkins Universität und war Editor bei einer der einflussreichsten psychologischen Zeitschriften jener Zeit: *Psychological Review*. Im Alter von 36 Jahren wurde Watson Präsident der American Psychological Association. Bis zu diesem Zeitpunkt war er bereits zu einem der einflussreichsten zeitgenössischen Vertreter der Psychologie geworden.

Einige Jahre später führte Watson seine berühmteste Untersuchung durch: die Konditionierung des kleinen Albert (im Text dargestellt). Seine Assistentin bei diesem Experiment war eine junge Studentin namens Rosalie Rayner. Watson, der damals 42 war, begann eine Affäre mit Rayner, was seiner Ehefrau nicht verborgen blieb.[8] Sie reichte die Scheidung ein und verwendete während der folgenden, unerfreulichen Gerichtsverhandlung Liebesbriefe von Watson an Rayner (die sie aus Rayners Raum gestohlen hatte), um Watsons Sittenlosigkeit zu unterstreichen. Das Scheidungsurteil, bemerkenswert für die 20er Jahre, ließ Watson weniger als ein Drittel seiner Universitätsbezüge (siehe Buckley, 1994). Der darauffolgende Skandal führte dazu, dass Watson gezwungen wurde, seine Position an der John Hopkins Universität aufzugeben. Watson ging dann nach New York, heiratete Rayner zu Silvester 1920, wurde Vater von zwei weiteren Kindern (er hatte bereits zwei) und begann in der Werbung zu arbeiten, bei der J. Walter Thompson Company zu einem Gehalt von etwa $ 25.000 pro Jahr – mehr als das Vierfache seines Gehaltes an der Universität.

Während seiner Zeit als leitender Angestellter in der Werbung und später als Vizepräsident der J. Walter Thompson Company schrieb Watson populärpsychologische Artikel für Zeitschriften wie *Harper's*, *McCall's*, *Liberty*, *Collier's* und *Cosmopolitan*. Mit Rayner zusammen verfasste er darüber hinaus ein Buch zur Säuglings- und Kinderpflege, in dem er strenge und kontrollierte Ansätze im Umgang mit Kindern vertrat. Diese Arbeiten, für die er gut bezahlt wurde, machten ihn bei seinen früheren Kollegen nicht beliebter. Sie verwandten einiges an Zeit und Mühe darauf, seine Artikel und Bücher zu kritisieren. (Rayner schrieb ebenfalls populäre Artikel. Einer davon, erschienen im Jahr 1930 in der Zeitschrift *Parents*, trug den Titel: »Ich bin die Mutter der Söhne eines Behavioristen«.)

Watson kehrte niemals ins akademische Leben zurück. Im Jahr 1958 jedoch, kurz vor seinem Tod, ehrte ihn die American Psychological Association für seine herausragenden Beiträge zur Psychologie und verlieh ihm eine goldene Medaille.

Fußnoten ▶ nächste Seite

2.3 · John B. Watson (1878–1958)

Außerdem (2) können emotionale Reaktionen sich auf Stimuli ausdehnen, auf die sie nicht konditioniert wurden, die aber den konditionierten Stimuli ähneln.

Diese beiden Prinzipien werden in der Demonstration mit dem kleinen Albert deutlich illustriert. Erstens zeigt Albert schon nach nur sieben einzelnen Paarungen der Ratte mit dem Geräusch deutliche Furcht vor der Ratte. Und zweitens zeigte sich bei einem erneuten Test fünf Tage später (im Alter von 11 Monaten, 15 Tagen), dass er nicht nur vor der weißen Ratte Furcht hatte, sondern auch vor einem weißen Kaninchen, einem Mantel aus Robbenfell, weißer Baumwolle, einer weißbärtigen Weihnachtsmannmaske und Dr. Watsons Haar – alles Objekte, mit denen er zuvor gespielt hatte.[9]

Dieses Phänomen, das Watson als **Transfer** oder **Ausweitung** bezeichnete, entspricht Pawlows Stimulusgeneralisierung – das Auftreten ähnlicher Reaktionen auf eine Vielzahl verwandter Stimuli. Stimulusgeneralisierung ist zu beobachten, wenn ein Hund, der konditioniert wurde, auf einen bestimmten Ton mit Speichelfluss zu reagieren, dies auch auf eine Vielzahl anderer Töne hin tut. Und genau dies geschah auch, als der kleine Albert, der auf Furcht vor einer weißen Ratte konditioniert wurde, seine Furchtreaktion auf ähnliche Stimuli wie auf weiße Bärte und weiße Katzen **generalisierte**.

Positive Emotionen

Die Studie mit dem kleinen Albert zeigt, dass man negative emotionale Reaktionen konditionieren kann, indem man wiederholt einen Stimulus, der mit einer negativen Emotion assoziiert ist, mit einem anderen klar erkennbaren Stimulus paart. Auf ähnliche Weise ist es auch möglich, positive emotionale Reaktionen auf neutrale Stimuli zu konditionieren. Es ist z. B. sehr wahrscheinlich, dass der kleine Albert bald weiße Ratten leidenschaftlich zu lieben begonnen hätte, wenn man die weiße Ratte mit einer Portion Eiscreme oder einem feuchten Kuss gepaart hätte. Auch wäre es sogar nach Konditionierung einer Furchtreaktion auf die Anwesenheit einer weißen Ratte unter Umständen möglich, eine positive Reaktion auf die Ratte zu konditionieren – eine Prozedur, die als **Gegenkonditionierung** bezeichnet wird. (Gegenkonditionierung wird später in diesem Kapitel erklärt, im Abschnitt über Edwin Guthrie.) Aus dem Originalartikel geht klar hervor, dass Watson vorhatte, genau das zu tun (siehe Harris, 1979; Prytula, Oster & Davis, 1977). Unglücklicherweise wurde der kleine Albert nur deshalb zur Versuchsperson, weil er zufällig zur entsprechenden Zeit im Krankenhaus war. Und, wie das nun mal so geht, wurde er einen Tag bevor Watson mit seiner Gegenkonditionierung beginnen wollte aus dem Krankenhaus entlassen. Dass diese Prozedur wahrscheinlich Erfolg gehabt hätte, wurde vier Jahre später bewiesen, als Mary Cover Jones einen kleinen Jungen,

---

* basiert z.T. auf Benjafield, 1996; Buckley, 1994; Burnham, 1994; Todd & Morris, 1994.

[7] Ich sagte der alten Dame, dass das Symbol ™ nicht wirklich notwendig sei, aber sie erklärte, dass sie nicht vorhabe, die natürliche Ordnung zu unterminieren – oder in eine Verhandlung wegen Mangel an Korrektheit oder Gespür für soziale, politische und legale Belange hineingezogen zu werden.

[8] Bezogen auf diesen Abschnitt, der in der 2. Auflage eine Erwähnung eines weithin bekannten, aber überhaupt nicht belegten Gerüchts enthielt, dass Watson Rosalie Rayner an einer Serie von Untersuchungen zu physiologischen Veränderungen während des Sex beteiligt hatte, äußerte einer der Lektoren der 2. Auflage: »Die Besprechung von Watsons sexueller Lebensgeschichte in einem Lehrbuch ist komplett unangemessen. Unser Ziel ist es zu lehren, nicht zu reizen« (Reviewer E). Als ich dies der alten Dame mitteilte, schnaubte sie, dass es in der 4. Auflage keine Erwähnung von Watsons nicht belegter Sexforschung gäbe. Und sie erklärte,

dass sie viel von den interessanten Dingen zu Watsons Biographie ausgelassen habe, wie z. B. dass Burnham, nach einigen Interviews mit verschiedenen Personen, die Watson gekannt hatten, folgerte: »Er war möglicherweise einer der großen Liebhaber in der Geschichte« (Burnham, 1994, S. 69). Burnham gründete seine Folgerung auf der Tatsache, dass die Menschen sich am deutlichsten an Watsons angeblich zahlreiche romantische Affären erinnerten. »Ich habe eine ganze Menge erfahren, was ich gar nicht wissen wollte, einiges davon war äußerst intim«, sagt Burnham (S. 70).

[9] Gilovich (1991) sagt, dass diese Studie durch viele Lehrbuchautoren übertrieben und falsch dargestellt worden ist, weil sie so eine gute Geschichte ergibt. Einige behaupten, dass der kleine Albert Angst vor Katzen, weißen Handschuhen, seiner eigenen Mutter oder einem Teddybär erwarb. Andere haben darauf bestanden, dass Watson später den kleinen Albert von seiner Angst heilte. Das tat er nicht, wie die alte Dame in einem anderen Abschnitt erklärt.

Peter, traf, der starke Furcht vor Kaninchen hatte. Sie heilte ihn mit der Methode der klassischen Konditionierung von seiner Furcht (Jones, 1974).[10]

Die Kontroverse

Obwohl die Studie mit dem kleinen Albert weithin bekannt ist und häufig als Beispiel für emotionale Konditionierung zitiert wird, bleibt sie aus einer Reihe von Gründen kontrovers – abgesehen von der Tatsache, dass sie oft ungenau berichtet wird. Erstens handelt es sich um eine Untersuchung nur eines einzigen Individuums, und viele, die die Befunde replizieren wollten, sind auf Schwierigkeiten gestoßen (Eysenck, 1982). Zweitens scheint Watson selbst nicht ganz klar dargestellt zu haben, was genau er mit dem kleinen Albert gemacht hat. Samelson (1980) fand heraus, dass Watson sich in einem veröffentlichten Bericht darüber beklagte, dass der kleine Albert, wann immer er aufgeregt war, den Daumen in den Mund steckte und sich daraufhin beruhigte. Tatsächlich zeigte er, solange er den Daumen im Mund hatte, kein Anzeichen der konditionierten Furchtreaktion, sodass Watson und Rayner beim Versuch, das Experiment zu filmen, dem kleinen Albert immer den Daumen aus dem Mund ziehen mussten. Samelson erwähnt die interessante Möglichkeit, dass der kleine Albert vielleicht nicht deshalb weinte, weil er vor der Ratte Angst hatte, sondern weil er seinen Daumen nicht lutschen durfte! Und obwohl Watson das nicht erwähnt, ist es möglich, dass auch das Daumenlutschen eine klassisch konditionierte Reaktion war.

2.3.5 Watsons Environmentalismus

Ein wiederkehrendes Thema in der psychologischen Literatur ist die Kontroverse über die Frage nach Anlage und Umwelt – die **Anlage-Umwelt-Kontroverse**: Sind Menschen primär das Ergebnis ihrer genetischen Ausstattung oder werden sie hauptsächlich durch ihre Umwelt geprägt? Der Hauptverfechter des Anlage-Standpunktes zu Beginn des 20. Jahrhunderts war Francis Galton (1870), ein Cousin Charles Darwins. Er glaubte, dass die Gene für die Unterschiede zwischen Menschen hauptverantwortlich sind. Demgemäß befürwortete er, dass Menschen auf der Basis wünschenswerter Eigenschaften wie

Intelligenz und Stärke ausgewählt und gezüchtet werden sollten, in sehr ähnlicher Weise wie Pferde im Hinblick auf Schnelligkeit gezüchtet werden, Hunde mit Blick auf ihr Aussehen und ihren Jagdinstinkt und Truthähne auf eine kräftige Brust. Diese Praxis wird als **Eugenik** bezeichnet.

Der Hauptvertreter des Umwelt-Lagers war Watson (1930). Er war überzeugt, dass bei der Geburt keine individuellen Unterschiede zwischen Menschen bestehen, sodass das, was aus ihnen wird, ein Resultat ihrer Erfahrungen ist. »So etwas wie Vererbung von *Fähigkeit, Talent, Temperament, geistige Konstitution* und *Eigenschaften* gibt es nicht«, behauptete Watson (1930, S. 94, kursive Hervorhebung im Original).

Als Watson auf der Szene erschien, hatte der Philosoph John Locke seinen Schülern bereits seine Doktrin der **Tabula Rasa** mitgegeben, eine Metapher darüber, dass der Geist eine leere Tafel sei, auf der die Erfahrung ihre Botschaft hinterlasse. Watson akzeptierte diese Behauptung aus vollstem Herzen. »Gebt mir ein Kind und meine Umgebung, um es darin aufzuziehen«, schrieb er, »und ich lasse es kriechen oder laufen; ich lasse es klettern und seine Hände benutzen, um Bauwerke aus Holz oder Stein zu konstruieren; ich mache es zu einem Dieb, einem Banditen, einem Drogensüchtigen. Die Möglichkeiten, in eine beliebige Richtung zu formen, sind beinahe grenzenlos« (Watson, 1928, S. 35).

Einige Jahre später veröffentlichte Watson eine andere Version derselben Erklärung in seinem möglicherweise meistzitierten (und längsten) Satz: »Gebt mir ein Dutzend gesunder, gutgeratener Kinder«, sagte er, »und meine eigene Welt, um sie aufzuziehen, und ich garantiere dafür, dass ich ein beliebiges aussuchen und es zu einem Spezialisten meiner Wahl machen kann – einem Arzt, einem Anwalt, einem Künstler, einem Kaufmann und ja sogar zu

---

[10] Werbefachleute sind sich der Macht der emotionalen Konditionierung sehr wohl bewusst, sagte die alte Dame und zeigte mir die Autowerbung mit dem Bild des beeindruckenden Models. Viele Menschen zeigen eine stark positiv konditionierte emotionale Reaktion, wenn sie diese Anzeige betrachten. Und das ist genau das, was die Werbeleute wollen. Wenn einem das Model wirklich gefällt, wird einem auch das Auto gefallen, ohne dass man wüsste warum. – Schauen Sie nicht so verwirrt, sagte sie, wir sprechen darüber noch mehr in ▶ Kap. 11. – Ich glaube nicht, dass ich verwirrt war.

2.3 · John B. Watson (1878–1958)

einem Bettler und Dieb, ungeachtet seiner Talente, Neigungen, Tendenzen, Fähigkeiten, Berufungen und der Rasse seiner Vorfahren« (1930, S. 104).[11]

Die Kontroverse um die relative Beteiligung von Erfahrung und Vererbung für die menschliche Entwicklung ist längst noch nicht beendet. Dennoch geben die meisten Psychologen unumwunden zu, dass Vererbung und Umgebung in den meisten Facetten des Verhaltens und der Persönlichkeit von Menschen interagieren. Wie Anastasi (1958), schrieb, ist die wichtige Frage nicht, »wie viel« jeweils von Umgebungseinflüssen und Vererbung beigetragen wird, sondern vielmehr »wie« ein jedes seinen Einfluss ausübt.

2.3.6 Höhere Lernformen

Alles Lernen, sagte Watson, hat mit Reaktionen zu tun, die ausgewählt und in eine Sequenz gebracht werden. Sogar komplexe Verhaltenssequenzen resultieren aus einem Konditionierungsprozess, in dem das aktuellste Verhalten über eine Art von Verkettung der Reaktionssequenzen mit einem Stimulus verknüpft wird. Höheres Lernen erfordert einfach eine Konditionierung von mehr Stimulus-Reaktions-Sequenzen, die schließlich zu sogenannten Gewohnheiten (habits) führen. Sogar etwas anscheinend so Komplexes wie Sprache beginnt mit einfachen Verknüpfungen zwischen Stimulus und Reaktion. Sprache, behauptete Watson, beinhaltet Bewegungen der Stimmbänder und des Kehlkopfes, außerdem des Mundes, der Zunge und der Lippen. Diese Be-

wegungen werden konditioniert, sodass sie beim Vorhandensein bestimmter Stimuli auftreten. Wie er es formulierte, sind Worte einfach (über Konditionierung gebildete) Stellvertreter für Objekte und Situationen. Und Denken ist nichts Komplizierteres als **subvokale** Sprache. Watson glaubte, dass diese subvokale Sprache von winzigen Bewegungen des Kehlkopfes begleitet wird, die er zu messen und zu beschreiben suchte. Er nannte diese Bewegungen **implizit**, im Gegensatz zu **explizitem** Verhalten.

2.3.7 Anwendungen von Watsons Psychologie in Erziehung und Unterricht und für andere Zwecke

Watsons unerschütterliche Überzeugung, dass Erfahrungen alles determinieren, was Menschen tun und wissen, führt logischerweise zu dem Glauben, dass alle Menschen grundsätzlich gleich sind – dass die Unterschiede zwischen den Prominenten und den Unbekannten, den Armen und den Reichen, den Mutigen und den Ängstlichen nur eine Frage unterschiedlicher Erfahrungen und Chancen sind. Diese inhärent egalitäre Sichtweise der menschlichen Bedingungen hat sich als äußerst populär erwiesen. Wie Stagner (1988) anmerkt, passt sie bemerkenswert gut zum **Zeitgeist**.[12]

Die Theorie eignet sich aber auch für strenge Vorschriften in der Kindererziehung und Ausbildung sowie für Ausbildung und Kontrolle beim Militär, in der Industrie und anderswo. Sie behauptet, dass menschliches Verhalten durch kluge Verknüpfun-

---

[11] Interessant ist, sagte die alte Dame, dass jeder das Zitat an dieser Stelle abschneidet. Dabei sind die nächsten Worte Watsons sehr aussagekräftig. »Ich gehe hier über die Tatsachen hinaus«, schreibt er, »und ich gebe das zu, aber das haben Vertreter der gegenteiligen Auffassung auch getan, über viele Tausende von Jahren« (S. 104). Er war möglicherweise nicht annähernd so unnachgiebig in seinen Ansichten, wie es oft dargestellt wird.

[12] Das ist nicht wirklich Ihr Zeitgeist, sagte die alte Dame und bedeutete mir, den Rekorder auszuschalten, um zu erklären, dass das, was sie sagen wolle, nicht wirklich Bestandteil des Buches sei. Sie erklärte, dass wirklicher Egalitarismus durchaus nicht Bestandteil unseres Zeitgeistes sei. Sie sagte, der heutige Zeitgeist, zumindest in der westlichen industrialisierten Welt, sei political correctness. Sie erklärte, dass auch wenn ein Aspekt von political correctness darin bestünde

sich zu bemühen, nichts zu sagen oder zu tun, was beleidigend, unangemessen, taktlos, unfair oder erniedrigend sein könnte, dies noch lange nicht Egalitarismus bedeute. Sie sagte, dass political correctness ein unsicheres Motiv für den respektvollen, liebevollen und fairen Umgang mit Menschen sei, dass sie nur dazu führe, dass man Lippenbekenntnisse zu egalitären Prinzipien abgibt. Aber es sei Tatsache, dass die meisten Gesellschaften nicht so handeln, als würden sie tatsächlich glauben, alle Menschen seien grundsätzlich gleich (und gleich wertvoll). Sie sagte noch viele andere zynische Dinge, und dann forderte sie mich auf, still zu sein, da sei ein Fisch, der nach ihrem Haken spähe – obwohl ich bislang nichts gesagt hatte. Danach begann sie wieder, aus dem Buch zu lesen, und ich dachte, dass der Fisch verschwunden sein müsse. Ich schaltete den Rekorder wieder ein.

48 Kapitel 2 · Früher Behaviorismus – Pawlow, Watson, Guthrie

gen von Stimulus- und Reaktionsereignissen kontrolliert werden kann. Küsst und liebkost Eure Kinder nicht, forderte Watson, schüttelt ihre Hände und arrangiert dann ihre Umgebung so, dass die gewünschten Verhaltensweisen unter die Kontrolle geeigneter Stimuli fallen.

Haltungen und Emotionen
Wie wir in unserer Diskussion der Implikationen von Pawlows Theorie für die Erziehung gesehen haben, sind einfache Modelle klassischer Konditionierung sehr nützlich für die Erklärung emotionalen Lernens. Das liegt daran, dass viele Emotionen offenbar als Ergebnis eines oft unbewussten Prozesses klassischer Konditionierung gelernt werden. ◘ Abbildung 2.8. (▶ Abschn. 2.2.5) illustriert z. B., wie eine Mathematik-Phobie klassisch konditioniert werden könnte.

Verhaltensmodifikation
Auf dieselbe Weise wie eine Phobie durch klassische Konditionierung erworben werden kann, kann sie auch unter Verwendung ähnlicher Prinzipien beseitigt werden. Die bewusste Anwendung von Theorien wie der von Watson zur Beseitigung oder Kontrolle unerwünschten Verhaltens wird **Verhaltensmodifikation** genannt. Ein bekanntes Beispiel für die Anwendung klassischer Konditionierung zur Verhaltensmodifikation stammt von Mowrer und Mowrer (1938): ihre Technik zur Heilung nächtlichen Bettnässens (Enuresis). In ihrer Prozedur wird ein Flüssigkeitsdetektor unter dem Bettlaken platziert. Ein einziger Tropfen Feuchtigkeit genügt, um das Gerät zu aktivieren und einen Alarm auszulösen, der das Kind weckt, woraufhin es zur Toilette geht. Innerhalb relativ kurzer Zeit geht das Kind zur Toilette wann immer notwendig, sogar dann, wenn der Alarm nicht mehr angeschlossen ist. Warum?

In den Begriffen der klassischen Konditionierung ist das Geräusch des Alarms ein unkonditionierter Stimulus (US), der mit der unkonditionierten Reaktion (UR) des Aufwachens verbunden ist, wodurch sich einige Muskeln zusammenziehen, sodass das Urinieren nicht sofort geschieht.

Nach einigen Paarungen wird der US (Alarm) mit dem Gefühl einer vollen Blase assoziiert (CS). Durch klassische Konditionierung ersetzt der CS (Empfindung einer vollen Blase) schließlich den US

(den Alarm), was zu den konditionierten Reaktionen »Aufwachen« und »Nicht-ins-Bett-urinieren« führt. (Andere Techniken zur Verhaltensmodifikation ▶ Kap. 4)

2.3.8 Watsons Behaviorismus: Bewertung

Wie wir gerade gesehen haben, hatte Watsons Theorie, die in den Vereinigten Staaten äußerst populär wurde, grundlegenden Einfluss auf die Erziehungs- und Ausbildungspraxis. Sie hatte darüber hinaus enormen Einfluss auf die Entwicklung des Denkens und der Theoriebildung in der Psychologie Nordamerikas.

»In den frühen 20er Jahren«, schreibt Mills, »war der Begriff Behaviorismus gleichbedeutend mit den Doktrinen von John B. Watson geworden« (1998, S. 55). Diese Doktrinen stellten eine Psychologieform dar, die mentale und andere abstrakte Qualitäten als nicht der Untersuchung wert betrachtete. Dagegen wurde die Wichtigkeit sozialer Interaktionspartner, insbesondere der Mutter, für die Formung des Kindes betont. Watson befürwortete die Anwendung dieser Doktrin des Behaviorismus, um Menschen mit wünschenswerten Eigenschaften zu erzeugen.

Wenn wir die Entwicklung neuerer psychologischer Theorien betrachten, wird klarer werden, wie viel von dem, was frühere Theoretiker wie Watson und Pawlow glaubten, später stark elaboriert und qualifiziert worden ist oder auch einfach nicht mehr in den aktuellen Zeitgeist hineinpasst. Wie O'Donohue und Ferguson (2001) betonen, hat Watson möglicherweise die Rolle des Lernens für die Verhaltensbestimmung überbewertet, die Rolle der Vererbung hingegen vernachlässigt. Darüber hinaus ist inzwischen klar geworden, dass er versucht hat, zu viel mit einem zu einfachen Modell zu erklären. Das Modell schätzt Menschen sowohl einfacher als auch weniger unterschiedlich ein, als sie tatsächlich sind.

Watson erscheint mehr als ein Verfechter des Behaviorismus als ein ernsthafter Forscher, der aktiv danach strebte, neue Tatsachen über das menschliche Verhalten zu entdecken. Es ist daher nicht überraschend, dass bspw. Watsons frühe Theorien

2.4 · Edwin Guthrie (1886–1959)

über die emotionale Entwicklung den Test objektiver Untersuchungen nicht bestanden haben. Trotz seiner Versuche, sich nur mit objektiven Variablen zu befassen, sind Furcht, Wut und Liebe emotionale Reaktionen, die in kleinen Kindern nur schwer zu identifizieren sind. Kontrollierte Studien haben bspw. gezeigt, dass Babys, die komplett unbekleidet in temperaturgeregelter Umgebung gelassen werden, genauso viel Wut zeigen wie Babys, die in dicke Kleidung gehüllt wurden (Irwin & Weiss, 1934).

Dennoch trifft zu, dass viele menschliche Verhaltensweisen das Resultat klassischer Konditionierung sind: Furcht in Reaktion auf einen Gewehrschuss, obwohl der **Klang** eines Schusses noch nie jemanden verletzt hat; Speichelfluss beim Anblick von Nahrung (normalerweise weniger stark als bei einem Hund) und zahllose andere automatische Reaktionen, die aus vorherigen Paarungen mit Stimuli stammen.

Watsons Beitrag zum Verständnis menschlichen Verhaltens ist schwer einzuschätzen, größtenteils deshalb, weil der behavioristische Ansatz, dessen stärkster Fürsprecher er war, weiterhin einen grundlegenden Einfluss auf zeitgenössisches psychologisches Denken ausübt. Unter anderem trug er viel dazu bei, die Wissenschaft Psychologie strikter und objektiver zu machen; er machte die Ansicht populär, dass Umwelteinflüsse mächtige Kräfte in der Formung von Verhaltensmustern sind, und er entwickelte ein Lernmodell (klassische Konditionierung), das zumindest einige Aspekte menschlichen und tierischen Verhaltens erklären kann. Zusätzlich übte er wesentlichen Einfluss auf das Denken anderer Psychologen aus, wie auf Guthrie, dessen Theorie wir als nächstes betrachten werden.

2.4 Edwin Guthrie (1886–1959)

Im Rückblick erscheint es vielleicht erstaunlich, dass praktisch alle Lehrbücher zum Thema Lernen immer noch jemanden besprechen, der so wenig geschrieben hat wie Edwin Guthrie (eine Handvoll Bücher und Artikel), der so gut wie keine Schüler und Nachfolger hatte (im Gegensatz zu anderen bekannten Psychologen jener Zeit, wie Pawlow, Watson und Thorndike) und dessen Theorie nur aus einem einzigen Gesetz ohne jegliche experimen-

telle Unterstützung bestand. Dieses eine Lerngesetz muss wohl ein ziemlich bedeutendes sein.

Wie Watson glaubte auch Guthrie daran, dass Psychologie sich nur mit sichtbaren Dingen befassen soll, und nicht mit Dingen, die man nur erschließen kann. »Nur die beobachtbaren Bedingungen, unter denen Lernen auftritt, sind für eine Theorie oder für ein Verständnis des Lernens von Nutzen«, forderte er (1935, S. 143). Aber er teilte Watsons Entschlossenheit nicht, die amerikanische Psychologie zu revolutionieren, den Mentalismus der Vorgänger zu stürzen und an dessen Stelle einen vollständig objektiven, experimentellen Behaviorismus zu setzen. Tatsächlich führte Guthrie nur ein einziges Experiment durch (Guthrie & Horton, 1946). In diesem Experiment wurde eine Katze in einen Käfig gesetzt, aus dem sie entkommen musste, wenn sie an das Futter gelangen wollte, das in einem geringen Abstand von der Box platziert war. Um zu entkommen, musste die Katze eine Reihe neuer Verhaltensweisen ausführen, um die Fluchttür öffnen zu können. Die meisten einigermaßen intelligenten Katzen lösten das Problem bald und gelangten an das Futter.

2.4.1 Guthries Gesetz des One-Shot-Learning (Lernen durch ein einmaliges Ereignis)

Guthrie erklärt das Verhalten der Katze auf dieselbe Art und Weise wie er jegliches Lernen erklärt, mit einem einzigen, allumfassenden Lerngesetz: »*Eine Stimuluskonfiguration, die beim Auftreten einer Bewegung präsent war, wird bei ihrem erneuten Erscheinen wahrscheinlich von dieser Bewegung gefolgt werden*« (kursive Hervorhebung im Original; 1935, S. 26).

Die Bedeutung des Gesetzes

»Dies ist eine kurze und einfache Aussage«, behauptet Guthrie (1935, S. 6). Damit hatte er nur zur Hälfte recht: Sie ist kurz, aber nur oberflächlich einfach. Das Gesetz letztlich besagt, dass ein Organismus, der zu einem bestimmten Anlass ein bestimmtes Verhalten zeigt, dazu tendieren wird, dasselbe zu tun, sobald derselbe Anlass wieder auftritt. Weiterhin behauptet Guthrie, dass die volle Verbindungsstärke zwischen Stimulus und Reaktion während der

Edwin R. Guthrie (1886–1959)

Edwin Guthrie wurde am 9. Januar 1886 in Lincoln, Nebraska, geboren. Dies war ländliche Farmgegend, und so ist es nicht erstaunlich, dass er später Beispiele mit Pferden und Hunden wählte, wenn er die Notwendigkeit sah, seine Theorie zu illustrieren.

Im Jahr 1907 erlangte Guthrie einen Bachelor-Abschluss an der Universität von Nebraska, drei Jahre später seinen Master mit dem Hauptfach Philosophie und dem Nebenfach Mathematik. Die Psychologie, eine sich damals noch in den Anfängen befindliche Disziplin, wählte er als zusätzliches Nebenfach. Danach arbeitete er drei Jahre als Lehrer an der High School.

Im Anschluss daran ging Guthrie an die Universität von Pennsylvania, wo er im Jahr 1912 in Philosophie promovierte. Den Hauptteil seiner 42 Jahre dauernden akademischen Laufbahn verbrachte er an der Universität von Washington. Der Philosoph Edgar Arthur Singer, dessen Ansicht es war, dass viele philosophische Probleme sich auf Verhaltensprobleme reduzieren ließen, hatte starken Einfluss auf Guthries Hinwendung zur Psychologie im Jahre 1919. Als Zeitgenosse Watsons (er war nur 8 Jahre jünger), wurde Guthrie auch grundlegend durch Pawlows klassische Konditionierung beeinflusst, was sich deutlich in seiner Theorie widerspiegelt. Mills (1998) berichtet, dass Guthrie im Gegensatz zu Watson den Vorteil hatte, Zugang zu Übersetzungen von Pawlows Arbeiten zu haben.

Das wichtigste Werk Guthries ist sein Buch *The Psychology of Learning*, im Jahre 1935 veröffentlicht und im Jahre 1952 revidiert. Später war er auch Koautor bei einem Buch über Erziehungspsychologie (Guthrie & Powers, 1950). In seiner akademischen Laufbahn war er sehr anerkannt, arbeitete auch als Studiendekan für weiterführende Studiengänge an der Universität von Washington und empfing Ehrungen der American Psychological Association (der er, wie Watson, zeitweilig als Präsident vorstand).

---

ersten Paarung erzielt wird; dass sie durch Übung weder gestärkt noch geschwächt wird. Behavioristisch ausgedrückt: Wenn ein Stimulus jetzt zu einer spezifischen Reaktion führt, wird er auch in Zukunft zu dieser Reaktion führen. Also geschieht Lernen in einem einzigen Durchgang und wird dabei auch abgeschlossen!

Aber das ist nicht wahr, protestieren Sie. Er muss etwas anderes gemeint haben.[13]

Lernen durch ein einmaliges Ereignis

Doch, es ist wahr, sagt Guthrie. Menschen und Tiere lernen durch ein einmaliges Ereignis.

Sie lernen dabei nicht eine Verbindung zwischen zwei Stimuli (wie es bspw. bei Pawlows klassischer Konditionierung geschieht), sondern eine Verbindung zwischen einem Stimulus und einer Reaktion. Wenn Sie in Situation Y die Handlung X tun, werden Sie X erneut tun, wenn Sie in Situation Y kommen. Um X zu lernen, müssen Sie es nicht wieder und wieder wiederholen, es muss auch nicht belohnt werden. Wenn X einmal in Reaktion auf Y ausgeführt wurde, ist die Verbindung zwischen X und Y so stark, wie sie es nur sein kann.

Wenn also eine Frau »Guy!« ruft und Sie Ihren Kopf in ihre Richtung wenden, bedeutet das, dass Sie jedes Mal, wenn diese Frau Ihren Namen ruft, Ihren Kopf in ihre Richtung wenden?

Nein, sagt Guthrie. Man beachte den Wortlaut des Gesetzes, der es wert ist, zumindest noch einmal wiederholt zu werden: **Eine Stimuluskonfiguration, die beim Auftreten einer Bewegung präsent war, wird bei ihrem erneuten Erscheinen wahrscheinlich von dieser Bewegung gefolgt werden**. Guthrie verwendete den Begriff **wahrscheinlich**, weil, wie er sagt, »das Ergebnis eines Stimulus oder Stimulusmusters nicht mit Sicherheit vorhergesagt werden kann, da auch andere Stimulusmuster präsent sind« (1935, S. 26). Die Antwort lautet also ja, Sie werden sich wahrscheinlich wieder in die Richtung der Frau wenden, weil das die letzte Ihrer Handlungen war, als Sie zuvor in derselben Situation waren. Die Antwort lautet aber auch nein, Sie werden sich ihr nicht

---

[13] Die alte Dame liebte es, vorzugeben, dass sie wisse, was Sie, ihre Leser, denken würden.

zuwenden, weil die »Stimuluskombination« beim zweiten Mal nicht identisch mit derjenigen beim ersten Mal sein wird. Beliebig viele Dinge können anders sein: Sie könnten müde sein; ihre Stimme könnte klagender oder schriller sein; es könnten andere Stimmen im Hintergrund vorhanden sein; Sie könnten auf etwas anderes achten; Ihr Kopf könnte sich in einem Kühlschrank befinden.

2.4.2 Übung

Daher der Wert von Übung und Wiederholung. Was Übung bewirkt, ist laut Guthrie klar: Sie ermöglicht es, in einer Vielzahl unterschiedlicher Situationen auf dieselbe Art und Weise zu reagieren. »Eine Handlung wird bei einem einmaligen Ereignis gelernt«, behauptet er. »Die Notwendigkeit der Wiederholung resultiert aus der Notwendigkeit, diese Handlung in einer Vielfalt von Umständen auszuführen« (1935, S. 138). Je öfter eine Handlung geübt wird, desto größer der Bereich von Stimuluskombinationen, denen sie ausgesetzt war und mit denen sie **verbunden** ist. Daher wird es immer wahrscheinlicher, dass die Handlung in einer gegebenen Situation ausgeführt wird.

Klassische Konditionierung durch ein einmaliges Ereignis

Bedeutet dies, dass Pawlows Hund in einem einzigen Durchgang lernte, auf einen Summer hin zu speicheln? Ja, sagt Guthrie, obwohl Pawlow berichtete, dass er in seinen frühen Arbeiten manchmal zwischen 50 und 100 Paarungen von CS und US benötigte, bevor der CS zuverlässig Speichelfluss auslöste. Laut Guthrie war die große Anzahl von Durchgängen nötig, weil die Bedingungen, unter denen Lernen stattfand, nicht perfekt kontrolliert wurden. Er stellt es so dar: »Während er in dem lockeren Geschirr steht, kann der Hund sein Gewicht von einem Bein auf ein anderes verlagern, seinen Kopf drehen, seine Ohren spitzen, gähnen, sich strecken, also das gesamte Muster seiner propriozeptiven Stimulation ändern, und auch einen gewissen Teil seiner exterozeptiven Situation« (1935, S. 98). (Propriozeptive Stimulation bezieht sich auf innere Empfindungen wie solche, die mit der Bewegung von Muskeln assoziiert sind; exterozeptive Stimulation bezieht sich auf Empfindungen, die mit externen Stimuli assoziiert und an denen die Sinnesmodalitäten Sehen, Hören, Tasten und Geschmack beteiligt sind.) Im Ergebnis benötigte der Lernprozess Dutzende von Durchgängen, nur um zu gewährleisten, dass die Reaktion mit den meisten der möglichen Stimuluskombinationen assoziiert wird. Dass Pawlow später in der Lage war, den Speichelfluss bei Hunden in nur 10–20 Durchgängen zu konditionieren, demonstriert, dass er nun die Stimulusbedingungen besser kontrollieren konnte.

2.4.3 Bewegungserzeugte Stimuli (movement produced stimuli, MPS)

Um Guthries Lerngesetz und damit seine gesamte Theorie zu verstehen, ist es wichtig zu begreifen, dass ein Stimulus nicht nur eine Empfindung darstellt, sondern eine Kombination vieler Empfindungen. In Guthries Worten bedeutet Lernen die Assoziation einer Reaktion mit einer **Stimuluskombination**.

Ebenso ist eine Reaktion für Guthrie nicht nur eine einzelne, abgeschlossene Handlung, sondern vielmehr eine Sequenz von Handlungen. Vereinfacht dargestellt führt der Klang einer Glocke zu einer Anzahl von Orientierungsreaktionen: Drehen der Ohren, Bewegen der Augen, vielleicht auch Bewegungen des Kopfes und des Halses, usw. »Jede derartige Bewegung«, sagt Guthrie, »ist ein Stimulus für viele Sinnesorgane in Muskeln, Sehnen und Gelenken und gleichzeitig die Gelegenheit, den Stimulus für die Augen, Ohren usw. zu verändern« (1935, S. 54). Guthrie benannte diese Stimuli bewegungserzeugte Stimuli (**movement produced stimuli, MPS**). Bewegungserzeugte Stimuli wiederum erzeugen weitere Reaktionen, die ebenfalls Auswirkungen auf Muskeln, Drüsen und Sehnen haben können, wodurch wieder neue Stimuli erzeugt werden.

Kontiguität durch MPS

Daher ist die Zeitspanne zwischen der anfänglichen Präsentation eines Stimulus und dem Auftreten der Reaktion angefüllt mit einer Sequenz von Reaktionen und der propriozeptiven (internalen) Stimulation, die daraus resultiert (MPS). Jede dieser Reaktionen und ihre entsprechenden MPS befinden sich in Kontiguität (treten zur selben Zeit auf). Auf diese Weise wird jede assoziiert oder gelernt. Diese gelernten Assoziationen sind es, die das Verhalten lenken, behauptet Guthrie. »Eine Bewegung startet die nächste, dann eine dritte, eine vierte usw.« (1935, S. 54). Die gesamte Sequenz wird gelernt, weil jeder einzelne MPS zu dem Zeitpunkt, zu dem die Reaktion auftritt, präsent ist. Eines der deutlichsten Beispiele für MPS findet man beim Lernen von sportlichen Fertigkeiten. Diese Fertigkeiten bestehen oft aus langen Sequenzen oder Reaktionsketten. Jede Reaktion in der Sequenz dient als Signal für die nächste Reaktion. Daher glaubte Guthrie, wie Watson, daran, dass sogar sehr komplexe Verhaltenssequenzen aus der **Verkettung** von Stimulussequenzen resultieren, wobei die Stimuli oft internal sind.

2.4.4 Gewohnheiten

Lernen, behauptet Guthrie, geschieht in einem einzigen Durchgang. Dies bedeutet aber nicht, dass komplexes Verhalten in einem einzigen Durchgang gelernt werden kann. Es bedeutet hingegen, dass jede einzelne Komponente der großen Zahl von Stimulus-Reaktions-Assoziationen, aus denen sich eine komplexe Handlung zusammensetzt, nur eine einzige Paarung erfordert. Bevor alle davon so assoziiert sind, wie es notwendig ist, kann eine größere Zahl von Durchgängen erforderlich sein. Wenn alle so miteinander verbunden sind, dass eine bestimmte Stimuluskombination zuverlässig zu einer bestimmten Kombination von Reaktionen führt, hat sich eine Gewohnheit gebildet – ein stereotypes, vorhersagbares Reaktionsmuster.

Menschen sind allerdings selten vollständig vorhersagbar. Sie reagieren nicht jedes Mal genau in der gleichen Weise, wenn sie in dieselbe Situation gebracht werden. Laut Guthrie gibt es dafür verschiedene mögliche Erklärungen. Eine besagt, dass die Ursache von unterschiedlichen Reaktionen auf zwei Stimuli darin besteht, dass die Stimuli nicht exakt identisch sind; eine andere lautet, dass durch eine von verschiedenen möglichen Prozeduren die alte Gewohnheit durch eine neue Gewohnheit ersetzt wurde. Die alte wird jedoch nicht vergessen – sie wird nur ersetzt.

2.4.5 Vergessen

Guthrie (1935) erzählt die Geschichte von zwei Jungen, deren Freitagnachmittage durch den wöchentlichen Besuch des Pfarrers »verdorben« wurden, weil sie während des Besuches das Pferd des guten Mannes abschirren, striegeln und mit Futter und Wasser versorgen mussten. Eines Tages kamen sie auf die gute Idee, das Pferd neu zu trainieren. Einer von ihnen stand hinter dem Pferd, schrie »Brr!« und stach das Pferd gleichzeitig heftig mit einer Mistgabel. Es ist nicht klar, sagt Guthrie, wie oft sie das taten, außerdem berichtet die Geschichte nicht genau, was später passierte, als der Pfarrer mit seinem Pferd nach Hause fuhr und »Brr!« schrie. Aber anscheinend waren die Jungen über das Resultat ziemlich froh.

Der Punkt ist nicht, erklärt Guthrie, dass das Pferd vergessen hatte, wie man anhält, das ist sehr unwahrscheinlich. Stattdessen wurde die alte Gewohnheit, auf das Kommando »Brr!« hin anzuhalten, durch eine neue Gewohnheit ersetzt.

Die beste Erklärung für Vergessen, sagt Guthrie, ist nicht, dass alle Assoziationen durch den Lauf der Zeit ausgelöscht werden, sondern dass im Laufe der Zeit neues Lernen das alte ersetzt. Aus der Theorie folgt, dass diejenige Reaktion, die zuletzt in einer bestimmten Stimulussituation gezeigt wurde, eine Tendenz aufweisen wird, wiederholt zu werden, wenn diese Situation das nächste Mal auftritt.

2.4.6 Belohnung und Bestrafung

Aus diesem Grund ist Belohnung manchmal wichtig für Lernen. Laut Guthrie trägt eine Belohnung nicht dazu bei, die Verbindung zwischen Stimulus und Reaktion zu stärken. Was sie aber tut, ist die Stimulussituation zu verändern, wodurch verhindert wird, dass das Tier (oder der Mensch) etwas anderes lernt.

Bestrafung kann ebenfalls eine Stimulussituation ändern und – in Guthries Worten – dazu dienen, eine Gewohnheit »kaltzustellen«. Weil Lernen von Kontiguität abhängig ist (also von der Gleichzeitigkeit von Stimulus und Reaktion) muss Bestrafung, um effektiv zu sein, während der Reaktion oder kurz danach auftreten. Und weil Bestrafung wirkt, indem sie die unerwünschte Gewohnheit unterbricht, funk-

2.4 · Edwin Guthrie (1886–1959)

tioniert dafür alles, was die Aufmerksamkeit auf sich zieht und ein andersartiges Verhalten hervorruft. »Um den Trotzanfall eines Kindes zu überwinden, ist es genauso wirksam, das Kind hochzuheben und es in die Höhe zu werfen oder an den Fersen zu halten und zu schaukeln«, schreibt Guthrie, »wie es heftig zu schlagen« (1935, S. 141).

2.4.7 Praktische Anwendungen von Guthries Theorie: Formen und Durchbrechen von Gewohnheiten

Guthrie war sehr an der praktischen Anwendbarkeit seiner Theorie interessiert. Daher sind seine Schriften angefüllt mit Beispielen dafür, wie Lernen und Erinnern bei Mensch und Tier verbessert werden können.

Laut Guthrie bedeutet die »Theorie des Lernens durch ein einmaliges Ereignis« von einem praktischen Standpunkt her Folgendes: Um Verhalten unter Kontrolle zu bringen ist es notwendig, die Voraussetzung dafür zu schaffen, dass Verhalten unter kontrollierten Stimulusbedingungen auftritt. Wenn Sie möchten, dass Ihr Hund kommt, wenn Sie ihn rufen, erklärt er, müssen Sie zunächst dafür sorgen, dass er zu Ihnen kommt, indem Sie bspw. einen Knochen hochhalten, vor ihm weglaufen, ihn zu sich ziehen, oder irgendetwas anderes tun, wovon Sie glauben, dass es den Hund veranlasst, zu Ihnen zu kommen. Wenn Sie dann zur gleichen Zeit rufen »Komm«, dann kann sich bald eine Assoziation zwischen dem Kommando und der Handlung bilden.

Man beachte, dass der Hund keine neue Reaktion gelernt hat; er wusste schon, wie man zu Ihnen hinläuft. Wie bei allem Lernen ist das, was sich verändert, die Assoziation zwischen auf eine Person Zurennen und einem Signal. Einem Hund beizubringen, herzukommen, ist laut Guthrie einfach, weil dies etwas ist, was Hunde tun, genau wie sie Stöckchen holen, sich hinlegen, eine Rolle seitwärts machen, usw. »Wir können einer Kuh nicht beibringen, ein Stöckchen zu holen, weil das eins von den Dingen ist, die Kühe nicht tun«, behauptet Guthrie (1935, S. 45).

Konsistent mit seiner Theorie stellt Guthrie die Behauptung auf, dass Reaktionen nie vergessen werden, sie werden nur durch später gelernte Reaktionen ersetzt. »Verlernen ist nur, etwas anderes zu lernen«, sagt er (1935, S. 66). Daher ist die beste Methode, eine Gewohnheit zu durchbrechen, die Schlüsselreize zu finden, die die Gewohnheit auslösen, und eine andere Reaktion auf dieselben Schlüsselreize hin zu üben. Wenn Sie z. B. rauchen, gibt es eine Vielfalt von Stimulusbedingungen, die mit der Handlung des Rauchens assoziiert worden sind: nach dem Essen; beim Trinken; beim Fernsehen; wenn man einen Freund trifft, der raucht; morgens nach dem Aufstehen. Eine allgemeine **Dekonditionierung** all dieser Verknüpfungen ist ein langer Prozess, sagt Guthrie, für den notwendig ist, dass der Raucher andere Reaktionen mit den Situationen verbindet, in denen er normalerweise mit der Rauchsequenz beginnt.

Guthrie (1952) beschreibt drei spezifische Techniken bzw. Methoden für das Kaltstellen (Durchbrechen) von Gewohnheiten: die **Ermüdungstechnik**, die **Schwellentechnik** und die **Methode der inkompatiblen Stimuli**. All diese Methoden haben etwas gemeinsam, das Guthrie als inhibierende Konditionierung bezeichnet – also die Konditionierung einer Reaktion, welche die zu unterbrechende Gewohnheit hemmt.

Ermüdungstechnik

Manchmal als **Flooding** bezeichnet, besteht die Ermüdungstechnik darin, den Stimulus wiederholt zu präsentieren, um eine andauernde Wiederholung der unerwünschten Reaktion zu bewirken. Schließlich tritt eine Ermüdung des Organismus ein, sodass er die Reaktion nicht mehr durchführen kann. An diesem Punkt tritt dann eine andere Reaktion auf (auch wenn diese nur im Nichtstun besteht). Aus Guthries Theorie des Lernens durch ein einmaliges Ereignis folgt, dass diese neue Reaktion, weil sie die aktuellste Reaktion auf den Stimulus ist, wiederholt wird, wenn der Stimulus erneut präsentiert wird. Auf diese Weise wird die ursprüngliche, unerwünschte Gewohnheit durchbrochen.

Schwellentechnik

Diese Technik besteht darin, den Stimulus zu präsentieren, der einen Teil der unerwünschten S-R-(Stimulus-Reaktions)-Einheit (Gewohnheit) bildet, aber nur in so schwacher Ausprägung, dass er die unerwünschte Reaktion nicht auslöst. Wenn er nicht

Abb. 2.9. Guthries drei Methoden, um Gewohnheiten zu durchbrechen. Bei (a) wird das Pferd auf traditionelle Weise gezähmt: Es kann solange buckeln, bis es zu müde dafür ist. Bei (b) wird das Pferd »sanft« durch allmähliche Steigerung des Gewichts auf seinem Rücken an dieses gewöhnt: Zunächst wird nur eine Decke aufgelegt, zuletzt trägt es Sattel und Reiter. Bei (c) wird das Pferd angebunden, sodass es nicht mehr buckeln kann, wenn es bestiegen wird

a) Ermüdungstechnik

b) Schwellentechnik

c) Methode der inkompatiblen Stimuli

das unerwünschte Verhalten auslöst, dann aber wahrscheinlich ein anderes Verhalten; das kann wieder die Reaktion des Nichtstuns sein. Der Stimulus wird dann über eine Folge von Durchgängen mit steigender Intensität präsentiert, wobei die Intensitätssteigerung in so geringen Schritten erfolgt, dass die unerwünschte Reaktion nie ausgelöst wird. Wenn dann ein Intensitätsniveau erreicht ist, das früher das unerwünschte Verhalten ausgelöst hätte, hat sich eine neue Gewohnheit gebildet.

Methode der inkompatiblen Stimuli

Die dritte Technik besteht darin, den Stimulus zu präsentieren, wenn die Reaktion nicht auftreten kann. Weil die unerwünschte Reaktion verhindert wird, nimmt eine andere Reaktion ihren Platz ein und ersetzt schließlich die alte Gewohnheit gänzlich.

Illustration der Techniken am Beispiel von Pferden

Jede dieser Techniken kann anhand des Trainings von Pferden illustriert werden – ein Thema, in dem sich der in Nebraska aufgewachsene Guthrie etwas auskannte (Abb. 2.9). Ein buckelndes Pferd, da werden die meisten Leute zustimmen, besitzt eine schlechte Angewohnheit – eine schlechte S-R-Kette, wie Behavioristen sagen würden. Der Stimulusteil dieser Gewohnheit wird durch verschiedene Dinge repräsentiert z. B. Sättel oder Menschen, die sich auf dem Pferderücken befinden, was dazu führt, dass das Tier in antisozialer Weise reagiert. Der Reaktionsteil wird durch die antisoziale Reaktion – die Reaktion des Buckelns – repräsentiert. Guthries Theorie schlägt drei verschiedene Techniken vor, um das Verhalten des Pferdes zu modifizieren.

Die allgemein gebräuchliche »Rodeo«-Technik, ein Pferd zu zähmen besteht darin, ihm einfach einen Sattel auf den Rücken zu werfen und es so lange zu reiten, bis…

Wenn es müde genug geworden ist, wird es nicht mehr in der unerwünschten Weise reagieren, und wenn der Reiter dann immer noch im Sattel sitzt, wird das Pferd möglicherweise anfangen stehenzubleiben, langsam oder schnell zu laufen. Dies ist Guthries Ermüdungstechnik.

Die Schwellenmethode wird auch häufig zur Zähmung von Pferden eingesetzt. Sie erzielt ein ebenso gutes Ergebnis bei der Zähmung von Pferden wie die »Rodeo«-Technik, schädigt aber weniger die Reiter. Die Methode besteht in einer »sanften« Behandlung des Tieres – man beginnt damit, eine leichte Decke auf seinen Rücken zu legen, danach wird über mehrere Durchgänge das Gewicht (also die Stimulusintensität) gesteigert. Mit genügend Zeit und Geduld kann ein Pferd auf diese Weise gezähmt werden.

Die dritte Technik, die Methode der inkompatiblen Stimuli, wird möglicherweise seltener bei Pferden angewandt, kann aber auch wirksam sein. Sie besteht darin, den Stimulus (Sattel und Reiter auf dem Pferderücken) dann zu präsentieren, wenn die Reaktion nicht auftreten kann. Der inkompatible Stimulus ist normalerweise das Anbinden des Pferdes an einen Pflock, sodass es nicht buckeln kann.

Illustrationen der Techniken am Beispiel von Menschen

Jede von Guthries drei Techniken kann auf Menschen angewandt werden. Natürlich ist es nicht akzeptabel, ein Kind auf die gleiche Weise zu zähmen wie ein Pferd. Aber mit entsprechender Berücksichtigung des **Menschseins** von Kindern ist es doch möglich bestimmte schlechte Angewohnheiten, die auch in den besten Familien vorkommen, zu durchbrechen, ohne dass man sie an den Fersen hochhalten oder herumwerfen muss. Betrachten wir z. B. das völlig fiktive Beispiel eines kleinen Jungen, der gewohnheitsmäßig mit intensiver Furcht auf den Anblick seines Großvaters reagiert, weil der alte Mann ihn einmal mit einer kurzen Peitsche geschlagen hatte. In der Art und Weise wie es bei Jones und ihrer Versuchsperson Peter gemacht wurde, kann man die Furcht des Jungen verringern, indem man ihn etwas

Leckeres essen lässt, während der Großvater in einiger Entfernung ruhig dabeisteht. In aufeinanderfolgenden Durchgängen kann der Großvater dann jedes Mal etwas näher heranrücken, aber niemals so nahe, dass die alte Furchtreaktion wieder ausgelöst wird (Schwellenmethode). Schließlich wird die Furchtreaktion durch ein wünschenswertes Verhalten ersetzt.

Guthries Schwellentechnik ähnelt einem anderen Ansatz, der durch Wolpe (1958) populär wurde und der manchmal als Gegenkonditionierung oder **systematische Desensibilisierung** bezeichnet wird. Diese Methode ist häufig erfolgreich bei Patienten angewandt worden, die an intensiven Ängsten (Phobien) litten. Janssen (2002) berichtet darüber hinaus ihre Anwendung bei einem Sexualstraftäter, der zu sexuellen Vergewaltigungsphantasien neigte. Gegenkonditionierung in Verbindung mit anderen Behandlungsmethoden führte letztlich zu einer signifikanten Verringerung der sexuellen Phantasien.

Wenn Gegenkonditionierung zur Behandlung von Phobien eingesetzt wird, erfordert dies normalerweise, dass der Patient alle Stimuli auflistet, die mit der Phobie assoziiert sind. Diese werden in eine hierarchische Reihenfolge gebracht, beginnend mit dem Stimulus, der die geringste Angst auslöst, bis zu denen, die die intensivsten Angstreaktionen bewirken. Nach diesem ersten Schritt übt der Therapeut mit dem Patienten eine oder mehrere Entspannungstechniken ein. Die Therapie, die sich normalerweise über eine Reihe von Sitzungen erstreckt, besteht darin, dass der Patient sich eine Situation vorstellt oder beschreibt, die in der Hierarchie der angstauslösenden Stimuli niedrig angesiedelt ist. Während dies geschieht, wird der Patient kontinuierlich angewiesen, sich zu entspannen. Das Ziel der Prozedur besteht darin, dass der Patient lernt, sich angstauslösende Stimuli vorzustellen, ohne Angst zu empfinden. Dabei wird sorgfältig darauf geachtet, dass die vorgestellten Stimuli unter der Angstschwelle bleiben – mit anderen Worten: dass sie nicht zu der phobischen Reaktion führen (daher die Ähnlichkeit mit Guthries Schwellenmethode). Wenn die Therapie schließlich Erfolg hat, ist die unerwünschte Angstreaktion durch eine Reaktion abgelöst worden, die mit Angst vollständig inkompatibel ist – durch eine Entspannungsreaktion.

Lefrançois' Onkel Renault

Die Ermüdungsmethode und die Methode inkompatibler Stimuli kann auch verwendet werden, um verschiedene emotionale und Verhaltensprobleme zu lösen, eine Tatsache, an die sich Lefrançois' Onkel Renault noch immer schmerzlich erinnert.[14] Die Geschichte besagt, dass sein Hang zu Süßigkeiten ihn unweigerlich auf einen Weg jugendlicher Kriminalität gebracht hätte, wenn seine Großmutter nicht so schlau gewesen wäre und sich nicht so gut zu helfen gewusst hätte. Renault, so unaufrichtig wie jeder andere flügge werdende Kriminelle auch, war so erfolgreich beim Stibitzen von Doughnuts, Torten, Kuchen und anderen Leckereien aus der Küche seiner Großmutter geworden, dass die arme Frau mit ihrer Weisheit am Ende war. Sie hatte schließlich erkannt, dass wenn sie den kleinen Renault mit ihrem Stock aus Pappelholz schlug, er dabei wahrscheinlich nur lernen würde, Pappeln zu hassen und die Großmutter selbst zu fürchten. Und das clevere Füllen ihrer Kuchen mit Essig, Senf, Gürkchen und anderen Überraschungen hatte auch nichts bewirkt außer ihn vorsichtiger zu machen. Nun schnupperte er jedes Mal wie ein Hund an allem, bevor er es aß. Aber essen tat er weiter, fast so schnell wie die Großmutter buk.

Irgendwann zog die Großmutter die Methode der inkompatiblen Stimuli in Betracht.

»Bastele ihm einen Maulkorb«, forderte sie Frank, Renaults Großvater, auf, »dann muss er mein Gebäck in Ruhe lassen.« Aber der Maulkorb wurde nie gebastelt; sie erkannten beide, dass Renault aus dem Tragen eines Maulkorbs wenig lernen würde, außer dass er mit einem Maulkorb nicht essen konnte.

Als letzte Rettung wurde bei Renault die Ermüdungstechnik angewendet. Die Geschichte besagt, dass Renaults Großmutter an einem Junimorgen bereits in der Morgendämmerung zu backen begann: Torten und Kuchen, Cremetörtchen und Mandelplätzchen, Schokoladenwaffeln und Doughnuts mit Zucker, Zitronenbaiser und Kirschkuchen. Und Lefrançois' Onkel Renault aß. Er saß auf einem Holzstuhl mit gerader Lehne, wurde durch seinen Groß-

vater ermutigt und aß – zunächst freudestrahlend, dann weniger glücklich und schließlich sehr zögernd. Am Ende sagte er, er sei sicher, nun könne er nichts mehr essen. Aber sogar dann aß er noch ein bisschen mehr, weil er keine andere Wahl hatte. »Iss. Du bekommst nie genug. Du bleibst hier sitzen und isst alles auf.« Renault mag nun Süßspeisen nicht mehr so gern.

2.4.8 Guthries Lernen durch ein einmaliges Ereignis: Bewertung

Guthries Theorie ist sehr ansprechend und in einiger Hinsicht relativ einfach. Tatsächlich gehören Klarheit und Einfachheit zu ihren Hauptvorteilen. Gemäß seiner behavioristischen Orientierung bestand Guthrie darauf, dass der Psychologe sich nicht mit mentalen Zuständen oder vagen Konzepten wie Verstärkung befassen sollte, sondern vielmehr mit objektiven Stimuli und Reaktionen. Zum Verständnis des Verhaltens, argumentierte Guthrie, ist es wesentlich, sich spezifische Reaktionen anzusehen sowie die Umstände, unter denen sie auftreten.

Guthries Theorie hat auch hohen praktischen Wert. Er gab sich große Mühe aufzuzeigen, wie Stimulus- und Reaktionsereignisse angeordnet werden können, um Lernen durch Etablierung von Gewohnheiten zu bewirken – und wie diese Gewohnheiten nach ihrer Etablierung verändert oder ersetzt werden können.

---

[14] Dies ist eine jener Geschichten, die meine Großmutter der alten Dame erzählt hat. In den ersten Erzählungen entsprach sie noch gänzlich den Tatsachen. Im Verlauf der Jahre haben sich aber starke Übertreibungen eingeschlichen.

2.5 · Frühe behavioristische Theorien: Bewertung

Obwohl die Einfachheit der Theorie einen ihrer Hauptreize ausmacht, ist sie auch eine ihrer Schwächen. Der Theorie fehlt es an den Details, die notwendig sind, um klarzumachen, was Konzepte wie Gewohnheiten, bewegungserzeugte Stimuli und selbst Reaktionen und Stimuli sind. In dieser Theorie sind Stimuli das, was Reaktionen auslöst, und Reaktionen sind das, was durch Stimuli bewirkt wird. Daher werden diese beiden, für die Theorie zentralen Variablen nur in Bezug aufeinander definiert, erklärt Mills (1998).

2.5 Frühe behavioristische Theorien: Bewertung

Pawlow, Watson und Guthrie interessierten sich hauptsächlich dafür, Regelhaftigkeiten der Beziehungen zwischen Stimuli und Reaktionen zu entdecken und zu erklären. Die wichtigsten Regelhaftigkeiten, die diese Theoretiker entdeckten, werden heute als Pawlow'sche oder klassische Konditionierung bezeichnet.

Aber wie gut schneiden diese Theorien ab, wenn man die in ▶ Kap. 1 besprochenen Kriterien als Maßstab zugrunde legt? Zum Beispiel: Wie gut spiegeln sie die Fakten wider, wobei Fakten ja nur die Beobachtungen sind, auf denen Theorien basieren? Die Antwort lautet, dass sie den Fakten ziemlich gut angepasst sind, soweit es die damals bekannten Fakten betrifft. Wie in späteren Kapiteln gezeigt werden wird, mussten viele Beobachtungen noch gemacht werden. Außerdem waren die »Fakten«, die in diesen Theorien erklärt werden, jene, die die fraglichen Theoretiker für am erklärungsbedürftigsten hielten – eine Beobachtung, die für buchstäblich alle psychologischen Theorien gilt. Dass die Theorien wenig dazu beitrugen, »höhere« mentale Prozesse wie Sprache, Denken, Problemlösen, Wahrnehmen usw. zu erklären, ist keine valide Kritik an den Theorien **als Theorien**. Diese Theorien beschäftigten sich mit der Erklärung von »Verhalten«; daher beziehen sich die Beobachtungen, auf die sie ihre Aufmerksamkeit richteten – die »Fakten«, die sie zu erklären versuchten – unmittelbar auf beobachtbares Verhalten.

Im Hinblick auf die anderen Kriterien schneiden die Theorien relativ gut ab. Sie sind einigermassen klar und verständlich, relativ sparsam, internal kon-

sistent, und ihr Beharren auf Objektivität bedeutet im Allgemeinen, dass sie nicht auf vielen nichtverifizierbaren Annahmen basieren. Ihre Beiträge zu der später folgenden Entwicklung von Lerntheorien kann gar nicht hoch genug eingeschätzt werden. Tatsächlich sind die Begriffe und Konzepte, die heute in der Erforschung der klassischen Konditionierung verwendet werden, fast gänzlich jene Begriffe und Konzepte, die erstmals von Pawlow vor fast einem Jahrhundert erkundet und benannt wurden! Schließlich haben sich diese drei frühen behavioristischen Theorien auch in einer Vielzahl von Anwendungssituationen als sehr praxisrelevant erwiesen. Beispielsweise beschreiben Carrillo, Thompson und Disterhoft (1997), wie die klassische Konditionierung eines Lidschlagreflexes als Diagnosewerkzeug eingesetzt werden kann, um Hirnschäden zu entdecken und zu messen, sowie auch zur Einschätzung der Wirksamkeit einer entsprechenden Pharmakotherapie. In ähnlicher Weise beschreiben Dadds, Bovbjerg, Redd und Cutmore (1997), wie Prozeduren klassischer Konditionierung verwendet werden können, um Patienten mit schweren Phobien oder durch Trauma verursachten Störungen zu behandeln.

Diese frühen behavioristischen Ansätze beschreiben aber menschliches Lernen nicht vollständig. Das war aber auch nicht das Ziel jedes Theoretikers. Viele Theoretiker wie Pawlow beschäftigten sich hauptsächlich mit der detaillierten Untersuchung von einem oder zwei interessanten und wichtigen Phänomenen. Sie waren der Ansicht, dass andere Phänomene, von denen viele vielleicht wichtiger oder interessanter erscheinen könnten, schließlich auch verstanden werden würden – dass der Fortschritt in der Wissenschaft inkrementell erfolgen muss, beginnend mit einfachen Konzepten und dann mit den komplexeren fortfahrend.

Die Erklärungen der frühen Behavioristen liefern wertvolle Einsichten in das Funktionieren von Menschen und Tieren. Sie sollten nicht abgelehnt werden, weil sie weder symbolische Funktionen noch sogenannte höhere mentale Prozesse erklären. Stattdessen sollten sie wegen ihres Beitrages zur Entwicklung einer Wissenschaft gewürdigt werden, die zwar noch nicht alles menschliche Verhalten erklären kann, aber mit jedem neuen theoretischen Beitrag Erklärungen für weitere Verhaltensaspekte liefert.

Kapitel 2 · Früher Behaviorismus – Pawlow, Watson, Guthrie

Zusammenfassung

1. William James verwendete die Methode der Introspektion in dem Versuch, menschliches Verhalten zu erklären; andere, wie Wundt und Fechner in Europa und Titchener und Weber in den Vereinigten Staaten, verwendeten objektive Messungen physikalischer Stimuli und ihrer Auswirkungen (Psychophysik: z. B. absolute Schwellen und ebenmerkliche Unterschiede), um Verhalten zu verstehen.

2. Pawlow, ein Physiologe, ist berühmt für seine Arbeiten zur klassischen Konditionierung. In dieser Prozedur wird ein neutraler (konditionierter) Stimulus (CS) mit einem unkonditionierten Stimulus (US, verknüpft mit einer unkonditionierten Reaktion oder UR) gepaart, bis er ihn schließlich ersetzt, indem er seinerseits eine konditionierte Reaktion (CR) hervorruft – wie der Speichelfluss bei Pawlows Hunden in Reaktion auf einen Ton. Klassische Konditionierung erklärt Lernen auf der Basis von Kontiguität – der Gleichzeitigkeit der Stimuli, die assoziiert werden – und nicht auf der Basis von Verstärkung.

3. In der klassischen Konditionierung müssen Stimuli nicht perfekt simultan auftreten, die Paarung kann auch verzögert (CS vor US, aber überlappend: am wirkungsvollsten), als Spurkonditionierung (CS beginnt und endet vor dem US) oder Rückwärtskonditionierung (US tritt vor dem CS auf: am wenigsten effektiv) erfolgen. Lebewesen scheinen eine Prädisposition zu besitzen, bestimmte Verhaltensweisen zu erlernen.

4. Der Erwerb der Konditionierung hängt von der Anzahl der CS-US Paarungen ab, darüber hinaus von der Stärke des US. CS-US Verknüpfungen sind bemerkenswert dauerhaft, aber sie können durch wiederholte Präsentation des CS ohne den US wieder gelöscht werden. Spontanerholung tritt normalerweise in einer Zeitspanne nach der Löschung auf. Die darauffolgende Löschung geschieht schneller.

5. Watson begründete und predigte den Behaviorismus in der nordamerikanischen Psychologie. Seine Auffassung war eine sorgfältig abgewägte, objektive Reaktion auf eine frühere, stärker mentalistisch ausgerichtete Ausrichtung der Psychologie. Ein großer Teil seiner Theorie basiert auf den Arbeiten Pawlows.

6. Watson sah die klassische Konditionierung als nützliche Erklärungsmöglichkeit für das Lernen emotionaler Reaktionen bei Menschen an. Reaktionen von Furcht, Liebe, Hass usw. können oft auf Erfahrungen zurückgeführt werden, bei denen vorher neutrale Stimuli mit emotionserzeugenden Stimuli assoziiert werden. Über Generalisierung können diese Reaktionen dann mit weiteren, verwandten Stimuli assoziiert werden.

7. Watson glaubte stark an die Macht der Umwelt für die Determinierung menschlichen Verhaltens. Die möglicherweise am häufigsten zitierte Aussage, die Watson zugeschrieben wird, ist sein Anspruch, dass er aus einem Dutzend gesunder Kinder alles machen könne, was er wünschte, wenn er freie Hand bei der Gestaltung ihrer Umwelt hätte.

8. Guthries Erklärung für Lernen, die Theorie des Lernens durch ein einmaliges Ereignis, basiert auf Kontiguität. Er behauptete, dass egal welche Reaktion auch immer auf einen Stimulus folge, dieselbe Reaktion wieder auftreten würde, wenn der Stimulus wiederholt würde. Zusätzlich würde die Stärke der Verbindung zwischen dem Stimulus und der Reaktion bereits bei der ersten Paarung fixiert.

9. In Guthries System ist Übung wichtig, weil dadurch ermöglicht wird, dass eine Assoziation zwischen einem Verhalten und einer Vielzahl von Stimuluskomplexen gebildet wird. Verstärkung ist wirksam, weil sie die Situation verändert und so verhindert, dass die Person (der Organismus) eine andere Reaktion lernt. Auf ähnliche Weise wirkt auch Bestrafung, weil dadurch die Lernsequenz unterbrochen wird und das Individuum zwingt, eine andere Reaktion zu zeigen (und daher zu lernen).

10. Die Ansicht, dass Stimuli und Reaktionen in zeitlicher Kontiguität auftreten, wurde von Guthrie durch seine Aussage plausibel gemacht,

2.5 · Frühe behavioristische Theorien: Bewertung

▼

dass externale Stimuli Muskel- und Drüsenbewegungen auslösen, die wiederum internale (propriozeptive) Stimuli erzeugen, welche als bewegungserzeugte Stimuli (movement produced stimuli, MPS) bezeichnet werden. Diese MPS sind Stimuli für andere Reaktionen in der Kette der Reaktionsereignisse, die zwischen der Präsentation des Stimulus und dem Auftreten einer (sichtbaren) Reaktion liegt.

11. Sequenzen aus Stimuli und Reaktionen bilden Gewohnheiten. Diese werden nie vergessen, können aber ersetzt werden. Guthrie beschreibt drei Methoden, um Gewohnheiten zu durchbrechen: wiederholte Präsentation eines Stimulus (Ermüdungstechnik), Präsentation eines so schwachen Stimulus, dass keine Reaktion ausgelöst wird (Schwellentechnik) und Präsentation des Stimulus, ohne dass die Möglichkeit besteht, die Reaktion auszuführen (Methode der inkompatiblen Stimuli).

12. Es ist fairer, diese Theorien anhand ihrer enormen Beiträge zur Entwicklung psychologischer Theorien zu bewerten als anhand ihrer Unzulänglichkeiten.

Auswirkungen von Verhalten: Thorndike und Hull

Eine neue wissenschaftliche Wahrheit setzt sich nicht durch, indem sie ihre Gegner überzeugt, sondern vielmehr dadurch, dass ihre Gegner sterben und eine neue Generation aufwächst, die mit dieser Wahrheit vertraut ist.

Max Planck

3.1	Edward L. Thorndike (1874–1949): Konnektionismus – 63		3.2.3	Graphische Zusammenfassung von Hulls System – 75
3.1.1	Problemkäfige und Intelligenz bei Tieren – 63		3.2.4	Eingangsvariablen: Prädiktoren – 75
3.1.2	Kontiguität oder Verstärkung – 65		3.2.5	Intervenierende Variablen – 76
3.1.3	Thorndikes Theorie vor 1930: Schwerpunkt Übung – 65		3.2.6	Ausgangsvariablen: das Vorhergesagte – 80
3.1.4	Nebengesetze – 68		3.2.7	Partielle antizipierende Zielreaktionen – 80
3.1.5	Thorndikes Theorie nach 1930: Schwerpunkt Verstärkung – 70		3.2.8	Hierarchien zielbezogener Gewohnheiten – 81
3.1.6	Bewertung von Thorndikes Konnektionismus – 72		3.2.9	Bewertung von Hulls formalem Behaviorismus – 82
3.2	Clark L. Hull (1884–1952): ein hypothetisch-deduktives System – 73		3.3	Implikationen der Theorien von Thorndike und Hull für die schulische Erziehung – 84
3.2.1	Überblick über Hulls System – 73			
3.2.2	Hauptkomponenten von Hulls System – 74			

Die alte Dame bedeutete mir, den Rekorder auszuschalten und sagte, ich solle still sein und zuhören. Der einäugige Kater kam, und wir konnten das Rascheln von trockenem Gras und Blättern hören, als er sich seinen Weg durch die Weiden unterhalb der Waldhütte bahnte. Dann herrschte für eine lange Zeit Stille, als würde der Kater eine Pause einlegen. Vorher hatten wir zugesehen, wie er über den Biberdamm lief, dabei eine Pfote hochhielt und unsicher auf drei Beinen humpelte, das rechte Ohr eingerissen, ein Spritzer Blut auf der Wange seiner blinden Seite, tiefschwarz auf seinem orangefarbenen Fell, ein Streifen Schlamm auf seinem Rücken, als wäre der Kampf gerade beendet und er hätte noch keine Zeit gehabt, sich zu putzen.

Er brauchte lange Zeit, um durch die Weiden zu kommen, und die alte Dame rief ihn einmal, wobei sie einen fremdartigen Namen benutzte, der unglücklicherweise nicht aufgezeichnet wurde, aber der Kater reagierte nicht und die alte Dame zog ihren Hut tief ins Gesicht, um sich vor der Morgensonne zu schützen, und ihre Augen verschwanden im Schatten des Hutes. Sie legte sich ihre Notizen auf den Knien zurecht, als wolle sie gleich mit dem dritten Kapitel fortfahren, aber eine lange Zeit sagte sie gar nichts.

▼

▼

Dann kam der Kater aus den Weiden und schlenderte über die Lichtung. Es war mehr ein Stolzieren als Gehen, auf allen vier Beinen, aber er trat mit seiner rechten Vorderpfote nur leicht auf, sodass uns klar wurde, dass wir seinen Schmerz nicht nur geträumt hatten. Sein Gesicht war nun frisch gesäubert, es glitzerte an den Stellen, wo er den Fleck mit angefeuchteter Pfote verrieben hatte, sein orangefarbenes Fell lag nass auf seinem Rücken, der Schlamm war verschwunden.

Er schmiegte sich leicht gegen das Bein der alten Dame, und sie fragte, ob ich glaube, dass der Kater meine, er habe einen guten Kampf gekämpft? Glaubte ich, dass er mit Absicht angehalten habe, um sich zu säubern, bevor er sich uns zeigte? Glaubte ich, dass es sein Machostolz sei, der ihn so stolzieren und vorgeben ließ, dass nein, nichts ihn verletzt habe, weil er ein echter Kater sei?

Aber bevor ich antworten konnte, forderte sie mich auf, den Rekorder einzuschalten, und sie begann wieder zu lesen:

In diesem Kapitel…

Auf Erden, sagte die alte Dame, während sie sich über ihre Notizen beugte, wird so etwas manchmal **Anthropomorphismus** genannt – nichtmenschlichen Tieren oder Objekten Eigenschaften zuzuschreiben, wie Motive und Werte, die ausschließlich den Menschen zukommen.

Aber wer kann sagen, dass Katzen nicht denken? Wer kann sagen, welche Aspekte von Emotionen und Intelligenz ausschließlich menschlich sind? Das scheinen einfache Fragen zu sein, aber es gibt darauf keine einfachen Antworten.

Etwa um die Zeit herum, als die wissenschaftliche Psychologie entstand, suggerierte Charles Darwins sehr einflussreiches Werk **Über den Ursprung der Arten** (1859/1962), dass Menschen lediglich eine Art von Tieren seien – denen die Evolution sicherlich gewisse klar unterscheidbare Eigenschaften mitgegeben hat – aber dennoch grundsätzlich Tiere. Bedeutete dies, dass nichtmenschliche Tiere ebenfalls geistige Fähigkeiten besitzen könnten, von denen man vormals glaubte, dass sie über die Fähigkeiten »dummer« Tiere hinausgingen? Könnten sie im menschlichen Sinne intelligent sein?

Für diese Fragen interessierte sich Edward Thorndike, dessen Theorie im ersten Teil dieses Kapitels besprochen wird. Der zweite Teil des Kapitels beschäftigt sich mit der Theorie, die von Clark Hull entwickelt wurde. Diese beiden Theorien sind in gewissem Sinne behavioristisch, da sie sich hauptsächlich mit beobachtbarem Verhalten beschäftigen und mit der Entdeckung der Gesetze, die die Beziehungen zwischen Verhalten (Reaktionen) und den Bedingungen regeln, die zu Verhalten führen und darauf folgen.

Lernziele

Erklären Sie Ihren Lesern, sagte die alte Dame, dass sie nach dem Lesen dieses Kapitels in der Lage sein sollten, folgende Sachverhalte beschreiben zu können, und zwar in so einfachen und klaren Worten, dass ihre Großmütter erstaunt wären:

- Die Hauptmerkmale von Thorndikes Konnektionismus
- Thorndikes Law of Effect, das Gesetz der Bereitschaft und die wesentlichen Nebengesetze

▼

3.1 · Edward L. Thorndike (1874–1949): Konnektionismus

▼
- Veränderungen in Thorndikes Denken nach 1930
- Das Prinzip von Hulls System
- Beziehungen zwischen Eingangs-, intervenierenden und Ausgangsvariablen
- Was partielle antizipierende Zielreaktionen sind
- Was eine Hierarchie zielbezogener Gewohnheiten ist

Die alte Dame beugte sich vor, um den verletzten Kater zu kraulen, aber das Tier erhob sich, wanderte zu dem Holzstapel hinüber und legte sich in den Schatten des gesplitterten Baumstumpfes. Die alte Dame fuhr fort, aus ihren Notizen vorzulesen.

3.1 Edward L. Thorndike (1874–1949): Konnektionismus

Also, besitzen »dumme« Tiere nun Fähigkeiten des Denkens und der Vernunft, ähnlich den Menschen? Vielleicht. Die Schriften Darwins enthalten zahlreiche Anekdoten, die so etwas wie Intelligenz bei Tieren illustrieren – bspw. dass Affen, die sich an einem scharfen Gegenstand geschnitten haben, diesen Fehler nie zweimal machen; oder dass Affen, die man mit in Papier gewickelten Zuckerwürfeln füttert und denen man dann einen eingewickelten Zuckerwürfel gibt, in dem sich auch eine Wespe befindet, überlegen, dass sie von da an das Papier ans Ohr halten müssen, um zu hören, ob sich darin möglicherweise eine Wespe befindet.

Die Menschen sind begierig, Intelligenz bei Tieren zu finden, behauptet Edward Thorndike (1898). Wenn ein Hund verloren geht und dann über große Entfernungen den Weg nach Hause findet, dann schreiben alle Zeitungen Artikel darüber, wie intelligent Hunde sind. Aber es gibt keine Artikel über die hunderte anderer Hunde, die für einen Abendbummel in der Nachbarschaft das Haus verlassen, dummerweise an irgendeiner Stelle falsch abbiegen und nie wieder nach Hause zurückfinden.

Ähnlich verhält es sich, wenn eine Katze sich am Kühlschrank emporreckt, anscheinend um den Griff mit der Pfote zu erreichen – dann nehmen die Menschen sofort an, dass die Katze irgendwie die Verbindung zwischen dem Griff und der Tür herausgefunden hat. Dummes Gerede, sagt Thorndike.

Anekdoten sind eine schlechte Beweisgrundlage für wissenschaftliche Theorien. Wenn die Psychologie herausfinden will, ob Tiere tatsächlich komplexe Beziehungen beim Lösen ihrer Alltagsprobleme herausfinden können, sollten Forscher zu diesem Zweck kontrollierte Experimente durchführen.

3.1.1 Problemkäfige und Intelligenz bei Tieren

Daher entwickelte Thorndike eine Reihe von sogenannten Problemkäfigen. Das prototypische Exemplar, gezeigt in ◻ Abb. 3.1, ist so konstruiert, dass eine in diese Kiste gesperrte Katze nur daraus entkommen kann, wenn sie drei Dinge tut: an einem Strick ziehen, um eines der Türschlösser zu öffnen, auf einen Hebel treten, um das zweite zu öffnen, und danach einen der Türriegel in aufrechte Stellung schieben, um die Tür schließlich zu öffnen. Um sicherzustellen, dass die Katze Interesse hat, aus dem Käfig herauszukommen, wird ein bisschen Futter – z. B. ein toter Fisch – nicht weit entfernt, aber außer Reichweite, platziert. Die meisten Katzen verfügen über eine Anzahl vorgefertigter Lösungen für dieses Problem – sie versuchen bspw., sich durch die Gitter zu zwängen, kratzen und zerren an der Tür oder am Boden, oder miauen empört um Hilfe. Natürlich ist der Problemkäfig so konstruiert, dass nichts davon hilft.

Grundsätzlich kann die Katze das Problem auf zwei Arten lösen. Eine davon ist, ein Dutzend verschiedener Handlungen auszuprobieren, oder 100 oder 200, bis alle drei erforderlichen Aktionen aus-

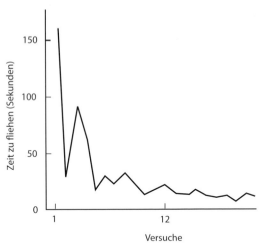

Abb. 3.1. Thorndikes Problemkäfig. Um sich aus der Kiste zu befreien, muss die Katze an einem Strick ziehen, um eines der Türschlösser zu öffnen, auf einen Hebel treten, um das zweite zu öffnen, und danach einen der Türriegel aufstoßen. Aus »Animal Intelligence: An Experimental Study of the Associative Processes in Animals« von E.L. Thorndike, 1898, Psychological Review Monograph Supplement, 2(8)

Abb. 3.2. Das Verhalten einer Katze in Thorndikes Problemkäfig. Die Katze benötigte beim ersten Mal etwa drei Minuten, um aus der Kiste zu entfliehen, aber nach der ersten erfolgreichen Flucht jeweils fast immer weniger als eine Minute. Aus »Animal Intelligence: An Experimental Study of the Associative Processes in Animals« von E.L. Thorndike, 1898, *Psychological Review Monograph Supplement*, 2(8)

geführt sind und – voilà! – die Tür sich öffnet. Die andere ist, sich hinzusetzen, die Situation genau zu betrachten, mögliche Handlungswege zu durchdenken, und plötzlich – peng! – herauszufinden, was getan werden muss. Der Psychologe Wolfgang Köhler (▶ Kap. 6) führte ein ähnliches Experiment mit Schimpansen durch und stellte fest, dass Schimpansen im Wesentlichen die zweite Lösungsform anwenden. In einem typischen Experiment von Köhler (1927) kann ein eingesperrter Schimpanse ein Bündel Bananen, die außerhalb des Käfigs aufgehängt sind, erst erreichen, nachdem er in plötzlicher Einsicht begreift, dass er einen Stock benutzen oder ein paar Kisten aufeinanderstapeln muss, um sie zu erreichen.

Aber Thorndikes Katzen taten all das nicht; stattdessen verwendeten sie den ersten Ansatz, also Versuch und Irrtum. Wie ◘ Abb. 3.2 zeigt, benötigten sie nicht viel Zeit, um dem Käfig zu entfliehen; beim erstenmal nur etwa drei Minuten. Danach jedoch brauchten sie selten mehr als eine Minute.

Die Folgerung laut Thorndike ist, dass es kein leicht demonstrierbares Schlussfolgern auf hohem Niveau bei Katzen gibt – und auch nicht bei Affen. Als zusätzlichen Beweis dafür merkt Thorndike an, dass es bei Tieren keine echte Imitation – basierend auf Verständnis und Ideen – zu geben scheint. Dass ein Hund einem anderen über ein Feld folgt, ist kein Beleg dafür, dass der nachfolgende Hund herausbekommen hat, es sei aus dem einen oder anderen Grund klug, einem anderen Hund zu folgen. Stattdessen ist dies einfach ein Beleg für ein natürliches Verhalten, oder für ein gelerntes Verhalten auf der Basis von Assoziationen, die zuvor zufriedenstellende Konsequenzen hatten. Thorndike demonstrierte wiederholt, dass man einer naiven Katze, einem naiven Hund oder Affen Gelegenheit geben kann, einen trainierten Artgenossen bei Verhaltensweisen zu beobachten, die die Flucht aus einem Problemkäfig ermöglicht, ohne dass das Tier dieses Verhalten erlernt (Thorndike, 1911).

Es erscheint klar, folgerte Thorndike, dass Katzen nicht lernen, indem sie eine besondere Einsicht in eine Situation entwickeln. Stattdessen lernen sie durch **Versuch und Irrtum**. Einfach ausgedrückt, führt das Lebewesen in einer gegebenen Situation eine Reihe von Reaktionen aus, von denen eine oder mehrere zur Lösung, oder – in den Worten Thorndikes – zu »einem zufriedenstellenden Zustand«

3.1 · Edward L. Thorndike (1874–1949): Konnektionismus

führen. Danach wird eine Verbindung zwischen der Reaktion und der Situation hergestellt. Diese Verbindung wird gelernt, oder »eingeprägt«, wie Thorndike es ausdrückt.

Menschen, so behauptet er, lernen auf dieselbe Weise. »Diese einfachen, semi-mechanischen Phänomene … die durch das Lernen bei Tieren aufgezeigt werden, sind auch die Grundlage menschlichen Lernens« (Thorndike, 1913b, S. 16).[1]

3.1.2 Kontiguität oder Verstärkung

Wie geschieht dieses Lernen oder »Einprägen«?

Wie wir zuvor in den Lerntheorien gesehen haben, die auf der Ausbildung von Verknüpfungen oder Assoziationen basieren (Konditionierungstheorien), wird normalerweise eine von zwei verschiedenen Erklärungen für das Lernen angeführt: Kontiguität oder Verstärkung. Eine Erklärung auf der Basis von Kontiguität sagt aus, dass eine Assoziation zwischen Stimuli oder zwischen Stimuli und Reaktionen gebildet wird, weil diese in Kontiguität präsentiert werden (gleichzeitig oder in enger zeitlicher Nähe). Die zweite Alternative, Verstärkung, sagt aus, dass es aufgrund von Verhaltenskonsequenzen zum Lernen kommt – insbesondere weil das Verhalten zu angenehmen Konsequenzen oder zur Beseitigung von unangenehmen Konsequenzen (oder zu beidem) führt.

Iwan P. Pawlow, John B. Watson und Edwin Guthrie erklärten Lernen über Kontiguität. Die Pawlowsche (klassische) Konditionierung basiert auf der Annahme, dass simultane Darbietung zweier Stimuli eine Art von Äquivalenz zwischen ihnen bewirkt. Beispielsweise wird der Summer zumindest teilweise dem Futter äquivalent, wenn er eine Reaktion auslöst, die der durch Futter ausgelösten Reaktion ähnlich ist. Guthrie behauptete, dass zwischen einem Stimulus und einer Reaktion eine Verbindung geschaffen wird, weil beide simultan (in Kontiguität) auftreten. Um diese Behauptung trotz der vorhandenen Zeitspanne zwischen der Darbietung der meisten Stimuli und den entsprechenden Reaktionen aufrechterhalten zu können, entlieh er aus dem damaligen Wissen über Muskelphysiologie das Konzept der bewegungserzeugten Stimuli (MPS) – wobei MPS eine Reihe von internalen (muskulären, glandulären und neuronalen) Stimuli und Reaktionen darstellen, die zwischen einem offen dargebotenen Stimulus und der Reaktion auftreten.

Ganz klar, sagt Thorndike, ist Kontiguität nur ein Teil der Geschichte. Mit Sicherheit würde die Katze nicht lernen, aus dem Problemkäfig zu entkommen, wären da nicht die Konsequenzen dieses Tuns.

3.1.3 Thorndikes Theorie vor 1930: Schwerpunkt Übung

Traditionell haben Psychologen zwei Arten von Aussagen über Menschen wie auch Tiere gemacht, notiert Thorndike: solche, die mit Bewusstsein zu tun haben, und solche, die mit Verhalten zu tun haben. Aber, so warnt er, Aussagen über Bewusstsein sind unsicher und schwer zu treffen, insbesondere bei Tieren und kleinen Kindern.

Bei Erwachsenen dagegen basieren sie hauptsächlich auf Introspektion, einem wissenschaftlich zweifelhaften Ansatz. Zumindest teilweise kann Psychologie »ebenso unabhängig von Introspektion sein wie die Physik«, behauptet Thorndike (1911, S. 2). Daher legt Thorndike seinen Schwerpunkt auf das Experiment anstatt auf Introspektion, und auf Verhalten anstatt auf Denken (obwohl er sich nicht als Behavioristen ansah, sondern vielmehr als **Konnektionisten**).

Für Thorndike besteht Lernen in der Ausbildung von Verknüpfungen zwischen Stimuli und Reaktionen, Verknüpfungen, die die Form neuronaler Verbindungen (connections, daher die Bezeichnung **Konnektionismus**) annehmen. Lernen, erklärt

---

[1] Was Menschen angeht, sagte die alte Dame und gab mir mit einer Geste zum Rekorder hin zu verstehen, dass dies eine Nebenbemerkung sei, Thorndike schien einen grundsätzlichen Unterschied zwischen Menschen und Tieren zu machen, obwohl er nicht klar ausdrückte, worin die Unterschiede bestanden. Er glaubte nicht, dass nur Sprache und Vernunft den Menschen von anderen Tieren unterscheiden, erklärte die alte Dame und las eine Passage aus Thorndikes Buch aus dem Jahre 1911 vor: »Vor einiger Zeit sagte ich, dass der Mensch ebenso wenig ein Tier mit Sprachfähigkeit ist, wie ein Elefant eine Kuh mit einem Rüssel ist. Wir können ruhig die Aussage hinzufügen, dass der Mensch kein Tier plus Verstand ist« (S. 172). Aber er akzeptierte, dass Menschen durch das Assoziieren von Ideen lernen können und glaubte, dass dies bei anderen Tieren nicht möglich ist.

> **Edward Lee Thorndike (1874–1949)**
>
>
>
> Wie Pawlow war auch Thorndike der Sohn eines Geistlichen – die Bedeutung dieser Tatsache liegt in der größeren Wahrscheinlichkeit, dass Kinder von Geistlichen und Pastoren eine höhere Schulbildung erhielten. Tatsächlich lehrten drei Thorndike-Brüder, einschließlich Edward, später an der Columbia University. Es wird berichtet, dass Edwards Erziehung streng war und dabei Wert auf harte Arbeit und gute Manieren gelegt wurde. Er wuchs zu einem äußerst fleißigen und selbstkontrollierten Menschen heran (Joncich, 1968).
>
> Thorndike begann seine akademische Laufbahn mit einem Englisch-Studium in Wesleyan und ging dann nach Harvard, wo er zur Psychologie wechselte. In Harvard zog er Hühner im Keller von William James' Haus auf und verwendete sie für Untersuchungen von Intelligenz bei Tieren. Später wechselte Thorndike nach Columbia, wo er im Jahre 1898 in Psychologie promovierte. Seine Doktorarbeit über Intelligenz bei Tieren, die im selben Jahr veröffentlicht wurde, ist immer noch ein Klassiker (er war damals 24 Jahre alt). Mit Experimenten versuchte er zu belegen, dass Lernen bei Tieren (insbesondere Katzen) über einen allmählichen Prozess von Versuch und Irrtum abläuft, der letztlich zum »Einprägen« der richtigen Reaktion führt. Ein großer Teil seiner späteren Arbeit in der Psychologie beschäftigte sich mit der Übertragung dieser Beobachtung auf den Menschen und damit, zu demonstrieren, wie Menschen ebenfalls durch Versuch und Irrtum lernen, als Funktion von Belohnung oder Bestrafung. Bemerkenswert ist, dass Thorndike behauptete, niemals sehr an Tieren oder Tierforschung interessiert gewesen zu sein. »Das Motiv für meine erste Untersuchung zur Intelligenz bei Tieren bestand hauptsächlich darin, den Anforderungen für Seminare und für den Studienabschluss zu genügen. Mit Sicherheit hatte ich kein besonderes Interesse an Tieren …«, schrieb er (Thorndike, 1936/49, S. 3–4).
>
> Thorndike schrieb sehr viel, publizierte mehr als 78 Bücher und über 400 Zeitschriftenartikel. Seine Publikationen beschäftigen sich mit einem weiten Themenspektrum aus den Bereichen Erziehung und Psychologie (es wird behauptet, dass alle seine Entwürfe für Seminare später zu Büchern wurden). Er definierte und begründete beinahe im Alleingang die Erziehungspsychologie, als er in den Jahren 1913 und 1914 sein dreibändiges Werk mit dem Titel *Educational Psychology* veröffentlichte (Thorndike, 1913–1914); er entwickelte die Untersuchung der Entwicklung von Kindern zu einer objektiven Wissenschaft; er etablierte die Verwendung von Tests und statistischen Methoden in Psychologie und Erziehung; er förderte die Nutzung psychologischer Tests in der Psychologie und er führte buchstäblich hunderte von Experimenten zum Lernen und Transfer mit menschlichen Probanden durch. Während seines ganzes Lebens war er weithin anerkannt, nicht nur in Nordamerika, sondern auch in Europa.

Thorndike, beinhaltet das »Einprägen« (stamping in) von Stimulus-Reaktions-(S-R-)Verbindungen; Vergessen bedeutet, diese Verbindungen »auszustanzen« (stamping out).

==Thorndikes Theorie fasst die Auswirkungen der drei wesentlichen Variablen klassischer Konditionierung (zeitliche Nähe, Häufigkeit und Kontiguität) in einem einzigen Gesetz zusammen: dem Gesetz der Übung (Law of Exercise).==

Gesetz der Übung (Law of Exercise)
Das Gesetz der Übung sagt aus, dass die Verbindungen zwischen Stimuli und Reaktionen durch »häufiges«, »zeitnahes« und »intensives« Üben gestärkt werden (Thorndike, 1913a). Wie wir sehen werden, spielt dieses Gesetz in Thorndikes endgültigem System nur eine geringe Rolle, es hatte allerdings enormen Einfluss auf Theorie und Praxis der Erziehung in den ersten Jahrzehnten des 20. Jahrhunderts. Obwohl Thorndike die Ansicht, dass Übung und Wiederholung das Lernen verbessern, nicht erfunden hat (diese Ideen bildeten bereits seit langem die Grundlage klassischer Erziehung), trug seine frühe Überzeugung von der Wirksamkeit des »Übens« von S-R-Verbindungen viel dazu bei, Ansätze zu ermutigen, die einen Wiederholungs»drill«

3.1 · Edward L. Thorndike (1874–1949): Konnektionismus

beim Lernen verwenden, und die in den 30er und 40er Jahren an Popularität zunahmen. Ironischerweise hätte Thorndike nach späteren Revisionen seiner Theorie reine Wiederholung und Übung als Schulungsinstrument sicherlich nicht empfohlen.

Law of Effect (Gesetz der Wirkung)

Thorndike glaubte, dass es weit mehr von den Konsequenzen (**Wirkungen**) abhängt als von der Häufigkeit des Einübens, ob eine Verbindung eingeprägt wird oder nicht. Daher ist Thorndikes wichtigstes Gesetz das **Law of Effect** (Thorndike, 1913a).

Einfach ausgedrückt, sagt das Law of Effect aus, dass **Reaktionen, die unmittelbar vor einem befriedigenden Zustand ausgeführt werden, mit höherer Wahrscheinlichkeit wiederholt werden.** Das Gegenteil trifft ebenfalls zu, obwohl es für die Erklärung von Lernen weniger relevant ist: **Reaktionen, die unmittelbar vor einem unerfreulichen Zustand ausgeführt werden, werden mit höherer Wahrscheinlichkeit nicht wiederholt.** Daher sind die Zustände, die Thorndike als **satisfier** oder **annoyer** bezeichnet, wesentlich für das Lernen.

Halt! Strenggläubige Behavioristen könnten an diesem Punkt einwenden: Begriffe wie zufriedenstellend und unerfreulich sind nicht sehr objektiv, nicht sehr behavioristisch. Sie klingen stark wie jene mentalistischen Begriffe, verwendet von Psychologen, die der Introspektion und Kontemplation zugeneigt sind, und gar nicht wie die Begriffe, welche experimentell arbeitende, objektivere Psychologen wie Thorndike – oder Watson – ansprechen würden.

Aber, antwortet Thorndike seinen potenziellen Kritikern, **satisfier** und **annoyer** lassen sich vollständig objektiv definieren. Ein zufriedenstellender Zustand (satisfier) ist einfach ein Zustand, den das Tier (oder der Mensch) entweder nicht vermeidet oder aktiv aufrechtzuerhalten sucht. Ein unerfreulicher Zustand (annoyer) ist ein Zustand, den aufrechtzuerhalten das Tier (der Mensch) nichts tut oder den es zu beenden sucht (Thorndike, 1913b). Man beachte, dass die Definition nichts mit den Gefühlen des Organismus zu tun hat, sondern nur mit dessen Verhalten.

Das Law of Effect ist grundsätzlich ein Modell für sogenanntes **instrumentelles Lernen**. Ein Lebewesen zeigt eine Reaktion, die einen zufriedenstellenden Zustand herbeiführt (eine Reaktion, die für das Erreichen des zufriedenstellenden Zustandes **instrumentell** ist), woraufhin eine Verbindung zwischen der Reaktion und dem vorausgehenden Stimulus gebildet wird.

Ein wichtiger Aspekt dieses Modells für instrumentelles Lernen ist die Annahme, dass eine Verbindung zwischen Stimulus und Reaktion hergestellt wird, und nicht zwischen der Belohnung und der Reaktion.[2] Diese Annahme unterscheidet sich fundamental von den Positionen, die Pawlow und Watson vertreten und die davon ausgehen, dass aufgrund wiederholter Paarungen eine Assoziation zwischen den Stimuli hergestellt wird, ungeachtet ihrer Konsequenzen. Man erinnere sich, dass Pawlow und Watson Theoretiker sind, die Kontiguität für relevant halten, während Thorndikes Position die Effekte von Verstärkung betont. Wie später in diesem

---

[2] An diesem Punkt erhob sich die alte Dame von dem Baumstumpf und bedeutete mir, den Rekorder auszuschalten, und ich dachte, vielleicht will sie sich nur recken. Aber nein, offenbar war eine Spinne von einem herabhängenden Ast auf ihren Arm gefallen, und nun bückte sie sich, damit die Spinne die Länge ihres Armes entlang und über ihren Handrücken auf einen glatten Stein beim Feuerloch laufen konnte. Während sie das tat, erklärte sie, dass Thorndikes Beschreibung zur Herstellung von Verbindungen zwischen Reaktionen und Stimuli unbedeutend erscheinen könnte, dass sie aber von grundlegender Wichtigkeit sei. Sie sagte, ich solle das wiederholen, wenn ich ihre Worte in dieser 4. Auflage transkribiere. Sie sagte, ich solle nicht einfach annehmen, dass Sie intelligent genug sind, alles bei der ersten Erklärung zu verstehen, dass vielmehr alle wichtigen Dinge mindestens einmal, eventuell auch zwei- oder drei-

mal, wiederholt werden sollten. Ich verteidigte Sie, pries Ihre Intelligenz, sagte, dass Sie eher gelangweilt als erleuchtet würden, wenn ich die Worte der alten Dame mehr als einmal wiederholte. Sie nahm ihren Hut ab und schaute mich eine Weile an, aber ich konnte ihren Ausdruck nicht deuten. Dann setzte sie ihren Hut wieder auf, setzte sich hin, forderte mich mit einem Nicken zum Wiedereinschalten des Rekorders auf und fuhr fort, ihren Bericht zu lesen. Einen Moment war ich abgelenkt, weil ich die Spinne beobachtete, während sie über die glatte Seite des weißen Steins marschierte und diese für sich weite Wüstenfläche zu überqueren begann. Fragte sich, warum sich ihre Welt verändert hatte? Verstand sie, wo sie war? Beruhigte sie die Hitze des sonnenerwärmten Steins?

Der Kater holte mit seiner Pfote aus und zerquetschte die Spinne auf dem Felsbrocken.

68 Kapitel 3 · Auswirkungen von Verhalten: Thorndike und Hull

Kapitel gezeigt wird, akzeptierte Hull ebenfalls Thorndikes Ansicht und machte sie zu einem zentralen Merkmal seines Systems (Bitterman, 1967).

Gesetz der Bereitschaft (Law of Readiness)

Ein drittes großes Gesetz bildet einen wichtigen Teil von Thorndikes System vor 1930: das **Gesetz der Bereitschaft**. Dieses Gesetz befasst sich hauptsächlich mit der Motivation des Lernenden (den Kräften, die zu Verhalten führen). Es stellt fest, dass gewisse Verhaltensweisen mit höherer Wahrscheinlichkeit gelernt (eingeprägt) werden als andere.

Thorndike sagt: Wenn eine Leistungseinheit (conduction unit) zur Leistung bereit ist, dann ist es zufriedenstellend, dies zu tun, und unerfreulich, dies nicht zu tun. Wenn eine Leistungseinheit nicht bereit zur Leistung ist, dann ist der Zwang, dies zu tun, unerfreulich.

Obwohl Thorndikes Verwendung von vagen Ausdrücken wie »Leistungseinheit« und »bereit zur Leistung« von der Objektivität seiner Theorie ablenkt, ist das Gesetz der Bereitschaft in der Erziehungspraxis konkretisiert und nützlicher gemacht worden.

Bereitschaft, erklärt Thorndike, steht in enger Beziehung mit der Reife des Lernenden und mit vorherigem Lernen, und sie hat viel damit zu tun, ob eine Aktivität zufriedenstellend oder unerfreulich ist. Genauer gesagt wird ein zufriedenstellender Zustand dann erreicht, wenn ein Lernender bereit zum Lernen ist und ihm dies gestattet wird; im Gegensatz dazu bewirkt der Zwang zum Lernen bei mangelnder Bereitschaft dazu – oder am Lernen gehindert zu werden, wenn Bereitschaft dazu besteht – einen unerfreulichen Zustand. Wie Rita Watson (1996) anmerkt, muss eine Theorie der Bereitschaft, wenn sie für die Erziehungspraxis nützlich sein soll, alle verfügbaren Informationen über die kindliche Entwicklung und über das Vermitteln von Wissen berücksichtigen.

3.1.4 Nebengesetze

Als Resultat seiner zahlreichen Experimente mit Menschen und Tieren entwickelte Thorndike mehrere zusätzliche Lerngesetze. Fünf dieser Gesetze bilden einen besonders wichtigen Teil von Thorndikes Erklärung des Lernens (▶ Übersicht).

Die fünf wichtigsten Gesetze Thorndikes zur Erklärung des Lernens

1. **Multiple Reaktionen**

   Das Gesetz multipler Reaktionen sagt aus, dass der Organismus in einer gegebenen Situation auf verschiedene Art und Weise reagieren wird, wenn seine erste Reaktion nicht unmittelbar zu einem zufriedenstellenden Zustand führt. Mit anderen Worten: Ein Individuum versucht, Probleme durch Versuch und Irrtum zu lösen – eine Beobachtung, die im berühmtesten der vielen hundert Experimente Thorndikes gut illustriert wird: in der Untersuchung mit der Katze im Problemkäfig, die bereits beschrieben wurde.

2. **Haltung oder Voreinstellung**

   Das zweite Gesetz stellt fest, dass Lernen teilweise eine Funktion von Haltung oder Voreinstellung (definiert als eine Prädisposition, in einer gegebenen Weise zu reagieren) ist. Das Gesetz der Voreinstellung bezieht sich auf **satisfier** und **annoyer** und auf die Art der Reaktionen, die von einer Person gezeigt werden. Die Auseinandersetzung mit einer Vielfalt von Problemen ist kulturell definiert. Beispielsweise sehen es viele Kulturen als allgemein akzeptabel an, auf Aggression mit Aggression zu reagieren. Vermutlich hat ein solches Handeln das Potenzial, zu einem zufriedenstellenden Zustand beim Aggressor zu führen – und möglicherweise zu einem unerfreulichen Zustand für diejenigen, denen die Aggression gilt.

3. **Dominanz von Elementen**

   In seinem Gesetz zur Dominanz von Elementen schlägt Thorndike vor, dass es einem Lernenden möglich ist, nur auf die signifikanten (dominie-

▼

renden) Elemente einer Problemsituation zu reagieren und durch irrelevante Aspekte der Situation nicht abgelenkt zu werden. Beispielsweise erfordert die Entscheidung, ob eine Figur ein Quadrat oder ein Rechteck ist, nur die Reaktion auf die Beziehung zwischen den Seitenlängen der Figur und nicht auf ihre Farbe, Position usw. Für dieses Problem sind Stimuli, die mit der Form assoziiert sind, **dominierend**; andere sind irrelevant.

4. **Reaktion über Analogie**

Das vierte Prinzip (Gesetz der Reaktion über Analogie) stellt fest, dass eine Person, die in eine neuartige Situation gebracht wird, Reaktionen zeigen wird, die in anderen, auf gewisse Weise ähnlichen Situationen angewendet wurden, die also, mit Thorndikes Worten, **identische Elemente** teilen. Wenn Cindy eine in der Schule gelernte Subtraktionsregel verwendet, um zu berechnen, dass sie noch 60 Cent von ihrem Euro übrig behält, wenn sie für 40 Cent Gummibärchen gekauft hat, dann reagiert sie über Analogie. Der Grund dafür ist, erklärt Thorndike, dass sie wichtige Ähnlichkeiten zwischen ihrer gegenwärtigen Situation und der Problemlösesituation in der Schule erkennt. Dies ermöglicht ihr den **Transfer** des Gelernten. Dieses Prinzip, Thorndikes Transfer-Theorie, wird manchmal als Theorie identischer Elemente bezeichnet.

Thorndikes Theorie identischer Elemente bildete seine Erklärung dafür, wie Menschen in neuartigen Situationen reagieren – das heißt, wie sie Reaktionen transferieren oder generalisieren. Angesichts einer neuen Situation »ziehen sich die Gewohnheiten (der Menschen) nicht in sichere Entfernung zurück«, erklärt er (1913a, S. 28). Stattdessen erkennen Menschen, dass einzelne Aspekte der neuartigen Situation denen einer vertrauten Situation ähneln und reagieren entsprechend. Und wenn die erste Reaktion nicht zu einem zufriedenstellenden Zustand führt, dann zeigen sie

eine zweite, dann vielleicht eine dritte, eine vierte usw.

Cox (1997) merkt an, dass Thorndikes Theorie identischer Elemente auch heute noch eine wichtige Rolle in aktuellen Erklärungen zum Trainingstransfer spielt. Beispielsweise enthalten viele Computermodelle menschlichen Verhaltens (▶ Kap. 8) die Annahme, dass die Anzahl gemeinsamer Elemente in zwei verschiedenen Situationen als Grundlage für die Entscheidung dient, ob in diesen Situationen ähnliche Reaktionen gezeigt werden.

5. **Assoziative Shifts (Verlagerung von Assoziationen)**

Das letzte der fünf Nebenprinzipien beschreibt ein Phänomen, das auch als **Stimulussubstitution** bezeichnet werden kann. Das Prinzip der assoziativen Shifts stellt fest, dass es möglich ist, eine Reaktion von einem Stimulus auf einen anderen zu verlagern. Thorndike illustrierte diesen Prozess, indem er einer Katze beibrachte, auf den Hinterbeinen zu stehen. Zu Beginn richtete sich die Katze nur auf, wenn der Versuchsleiter ein Stück Fisch hochhielt. Die Menge Fisch wurde allmählich reduziert, bis die Katze sich auch aufrichtete, wenn kein Fisch präsentiert wurde.

Eine klare experimentelle Demonstration assoziativer Shifts stammt aus einer Untersuchung von Terrace (1963). Er brachte Tauben bei, zwischen den Farben rot und grün zu unterscheiden, indem er sie mit vier Sekunden Zugang zu einem Futterspender belohnte, wenn sie auf eine mit rotem Licht beleuchtete Pickscheibe pickten, und ihnen kein Futter gab, wenn sie auf dieselbe Pickscheibe pickten, während sie grün aufleuchtete. Sobald die Tauben gelernt hatten, zwischen rot und grün zu unterscheiden, überlagerte Terrace die rote Pickscheibe mit einer vertikalen Linie und die grüne mit einer horizontalen Linie. Da die Tauben gelernt hatten, die rote Pickscheibe mit einem zufriedenstellenden Zustand zu assoziieren, fuhren sie fort, auf diese und nicht auf die grüne zu

▼ picken. Über eine Reihe von Durchgängen blendete Terrace dann langsam die Farben aus, bis auf der Pickscheibe nur noch ein vertikaler oder horizontaler Streifen erschien. Er stellte fest, dass die Tauben ihre Reaktionen fehlerfrei transferierten, sodass sie nun auf die Pickscheibe mit dem vertikalen Streifen, aber nicht auf diejenige mit dem horizontalen Streifen pickten.

In einer Abwandlung dieser Prozedur überlagerte Terrace über eine Serie von Trainingsdurchgängen die farbigen Pickscheiben ebenfalls mit Streifen, ohne jedoch die Farben allmählich auszublenden. Auf diese Weise trainierte Tauben machten später zahlreiche Fehler, wenn ihnen Pickscheiben gezeigt wurden, auf denen nur die Streifen zu sehen waren.

– Das Prinzip der assoziativen Shifts kann den Erfolg zahlloser Werbekampagnen erklären, in denen ein Stimulus, der mit positiven Emotionen (oder mit Gier oder Lust) assoziiert ist, mit einem anderen, normalerweise relativ neutralen Stimulus gepaart wird – bspw. von alkoholischen Getränken mit Jugendlichen, die außer sich vor Glück sind; von machohaften Männern mit Zigaretten, die lässig von ihren Lippen herabhängen; von ekstatischen Paaren mit den Händen voller Lotterielose.

3.1.5 Thorndikes Theorie nach 1930: Schwerpunkt Verstärkung

Obwohl viele Annahmen Thorndikes über menschliches Lernen während seiner langen wissenschaftlichen Laufbahn unverändert blieben, ist er dennoch einer derjenigen Theoretiker, die lange genug aktiv und offen für Veränderungen blieben, um in ihr System größere Modifikationen einzubauen. Etwa ab 1930 sah Thorndike ein, dass er in einigen Dingen falsch gelegen hatte.

Widerruf des Gesetzes der Übung
Vor allem hatte ich Unrecht, was das Gesetz der Übung betrifft, gestand er ein. Warum? Weil er durch Experimente mit Menschen (anstatt einfach mit Katzen oder Hühnern) festgestellt hatte, dass eine reine Wiederholung kein Lernen bewirkt. In einem wichtigen Experiment erhielten Probanden bspw. ein großes Blatt Papier und einen Bleistift mit der Instruktion, mit einer schnellen Bewegung eine Linie von 4 Inch (10 cm) Länge zu zeichnen – mit geschlossenen Augen (Thorndike, 1931). Diese Aufgabe mussten sie über eine Reihe von Sitzungen an aufeinanderfolgenden Tagen wiederholen, bis sie insgesamt 3.000 Linien gezeichnet hatten – immer mit geschlossenen Augen.

Die Resultate einer Versuchsperson sind in ◘ Abb. 3.3 dargestellt. Die Resultate zeigen zweierlei, behauptet Thorndike: »(1) Multiple bzw. variable Reaktion und (2) dass Wiederholung der Situation kein Lernen bewirkt« (1931, S. 10). Mit anderen Worten: Übung – oder Wiederholung – beeinflusst das Lernen nicht. »Die Wiederholung einer Situation verändert den Menschen so wenig wie die Wiederholung einer Nachricht über ein Kabel das Kabel verändert«, schreibt Thorndike. »Sie lehrt ihn so wenig wie die Nachricht die Schalttafel lehrt ... die häufigeren Verbindungen werden nicht aufgrund ihrer größeren Häufigkeit selektiert« (1931, S. 14).

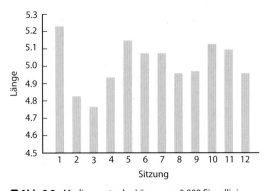

◘ **Abb. 3.3.** Medianwerte der Länge von 3.000 Einzellinien, die von einem einzelnen Probanden mit geschlossenen Augen über 12 Sitzungen hinweg gezeichnet wurden. Die Instruktion lautete, eine Linie mit 4 Inch (10 cm) Länge zu zeichnen. Daten aus »Human Learning« von E.L. Thorndike, S. 9 (Tabelle 1). Cambridge, MA: MIT Press, 1931

3.1 · Edward L. Thorndike (1874–1949): Konnektionismus

Ein halbes Law of Effect

Nicht Wiederholung bewirkt Lernen, betont Thorndike, sondern die Wirkungen der Handlung. Insbesondere, wie er immer behauptet hatte, besteht die Tendenz, dass Handlungen, die zu einem zufriedenstellenden Zustand führen, »eingeprägt« und aufrechterhalten werden. Man erinnere sich aber, dass er auch angenommen hatte, dass Reaktionen, die zu einem unerfreulichen Zustand führen, ausgestanzt werden. Damit hatte ich unrecht, gab Thorndike zu und argumentierte nun, dass unerfreuliche Resultate wenig Wirkung auf die Verbindungsstärke haben.

Um das Law of Effect zu überprüfen, entwickelte Thorndike (1931) mehrere Experimente. In einem davon wurden neun Probanden, die nicht Spanisch sprachen, gebeten, für 200 verschiedene spanische Worte, deren Bedeutung nicht einfach geraten werden konnte, je eine von fünf vorgegebenen Bedeutungen auszuwählen. Nach jeder korrekten Auswahl sagte der Versuchsleiter »Richtig«, bei jeder falschen Auswahl sagte der Versuchsleiter »Falsch«. Die Prozedur wurde dann ein zweites, ein drittes und ein viertes Mal wiederholt. Das Ziel war, festzustellen, ob eine gesteigerte Tendenz auftreten würde, solche Bedeutungen zu wählen, auf die zuvor »Richtig« rückgemeldet worden war. Und diese Tendenz zeigte sich – nicht überraschend – tatsächlich. Die Probanden wählten mit 50–90 % höherer Wahrscheinlichkeit eine Bedeutung, die zweimal die Rückmeldung »Richtig« ausgelöst hatte. Gab es eine entsprechende Verringerung in der Wahrscheinlichkeit, eine Bedeutung auszuwählen, auf die »Falsch« rückgemeldet worden war? Die Antwort lautet Nein. Die Probanden wählten nur mit 7–23 % geringerer Wahrscheinlichkeit eine vorher zweimal als falsch benannte Bedeutung (◘ Abb. 3.4). »Wenn alle anderen Dinge konstant bleiben«, sagt Thorndike, »stärkt die Rückmeldung ›Richtig‹ die Verbindung, auf die sie folgt und zu der sie gehört, wesentlich stärker als die Rückmeldung ›Falsch‹ die Verbindung schwächt, auf die sie folgt und zu der sie gehört« (1931, S. 45).

Lernen durch Ideen

Nach 1930 revidierte Thorndike seine Theorie noch in verschiedenen anderen wichtigen Aspekten. Diese Veränderungen wurden normalerweise durch

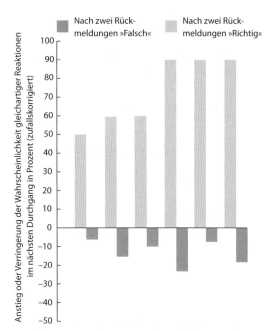

◘ **Abb. 3.4.** Der Einfluss von zwei aufeinanderfolgenden Rückmeldungen »Richtig« oder »Falsch« auf die nächste Auswahl möglicher Wortbedeutungen eines unbekannten Wortes (neun Probanden in sechs Experimenten). Daten aus *Human Learning* von E.L. Thorndike, S. 44. Cambridge, MA: MIT Press, 1931

die Notwendigkeit ausgelöst, Beobachtungen über menschliches Lernen einzubeziehen, die nicht einfach in die ursprüngliche Theorie passten. Weil diese Beobachtungen tendenziell zeigten, dass Gedanken oder Ideen für menschliches Lernen wichtig sind, wies seine Theorie jetzt kognitive Bezüge auf. Beispielsweise sprach Thorndike (1931) nun von »ideationalem Lernen« – einer »höheren« Form des Lernens, bei der Analyse, Abstraktion und Bedeutung eine Rolle spielen. Zur Illustration dieser Annahmen wählt er die anscheinend einfache Aufgabe, einen Affen zu zähmen. Um dies zu erreichen, sagt er, kann man nicht einfach den Affen packen und ihn füttern. Wahrscheinlich wird er die dahinterstehende Idee nicht begreifen. Wenn man andererseits zulässt, dass der Affe sich von selbst nähert und ihn dann füttert, dann werden die Verhaltensweisen, die mit zahmem Verhalten assoziiert wird, schließlich eingeprägt. Menschen in derselben Situation bilden möglicherweise Assoziationen zwischen den Ideen aus, von einem Pfleger gepackt und anschließend gefüttert zu werden. In Thorndikes Worten:

> Lernen durch Ideen ist, wie die Bezeichnung sagt, durch das häufige Auftreten von Ideen in Form von Situationen oder Reaktionen oder als beides charakterisiert. Während der Hauptanteil des Lernens, das Hunde, Katzen, Hühner und Ratten zeigen, aus Verbindungen besteht, die von externalen oder perzeptuellen Situationen auf direktem Wege zu körperlichen Aktionen oder impulsiven Tendenzen, die mit solchen Aktionen eng gekoppelt sind, führen, funktioniert das Einsichtslernen des Menschen mit Hilfe von Ideen, die von solchen engen Beschränkungen frei sind. (1931, S. 138)

Obwohl Begriffe wie **Ideen, Analyse** und **Einsicht** im System nicht sehr klar definiert sind, werden sie in zwei zusätzlichen Konzepten dargestellt, die Thorndike untersuchte und in sein System integrierte. Das erste ist das **Prinzip der Zusammengehörigkeit**. Es stammt aus dem Befund, dass zwei oder mehr Elemente, die als zusammengehörig betrachtet werden, leichter gelernt werden können. In einer von Thorndikes Untersuchungen (1931), die dieses Prinzip illustriert, wurden Probanden gebeten, genau aufzupassen, während der Versuchsleiter 1.304 Wort- und Zahlenpaare vorlas. Darunter befanden sich vier Wörter, die jeweils 24 Mal vorkamen und denen jedes Mal dieselbe Zahl vorangestellt war. Danach wurden die Probanden aufgefordert, diejenigen Zahlen niederzuschreiben, die auf bestimmte Wörter folgten (einschließlich der vier häufig wiederholten Wörter), sowie diejenigen Wörter, die auf bestimmte Zahlen folgten (einschließlich der vier Zahlen, die jeweils 24 Mal wiederholt wurden).

Ihre Leistung blieb auf Zufallsniveau. Warum? Weil, erklärt Thorndike, sie glaubten, dass jedes Wort zu der darauffolgenden Zahl gehörte, und nicht zu der vorangestellten Zahl.

Das zweite relevante Konzept, das Thorndike nach 1930 entwickelte, wird als **Ausweitung der Wirkung** (spread of effect) bezeichnet. Es bezieht sich auf Thorndikes Entdeckung, dass eine Reaktion, auf die ein zufriedenstellender Zustand folgt, auch Einfluss auf andere, verwandte Reaktionen hat. Zur

Illustration ließ Thorndike (1931) Probanden eine beliebige Zahl zwischen 1 und 10 zu jedem Wort einer Serie zuordnen. Unter diesen Wörtern befanden sich mehrere, die häufig wiederholt wurden. Wenn ein Proband eine Zahl wählte, die der Versuchsleiter zuvor für jedes häufig wiederholte Wort ausgesucht hatte, erhielt er die Rückmeldung »Richtig«. Es ist nicht überraschend, dass die als »Richtig« bezeichneten Zahlen an Häufigkeit zunahmen. Überraschender ist hingegen, dass Zahlen, die diesen »richtigen« Zahlen unmittelbar vorausgingen oder folgten, ebenfalls an Häufigkeit zunahmen, wenn auch nicht so stark.

3.1.6 Bewertung von Thorndikes Konnektionismus

Thorndikes Gesetze und Prinzipien bieten ein relativ klares Bild seiner Sichtweise auf das Lernen. Gemäß dieser Sichtweise besteht Lernen aus der Herausbildung physiologischer Verknüpfungen oder Verbindungen zwischen Stimuli und Reaktionen. Die Verbindungen werden aufgrund zufriedenstellender Konsequenzen der Handlungen eingeprägt, werden aber auch durch die Meinung des Individuums, was womit zusammengehört, beeinflusst.

Laut Thorndike gelangen Menschen grundsätzlich weitestgehend durch Versuch und Irrtum zu angemessenen Reaktionen. Aufgrund einer festgelegten Haltung oder Voreinstellung können sie auch in einer vorgegebenen Weise reagieren, möglicherweise bestimmt durch kulturelle Einflüsse oder aktuelle Aspekte der Situation. Beispielsweise reagiert ein hungriger Mensch auf Nahrung anders als jemand, der keinen Hunger hat. Einige Reaktionen gründen sich auf Verhalten, das in anderen, ähnlichen Situationen erworben wurde (Reaktion über Analogie), andere hingegen können einer Konditionierungsprozedur entstammen (assoziative Shifts). In vielen Fällen reagiert eine Person nur auf die wichtigsten Aspekte einer Situation (die dominantesten Elemente).

Kritiker verweisen darauf, dass vieles in Thorndikes Theoriebildung auf informellen Beobachtungen gründet. Dennoch war Thorndike weitgehend für die Einführung kontrollierter Untersuchungen von Tieren und Menschen als Mittel für die Verifi-

3.2 · Clark L. Hull (1884–1952): ein hypothetisch-deduktives System

zierung theoriebasierter Vorhersagen verantwortlich.

Kritiker weisen auch darauf hin, dass Thorndike oftmals auf vage internale Zustände zurückgriff, um das Lernen zu erklären. Zufriedenstellende und unerfreuliche Zustände sind schlecht definierte und schwierig zu behandelnde Konzepte. Wie wir im nächsten Kapitel sehen werden, haben spätere Theoretiker beträchtliche Mühe darauf verwendet, objektive Methoden zur Beschreibung von Verhaltensauswirkungen zu finden.

Trotz der Schwierigkeiten mit Thorndikes Verwendung von Konzepten wie »**satisfier**« und »**annoyer**« besteht einer seiner wichtigsten Beiträge zur Entwicklung der Lerntheorie darin, Verhaltenskonsequenzen als determinierenden Faktor für das, was gelernt und was nicht gelernt wird, hervorzuheben. Die Bedeutung des Law of Effect für die Entwicklung der Lerntheorie zeigt sich in seinem überdauernden Einfluss. Nach Thorndike dominierte in der Psychologie die Ansicht, dass die Auswirkungen von Verstärkung von zentraler Bedeutung für Lernen sind (Bitterman, 1969).

Thorndike leistete auch bedeutende Beiträge zur praktischen Anwendung von psychologischen Prinzipien, insbesondere für den Unterricht. Viele seiner Schriften befassen sich speziell mit pädagogischen Problemen in spezifischen Bereichen wie Arithmetik (Thorndike, 1922), Latein (Thorndike, 1922) und der Psychologie des Interesses (Thorndike, 1935).

Thorndike ist ein Beispiel eines Theoretikers, der einen klar definierten Standpunkt vertritt, aber dennoch für andere Sichtweisen offen ist und daher dramatische Veränderungen seines eigenen Denkens entwickelt und auch zugibt, dass es vieles gab, was seine Theorie nicht erklären konnte. »Die konnektionistische Theorie zu Leben und Lernen«, schreibt er »ist zweifellos weder adäquat noch akkurat. Ihre Erklärungen von zweckgerichtetem Verhalten, Abstraktion, allgemeinen Ansichten und Vernunft sind nur ein erster und provisorischer Angriff dieser Probleme. Sie hat viele Lücken und Mängel« (1931, S. 131).

Seit Thorndike haben viele andere versucht, diese Lücken zu füllen und die Mängel zu reparieren.

3.2 Clark L. Hull (1884–1952): ein hypothetisch-deduktives System

Einer von ihnen war Clark L. Hull, der ehrgeizigste unter den Verhaltenstheoretikern. Hulls Traum war es, die Gesetze der Logik und des Experimentierens zu nutzen, um die Gesetze zu entdecken und (mittels logischem Schlussfolgern) herzuleiten, die menschliches Verhalten regeln. Daher die Bezeichnung **hypothetisch-deduktives System**. Das Ergebnis ist ein System von derartiger Komplexität und großem Umfang, dass hier nur ein kleiner Einblick gegeben werden kann. Das vollständige System basiert auf 17 Gesetzen (Postulate genannt), aus denen er mehr als 100 Theoreme und viele Korollarien ableitete (Hull, 1943, 1951, 1952).

3.2.1 Überblick über Hulls System

Wissenschaft hat zwei essentielle Aspekte, informiert uns Hull (1952). Einer davon beschäftigt sich mit den tatsächlichen Beobachtungen (Fakten) des Fachgebietes. Der andere versucht, diesen Beobachtungen einen Sinn zu geben, indem er sie in einem kohärenten, logischen System oder einer Theorie organisiert. Die Theorie dient dann als Erklärung für die Beobachtungen und als Grundlage für das Verstehen und Vorhersagen.

Dies ist – kurz gesagt – was Clark L. Hull in der Psychologie zu tun gedachte. Dieser energiegeladene, mathematisch ausgerichtete und sehr wissenschaftlich denkende junge Mann nahm sich vor, ein logisches, wissenschaftliches und mathematisches System zu entwickeln, welches menschliches Lernen und Verhalten vollständig erklären könne.

Hull bezeichnete die 17 Gesetze, aus denen sein System besteht, als Postulate und nicht als Gesetze, da in der Wissenschaft als junger Disziplin »eine gewisses Maß an Unsicherheit diese grundlegenden Gesetze umgibt« (1952, S. 1). Diese 17 Postulate beschreiben, zusammen mit den 133 spezifischen Theoremen und zahlreichen Korollarien, die er daraus ableitete, die Beziehungen zwischen den vielen Variablen, von denen angenommen wird, dass sie an menschlichem Verhalten beteiligt sind.

Während die 17 Postulate, die die Grundlage des Hull'schen Systems bilden, nicht leicht testbar sind, können die Theoreme und Korrolarien überprüft werden. Jedes ist präzise und mathematisch, jedes bringt spezifische Vorhersagen hervor, die experimentell getestet werden können. Die Resultate können danach interpretiert werden, um nicht nur die Theoreme oder ihre Korrolarien, sondern auch die Postulate, auf denen die Theoreme basieren, akzeptieren – oder zurückweisen – zu können.

Hulls System ist in zwei umfangreichen Büchern ausgeführt. Er hatte ein drittes Buch geplant, in dem die Anwendung des Systems auf Verhalten in sozialen Interaktionen beschrieben werden sollte. Unglücklicherweise starb er etwa zum Zeitpunkt der Beendigung des zweiten Buches, sodass das dritte nie begonnen wurde.

3.2.2 Hauptkomponenten von Hulls System

Hulls explizit behavioristisches System ist durch die Interessen des Behavioristen an Objektivität, Präzision und Striktheit gekennzeichnet. Obwohl sein Ausgangspunkt die Entwicklung von Postulaten war – was man als ein ziemlich mentalistisches Unterfangen ansehen könnte – bestand sein Hauptinteresse darin, spezifische, testbare Hypothesen aus den Postulaten abzuleiten. Danach versuchte er, sie in der Laborsituation zu verifizieren. Wie man mit einem Blick auf sein System schnell erkennen kann, war dies eine monumentale Aufgabe.

Getreu dem behavioristischen Ansatz betrachtete Hull menschliches Verhalten anhand von Stimuli und Reaktionen. Wie Pawlow, Watson, Guthrie und Thorndike war Hull überzeugt, dass Verhalten von über die Umwelt konditionierten Reaktionen determiniert wird (Weidman, 1994). Er befasste sich jedoch erheblich detaillierter mit Stimuli und Reaktionen als die meisten seiner Zeitgenossen. Für Hull sind Stimuli alle Bedingungen, die den Organismus beeinflussen, und welche zu Verhalten führen können oder auch nicht. Er nannte diese Bedingungen **Eingangsvariablen**, Reaktionen werden als **Ausgangsvariablen** bezeichnet. Verschiedene seiner Postulate widmen sich der Erklärung dieser Eingangs- und Ausgangsvariablen und den Beziehungen zwischen den beiden. Ein dritte Form von Verhaltensvariablen, die einen zentralen Teil von Hulls System bilden, werden als **intervenierende Variablen** bezeichnet.

Clark Leonard Hull (1884–1952)

Hull wurde am 24. Mai 1884 in Akron, New York, geboren. Seine Familie war arm, und er fehlte offenbar oft in der Schule, weil er auf der Farm der Familie arbeiten musste. Während eines großen Teils seiner Kindheit war er bei schlechter Gesundheit, hatte eine extreme Sehschwäche und litt während seiner ersten Jahre im College längere Zeit an Kinderlähmung (er behielt ein verkrüppeltes Bein zurück). Dennoch verbrachte er im Alter von 17 Jahren ein ganzes Jahr als Lehrer an einer Zwergenschule in Michigan, bevor er seine Ausbildung an der Alma Academy, ebenfalls in Michigan, fortsetzte. Er besaß beträchtliches Talent für Mathematik (wie auch für Philosophie), und sein ursprüngliches Berufsziel war, Bergbauingenieur zu werden. Aber nachdem er James' **Principles of Psychology** gelesen hatte, wechselte er zur Psychologie und ging an die Universität von Wisconsin, wo er im Jahr 1918 promovierte.

Hulls frühe Interessen lagen bei systematischen Untersuchungen von Fähigkeiten bei Mensch und Tier, bei denkenden Maschinen (Robotern), bei Hypnose (auf die er ganze 10 Jahre Studien- und Forschungsarbeit verwendete) und bei den Auswirkungen von Tabakkonsum auf intellektuelle Funktionen. Im Jahr 1929 ging er nach Yale, wo er einen Forschungslehrstuhl übernahm und (mit einer Gruppe von eifrigen Schülern) das monumentale System entwickelte, welches – in vereinfachter Form – den Rest dieses Kapitels bildet. Nach seinen ersten umfassenden Beschreibungen dieses Systems in **Principles of Behavior** (1943) wurde er schnell zum meistzitierten Psychologen in den Vereinigten Staaten. Eine letzte Revision seines Buches wurde kurz nach seinem Tod im Jahr 1952 veröffentlicht.

3.2 · Clark L. Hull (1884–1952): ein hypothetisch-deduktives System

Wichtige Aspekte von Eingangs- und Ausgangs-variablen können beobachtet und gemessen werden; im Gegensatz dazu sind intervenierende Variablen rein hypothetisch. Sie werden aus Eingangs- und Ausgangsvariablen erschlossen. Sie stellen die besten, fundiertesten Vermutungen des Wissenschaftlers über die Geschehnisse dar, die zwischen der Stimulusdarbietung und dem Auftreten einer Reaktion auftreten können.

Hulls Interesse an intervenierenden Variablen stellt eine bedeutsame Abwendung von der Orientierung der frühen Behavioristen wie Watson und Guthrie dar, die aktiv Spekulation vermieden, um das Studium von Verhalten so objektiv wie möglich zu halten. Aus diesem Grunde nennt Hull sich selbst einen **Neobehavioristen** anstatt einfach einen Behavioristen, und verstand sich als S-O-R-Theoretiker und nicht als S-R-Theoretiker. Das »O« steht für Organismus und verweist darauf, dass Hull anstelle einer ausschließlichen Beschäftigung mit Stimuli und Reaktionen (wie es z. B. bei Watson der Fall war) darüber hinaus auch Ereignisse betrachtete, die innerhalb des Organismus auftreten.

Hull war von Pawlows Arbeiten zu reflektorischem Verhalten und klassischer Konditionierung sehr beeindruckt. Dieser Pawlowsche Einfluss zeigt sich zum Teil darin, dass ein Eckstein von Hulls System die Ansicht ist, dass jedes Verhalten aus S-R-Verbindungen besteht. Hull glaubte, dass Konditionierung eine gute Erklärung für die **Mechanik** des Lernens darstellt. Sein System aber geht über diese Mechanik hinaus und versucht, die **Motivation** zu erklären, die ganz klar im Verhalten vorhanden zu sein scheint. Hier ist der Einfluss Thorndikes und seines Law of Effect am deutlichsten. Der Einfluss von Belohnung auf das Lernen bildet die Essenz von Hulls motivationalem System und wurde zum Kernstück seiner Erklärungen im endgültigen System.

3.2.3 Graphische Zusammenfassung von Hulls System

Es mag falsch herum erscheinen, die Besprechung mit einer Zusammenfassung zu beginnen. In diesem Fall allerdings dient die Zusammenfassung, gezeigt in ◘ Abb. 3.5, als nützliche Übersicht über die folgenden Seiten.

Man beachte, dass das System voller Symbole, mathematischer Begriffe und Werte steckt, die alle äußerst komplex wirken. Tatsächlich aber vereinfachen die Symbole die Theorie; obwohl sie eine gewisse Belastung für das Gedächtnis darstellen. Obwohl die Theorie von ihrem Umfang und Detailreichtum her sehr komplex ist, sind ihre Grundideen ziemlich einfach.

Zur Vereinfachung des Modells in ◘ Abb. 3.5 stellen Sie es sich zunächst nicht als eine allgemeine Beschreibung menschlichen Verhaltens vor, sondern als Repräsentation eines spezifischen Verhaltens einer Person zu einem gegebenen Zeitpunkt. Wenn man versteht, wie das System ein einzelnes Verhalten beschreiben kann, ist es viel einfacher zu begreifen.

Als nächstes erinnern Sie sich daran, dass Hull, als präzise und logisch denkender Mathematiker, fest daran glaubte, dass menschliches Verhalten vorhersagbar sei, sofern Psychologen über die richtigen Informationen und Gleichungen verfügten. Daher war sein Hauptanliegen, wie das von Watson, ein System zu entwickeln, das es ihm gestatten würde, genau das zu tun, nämlich das Verhalten einer Person vorherzusagen – Wissen über den Stimulus und über die Erfahrungsgeschichte der Person mit diesem Stimulus vorausgesetzt.

3.2.4 Eingangsvariablen: Prädiktoren

In Hulls System, zusammengefasst in ◘ Abb. 3.5 zu sehen, bilden die Eingangsvariablen Prädiktoren. Sie repräsentieren die Information, die der Psychologe benötigt, um korrekt vorherzusagen, wie eine Person reagieren wird (die Ausgangsvariablen repräsentieren die Reaktion oder das Vorhergesagte). Anders ausgedrückt sind die Stimulusvariablen unabhängige Variablen, während die Ausgangsvariablen abhängige Variablen sind.

Kurz gesagt repräsentieren die Eingangsvariablen einen Stimulus. Aber ein Stimulus ist nicht nur eine einfache Sinnesempfindung (wie der Klang einer Glocke), sondern ein komplexes Produkt einer großen Anzahl vorangegangener Ereignisse. Wie ◘ Abb. 3.5 zeigt, benötigt man zur kompletten Kenntnis der Eingangsvariablen folgendes Wissen: wie häufig wurde in der Vergangenheit die fragliche S-R-

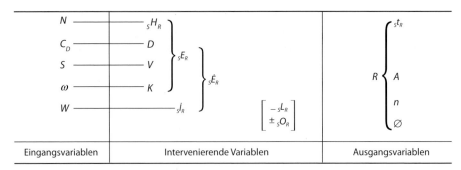

◘ Abb. 3.5. Das Hull'sche System. Adaptiert aus »Theories of Learning« (3. Aufl.) von E.R. Hilgard und G.H. Bower. New York. Appleton-Century-Crofts, 1966

Eingangsvariablen
- N = Anzahl vorausgegangener Verstärkungen
- C_D = Antriebsbedingung
- S = Stimulusintensität
- ω = Belohnungsmenge (Gewicht)
- W = mit der Reaktion verbundene körperliche Beanspruchung

Intervenierende Variablen
- $_sH_R$ = Gewohnheitsstärke
- D = Antrieb
- V = Reizstärkendynamik
- K = Anreizwert
- $_sE_R$ = Reaktionspotenzial
- $_sI_R$ = akkumuliertes Hemmungspotenzial
- $_s\dot{E}_R$ = Nettoreaktionspotenzial
- $_sL_R$ = Reaktionsschwelle
- $_sO_R$ = Oszillation des Reaktionspotenzials

Ausgangsvariablen
- R = das Auftreten einer Reaktion, gemessen mit $_st_R$, A und n
- $_st_R$ = Latenzzeit der Reaktion
- A = Reaktionsamplitude
- n = Anzahl nichtverstärkter Durchgänge bis zur Extinktion
- ∅ = keine Reaktion (bei Hull nicht als Symbol verwendet)

Verbindung verstärkt (N); wie hoch ist die physikalische Intensität des Stimulus (S); wie sind die Antriebsbedingungen des Organismus (C_D); wie hoch ist die mit der Reaktion verbundene Belohnung (ω); wie hoch ist der Aufwand für die Ausführung der Reaktion (W). Alle diese Variablen gestatten in Kombination eine Vorhersage der Ausgangsvariablen – zumindest theoretisch. Denn eines der Hauptprobleme für die Anwendung dieses Systems zur Verhaltensvorhersage liegt darin, dass der Psychologe sehr viel über die Erfahrungen des Probanden wissen muss.

3.2.5 Intervenierende Variablen

Obwohl Eingangs- und Ausgangsvariablen die einzig direkt beobachtbaren und messbaren Ereignisse in Hulls System darstellen, sind die intervenierenden Variablen für das Verständnis seiner Theorie wahrscheinlich wichtiger. Diese Variablen haben bedeutsame Verbindungen mit den äußeren Variablen, sie intervenieren zwischen Stimulusereignissen und Reaktionsereignissen und bestimmen so, ob eine Reaktion auf einen Stimulus erfolgt. Sie sind das »O« in Hulls Beschreibung seiner Theorie als einem S-O-R-System und nicht einem S-R-System (zur Erinnerung: das »O« steht für **Organismus**).

3.2 · Clark L. Hull (1884–1952): ein hypothetisch-deduktives System

Intervenierende Variablen determinieren die Reaktionen oder den Mangel an Reaktionen. Man beachte dabei aber, dass die Fähigkeit der intervenierenden Variablen, die Reaktion zu determinieren, vollständig durch die Eingangsvariablen bestimmt und kontrolliert wird. In gewissem Sinne sind die intervenierenden Variablen eine mathematische Beschreibung von S-R-Beziehungen. Das bedeutet, jede Stimulus-(Eingangs-)variable bezieht sich in einer mathematischen Funktion auf eine bestimmte intervenierende Variable. Daher werden Eigenschaften von Eingangsvariablen (wie die Anzahl vorausgegangener Verstärkungen) im Wert von intervenierenden Variablen gespiegelt, die wiederum bestimmen, ob eine spezifische Reaktion auftritt.

Man erinnere sich, dass es Hulls Anliegen war, ein mathematisches System zu entwickeln, mit dem es möglich ist, menschliches Verhalten zu berechnen, vorausgesetzt, man verfügt über ausreichende Kenntnis über vorherige Bedingungen – eine Art Rechner für menschliches Verhalten. Auf diese Weise betrachtet sind die intervenierenden Variablen viel leichter zu verstehen. Alle neun intervenierenden Variablen von Hull werden in den folgenden Abschnitten nach und nach beschrieben.

1. $_sH_R$

Die zentrale intervenierende Variable **Gewohnheitsstärke ($_sH_R$)** ist als Stärke der Verbindung zwischen einem spezifischen Stimulus und einer Reaktion definiert. Die Gewohnheitsstärke, erklärt Hull, wird weitgehend durch die Anzahl vorausgegangener Paarungen eines Stimulus mit einer Reaktion bestimmt, **vorausgesetzt, dass in jedem Durchgang Verstärkung erfolgte.** Hierin ist Thorndikes Einfluss auf Hull am deutlichsten erkennbar. Im Gegensatz zu Kontiguitäts-Theoretikern nehmen sowohl Thorndike wie Hull an, dass die Stärke einer Gewohnheit (einer S-R-Verbindung) eine Funktion von Verstärkung ist und nicht von einfacher Wiederholung. Hull führte eine Reihe spezifischer numerischer Funktionen ein, um die präzise Beziehung zwischen der Anzahl verstärkter S-R-Paarungen und der Gewohnheitsstärke zu illustrieren. Diese sind mittlerweile nur noch von historischem Interesse, aber von geringer praktischer Bedeutung.

2. D

Gewohnheitsstärke ist von zentraler Bedeutung für die Determinierung von Verhalten, aber sie ist nicht die wichtigste intervenierende Variable – das ist vielmehr **Antrieb (drive) (D)**. Grundsätzlich ist Antrieb ein motivationales Konzept, welches in enger Verbindung mit Verstärkung steht. Innerhalb von Hulls System ist Antrieb die Ursache von Verhalten. Dementsprechend wird das System auch als **Antriebsreduktions-Theorie** bezeichnet. Reaktionen werden mit Stimuli verbunden (d. h. gelernt), wenn sie zu einer Verringerung des Antriebs führen, sagt Hull.

Antrieb kann primärer oder sekundärer Natur sein (wie auch Verstärkung, weil Verstärkung eine Verringerung des Antriebs bewirkt). Primäre Antriebe sind mit physiologischen Bedürfnissen wie dem nach Nahrung oder Wasser assoziiert; sekundäre Antriebe werden durch Kontiguität auf primäre Antriebe konditioniert – bspw. das Bedürfnis nach guten Noten oder Geld. Antrieb als intervenierende Variable entspricht der Eingangsvariable **Antriebsbedingung**, die durch die Dauer der Deprivation (Anzahl Stunden) definiert wird. Hull identifizierte zwei Komponenten von Antrieb: Der **eigentliche Antrieb** (drive proper) steigt in direkter Funktion der Deprivationsdauer, die **Entkräftungskomponente** berücksichtigt, dass der Antrieb nachlässt, wenn die Deprivation (Hunger leiden) zu lange dauert.

Antrieb hat in Hulls Theorie drei zentrale Funktionen: (1) Er sorgt für Verstärkung, ohne die kein Lernen auftreten würde; (2) er aktiviert Gewohnheitsstärken – dies bedeutet, dass ohne Antrieb kein Verhalten stattfindet, selbst wenn eine starke, bereits etablierte Gewohnheit existiert ($_sH_R$); und (3) werden Antriebsstimuli mittels Lernen mit bestimmten Verhaltensweisen verbunden. Wäre das nicht der Fall, würden Menschen vollständig unangemessene Verhaltensweisen zeigen. Sie würden eventuell trinken, wenn sie Hunger haben; essen, wenn ihnen kalt ist; sich zudecken, wenn sie Durst haben. Im Grunde bestimmt diese Unterscheidbarkeit von Antriebsstimuli, ob eine Reaktion eine Verstärkung zur Folge haben wird.

Wie später dargestellt wird, hat die Forschung gezeigt, dass sogar bei Tieren Lernen ohne Antrieb stattfinden kann (wobei Antrieb als Funktion von Deprivation definiert ist). Diese Beobachtung setzt Hulls System nicht notwendigerweise außer Kraft, zeigt allerdings einige seiner Unzulänglichkeiten auf.

3. V

Wie von Pawlow demonstriert, steigert die physikalische Intensität eines Stimulus die Wahrscheinlichkeit, dass eine Reaktion auftritt. Dieser Effekt wird mit der intervenierenden Variable **Reizstärkendynamik (V)** erfasst. Die Reizstärkendynamik interagiert mit Gewohnheitsstärke und Antrieb hinsichtlich der Wahrscheinlichkeit, eine Reaktion hervorzurufen.

4. K

In Hulls System steht das Symbol K für **Anreizwert**.[3] Der Anreizwert wird durch die Belohnungsmenge bestimmt (ω als Eingangsvariable); Hull integrierte diese Variable aufgrund einiger wichtiger Experimente von Crespi (1942) in sein System. Diese Experimente machten deutlich, dass Antrieb (D) allein Motivation nicht erklären kann. In Crespis Experiment erhielten drei Gruppen von Ratten unterschiedliche Mengen an Belohnung (Futterpellets), wenn sie zu einer Zielbox liefen. Die Tatsache, dass diejenigen Ratten, die die größere Belohnung erhielten, schneller rannten als diejenigen, die weniger bekamen, unterstützt Hulls ursprüngliche Ansicht, dass der Antrieb durch höhere Belohnung stärker reduziert wird und so zu einer stärkeren Gewohnheit führt. Crespi fand aber zusätzlich heraus, dass wenn diese drei Gruppen von Ratten danach identische Belohnungen erhielten, nun diejenigen am schnellsten rannten, die zuvor die geringste Belohnung bekommen hatten, während diejenigen, die vorher die größte Belohnung erhalten hatten, ihr Tempo am meisten verringerten. Infolgedessen musste Hull sein System revidieren, um der Tatsache Rechnung zu tragen, dass vorausgegangene Belohnungen ebenfalls Auswirkungen auf das Verhalten haben. Deren Auswirkungen, die laut Hull Anreizwert enthalten, interagieren mit anderen intervenierenden Variablen (einschließlich des Antriebs) im Hinblick auf die Wahrscheinlichkeit einer Reaktion.

5. $_SE_R$

Die vier gerade beschriebenen intervenierenden Variablen ($_SH_R$, D, V und K) bilden zusammen den ersten und wichtigsten Term in der Gleichung, die Hull zur Bestimmung der Wahrscheinlichkeit, dass ein Stimulus zu einer Reaktion führen würde, verwendete: $_SE_R = {_SH_R} \times D \times V \times K$. Dieses **Reaktionspotenzial ($_SE_R$)**, wie Hull es nannte, wird manchmal auch **exzitatorisches Potenzial** genannt und ist ein Maß für das Potenzial eines Stimulus, eine spezifische Reaktion auszulösen. Wie die Formel zeigt, hängt das Potenzial von der Häufigkeit der Paarung von Stimulus und Reaktion ab, weiterhin von der Verstärkung, von der Stimulusintensität, von der Belohnungsgröße und der Antriebsstärke (mit anderen Worten: $_SE_R = {_SH_R} \times D \times V \times K$).

Weil das Reaktionspotenzial eine multiplikative Funktion dieser Variablen darstellt, ist zu beachten, dass das Reaktionspotenzial Null sein wird, falls der Wert einer dieser Variablen bei Null liegt. Für die Praxis bedeutet das, dass es bei mangelndem Antrieb keine Rolle spielt, wie intensiv die Stimulation, wie groß die Belohnung oder wie stark die Gewohnheit ist – es wird keine Reaktion auftreten.

---

[3] Hier machte die alte Dame eine Pause. Sie sagte, dass einige unter Ihnen – in Wirklichkeit sagte Sie die Intelligenteren unter Ihnen – sich dafür interessieren könnten, warum Hull den Buchstaben K für Anreizmotivation wählte. Sie sagte, ich könnte Ihnen verraten, dass er das tat, um seinen besten Schüler, Kenneth Spence, zu ehren. Spence arbeitete bei der Entwicklung der Theorie eng mit Hull zusammen, so eng, dass das System oft nicht als Hulls Theorie, sondern als das Hull-Spence-System bezeichnet wird. Sie sagte, die weniger Intelligenten wären an dieser kleinen historischen Fußnote nicht interessiert. Ich verteidigte Sie, sagte, dass wahrscheinlich niemand von Ihnen merklich weniger intelligent wäre. Die alte Dame gähnte und sagte lange Zeit gar nichts. Ich glaubte schon, sie würde einschlafen. Dann fuhr sie fort.

Verringerter Antrieb nach zu vielen Stunden Deprivation (oder nach Sättigung)

3.2 · Clark L. Hull (1884–1952): ein hypothetisch-deduktives System

Symbolschock

Genauso kommt es zu keiner Reaktion, wenn der Stimulus keine ausreichende Intensität bietet, wenn die Belohnung fehlt oder zu gering ist und wenn keine vorher gelernte Gewohnheit existiert. Man stelle sich eine Person vor, die an einem Tisch mit verschiedenen appetitanregenden Gerichten sitzt. Wenn diese Person gerade gegessen hat, wird sie nichts essen, auch wenn Stimulus, Belohnung und Gewohnheit zusammen sehr stark sind. In diesem Falle wäre der Antrieb zu gering. Zur weiteren Illustration stelle man sich die anderen Möglichkeiten vor: keine Nahrung (K = 0); die Person ist blind und unfähig, etwas zu riechen (V = 0); die Person hat nicht gelernt, wie man isst ($_sH_R$ = 0). In keinem dieser Fälle würde es zur Reaktion der Nahrungsaufnahme kommen.

Man beachte weiterhin, dass die Wahrscheinlichkeit der Reaktion ($_sE_R$) eine multiplikative Funktion des Antriebs, der Gewohnheitsstärke usw. ist. Dies bedeutet, dass identische Änderungen in einer dieser Variablen in Abhängigkeit von den Werten der anderen Variablen unterschiedliche absolute Auswirkungen haben werden. Eine Verdoppelung des Antriebs hat bspw. eine größere Wirkung, wenn die Gewohnheitsstärke ($_sH_R$) bereits groß ist, als wenn sie nur gering wäre. An einem Beispiel erklärt: Eine Motivationssteigerung bei einem professionellen Golfspieler sollte größere Auswirkungen haben als bei einem Amateur.

Die Bedeutung der Größe des Reaktionspotenzials in diesem System liegt darin, dass eine Mindestmenge an Potenzial erforderlich ist, damit Verhalten gezeigt wird. Eine Steigerung des Reaktionspotenzials wird in kürzeren Reaktionszeiten ($_{st_R}$), höherer Reaktionsamplitude (A) und längerer Löschungsdauer (n) reflektiert – all dies sind Merkmale der Ausgangsseite von Hulls Gleichung.

6. $_s\dot{E}_R$

Hull verwendete zwei ähnliche Symbole zur Kennzeichnung des Reaktionspotenzials. Das eine verweist, wie wir gerade gesehen haben, auf die Reaktionstendenz des Organismus und ist eine Funktion von Faktoren wie vorausgegangener Verstärkung oder Stimulusintensität. Dieses zweite Symbol bezieht sich auf das **Nettoreaktionspotenzial**. Einfach ausgedrückt ist es das Ergebnis einer Subtraktion der Tendenz des Individuums, keine Reaktion zu zeigen (**Hemmungspotenzial** genannt) von seiner Tendenz zur Reaktion – dem **Reaktionspotenzial**.

7. $_s\dot{I}_R$

Die Tendenz des Organismus, keine Reaktion zu zeigen, wird als **akkumuliertes Hemmungspotenzial** ($_s\dot{I}_R$) bezeichnet (reaktive Hemmung plus konditionierte Hemmung). Es resultiert teilweise aus dem Aufwand, der für eine Reaktion betrieben werden muss (W) und teilweise aus möglicherweise vom Organismus erlernten Gewohnheiten, nicht zu reagieren, normalerweise als Funktion wiederholter Ausführung der Reaktionen. Laut Hull sind Reaktionen, die einen hohen Aufwand an physikalischer Energie erfordern, weniger wahrscheinlich als solche, die einen geringeren Aufwand erfordern. Auch akkumuliert das Hemmungspotenzial mit kontinuierlicher Wiederholung einer Reaktion. Infolgedessen wird das Nettoreaktionspotenzial verringert, sodass schließlich die Reaktion nicht mehr gezeigt wird. Wenn also das Hemmungspotenzial größer ist als das Reaktionspotenzial, dann folgt mathematisch, dass das Nettoreaktionspotenzial Null oder negativ ist – in einem solchen Fall kommt es nicht zum Verhalten. Hemmungspotenzial, das aus Wiederholung oder Ermüdung resultiert, verschwindet laut Hull schnell, sodass die Reaktion sehr bald wieder auftreten könnte.

8. $_sL_R$

Die **Reaktionsschwelle ($_sL_R$)** ist der Wert, den das Nettoreaktionspotenzial überschreiten muss, bevor eine Reaktion auftritt. (Wenn $_s\dot{E}_R > {_sL_R}$, tritt eine Reaktion (R) auf; wenn $_s\dot{E}_R < {_sL_R}$, tritt keine Reaktion ($\varnothing$) auf).

9. $_sO_R$

Sogar wenn relativ vollständige Informationen über die Eingangsvariablen vorliegen, sind Vorhersagen nicht immer akkurat. Guthries Lösung für dieses Problem lautete einfach, dass sich die Stimulussituation verändert hatte. Hulls Lösung lautete, dass das Reaktionspotenzial nicht genau fixiert ist, sondern um einen zentralen Wert variiert. Er nannte diese Variation **Oszillation des Verhaltens ($_sO_R$)**.

3.2.6 Ausgangsvariablen: das Vorhergesagte

Die Reaktionsvariablen, für die sich Hull interessierte, betreffen den Zeitraum zwischen der Stimuluspräsentation und dem Auftreten der Reaktion (**Latenz der Reaktion $_st_R$**), die physikalische Amplitude der Reaktion (**Reaktionsamplitude A**) und die Anzahl nichtverstärkter Reaktionen, die vor der Löschung ausgeführt werden (n). Hull glaubte, dass die Latenz der Reaktion mit steigendem Reaktionspotenzial abnimmt, d. h. die Reaktion tritt früher auf. Gleichzeitig sollten sowohl Löschungsresistenz als auch Reaktionsamplitude mit höherem Reaktionspotenzial steigen.

In ◘ Abb. 3.5 wurden zwei zusätzliche Symbole eingeführt, die für das Auftreten einer Reaktion (R) oder für ihr Ausbleiben ($\varnothing$) stehen. Die folgende Formel stellt eine Zusammenfassung der Inhalte dieser Abbildung dar:

Wenn $_sE_R$ [= ($_sH_R \times D \times V \times K$) – $_s\dot{I}_R$] > $_sL_R$, dann R.

Dieser Ausdruck ist wie folgt zu lesen: Wenn das Nettoreaktionspotenzial – also das Produkt aus Gewohnheitsstärke, Antrieb, Reizstärkendynamik und Anreizwert, abzüglich des akkumulierten Hemmungspotenzials – größer ist als die Reaktionsschwelle, dann kommt es zur Reaktion.

Man beachte, dass dies sehr nach einer Art mathematischer Formel aussieht, wie sie eine Logikmaschine mit der Aufgabe, menschliches Verhalten vorherzusagen, generieren würde. Tatsächlich interessierte sich Hull sehr für Robotik und entwickelte eine Art Computer, um einige seiner Tests zu sortieren und auszuwerten.

Es ist nicht überraschend, dass die Beinahe-Unmöglichkeit, präzise mathematische Funktionen für jede der Variablen der Gleichung zu entwickeln, sich als Hulls Hauptproblem herausstellte. Dennoch führte das System zur Entwicklung verschiedener zusätzlicher Konzepte, deren zwei wichtigste die **partiellen antizipierenden Zielreaktionen** und **Hierarchien zielbezogener Gewohnheiten** sind. Diese Konzepte repräsentieren eine deutliche Abkehr von Theorien, wie sie vor Hull formuliert wurden.

3.2.7 Partielle antizipierende Zielreaktionen

Zur Erinnerung: Hulls zentrale Erklärung für Lernen lautet Verstärkung. Genauer gesagt behauptet er, dass Verstärkung zu Antriebsreduktion führt, wobei ein Antrieb ein machtvoller Drang oder eine Tendenz ist. Hunger und Durst sind klare Beispiele für Antriebe. Die übliche Art und Weise, einen Antrieb zu reduzieren, besteht darin, ein Ziel zu erreichen,

3.2 · Clark L. Hull (1884–1952): ein hypothetisch-deduktives System

oder – mit Hulls Worten – eine **Zielreaktion** durchzuführen. Zielreaktionen im Sinne Hulls sind oft Reaktionen des Konsumierens (Essen oder Trinken, bezeichnet als **konsumatorische Reaktionen**). Eine **partielle antizipierende Zielreaktion (r_G)** (gesprochen: »kleines r g«) ist eine konditionierte Reaktion, die der Organismus vor der eigentlichen Zielreaktion durchführt. Ein Beispiel von Hull schildert eine Ratte, die gelernt hat, dass sich am Ende eines Labyrinths Futter befindet. Über Konditionierung ist die Zielreaktion (Fressen) der Ratte mit dem Futternapf sowie mit verschiedenen anderen vorhandenen Stimuli, wie Gerüchen oder visuellen Stimuli, verknüpft worden. Hull ging davon aus, dass die antizipierenden Zielreaktionen der Ratte schließlich auftreten, wenn sie in das Labyrinth gesetzt wird, weil viele dieser Gerüche und visuellen Stimuli auch in anderen Teilen des Labyrinths vorhanden sind. Obwohl offene Verhaltensweisen, wie das Lippenlecken der Ratte, mit antizipierenden Zielreaktionen assoziiert sein können, sind diese doch konditionierte internale Reaktionen.

Diese antizipierenden Reaktionen sind wichtig, da sie als Stimuli dienen, die zielgerichtetes Verhalten aufrecht erhalten. Sie sind wie eine Kette assoziierter Stimuli (kleine s g's) und Reaktionen (kleine r g's) (zusammengefasst r_G-s_G), die den eigentlichen Zielreaktionen vorausgehen. In diesem Sinne dienen sie demselben Zweck wie Guthries bewegungserzeugte Stimuli (MPS). Aber im Gegensatz zu MPS sind r_G-s_G mit Verstärkung verbunden und entfalten daher belohnende Wirkung.

Vorausschau und Erwartung
Am wichtigsten ist wahrscheinlich, dass Hulls Ansichten über vorangestellte Zielreaktionen einige fundamentale kognitive Ansichten vorwegnahmen. Hull versuchte, mit diesen r_G-s_G's in präzisen, messbaren Ausdrücken Verhalten zu erklären, für dessen Erklärung die meisten Menschen wahrscheinlich ungenauere, mentalistische Ausdrücke wie »wissen« oder »erwarten« verwenden. Es war ein kluger und deutlicher Beitrag zur Entwicklung der Lerntheorie.

Auch wenn er ein überzeugter Behaviorist war, konnte Hull kaum vermeiden, nichtbehavioristische Ideen zu verwenden. In einem Abschnitt seines 1952 erschienenen Buches mit dem Titel »Abschließende

Anmerkungen: Vorausschau, Vorwissen, Erwartung und Zweck« gesteht er ein, dass »seit undenklicher Zeit der Mensch die Worte **erwarten**, **Erwartung** und **erwartungsvoll** auf im praktischen Sinne intelligente und verständliche Weise verwendet hat« (S. 151). Hull fährt fort mit der Erklärung: Auch wenn die partielle antizipierende Zielreaktion ein konditionierter Mechanismus ist, weil sie vor einer Reaktion auftritt, stellt sie dennoch »auf Seiten des Organismus eine molare Vorausschau oder ein molares Vorwissen des Nicht-hier und Nicht-jetzt dar. Sie ist möglicherweise im weitesten Sinne äquivalent zu dem, was Tolman als ›Kognition‹ bezeichnete« (S. 151).

Hull wollte zeigen, dass es möglich ist, Verhalten vorherzusagen, ohne auf subjektive Definitionen und Interpretationen zurückzugreifen. Daher sind seine partiellen antizipierenden Zielreaktionen in gewisser Weise eine objektive, behavioristische Methode, um Intention, Erwartung und sogar Zweck zu erklären. Obwohl der Begriff **Zweck** »eine unschöne metaphysische Geschichte hat«, schrieb er, »repräsentiert er doch einen zweifellos vorhandenen Aspekt des Verhaltens von Säugetieren« (Hull, 1952, S. 151).

3.2.8 Hierarchien zielbezogener Gewohnheiten

Im Verlauf des Lernens – oder des Erwerbs von Gewohnheiten (S-R-Verbindungen) – erlernt ein Individuum eine Anzahl verschiedener Reaktionen auf denselben Stimulus. In vielen Fällen führen all diese Reaktionen zu demselben Ziel. Diese alternativen Reaktionen bilden zusammen eine Hierarchie zielbezogener Gewohnheiten (◪ Abb. 3.6). Diese Gewohnheiten beziehen sich auf dasselbe Ziel und teilen daher gemeinsame partielle antizipierende Zielreaktionen; sie bilden eine **Hierarchie**, weil normalerweise eine Alternative einer anderen vorgezogen wird – wahrscheinlich weil sie in der Vergangenheit öfter belohnt wurde und infolgedessen das damit assoziierte Reaktionspotenzial ($_sE_R$) höher ist. Daher beziehen sich in der hypothetischen Hierarchie von Gewohnheiten, gezeigt in ◪ Abb. 3.6, alle Reaktionen auf die Flucht vor einer Gefahr, die mit dem Stimulus »Bär« assoziiert ist. Die wahrscheinlichste Reaktion

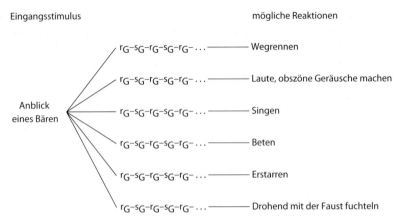

Abb. 3.6. Eine hypothetische Hierarchie zielbezogener Gewohnheiten. Der Eingangsstimulus »Bär« kann zu verschiedenen Reaktionen führen, deren Gemeinsamkeit in der Verbindung mit dem Ziel besteht, nicht von diesem Tier belästigt zu werden. Die bevorzugte Reaktion – die am höchsten in der Hierarchie steht – ist diejenige, die in der Lerngeschichte des Individuums mit höherer Wahrscheinlichkeit zu Verstärkung führte (also zu dem gewünschten Ziel)

dieses Individuums, **Wegrennen**, wurde vermutlich in der Vergangenheit am meisten verstärkt.[5]

3.2.9 Bewertung von Hulls formalem Behaviorismus

Auf den ersten Blick erscheint Hulls behavioristisches System möglicherweise übermäßig abstrakt und kompliziert. Tatsächlich aber können seine wichtigsten Ideen klar und einfach erklärt werden. Im Grundsatz sagt seine Theorie aus, dass Verhalten Gesetzen folgt und vorhersagbar ist.

Hull glaubte, ebenso wie Thorndike und Guthrie, dass ein Lebewesen, das mehrfach zu verschiedenen Anlässen in dieselbe Situation versetzt wird, im Allgemeinen jedes Mal in derselben Weise reagiert. Wenn bei identischer Situation die Reaktion anders abläuft, bedeutet dies, dass das Lebewesen sich verändert hat. Der Hauptzweck der Theorie besteht darin, die existierenden Beziehungen zwischen Stimuli (Eingangsvariablen) und Reaktionen (Ausgangsvariablen) zu entdecken, um das Ergebnis gemäß dem Wissen über die Eingangsvariablen vorherzusagen. Dieser Aspekt des Systems ist klar und einfach; komplexer dagegen sind die mathematischen Formeln, die Hull einführte, um die Verbindungen zwischen Eingangs- und Ausgangsvariablen zu beschreiben.

Ein wichtiges von uns verwendetes Kriterium für die Bewertung psychologischer Theorien betrifft das Ausmaß, in dem die Theorie die Fakten wiedergibt. In gewissem Sinne sind die »Fakten« in psychologischen Theorien die Beobachtungen, auf denen die Theorien basieren. In dem Maße, in dem Hulls System gültige Beobachtungen über Eingangs- und Ausgangsvariablen darstellt, reflektiert es die Fakten gut. Auf einer anderen Ebene aber operiert das System mit hypothetischen Eigenschaften – nicht beobachtbaren Eigenschaften. Das heißt, vieles in Hulls System besteht aus sogenannten **logischen Konstrukten**. Dies sind erschlossene Einheiten – sie folgen logisch aus den Beobachtungen, können aber selbst nicht beobachtet werden. Daher können **Reaktionspotenzial, akkumuliertes Hemmungspoten-**

---

[5] Hier hörte die alte Dame auf, ihre Notizen vorzulesen. Hören Sie zu, sagte sie zu mir, ich wollte dies nicht weiter ausführen, weil wir dann einiges vorwegnehmen würden. Aber sicherlich werden sich einige Ihrer intelligenteren Studenten fragen, was zum Teufel passiert, wenn man das allererste Mal auf einen Bären trifft und daher in dieser Situation noch nie auf die eine oder andere Art verstärkt wurde, weder für Wegrennen noch für Singen oder Beten oder was auch immer. Ich sagte ja, das sei ein guter Punkt. Dann sagte die alte Dame, Gut, sagen Sie ihnen, wenn sie das nicht schon selbst herausbekommen haben, dass Verstärkung nicht immer unmittelbar sein muss. Sagen Sie ihnen… Die alte Dame unterbrach sich. Wenn ich mir das noch mal überlege, sagte sie, können sie sich auch bis zum 11. Kapitel gedulden, um etwas über stellvertretende Verstärkung zu lernen. Und damit fuhr sie fort, vorzulesen.

3.2 · Clark L. Hull (1884–1952): ein hypothetisch-deduktives System

zial, **Verhaltensoszillation, Anreizwert** und die Vielzahl anderer aufeinander bezogener »intervenierender« Variablen nicht als Fakten demonstriert werden. Das bedeutet allerdings nicht, dass sie ungültig sind oder dass erschlossene Einheiten keinen Platz in psychologischen Theorien haben – ganz im Gegenteil. Logische Konstrukte, wie andere theoretische »Wahrheiten«, sollten anhand ihrer Nützlichkeit beurteilt werden.

Sind Hulls intervenierende Variablen also nützlich? Innerhalb des Systems selbst sind sie natürlich außerordentlich nützlich, liefern eine überzeugende Logik. Hingegen ist längst nicht so deutlich, dass sie zu Erklärungen menschlichen Verhaltens und zu genaueren Vorhersagen beitragen, oder dass sie klar und verständlich wären und auf wenigen nicht verifizierbaren Annahmen basierten.

Ironischerweise schneidet die Theorie also trotz der beeindruckenden Logik und Mathematik, die Hulls System zugrunde liegen, im Hinblick auf einige unserer Kriterien nicht sonderlich gut ab. Dennoch lieferte Hulls System wertvolle Beiträge zur Entwicklung psychologischer Theorien. Erstens nahm er mit der Einführung von Konzepten wie den partiellen antizipierenden Zielreaktionen spätere kognitivere Ausrichtungen vorweg. Das Konzept verweist auf Intentionen und Zweck, und wie wir später sehen werden, ist Intention eine wichtige Variable in einigen kognitiven Theorien zu Lernen und Motivation.

Zweitens hat Hull grundlegenden Einfluss darauf genommen, wie psychologische Untersuchungen durchgeführt werden. Dieser Einfluss resultiert weitestgehend aus seinem Beharren auf Präzision, Strenge und Quantifizierung, sowie aus seiner Betonung logischer Konsistenz. Diese Qualitäten lassen sich durch eine Vielzahl von Experimenten gut illustrieren, in denen Hull in einem Versuch, herrschende Missverständnisse aufzuklären, systematische Vergleiche zwischen den Fähigkeiten hypnotisierter und wacher Patienten anstellte. Page (1992) merkt an, dass viele von Hulls normalerweise durchgängig und stark kontrollierten Experimenten in diesem Bereich zu experimentellen Methoden und Schlussfolgerungen geführt haben, die heute noch gültig sind. Möglicherweise hebt sich Hulls System von denen anderer Lerntheoretiker so stark ab, weil er auf systematischem Experimentieren und der Anwendung von Logik beharrte.

Drittens werden Hull, neben Thorndike und B.F. Skinner, oft große Verdienste um die allgemeinverständliche Darstellung und Systematisierung des Gedankens, dass Verstärkung eine der wichtigsten Kräfte bei der Formung von Verhalten darstellt, zugesprochen. Wie Purdy, Harriman und Molitorisz (1993) anmerken, enthalten diese Theorien eine darwinistische Art natürlicher Selektion: Reaktionen, die von günstigen Konsequenzen gefolgt sind, neigen dazu, häufiger aufzutreten; andere Reaktionen verschwinden schließlich. Es handelt sich um ein Prinzip natürlicher Selektion, in dem die »fittesten« Verhaltensweisen – diejenigen, die überleben – jene sind, die verstärkt werden.

Zusammenfassend hat Hull die Entwicklung der Psychologie wesentlich beeinflusst. Tatsächlich wurde er viele Jahre lang als führender Vertreter systematischer Verhaltenstheorien angesehen. Wie Mills (1998) bemerkt, war Hull sehr ehrgeizig und stark an seinem persönlichen Erfolg als Hauptverfechter und Entwickler einer vollständigen Verhaltenstheorie interessiert. Gleichzeitig war er über die offensichtliche Popularität und den Erfolg der Gestaltpsychologen (► Kap. 6) beunruhigt und möglicherweise auch etwas verärgert. »Diese Gestaltleute sind so schrecklich artikuliert«, schrieb er in einem Brief an seinen Schüler und Mitarbeiter Spence. »Praktisch jeder von ihnen schreibt mehrere Bücher. Das Ergebnis ist, dass sie – obwohl sie nur einen kleinen Anteil der psychologischen Gemeinde dieses Landes bilden – zehnmal mehr im theoretischen Bereich veröffentlicht haben als die Amerikaner« (berichtet von Mills, 1998, S. 112).

Webster und Coleman (1992) weisen darauf hin, dass Hull nach der Veröffentlichung von *Principles of Behavior* mehr als 12 Jahre lang einer der einflussreichsten amerikanischen Psychologen war. Aber Hull lieferte sehr wenige Forschungsergebnisse, um seine Theorien zu validieren und seine Korrolarien zu stützen. Ende der 50er Jahre war sein Einfluss dramatisch zurückgegangen, vielleicht weil es niemandem gelungen war, Werte in die grundlegenden Hull'schen Formeln einzusetzen und mit auch nur annähernd maschinenhafter Genauigkeit vorherzusagen, was ein Organismus in verschiedenartigen Situationen tun würde. Vielleicht ist nicht erstaunlich, dass spätere Lerntheorien im Allgemeinen sehr viel geringeren Umfang und Anspruch zeigten.

84   **Kapitel 3** · Auswirkungen von Verhalten: Thorndike und Hull

3.3 Implikationen der Theorien von Thorndike und Hull für die schulische Erziehung

Wie wir gesehen haben, definierte und etablierte Thorndike beinahe im Alleingang die Erziehungspsychologie. Weiterhin machte er die Verwendung von Tests und statistischen Methoden im Erziehungsbereich und in der Psychologie populär. Außerdem verwandelte er die Kinderpsychologie in eine objektive Disziplin. Sowohl Thorndike wie auch Hull führten zahllose Experimente zum Lernen durch. Es ist daher kaum erstaunlich, dass die Theorien beider wichtige Implikationen für die Erziehung enthalten.

Ihre Betonung der Wichtigkeit von Verhaltenskonsequenzen – der **Auswirkungen** von Verhalten – hat die schulische Praxis vielleicht mehr als alles andere beeinflusst. Thorndikes Theorie bspw. betont, dass auf korrekte Durchgänge Belohnungen folgen und diese auch der Situation angepasst sein müssen.

Thorndikes Nebengesetze betonen darüber hinaus, wie wichtig es ist, die Haltung von Schülern mit zu berücksichtigen, die Aufmerksamkeit auf die wichtigsten Aspekte einer Situation zu lenken und den Unterricht auf die Fähigkeit zur Übertragung (Generalisierung) auszurichten. Thorndike regte an, dass Lehrer die Übertragung vereinfachen können, indem sie darauf hinweisen, in welchen Aspekten unterschiedliche Situationen ähnlich sein können.

Obwohl Hulls Theorie nicht so deutlich auf eine Verbesserung der Erziehungspraxis abzielt, werden ihm große Verdienste für die Verbreitung seiner Auffassung zuerkannt, dass Verstärkung ein zentraler Faktor für Lernen ist. Wie wir im nächsten Kapitel sehen werden, erweiterte Skinner diese Auffassung zu einem außerordentlich einflussreichen System.

Zusammenfassung

1. Thorndikes Konnektionismus-Theorie zum Lernen mittels Versuch und Irrtum basiert teilweise auf seinen Bemühungen, festzustellen, ob Tiere denken können – ob sie intelligent im menschlichen Sinne sind.

2. Kontiguität und Verstärkung sind die beiden wesentlichen behavioristischen Erklärungen für die Herstellung von Beziehungen zwischen Stimuli (S-S), zwischen Reaktionen (R-R) oder zwischen Stimuli und Reaktionen (S-R). Die Erklärung über Kontiguität behauptet, dass das zeitgleiche Auftreten der fraglichen Ereignisse ausreicht; die Erklärung über Verstärkung bezieht die Konsequenzen des Verhaltens mit ein. Watson und Guthrie vertraten die Theorie der Kontiguität. Demgegenüber nimmt in Thorndikes und Hulls Theorien die Verstärkung eine zentrale Position ein.

3. Für Thorndike enthielt Lernen die Herstellung von Verknüpfungen (Verbindungen) zwischen neuronalen Ereignissen, die Stimuli und Reaktionen entsprechen. Lernen beinhaltet das Einprägen (stamping in) von Verknüpfungen, Vergessen beinhaltet das Ausstanzen (stamping out) von Verknüpfungen.

4. Das Law of Effect ist Thorndikes wesentlichster Beitrag. Es sagt aus, dass die Auswirkung einer Reaktion instrumentell für das Einprägen oder Ausstanzen einer Reaktion ist. Nach 1930 betonte er, dass **satisfier** (objektiv definiert als Dinge, zu deren Vermeidung der Organismus nicht aktiv wird, stattdessen oft Dinge tut, um die Situation aufrechtzuerhalten oder erneut herbeizuführen) wesentlich wirksamer für das Einprägen von Reaktionen sind als **annoyer** dafür, sie wieder auszustanzen. Vor 1930 war er auch überzeugt, dass Wiederholung (Gesetz der Übung) wichtig war. Diese Ansicht widerrief er nach 1930.

5. Bereitschaft stellte einen wesentlichen Teil von Thorndikes Theorie vor 1930 dar (wenn ein Organismus zu lernen bereit ist, ist das Lernen befriedigend); Zusammengehörigkeit (Dinge, die als zusammengehörig angesehen werden, sind leichter lernbar) wurde nach 1930 wichtiger.

6. Thorndikes System enthält eine Vielzahl von Nebengesetzen. Das wichtigste ist das Gesetz der multiplen Reaktionen (Lernen geschieht durch Versuch und Irrtum). Andere Gesetze

▼

sagen aus, dass Kultur und Einstellung das Verhalten beeinflussen (Haltung oder Voreinstellung), dass Menschen in ihren Reaktionen selektiv sind (Dominanz von Elementen), dass Verhalten generalisierbar ist (Reaktion über Analogie) und dass Stimulussubstitution oder -transfer (assoziative Shifts) auftreten können.

7. Zu Thorndikes wichtigsten Beiträgen gehört, dass er die Bedeutung von Verhaltenskonsequenzen (Belohnung und Bestrafung) betonte, dass er die Verwendung von Tieren in psychologischer Forschung populär machte und dass er entschlossen versuchte, psychologische Prinzipien auf reale Probleme, insbesondere im pädagogischen Bereich, anzuwenden.

8. Hulls Analyse von Verhalten stellt einen stark formalisierten Versuch dar, Verhalten durch die exakten Beziehungen zu erklären, die zwischen Eingangs-, intervenierenden und Ausgangsvariablen bestehen sollten. Dieses hypothetisch-deduktive System basiert auf 17 Gesetzen (als Postulate bezeichnet), aus denen er mehr als hundert Theoreme und viele Korollarien ableitete.

9. Die Gleichung $_SE_R = {_S}H_R \times D \times V \times K$ stellt eine Zusammenfassung der wesentlichen Hull'schen Variablen und ihrer Beziehungen zueinander dar. Sie wird folgendermaßen gelesen: Reaktionspotenzial ist das Produkt von Gewohnheitsstärke, Antrieb, Reizstärkendynamik und Anreizwert. Wenn das Reaktionspotenzial (die Tendenz zu reagieren) abzüglich des Hemmungspotenzials (eine Tendenz, nicht zu reagieren wegen des dafür erforderlichen Aufwandes oder zuvor etablierter Gewohnheiten der Nichtreaktion) größer ist als ein Schwellenwert, kommt es zur Reaktion. Je-

doch ist selbst innerhalb dieses Systems Verhalten nicht komplett vorhersagbar, da der Wert des Reaktionspotenzials um einen festen Punkt variiert (oszilliert).

10. Die beiden Konzepte Hulls mit besonderer Bedeutung für die Entwicklung von Lerntheorien heißen partielle antizipierende Zielreaktionen und Hierarchien zielbezogener Gewohnheiten. Bei partiellen antizipierenden Zielreaktionen handelt es sich um Sequenzen internaler Reaktionen, die der Erreichung eines Ziels vorausgehen und deshalb konditioniert werden. In Hulls System werden sie als Ketten internaler Stimuli und Reaktionen (sogenannte s_G-r_G-Sequenzen) konzipiert. Hierarchien zielbezogener Gewohnheiten sind hierarchische Anordnungen von Gewohnheiten, die in Beziehung zueinander stehen, da sie dasselbe Ziel haben.

11. Das Konzept der partiellen antizipierenden Zielreaktionen illustriert Hulls Auffassung, dass es möglich ist, Verhalten mittels präziser, quantifizierbarer Annahmen vorherzusagen und zu erklären, ohne auf mentalistische, nicht-quantifizierbare Begriffe zurückzugreifen. In gewissem Sinne handelt es sich hierbei um behavioristische Definitionen kognitiver Konzepte wie Erwartung und Zweck.

12. Trotz der beeindruckenden Mathematik und Logik hat sich Hulls System nicht als nützlich für die Vorhersage von Verhalten erwiesen. Dennoch sind seine Beträge zur weiteren Entwicklung der Lerntheorien sehr groß. Zusätzlich beeinflusste Hulls Arbeit sehr stark die Art und Weise, wie psychologische Untersuchungen durchgeführt werden (Betonung von Objektivität und Experiment). Darüber hinaus hat er sich um die Popularisierung der Auffassung, dass Verstärkung für das Lernen wichtig ist, verdient gemacht.

4

Operante Konditionierung: Skinners radikaler Behaviorismus

Es ist gefährlich und dumm, die Existenz einer Wissenschaft des Verhaltens zu leugnen, um ihren Implikationen aus dem Weg zu gehen.

B.F. Skinner (1973)

4.1	Ist Skinners radikaler Behaviorismus antitheoretisch? – 89	4.4	Ausblenden (Fading), Generalisierung und Diskrimination – 106
4.1.1	Skinners radikaler Behaviorismus: Überblick – 89	4.4.1	Beispiel 1: Wie man Tauben das Lesen beibringt – 106
		4.4.2	Beispiel 2: Wie man verliebte Wachteln hereinlegt – 107
4.2	Verstärkung – 94		
4.2.1	Positive und negative Verstärkung – 95	4.4.3	Relevanz für menschliches Lernen – 107
4.2.2	Bestrafung – 95		
4.2.3	Illustrationen von Verstärkung und Bestrafung – 96	4.5	Anwendungen operanter Konditionierung – 108
4.2.4	Primäre und sekundäre Verstärker – 97	4.5.1	Anwendung positiver Kontingenzen in Erziehung und Unterricht – 109
4.3	Verstärkerpläne – 97	4.5.2	Anwendung aversiver Konsequenzen – 110
4.3.1	Kontinuierliche oder intermittierende Verstärkung – 98	4.5.3	Andere Anwendungen: Verhaltensmanagement – 113
4.3.2	Auswirkungen verschiedener Verstärkerpläne – 99		
4.3.3	Verstärkerpläne im Alltagsleben – 102	4.6	Skinners Position: eine Bewertung – 115
4.3.4	Shaping (Verhaltensformung) – 103	4.6.1	Beiträge – 115
4.3.5	Chaining (Verkettung) – 105	4.6.2	Bewertung als Theorie – 115
4.3.6	Shaping beim menschlichen Lernen – 106	4.6.3	Einige philosophische Einwände – 116

An jenem Abend wanderten wir durch die Wälder, die alte Dame und ich. Wir folgten dem Pfad, der von der Weggabelung unterhalb der Hütte auf der anderen Seite des Biberteiches nach Norden führt. Sie ging voraus, weil der Pfad zu schmal war, um nebeneinander zu gehen. Sie geht gern voraus, hauptsächlich weil sie nicht sehr groß ist und gern sehen möchte, wohin sie geht, anstatt nur auf meinen Rücken zu starren.

Als wir zu dem Baum mit dem Nest des Fischadlers kamen, hielt die alte Dame an. Sie sagte, dass der Fischadler ein verblüffender Vogel sei, obwohl kein Fischadler zu sehen war. Sie erklärte, dass er sowohl mit dem Falken wie mit dem Geier verwandt ist, dass er nur von Fisch lebt, dass er mit den Füßen voraus ins Wasser springt, um Fische lebend zu greifen, und dass er sich mit seiner Flügelspannweite von 1,50 m bis 1,80 m auch tropfnass aus dem Wasser erheben kann, einen zappelnden Fisch mit seiner drehbaren Außenzehe und den originellen winzigen scharfen Dornen unter seinen Füßen greifend. Verblüffender Vogel, wiederholte sie und wies darauf hin, dass er sogar seine Nasenlöcher schließen kann, wenn er von einem schweren Fisch unter Wasser gezogen wird, was bei Vögeln, mit

▼

88   Kapitel 4 · Operante Konditionierung: Skinners radikaler Behaviorismus

▼

Ausnahme von Enten, Wasserhühnern und anderen Wasservögeln außerordentlich selten ist, und dass er sein Nest immer über dem Wasser oder in dessen Nähe baut, wie hier, mit dem Coal Lake genau im Tal unter uns, und dass der Fischadler in jedem Herbst nach Südamerika zieht, und dass eines der allerersten Flugzeuge, das wie jedes normale Flugzeug horizontal fliegen, aber auch vertikal landen und starten konnte, indem es seine Propeller schwenkte, den Namen V22 Osprey (Fischadler) trug.

Wir saßen auf einem umgestürzten Baum oberhalb des Tales und schauten über den Coal Lake, während die Sonne in unserem Rücken unterging. Unsere Schatten legten sich lang über den Abhang und alles sah so perfekt aus wie immer und die alte Dame redete noch eine Weile über Fischadler und Fische und erklärte, dass es aus dem Verhalten und den Adaptionen von Tieren so viel zu lernen gibt und dass die frühen Psychologen glaubten, es sei viel einfacher, die Gesetze menschlichen Verhaltens durch das Studium des tierischen Verhaltens herauszufinden als durch das Studium des menschlichen Verhaltens selbst.

In diesem Kapitel...

Skinner war einer von ihnen, erklärte die alte Dame und forderte mich mit einer Handbewegung zum Einschalten des Rekorders auf, weil sie das nächste Kapitel aufzeichnen wollte. Sie erklärte, dass dieses Kapitel die zweifellos einflussreichste und bekannteste aller behavioristischen Positionen beschreibt: die von Burrhus F. Skinner. Sie sagte voraus, dass einige von Ihnen nach dem Lesen dieses Kapitels zum **radikalen Behaviorismus** konvertiert sein werden, und sie sagte das beinahe so, als wäre es irgendeine Form von Religion.[1]

Lernziele

Die alte Dame bat mich, Ihnen zu sagen, dass Sie schon merken würden, wenn dies geschehen sei, wenn nämlich die Träume – vielleicht sogar die Albträume – aus denen Sie in der Nacht aufwachen, sich nicht mehr um phantasierte Lotteriegewinne drehen oder um die Dramen, in denen Sie der ewige Held sind. Sie werden stattdessen von Folgendem träumen:

- von Respondenten und Operanten
- von den Grundlagen des operanten Lernens
- von den Auswirkungen unterschiedlicher Verstärkerpläne
- von der Art und der Anwendung von Bestrafung
- von möglichen Ursachen für Aberglauben
- von den Bedeutungen der Begriffe Ausblenden, Generalisierung, Diskrimination, aversive Kontrolle – und von Ratten

---

[1] Schauen Sie nicht so verwirrt, sagte die alte Dame, während sie sich von ihren Notizen abwandte. Ich meine mit radikal nicht, dass Skinner ein wilder Revolutionär war, darauf aus, die Theorien anderer Leute zu plündern, zu verwüsten oder sogar zu verbrennen. Sie sagte, dass Skinner selbst in einem Artikel von 1945 die Bezeichnung **radikal** verwendet hatte, während er betonte, dass die Psychologie als Wissenschaft sich nur mit offen zugänglichen Ereignissen befassen dürfe. In diesem Sinne bedeutet **radikal** also ursprünglich. Skinner drückte damit aus, dass offen zugängliche Ereignisse und nicht geistige Zustände der Ursprung der Psychologie sind. Aber, sagte die alte Dame, das bedeutet keine Leugnung privater Ereignisse. Zahnschmerz kann privat sein, ist aber dennoch ein tatsächlicher physiologischer Stimulus. Das Etikett **radikaler Behaviorismus** wird üblicherweise verwendet, um zwischen Skinners Behaviorismus und dem anderer Theoretiker zu unterscheiden, die nicht annähernd so darauf bestanden wie Skinner, keine Schlussfolgerungen auf geistige Zustände zu ziehen. Insbesondere, erklärte die alte Dame, unterscheidet diese Bezeichnung unmissverständlich zwischen Skinners Theorie und Tolmans **zielgerichtetem** Behaviorismus (► Kap. 6).

4.1 Ist Skinners radikaler Behaviorismus antitheoretisch?

Dass Skinner sogar eine Theorie hat, mag in Anbetracht der Tatsache, dass er weithin als bewusst antitheoretisch gesehen wird, seltsam und ungenau erscheinen. Im Jahre 1950 schrieb er einen Artikel mit dem Titel »Sind Lerntheorien notwendig?« (Skinner, 1950). Seine Antwort, in einem Wort, lautete »Nein«. In einem späteren Artikel erklärte er, dass Theorien, obwohl sie ihren Autoren Freude bereiten könnten, von geringem praktischen Nutzen seien (Skinner, 1961).

Ganze Horden von Skinner-Kritikern – und auch von seinen Anhängern – folgerten, dass Skinner gegen Theorien war, dass er, wie es Westby (1966) formuliert hatte, die »große Anti-Theorie« entwickelt hatte. Skinner bestritt das. »Glücklicherweise hatte ich meine Begriffe definiert«, sagte er über seinen ursprünglichen Artikel (Skinner, 1969, S. vii). Die Art von Theorie, die er ablehnte, wird in diesem Artikel sehr klar beschrieben: »Jede Erklärung einer beobachteten Tatsache, die sich auf Ereignisse beruft, die irgendwo anders stattfinden.«

Als Beispiel für die Art von Theoriebildung, die er am meisten ablehnte, beschrieb Skinner (1969) einen Lehrfilm, den er einmal gesehen hatte. Um einen Reflex zu illustrieren, zeigte der Film elektrische Impulse (die wie Blitze aussahen), wie sie neuronale Pfade entlangliefen, um schließlich auf einem Bildschirm im Gehirn zu erscheinen. Ein kleiner Mann im Gehirn brach daraufhin in Aktivität aus, zog einen Hebel, woraufhin in Gegenrichtung laufende Blitze die neuronalen Pfade bis hinab zu den Muskeln liefen, die dann reagierten, um den Reflex auszuführen.

Hierbei handelt es sich um eine uralte Erklärung für menschliches Verhalten, die auf die alten Griechen zurückgeht, welche das Verhalten auf einen kleinen **Homunculus** attribuierten – ein kleines Männlein, das sich im großen Mann (oder in der Frau, vermutlich) befindet. Für Skinner hatte psychologische Theoriebildung oftmals diese Tendenz, »kleine Männlein« im Gehirn einzuführen, z.B. in Freuds Annahmen zum Unterbewussten oder in den Beschreibungen kognitiver Psychologen über mentale Karten oder bei anderer nicht beobachteter

»Fiktion« (Skinners Ausdrucksweise). Skinner behauptet, solche Annahmen seien irreführend und nicht lohnend, sie suggerierten geheimnisvolle intellektuelle Aktivitäten und leisteten wenig, um die Wissenschaft voran zu bringen. Verhalten, forderte er, solle auf die direktest mögliche Art und Weise erforscht und erklärt werden (Smith & Vetter, 1996). »Verhalten ist eines dieser Themen«, sagt Skinner, »die keine hypothetisch-deduktiven Methoden erfordern. Sowohl das Verhalten selbst wie auch die meisten Variablen, deren Funktion es ist, sind normalerweise deutlich sichtbar.« (1969, S. xi).

Dementsprechend richtete Skinner seine Kritik nicht eigentlich gegen Theorien, sondern gegen Spekulationen über nichtbeobachtbare Ereignisse und Prozesse. Seine Anerkennung der zentralen Funktionen von Theorien könnte gar nicht klarer ausgedrückt werden: »Eine Theorie ist essentiell für das wissenschaftliche Verständnis von Verhalten.« (Skinner, 1969, S. viii). Die Theorie sollte sich also darauf beschränken, beobachtbare Ereignisse und Beziehungen zu organisieren. Der Schwerpunkt des radikalen Behaviorismus liegt laut Smith (2002) auf dem praktischen Nutzen der Wissenschaft menschlichen Verhaltens und nicht auf der Überprüfung formaler Theorien.

4.1.1 Skinners radikaler Behaviorismus: Überblick

Larssen (1999) schlägt vor: Eine Methode, Theorien zu betrachten, ist, sie als Geschichten anzusehen, die unter anderem auch die Lebenserfahrungen ihrer Autoren widerspiegeln. Sie weist darauf hin, dass Skinners Ansatz die Geschichte von Verhalten **im Zusammenhang** erzählt. Das heißt, die Theorie betrachtet das tatsächliche Verhalten von Organismen im Zusammenhang der definierbaren und beobachtbaren Bedingungen, die dem Verhalten vorausgehen, und der Konsequenzen, die auf das Verhalten folgen.

Skinner lehnte Theorien nicht ab. Er lehnte nur solche Theorien ab, die sich auf nicht beobachtbare Zustände oder Ereignisse berufen, um Verhalten zu erklären. Beispielsweise hielt er Hulls **intervenierende Variablen** für fruchtlos und überflüssig. Daher zeichnen zwei Eigenschaften Skinners radikalen Behaviorismus aus: (1) Erklärungen für Verhalten stützen sich ausschließlich auf direkt beobachtbares Verhalten; und (2) die Psychologie wird als objektive **Wissenschaft** betrachtet, deren Methodik die Verhaltensanalyse ohne Rückgriff auf subjektive mentale Ereignisse oder spekulative physiologische Ereignisse einschliesst (Vargas, 2001).

Grundlegende Annahmen

Skinners Theorie basiert auf zwei grundlegenden Annahmen. Erstens glaubte er daran, dass menschliches Verhalten bestimmten Gesetzen folgt. Zweitens ging Skinner von der absoluten Überzeugung aus (und endete auch bei ihr), dass die Ursachen für Verhalten **außerhalb** der Person liegen, und dass diese beobachtet und untersucht werden können – obwohl die Psychologie normalerweise nach den Ursachen für Verhalten **innerhalb** der Person sucht. Dementsprechend ist Skinners Theorie das Resultat einer Suche nach den Gesetzen des Verhaltens. Als solche ist sie objektiv und deskriptiv, und nicht schlussfolgernd und spekulativ. Interessanterweise war sie gerade aus diesem Grunde keiner ernsthaften, schädigenden Kritik ausgesetzt. Seine Hauptkritiker verstehen Skinners System so, dass die Prinzipien des operanten Konditionierens im Endeffekt dazu genutzt werden könnten, jegliches menschliche Verhalten zu erklären und zu kontrollieren, so dass die Prinzipien dann missbraucht werden könnten. Andere Kritiker sind der Ansicht, dass die Skinner'sche Sicht auf Verhalten als etwas Gesetzmäßiges und daher über Gesetze Erklärbares den Menschen in seinem Menschsein reduziert. Wir werden uns diesen Kritiken nochmals am Ende dieses Kapitels widmen.[2]

Die experimentelle Analyse von Verhalten

Skinner behauptete, dass die Ursachen von Verhalten außerhalb des Organismus liegen. Der Fokus einer Wissenschaft menschlichen Verhaltens liegt demgemäß darin, die Gesetze zu entdecken und zu beschreiben, welche die Interaktionen zwischen dem Organismus und seiner Umwelt regeln. Um dies zu tun, muss der Psychologe drei Dinge spezifizieren: »(1) die Gelegenheit, zu der eine Reaktion auftritt, (2) die Reaktion selbst und (3) die verstärkenden Konsequenzen« (Skinner, 1969, S. 7).

Skinner beschreibt sein System als eines, das sich mit der **experimentellen Analyse von Verhalten** befasst. In der experimentellen Analyse behandelt es zwei Arten von Variablen: unabhängige Variablen (Kräfte, die unmittelbar experimentell manipuliert werden können, wie Verstärkung) und abhängige Variablen (Eigenschaften des tatsächlichen Verhaltens, wie die Reaktionsrate). Abhängige Variablen werden vom Versuchsleiter nicht manipuliert, sondern durch die unabhängigen Variablen beeinflusst. Das Ziel ist, die Gesetze zu beschreiben, die die Beziehung zwischen abhängigen und unabhängigen Variablen regeln. Wenn dieses Ziel erreicht ist, könnte man die Kontrolle über abhängige Variablen steigern und verfeinern – mit anderen Worten: das Verhalten kontrollieren. Die essentiellen Elemente des Systems, dargestellt als abhängige und unabhängige Variablen, sind in ◘ Tab. 4.1 zusammengefasst.

◘ Tab. 4.1. Skinners System

Unabhängige Variablen	Abhängige Variablen
Art der Verstärkung	Akquisitionsrate
Verstärkerpläne	Reaktionsrate Extinktionsrate

---

[2] Die alte Dame langte herüber und schaltete den Rekorder aus, murmelte, dass die Sonne untergegangen sei, dass es dunkel sei und sie die Seiten kaum mehr erkennen könne, und außerdem seien zu viele verdammte Moskitos hier draußen; wir sollten zurück in die Hütte gehen und das Kapitel dort beenden. Nach einer Weile kamen wir dort an und sie rief den Kater zu sich auf ihren Schoß (aber das Tier wollte nicht), während ich in einer Kiste wühlte, um Streichhölzer zum Anzünden der Lampe zu finden, damit sie weiterlesen könne. Sie sagte, als nächstes käme die Biographie und erklärte, dass es für jeden der wichtigen Theoretiker im Buch eine gäbe. Sie sagte, dass Biographien für einige der Leser vielleicht nicht so wichtig erschienen, dass sie es aber manchmal seien, nicht nur des Interesses oder der Inspiration wegen. Sie erklärte, dass viele Psychologen annehmen, das private Leben von Menschen beeinflusse oft grundlegend deren berufliches Leben. Z.B. untersuchten Demorest und Siegel (1996; Siegel, 1996) Skinners Leben und seine autobiographischen Schriften im Detail. Unter anderem nehmen sie an, dass Skinners radikaler Behaviorismus eine Art von Abwehrreaktion sei, die ihm ermöglicht habe, mit wiederholtem Scheitern umzugehen, insbesondere mit seinem offensichtlichen Scheitern als Romanautor nach dem College. Ich fand die Streichhölzer und zündete die Lampe an. Die alte Dame begann, Skinners Biographie vorzulesen. Der Kater stand auf und ging nach draußen.

4.1 · Ist Skinners radikaler Behaviorismus antitheoretisch?

Burrhus Frederic Skinner (1904–1990)

B.F. Skinner – er wurde Fred genannt, Burrhus war der Mädchenname seiner Mutter – ist einer der Giganten der Psychologie des 20. Jahrhunderts. Nur Freud ist als Leitfigur der Psychologie noch bekannter als er (O'Donohue & Ferguson, 2001).

Skinner wurde am 20. März 1904 in Susquehanna, Pennsylvania, in eine streng presbyterianische (und republikanische) Familie hineingeboren. Sein Vater war ein erfolgreicher Anwalt, der sich vieles selbst beigebracht hatte. Seine Mutter war eine attraktive Frau die, wie Skinner behauptet, nach dem Essen stets 20 Minuten aufrecht stand, um ihre Figur und Haltung zu erhalten. Skinner gestand auch ein, dass er sie für frigide hielt.[3]

Skinner ging zu derselben Zwergschule, die auch seine Eltern besucht hatten. Als Kind las er sehr viel, womit möglicherweise sein Wunsch zusammenhing, Romanautor zu werden. Er besaß auch bemerkenswerte Fähigkeiten in der Mechanik, baute Waggons, Rollschuhe, Roller, Segelflieger, Flöße und sogar Musikinstrumente – diese Fähigkeiten konnte er später gut bei der Entwicklung und Konstruktion der Geräte, die er für seine Experimente benötigte, verwenden.

Wie viele Pioniere der Psychologie wollte Skinner, als er aufs College ging, zunächst kein Psychologe werden. Stattdessen machte er seinen Abschluss in Englisch (Hamilton College in New York). Am Ende seiner Ausbildung traf er Robert Frost, der einiges von dem gelesen hatte, was Skinner geschrieben hatte. Frosts Aussage, dass er etwas Talent hatte, brachte Skinner auf die Idee, Romanautor werden zu wollen, und so bat er seinen Vater um Unterstützung für ein Jahr, während dessen er seinen ersten Roman schreiben wollte. Sein Vater stimmte zögernd zu, und Skinner verbrachte, was er später als »mein dunkles Jahr in Scranton« beschreiben sollte – er entdeckte, dass er nichts mitzuteilen hatte. Danach graduierte er in Harvard.

Skinner fand die Psychologie faszinierend. Von Anfang an war er ein eingeschworener Behaviorist, der bereits davon träumte »den gesamten Bereich umzugestalten, wie es mir gefällt« (Skinner, 1979, S. 38). Im Jahr 1931 promovierte er in Psychologie und verbrachte die nächsten fünf Jahre mit Forschung, bevor er seine Laufbahn als Dozent, Forscher und Autor begann (an den Universitäten von Minnesota, Indiana und Harvard, in dieser Reihenfolge). Sein frühes Hauptwerk war **The Behavior of Organisms** (1938), das die Grundlagen für die Prinzipien der operanten Konditionierung legte. Ein Roman, **Walden Two** (1948), trug viel dazu bei, seine Vorstellung einer idealen Gesellschaft populär zu machen, die sich auf wissenschaftliche Prinzipien des menschlichen Verhaltens gründete und in einer Weise organisiert sein sollte, dass positive anstatt aversive Kontrolltechniken dominierten. Am Ende der 50er Jahre war Skinner als Vorreiter der behavioristischen Position hoch anerkannt, einer Position, die er sein ganzes weiteres Leben lang fortentwickelte und verteidigte.

Zusätzlich zu etwa 200 klar geschriebenen Lehrbüchern und Artikeln schrieb Skinner drei autobiographische Bücher mit insgesamt mehr als tausend Seiten (Skinner, 1976, 1979, 1983).

Respondentes und operantes Lernen

Für seine Bemühungen, Verhalten zu erklären, verfügte Skinner auch über die Erklärung der klassischen Konditionierung, die von Iwan Pawlow entwickelt und von Leuten wie John B. Watson und Edwin Guthrie ausgearbeitet wurde. Obwohl Skinner (1996) Pawlow sehr bewunderte, stimmte er doch nicht mit dessen Auffassung überein, dass das Studium der Konditionierung von Reflexen viele wichtige menschliche Verhaltensweisen erklären könne. Skinner glaubte, dass die klassische Konditionierung nur einen geringen Anteil des Verhaltens

---

[3] »Interessiert es uns wirklich, ob Skinner seine Mutter für frigide hält?«, fragt Lektor E und deutet damit an, dass diese Passage gestrichen werden soll. Lassen Sie es so, sagte die alte Dame und erklärte, dass die Überzeugung, oder zumindest der Verdacht, sich in Skinners operanter Konditionierung widerspiegelt.

von Menschen und Tieren erklären kann. Im Besonderen kann die klassische Konditionierung den Erwerb von Verhalten **nur** dann erklären, wenn die anfängliche Reaktion durch einen bekannten Stimulus ausgelöst werden kann. Lernen ist dabei das Resultat der Paarung dieses Stimulus mit einem anderen über eine Serie von Durchgängen.

Obwohl Skinner dieses Modell als geeignet für die Erklärung einiger Verhaltensweisen ansah, bestand er darauf, dass viele menschliche Reaktionen nicht auf offensichtliche Stimuli hin gezeigt werden. Er war darüber hinaus der Ansicht, dass Stimuli, ob beobachtbar oder nicht, oftmals für eine genaue und nützliche Erklärung von Lernen nicht relevant seien.

Reaktionen, die durch einen Stimulus ausgelöst werden, werden als **Respondenten** (respondents) bezeichnet, Reaktionen, die von einem Organismus ausgelöst werden, als **Operanten** (operants). Bei respondentem Verhalten **reagiert** der Organismus auf die Umwelt, während er bei operantem Verhalten auf die Umwelt **einwirkt**. In gewisser Weise entsprechen Respondenten unwillkürlichem Verhalten, während Operanten willkürlicher sind. Skinner selbst hätte das wahrscheinlich nicht so formuliert, da die Begriffe in seinen Augen unnötige Spekulation enthalten. Wir brauchen uns nicht zu fragen, ob der Organismus etwas tun oder nicht tun möchte, sagt Skinner, wir müssen nur aufzeichnen, was er tut, die Umstände, unter denen er handelt, und die Konsequenzen seiner Handlungen. Diese drei Dinge zusammengenommen bilden die **Kontingenzen** des Verhaltens. Und die Analyse des Verhaltens erfordert nicht mehr – und nicht weniger – als die Analyse dieser Kontingenzen.

Skinner nahm an, dass klassische Konditionierung nur bei respondentem Verhalten funktioniert. Er nannte diese Form des Lernens Typ S (für Stimulus) Konditionierung. Er selbst stellte ein anderes Modell vor, um Lernen auf der Grundlage operanten Verhaltens zu erklären: das Modell operanter oder instrumenteller Konditionierung, das auch als Typ R (für Reaktion) Konditionierung bezeichnet wird. Die Unterschiede zwischen diesen beiden Lernformen werden in ◘ Tab. 4.2 detailliert dargestellt.

Vorherrschaft operanten Verhaltens

Skinner (1938) war überzeugt, dass die meisten wichtigen Verhaltensweisen von Menschen operant sind. Zur Schule gehen, einen Brief oder ein Lehrbuch schreiben, eine Frage beantworten, einen Fremden anlächeln, die Ohren einer Katze kraulen, Angeln, Schneeschippen, Skifahren und Lesen sind alles Beispiele operanten Verhaltens. Sogar Denken ist ein Operant – eine verdeckte (internale) Form verbalen Verhaltens. Obwohl es einige bekannte und beobachtbare Stimuli geben mag, die einige dieser Verhaltensweisen zuverlässig auslösen, sind sie dennoch nicht zentral für Lernen. Zentral sind dagegen die Konsequenzen dieser Reaktionen.

Der Einfluss Charles Darwins

Skinners wichtigste Ideen haben sowohl Charles Darwin als auch Edward Thorndike einiges zu verdanken. In vielfacher Hinsicht, erklärte Skinner, scheint Lernen die Selektion von Reaktionen in ähnlicher Form zu beinhalten wie Evolution die Selektion von Eigenschaften. Darwin glaubte, dass in der Natur die verschiedensten Eigenschaften auftreten und dass durch die Einwirkung von Naturkräften diejenigen selektiert werden, die zum Überleben beitragen – und zwar genau darum, **weil** sie zum Überleben beitragen. Im Verhalten treten ebenso verschiedenste Reaktionen auf. Einige haben Konsequenzen, die dem Organismus gut tun, andere nicht. Die Auswirkung dieser Konsequenzen ist, dass einige Reaktionen selektiert und andere eliminiert werden.

Thorndike machte seine Beobachtung, dass Konsequenzen das »Einprägen« oder »Ausstanzen« von Reaktionen bewirken, zum Eckstein seiner Theorie

◘ Tab. 4.2. Klassische und operante Konditionierung	
Klassisch (Pawlow)	**Operant (Skinner)**
Befasst sich mit Respondenten, die als Reaktionen auf Stimuli ausgelöst werden und unwillkürlich erscheinen	Befasst sich mit Operanten, die als instrumentelle Handlungen auftreten und willkürlich erscheinen
Typ S (Stimuli)	Typ R (Reaktion; Verstärkung)

4.1 · Ist Skinners radikaler Behaviorismus antitheoretisch?

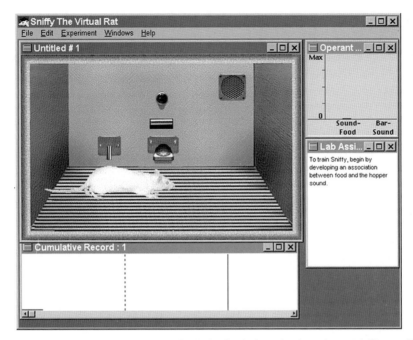

◘ **Abb. 4.1.** Sniffy, die virtuelle Ratte, erkundet ihren Käfig, der häufig als Skinnerbox bezeichnet wird. Skinner selbst nannte ihn jedoch eine »Experimentalkammer«

des Lernens mittels Versuch und Irrtum. Skinner gründete seine Theorie des operanten Lernens auf eine fast gleichartige Idee.

In Kürze: Operantes Lernen ist das Überleben (und der Tod) von Reaktionen. »Sowohl in der natürlichen Selektion wie auch im operanten Konditionieren«, schrieb Skinner, »übernehmen Konsequenzen eine Rolle, die vormals einem frühen kreativen Geist zugeschrieben wurden« (1973, S. 264).

Pawlows Geschirr und Skinners Box
Als Pawlow einen Hund in ein Geschirr steckte und pulverisiertes Futter oder eine Säurelösung in sein Maul einführte, speichelte der Hund. Dies ist ein klares, unzweideutiges Beispiel für einen Respondenten – für eine vorhersagbare Reaktion, die zuverlässig von einem Stimulus ausgelöst wird.

In seinen Untersuchungen verwandte Skinner eine wesentlich andere, sehr neuartige Ausrüstung, die heute als **Skinnerbox** bekannt ist (er selbst nannte sie eine **Experimentalkammer**). Die typischen Merkmale dieser Experimentalkammer sind eine käfigartige Struktur, die mit einem Hebel, einem Licht, einem Futternapf, einem Futterspende-Mechanismus und eventuell einem elektrisch geladenen Gitter im Boden ausgestattet werden kann (◘ Abb. 4.1).

Wenn eine naive Ratte in diese Box gesetzt wird, reagiert sie nicht so vorhersagbar und automatisch wie der Hund in Pawlows Geschirr. Gallo, Duchatelle, Elkhessaimi, Le Pape und Desportes (1995) identifizierten 14 unterschiedliche Verhaltensweisen, die eine Ratte in einer Skinnerbox zeigen kann. Beispielsweise könnte die Ratte zunächst für eine Weile zusammengekauert sitzen bleiben, dann den Käfig beschnuppern, sich gelegentlich auf die Hinterbeine erheben, um am Gitter zu schnuppern, ein bisschen in der Nähe des Futternapfes verweilen, weil sie dort noch schwache Gerüche der Futterbelohnung wahrnimmt, die eine andere Ratte lange zuvor erhalten hat. Schließlich könnte die Ratte zufällig den Hebel herunterdrücken, woraufhin eine Futterpille in den Napf fällt. Die Ratte wird die Pille fressen, nach einiger Zeit drückt sie wieder auf den Hebel. Nach einer Weile wird die Ratte sofort zum Hebel hinrennen, sobald sie in die Box gesetzt wird. Ihr Verhalten hat sich aufgrund der Konsequenzen des Verhaltens geändert: Die Ratte wurde operant konditioniert.

Abb. 4.2. Zwei Arten von Konditionierung

4.2 Verstärkung

Operantes Lernen

Sehr einfach ausgedrückt, lautet die Erklärung für operante Konditionierung: Wenn ein Verstärker auf eine Reaktion folgt – ungeachtet der Bedingungen, die zu der Reaktion geführt haben – resultiert ein Anstieg der Wahrscheinlichkeit, dass diese Reaktion unter ähnlichen Umständen wieder gezeigt wird. Weiterhin besagt die Erklärung, dass die Umstände, unter denen Verstärkung gegeben wird, als **diskriminativer Stimulus** (abgekürzt S^D) wirken können, der Kontrolle über die Reaktion erlangen kann.

Jedes Verhalten, das aufgrund von Verstärkung erworben wird, kann als Illustration operanter Konditionierung angesehen werden (● Beispiel Abb. 4.2).[4]

Kein S-R Lernen

Man beachte, dass, im Gegensatz zu Thorndikes Konnektionismus, Skinners Theorie der Verstärkung keine Assoziationsbildung zwischen Stimuli und Reaktionen vorsieht. Skinner wies vielmehr deutlich darauf hin, dass er kein S-R-Theoretiker war. Per Definition wird ein Operant **niemals** ausgelöst. Obwohl also die Ratte in der Skinner box schließlich lernen kann, den Hebel nur dann zu drücken, wenn ein Licht eingeschaltet wird, **löst** dieser diskriminative Stimulus das Hebeldrücken nicht **aus**, behauptet Skinner. Er ermöglicht der Ratte lediglich, Situationen, in denen Verstärkung gegeben wird, von solchen zu unterscheiden, in denen das nicht geschieht.

Skinners Erklärung von Lernen durch operante Konditionierung basiert auf der Auffassung, dass die Wahrscheinlichkeit für ein erneutes Auftreten von Verhalten von den Verhaltenskonsequenzen bestimmt wird. Diese Auffassung ähnelt der Thorndikes, bei der Reaktionen, die zu »zufriedenstellenden Zuständen« führen, mit höherer Wahrscheinlichkeit gelernt werden. Aber aufgrund der Objektivität, die Skinner anstrebte, gab es in seiner Theorie keinen Platz für subjektive Begriffe wie **zufriedenstellend** und **unerfreulich**. Daher definiert Skinner einen **Verstärker** als **ein Ereignis, das auf eine Reaktion folgt, und das die Wahrscheinlichkeit des Wiederauftretens dieser Reaktion steigert. Verstärkung** ist einfach die Wirkung eines Verstärkers.

---

[4] Sie können Ihr eigenes Beispiel nennen, sagte die alte Dame. Das tat ich. Als wir an jenem Tag am Pigeon Lake waren und die alte Dame mir nicht erlaubte, zu angeln, damit ich Notizen machen konnte, bemerkte ich, dass sie die Wetaskiwin-Köder nicht mehr verwendete, nachdem sie sich ein paar Mal gestochen hatte. Außerdem bemerkte ich, dass ihre Handbewegungen zunehmend heftiger wurden, als sie anfing, mehr Fische zu fangen. Wird Ihre Hand nicht müde, fragte ich und bot an, sie eine Weile abzulösen. Warum sollte sie müde sein, fragte sie. Ich halte doch nur eine Angelschnur mit einem winzig kleinen Köder am Ende. Sie war sich nicht einmal bewusst, dass die Fische ihr Verhalten beeinflusst hatten.

Hierbei handelt es sich um ein gutes Beispiel einer **operationalen** Definition: Verstärker werden über beobachtbares und messbares Verhalten (oder Operationen) definiert. Skinners Betonung dieser Art von Definition, schreibt Wyatt (2001), hat eine starke und anhaltende Wirkung auf die psychologische Theoriebildung ausgeübt. Ein wichtiger Vorteil der operationalen Definition von Begriffen ist, dass dadurch die Frage nach subjektiven Zuständen überflüssig wird. Indem man z. B. Verstärkung operational definiert, muss man nicht mehr darüber spekulieren, was angenehm oder unangenehm ist. Ob ein Ereignis verstärkend ist oder nicht, hängt ausschließlich von seinen Auswirkungen ab, seine intrinsischen Eigenschaften sind irrelevant. Daher kann dasselbe Ereignis zu einem Anlass verstärkend wirken, zu einem anderen nicht.

Zur Veranschaulichung stelle man sich Henry vor, einen sommersprossigen, liebenswerten Schuljungen von 10 Jahren. Henry macht eine Rechtschreibprüfung, für die er viel geübt hat, und verwendet dabei verschiedene Gedächtnisstützen. Um sich z. B. an die Schreibweise von **separate** zu erinnern, sagte er sich, dass in dem Wort »a rat« (eine Ratte) enthalten sei. Er erreicht 95% in dieser Prüfung. Dieses Ereignis wirkt als Verstärker und erhöht die Wahrscheinlichkeit, dass Henry in Zukunft wieder Gedächtnisstützen verwenden wird.

Nun stelle man sich Agnes vor, ein intelligentes kleines Mädchen, das immer 100% in der Rechtschreibung-Prüfung bekommt, ohne Zuhilfenahme von Gedächtnisstützen. Aber diesmal verwendet sie auch Gedächtnisstützen, sogar dieselben wie Henry. Aber im Gegensatz zu Henry kommt sie während der Prüfung durcheinander und denkt, es sei »e rat« in **separate**. Sie erreicht ebenfalls 95%. Dieses Ereignis wirkt für Agnes aber nicht als Verstärker, daher hat es vermutlich den gegenteiligen Effekt auf ihr Verhalten.

4.2.1 Positive und negative Verstärkung

Skinner unterscheidet zwischen zwei Typen der Verstärkung: positive und negative. **Positive Verstärkung** enthält, was Thorndike als »zufriedenstellende« Konsequenz eines Verhaltens bezeichnete. In der behavioristischen Psychologie wird eine Konsequenz präzi-

ser als **Kontingenz** bezeichnet. In objektiven Skinner'schen Begriffen definiert, tritt positive Verstärkung dann auf, wenn die Verhaltenskonsequenzen, die der Situation nach der Reaktion **hinzugefügt** werden, die Wahrscheinlichkeit des Wiederauftretens dieser Reaktion unter ähnlichen Umständen steigern. In der Alltagssprache entspricht dieser Typ Verstärkung einer **Belohnung**. Er enthält eine positive Kontingenz.

Negative Verstärkung ist in einer Situation gegeben, in der die Reaktion zur Beseitigung oder Verhinderung eines – in Thorndikes Worten – »unerfreulichen« Zustands führt. Sie ist dann gegeben, wenn aufgrund der **Wegnahme** einer einzigen Komponente der Situation die Wahrscheinlichkeit ansteigt, dass diese Reaktion wieder gezeigt wird. In der Alltagssprache entspricht negative Verstärkung einer **Entlastung**. Sie enthält die Beseitigung einer **negativen** Kontingenz.

Man beachte, dass die Wirkung sowohl positiver als auch negativer Verstärkung in einem **Anstieg** der Wahrscheinlichkeit der Reaktion besteht. Man beachte weiterhin, dass die Wirkung des Ereignisses – nicht die Eigenschaften des Stimulus selbst – die verstärkende Wirkung determiniert.

4.2.2 Bestrafung

Wie Verstärkung wird **Bestrafung** ebenfalls über ihre Auswirkungen definiert. In diesem Fall besteht die Auswirkung jedoch nicht in einer Stärkung des Verhaltens (wie bei negativer und positiver Verstärkung) sondern in seiner Unterdrückung.

So wie es zwei Typen von Verstärkern gibt – positive (Belohnung) und negative (Entlastung) – gibt es auch zwei Typen der Bestrafung, wobei jede das Gegenteil eines Verstärkertyps bildet. Eine Art der Bestrafung besteht darin, eine positive Kontingenz zu entfernen (Bestrafung Typ II = Entzugsbestrafung = **positive** Bestrafung), die andere besteht darin, eine negative Kontingenz auf ein Verhalten folgen zu lassen – diese Form entspricht mehr dem, was man im Alltag unter Bestrafung versteht (Bestrafung Typ I = Präsentationsbestrafung = **negative** Bestrafung).

Bestrafung vs. negative Verstärkung

Bestrafung und negative Verstärkung werden oft verwechselt, weil beide aversive (negative) Konse-

Tab. 4.3. Verstärkung und Bestrafung

	Positive Kontingenz (appetitiv)	Negative Kontingenz (aversiv)
Nach der Reaktion zur Situation hinzugefügt	Positive Verstärkung (Belohnung) [Sam erhält einen Dollar für gutes Benehmen] **verhaltensstärkend**	Bestrafung I (Präsentationsbestrafung) [Sam wird wegen schlechten Benehmens an den Ohren gezogen] **verhaltensschwächend**
Nach der Reaktion aus der Situation entfernt	Bestrafung II (Entzug) [Sam wird der Dollar wegen schlechten Benehmens weggenommen] **Verhaltensschwächend**	Negative Verstärkung (Entlastung) [Sams Ohren werden losgelassen, wenn er sich wieder gut benimmt] **verhaltensstärkend**

quenzen enthalten, sie sind aber tatsächlich sehr unterschiedlich. Negative Verstärkung ist eine Prozedur, die die Wahrscheinlichkeit eines Verhaltens steigert, Bestrafung tut das nicht. Dementsprechend kommt es bei negativer Verstärkung normalerweise zur Beendigung eines Ereignisses, das als aversiv angesehen wurde (die Beendigung einer negativen Kontingenz); bei Bestrafung wird dagegen eine negative Kontingenz eingeführt oder eine positive (appetitive) Kontingenz beendet.

Noch verbliebene Verwirrung wird sich durch Betrachtung der ◘ Tab. 4.3 klären lassen, in der die vier Möglichkeiten dargestellt sind, die resultieren, wenn entweder positive oder negative Kontingenzen (appetitive oder aversive Ereignisse) auf Verhalten folgen oder nach dem Verhalten beendet werden. In der Alltagssprache entsprechen diese vier Möglichkeiten den Begriffen **Belohnung** (positive Verstärkung), **Entlastung** (negative Verstärkung), **Bestrafung I** (der Typ von Bestrafung, der manchmal auch als Präsentationsbestrafung bezeichnet wird) oder **Bestrafung II** (der andere Typ Bestrafung, manchmal auch als Entzugsbestrafung bezeichnet). Jede dieser vier Möglichkeiten wird im nächsten Abschnitt anhand einer Ratte und eines Menschen illustriert.

4.2.3 Illustrationen von Verstärkung und Bestrafung

Die Beispiele zeigen das Verhalten von Arnold, einer Ratte in einer Skinnerbox, und von Bill, einem Kleinkind in seinem Zuhause.

Positive Verstärkung (Belohnung)

Wenn Ratte Arnold den Hebel in der Skinnerbox drückt und dies zur Folge hat, dass der Futtermechanismus eine Futterpille in den Napf fallen lässt (positive Kontingenz), dann kann dies eine Steigerung der Wahrscheinlichkeit bewirken, dass dieses Hebeldruckverhalten erneut gezeigt wird. In diesem Fall ist Futter der positive Verstärker, die Wirkung ist positive Verstärkung. Sie führt zu einem Anstieg des vorausgegangenen Verhaltens.

Wenn Kleinkind Bill eines Morgens seine Mutter küsst und sie ihn wegen dieser rührenden Geste lobt, kann dadurch die Wahrscheinlichkeit dieses Verhaltens gesteigert werden. Das Lob von Mama ist ein positiver Verstärker.

Negative Verstärkung (Entlastung)

Wenn Ratte Arnold den Hebel der Skinnerbox drückt und damit jedesmal den Strom abschaltet, der sonst ständig durch das Bodengitter fließt (Beseitigung einer negativen Kontingenz), dann steigt die Wahrscheinlichkeit für das Hebeldrückverhalten. In diesem Fall ist das Abschalten des elektrischen Stroms ein **negativer Verstärker**: Seine Wirkung ist negative Verstärkung. Diese führt ebenfalls zu einem Anstieg des vorausgegangenen Verhaltens.

Wenn Kleinkind Bill später in sein Zimmer eingesperrt wird, weil er einen Wutanfall oder Weinkrampf hat (weil seine Mutter darauf beharrt, dass er nicht auf der Katze wie auf einem Pferd sitzen kann), und ihm erlaubt wird, wieder herauszukommen, wenn er zu weinen aufhört, illustriert dies negative Verstärkung. Dieses Ereignis wird die Wahrscheinlichkeit steigern, dass er zu weinen aufhört, wenn er wieder in diese Situation kommt.

Bestrafung I (Präsentationsbestrafung)

Wenn die Ratte, die auf dem elektrifizierbaren Gitterboden stehen muss, während sie den Hebel drückt, bei jedem Hebeldruck einen leichten Schock erhält, vermeidet sie zukünftig den Hebel (negative Kontingenz). Der Schock ist in diesem Fall eine Art der Bestrafung (**negative** oder **Typ I-Bestrafung**). Dies kann zu **Vermeidungslernen** (die Ratte vermeidet die Situation, die mit der negativen Kontingenz assoziiert ist) oder zum **Erlernen einer Fluchtreaktion** führen (die Ratte versucht zu fliehen, wenn sie in eine Situation gebracht wird, die zuvor mit einer negativen Kontingenz assoziiert wurde). Das Hebeldruckverhalten der Ratte steigt **nicht** an.

Man beachte aber, dass der Elektroschock, obwohl er in diesem Fall als Bestrafung für das Hebeldrücken dient, auch ein Beispiel für negative Verstärkung **im Hinblick auf Vermeidungslernen** sein kann. Wenn die Beendigung des Schocks zu einem **Anstieg** des Vermeidungsverhaltens führt, dient sie als negative Verstärkung dieses Verhaltens.

Wenn Kleinkind Bill seine Schwester in den Popo tritt, und sie sich daraufhin umdreht und ihm eine Ohrfeige gibt, verringert dies die Wahrscheinlichkeit, dass er sie unter ähnlichen Umständen oder Orten wieder treten wird. Die Ohrfeige der Schwester ist eine Bestrafung I für Bills Tritt.

Entzugsbestrafung (Entzug)

Angenommen, die Ratte isst das Futter nach dem Hebeldruck nicht schnell genug. Wenn der Versuchsleiter das Futter wieder entfernt (Entfernung einer positiven Kontingenz), sofern die Ratte es nicht innerhalb einer bestimmten Zeit nach dem Hebeldruck frisst, dann wird die Ratte bald aufhören, auf dem Weg zum Futternapf zu trödeln.[5]

Hier ist die Entfernung des Futters ein Beispiel für die Bestrafung durch Entzug (Typ II-Bestrafung). Bestraft wird das Trödeln, dessen Wahrscheinlichkeit damit sinkt, die Futteraufnahme erfolgt wieder zügiger.[5]

Wenn Kleinkind Bill zur Mittagessenszeit seine Gummibärchen weggenommen werden, weil er an ihnen leckt, sie an die Wand schmiert, auf dem Boden platt tritt und dann seine Schwester damit be-

wirft, ist dies ein Beispiel für Entzugsbestrafung. Dadurch könnte die Wahrscheinlichkeit einiger dieser Verhaltensweisen verringert werden.

4.2.4 Primäre und sekundäre Verstärker

Zusätzlich zur Unterscheidung zwischen positiver und negativer Verstärkung differenzierte Skinner auch zwischen primären und sekundären Verstärkern. **Primäre Verstärker** sind Ereignisse, die verstärkend wirken, ohne dass zuvor Lernen stattgefunden hat. Beispiele für primäre Verstärker sind Nahrung, Wasser und Sex – sie alle befriedigen nicht erlernte Grundbedürfnisse (Primärbedürfnisse).

Sekundäre Verstärker sind Ereignisse, die ursprünglich nicht verstärkend wirken, aber durch Paarung mit anderen Verstärkern eine verstärkende Wirkung entwickeln. Das Licht in der Skinnerbox wird zuweilen als sekundärer Verstärker verwendet. Wenn über eine Reihe von Durchgängen jedesmal das Licht angeschaltet wird, wenn das Tier gefüttert wird (einen primären Verstärker erhält), wird das Tier mit der Zeit reagieren, sobald das Licht angeht. Wenn dies geschieht, hat das Licht die Eigenschaft eines sekundären Verstärkers entwickelt.

Der Ausdruck **generalisierter Verstärker** wird manchmal verwendet, um einen erlernten Verstärker zu beschreiben, der eine ganze Bandbreite von Verhaltensweisen verstärken kann. Generalisierte Verstärker für Menschen sind z. B. Geld, Prestige, Macht, Ruhm, Stärke, Intelligenz und viele andere kulturell anerkannte Kontingenzen. Diese Verstärker haben großen Einfluss auf die Lenkung menschlichen Verhaltens.

4.3 Verstärkerpläne

Um eine Wissenschaft des Verhaltens zu entwickeln, forderte Skinner, dass der Psychologe beobachten müsse, was der Organismus tut, unter welchen Um-

---

[5] Dies ist eine hypothetische Illustration, gab die alte Dame zu. Sie sagte, dass sie nirgends in der Literatur Hinweise darauf gefunden habe, dass jemals jemand ein solches Experiment durchgeführt habe. Und sie behauptete, keine Zeit zu haben, dies selbst zu tun.

ständen und mit welchen Konsequenzen. Dies sind die Grundbausteine der **experimentellen Analyse des Verhaltens**.

In den Untersuchungen, die sich für die Entwicklung seiner Auffassung über operante Konditionierung als sehr nützlich erwiesen haben, drückten Ratten auf Hebel oder Tauben pickten auf Pickscheiben. Beides sind leicht beobachtbare Verhaltensweisen, die Skinner anhand der Schnelligkeit ihres Erwerbs (Akquisitionsrate), anhand der Anzahl der Reaktionen innerhalb einer vorgegebenen Zeitspanne (Reaktionsrate) und mittels der Zeit, die bis zum Versiegen der Reaktionen nach Weglassen der Verstärkung vergeht (Löschungsrate), quantifizieren konnte. Zur Erinnerung: Hierbei handelt es sich um **abhängige** Variablen, die nicht der direkten Kontrolle des Versuchsleiters unterliegen. Die wahrscheinlich am einfachsten zu manipulierende und wirkungsvollste **unabhängige** Variable in der operanten Konditionierung ist die Art und Weise, wie Belohnungen gegeben werden. In einer sorgfältig kontrollierten Laborsituation können Versuchsleiter genau festlegen, welche Verstärker wie und wann verwendet werden. Mit anderen Worten: Versuchsleiter haben vollständige Kontrolle über **Verstärkerpläne**.

4.3.1 Kontinuierliche oder intermittierende Verstärkung

Grundsätzlich hat der Versuchsleiter dabei die Wahl zwischen zwei Möglichkeiten: **kontinuierliche Verstärkung**, bei der jede erwünschte Reaktion verstärkt wird, oder **intermittierende** (oder partielle) **Verstärkung**, bei der nur manchmal ein Verstärker gegeben wird (◻ Abb. 4.3). Wenn kontinuierliche Verstärkung gewählt wird, gibt es keine weiteren Möglichkeiten, jede korrekte Reaktion wird auf dieselbe Weise belohnt. (Es ist jedoch möglich, eine Kombination aus kontinuierlichen und intermittierenden Verstärkerplänen zu verwenden. Diese Anordnung wird manchmal als **kombinierter Plan** bezeichnet.)

Intervall- oder Quotenpläne

Wenn Versuchsleiter einen intermittierenden Verstärkerplan verwenden, haben sie die Wahl zwischen zwei weiteren Möglichkeiten. Der intermittierende Plan kann auf einer Quote von Reaktionen basieren (genannt **Quotenplan**) oder auf der verstrichenen Zeit (genannt **Intervallplan**). Bei einem Quotenplan wird z.B. jede fünfte erwünschte Reaktion verstärkt,

A. Kontinuierlich

> Jede korrekte Reaktion wird verstärkt

B. Intermittierend (partiell)

	Quote	Intervall	Abergläubisch (Variation eines festen Intervalls)	Kombiniert
Fest	Beispiel: Jede fünfte korrekte Reaktion wird verstärkt.	Beispiel: Die jeweils erste korrekte Reaktion nach Verstreichen von 15 Sekunden wird verstärkt.	Beispiel: Die Verstärkung erfolgt immer nach Verstreichen von 30 Sekunden, ungeachtet dessen, was der Organismus tut.	(Das wird kompliziert.)
Randomisiert (variabel)	Beispiel: Im Durchschnitt wird jede fünfte korrekte Reaktion randomisiert verstärkt.	Beispiel: Verstärkung einer korrekten Reaktion erfolgt durchschnittlich nach jeweils 15 Sekunden, aber zu unvorhersagbaren Zeiten.		

◻ **Abb. 4.3.** Verstärkerpläne. Jedes Verstärkungsschema erzeugt ein vorhersagbares Reaktionsmuster

bei einem Intervallplan erfolgt Verstärkung einmal in fünf Minuten.

Feste oder randomisierte Pläne

Wenn ein Versuchsleiter einen dieser intermittierenden Pläne (Quote oder Intervall) verwendet, muss er weiter entscheiden, ob die Verstärkung auf festgelegte oder randomisierte (variable) Weise erfolgt. Bei einem **festen Verstärkerplan** sind der genaue Zeitpunkt oder die genaue Reaktion, auf die Verstärkung erfolgt, vorher festgelegt und unveränderlich. Bei einem festen Quotenplan wird z.B. jede fünfte korrekte Reaktion verstärkt. Bei einem festen Intervallplan wird die Verstärkung unmittelbar nach der ersten korrekten Reaktion nach Ablauf des gewählten Zeitintervalls gegeben.

Bei **randomisierten Verstärkerplänen** wird die Verstärkung zu nichtvorhersagbaren Zeiten gegeben. Ein randomisierter Quotenplan, der darauf basiert, dass eine von fünf Reaktionen verstärkt wird, könnte so aussehen, dass die ersten 4 Durchgänge belohnt werden, die nächsten 16 nicht, die nächsten zwei wieder belohnt werden, die nächsten 8 wieder nicht usw. Nach 100 Durchgängen sind dann 20 Verstärker gegeben worden.

Abergläubische Verstärkerpläne

Wie wir bereits gesehen haben, können Verhaltenskonsequenzen positive oder negative Kontingenzen haben. Man beachte, dass Kontingenzen per definitionem **Konsequenzen** sind. Es ist jedoch klar, dass nicht jedes positive oder negative Ereignis, welches auf ein Verhalten folgt, tatsächlich eine Konsequenz dieses Verhaltens ist. Anders ausgedrückt: In vielen Fällen sind Resultate **nichtkontingent**, ihr Auftreten oder Nichtauftreten hat nichts mit dem Verhalten des Organismus zu tun.

Bei einem **abergläubischen Verstärkerplan** handelt es sich um eine Sonderform eines nichtkontingenten festen Intervallplanes, bei dem Verstärkung zu festen Zeitintervallen gegeben wird, **ohne dass eine korrekte Reaktion vorausgegangen sein muss.** Aus dem Gesetz der operanten Konditionierung folgt, dass jedes der Verstärkung unmittelbar vorausgehende Verhalten gefestigt wird. Dabei ist nicht immer von Bedeutung, ob die Verstärkung tatsächlich eine Konsequenz des Verhaltens ist. Offensichtlich genügt Menschen und anderen Tieren die zeit-

liche Kontiguität, um eine Beziehung zwischen Verstärkung und Verhalten herzustellen.

In der Literatur werden zahlreiche Beispiele für abergläubisches Verhalten bei Tieren zitiert. Anscheinend treten in den meisten Konditionierungssequenzen Verhaltensweisen auf, die zufällig der Verstärkung vorausgehen und dann zeitweilig Bestandteil des Verhaltensrepertoires des Tieres werden. Beispielsweise könnte eine Ratte, die gerade gelernt hat, den Hebel zu drücken, dies nur mit nach rechts geneigtem Kopf tun oder während sie ihr linkes Bein baumeln lässt. Beide Handlungen sind Beispiele für abergläubisches Verhalten.

Skinner (1951) beließ sechs Tauben über Nacht in einem abergläubischen Verstärkerplan; sie erhielten in festen Intervallen Verstärkung, unabhängig von ihrem Verhalten. Am Morgen drehte sich ein Vogel unmittelbar vor jeder Verstärkung im Uhrzeigersinn, ein anderer wendete seinen Kopf einer Ecke zu, einige hatten unnatürliche, schwankende Bewegungen entwickelt.

Skinner nimmt an, dass Menschen abergläubisches Verhalten oft unbewusst entwickeln. Wenn Sie Ihren Kopf etwa so gehalten haben, als Sie zufällig eine Münze fanden, werden Sie möglicherweise unter ähnlichen Umständen Ihren Kopf wieder so halten, gleichgültig, wie wenig elegant diese Haltung sein mag. Während einer Abschlussprüfung können Sie Studenten beobachten, wie sie sich am Kopf kratzen, Grimassen ziehen, ihre Lippen, Hände, Beine oder Füße bewegen; einige kauen an ihrem Haar und andere zeigen eine Vielfalt von Verhaltensweisen, die kaum in direkter Beziehung zu scharfem Nachdenken stehen.

4.3.2 Auswirkungen verschiedener Verstärkerpläne

Reaktionen wie Hebeldrücken oder auf eine Pickscheibe picken können leicht beobachtet und gemessen werden. Unter Einsatz der Mechanikerkünste seiner Jugend entwickelte Skinner eine simple, aber einfallsreiche Methode, solche Reaktionen aufzuzeichnen. Dabei läuft ein Stift an einer ständig rotierenden Trommel, die mit Papier bespannt ist, entlang. Jede Reaktion (Hebeldruck oder Picker) bewegt den Stift eine Stufe aufwärts, wodurch eine

Abb. 4.4. Eine kumulative Aufzeichnung der Reaktionen einer untrainierten (naiven) Ratte in einem kontinuierlichen Verstärkerplan. Der Zeitverlauf wird auf der X-Achse dargestellt, die Gesamtzahl der Reaktionen auf der Y-Achse. Man beachte, wie nach vier Verstärkungen die Reaktionsrate der Ratte, dargestellt durch die Steigung der Linie, dramatisch anstieg. Aus «The Behavior of Organisms: An Experimental Analysis», S. 67, von B.F. Skinner. Copyright © 1938 Appleton-Century-Crofts. Nachdruck mit Genehmigung von Prentice-Hall, Inc.

kumulative Aufzeichnung der Anzahl der Reaktionen auf der Y-Achse erstellt wird. Die Reaktionsrate, also die Zahl der Reaktionen innerhalb einer festgelegten Zeitspanne, wird durch die Steigung der Linie dargestellt: Je schneller das Tier reagiert, desto stärker die Steigung in der Aufzeichnung. Eine Linie, die parallel zur X-Achse verläuft, zeigt, dass während der betreffenden Zeitspanne keine Reaktion auftrat.

Abb. 4.4 zeigt das Beispiel einer kumulativen Aufzeichnung, wie sie von Skinner (1938) für das Hebeldrücken einer zuvor untrainierten Ratte angefertigt wurde. Im Training wurden alle Hebeldruckreaktionen verstärkt. Man beachte, dass die ersten drei Verstärkungen (Reaktionen, also auch Verstärkungen, sind durch die ersten drei Stufen der Aufzeichnung dargestellt) kaum Folgen zu haben schienen, die Ratte benötigte dafür beinahe zwei Stunden. Aber unmittelbar nach der vierten Verstärkung stieg die Reaktionsrate steil an, sodass innerhalb der nächsten 30 Minuten beinahe 100 Reaktionen gezeigt wurden. Wenn man Hebeldrücken bei Ratten konditioniert, ist es nicht unüblich, dass innerhalb von 30 Minuten oder weniger beinahe die maximale Reaktionsrate erreicht wird.

Auswirkungen von Akquisitionsplänen

Bevor Skinner Ratten trainierte, auf Hebel zu drücken, oder Tauben, auf Pickscheiben zu picken, wurden diese Tiere zunächst für 24 oder mehr Stunden futterdepriviert (manchmal wurde ihr Gewicht auf 80 % des Normalgewichts verringert), um die Wirksamkeit des Verstärkers zu erhöhen. Zu Beginn des Trainings steht normalerweise ein »Futtermagazin-Training«, während dessen das Tier lernt, aus dem Futternapf zu fressen und dabei auch den Geräuschen ausgesetzt ist, die der Futtermechanismus bei der Ausgabe von Futterpillen erzeugt. Nach dem Futtermagazin-Training werden alle korrekten Reaktionen – und bisweilen sogar Reaktionen, die sich dem erwünschten Verhalten nur annähern – verstärkt.

Das anfängliche Lernen läuft normalerweise schneller ab, wenn jede korrekte Reaktion verstärkt wird (in einem kontinuierlichen Verstärkerplan). Im Gegensatz dazu kommt es nur langsam und eher zufällig zu Veränderungen der Reaktionen, wenn ein intermittierender Verstärkerplan verwendet wird.

Auswirkungen auf die Löschung

Ein Maß für diese Art Lernen ist die Reaktionsrate – also die Anzahl der Reaktionen innerhalb einer vorgegebenen Zeitspanne; ein anderes ist die Extinktionsrate nach dem Entzug der Verstärkung – also die Zeitspanne, die vergeht, bevor das Lebewesen seine Reaktionen einstellt.

Interessant ist, dass ein kontinuierlicher Verstärkerplan zwar zu schnellerem Lernen führt als ein intermittierender Verstärkerplan, aber auch zu schnellerer Löschung nach dem Entzug des Verstärkers. Ebenso führen feste Verstärkerpläne, obwohl sie kürzere Akquisitionszeiten aufweisen als variable Pläne, zu schnellerer Löschung als diese variablen Pläne. Daher ist die beste Trainingskombination für ein Tier normalerweise zunächst ein kontinuierlicher Verstärkerplan, gefolgt von einem variablen Quotenplan. (Die Quote kann über die Trainingssitzungen variiert werden, wobei die Verringerung des Verhältnisses von belohnten zu nichtbelohnten Durchgängen normalerweise zu noch längeren Extinktionsphasen führt.)

In Abb. 4.5 sind vier typische Extinktionskurven dargestellt. In allen Fällen wurde die Verstärkung zu Beginn der einstündigen Sitzung (dargestellt auf der X-Achse) entzogen. Man beachte, wie die Reaktionsrate (dargestellt durch die Steilheit der Kurve) in den ersten Minuten nach Ende der Verstärkung unverändert blieb, dann aber schnell abflachte, was darauf hinwies, dass wenige oder keine Reaktionen auftraten.

4.3 · Verstärkerpläne

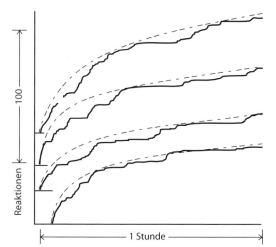

Abb. 4.5. Eine kumulative Aufzeichnung von vier typischen Extinktionskurven. Man beachte, wie hoch die Reaktionsrate unmittelbar nach Beendigung der Verstärkung war (dargestellt durch die Steilheit der Kurve), dass danach nur noch sporadische Reaktionsschübe auftraten, bis weniger als eine Stunde später nur noch wenige Reaktionen gezeigt wurden (Kurvenverlauf beinahe flach). Aus «The Behavior of Organisms: An Experimental Analysis«, S. 75, von B.F. Skinner. Copyright © 1938 Appleton-Century-Crofts. Nachdruck mit Genehmigung von Prentice-Hall, Inc.

Spontanerholung

Zur Erinnerung: Eine klassisch konditionierte Reaktion (wie Speichelfluss in Reaktion auf einen Ton) kann gelöscht werden, indem der CS (Ton) wiederholt ohne den US (Futter) präsentiert wird. Außerdem kann, wenn nach einiger Zeit der CS abermals präsentiert wird, die CR (Speichelfluss) wieder auftreten – ein Phänomen, das von Pawlow als **Spontanerholung** bezeichnet wurde.

Spontanerholung tritt auch bei operantem Lernen auf, wie in Abb. 4.6 illustriert. »Wenn die Ratte später wieder in das Gerät gesetzt wird«, schrieb Skinner und bezog sich dabei auf eine Zeit nach

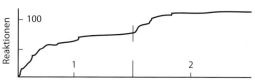

Abb. 4.6. Die kumulative Aufzeichnung zeigt die anfängliche Extinktion über eine einstündige Sitzung (linke Hälfte der Graphik) und Spontanerholung der Hebeldruckreaktion der Ratte in einer zweiten einstündigen Sitzung 48 h später. Bemerkenswert ist, wie viel schneller es in der zweiten Sitzung zur Extinktion kam (geringere Steigung der Kurve). Aus »The Behavior of Organisms: An Experimental Analysis«, S. 69, von B.F. Skinner. Copyright © 1938 Appleton-Century-Crofts. Nachdruck mit Genehmigung von Prentice-Hall, Inc.

der Extinktion eines Verhaltens, »erhält man eine kleine Extinktionskurve« (1938, S. 78). Der in Abbildung 4.6 dargestellte Fall zeigt die anfängliche Extinktion des Hebeldruckverhaltens einer Ratte innerhalb einer einstündigen Sitzung ohne Verstärkung, erkennbar an dem zunächst steilen Verlauf der Extinktionskurve während der ersten halben Stunde, gefolgt von der Abflachung der Kurve. Die nächste einstündige Sitzung zeigt eine Erholung der Hebeldruckreaktion, nämlich als die Ratte **48 Stunden später** wieder in die Skinnerbox gesetzt wurde.

Löschung und Vergessen

In Skinners System beschreiben die Begriffe Löschung und Vergessen unterschiedliche Ereignisse. Zu **Löschung** kommt es, wenn ein Tier oder ein Mensch zunächst für eine bestimmte Reaktion verstärkt wird, diese Verstärkung dann aber weggenommen wird. Das Ergebnis ist ein relativ schnelles Ausbleiben der fraglichen Reaktion. Vergessen ist im Gegensatz dazu ein sehr viel langsamerer Prozess, der zwar auch zum Ausbleiben einer Reaktion führt, aber nicht als Funktion des Entzugs von Ver-

stärkung. Laut Skinner kommt es im Laufe der Zeit zu Vergessen, wenn das Verhalten in dieser Zeit nicht wiederholt wird (Erinnern und Vergessen ▶ Kap. 9).

Diese Konzepte können mit einer Taube illustriert werden, die darauf konditioniert wurde, auf eine farbige Pickscheibe zu picken. Wenn als Verstärker dieser Reaktion Futter gegeben wurde und dieser Verstärker plötzlich entzogen wird, dann pickt die Taube wahrscheinlich noch eine Weile sporadisch auf die Pickscheibe. Nach relativ kurzer Zeit wird sie jedoch das Picken ganz einstellen. Zu diesem Zeitpunkt spricht man davon, dass Löschung stattgefunden hat.

Wie bereits angemerkt tritt ein Verhalten, das durch Entzug der Verstärkung gelöscht wurde, ohne weitere Konditionierung später wieder auf, wenn das Tier in dieselbe Situation gebracht wird (das Verhalten erholt sich also spontan). Die Extinktionsphase nach einer Spontanerholung ist fast immer deutlich kürzer als die erste. Nun nehme man an, dass die Taube, die konditioniert wurde, auf eine Pickscheibe zu picken, aus der Skinnerbox herausgenommen und sehr lange nicht wieder hineingesetzt wird. Wenn sie dann später wieder in die Box gesetzt wird und dann nicht auf die Scheibe pickt, kann man davon ausgehen, dass sie die Reaktion vergessen hat. Skinner berichtet von mindestens einer Taube, die auch nach 6 Jahren die Pickreaktion nicht vergessen hatte. Er berichtete weiter von einer Taube, die 10.000 Reaktionen bis zur Extinktion benötigte.

Auswirkungen auf die Reaktionsrate
Ein drittes Maß für Lernen ist die Reaktionsrate, eine abhängige Variable mit großer Empfindlichkeit gegenüber Verstärkerplänen. Im Allgemeinen zeigt ein Tier eine Art von Verhalten, das man erwarten würde, wenn man davon ausgeht, dass es Erwartungen ausbildet und ein Zeitgefühl hat.

Bei variablen Verstärkerplänen, in denen ein Tier kaum eine Erwartung ausbilden kann, zu einem bestimmten Zeitpunkt eine Belohnung zu erhalten, ist die Reaktionsrate bspw. gleichförmig hoch und weist wenig Schwankungen auf. Wenn es sich bei dem variablen Verstärkerplan um einen Quotenplan anstelle eines Intervallplanes handelt, ist die Reaktionsrate gleichförmig höher. Bei einem festen Intervallplan fällt die Reaktionsrate sofort nach der Verstärkung stark ab, oder die Reaktionen hören sogar ganz auf. Kurz bevor die nächste Verstärkung ansteht, beginnt das Tier wieder auf hohem Niveau zu reagieren (◘ Abb. 4.7). Skinner selbst würde natürlich normalerweise nicht solche mentalistischen Konzepte wie **Erwartung**, **Ziel** oder **Zweck** verwenden, um zu erklären, warum Menschen und Tiere Dinge tun. Wenn er doch solche Begriffe benutzt, was er in seiner Diskussion der Implikationen seiner Theorie des Verhaltens häufig tut, dann definiert er sie in Begriffen der Verstärkungsgeschichte des Organismus. »Was gibt einer Handlung ihren Zweck?«, fragt er. »Die Antworten auf solche Fragen«, antwortet er selbst, »finden sich schließlich in vergangenen Situationen, in denen ähnliches Verhalten Wirkung gezeigt hat« (1969, S. 105).

4.3.3 Verstärkerpläne im Alltagsleben

Zu den mächtigsten verstärkenden Ereignissen für den Menschen gehören Geld, Lob, Zufriedenheit, Nahrung und Sex. Zwei dieser Stimuli, Geld und Nahrung, scheinen einem festen Intervallplan zu folgen. Sehr viele Menschen erhalten einmal im Monat ihr Gehalt, Nahrung wird routinemäßig in Form von Mahlzeiten eingenommen. Es gibt jedoch oft keine

4.3 · Verstärkerpläne

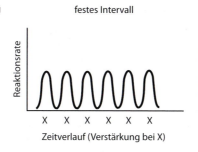 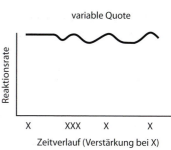

Abb. 4.7. Idealisierte Darstellung der Auswirkungen zweier Verstärkerpläne auf die Reaktionsrate

unmittelbaren, einfachen Operanten, die zuverlässig die Präsentation dieser beiden ziemlich wichtigen Verstärker bewirken. Die Operanten, die zum Erwerb von Geld führen, sind mittlerweile so komplex und so weit von der ursprünglichen Verstärkungsquelle entfernt, dass es mitunter schwerfällt, die Beziehung zwischen beiden zu sehen. Die Verwirrung wird durch die Tatsache, dass diese Verstärker untrennbar miteinander verbunden sind, weiter gesteigert. Geld ermöglicht den Kauf von Nahrung und – in manchen Fällen – auch den von Lob, Zufriedenheit, Sex und anderen Verstärkern.

Die Beziehung zwischen Verhalten und Verstärkern ist nicht immer einfach oder offensichtlich. Aber dadurch wird die Schlussfolgerung, dass Verstärker und Verstärkerpläne menschliches Verhalten beeinflussen, nicht entkräftet. In vielen Fällen ist der Person, deren Handeln beeinflusst wird, der Zusammenhang zwischen Verhalten und seinen Konsequenzen gar nicht bewusst. Es gibt zahllose Beispiele dafür, wie Verhalten durch Verstärkung kontrolliert und modifiziert werden kann (► Beispielkasten).

4.3.4 Shaping (Verhaltensformung)

Warum ist es so einfach, einer Ratte beizubringen, auf einen Hebel zu drücken, und einer Taube beizubringen, auf eine Pickscheibe zu picken? Einfach

---

Beispiel

Beispiel 1
Iris sucht seit 22 Jahren in demselben Fluss nach Gold, wobei sie jedesmal mindestens ein paar Stäubchen sammelt, gelegentlich sogar einen Nugget (kontinuierliche Verstärkung). Nach zerstörerischen Frühlingsüberschwemmungen findet sie plötzlich überhaupt kein Gold mehr (Entzug der Verstärkung). Nach vier ergebnislosen Ausflügen an den Fluss geht sie überhaupt nicht mehr dorthin (schnelle Löschung nach kontinuierlicher Verstärkung).

Beispiel 2
Auch Esmeralda sucht seit 22 Jahren nach Gold. Manchmal findet sie ein bisschen, manchmal gar nichts. Manchmal findet sie in einer ganzen Saison nicht ein einziges Stäubchen, aber einmal hat sie an einem einzigen Tag fünf große Nuggets gefunden (intermittierende Verstärkung). Nun findet auch sie kein Gold mehr (Entzug der Verstärkung).

Aber dennoch sucht sie auch Jahre später immer noch an demselben Fluss nach Gold (langsame Löschung nach intermittierender Verstärkung).

Beispiel 3
Zachary bekommt seine erste Rassel, ohne zu wissen, dass ein hartherziger, aber kluger Psychologe das Innenleben daraus entfernt hat. Zachary hält die Rassel hoch, schaut sie an, schüttelt sie, beißt hinein, schlägt sie auf sein Knie, lässt sie fallen und vergisst sie. (Die nichtverstärkte Reaktion des Rasselschüttelns wird nicht gefestigt.)

Beispiel 4
Zachary bekommt nun eine Rassel, die man sorgfältig von allen Psychologen ferngehalten hat. Er schaut sie an, schüttelt sie, schaut sie wieder an und schüttelt sie dann eine Weile kräftig weiter (der Klang der Rassel dient als Verstärker für den unmittelbar vorausgegangenen Operanten).

deshalb, weil dies Dinge sind, die Ratten und Tauben tun. Es handelt sich um Operanten, die fast immer innerhalb kurzer Zeit in der Experimentalkammer auftauchen, die Skinner und seine Nachfolger für diese Tiere konstruierten. Aber, wie wir in Kapitel 2 sahen, versichert uns Guthrie: »Man kann einer Kuh nicht beibringen, Stöckchen zu holen, weil dies eines der Dinge ist, die Kühe nicht tun,« (1935, S. 45). Andernorts argumentiert er: »Es wäre Zeitverschwendung, einer Kuh beibringen zu wollen, sich aufrecht hinzusetzen« (Guthrie & Powers, 1950, S. 128). Dasselbe nahm man für Pferde an. Dennoch war vor einiger Zeit bei den National Finals Rodeo ein Mann mit einem Pferd zu sehen, das nicht nur Dinge apportierte, die der Mann warf – so wie ein Hund – sondern sich auf Aufforderung auch hinsetzte.[7] Das Verhalten dieses Pferdes war mittels Shaping-Techniken operanter Konditionierung geformt worden.

Shaping ist eine Technik, mit der Tieren Verhaltensweisen beigebracht werden, die normalerweise nicht in ihrem Repertoire sind. Für eine Verhaltensweise wie Hebeldrücken in der Skinnerbox ist es nicht erforderlich, weil Hebeldrücken eine der Handlungen ist, die Ratten während der Exploration ihrer Umgebung von sich aus zeigen. Wenn der Versuchsleiter einer Ratte aber beibringen wollte, in Ecke A des Käfigs zu gehen, dort eine Murmel aufzulesen, sie in Ecke B zu tragen und dort abzulegen, zum Mittelpunkt des Käfigs zu gehen, sich hinzulegen, eine Rolle seitwärts zu machen, wieder aufzustehen, in Ecke B zu gehen und die Murmel aufzulesen, um sie dann in Ecke C zu tragen, würde die Ratte wahrscheinlich an Altersschwäche sterben, bevor sie zufällig diese Operanten zeigen würde.

Dennoch ist es mit Hilfe von Shaping möglich, einer Ratte sehr beeindruckende Verhaltensweisen beizubringen, wenn auch nicht solch komplexe wie das gerade beschriebene Verhalten. Ein Experimentator, der die Technik des Shaping anwendet, verstärkt jedes Verhalten, das der gewünschten Ziel-

Shaping

reaktion des Tieres näher kommt, anstatt darauf zu warten, dass diese Zielreaktion von selbst gezeigt wird. Aus diesem Grund wird Shaping auch manchmal als **Methode schrittweiser Annäherung** oder als Methode **differentieller Verstärkung schrittweiser Annäherung** bezeichnet (Skinner, 1951).

Die meisten Tiertrainer verwenden Methoden, die eigentlich Shaping-Prozeduren sind. So bringt man Papageien bei, auf dem Drahtseil zu gehen, mit dem Fallschirm abzuspringen, Melodien zu spielen und Fahrrad zu fahren; so bringt man Delphinen bei, mit militärischer Präzision in vorbestimmter Reihenfolge unglaublich hoch zu springen; so bringt man Bären bei, Gitarre zu spielen, zu tanzen, Purzelbäume zu machen und in die Hände zu klatschen; so bringt man Hühnern das Ballspielen bei und Pferden, sich hinzusetzen und zu bellen.

Eine wichtige Anforderung für erfolgreiche Anwendung von Shaping-Prozeduren ist eine Kontrolle der Umgebungsbedingungen. Die Skinnerbox ist bspw. so konstruiert, dass die Ratte kaum andere Reaktionen zeigen kann als diejenigen, die der Versuchsleiter verstärken möchte. In ähnlicher Weise wird ein professioneller Tiertrainer nicht versuchen, einen Hund zu konditionieren, wenn der Hund ein Kaninchen jagt, sondern wird den Hund erst unter seine Kontrolle bringen und seine Aufmerksamkeit wecken. Mit anderen Worten: Die Umgebung wird so eingerichtet, dass das Auftreten der erwünschten Reaktion erleichtert wird.

---

[7] Ich bedaure, das Rodeo an diesem Abend verpasst zu haben. Die alte Dame ging zusammen mit meinem Großvater dorthin, angeblich um Forschung zu betreiben. Ich suche nach Beispielen für das Buch, sagte sie. Offensichtlich hat sie eins gefunden.

4.3.5 Chaining (Verkettung)

Ein wichtiges Phänomen beim operanten Lernen ist **Chaining** (Verkettung), die Verknüpfung von Reaktionssequenzen. Selbst wenn ein Verhalten scheinbar einfach ist, wie das Hebeldrücken in einer Skinnerbox, enthält es Sequenzen unterschiedlicher Reaktionen. »Die meisten Reflexe eines intakten Organismus sind Bestandteile einer Kette«, sagte Skinner (1938, S. 52)[8] zu Beginn seiner Beschreibung, wie Ketten alles Verhalten integrieren. Beispielsweise erklärte er, dass eine Ratte in einer Skinnerbox alle möglichen Reaktionen zeigt. Einige dieser Reaktionen, die in der Nähe des Futternapfes ausgeführt werden, werden unter Umständen erlernt, weil sie mit diskriminativen Stimuli (S^D) assoziiert werden. Anfänglich werden nur diejenigen diskriminativen Stimuli zu sekundären Verstärkern, die direkt mit Verstärkung assoziiert sind (wie das Geräusch des Futtermechanismus). Über die Zeit hinweg können aber auch solche diskriminativen Stimuli, die weiter von der Verstärkung entfernt sind (wie der Geruch des Hebels) sekundäre Verstärkereigenschaften erwerben. Auf diese Art und Weise kann eine Kette von Reaktionen durch eine Sequenz diskriminativer Stimuli aufgebaut werden, von denen jeder ein sekundärer Verstärker ist, mit – in diesem Fall – Futter als primärem Verstärker.

»Solche Bewegungen werden vollständig konditioniert«, schrieb Skinner, »und werden von einer hungrigen Ratte mit bemerkenswerter Häufigkeit ausgeführt« (1938, S. 53). Jede Bewegung innerhalb der Sequenz verändert die Situation und daher die diskriminativen Stimuli, wodurch die nächste Reaktion hervorgerufen wird. Grob vereinfacht sieht die Kette beim Hebeldrücken in etwa wie folgt aus: Der Anblick der Innenwände der Skinnerbox dient als S^D, der mit der Reaktion assoziiert ist, sich dem Hebel zuzuwenden; der Anblick des Hebels ist ein S^D für die Annäherung an diesen; die Nähe zum Hebel

ist ein S^D für das Hebeldrücken; die Geräusche und Muskelempfindungen, die mit dem Hebeldrücken assoziiert sind, sind diskriminative Stimuli für die Hinwendung zum Futternapf, der Anblick der Futterpille ist ein Stimulus für Reaktionen, die mit dem Fressen assoziiert sind.

Skinner behauptete, die meisten Verhaltensweisen von Menschen, auch wenn sie einfach erscheinen, bestünden aus Ketten. Wenn Sie sich das Haar kämmen – falls Sie Haar besitzen – beinhaltet dies eine Reihe sequentieller Handlungen: ins Badezimmer gehen, eine Schublade öffnen, einen Kamm herausholen, sich im Spiegel ansehen und die üblichen Kämmbewegungen machen. Wenn Verstärkung kontingent auf das Haarkämmen erfolgt (wenn Ihre Mutter z. B. sagt: »Sally, du bist ein braves Mädchen«), dann wird tatsächlich die gesamte Kette der darauf bezogenen Aktionen verstärkt.

Ketten beim Shaping

Wenn durch Shaping ein Verhalten geformt werden soll, werden Ketten gebildet. Der professionelle Tiertrainer versucht, eine Serie diskriminativer Stimuli und Reaktionen zu verknüpfen, die so lang sein kann, dass Sie oder sogar Ihre Großmutter erstaunt wären (obwohl Ihre Großmutter schon viel mehr erlebt hat als Sie). Auf diese Art und Weise muss er in der Vorführung kein Steak über den Kopf des Hundes halten und »Salto!« schreien, dabei seine Hand schnell nach hinten ziehen, sobald der Hund nach dem Steak springt, wodurch das Tier gezwungen wird, einen unschönen Halbkreis in der Luft zu beschreiben. (Ihre Großmutter wäre nicht beeindruckt.)

Das Steak über den Kopf des Hundes zu halten und den Salto zu »erzwingen« ist der erste Schritt in der Kette, weil jedes Chaining vom primären Verstärker ausgehend rückwärts verläuft. Während des Trainings arrangiert ein kluger Trainer den Konditionierungsablauf von Ketten, indem er bestimmte Reaktionen, die zur endgültigen und vollständigen Reaktionssequenz führen, **differentiell verstärkt**. Am Ende springt der Hund auf die Bühne, rennt über einen Hindernisparcours, rettet ein ertrinkendes Baby, buchstabiert seinen Namen mit Holzbuchstaben und vollführt zum Abschluss einen äußerst beeindruckenden Salto. Und weder Sie noch Ihre Großmutter werden dabei jemals das Steak zu sehen bekommen.

---

[8] Sie können Ihre Leser darauf hinweisen, sagte die alte Dame, dass Pawlow, der damalige Gigant der Psychologie, Skinner grundlegend beeinflusst hat. Daher verwendete Skinner in seinem gesamten ersten größeren Werk den Begriff Reflex, obwohl er nicht die einfachen Reflexe meinte, die Pawlow untersuchte. Später gab Skinner diesen Begriff zugunsten der Bezeichnungen Operant, oder einfach Reaktion oder Verhalten, auf.

4.3.6 Shaping beim menschlichen Lernen

Bei menschlichem Lernen ist oft Shaping im Spiel. Beim Erlernen komplexer motorischer Aufgaben, die Muskelkoordination erfordern (wie z. B. Golfspielen oder Fliegenfischen), muss zunächst eine große Zahl unangemessener oder ineffektiver Reaktionen modifiziert oder beseitigt werden. Gleichzeitig werden angemessenere (und daher verstärkte) Reaktionen besser gefestigt und zu Ketten verknüpft.

Das Sprechverhalten von Menschen unterliegt ebenfalls der Wirkung von Verstärkung (Skinner, 1957). Greenspoon (1955) illustrierte dies durch sogenannte verbale Konditionierung, ein Vorgang, bei dem die Probanden einfach darum gebeten werden, Worte zu sagen. Die Probanden, die keine Vorstellung davon haben, welche Worte gefordert sind, beginnen zu sprechen. Jedes Mal, wenn sie eine vorher festgelegte Äußerung machen, z. B. Substantive im Plural, verstärkt sie der Versuchsleiter mit einem »Mmhm.« Während einer einzigen Trainingssitzung steigt das Vorkommen von Substantiven im Plural im Allgemeinen signifikant an.

Obwohl diese Art experimenteller Prozedur auf den ersten Blick von Alltagsrealitäten weit entfernt erscheint, wird bei näherer Betrachtung doch klar, dass man bei Menschen viele Verhaltensweisen finden kann, die Beispiele für die Wirkung verbaler Konditionierung sind. Beispielsweise gelingen einem ehrgeizigen Haustürverkäufer mit verbaler Konditionierung oftmals Geschäftsabschlüsse. Zunächst sagt der Verkäufer, dass die Kunden intelligent seien, um dann alle intelligenten Äußerungen, die spontan von den Kunden gemacht werden, zu verstärken. Schließlich stellen Sie fest, dass Sie sich aufgrund Ihrer Intelligenz offenbar so sehr um die Ausbildung Ihrer Kinder sorgen, dass Sie ihnen eine Enzyklopädie kaufen.

4.4 Ausblenden (Fading), Generalisierung und Diskrimination

Shaping ist eine der Techniken, mit der man Tieren beibringen kann, komplexe Verhaltensweisen zu zei-

gen. Eine weitere solche Technik ist Ausblenden (Fading), ein Prozess, an dem sowohl Generalisierung wie Diskrimination beteiligt sind. Zur Erinnerung: Generalisierung bedeutet, ähnliche Reaktionen in unterschiedlichen Situationen zu zeigen; Diskrimination bedeutet, unterschiedliche Reaktionen in ähnlichen, aber dennoch unterscheidbaren Situationen zu zeigen.

4.4.1 Beispiel 1: Wie man Tauben das Lesen beibringt

Die Technik des Ausblendens lässt sich am besten anhand einer Illustration erklären. Reese (1966) beschreibt z. B. eine Ausblendeprozedur, mit der einer Taube beigebracht wird, die Wörter picken und drehen zu »lesen«. Reese sagt: Wenn eine Taube pickt, wenn sie das Wort picken sieht, und sich dreht, wenn sie das Wort drehen sieht, dann erfüllt sie die Bedingungen, unter denen wir sagen würden, dass sie lesen kann.

Dieses Training stellt einige besondere Probleme. Obwohl es relativ einfach ist, einer Taube beizubringen, bei Anblick des entsprechenden Wortes entweder zu picken oder sich zu drehen, generalisiert der Vogel dann sofort die gelernte Reaktion auf das andere Wort. Wenn man der Taube beibringt, in Reaktion auf das Wort picken zu picken, so pickt sie auch in Reaktion auf das Wort drehen. Wenn die zwei Stimuli aber stark unterschiedlich gestaltet werden, sodass die Taube sie leicht unterscheiden kann, ist es möglich, ihr mittels Shaping eine angemessene Reaktion auf jeden Stimulus beizubringen. Das Wort drehen könnte man z.B. in großen schwarzen Buchstaben drucken und das Wort picken in kleinen roten Buchstaben (Tauben verfügen über ausgezeichnetes Farbensehen). Nachdem die Taube gelernt hat, sich korrekt zu drehen und zu picken, werden die Unterschiede zwischen den Stimuli über eine Reihe von Sitzungen langsam ausgeblendet: Die großen schwarzen Buchstaben werden kleiner, die kleinen roten Buchstaben werden dunkler und größer, bis schließlich beide Wörter schwarz und von gleicher Größe sind. Durch Ausblenden hat die Taube gelernt, zwischen den beiden Stimuli zu diskriminieren; in gewissem Sinne könnte man sagen, dass sie lesen gelernt hat.

4.4.2 Beispiel 2: Wie man verliebte Wachteln hereinlegt

»Kopulationsverhalten tritt selten in Reaktion auf ein beliebiges, lebloses Objekt auf«, informieren uns Domjan, Huber-McDonald und Holloway (1992, S. 350). Ein solches Verhalten kann aber mittels Ausblenden konditioniert werden. Die Forscher sorgten dafür, dass männliche japanische Wachteln sich mit lebendigen weiblichen Wachteln paaren konnten, während ihnen ein mit Frotteestoff bezogener Dummy präsentiert wurde, der von einem Tierpräparator hergestellt worden war, und dessen Kopf und Hals echte Haut und Federn eines Weibchens aufwiesen. In 15 bis 20 Konditionierungsdurchgängen wurde die »Vogelähnlichkeit« des Dummies allmählich ausgeblendet, indem er mit zunehmend mehr Frotteestoff bedeckt wurde. Zum Schluss versuchten viele der männlichen Wachteln, mit dem stoffbedeckten Klumpen zu kopulieren.

4.4.3 Relevanz für menschliches Lernen

Generalisierung und Diskriminierung sind für menschliches Lernen sehr wichtig. Generalisierung bedeutet, zuvor gelerntes Verhalten auch in Reaktion auf neue Situationen anzuwenden, die Ähnlichkeiten mit den Situationen haben, in denen das Verhalten zuerst gelernt wurde. Ein Beispiel dafür ist die Taube, die sich in Reaktion auf das Wort **picken** dreht, bevor sie gelernt hat, zwischen **drehen** und **picken** zu diskriminieren. Ein weiteres Beispiel ist der vielleicht weitaus beeindruckendere Befund, dass Tauben relativ leicht lernen können, zwischen kugelförmigen und nichtkugelförmigen Stimuli zu unterscheiden und, nach weniger als 150 Trainingsdurchgängen, das »Konzept« kugelförmig auf hunderte anderer Stimulusobjekte übertragen (Delius, 1992).

Generalisierung

Beispiele für Generalisierung bei menschlichem Verhalten gibt es in großer Zahl. Jedes fünfminütige Verhaltenssegment im Leben eines normalen Menschen enthält wahrscheinlich Beispiele dafür, wie alte Verhaltensweisen auf neue Situationen generali-

siert werden. Neue Autos werden auf ähnliche Weise wie alte gefahren; jemand, der zufällig einen Fremden schubst, entschuldigt sich, obwohl er diesen speziellen Fremden niemals zuvor geschubst hat; ein Farmer überlegt bei der Aufgabe, 27 Kängurus und 28 Zebras zu addieren, dass die Summe dieselbe sein muss wie die von 27 Schweinen und 28 Pferden; Menschen gehen davon aus, dass Dinge von Berggipfeln genauso herabfallen wie von Bäumen; Fremde geben einander die Hand, wenn sie vorgestellt werden usw. Alle diese Handlungen sind Beispiele von Reaktionen auf neue Situationen, die auf vorherigem Lernen basieren. Generalisierung ist deshalb wichtig, weil nicht alle, noch nicht einmal die meisten, Situationen, auf die Menschen in ihrem Leben reagieren müssen, in der Schule oder anderen Lernsituationen gelehrt werden können. Das Vermitteln der Fähigkeit zur Generalisierung (Transfer) ist eine der Hauptfunktionen der Schule.

Diskrimination

Wie wir gesehen haben, verhält sich Diskrimination komplementär zu Generalisation, indem dabei Unterschiede zwischen ähnlichen Situationen gemacht werden, um angemessen auf jede zu reagieren. Eine Taube, die lernt, auf die Präsentation der beiden sehr ähnlichen Stimuli **picken** und **drehen** unterschiedlich zu reagieren, ist ein Beispiel für Diskrimination.

Diskriminationslernen ist für menschliches Verhalten wahrscheinlich genauso wichtig wie Generalisierung. Kinder müssen schon sehr früh lernen, zwischen ähnlichen Situationen, die unterschiedliche Reaktionen erfordern, zu diskriminieren. Kinder lernen z.B., dass man seine Eltern küssen darf, aber Fremde nicht; dass man seine Schwestern nicht boxen darf, aber böse Jungen aus der Nachbarschaft unter gewissen, klar **diskriminierbaren (unterscheidbaren)** Umständen schon; dass man in stillen Kirchen keine lauten Geräusche machen darf, in stillen Häusern aber schon usw. Daher ist sozial angepasstes Verhalten in hohem Maße eine Funktion des Lernens, ähnliche Situationen, die verschiedene Verhaltensweisen erfordern, unterscheiden zu können.

Die Prozesse von Diskrimination und Generalisierung werden in ◘ Abb. 4.8 veranschaulicht. Im ersten Fall ist die angemessene Reaktion, jede der

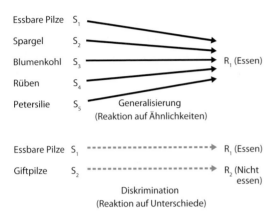

Abb. 4.8. Diskrimination und Generalisierung

fünf Gemüsearten zu essen. Hier ist eine Generalisierung der Reaktion »essen« angebracht. Im zweiten Fall muss man zwischen zwei Stimuli diskriminieren. Generalisierung ist hier nicht angebracht.

4.5 Anwendungen operanter Konditionierung

Obwohl Skinner seine Beschreibung der operanten Konditionierung anfänglich aus Untersuchungen des Verhaltens von Ratten und Tauben in stark kontrollierten Umgebungen entwickelte, gilt sie genauso für Menschen wie für andere Lebewesen. Skinner sah keine wesentlichen Unterschiede in den Reaktionen von Menschen und nichtmenschlichen Wesen auf Kontingenzen ihrer Verhaltensweisen. Und er betrachtete die Kritik, die seinem System vorwarf, höhere mentale Prozesse wie Denken zu vernachlässigen, als unfair und ungenau. »Eine Wissenschaft des Verhaltens ignoriert nicht, wie oft behauptet wird, das Bewusstsein«, erklärte er. »Im Gegenteil, sie geht weit über die mentalistische Psychologie hinaus, indem sie selbsterklärendes Verhalten analysiert« (Skinner, 1969, S. 245). In einem Artikel mit dem passenden Titel »Warum ich kein Kognitionspsychologe bin« stellt Skinner (1986) klar, dass er keinesfalls die Existenz und Bedeutung kognitiver Phänomene wie Denken, Problemlösen und Vorstellung leugnet. Dies seien interessante Themen, sagt Skinner, aber es sei ein Fehler, sie unter Bezugnahme auf erschlossene »kognitive« Prozesse erklären zu wollen.

Skinners behavioristisches System vernachlässigte Sprache und Denken nicht. Wie Lana (2002) erklärt, unterliegen Erwerb und Ausführung verbalen Verhaltens denselben Regeln operanter Konditionierung wie jedes andere Verhalten. Für Skinner sind Konzepte wie Bewusstsein und Zweck von verbalen Regeln abhängig, die aus der Analyse der Beziehung zwischen Verhalten und seinen Kontingenzen resultieren: »Eine hochentwickelte sprachfähige Gemeinschaft erzeugt dieses Bewusstsein auf einem hohen Niveau« (1969, S. 245). Anfänglich wurden Worte laut Skinner (1989) nicht zur Beschreibung von Bewusstsein, Zweck oder Gefühlen benutzt, sondern stattdessen zur Beschreibung spezifischer Verhaltensweisen oder der Situationen, in denen diese auftraten. Beispielsweise würde ein Wort wie »Liebe« die Handlung, ein Baby im Arm zu halten, beschreiben. Mit der Zeit würde das Wort dann mit den körperlichen Zuständen – den physiologischen Veränderungen – assoziiert, die diese Handlung begleiten. Daher beschreibt das Wort im Endeffekt eine Emotion und kann damit auf andere Situationen und Verhaltensweisen generalisiert werden, die dieselben physiologischen Reaktionen hervorrufen – wie jemanden zu küssen oder sogar eine Katze zu streicheln.

Es ist klar, dass Menschen für Verhaltenskontingenzen (für Konsequenzen von Verhalten) empfänglich sind. 25 Einzeluntersuchungen, die von Kollins und Kollegen (1997) analysiert wurden, weisen darauf hin, dass Menschen auf ähnliche Weise wie Labortiere auf variable Intervallverstärkerpläne reagieren. Die Empfänglichkeit von Menschen für die Konsequenzen ihres Verhaltens bildet die Grundlage von Verhaltenstherapien – also Therapien, die systematisch z.B. Belohnungen und Bestrafungen manipulieren, um damit Verhalten und Emotionen zu ändern (Vargas, 2001).

Dass Menschen für die Wirkung von Verstärkung empfänglich sind, bedeutet nicht, dass sie sich immer der Beziehung zwischen ihren Handlungen und dessen Konsequenzen bewusst sind. Es ist daher möglich, Menschen über eine kluge Manipulation von Belohnung und Bestrafung zu kontrollieren, ohne dass sie diese Kontrolle bemerken – und genau das passiert in Gesellschaften, behauptete Skinner.

4.5 · Anwendungen operanter Konditionierung

4.5.1 Anwendung positiver Kontingenzen in Erziehung und Unterricht

Wie Skinner (1971) wiederholt anmerkt, verwenden Gesellschaften sehr stark **aversive** Kontingenzen, während positive Kontingenzen weitaus menschlicher und möglicherweise auch wirkungsvoller wären. Er schreibt z.B., dass die Kontrollmethoden der größten sozialen Einrichtungen der Welt weitgehend auf aversiven Kontingenzen basieren. Diese Methoden zeigen sich deutlich in Schulen: Dort bilden Verweise, Nachsitzen, schlechte Noten und Strafandrohungen häufig einen offensichtlich größeren Teil des Alltagslebens von Schülern als Lob, das Gewähren von Vorteilen, das Versprechen guter Noten oder die Möglichkeit anderer wichtiger Verstärkungen.

Ein Klassenzimmer ist ein bisschen wie eine gigantische Skinnerbox. Lehrer spielen die Rolle der Versuchsleiter: Sie planen und verteilen Belohnung und Bestrafung. Schüler spielen die Rolle Skinner'scher Ratten (oder Tauben, wenn das weniger kränkend erscheint): Ihre Reaktionen werden durch verschiedene, vom Lehrer kontrollierte Kontingenzen geformt (und durch viele andere Kontingenzen wie Anerkennung oder Spott von Klassenkameraden, die nicht der Kontrolle des Lehrers unterliegen). Als Versuchsleiter profitieren Lehrer von dem Wissen, dass Verstärkung effektiv Verhaltensänderungen bewirken kann, dass Verstärkerpläne vorteilhaft variiert werden können; dass Bestrafung für Lernen nicht sehr wirkungsvoll ist; dass manche Verstärker mächtiger sind als andere und dass die die Konsequenz mit so geringer Verzögerung wie möglich auf das Verhalten folgen sollte.

Lehrer können auch von besserer Kenntnis der Quellen von Verstärkung profitieren. Wir neigen dazu, uns Verstärker als leicht identifizierbare Stimuli vorzustellen. Bijou und Sturges (1959) beschreiben z.B. fünf Verstärkerkategorien: Essbares (z. B. Süßigkeiten), Manipulierbares (z. B. Spielzeug), visuelle und auditorische Stimuli (z. B. ein Glockenton, der »gut gemacht« bedeutet), soziale Stimuli (wie Lob) und **Token** (z. B. kleine Scheiben, die gegen andere Verstärker getauscht werden können). Diese Stimuli wirken verstärkend, weil sie gemäß Skinners Definition die Wahrscheinlichkeit steigern, dass eine Reaktion gezeigt wird. Unglücklicherweise wirft Skinners Definition einige Probleme auf. Eins davon ist ihre Zirkularität: Was ist ein Verstärker? Ein Stimulus, der die Wahrscheinlichkeit des Auftretens einer Reaktion steigert. Woher wissen wir, dass es ein Verstärker ist? Weil es die Wahrscheinlichkeit der Reaktion steigerte. Warum steigerte es die Wahrscheinlichkeit einer Reaktion? Weil es ein Verstärker ist. Was ist ein Verstärker? Und so weiter und so fort.

Verstärkung durch Lehrer

Ein zweites Problem der Skinner'schen Definition liegt in ihrer Nichtberücksichtigung der Tatsache, dass Verstärkung relativ ist – das heißt, sie kann für verschiedene Organismen variieren, oder sogar für denselben Organismus in verschiedenen Situationen. Wie Kimble (1993) beobachtete, ist Nahrung zu Beginn einer Mahlzeit verstärkend, während der Mahlzeit kann sie neutrale Eigenschaften haben und zum Ende der Mahlzeit bestrafend wirken.

Das Premack-Prinzip

Premack (1965) nähert sich der Identifikation von Ereignissen mit Verstärkerwirkung auf etwas andere Weise. Sein Ansatz berücksichtigt die Beobachtung, dass Verstärkung relativ ist; er berücksichtigt sogar, dass Verstärker Aktivitäten oder **Reaktionen** sein können, und nicht nur Stimuli. Premacks Ansatz zur Identifikation von Verstärkung, beschrieben als **Premack-Prinzip**, sagt aus, dass Verhalten, welches häufig und freiwillig gezeigt wird, verwendet werden kann, um seltener auftretendes Verhalten zu verstärken. Beispielsweise kann die Gelegenheit, in einem Rad zu laufen, für einige Ratten verstärkend sein; andere empfinden es als verstärkender, wenn man ihnen gestattet, Holz zu kauen. Analog dazu finden einige Kinder es als äußerst belohnend, Fernsehen schauen zu dürfen; andere ziehen es vor, mit Freunden zu spielen; wieder andere lesen lieber in Ruhe ein Buch. Man beachte, dass all dies **Reaktionen** sind, und zwar solche, die das Lebewesen freiwillig zeigt, wenn es die Gelegenheit dazu hat – ähnlich wie ein Lebewesen auch trinkt und isst. Um herauszufinden, was die besten Verstärker für ein Lebewesen sind, genügt es oft, zu beobachten, was dieses Lebewesen freiwillig tut, sagt Premack. Beispielsweise könnte einem Lehrer auffallen, dass Tara während der Pausen im Klassenzimmer liest, Amy und Sara miteinander reden, William darum bittet, die Tafel putzen zu dürfen, und Trevor Cartoonfiguren zeichnet. Die Anwendung des Premack-Prinzips suggeriert, dass es für Tara, aber nicht für andere Schüler, verstärkend wirken könnte, wenn man das Lesen erlaubt, für Trevor könnte sehr verstärkend wirken, wenn man ihm erlaubt, Cartoons zu zeichnen.

In Schulen werden häufig Verhaltensanalysen auf der Basis von Konditionierungsprinzipien durchgeführt (siehe z.B. Alberto & Troutman, 2003; Harlan & Rowland, 2002). Auch Therapeuten wenden Verhaltensanalysen in einer Vielfalt von Situationen an. Die gezielte und systematische Anwendung von Prinzipien operanter Konditionierung mit dem Ziel, Verhalten zu ändern, wird als **Verhaltensmodifikation** bezeichnet. Verhaltensmodifikation wird später in diesem Kapitel beschrieben und illustriert.

4.5.2 Anwendung aversiver Konsequenzen

Skinner beschreibt zwei Typen aversiver (oder negativer) Kontrolle: Bestrafung und negative Verstärkung. Man erinnere sich, dass sich diese beiden Methoden grundlegend unterscheiden: Während negative Verstärkung die Wahrscheinlichkeit des Auftretens einer Reaktion steigert, hat Bestrafung normalerweise die gegenteilige Wirkung.[10]

Argumente gegen Bestrafung

Wenige Themen der Kindererziehung und schulischen Erziehung haben mehr Aufmerksamkeit hervorgerufen als Bestrafung. Ein Großteil dieser Aufmerksamkeit richtet sich auf die Häufigkeit von Bestrafung und nicht auf ihre Wirksamkeit. Seit Thorndikes Arbeiten (1931) besteht allgemeine Übereinstimmung darüber, dass Bestrafung sehr viel weniger wirksam dafür ist, unerwünschtes Verhalten zu beseitigen, als es Belohnung dafür ist, erwünschtes Verhalten herbeizuführen.

Vom Standpunkt der Lerntheorie können einige praktische und theoretische Einwände gegen die Verwendung von Bestrafung erhoben werden. Erstens ist die Wahrscheinlichkeit, dass Bestrafung angemessenes Verhalten herbeiführt, oft sehr gering. Grundsätzlich lenkt Bestrafung die Aufmerksamkeit auf das unerwünschte Verhalten, liefert aber wenig Hinweise darauf, wie erwünschtes Verhalten aussehen sollte.

---

[10] Im Übrigen, sagte die alte Dame so nebenbei, Ihnen ist vielleicht aufgefallen, dass die Umwelt den Menschen ständig aversive Stimuli in großer Zahl präsentiert, durch die das Verhalten extrem stark beeinflusst wird. Heiße Herdplatten, stechende Insekten, giftige Pilze – all diese Stimuli bewirken sehr schnell wichtiges Lernen. Wenn das nicht der Fall wäre, hätte die menschliche Spezies wahrscheinlich nicht so lange überlebt. Obwohl Sie also die Bedeutung positiver anstelle negativer Kontrolle betonen sollten, sollte auch aversive Kontrolle nicht zu leichtfertig abgetan werden.

Zweitens unterdrückt Bestrafung das Verhalten meist nur, anstatt es zu beseitigen: Lediglich die Reaktionsrate wird beeinflusst. Der Vorteil von Nichtverstärkung gegenüber Bestrafung besteht darin, dass sie theoretisch zur Löschung des nichtverstärkten Verhaltens führt.

Drittens kann Bestrafung zu emotionalen Zuständen führen, die wahrscheinlich nichts mit Liebe, Glück oder einem anderen angenehmen Gefühl zu tun haben. Durch Kontiguität werden diese negativen emotionalen Zustände eher mit dem Bestrafenden assoziiert als mit dem unerwünschten Verhalten.

Ein vierter, allgemeinerer Einwand gegen Bestrafung ist, dass sie oft einfach nicht wirkt. Sears, Macoby und Lewin (1957) führen Beweise an, um zu zeigen, dass Kinder, die von ihren Müttern für Unsauberkeit bestraft werden, eher Bettnässer sind, und dass Kinder, die von ihren Müttern für Aggression bestraft werden, eher aggressives Verhalten zeigen.

Akzeptablere Formen der Bestrafung

Die leidenschaftlichsten Einwände von Psychologen gegen Bestrafung betreffen hauptsächlich körperliche Bestrafung wie Schlagen (oder vielleicht noch schlimmer: Festbinden). Für andere Formen der Bestrafung, die in Schulen und Familien häufig sind, gelten diese Einwände nicht so sehr. Dabei handelt es sich um: **Auszeit**, **Reaktionskosten** und **Verweise**.

Bei einer **Auszeit** werden Kinder aus einer Situation herausgenommen, in der sie wahrscheinlich Verstärkung erhalten werden, und stattdessen in eine Situation gebracht, die weniger verstärkend wirkt. Kinder, die wegen schlechten Benehmens aus dem Klassenzimmer verwiesen werden, werden nicht durch das Beibringen eines unangenehmen Stimulus bestraft (es sei denn, sie erhalten Arrest oder müssen zum Rektor), sondern durch den Entzug einer vermutlich verstärkenden Umgebung. In ähnlicher Weise kann man Kindern einen zuvor für gutes Benehmen gegebenen Verstärker wegen darauffolgenden schlechten Benehmens wieder wegnehmen, dabei handelt es sich dann um eine **Reaktionskosten**-Bestrafung.

Zu anderen allgemein üblichen Bestrafungsformen gehören **Verweise**, die meist verbal, manchmal aber auch nonverbal erteilt werden (z.B. ein verneinendes Kopfschütteln oder ein Stirnrunzeln). Eine Reihe von Untersuchungen in Schulklassen zeigte, dass die wirksamsten verbalen Verweise solche sind, die als »sanft« beschrieben werden können (O'Leary & Becker, 1968; O'Leary, Kaufman, Kass & Drabman, 1974). Sanfte Verweise werden so gegeben, dass nur das betroffene Kind sie hören kann. In Klassen, in denen die Lehrer laute Verweise erteilten, trat störendes Verhalten signifikant häufiger auf. In diesem Zusammenhang ist auch bemerkenswert, dass Lob – ein äußerst wirksamer Verstärker in Schulklassen – weit effektiver ist, wenn es »laut« ausgesprochen wird. In Kürze: In den meisten Fälle gilt: Verweise sollten leise erteilt und Verstärkung öffentlich gemacht werden.

Es ist weiterhin aufschlussreich, sich anzusehen, was Schüler selbst als wirksame Bestrafung betrachten. In einer Umfrage mit mehr als 1.600 Achtklässlern bewerteten Schüler »einen Brief an die Eltern« als die wirksamste Bestrafung für schlechtes Benehmen (Casteel, 1997). Die Bestrafungsform ist »sanft« in dem Sinne, dass Schüler dadurch nicht der Demütigung vor der Klasse ausgesetzt werden. Gleichzeitig werden die Schüler aber einer Reaktion der Eltern ausgesetzt. In einer zweiten Untersuchung mit 371 Schülern von vier weiterführenden Schulen wurde Bestrafung, die sich gegen schlechtes Verhalten richtet, als wirksamer angesehen als Bestrafung, die sich gegen schlechte Leistungen richtet (Wan & Salili, 1996). Weil Schüler ihr Verhalten selbst kontrollieren können, wird eine Bestrafung von Fehlverhalten als gerechtfertigt angesehen. Schlechte Schulleistungen unterliegen jedoch nicht in allen Fällen der Kontrolle des Einzelnen. Daher wird Bestrafung für schlechte Leistungen als unfair betrachtet und kann aus diesem Grunde sehr wenig Wirksamkeit zeigen.

Argumente für Bestrafung

Körperliche Bestrafung oder deren Androhung ist immer noch eine weithin übliche Erziehungsmaßnahme. Davis (1996) ließ Erwachsene und ihre Kinder in verschiedenen öffentlichen Situationen durch Untersucher beobachten, wobei diese auf Situationen achten sollten, in denen der Erwachsene (in den meisten Fällen ein Elternteil oder eine Aufsichtsperson) dem Kind körperliche Bestrafung androhte. Solche Drohungen waren sehr häufig, und viele der

Erwachsenen schlugen ihre Kinder nach der Drohung tatsächlich.

Dass körperliche Bestrafung in Industrieländern weiterhin gängig ist, stellt nur eine armselige Rechtfertigung dar. Dennoch gibt es eine Reihe von Argumenten für den Einsatz solcher Bestrafung. Erstens reichen Verstärkung, Imitation und Appelle an die Vernunft, obwohl sie alle wirksam sein können, um erwünschtes Verhalten hervorzubringen und aufrechtzuerhalten, in vielen Situationen einfach nicht aus. Wie Ausubel (1977) anmerkt, ist es für ein Kind nicht immer möglich, aus Hinweisen auf erwünschtes Verhalten im Umkehrschluss zu folgern, worin dann unerwünschtes Verhalten besteht.

Auch führt sanfte Überzeugung ein Kind nicht immer dazu, einzusehen, dass bestimmte Verhaltensweisen nicht erwünscht sind. Wenn Johnny fortfährt, die Katze in die Badewanne zu werfen, auch nachdem man ihn darauf hingewiesen hat, dass das arme Tier nicht schwimmen kann, dann ist eine Bestrafung wahrscheinlich angebracht. Und obwohl Psychologen seit langem wissen, dass Bestrafung für die Beseitigung unerwünschten Verhaltens nicht sehr wirksam ist, gibt es reichlich Belege dafür, dass sie zumindest für die Unterdrückung dieser Verhaltensweisen sehr wirksam sein kann (siehe z.B. Rush, Crockett & Hagopian, 2001; Atkins, Osborne, Benn, Hess & Halperin, 2001). Das Argument, dass Bestrafung nicht zur Löschung des fraglichen Verhaltens führt, ist dabei irrelevant. Wenn Johnny nun damit aufhört, die unglückliche Katze in die Badewanne zu werfen, wird seine Großmutter sicher nicht davon ausgehen, dass er vergessen hat, wie man das macht – aber sie wird mit einiger Berechtigung darauf hoffen, dass er es in Zukunft bleiben lässt.

Trotz ethischer und moralischer Bedenken, die viele Menschen gegen Bestrafung hegen, gibt es Situationen, in denen Bestrafung die am wenigsten brutale und dabei effektivste Alternative darstellt. Lerman, Iwata, Shore und DeLeon (1997) berichten z.B. über eine Untersuchung zur Verwendung von Bestrafung bei fünf schwer geistig zurückgebliebenen Erwachsenen, die gewohnheitsmäßig Phasen selbstverletzenden Verhaltens zeigten, wie sich Haare herauszureißen oder an ihrem eigenen Fleisch zu kauen. Verstärkung für die Unterlassung des selbstverletzenden Verhaltens oder auch einfache Verweise (eine Bestrafungsform) sind bei diesen Menschen nur selten wirksam. Diese Untersuchung zeigte aber, dass Versuchspersonen, die einem kontinuierlichen Bestrafungsplan unterworfen wurden (Auszeit oder Freiheitsentzug) – d. h. diejenigen, die unmittelbar zu Beginn einer Phase selbstverletzenden Verhaltens bestraft wurden – eine signifikante Verringerung dieser Verhaltensweisen zeigten. Interessant ist, dass das Vorkommen selbstverletzenden Verhaltens wieder auf das Niveau vor der Intervention anstieg, als von einer kontinuierlichen Bestrafung zu Bestrafung in festen Intervallen gewechselt wurde.

Wie Verstärkung auch erscheint Bestrafung am wirksamsten, wenn sie unmittelbar auf das Verhalten folgt. Diese Beobachtung hat jedoch eine höhere Gültigkeit für Tiere als für Menschen, wahrscheinlich aufgrund der menschlichen Fähigkeit, Symbole zu verwenden und zu verstehen. Diese Fähigkeit ermöglicht Assoziationen zwischen Verhalten und seinen Konsequenzen, auch wenn die Konsequenzen erst lange nach dem Verhalten auftreten.

Zusätzlich erscheint Bestrafung am wirksamsten, wenn sie von einem warmherzigen, liebevollen Elternteil (oder anderem Erwachsenen) gegeben wird. Es gibt auch keine Hinweise darauf, dass die Gefühle zwischen Eltern und Kind aufgrund einer gerechtfertigten Bestrafung leiden (Walters & Grusec, 1977).

Negative Verstärkung

Zur Erinnerung: Sowohl positive wie negative Verstärkung führen definitionsgemäß zu einem Anstieg der Wahrscheinlichkeit, dass eine Reaktion auftritt – indem sie der Situation hinzugefügt werden (Belohnung) oder aus der Situation entfernt werden (Entlastung). Sie haben aber wahrscheinlich sehr unterschiedliche Auswirkungen. Sie können eine Ratte trainieren, auf einen Hocker zu springen, und sie jedesmal füttern, wenn sie es tut (positive Verstärkung). Oder Sie können die Ratte trainieren, auf denselben Hocker zu springen, indem sie ihr einen Elektroschock geben, wenn sie das nicht tut. Am Ende springt das Tier wahrscheinlich vergleichbar schnell auf den Hocker, unabhängig von der Art des Trainings, aber die positiv verstärkte Ratte wird dabei wahrscheinlich mehr Begeisterung zeigen als ihre aversiv trainierte Kollegin. Es besteht ein fundamentaler Unterschied zwischen dem Lernen einer Annäherungsreaktion (wie bei positiver Verstärkung)

4.5 · Anwendungen operanter Konditionierung

und **Flucht**- oder **Vermeidungslernen** (resultiert oft aus negativer Verstärkung).

Ebenso wie die Ratte, die gelernt hat, zur Vermeidung eines Elektroschocks auf einen Hocker zu springen, werden Schüler, die aufgrund aversiver Kontingenzen (negative Verstärkung oder Bestrafung) aufmerksam und fleißig sind, die Schule wahrscheinlich nicht so sehr mögen wie andere, die dieses Verhalten aufgrund positiver Verstärkung zeigen.

4.5.3 Andere Anwendungen: Verhaltensmanagement

Ein Ziel der Modeindustrie ist es, den Geschmack von Menschen, und im Endeffekt ihr Verhalten, zu formen und zu verändern. Gleichermaßen ist ein Ziel des Unterrichtens, Lernen herbeizuführen (das definitionsgemäß eine Veränderung des Verhaltens bedingt), und ein Ziel von Psychotherapie besteht darin, emotionale und Verhaltensreaktionen von Menschen zu verändern.

All diese Anwendungen können daher **Verhaltensmanagement** nutzen, die gezielte und systematische Anwendung von Lernprinzipien beim Versuch, Verhalten zu modifizieren. Die Anwendung Pawlowscher Prinzipien wird oft als **Verhaltenstherapie** bezeichnet, die systematische Anwendung operanter Lernprinzipien wird häufiger **Verhaltensmodifikation** genannt.

Mittlerweile ist eine Vielzahl spezifischer, auf Konditionierung basierender Verhaltensmanagementtechniken entwickelt worden. Vier der häufigsten werden im Folgenden kurz beschrieben.

Positive Verstärkung und Bestrafung

Wie wir gerade gesehen haben, können sowohl positive Verstärkung wie auch Bestrafung für eine Verhaltensmodifikation hochwirksam sein, beide Methoden sind im Alltagsleben wohlbekannt und weit verbreitet. Eltern loben Kinder, um sie zur Sauberkeit zu erziehen, Arbeitgeber verteilen Bonuszahlungen für harte Arbeit, Lehrer lächeln fleißigen Schülern zu. All dies sind Beispiele für Verstärkung. Eltern können auch das Lob verweigern oder schimpfen, wenn die Kinder es nicht rechtzeitig auf die Toilette schaffen, Arbeitgeber können Gehaltszahlungen wegen Säumigkeit einbehalten, Lehrer können ihr Missfallen über faule Schüler ausdrücken. All dies sind Beispiele für Bestrafung.

Die systematische Verwendung von Belohnungen, und gelegentlich auch von Bestrafungen (oft in Form von Reaktionskosten- oder Auszeitprozeduren, die wir bereits beschrieben haben), ist ein gängiger Bestandteil vieler Verhaltensmodifikationsprogramme. Diese können z. B. dazu verwendet werden, schlechtes Benehmen im Unterricht zu kontrollieren, verbale Interaktion schüchterner Kinder zu ermutigen oder die Ausbildung besserer Lerngewohnheiten zu bewirken. Manchmal wird dabei die genaue Beziehung zwischen spezifischen Verhaltensweisen und Belohnungen (oder Bestrafungen) in einem schriftlichen Dokument festgelegt (dem sogenannten **Kontingenzvertrag**).

Die Forschung verweist darauf, dass spezifische, gut geplante Verhaltensmanagement-Strategien normalerweise erfolgversprechender sind als informelle, weniger gut organisierte Ansätze (Jack, Shores, Denny & Gunter, 1996). Die wirkungsvollsten Programme basieren oft auf positiven anstelle aversiver Kontingenzen (Carpenter & McKee-Higgins, 1996). Wenn diese Programme positive Verstärkung verwenden, werden häufig Token als Verstärker eingesetzt. Normalerweise können diese Token dann später gegen eine bedeutungsvollere Verstärkung eingetauscht werden. Geld ist ein besonders wirksames Token, stellen Dickinson und Poling (1996) aufgrund einer Sichtung von elf Untersuchungen fest, in denen verschiedene Geldbelohnungen gegeben wurden.

Daher ist nicht überraschend, dass Verhaltensmanagement-Berater, die in der Entwicklung und Anwendung von Verhaltensmanagementprogrammen geschult wurden, oft eine große Unterstützung für Lehrer und Eltern bieten, die sich mit Verhaltensproblemen konfrontiert sehen. Cicero und Pfadt (2002) beschreiben z.B. ein Programm, in dem eine Kombination aus Verstärkung und Bestrafung verwendet wurde, um drei Kinder mit Autismus zur Sauberkeit zu erziehen. In weniger als zwei Wochen Training waren »Toilettenunfälle« bei allen drei Kindern verschwunden.

Gegenkonditionierung

Wie wir in ▶ Kap. 2 sahen, beschreibt Guthrie, wie durch **Gegenkonditionierung** einige unerwünschte

Angewohnheiten, die auf bestimmte Stimuli konditioniert waren, manchmal gegen andere, nichtkompatible Reaktionen auf dieselben Stimuli ersetzt werden können.

Gegenkonditionierung wurde umfassend im Tierexperiment erforscht. Bouton und Peck (1992) konditionierten einen Stimulus auf die Präsentation von Futter (Konditionierung) und konditionierten danach denselben Stimulus auf die Präsentation eines Schocks (Gegenkonditionierung). Unter diesen Bedingungen lernt das Tier zunächst eine angemessene nahrungsbezogene Reaktion auf den Stimulus (Fressen), aber schnell danach eine auf den Schock bezogene Reaktion (wie mit dem Kopf zu zucken). Interessant ist, dass Gegenkonditionierung die ursprüngliche Assoziation nicht zerstört. Bouton und Peck berichten, dass nach 28 Tagen Pause die ursprüngliche Assozation spontan wieder auftrat.

Gegenkonditionierung wird manchmal in der **Psychotherapie** verwendet und lässt sich gut anhand **systematischer Desensibilisierung** illustrieren (Wolpe, 1958), einer Methode, die hauptsächlich zur Behandlung von Ängsten und Phobien eingesetzt wird. Stark vereinfacht ausgedrückt, besteht die systematische Desensibilisierung aus drei Schritten. Zunächst beschreibt der Patient alle Situationen, in denen das unerwünschte Verhalten auftritt, und bringt diese in eine Reihenfolge von geringster bis höchster Wahrscheinlichkeit, das Verhalten auszulösen. Als nächstes lehrt der Therapeut den Patienten eine Reaktion, die mit der unerwünschten Reaktion inkompatibel ist – fast immer eine Entspannungsreaktion, weil Entspannung mit Angst inkompatibel ist. Im letzten Schritt wird der harmloseste Stimulus präsentiert, während der Patient sich entspannt, danach wird mit zunehmend stärkeren Stimuli fortgefahren, bis der Patient beginnt, sich unwohl zu fühlen. An diesem Punkt stoppt der Therapeut die Stimuluspräsentation und es werden wieder Entspannungsübungen gemacht. Das Ziel des Vorgehens ist, zum Schluss den stärksten Stimulus präsentieren zu können, ohne dass die unerwünschte Reaktion auftritt. (Diese Prozedur ist eine verfeinerte Version von Guthries Schwellentechnik, die in ▶ Kap. 2 beschrieben wurde.)

Gegenkonditionierungsprozeduren werden auch im medizinischen Bereich mit Erfolg eingesetzt. Smeijsters und van den Berk (1995) behandelten so eine Patientin, die an einer Form von Epilepsie litt, die leicht durch Musik ausgelöst werden kann (sogenannte musikogene Epilepsie) – in ihrem Fall durch fast jede Art Musik. Im Laufe der Zeit konnten diese Forscher auf musikalische Stimuli Vorstellungen und spezielle Schlüsselwörter konditionieren, sodass die Frau zum Schluss bestimmte Arten von Musik anhören konnte, ohne epileptische Anfälle zu bekommen. Ein zweites Beispiel der Gegenkonditionierung in der medizinischen Praxis betrifft die Paarung angenehmer Aktivitäten mit simulierten medizinischen Vorgängen, um bei kleinen Kindern vor den tatsächlichen medizinischen Eingriffen (wie Knochenmarksentnahme, Lumbalpunktion oder Blutentnahme) eine Gegenkonditionierung von Reaktionen vorzunehmen, die mit Angst und Schmerz inkompatibel sind (Slifer, Babbit & Cataldo, 1995).

Löschung

Genau wie Skinners Ratten dazu gebracht werden konnten, ihr Hebeldrücken einzustellen, indem man den Futtermechanismus abschaltete, können auch Menschen dazu bewegt werden, unerwünschtes Verhalten zu unterlassen, indem man die Verstärkerquelle dafür beseitigt. Diese Technik kann immer angewandt werden, wenn das Verhalten aufgrund positiver Verstärkung aufrechterhalten wird und diese Verstärkung unter der Kontrolle des Versuchsleiters oder Therapeuten ist. Bestimmte aufmerksamkeitsheischende Verhaltensweisen kleiner Kinder kann man z. B. löschen, indem man sie einfach nicht beachtet. Walker und Shea (1991) beschreiben eine Situation, in der ein Schüler namens John ständig in der Klasse störte, indem er seltsame Geräusche machte, über die alle lachen mussten. Jedesmal, wenn der Lehrer auf das Verhalten hinwies, indem er John tadelte, lachte die Klasse wieder (und John am meisten). Schließlich wurde die Klasse angewiesen, John zu ignorieren, und alle Schüler, die das taten, wurden mit Freizeit belohnt. John machte noch einige Tage seine Geräusche, aber niemand achtete mehr darauf. Eine Woche später schien das Verhalten gelöscht zu sein.

Löschung mittels nichtkontingenter Verstärkung

In einem zweiten Beispiel für Löschung behandelten Hanley, Piazza und Fisher (1997) erfolgreich zwei Jungen (11 und 16 Jahre alt), deren Zerstörungsverhalten durch die Aufmerksamkeit, die sie dafür erhielten, verstärkt wurde. Die Behandlung bestand darin, ihnen bewusst und systematisch nur dann Aufmerksamkeit zu schenken, wenn sie sich **nicht** zerstörerisch verhielten. Dies, also die Anwendung nichtkontingenter Verstärkung, ist eine weithin gebräuchliche Löschungsmethode. Grundsätzlich beseitigt eine Löschungsprozedur, die auf nichtkontingenter Verstärkung basiert, die Verstärkung für das unerwünschte Verhalten zwar nicht, stattdessen wird deren Präsentation so verändert, dass sie nicht mehr kontingent mit dem unerwünschten Verhalten ist. Stattdessen wird der Verstärker zu anderen Zeiten präsentiert.

4.6 Skinners Position: eine Bewertung

»Die Verhaltenswissenschaft«, schreibt Mills, »erreichte den Höchststand ihrer Entwicklung in Skinners Werken« (1998, S. 123). Mehr als ein halbes Jahrhundert nachdem die Theorie erstmals vorgestellt wurde, bleibt sie weiterhin die umfassendste und am meisten erforschte Analyse menschlichen Verhaltens, die es derzeit gibt (Vargas, 2001). Es ist daher nicht überraschend, dass Skinner als einer der »Baumeister« der Psychologie angesehen wird, er ragt aus der Geschichte psychologischen Denkens als einer hervor, der dieses Denken am stärksten populär gemacht und befürwortet hat.

Obwohl Watson den Behaviorismus definiert hat und viele andere Theoretiker signifikant zu dessen Entwicklung beigetragen haben, ist es Skinners Name, der am häufigsten mit behavioristischer Psychologie in Verbindung gebracht wird.

4.6.1 Beiträge

Als man [in den USA] 186 Psychologen bat, die besten Psychologie-Autoren zu bewerten und die Bücher aufzulisten, die Vordiplomstudenten mit Hauptfach Psychologie lesen sollten, war Skinners **Beyond Freedom and Dignity** (1971) unter den fünf meistgenannten Büchern. Dieselben Psychologen sahen Skinner auch als einen der besten fünf Autoren in der Psychologie an (Norcross & Tomcho, 1994).

Skinners wesentlichster Beitrag zum Verständnis menschlichen Verhaltens ist wahrscheinlich seine Beschreibung der Auswirkungen von Verstärkung auf Handeln. Zusätzlich extrapolierte er diese Befunde auf Individuen und soziale Gruppen, und sogar auf ganze Kulturen (siehe bespielsweise Skinner, 1948, 1953, 1971). Laut O'Donohue und Ferguson (2001) sind viele heutige Probleme – Überbevölkerung, Luftverschmutzung, Konflikte und Kriege – Probleme menschlichen Verhaltens. Skinners Traum war, dass eine Wissenschaft menschlichen Verhaltens mit ihrem Versuch, Verhalten vorherzusagen und zu kontrollieren, bei der Lösung einiger dieser Probleme helfen könnte.

Aufgrund seiner vielen Bücher und Veröffentlichungen und auch wegen seiner bemerkenswerten Führungseigenschaften hatte Skinner enormen Einfluss auf zahlreiche Theoretiker, von denen viele große Teile seines Systems in ihre eigenen Positionen aufgenommen haben. Seine Theorie wurde in vielen Bereichen auch unmittelbar angewendet.

Zu den wertvollen Anwendungen von Skinners Werk gehört die programmierte Instruktion – eine Unterrichtstechnik, die auf den Prinzipien operanter Konditionierung beruht. Eine zweite sehr wichtige Anwendung Skinner'scher Prinzipien ist, wie wir gesehen haben, die Verhaltensmodifikation.

4.6.2 Bewertung als Theorie

Im Hinblick auf Qualitätskriterien für Theorien, wie sie in ▶ Kap. 1 beschrieben wurden, schneidet Skinners System relativ gut ab. Es handelt sich um ein gut definiertes, stark erforschtes System, das die Tatsachen reflektiert, insbesondere die Beziehungen zwischen verstärkend wirkenden Ereignissen und Eigenschaften von Reaktionen. Das System ist klar und verständlich, es erklärt einige Aspekte von Verhalten bemerkenswert gut und ermöglicht Vorhersagen, die überprüft werden können. Es basiert nicht auf einer großen Zahl unverifizierbarer Annahmen, und es hat enorme Mengen an Forschungsarbeiten stimuliert und zu Fortschritt im Verständnis des Verhaltens geführt.

4.6.3 Einige philosophische Einwände

Einige Kritiker sind der Ansicht, dass Skinners operante Konditionierung keine symbolischen Prozesse erklärt und wenig über andere Themen zu sagen hat, für die sich zeitgenössische Kognitionstheoretiker interessieren (Entscheidungsfindung, Problemlösen, Wahrnehmung usw.). Andere sind mit seinen Versuchen, Sprache durch die Verstärkungstheorie zu erklären, nicht einverstanden. Noch andere, wie wir im nächsten Kapitel sehen werden, finden, er habe die Rolle der Biologie beim Lernen vernachlässigt.

Auf der anderen Seite der Auseinandersetzung stehen jene Psychologen, die der Meinung sind, dass Skinners System durchaus kognitive Themen behandelt und dass einige Kritiker offenbar die Weigerung des radikalen Behaviorismus, mentale Ereignisse als nützliche Erklärungen anzusehen, mit einer Weigerung, die Existenz solcher Ereignisse anzuerkennen, verwechselt haben. Skinners Arbeit ist häufig missverstanden worden, sagen Malone und Cruchon (2001). Zusammenfassungen der Theorie haben z. B. seine Beiträge zum Verständnis verbalen Verhaltens übersehen. Ebenso neigen Psychologen dazu, Skinners Erklärung für »mentalistische« Konzepte wie Bewusstsein zu ignorieren – von dem er glaubte, dass es aus Umweltkontingenzen entstehe, in denen Menschen für die Bewusstmachung ihrer eigenen Verhaltenskontingenzen verstärkt würden (O'Donohue & Ferguson, 2001).

Wenn die wichtigsten Verhaltensweisen von Menschen operant sind, kann die Bedeutung von Skinners Erklärungen kaum überschätzt werden. Es existieren jedoch Kontroversen darüber, bis zu welchem Ausmaß Verhalten über Verstärkungskontingenzen kontrolliert wird. Viele – hauptsächlich humanistische Psychologen – betrachten Skinners Standpunkt als einen Angriff auf menschliche Freiheit und Würde. Wenn wir von der Umwelt kontrolliert werden (also von Verstärkern und Bestrafungen der Umwelt), dann, so lautet das Argument, können wir nicht frei sein. Daher scheint, oberflächlich betrachtet, die Skinner'sche Sichtweise unvereinbar mit einer Betonung menschlichen Wertes und menschlicher Individualität.

»Wenn ich die angenommene Freiheit des autonomen Menschen in Frage stelle«, gab Skinner zurück, »spreche ich nicht über das Thema des freien Willens. Ich beschreibe lediglich das langsame Ableben eines vorwissenschaftlichen Erklärungsmittels« (1973, S. 261). »Der autonome Mensch«, schreibt Skinner andernorts, »ist ein Mittel, Dinge zu erklären, die wir nicht auf andere Art und Weise erklären können. Er ist aus unserer Ignoranz erwachsen, und während unser Verständnis wächst, verschwinden allmählich die Materialien, aus denen er zusammengesetzt ist« (1971, S. 200). Wie Rockwell (1994) anmerkt, versuchte Skinner nicht, Beweise dafür zu liefern, dass es den freien Willen nicht gibt. Stattdessen wandte er sich gegen unwissenschaftliche und nutzlose Erklärungen für menschliches Handeln.

Das – in Kürze – ist radikaler Behaviorismus.

Menschen werden von ihrer Umwelt kontrolliert, behauptet Skinner, aber Menschen haben diese Umwelt gestaltet, die sie auch weiterhin in gewissem Maß kontrollieren. Eine Wissenschaft menschlichen Verhaltens, die zu entwickeln immer Skinners Ziel war, liefert die Möglichkeit, Wissenschaft zum Nutzen der ganzen Menschheit anzuwenden.

In seinem kontroversen und manchmal heftig angegriffenen Roman *Walden Two* beschreibt Skinner (1948), wie seine Wissenschaft des Verhaltens auf eine Gemeinschaft von etwa 1.000 Menschen angewendet werden könnte. Diese Menschen führen – in Skinners Worten – »das gute Leben«: Sie arbeiten nur ein paar Stunden am Tag, genießen die höchsten Standards in den Bereichen Ausbildung, Gesundheit und Freizeit und sind intelligent und glücklich. »Einige Leser denken vielleicht, das Buch sei ironisch gemeint«, schrieb Skinner, »aber es war in Wirklichkeit ein durchaus ernstgemeinter Vorschlag« (Skinner, 1969, S. 29).

Eine Verteidigung gegen Skinners Kritiker, vorgetragen von Amsel (1992), lautet, dass die meisten nicht das System angreifen, wie es von Skinner beschrieben wurde, sondern stattdessen eine Karikatur des Systems – eine Übertreibung seiner auffallendsten Merkmale. Skinners ultimative Verteidigung gegen seine Kritiker ist, dass viele nicht Einwände gegen die Theorie hatten, aber gegen ihre Interpretation von deren Implikationen. Kurz gesagt: Sie mögen nicht, wie die Menschheit zu sein scheint. Aber, wie Skinner notierte, »Keine Theorie ändert das, worüber sie eine Theorie ist, der Mensch bleibt, was er immer war« (1971, S. 215).

Zusammenfassung

1. Obwohl er manchmal als antitheoretisch interpretiert wird, wendet sich Skinner nicht gegen Theorien (er sieht sie als essentiell an), sondern gegen einen Typus von Theorien, der auf spekulative, mentalistische Erfindungen zurückgreift, um beobachtete Ereignisse zu erklären. Skinners **radikaler Behaviorismus** (radikal bedeutet **ursprünglich**, weil er nach den **Ursprüngen** von Verhalten suchte) beschreibt menschliches Verhalten als gesetzmäßig und fordert, dass Psychologie externale statt internale Faktoren zu dessen Erklärung betrachten soll.

2. Skinners experimentelle Analyse des Verhaltens forscht nach Gesetzen, die die Interaktionen zwischen Lebewesen und ihrer Umwelt regeln. Sie untersucht die Beziehung zwischen unabhängigen Variablen (Verstärkertypen und Verstärkerpläne) und abhängigen Variablen (Akquisitionsrate, Reaktionsrate, Extinktionsrate). Sowohl von Pawlow wie von Thorndike beeinflusst, identifizierte Skinner zwei Hauptformen des Lernens: eine Form, an der durch Stimuli hervorgerufene Reaktionen beteiligt sind, und die sich über ein Pawlowsches Modell erklären lässt (Respondenten; Typ S oder klassische Konditionierung) sowie eine Form, an der ausgelöste instrumentelle Handlungen beteiligt sind, die sich über ihre Konsequenzen erklären lassen (Operanten; Typ R oder operante Konditionierung).

3. Operantes Lernen tritt ein, wenn sich die Auftretenswahrscheinlichkeit eines Verhaltens als Funktion von Ereignissen, die unmittelbar auf dieses Verhalten folgen (Reaktionskontingenzen), ändert. Ereignisse, die die Wahrscheinlichkeit einer Reaktion erhöhen, werden als **Verstärker** bezeichnet. Aspekte der Situation, die die Verstärkung umgibt, werden zu diskriminativen Stimuli (S^D), die als sekundäre Verstärker dienen.

4. Verstärker können positiv sein (wirksam durch ihre Darbietung; Belohnung) oder negativ (wirksam durch ihre Wegnahme; Entlastung). Bestrafung II oder Entzugsbestrafung bedeutet, auf das Verhalten hin eine erfreuliche Konsequenz zu entfernen; Bestrafung I oder Präsentationsbestrafung bedeutet, eine aversive Konsequenz zu präsentieren.

5. Primäre Verstärker befriedigen grundlegende Bedürfnisse (so wie Nahrung den Hunger stillt); sekundäre Verstärker erwerben ihre Verstärkerqualitäten durch die Assoziation mit einem primären Verstärker (z.B. wird ein Licht in einer Skinnerbox, das mit Futter assoziiert wird, selbst zum Verstärker). Generalisierte Verstärker sind Stimuli, die mit einer Vielzahl anderer Verstärker gepaart worden sind und eine Vielzahl von Verhaltensweisen verstärken.

6. Verstärkerpläne können kontinuierlich sein (jede korrekte Reaktion wird verstärkt) oder intermittierend (oder partiell). Intermittierende Pläne können auf der Quote der Reaktionen (Quotenplan) oder auf dem Zeitverlauf (Intervallplan) basieren. Sowohl Quoten- wie Intervallpläne können entweder fest (nicht variierend) oder randomisiert (variabel) sein. Abergläubische Verstärkerpläne sind feste Intervallpläne, bei denen Verstärkung zu festen Zeiten gegeben wird, unabhängig vom Verhalten des Lebewesens.

7. Kontinuierliche Verstärkerpläne führen zu schneller Akquisition und schneller Löschung. Intermittierende Verstärkerpläne führen zu langsamerer Löschung, sind aber weniger effektiv für anfängliches Training. Die Reaktionsrate entspricht normalerweise den Belohnungserwartungen, die ein Tier oder ein Mensch wahrscheinlich während des Trainings entwickelt.

8. Löschung (Extinktion, ein schneller Prozess, der manchmal von Spontanerholung gefolgt wird) bedeutet die Beseitigung eines Verhaltens aufgrund des Entzugs von Verstärkung. Vergessen (ein langsamerer Prozess) meint die Beseitigung von Verhalten durch das Verstreichen von Zeit.

9. Shaping, eine Technik, die dazu dient, neues Verhalten bei Tieren hervorzubringen, besteht in der Verstärkung von Reaktionen, die in die gewünschte Richtung gehen, bis die Zielreaktion schließlich konditioniert ist. Chaining

(Verkettung) bedeutet eine Verknüpfung von Reaktionssequenzen mittels diskriminativer Stimuli, die alle mit demselben primären Verstärker verknüpft sind. Bei verbaler Konditionierung werden bestimmte verbale Verhaltensweisen verstärkt, oft durch nonverbale Anzeichen von Zustimmung.

10. Ausblenden (Fading) bewirkt Diskriminationslernen durch anfängliche Betonung von Unterschieden, die allmählich ausgeblendet werden. Generalisierung bedeutet, eine Reaktion auf andere Stimuli zu übertragen; Diskrimination bedeutet, unterschiedliche Reaktionen auf sehr ähnliche Stimuli hin zu zeigen.

11. Soziale Kontrolle mittels positiver Verstärkung ist sehr gebräuchlich und wirksam. Kontrolle durch aversivere Mittel (wie negative Verstärkung und Bestrafung) ist ebenfalls wirksam und kommt häufig vor. Einwände gegen Bestrafung basieren auf den Beobachtungen, dass (a) Bestrafung keine Informationen darüber gibt, was getan werden soll, sondern nur darüber, was man nicht tun soll, (b) Bestrafung oft nur zur Unterdrückung von Verhalten, aber nicht zu dessen Beseitigung führt, (c) Bestrafung einige unerwünschte Nebenwirkungen haben kann und (d) oftmals einfach nicht funktioniert, manchmal sogar gegenteilige Wirkung als die gewünschte hat. Für einige Bestrafungsformen (wie Verweise, Auszeit- und Reaktionskostenmethoden) gelten diese Einwände nicht.

12. Einige Techniken zur Verhaltensmodifikation sind: positive Verstärkung, Löschung und Gegenkonditionierung. Eine weitere wichtige praktische Anwendung Skinner'scher Prinzipien ist die programmierte Instruktion.

13. Skinners System kann einige Verhaltensweisen bemerkenswert gut erklären und vorhersagen, es ist internal konsistent und klar und reflektiert einige Fakten gut. Das System entfachte jedoch auch leidenschaftliche Kritik: Viele seiner Gegner erhoben Einwände gegen die Suche nach Erklärungen außerhalb der Person und die offensichtliche Leugnung von Freiheit und Autonomie.

Evolutionspsychologie: Lernen, Biologie und das Gehirn

The Brain – is wider than the sky –
For – put them side by side –
The one the other will contain
With ease – and You – beside   Emily Dickinson

5.1	**Geschmacksaversionslernen** – 121	**5.5**	**Evolutionspsychologie: Bewertung** – 134
5.1.1	Konditionierung als Erklärung für Geschmacksaversionen – 121		
5.1.2	Blocking – 124	**5.6**	**Praktische Anwendungen: Biofeedback und Neurofeedback** – 135
5.1.3	Erklärungen für das Blocking – 125		
5.1.4	Darwin'sche natürliche Selektion und die Psychologie – 127	5.6.1	Konditionierung autonomer Reaktionen – 136
		5.6.2	Wie Biofeedback funktioniert – 136
5.2	**Evolutionspsychologie** – 128		
5.2.1	Autoshaping – 129	**5.7**	**Lernen und Gehirn** – 139
5.2.2	Instinktive Überlagerung – 130	5.7.1	Studium der Hirnfunktionen – 139
		5.7.2	Hinterhirn – 142
5.3	**Biologische Beschränkungen** – 132	5.7.3	Mittelhirn – 142
		5.7.4	Vorderhirn – 142
5.4	**Soziobiologie: Vorläufer der Evolutionspsychologie** – 133	5.7.5	Gehirn und Erfahrung – 144
5.4.1	Inklusive Fitness und Altruismus – 133	5.7.6	Betrachtung von Lernen auf der Grundlage von Gehirnfunktionen – 145
5.4.2	Einige Reaktionen auf die Soziobiologie – 134		

Die alte Dame bückte sich, um die Bänder eines Baumwollrucksacks zu lösen, und zog ein in Wachspapier gewickeltes Etwas heraus, das sie sorgsam auf ihren Knien absetzte. Eine Weile starrte sie es nur an, dann wickelte sie langsam das Papier ab. Zum Vorschein kam schließlich ein Glas, das vielleicht einmal Mayonnaise enthalten hatte.

Die alte Dame hielt das Glas gegen die Sonne, ihre knotigen Finger verdeckten die mir zugewandte Seite, sodass ich nicht sagen konnte, was darin war. Ein Fremder hätte aus ihrem Blick Verwunderung und Verblüffung herausgelesen, obwohl ich ihre Gefühle nicht so einfach erkennen konnte.

Mit der anderen Hand schraubte die alte Dame langsam den Deckel ab, der mit kleinen Löchern gesprenkelt war, die jemand durch wiederholtes Einschlagen eines Nagels in das Metall erzeugt haben mochte. Und dann stieg ein orangefarbiger Schmetterling, ein Monarch, zögernd aus dem Glas auf, blieb für einen Augenblick auf dem Rand sitzen und flatterte davon. Die alte Dame schraubte den Deckel wieder auf,

▼

▼

wickelte das Glas wieder in das Wachspapier und steckte das Bündel zurück in ihren Rucksack.

Sie sagte, dass die meisten erwachsenen Schmetterlinge zum großen Kummer der Dichter nur etwa 10 Tage leben, dass aber der Monarch-Schmetterling, der gerade aus dem Glas entschwunden war, monatelang lebt.

Sie sagte, sie erwarte, dass dieser Monarch-Schmetterling nun eine enorme Strecke zurücklegen würde, wahrscheinlich den ganzen Weg bis Mexiko. Sie sagte, dass der Monarch-Schmetterling dem Heliconius-Falter sehr ähnlich sei. Beide sind genetisch so programmiert, dass sie für Schmetterlingsverhältnisse sehr lange leben, und beide teilen dieselbe bemerkenswerte Adaptation. Sie sagte, ich hätte sicher bemerkt, dass der Monarch, wie der Heliconius-Falter, ein sehr farbenprächtiger Schmetterling sei. Sie sagte, ich hätte sicher auch schon bemerkt, dass Schmetterlinge, insbesondere die sehr farbenprächtigen, beim Fliegen unvorhersagbar herumflattern. Die Wirkung dessen ist, dass sie wegen ihres erratischen Flugstils von potenziellen Jägern nur schwer gefangen werden können, obwohl sie für Vögel und Katzen aufgrund ihrer Färbung sehr gut sichtbar sind.

Sie sagte, wenn ich einen sähe, würde ich sofort bemerken, dass der Heliconius-Falter, genau wie der Monarch-Schmetterling, nicht unvorhersagbar herumflattert wie die meisten anderen Schmetterlinge, sondern langsame, gezielte Muster fliegt. Dennoch fliegen diese Schmetterlinge zwischen schmetterlingsfressenden Vögeln, ohne in Gefahr zu geraten.

Warum? Einfach deshalb, weil sie für Vögel derart giftig sind, dass sie ihnen nicht schmecken. Sie sehen, sagte die alte Dame, der Heliconius-Falter ist immun gegen eine giftige Weinrebe, die Passionsblume, die sogar von blattfressenden Raupen gemieden wird. Und der Heliconius-Falter frisst die Passionsblume nicht nur, er synthetisiert sogar deren Gifte und wird auf diese Weise selbst giftig. Der Monarch-Schmetterling tut beinahe dasselbe, wenn er als Larve die Seidenpflanze frisst, die eine für Wirbeltiere giftige chemische Verbindung enthält. Der Monarch-Schmetterling akkumuliert schließlich so viel von dieser chemischen Verbindung, dass er Vögeln, die ihn sonst fressen würden, einfach zuwider ist. Daher vermeiden Vögel diese farbenprächtigen, langsam fliegenden Schmetterlinge.

Vermeiden sie diese Schmetterlinge aufgrund einer eingebauten, genetisch basierten Aversion? Nein. In Wahrheit attackieren (und fressen) naive Vögel beinahe alles, was wie ein Schmetterling oder eine Motte aussieht. Aber nachdem sie nur einmal einen giftigen Heliconius-Falter oder Monarch-Schmetterling gefressen haben, tun sie das nie wieder.

Sie lernen diese Geschmacksaversion in einem einzigen Durchgang. Das schützt sie nicht nur davor, krank zu werden oder möglicherweise zu sterben, nein, es rettet auch das Leben zahlloser langsam fliegender Heliconius-Falter und Monarch-Schmetterlinge.[1]

Die alte Dame bedeutete mir, ab jetzt ihre Worte aufzuzeichnen. Sie lehnte sich auf dem Gras bei der Weide zurück, wobei sie den Rucksack als Kopfkissen benutzte. Ich konnte mich nicht entscheiden, wohin ich mich setzen oder ob ich mich auch hinlegen sollte. Ich blieb stehen. Es sah aus, als würde es gleich zu regnen beginnen.

---

[1] Die Beschreibung des Heliconius-Falter basiert auf Murawski (1993).

5.1 · Geschmacksaversionslernen

> **In diesem Kapitel…**
>
> Die alte Dame sagte, die Bedeutung des Geschmacksaversionslernens würde in diesem Kapitel deutlich werden. Sie sagte, die ersten vier Kapitel dieses Textes hätten zwei grundlegende Formen der Konditionierung beschrieben: klassische und operante Konditionierung. Theoretiker, die man damit in Verbindung bringt – z.B. Pawlow, Watson, Guthrie, Thorndike, Hull und Skinner – nahmen im Allgemeinen an, dass (a) diese Erklärungen umfassende Erklärungen für Lernen seien, die allgemein auf alle ähnlichen Situationen anwendbar sind, und dass (b) die grundlegenden Erklärungsprinzipien Kontiguität und Verstärkung ebenfalls auf alle Situationen anwendbar sind.
>
> **Lernziele**
>
> Sagen Sie Ihren Lesern, sprach die alte Dame, dass Kapitel 5 zeigt, dass diese Ansichten nicht immer völlig zutreffend sind. Machen Sie Ihnen verständlich, dass sie nach dem Lesen dieses Kapitels mit Leichtigkeit und Eleganz Abhandlungen über die folgenden Themen verfassen können:
>
> - die Bedeutung des Begriffs Evolutionspsychologie
> - die Ansicht von Rescorla und Wagner zu Pawlow'scher Konditionierung
> - die Bedeutung von Phänomenen wie Blocking, instinktive Überlagerung und Autoshaping
> - die Bedeutung biologischer Beschränkungen und von Bereitschaft (preparedness)
> - die Strukturen und Funktionen des menschlichen Gehirns
> - weshalb einige langlebige Schmetterlinge fliegende Zyanidfabriken sind

---

5.1 Geschmacksaversionslernen

Psychologisch ausgedrückt, erklärte die alte Dame, erwirbt der Vogel, der einen giftigen Schmetterling frisst, eine Geschmacksaversion: eine deutliche Abscheu gegenüber einer bestimmten Nahrung. Wie die Geschichte über den Schmetterling zeigt, sind Geschmacksaversionen in biologischer Hinsicht manchmal sehr wichtig. Wenn Gifte einen klar identifizierbaren Geschmack aufweisen, und wenn sie das Lebewesen, das sie zu sich nimmt, nicht sofort töten, ihm aber Übelkeit verursachen, dann kann die Entwicklung einer starken Aversion gegen diesen Geschmack eine künftige Vergiftung verhüten. In biologischer Hinsicht ist von Bedeutung, dass die Geschmacksaversion stark ist und sich sofort ausbildet – vorzugsweise nach einem einzigen Kontakt mit dem Gift.

5.1.1 Konditionierung als Erklärung für Geschmacksaversionen

Die in den ersten Kapiteln dieses Buches beschriebenen Konditionierungstheorien gehören zu zwei grundsätzlichen Arten: denen, die sich mit Verhalten befassen, das unmittelbar aus Stimulation resultiert (Respondenten), und denen, die sich mit Verhalten befassen, das einfach vom Lebewesen gezeigt wird (Operanten). Behavioristische Theorien bieten zwei verschiedene Erklärungen für respondentes und operantes Lernen an: die klassische Konditionierung bzw. das Law of Effect (Herrnstein, 1977).

In ihrer einfachsten und grundlegendsten Form sagen die Gesetze klassischer Konditionierung aus, dass durch die zeitgleiche oder geringfügig zeitlich versetzte Paarung eines neutralen Stimulus mit einem effektiven Stimulus (z. B. einem reflexauslösenden Stimulus), wobei der neutrale Stimulus dem effektiven minimal vorausgeht, der neutrale Stimulus oft genug einige Eigenschaften, die vormals nur mit

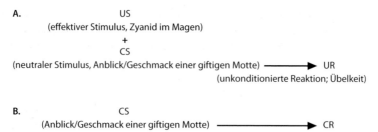

 Abb. 5.1. Die Erklärung der klassischen Konditionierung für Geschmacksaversionslernen. Die Tatsache, dass Geschmacksaversionen oftmals anhand einer einzigen Erfahrung gelernt werden und dass es oftmals lange zeitliche Abstände zwischen der UR (Übelkeit) und der US/CS-Paarung (Fressen der Motte) gibt, stellen diese Erklärung vor Probleme

dem effektiven Stimulus assoziiert waren, erwirbt. So wird ein Hund schließlich in Reaktion auf einen Ton (vormals neutraler Stimulus – CS) speicheln, wenn dieser Ton mehrfach mit Nahrung gepaart wurde (effektiver Stimulus – US).

Ebenfalls in seiner einfachsten Form besagt das Law of Effect, dass ein Verhalten, welches Verstärkung nach sich zieht, zur Wiederholung tendieren wird. Ein Verhalten, welches keine Verstärkung nach sich zieht, wird nicht zur Wiederholung neigen. Auch Situationsmerkmale, in denen Verhalten Verstärkung nach sich zieht (oder nicht), haben Einfluss auf das Auftreten oder Nichtauftreten des Verhaltens. Daher wird ein Hund, der jedes Mal verstärkt wird, wenn er eine Rolle seitwärts macht, nachdem sein Herrchen »Dreh dich« sagt, schließlich zwischen den Kommandos »Dreh dich« und »Hol meine Pantoffeln« unterscheiden können. An diesem Punkt haben die verbalen Kommandos Stimuluskontrolle über das fragliche Verhalten gewonnen.

Probleme mit der Erklärung von Geschmacksaversionslernen über Konditionierungsprozesse

Auf den ersten Blick scheint klassische Konditionierung eine gute Erklärung für Geschmacksaversionslernen zu sein. Neutrale Stimuli (CS), wie der Anblick oder Geschmack eines Schmetterlings werden mit einem wirkungsvollen unkonditionierten Stimulus (US), wie den Giften im Schmetterling, gepaart und mit denselben Übelkeitsreaktionen assoziiert (CR) (Abb. 5.1).

Allerdings lassen verschiedene Merkmale von Geschmacksaversionslernen eine Erklärung über Pawlow'sche klassische Konditionierung nicht ganz perfekt erscheinen. Zunächst fordert eine Pawlow'sche Sichtweise der klassischen Konditionierung, wie sie von Watson beschrieben wird, dass Konditionierung aus der **wiederholten** Paarung von Stimulus- und Reaktionsereignissen resultiert; dagegen geschieht Geschmackaversionslernen oftmals in **einem einzigen** Durchgang.

Zweitens wird davon ausgegangen, dass Lernen bei Pawlow'scher klassischer Konditionierung auf Kontiguität beruht – d. h. auf der Beinahe-Gleichzeitigkeit von Ereignissen. Beim Geschmacksaversionslernen aber tritt die unkonditionierte Reaktion (die starke Übelkeit) viele Minuten, manchmal auch erst Stunden, nach dem CS auf.

Drittens fordern Prinzipien klassischer Konditionierung, dass jeder neutrale Stimulus mit jedem US assoziiert werden kann, wenn beide nur oft genug gepaart werden. Im Geschmacksaversionslernen zeigen Lebewesen dagegen häufig eine klare Selektivität beim Lernen. Infolgedessen werden manche Assoziationen niemals gelernt, andere dagegen äußerst schnell.

Diese drei Merkmale von Geschmacksaversionslernen lassen sich anhand kontrollierter Experimente mit verschiedenen Tierarten gut illustrieren.

Erwerb von Geschmacksaversionen in einem Durchgang

Vögel müssen nicht ganze Berge von Heliconius-Faltern fressen, bevor sie lernen, sie zu vermeiden – eine einzige Erfahrung reicht aus. Ebenso vermeiden Ratten, die nach dem Fressen einer bestimmten Nahrung mit Lithiumchlorid oder Strahlung behandelt werden, sodass ihnen davon übel wird, künftig die Nahrung, die sie vor der Übelkeit zu sich nahmen. Bei Ratten kann eine starke Aversion gegen Alkohol bereits mit einer einzigen Dosis Lithiumchlorid konditioniert werden (Thiele, Kiefer & Baldia-Elder,

5.1 · Geschmacksaversionslernen

1996). Ein solcher Effekt kann nach einer einzigen Paarung von Nahrung und Strahlung bis zu 32 Tage anhalten (Garcia & Koelling, 1966). Unter manchen Bedingungen kann sich die Intensität einer Geschmacksaversion nach einer einzigen Paarung von CS und US sogar allmählich steigern (Batsell & George, 1996).

Verzögerte Konditionierung von Geschmacksaversionen

Zur Erinnerung: Bei Pawlow'scher Konditionierung besteht die normale Sequenz in der Präsentation des konditionierten Stimulus (z.B. einer Glocke oder eines Tons) unmittelbar vor dem unkonditionierten Stimulus (z.B. pulverisiertes Futter) oder in leichter zeitlicher Überschneidung mit ihm. **Spurkonditionierung** in klassischer Konditionierung bedeutet, dass der unkonditionierte Stimulus (US) nach dem konditionierten Stimulus dargeboten wird. Wie in ▶ Kap. 2 angemerkt, ist Spurkonditionierung normalerweise sehr schwierig, außer wenn der Zeitabstand zwischen CS und US extrem kurz ist (normalerweise nur eine halbe Sekunde). Dennoch lernen Ratten Geschmacksaversion in nur einem einzigen Durchgang, und sie kann äußerst effektiv sein, selbst wenn ein Zeitabstand von mehr als 24 h zwischen dem konditionierten Stimulus (in diesem Fall Geschmack oder Nahrung) und den Auswirkungen des unkonditionierten Stimulus (Übelkeit) liegt (Logue, 1988).

Bei Menschen sind Geschmacksaversionen ebenfalls sehr stark und werden schnell gelernt. Sie können außerdem sowohl von Kindern als auch von Erwachsenen gelernt werden. Bernstein und Webster (1980) verabreichten erwachsenen Patienten, die chemotherapeutische Medikamente erhielten (welche Übelkeit verursachen) eine von zwei geschmacklich deutlich unterscheidbaren Eiscremesorten. Spätere Tests ergaben, dass diese Erwachsenen eine starke Aversion gegen den Geschmack entwickelt hatten, dem sie unmittelbar vor der Chemotherapie ausgesetzt waren. Dies passierte, obwohl sie wussten,

dass das Medikament und nicht die Eiscreme für ihre Übelkeit verantwortlich war.[2] In einigen Untersuchungen an Menschen wurde Geschmacksaversion sogar bei einem CS-US-Abstand von mehr als 6 Stunden gelernt (Logue, 1988).

Wie andere Formen klassischer Konditionierung kann Geschmacksaversionslernen auch Stimulusgeneralisierung beinhalten. Auf diese Weise werden Aversionen oft auf andere Nahrungsmittel generalisiert, die ähnlich riechen oder schmecken (Chotro & Alonso, 2003). Geschmacksaversionen können auch gelöscht werden, indem man eine abgelehnte Speise ausreichend oft probiert, vorausgesetzt, dass darauf keine Übelkeit folgt.

Latente Inhibition beim Geschmacksaversionslernen

Die Tatsache, dass Geschmacksaversionen oftmals erst lange Zeit nach dem Konsumieren übelkeitserregender Nahrungsmittel ausgebildet werden, wird als **latente Inhibition** bezeichnet. Das Phänomen latenter Inhibition ist durch eine wichtige Form von Selektivität gekennzeichnet. Wenn Sie z. B. etwas Neues essen, wovon Ihnen später sehr übel wird, ist es hochwahrscheinlich, dass die Geschmacksaversion, die Sie entwickeln, sich nicht auf die benutzten Essutensilien, das gleichzeitig betrachtete Fernsehprogramm oder auf andere bekannte Dinge, die Sie gegessen und getrunken haben, beziehen. Stattdessen wird sie nur mit dem **neuen** Geschmack assoziiert. Dies geschieht sogar dann, wenn die Übelkeit erst Stunden später auftritt.

»Aber«, werden Sie sagen, »wir können uns das ja erklären. Wir **wissen**, dass es die neue Speise ist, die uns übel werden ließ.« Aber nein: Geschmacksaversionen sind keine bewussten, kognitiven Entscheidungen; es sind unvermeidliche physische Reaktionen (Baeyens, Vensteenwegen, Hermans & Eelen, 2001). Wenn Sie z.B. versuchen, eine Ratte zu vergiften, und es Ihnen gelingt, die Ratte dazu zu bewegen, einen kleinen Happen des Giftes zu sich zu

---

[2] Die alte Dame unterbrach sich beim Vorlesen. Sie sagte, sie wolle hier etwas zu der menschlichen Neigung sagen, zu glauben, dass Verhalten hauptsächlich eine Funktion des Bewusstseins sei. Sie sagte, Geschmacksaversionen seien nur eines von vielen Arten des Verhaltens, die nicht auf Bewusstsein basieren, sondern stattdessen auf Konditionierungsprinzipien und evolutionären Faktoren. Sie erklärte,

dass andere Verhaltensweisen, wie Phobien, ebenfalls die gelegentliche Unzulänglichkeit von Verstand und Bewusstsein illustrierten – wenn Menschen z.B. weiterhin Angst vor Spinnen oder Schlangen oder Vögeln haben, obwohl sie wissen, dass diese absolut harmlos sind. Dann wandte sie sich wieder ihren Seiten zu. Es begann ein wenig zu regnen. Sie las weiter, als würde die plötzliche Feuchtigkeit sie nicht stören.

nehmen und ihr davon übel wird, dann wird die Ratte später eine starke Aversion gegen alles entwickeln, was so ähnlich schmeckt und riecht wie Ihr Gift – aber nicht gegen alle anderen Nahrungsmittel, die sie zu derselben Zeit gefressen hat. Aus diesem Grunde ist es sehr schwer, Ratten zu vergiften. Ratten, wie die meisten anderen nichtmenschlichen Tiere, probieren gern neue Nahrungsmittel, fressen aber nicht sehr viel davon, wenn andere, vertraute Nahrungsmittel vorhanden sind. Wenn das fremde, neue Nahrungsmittel der Ratte keine Übelkeit verursacht, frisst sie wahrscheinlich beim nächsten Mal mehr davon. Aber wenn der Ratte davon übel wird, wird die Geschmacksaversion mit dem neuen Nahrungsmittel und nicht mit dem vertrauten assoziiert (Grakalic & Riley, 2002). Es ist so, als bliebe die Verbindung zwischen dem übelkeitserregenden Futter und seinen Auswirkungen bis zum Auftreten (oder Nichtauftreten) der unkonditionierten Reaktion (Übelkeit) möglich (also **latent**). Wenn keine unkonditionierte Reaktion auftritt, kommt es auch nicht zu Aversionslernen.

Selektivität beim Geschmacksaversionslernen
Wenn man einer Ratte Lithiumchloridlösung injiziert, während sie eine Zuckerlösung trinkt, wird sie später Nahrung, die nach Zucker schmeckt, vermeiden (auch wenn ihr erst eine Stunde nach der Injektion übel wird). Diese Beobachtung erscheint in Anbetracht dessen, was über Kontiguität und klassische Konditionierung bekannt ist, vernünftig. Wenn aber einer Ratte Übelkeit induziert wird und, während sie eine Zuckerlösung trinkt, aufblitzende Lichter oder bestimmte Geräusche präsentiert werden, dann entwickelt sie keine Aversion gegen die Lichter oder das Geräusch, sondern nur gegen den Geschmack (Garcia & Koelling, 1966).

Dieser Punkt wird in speziesübergreifenden Untersuchungen zum Geschmacksaversionslernen noch deutlicher. Wilcoxon, Dragon und Kral (1971) induzierten Aversionen bei Ratten und Wachteln, indem sie ihnen blaugefärbtes, mit einem Geschmack versetztes Wasser zu trinken gaben und ihnen später eine übelkeitserregende Droge injizierten. Sowohl Ratten wie Wachteln entwickelten deutliche Aversionen, die sich aber in ihrer Art signifikant unterschieden. Während die Ratten eine Aversion gegen jede Flüssigkeit mit demselben Geschmack, unabhängig von seiner Farbe, entwickelten, bezog sich bei den Wachteln die Aversion auf die Blaufärbung der Flüssigkeit, unabhängig von ihrem Geschmack.

Eine Erklärung für diese Befunde ist, dass Wachteln einfach über hervorragendes Farbensehen verfügen und sich daher wahrscheinlich zu einem beträchtlichen Teil auf visuelle Hinweise verlassen, um Essbares von nicht Essbarem zu unterscheiden. Im Gegensatz dazu verwenden Ratten – wie die meisten Säugetiere – eher olfaktorische als visuelle Hinweise. Daher macht es für Ratten biologisch Sinn, eher Geruchshinweise zu benutzen, wenn sie lernen, welche Nahrung man vermeiden sollte, während es für die Wachteln biologisch Sinn macht, für dieselbe Art Lernen visuelle Hinweisreize zu nutzen (Garcia, Ervin & Koelling, 1965; Rozin & Kalat, 1971).

5.1.2 Blocking

Daher scheint nicht einfach jeder Stimulus klassisch konditioniert werden zu können – wie man an der Tatsache sieht, dass Wachteln ihre Aversion an die Farbe koppeln, während Ratten das nicht tun. Hinter Geschmacksaversionslernen scheint also mehr zu stecken als nur das einfache, gleichzeitige Auftreten (Kontiguität) von Ereignissen. Ein weiteres Phänomen, das Probleme für eine einfache Kontiguitätserklärung der klassischen Konditionierung liefert, ist das **Blocking**-Phänomen.

In der ersten gut bekannten Demonstration von Blocking paarte Kamin (1969) zwei Stimuli (ein Geräusch und ein Licht) bei einer Gruppe von Ratten (die Gruppe A) mit einem Elektroschock über das Bodengitter. In der Prozedur wurden sowohl Licht wie auch Geräusch für 3 Minuten eingeschaltet, um unmittelbar darauf den Elektroschock folgen zu lassen. Die Theorie der klassischen Konditionierung würde vorhersagen, dass nach ausreichender Zahl von Paarungen mit dem Elektroschock entweder das Licht oder das Geräusch Reaktionen auslösen würden, die denen beim Elektroschock glichen. Die Vorhersage trifft zu: Die Ratten der Gruppe A reagierten mit Angst – einer unkonditionierten Reaktion auf den Elektroschock – entweder auf das Licht allein oder auf das Geräusch allein.

Nun änderte Kamin die Vorgehensweise. Er konditionierte zunächst eine zweite Gruppe von Ratten (die

5.1 · Geschmacksaversionslernen

	Vortraining	Konditionierung	Test	Reaktion
Gruppe A (Kontrolle)	Keines	Geräusch + Licht → Schock	Licht	Erstarren (starke Angst)
Gruppe B (Blocking)	Geräusch → Schock	Geräusch + Licht → Schock	Licht	Hebeldrücken (keine Angst)

◘ Abb. 5.2. Eine Übersicht zu Kamins Untersuchung von Blocking in klassischer Konditionierung. Bei den Ratten der Gruppe A, die einer Kombination von Geräusch und Licht, gefolgt von einem Schock, ausgesetzt waren, führt die Dar- bietung von Licht allein zu deutlicher Unterdrückung des Hebeldrückens. Die Ratten der Gruppe B dagegen, die zuvor gelernt hatten, dass das Geräusch einen Schock ankündigt, lernten nicht, dass auch das Licht einen Schock ankündigt

Gruppe B) nur mit dem Geräusch. Wie zuvor folgten auf 3 Minuten Darbietung des Geräusches die Elektroschocks über das Bodengitter. Dann, nachdem die Ratten der Gruppe B auf das Geräusch allein konditioniert worden waren, konditionierte er sie zusätzlich in genau derselben Weise wie zuvor die Gruppe A – mit einer jeweils dreiminütigen Paarung von Geräusch und Licht, auf die dann der Elektroschock folgte. (Die Vorgehensweise ist aus ◘ Abb. 5.2 zu ersehen.)

Nun wurde den Tiere der Gruppe B nur der Lichtstimulus gezeigt. Man erinnere sich, dass die Ratten der Gruppe A daraufhin aufhörten, den Hebel zu drücken. Die Theorie der klassischen Konditionierung würde dasselbe Resultat für die Ratten der Gruppe B vorhersagen, weil das Licht in beiden Gruppen gleich häufig mit dem Geräusch gepaart worden war. Erstaunlicherweise jedoch setzten die Ratten der Gruppe B ihr Hebeldrücken mit etwa derselben Reaktionsrate fort. Sie wurden durch das Licht nicht beeinflusst.

5.1.3 Erklärungen für das Blocking

Kamins wegweisende Experimente zum Blocking erfordern eine andersartige Erklärung für das, was in bestimmten Fällen klassischer Konditionierung geschieht, und warum es geschieht. Das sogenannte **Rescorla-Wagner-Modell** ist eine der Erklärungen, die verbreitet Akzeptanz gefunden haben.

Das Rescorla-Wagner-Modell

Beim Rescorla-Wagner-Modell handelt es sich um ein mathematisches Modell, das speziell zur Er-

klärung von Konditionierungsphänomenen wie Blocking entwickelt wurde. Das Modell sagt aus: Bei klassischer Konditionierung wird eine Assoziation zwischen einem CS und einem US gebildet. Außerdem führt die Wahrscheinlichkeit des CS zu der CR, und die Größe und Dauerhaftigkeit der CR sind eine Funktion der Assoziationsstärke zwischen CS und US – ihrer **assoziativen Stärke**. Das Modell nimmt an, dass es einen festen Betrag assoziativer Stärke für jede US-CS-Paarung gibt, und dass die verschiedenen Stimuli, aus denen sich der CS zusammensetzt, um diese assoziative Stärke konkurrieren. Wenn ein CS als kombinierter Stimulus aus zwei oder mehr Stimuli besteht, verringert die Assoziationsstärke, die sich zwischen einer der Komponenten des CS und dem US bildet, die für die anderen Stimuli verbleibende Assoziationsstärke. In Kamins Untersuchung zum Blocking lernen die Ratten der Gruppe B zunächst eine Assoziation zwischen dem Geräusch (CS) und dem Schock (US). Dass sie später die Assoziation zwischen Licht und Schock nicht lernen können, resultiert gemäß den Modellannahmen daraus, dass die gesamte verfügbare Assoziationsstärke zwischen dem US (Schock) und dem CS bereits durch die Paarung Geräusch-Schock verbraucht wurde.

Das Rescorla-Wagner-Modell hat sich als eine populäre Erklärung für Blocking und verwandte Phänomene erwiesen. Darüber hinaus hat es eine enorme Zahl von Forschungsarbeiten zur klassischen Konditionierung stimuliert. Viele dieser Arbeiten haben sich mit Blocking bei menschlichem Lernen befasst (z.B. Mitchell & Lovibond, 2002). In einer typischen Blockingstudie an Menschen wird den Probanden beispielsweise mitgeteilt, dass eine Mahlzeit, die aus zwei verschiedenen Nahrungsmitteln (X und Y) besteht, von einer allergischen Reaktion gefolgt wird. Wenn sie später lernen, dass X diese allergische Reaktion auslöst, werden sie danach Schwierigkeiten haben, zu lernen, dass auch Y die allergische Reaktion auslöst. Dies läuft in ähnlicher Weise ab wie bei der Ratte, die gelernt hat, dass Geräusch Schock bedeutet, und nun nicht mehr lernt, dass auch Licht Schock bedeutet. Wie Pearce und Bouton (2001) anmerken, sagen uns Untersuchungen zum Blocking viel darüber, wie Menschen Kausalität einschätzen.

Eine biologische Erklärung:
Lernen, was wozu gehört

Es gibt darüber hinaus weitere, intuitivere und stärker biologisch basierte Erklärungen für Phänomene wie Blocking. Warum lernt z. B. eine Ratte, die zuvor konditioniert wurde, ein Geräusch mit Schock zu assoziieren, danach nicht mehr, dass ein Licht auch Schock bedeuten kann?

Kamin (1968) hielt die folgende Erklärung für am wahrscheinlichsten: Sobald einem Tier etwas Bedeutungsvolles passiert, durchsucht es sofort sein Gedächtnis, um zu sehen, welche Ereignisse dafür hätten genutzt werden können, dieses Ereignis vorherzusagen. Wenn sich ein Habicht auf ein Huhn stürzt und es nur knapp verfehlt, wobei er dem Huhn einen extremen Schreck versetzt, sucht das Huhn daraufhin seine Gedächtnisspeicher nach Ereignissen ab, die diesem Überfall unmittelbar vorausgingen. Und es erinnert sich vielleicht an einen leichten Schatten, der seinen Weg verdunkelte, oder an das Pfeifen von bremsenden Schwingen. Und von nun an wird das Huhn vor Schatten und pfeifenden Geräuschen fliehen.

Wenn eine Ratte einen leichten Elektroschock über das Bodengitter bekommt, hält sie an und sucht ihr Gedächtnis ab, um zu sehen, was unmittelbar vor diesem Ereignis anders und unerwartet war. Weil die Ratte der Gruppe A bemerkt, dass Licht und Ton dem Schock immer vorausgehen, erstarrt sie, wenn sie später das Licht sieht – oder den Ton hört.

Die Ratte der Gruppe B hat aber andere Erfahrungen gemacht. Sie lernt zuerst, dass immer ein Geräusch dem Elektroschock vorausgeht, sodass sie sich bei erneutem Hören des Geräusches hinkauert

und aufhört, den Hebel zu drücken. Später wird sie der Kombination aus Licht und Geräusch ausgesetzt, gefolgt vom Schock. Sie lernt dabei aber nichts Neues, weil der Schock bereits durch das Geräusch vorhergesagt wird; das Licht bietet also keine neue Information über das Auftreten des US. Es gibt keine Diskrepanz zwischen der Erwartung der Tiere (einen Schock) und dem, was tatsächlich folgt (ein Schock). Wenn also die Ratte der Gruppe B später nur das Licht sieht, drückt sie weiter den Hebel. In gewissem Sinne **blockiert** also das Lernen, dass Geräusch Schock bedeutet, das spätere Lernen, dass Licht dieselbe Bedeutung haben kann.

Diese Erklärung sagt im Prinzip aus: Klassische Konditionierung bedeutet, zu lernen, was wozu gehört. Kontiguität ist weniger wichtig als die Information, die ein Stimulus über die Wahrscheinlichkeit anderer Ereignisse liefert. Was also gelernt wird, ist eine Verbindung oder eine Erwartung. Pawlows Hund lernt, dass ein Summer oder der Anblick eines Pflegers bedeutet, dass er Futter erwarten kann; eine Ratte lernt, dass ein Licht oder ein Geräusch bedeutet, dass gleich ein Schock gegeben wird. Mit den Worten von Rescorla und Holland ausgedrückt: »Pawlow'sche Konditionierung sollte als Lernen der Beziehungen zwischen Ereignissen aufgefasst werden« (1976, S. 184).

Konditionierung höherer Ordnung

Bei klassischer Konditionierung lernt das Lebewesen normalerweise etwas über eine Assoziation zwischen einem bedeutungsvollen Ereignis (wie der Darbietung von Futter; US) und einem, das weniger oder auf andere Weise bedeutungsvoll ist (wie ein Ton; CS). Wie Pawlow jedoch andeutete, sind die Beziehungen, die in klassischer Konditionierung erlernt werden, nicht nur diejenigen zwischen CS und US, sondern schließen auch die sogenannte **Konditionierung höherer Ordnung** mit ein. Bei Konditionierung höherer Ordnung wird ein anderer Stimulus anstelle des US zu einem bedeutungsvollen Ereignis. Beispielsweise beschreibt Rescorla (1980), wie ein Pawlow'scher Hund eine Verbindung zwischen einem Metronom und der Futtergabe lernt. Später wird das Metronom mit einem zweiten Stimulus gepaart, einem schwarzen Quadrat. Und obwohl das schwarze Quadrat selbst nie mit Futter gepaart wird, löst es mit der Zeit ebenfalls Speichelfluss aus.

5.1 · Geschmacksaversionslernen

In der Interpretation von Pawlow (und Watson) erweitert Konditionierung höherer Ordnung die Anwendbarkeit klassischer Konditionierung enorm, indem sie erklärt, wie Assoziationen aufeinander aufbauen, um ein Repertoire von Reaktionen zu konstruieren. Für Rescorla ist Konditionierung höherer Ordnung sogar noch wichtiger für das Verständnis von Assoziationsbildung. Im Allgemeinen, sagt Rescorla »ist Konditionierung eine Form von Lernen, das aus dem Erleben von Beziehungen zwischen Ereignissen in der Umwelt resultiert. Solches Lernen ist ein wichtiges Mittel, mit dem das Lebewesen die Struktur seiner Welt repräsentiert« (1988, S. 152).

Konditionierung als biologische Adaptation
Laut Rescorla ist klar, dass Kontiguität nicht ausreicht, um klassische Konditionierung zu erklären. Wenn sie reichen würde, müssten Kamins Ratten der Gruppe B dasselbe über das Licht gelernt haben wie die Ratten der Gruppe A. In Wirklichkeit ist Kontiguität für klassische Konditionierung nicht einmal notwendig – wie man aus den Untersuchungen zu Geschmacksaversion ersehen kann, in denen der aversive Stimulus nach dem konditionierenden Stimulus auftritt (z. B. in Form einer Injektion oder von Strahlung).

Eine nützliche Betrachtungsweise klassischer Konditionierung besteht laut Rescorla darin, zu sagen, dass Lebewesen »ihre Pawlow'schen Assoziationen nur dann anpassen, wenn sie ›überrascht‹ sind« (1988, S. 153). Der Grund dafür ist, dass Lebewesen Überraschung nur dann erleben, wenn ihre Erwartungen nicht erfüllt werden (mit anderen Worten: wenn es neue Informationen gibt). Die Ratte der Gruppe B, die eine Assoziation zwischen Geräusch und Schock gelernt hat, passt diese Assoziation nicht an, wenn Geräusch und Licht mit Schock gepaart werden. Dank des Geräuschsignals ist der Schock keine Überraschung, er widerspricht nicht den Erwartungen. Daher enthält das Licht keine neue Information, und es bilden sich keine neuen Assoziationen. Daher, sagt Rescorla, ist es Unsinn, »dass ein Signal einfach die Fähigkeit erwirbt, die Reaktion auf den US auszulösen« (1988, S. 157), wie eine einfache Interpretation Pawlow'scher Konditionierung suggerieren würde.

Lernen ist essentiell ein adaptiver Vorgang. Das bedeutet: Die Verhaltensänderungen, die Lernen definieren, ermöglichen Lebewesen, zu überleben und zu gedeihen. Auf einer sehr grundlegenden Ebene müssen Tiere lernen und sich erinnern, wo Nahrungsquellen sein könnten (wie es die Ratte tut, die lernt, einen Hebel zu drücken, um an Futter zu gelangen); sie müssen potenzielle Feinde erkennen (wie das Huhn nach seiner Nahtod-Erfahrung); sie müssen potenziell schädliche Substanzen vermeiden (wie der Vogel, der nur einen einzigen Heliconius-Falter gefressen hat) und sie müssen sich von potenziell schmerzhaften Situationen und von allen Situationen fernhalten, in denen Verletzungen drohen (wie Elektroschocks).

5.1.4 Darwin'sche natürliche Selektion und die Psychologie

Es ist kaum überraschend, dass sich in den Prinzipien, die das Lernen bei Menschen und Tieren regeln, biologischer und evolutionärer Überlebensdruck ausdrückt. Wie Robertson, Garcia und Garcia (1988) schreiben, war Darwin selbst ein Lerntheoretiker. Er kannte die assoziationsbasierten Erklärungen für Lernen und berief sich in seiner Theorie natürlicher Selektion auf diese Prinzipien.

Barrett, Dunbar und Lycett (2002) fassen Darwins **Theorie der natürlichen Selektion** in drei klaren Annahmen und den daraus logisch folgenden Konsequenzen zusammen:

- Alle Individuen einer Spezies weisen Variationen sowohl in ihrem Verhalten wie in ihrer Physiologie auf.
- Einige dieser Variationen sind genetisch (erblich), sodass der Nachwuchs seinen Eltern stärker ähnelt als anderen nicht verwandten Individuen.
- Zwischen Individuen einer gegebenen Spezies herrscht normalerweise Wettbewerb um wesentliche Ressourcen (wie Nahrung, Paarungspartner, Unterschlupf).

Die logischen Konsequenzen dieser drei Annahmen sind offensichtlich: Variationen in Verhalten und Physiologie, die größeren Erfolg im Wettbewerb um Ressourcen verheißen, verschaffen bestimmten Individuen einen Vorteil im Kampf ums Überleben und um Fortpflanzung. Als Resultat dessen haben

128 Kapitel 5 · Evolutionspsychologie: Lernen, Biologie und das Gehirn

sie mehr Nachwuchs, der diese vorteilhaften Variationen erbt. Umgekehrt produzieren Individuen, deren verhaltensbezogene und physiologische Variationen einen Nachteil für sie bedeuten, weniger Nachwuchs. Dieser evolutionäre Prozess natürlicher Selektion führt zum Überleben bestimmter Variationen – jener mit dem höchsten Maß an **Fitness** – und zur Auslöschung jener, die weniger wünschenswerte Konsequenzen haben.

Wie wir bereits gesehen haben, wurden Konditionierungstheoretiker von dieser Theorie grundlegend beeinflusst. Theoretiker wie Skinner und Thorndike merkten an, dass alle möglichen Arten von Reaktionen auftreten, wenn ein Lebewesen Verhalten zeigt. Diese unterschiedlichen Reaktionen ähneln den biologischen Variationen einer Eigenschaft.

Wie die **Fitness** einer ererbten Variation sich in der erhöhten Wahrscheinlichkeit zeigt, dass diese Variation in den Folgegenerationen häufiger auftritt, so reflektiert sich auch die **Fitness** einer Reaktion – sichtbar an ihren Konsequenzen – in der Wahrscheinlichkeit ihrer Beibehaltung oder Auslöschung. Kurz gesagt könnte man Konditionierung als das Überleben (und den Tod) von Reaktionen bezeichnen. Verhaltensweisen, deren Konsequenzen den höchsten Adaptationswert haben, überleben mit der höchsten Wahrscheinlichkeit.

5.2 Evolutionspsychologie

Thorndikes und Skinners Theorien können als durch Darwins Ideen beeinflusst und sie reflektierend interpretiert werden. Ein starker Einfluss Darwins findet sich auch in den Arbeiten vieler anderer Psychologen, die manchmal als **Evolutionspsychologen** bezeichnet werden. Einer der ersten Evolutionspsychologen war George John Romanes (1848–1894). Seine klassischen Arbeiten zur Intelligenz bei Tieren (1883) basieren auf sorgfältigen Beobachtungen des Verhaltens von Dutzenden verschiedener Tierarten und Insekten, immer mit dem Blick darauf, Ursache und Zweck ihrer Handlungen aufzuspüren. Sein allgemeines Ziel bestand einfach darin, den Verlauf der geistigen Evolution zu beschreiben, ebenso wie Darwin die Evolution der Arten beschrieben hatte (Galef, 1988).

Wright (1994) weist darauf hin, dass Evolutionspsychologen weiterhin gegen eine Doktrin ankämpfen, die die Psychologie für den größten Teil des 20. Jahrhunderts dominiert hat. Kurzgefasst sagt diese Doktrin aus, dass Biologie keine wesentliche Rolle spielt, dass die Anpassungsfähigkeit des Geistes und die Macht der Umgebung die wichtigsten Faktoren bei der Formung des Geistes sind. Diese Doktrin behauptet, dass es so etwas wie eine genetisch determinierte, allgemein menschliche Natur nicht gibt. Es ist, sagt Wright, die Doktrin des passiven Geistes, der **tabula rasa**, der leeren Tafel, auf der die Erfahrung ihre Botschaften hinterlässt.

Aber es gibt eine menschliche Natur, behauptet Wright. Beweise für ihre Existenz finden sich in den überwältigenden Ähnlichkeiten, die zwischen allen Kulturen der Welt herrschen. Alle Menschen zeigen die Neigung, sich mit sozialem Status und sozialen Beziehungen zu beschäftigen; alle empfinden Liebe und Angst und Schuld; alle klatschen über ähnliche Themen; fast überall übernehmen Männer und Frauen komplementäre Rollen; alle haben ein Gefühl für Gerechtigkeit, Neid, Gier, Vergeltung, Liebe. Diese Gefühle werden überall als gegeben hingenommen und verstanden. Sie sind Teil der menschlichen Natur.

Ein weiterer Bestandteil der menschlichen Natur – und dies ist von herausragender Bedeutung für die biologisch orientierte Lerntheorie – ist eine dem Menschen gegebene Anpassungsfähigkeit. Diese Anpassungsfähigkeit ermöglicht dem Individuum die Adaptation und das Überleben. Aber im Gegensatz zu der Anpassungsfähigkeit, wie sie Watson und Skinner beschrieben, hat diese Anpassungsfähigkeit Grenzen – sie unterliegt biologischen Beschränkungen.

Definierendes Merkmal der Evolutionspsychologie ist daher die Betrachtung von Biologie und Genetik als Quellen der Erklärung menschlichen Lernens und Verhaltens. Unterstützung für die Ansichten von Evolutionspsychologen stammt manchmal aus Situationen, in denen Verstärkung und Kontiguität als Erklärungen für Lernen und Verhalten inadäquat erscheinen. Zu diesen Situationen gehören Phänomene wie **Autoshaping** und **instinktive Überlagerung (instinctive drift)**.

5.2.1 Autoshaping

Wenn eine Taube in bestimmten Intervallen Verstärkung erhält, ungeachtet dessen, was sie zu dieser Zeit tut, resultiert manchmal das von Skinner als abergläubisch beschriebene Verhalten. Das bedeutet, die Taube lernt ein »zufälliges« Verhalten, wie sich zu verdrehen oder zu schwanken.

Wenn eine Pickscheibe vor der Darbietung von Futter für einige Sekunden erleuchtet wird, lernt die Taube dagegen schnell, auf diese Scheibe zu picken (Brown & Jenkins, 1968). Das Auftreten und Erlernen dieses Verhaltens trotz der Tatsache, dass das Picken der Taube in keiner Kausalbeziehung zur Darbietung der Nahrung steht, hat zur Einführung des Begriffes **Autoshaping** zur Beschreibung des darin involvierten Lernens geführt. Wie in ◗ Abb. 5.3 dargestellt, kann dieses Lernen über das Pawlow'sche Modell klassischer Konditionierung leicht erklärt werden. Die Pickreaktion ist anfänglich eine unkonditionierte Reaktion, die durch das Futter, einen unkonditionierten Stimulus, ausgelöst wird. Nach der Paarung von Licht und Futter wird die Pickreaktion jedoch schnell mit dem Licht assoziiert. Danach können Versuchsleiter die Pickreaktion leicht »shapen«, indem sie eine Kontingenz zwischen deren Auftreten und der Futtergabe herstellen. In diesem Fall kann man die Pickreaktion dann eher als operante anstatt als konditionierte Reaktion ansehen.

Autoshaping kann auch mit Ratten demonstriert werden (s. z.B. Reilly & Grutzmacher, 2002). Wenn man eine Ratte in einen Käfig setzt, in dem sich zwei Schläuche befinden – ein leerer Schlauch und einer, aus dem die Ratte in Abständen Futter erhält – dann leckt die Ratte an dem leeren Schlauch und auch an dem, aus dem das Futter kommt. Schließlich wird das Lecken des Schlauches zu einem starken, durch Autoshaping hervorgerufenen Verhalten, obwohl es nichts damit zu tun hat, dass die Ratte Futter erhält. In einem Experiment erzeugten Tomie und Kollegen (2002) übermäßiges Trinken bei Ratten, indem sie den Schlauch mit einer Zucker-Alkohol-Lösung befüllten – in einer Untersuchung, in der die Nahrungsgabe vom Lecken des Schlauches unabhängig war.

Reaktionen, die sich durch Autoshaping ausbilden, sind auffällig beständig und sehr löschungsresistent. Dies wird durch ein Experiment von Killeen (2003) auf dramatische Weise illustriert. In diesem Experiment wurde Tauben in der oben beschriebenen Weise beigebracht, auf eine beleuchtete Pickscheibe zu picken. Dann wurden die Bedingungen verändert, sodass das Picken nun verhinderte, dass Verstärkung gegeben wurde. Trotzdem pickten die Tauben über **Tausende** von Durchgängen weiterhin auf die Scheibe. Autoshaping von Picken auf eine Pickscheibe kann man nicht nur bei Tauben beobachten. In anderen Untersuchungen haben Blauhäher, Rotkehlchen und Stare jeweils ihre Lernfähigkeit demonstriert, auf beleuchtete Pickscheiben zu picken, auch wenn keine greifbare Belohnung kontingent auf dieses Verhalten folgte (siehe Kamil & Mauldin, 1988).

Autoshaping stellt ein Problem für eine traditionelle Erklärung des Lernens über Konditionierung dar. Zunächst liefert es Beispiele für Verhaltensweisen, die offenbar gelernt werden, obwohl sie nicht mit Verstärkung assoziiert werden. Noch wichtiger ist, dass diese Verhaltensweisen oft beibehalten werden, selbst wenn sie deutlich mit dem Entzug von Verstärkung assoziiert sind.

Der wichtigste Punkt, den Untersuchungen zum Autoshaping betonen, ist jedoch nicht, dass Verstärkung sehr wenig Kontrolle über operante Reaktionen ausübt, sondern vielmehr, dass das Picken bei

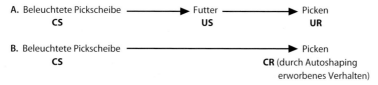

◗ **Abb. 5.3.** Autoshaping. Bei A wird eine beleuchtete Pickscheibe mit Futter gepaart. Die Reaktion der Taube auf Futter ist Picken. In B pickt die Taube auf die beleuchtete Pickscheibe, obwohl dieses Verhalten nichts mit dem Erhalt von Futter zu tun hat

Tauben kein sehr gutes operantes Verhalten für Experimentalzwecke darstellt. Ein guter experimenteller Operant ist eine von mehreren gleichermaßen wahrscheinlichen Reaktionen, die vom Lebewesen ohne speziellen Grund gezeigt werden; eine solche Reaktion kann dann unter die Kontrolle ihrer Konsequenzen gebracht werden. Im Gegensatz dazu ist Picken eine für Tauben sehr wahrscheinliche, nahrungsbezogene Reaktion. Dass eine Taube weiterhin auf eine beleuchtete Pickscheibe pickt, selbst wenn dies dazu führt, dass die Verstärkung ausbleibt, sagt mehr über die evolutionäre Geschichte der Taube aus als über die Unzulänglichkeiten operanter Konditionierung.

5.2.2 Instinktive Überlagerung

In den frühen 50er Jahren beschlossen zwei Schüler Skinners, ermutigt durch den beachtlichen Erfolg, den Forscher beim Shaping von Verhalten bei Tieren erlebt hatten, diese Technik zu kommerzialisieren. Diese Schüler, ein Ehepaar, die Brelands, planten, eine große Zahl von Tieren darin zu trainieren, Kunststücke zu vollführen, die amüsant genug waren, dass Menschen für diese Darbietung Eintritt zahlen würden. Durch »differentielle Verstärkung sukzessiver Annäherung« (also durch **Shaping**) lehrten sie einen Waschbär, eine Münze aufzusammeln und in eine Blechdose zu stecken; ein Huhn, an einem Gummiband zu ziehen, wodurch eine Kapsel freigesetzt wurde, die sodann eine Rutsche hinabglitt und dann aufgepickt werden konnte; und ein Schwein, große hölzerne »Fünfcentstücke« aufzusammeln und sie in ein Sparschwein zu stecken. Die Prozeduren der operanten Konditionierung funktionierten hervorragend, alle Tiere lernten die gewünschten Verhaltensweisen. Die Brelands trainierten über 6.000 Tiere mit Erfolg (Breland & Breland, 1966).

Aber nicht alle 6.000 Tiere verhielten sich langfristig weiterhin so, wie sie trainiert worden waren.

Wie Breland und Breland (1951, 1961) es darstellten, begannen viele allmählich, »schlechtes Benehmen« zu zeigen. Beispielsweise brauchte das Schwein länger und länger, um seine hölzernen Fünfcentstücke zum Sparschwein zu bringen und sie dort zu deponieren, obwohl es genau wusste, dass Verstärkung kontingent (abhängig) von diesem Verhalten war.[3] Stattdessen verbrachte es immer mehr Zeit damit, die Münzen auf den Boden zu werfen, um sie dann in den Dreck zu wühlen und sich auch anderweitig so zu verhalten, wie es jedes andere untrainierte Schwein auf der Suche nach schwer zu findenden Trüffeln tun würde. Die Brelands versuchten, diesem Zustand durch verstärkte Futterdeprivation des Schweines abzuhelfen. Aber das machte die Sache nur schlimmer: Das Schwein brauchte schließlich so lange dafür, die hölzernen Fünfcentstücke zu deponieren, dass es in akute Gefahr geriet, zu verhungern.

Mit dem Waschbär lief es nicht besser. Bei ihm dauerte es ebenfalls länger und länger, bis er die Münzen zu der Blechdose brachte. Er weigerte sich häufig, die Münzen loszulassen, steckte sie nur kurz hinein, um sie dann wieder herauszuholen und sie zwischen seinen Tatzen zu reiben. Und auch das Huhn wurde so davon in Anspruch genommen, auf die Kapsel zu picken, dass es alles andere, was es gelernt hatte, zu vergessen schien.

Forscher haben inzwischen eine große Zahl von Situationen identifiziert, in denen Tiere ein Verhalten anfänglich schnell und gut lernen, mit der Zeit aber wieder andere Verhaltensweisen zeigen, deren Form äußerst vielsagend ist. Es ist sicher kein Zufall, dass das Schwein wühlte, der Waschbär seine Münze »wusch« und das Huhn pickte. Dies sind schließlich die Dinge, die Schweine, Waschbären und Hühner mit ihrer Nahrung tun. »Es scheint offensichtlich«, stellten Breland und Breland fest, »dass diese Tiere von starken instinktiven Verhaltensweisen gefangengenommen werden, und wir haben hier eine deutliche Demonstration der Dominanz solcher Verhaltensmuster über die konditionierten« (1961, S. 683).

---

[3] Die alte Dame sagte, dass dies nicht sehr wissenschaftlich oder präzise ausgedrückt sei, dass wir besser nicht sagen sollten, das Schwein »wisse etwas genau«. Sie erklärte, dass dies trotz allem ein behavioristisches Schwein sei, kein humanistisches oder kognitives. Und dass wir als Behavioristen allenfalls mit Sicherheit sagen könnten, dass die durch

Shaping produzierten Reaktionen des Schweines nicht oft genug verstärkt wurden, um die Versuchsleiter mit gutem Grund erwarten zu lassen, dass es damit fortfahren würde, hölzerne Fünfcentstücke in Sparschweine zu legen. Sie sagte, was das Schwein tatsächlich über den gesamten Vorgang dachte, sei ein Thema für Spekulation, nicht für Wissenschaft.

5.2 · Evolutionspsychologie

A. Gewünschtes Resultat der Trainingsprozedur des »Bankierschweines«

Münze → Operant (Münze in Sparschwein legen) → Verstärkende Konsequenz
S^D → R → Futter

B. Beobachtetes Resultat beim Training des »Bankierschweines«

Münze → US → UR
S^D → Futter → Wühlen

Münze → Wühlen
CS → CR

◘ Abb. 5.4. Instinktive Überlagerung. Das gewünschte Resultat der Trainingsprozedur, dargestellt unter A, wird aus den Prinzipien operanter Konditionierung erklärt: Das Ablegen der Münze im Sparschwein ist ein Operant, dessen Wahrscheinlichkeit als Folge der Verstärkungskontingenz, Futter, ansteigen sollte. Was tatsächlich geschieht, dargestellt unter B, lässt sich am besten mit einem Modell klassischer Konditionierung erklären: Das Futter dient als unkonditionierter Stimulus, der die unkonditionierte Reaktion Wühlen hervorruft. Die wiederholte Paarung der Münze mit dem Futter führt zu einer Assoziation zwischen beiden, sodass die Münze schließlich zu einem konditionierten Stimulus für Wühlen wird

Allgemein ausgedrückt kommt es zu instinktiver Überlagerung (instinctive drift), wenn eine Konkurrenz zwischen einem biologisch begründeten Verhalten und einer gelernten Reaktion besteht. Anscheinend neigen Lebewesen, nachdem sie wiederholt einer Situation ausgesetzt waren, in der diese Konkurrenz besteht, zu einem Rückfall in das Verhalten, das eine biologische, evolutionäre Basis besitzt. Die Brelands bemühten sich jedoch, herauszustellen, dass dieses Phänomen die allgemeinen Lernprinzipien nicht verletze. Tatsächlich liefert die instinktive Überlagerung, wie in ◘ Abb. 5.4 gezeigt, ein gutes Beispiel klassischer Konditionierung. Aber es ist ein Beispiel, das die Bedeutung der Biologie betont. Nicht alle Verhaltensweisen können durch sorgfältiges Arrangieren der Reaktionskonsequenzen konditioniert und aufrechterhalten werden.

5.3 Biologische Beschränkungen

Das Hauptmerkmal der Evolutionspsychologie ist die Tatsache, dass sie in punkto Lernen und Verhalten ihren Fokus auf die biologischen Einflüsse richtet. Hierbei sind Autoshaping, instinktive Überlagerung und Geschmacksaversionslernen beeindruckende Beispiele. Sie illustrieren ein Phänomen, das Evolutionspsychologen als **biologische Beschränkungen** bezeichnen (Hinde & Stevenson-Hinde, 1973; Seligman, 1975; Seligman & Hager, 1972).

Eine biologische Beschränkung ist eine angeborene Prädisposition, die bestimmte Arten von Lernen sehr wahrscheinlich und leicht macht und andere unwahrscheinlich und sehr schwierig. Wie Breland und Breland (1966) anmerken, ist es sehr einfach, einer Katze oder einem Hund beizubringen, stillzusitzen oder bewegungslos stehenzubleiben. Für diese Tiere, die eine Evolution als Raubtiere durchlaufen haben, ist Stillstehen ein sehr nützliches, überlebensrelevantes Verhalten. Aber laut Breland und Breland »ist es für ein Huhn beinahe unmöglich, nichts zu tun« (1966, S. 103). Als Breland und Breland versuchten, Stillstehen bei Hühnern zu trainieren, stellten sie fest, dass diese Tiere sich einfach nicht davon abbringen ließen, stattdessen herumzurennen und zu scharren. Und selbstverständlich muss man Hühnern das Scharren nicht beibringen. Mit Scharren finden Hühner in der freien Wildbahn ihr Futter; es hat für sie deutliche überlebensrelevante Vorteile.

Das offensichtlichste allgemeine Prinzip biologischer Beschränkungen lautet: Verhaltensweisen mit Überlebenswert werden bevorzugt, während Verhaltensweisen ohne Überlebenswert verhindert werden. Wie Kenrick und Kollegen illustrieren, ist es möglich vorherzusagen, welche Verhaltensweisen leicht oder schwer gelernt werden können, indem man wichtige soziale und überlebensrelevante Ziele in die Betrachtung mit einbezieht (Kenrick, Maner, Butner, Li & Becker, 2002). Dass z.B. Ratten (oder Menschen) eine Aversion gegen einen giftigen Geschmack erlernen, hat deutlichen Überlebenswert. Dass sie aber eine Aversion gegen ein Geräusch oder ein Licht erlernen, wenn sie körperlich vergiftet wurden, hat keinen solchen Wert.

Mit den Worten von Seligman und Hager (1972) besitzen Lebewesen eine Bereitschaft (preparedness) für gewisse Formen des Lernens und eine Gegenbereitschaft (contrapreparedness) für andere – sie haben also eine Bereitschaft dafür, gewisse Dinge **nicht** zu lernen. Eine Ratte, die sich einer Gefahr gegenübersieht, besitzt eine Bereitschaft zu fliehen, zu kämpfen, zu erstarren oder vielleicht auch wütend zu werden. Es ist einfach, sie durch aversive Stimulation (z.B. einen Elektroschock) zu lehren, eine dieser Verhaltensweisen zu zeigen. Aber ihr beizubringen, daraufhin eine gegenteilige Verhaltensweise zu zeigen, ist sehr schwer (1970). Genauso kann man einer Taube leicht beibringen, auf eine Pickscheibe zu picken, um Futter zu erhalten, aber nicht, um einem Elektroschock zu entkommen. Umgekehrt kann die Taube leicht lernen, mit den Flügeln zu schlagen, um einem Elektroschock zu entkommen, aber nicht, um Futter zu erhalten.

Biologische Beschränkungen zeigen sich auch in den Rückfällen von Schweinen ins Wühlen und von Hühnern ins Picken, wie sie in den Experimenten zur instinktiven Überlagerung zu sehen waren. Auf ähnliche Weise können biologische Beschränkungen durch Autoshaping erworbenes Verhalten beeinflussen. Beispielsweise zeigen Tauben eine deutliche Bevorzugung von Pickscheiben, die sich auf dem Boden anstatt an einer Wand befinden – wahrscheinlich weil sie normalerweise vom Boden fressen (Burns & Malone, 1992). Biologische Einflüsse auf das Lernen zeigen sich auch beim Geschmacksaversionslernen nach nur einem Durchgang sehr deutlich.

Dass auch menschliches Lernen durch biologische Faktoren beeinflusst wird, ist vielleicht weniger offensichtlich. Menschen zeigen »Bereitschaft« zum schnellen Erwerb starker Geschmacksaversionen. Es wird auch gelegentlich behauptet, dass Menschen eine biologische Bereitschaft zum Spracherwerb haben, vielleicht in ähnlicher Weise wie Gänsejunge programmiert sind, eine »Folge«reaktion zu erwerben, wenn zum richtigen Zeitpunkt ihrer Entwicklung die angemessene Stimulation geboten wird (Chomsky, 1972). Andere Argumente lauten, dass viele soziale Verhaltensweisen von Menschen eine direkte Funktion ererbter Prädispositionen seien – dass diese Prädispositionen und biologischen Beschränkungen die Form menschlicher Kultur prägen (Kenrick et al., 2002; Carporeal, 2001).

5.4 Soziobiologie: ein Vorläufer der Evolutionspsychologie

Die zentrale Hauptannahme der **Soziobiologie** sagt aus, dass Menschen biologisch prädisponiert sind, bestimmte soziale Verhaltensweisen bevorzugt zu zeigen. Einer der Hauptvertreter der Soziobiologie, Edward O. Wilson (geb. 1929) definiert sie als »die systematische Untersuchung der biologischen Basis allen Sozialverhaltens« (1975, S. 4). Mit anderen Worten ist Soziobiologie die Untersuchung der biologischen Determination von Sozialverhalten (Kurcz, 1995). Wie Alcock (2001) hervorhebt, befasst sie sich nicht hauptsächlich mit **menschlichem** Sozialverhalten, sondern mit dem Sozialverhalten aller Spezies. Einfach ausgedrückt, umfasst Sozialverhalten jegliche Art von Verhalten, bei dem eine Interaktion von zwei oder mehr Individuen stattfindet. Daher sind Paarung, Aggression und Altruismus (helfendes Verhalten) allesamt Beispiele wichtigen Sozialverhaltens, und jedes davon erfordert die Interaktion mindestens zweier Individuen.

Soziobiologie gründet unmittelbar auf der Evolutionsbiologie und bezieht ihre Illustrationen gern aus der Ethologie (der Untersuchung des Verhaltens von Tieren in ihrem natürlichen Habitat). Soziobiologen glauben, dass bestimmte mächtige soziale Tendenzen evolutionäre Prozesse überlebt haben und daher biologisch basiert sind. Diesen Tendenzen zugrunde liegt das zentrale Gesetz der Evolution, nämlich dass Prozesse natürlicher Selektion das Überleben der Fittesten unterstützen. Daher sollten die »fittesten« sozialen Verhaltensweisen (solche, die zum Überleben beitragen) sich als mächtige biologische Prädispositionen im menschlichen Verhalten zeigen.

5.4.1 Inklusive Fitness und Altruismus

Fitness, wie sie die Soziobiologie definiert, bezieht sich nicht auf die Wahrscheinlichkeit des Überlebens eines spezifischen Individuums einer Spezies, sondern stattdessen auf die Wahrscheinlichkeit, dass das genetische Material selbst überlebt. Trivers (1974, 2002), Wilson (1976) und andere Soziobiologen betonen, dass der Drang zu überleben auf der Ebene der Gruppe weitaus höhere Bedeutung hat als auf der Ebene des Individuums. Daher das Konzept der **inklusiven Fitness**, das die Fitness genetisch verwandter Gruppen hinsichtlich ihrer Fortpflanzungswahrscheinlichkeit – also ihres Überlebens – beschreibt. Wichtig ist laut Wilson »die maximale durchschnittliche Überlebensrate und Fruchtbarkeit der Gruppe als Ganzes« (1975, S. 107).

Das Konzept der inklusiven Fitness unterscheidet sich fundamental von Darwins Ansicht über das Überleben des Individuums mit der höchsten Fitness. Inklusive Fitness betont, dass das Leben eines einzelnen Individuums aus einer Gruppe im evolutionären Sinne nur insoweit von Bedeutung ist, als es die Wahrscheinlichkeit erhöht, dass das für die Gruppe charakteristische genetische Material überlebt und weitergegeben wird.

Daher sticht eine Biene Eindringlinge, um ihren Stock zu verteidigen, auch wenn dies bedeutet, dass die Biene selbst stirbt (Sakagami & Akahira, 1960). In vergleichbarer Weise explodieren einige Termitenarten, wenn Gefahr droht. Die Explosion dient als Warnung an andere Termiten, die sich daraufhin retten können (Wilson, 1975). Holocomb (1993) verweist darauf, dass diese Fälle von Selbstlosigkeit (oder **Altruismus**) diejenigen lange vor ein Rätsel gestellt hat, die das Gesetz des Überlebens der Fittesten im Darwin'schen Sinne interpretiert haben: Dass jedes einzelne Individuum das Äußerste tut, um selbst zu überleben, komme was da wolle. Die Annahme inklusiver Fitness liefert der Soziobiologie eine Erklärung für Altruismus.

Soziobiologen behaupten, dass Altruismus bei Menschen eine biologisch basierte Eigenschaft ist, die sich in Jahren erfolgreicher Evolution entwickelt hat (siehe z. B. Hamilton, 1970, 1971, 1972). Ein altruistischer Akt in Reinform stellt ein Opfer für den Handelnden dar, hat aber netto einen genetischen Vorteil für die Spezies zur Folge. Eine Amsel, die lautstark signalisiert, dass sich ein Falke nähert, kann leicht entdeckt und gefressen werden, aber im großen Ganzen ist dies ein kleiner Preis für das daraus resultierende Überleben vieler anderer Amseln.

Die Soziobiologie treibt dieses Argument bis ins Extrem, indem sie vorhersagt, dass das Ausmaß, in dem ein Individuum zu einem persönlichen Opfer bereit ist, eine Funktion des genetischen Nettovorteils für die Spezies ist und in direkter Beziehung zu dem Grad genetischer Verwandtschaft zwischen dem

Handelnden und denen steht, die unmittelbar von seiner Tat profitieren. Daher würde man zögern, einen Fremden zu retten, wenn die Wahrscheinlichkeit hoch ist, dabei selber ums Leben zu kommen; der genetische Nettovorteil in einer solchen Situation liegt exakt bei Null. Aus dem gleichen Grunde würde man kaum zögern, sein Leben zu opfern, um viele andere zu retten, weil der genetische Nettovorteil dann hoch ist. Daraus folgt ebenfalls, dass ein Vater erheblich mehr riskieren und opfern würde, um seinen Sohn zu retten, als einen Fremden, weil er mit seinem Sohn genetisch sehr viel mehr gemeinsam hat.

Indirekte Belege hierfür finden sich in Untersuchungen zur Adoption bei bestimmten Möwenarten (Bukacinski, Bukacinski & Lubjuhn, 2000). Bei diesen Möwen ist es nicht unüblich, dass bis zu einem Drittel der Jungen ihre Nester verlassen. Etwa zwei Drittel dieser Waisen werden dann von anderen brütenden Eltern »adoptiert« und versorgt, das übrige Drittel wird vertrieben und stirbt normalerweise. Gemäß der soziobiologischen Theorie sollten Elterntiere mit höherer Wahrscheinlichkeit Junge adoptieren, mit denen sie genetisch verwandt sind, und solche ignorieren oder vertreiben, mit denen sie nicht verwandt sind. Diese Voraussage trifft tatsächlich zu: Die Jungen wurden am häufigsten von anderen verwandten Möwen adoptiert.

5.4.2 Einige Reaktionen auf die Soziobiologie

Wie Alcock (2001) berichtet, hielt E.O. Wilson im Februar 1978 einen Vortrag bei dem jährlichen Treffen der American Association for the Advancement of Sciences. Während er auf der Bühne saß und darauf wartete, seinen Vortrag zu beginnen, erschien eine junge Frau und schüttete ihm einen Eimer kalten Wassers über den Kopf. Eine kleine Gruppe von Komplizen kam daraufhin hinzu, schwenkte Plakate und skandierte: »Wilson, Sie sind ganz nass!«

Die Soziobiologie hat oft derartig hoch emotionale – und negative – Reaktionen hervorgerufen (s. bspw. Gould, 2002a, 2002b). Einige dieser Reaktionen gründen auf theologischen Argumenten, die die Grundannahmen der Evolution ablehnen (siehe Cole, 2002), einige auf einem Missverständnis darüber, was Soziobiologie eigentlich ist, oder einer

Angst, dass dadurch menschliche Eigenschaften herabgewürdigt werden, indem man sie auf mechanistische – oder animalische – Ereignisse reduziert, über die Menschen nur wenig Kontrolle haben (bspw. Van Leeuwen, 2002).

Die Aussage der Soziobiologie lautet im Kern, dass ein großer Bereich menschlichen Sozialverhaltens, wie Aggression und Soziopathie, sexuelle Sitten, Geselligkeit, Skarifikationsriten usw. möglicherweise eine biologische Basis haben. Fürsprecher der Soziobiologie argumentieren, dass dieser Ansatz eine wissenschaftliche Grundlage für ein Verständnis von Sozialverhalten und für die Regelung von Sozialpolitik liefert. Sie behaupten, dass die Anteile der Biologie an menschlichem Verhalten lange unterschätzt wurden.

Wie erwähnt sind diese Ansichten auf großen Widerstand gestoßen. Insbesondere Soziologen reagierten äußerst negativ auf die Auffassung, dass vieles im menschlichen Sozialverhalten genetisch festgelegt sei (s. bspw. Gould, 2002a, 2002b). Einige erhoben Einwände gegen eine in ihren Augen unzulässige Verallgemeinerung einer Handvoll Belege, die sich zum großen Teil eher auf Tiere als auf Menschen beziehen.

Während die Soziobiologie von einer Reihe Kritiker angegriffen wurde, hat sich der Bereich der **Evolutionspsychologie** stetig fortentwickelt (Carporeal, 2001; Siegert & Ward, 2002).

Was man früher als Soziobiologie bezeichnete, läuft nun häufig unter dem Begriff **Evolutionspsychologie** (Scher & Rauscher, 2003). In den letzten Jahren erschien der Begriff Evolutionspsychologie etwa siebenmal häufiger als der Begriff Soziobiologie in der PsycINFO Datenbank, einer Datenbank, die psychologische Forschung zusammenfasst. Evolutionspsychologie ist ein Begriff, der offenbar erheblich weniger negative Konnotationen hat als Soziobiologie.

5.5 Evolutionspsychologie: Bewertung

Frühe Behavioristen waren optimistisch hinsichtlich der breiten Anwendbarkeit ihrer Theorien. Da sie eine so beliebige Reaktion wie Hebeldrücken nehmen und diese unter die präzise Kontrolle bestimmter Umweltbedingungen bringen konnten, hatten sie wenig Zweifel daran, dass es auch möglich wäre, buchstäblich jeden Operanten, zu dem ein Lebewesen fähig ist, unter präzise Stimuluskontrolle zu bringen. Wenn es möglich war, Speichelfluss bei Hunden, Lidschlag bei Menschen und Saugen bei Säuglingen zu konditionieren, dann sollte es auch möglich sein, buchstäblich jedes andere reflektorische Verhalten auf jeden klar erkennbaren Stimulus zu konditionieren.

Das stimmt nicht. Wie wir gesehen haben, gibt es Situationen, in denen klassische Konditionierung keine wiederholten Paarungen von CS und US benötigt (wie beim Geschmacksaversionslernen nach einem einmaligen Ereignis). Manchmal aber kommt klassische Konditionierung trotz vieler Paarungen nicht zustande (wie beim Blocking).

Wir haben außerdem gesehen, dass bestimmte Verhaltensweisen bei Verstärkung leicht gelernt werden (z.B. lernen Tauben, für Futter zu picken; Schweine, zu wühlen; Hunde, zu apportieren – biologische Bereitschaft), während andere nur unter extremen Schwierigkeiten gelernt werden (wenn Tauben lernen sollen, für Futter mit den Flügeln zu schlagen, Hühner, stillzustehen; Kühe, zu bellen – biologische Gegenbereitschaft). Weiterhin fallen Lebewesen zuweilen nach erfolgreicher operanter Konditionierung bestimmter Handlungen wieder auf andere, instinktivere Verhaltensweisen zurück, die mit dem gelernten Verhalten interferieren (instinktive Überlagerung).

Kurz gesagt gibt es zahlreiche Beispiele für Verhalten, das nur sehr schwer oder gar nicht konditioniert werden kann – und für anderes, bei dem dies so leicht fällt, dass es anscheinend automatisch gelernt wird. Evolutionspsychologen behaupten, diese Verhaltensformen zeigten, dass Lerntheoretiker biologische Faktoren berücksichtigen müssen. Und obgleich diese die Erklärungen der Konditionierung nicht ungültig machen, führen sie doch zu zwei wichtigen Modifikationen:

- Klassische Konditionierung ist nicht nur ein mechanischer Prozess auf niedrigem Niveau, mittels dessen ein Stimulus (der US) als Ergebnis wiederholter Paarungen seine Steuerungsfunktion an einen anderen abgibt (den CS). Stattdessen gilt, wie Rescorla (1988), Bolles (1979) und andere anmerken, dass Lebewesen durch diesen Prozess lernen, was womit zusammengehört – sie lernen, was sie erwarten müssen.
- Evolutionäre Faktoren sind zur Erklärung und zum Verständnis von Verhalten essentiell (Domjan & Galef, 1983). Die Anerkennung der Bedeutung biologischer Faktoren spiegelt sich insbesondere in der Suche der Evolutionspsychologie nach der biologischen Basis von sozialen Verhaltensweisen wie Altruismus, Partnerwahl und Eifersucht (Holcomb, 1993).

Insgesamt erkennt die Evolutionspsychologie die Wichtigkeit genetisch determinierter Eigenschaften der, wenn Sie so wollen, menschlichen oder tierischen Natur. Sie erkennt an, dass eines der wesentlichsten Merkmale der menschlichen Natur ihre Anpassungsfähigkeit ist, warnt aber auch, dass diese Anpassungsfähigkeit Grenzen hat. Der erste Schritt zum Verständnis des Beitrags der Genetik zu unserem Lernen und unserer Entwicklung ist laut Wright die Einsicht: »Wir sind alle Marionetten, und unsere größte Hoffnung auf auch nur teilweise Befreiung besteht in dem Versuch, die Logik des Puppenspielers zu entziffern« (1994, S. 37).

5.6 Praktische Anwendungen: Biofeedback und Neurofeedback

Zusätzlich zu ihrem Nutzen für die Entwicklung von Theorien menschlichen Lernens und Verhaltens haben Konditionierungstheorien zahlreiche praktische Anwendungen. Wie wir gesehen haben, gehört dazu die Anwendung vieler Konzepte und Prinzipien operanter Konditionierung in Schule und Erziehung. Hierbei geht es um die Anwendung von positiver und negativer Verstärkung, Bestrafung, Generalisierung, Diskrimination und Löschung. Zu anderen praktischen Anwendungen von Konditionierungstheorien gehört die Verwendung von Shaping-Prozeduren beim Training von Tieren, die chemische Aversionstherapie bei Alkoholismus, bei der Patienten Medikamente erhalten, die mit dem Alkohol in einer Weise interagieren, dass bei gleichzeitigem Trinken Übelkeit resultiert, und weitere Techniken des Verhaltensmanagement, beschrieben in ▶ Kap. 4.

Eine weitere Anwendung von Konditionierungsprinzipien ist **Biofeedback**, eine Technik, bei der Personen Rückmeldungen über ihre biologischen Funktionen erhalten. Eine spezifischere Form des Biofeedback, bei der Rückmeldung über neurologische Funktionen gegeben wird, wird **Neurofeedback** genannt.

5.6.1 Konditionierung autonomer Reaktionen

Frühe Forschungsarbeiten zu klassischer und operanter Konditionierung führten schnell zu der Überzeugung, dass die Verhaltensformen, die diese jeweils erklären können, sich fundamental unterscheiden. Die meisten Theoretiker gingen davon aus, dass autonome (unwillkürliche) Verhaltensweisen wie Speicheln oder Lidschlag nicht durch operante Konditionierung unter Stimuluskontrolle gebracht werden können, obwohl sie sehr gut auf Prozeduren klassischer Konditionierung ansprechen. Auch schien es so, dass die Wahrscheinlichkeit von Operanten nur eine Funktion von Verstärkungskontingenzen und nicht von Kontiguität war.

Diese Annahmen waren falsch. Speicheln kann mittels operanter Prozeduren konditioniert werden, ebenso wie die Herzrate, der Blutdruck, die Nierenfunktion und verschiedene andere unwillkürliche autonome Funktionen. Miller (1969) gehörte zu den ersten, die diese Phänomene demonstrierten, indem er Anstieg und Verringerung der Herzfrequenz auf eine Licht-Ton-Kombination konditionierte. In diesem Experiment wurde Ratten Curare (ein Mittel, das die Skelettmuskulatur lähmt) verabreicht, um sicherzustellen, dass die Ratten tatsächlich eine Kontrolle der autonomen Funktionen lernten, und nicht irgendeine Kombination von Muskelbewegungen, die die Herzfrequenz beeinflussen.

In einer ähnlichen Studie konditionierten Miller und Carmona (1967) Hunde darauf, zu speicheln oder nicht zu speicheln, indem sie eine Gruppe durstiger Hunde mit Wasser belohnten, wenn die Hunde spontan speichelten, und eine andere Gruppe durstiger Hunde ebenfalls mit Wasser belohnten, wenn diese Hunde das Speicheln unterdrückten. Diese Untersuchungen zeigen, dass operante Konditionierung dazu genutzt werden kann, Tieren einige Kontrolle über autonomes (unwillkürliches) Verhalten beizubringen.

5.6.2 Wie Biofeedback funktioniert

Eine der wichtigen Anwendungen dieses Befundes ist Biofeedback – dieser Begriff bezeichnet Rückmeldungen, die ein Lebewesen über sein eigenes Funktionieren erhält. Obwohl Menschen sich normalerweise der meisten Aspekte ihrer physiologischen Funktionen (Herz- und Atemfrequenz, Blutdruck, elektrische Aktivität im Gehirn) nicht bewusst sind, können Überwachungsgeräte auf einfache Weise präzise Informationen über diese Funktionen liefern. **Biofeedback** ist definiert durch die Verwendung derartiger Geräte zur Kontrolle autonomer Funktionen. Wenn die Informationen die neuronale Aktivität im Gehirn betreffen, spricht man häufig von **Neurofeedback**.

In manchen frühen Biofeedback-Experimenten wurden Probanden z.B. an ein Gerät angeschlossen, das Gehirnwellen aufzeichnet (auch als **Alpha-Rekorder** bezeichnet) und einen bestimmten distinkten Stimulus – normalerweise einen Ton – ausgibt, wenn der Proband den richtigen Typ oder die richtige Frequenz von Gehirnwellen produziert (vgl. z. B. Knowlis & Kamiya, 1970). Die Instruktion an die Probanden war einfach: Sie sollten diesen Ton so oft wie möglich aktivieren. Wie die Resultate zeigten, lernten viele Probanden schnell, ihre Hirnwellenfunktion zu kontrollieren. Die Forscher erklärten sich dies mit Hilfe der operanten Konditionierung und argumentierten, dass der Ton (oder das Licht oder ein anderer distinkter Stimulus) als Verstärker diene und die Verhaltensweisen, die an der Kontrolle der autonomen Reaktion beteiligt sind, Operanten seien.

Mit empfindlicheren und verfeinerten Instrumenten zur Überwachung von Gehirnaktivität haben viele Forscher seitdem bestätigt, dass zumindest einige Aspekte der Gehirnaktivität kontrolliert werden können. Inoue und Sadamoto (2002) zeigten, dass Menschen lernen können, ihre Herzfrequenz zu kontrollieren, sogar während sportlicher Betätigung (bei dieser Untersuchung trainierten 35 Frauen auf einem Heimtrainer). Vernon und Kollegen (2003) gelang es, junge Erwachsene zu trainieren, eine bestimmte Art von Gehirnaktivität zu steigern, die oft

5.6 · Praktische Anwendungen: Biofeedback und Neurofeedback

mit verbesserter Gedächtnisleistung in Zusammenhang gebracht wird. Diese Forscher stellten daraufhin auch messbare Verbesserungen bei verschiedenen Gedächtnisleistungen fest.

Zu den vielen praktischen Anwendungen von Biofeedback gehören Versuche, Migränekopfschmerz zu verringern, den Blutdruck und die Herzfrequenz zu senken, Asthma und Inkontinenz zu kontrollieren. Verschiedene Forscher verwenden Neurofeedback zur Behandlung von Aufmerksamkeits- oder Lernstörungen. In einer typischen Neurofeedback-Behandlung von Aufmerksamkeitsstörungen werden z.B. Kinder an Gehirnwellen-Rekorder angeschlossen, die mit Aufmerksamkeit verbundene Gehirnwellenmuster erkennen können (und umgekehrt auch solche, die keine Aufmerksamkeit anzeigen). Die Kinder werden dann für aufmerksamkeitsbezogene Gehirnaktivität (insbesondere für Beta-Aktivität) oder für die Unterdrückung anderer Aktivität (z.B. Theta-Wellen) belohnt, oft während sie am Computer beschäftigt sind. Über mehrere Trainings-sitzungen erfordert diese Beschäftigung am Computer zunehmend längere Phasen von Aufmerksamkeit. Viele Forscher berichten über relativ gute Erfolge mit diesen Prozeduren (bspw. Egner & Gruzelier, 2001; Pope & Bogart, 1996). Jedoch haben Replikationen dieser Studien nicht immer positive Resultate erbracht (Blanchard, 2002). Oft können anscheinende Verbesserungen nicht über eine signifikante Zeitspanne aufrecht erhalten werden – vielleicht weil die Trainingssitzungen oft kurz sind und es viele Gelegenheiten zur Löschung der gelernten Reaktionen gibt. Außerdem konnten vergleichbar positive Resultate auch zuweilen mit einfachen Entspannungstechniken erzielt werden (vgl. z. B. Blanchard, Andrasik, Ahles, Teders & O'Keefe, 1980). In Anbetracht der Tatsache, dass Bio- und Neurofeedbacktherapien häufig sehr kostspielig sind (aufgrund der Kosten für die Geräte und für das erforderliche Training), muss mehr Forschung betrieben werden, um festzustellen, welche Ansätze für welche Einsatzzwecke am effektivsten sind.

In diesem Kapitel...

Der Beginn eines Übergangs

Der Regen war deutlich stärker geworden, obwohl die alte Dame das nicht bemerkt zu haben schien. Dennoch schüttelte sie sich beim Aufstehen wie ein nasser Hund, als würde sie auf einen beinahe vergessenen Impuls reagieren. Sie sagte, wir sollten zur Hütte zurückgehen, dass dort der Kater vor der Tür wartete, dass er vielleicht Hunger hätte. Sie sagte, wir sollten hier auf jeden Fall unterbrechen, weil wir uns inmitten einer Übergangsphase befänden, die uns zu einem anderen Kapitel führen würde. Sie sagte, sie habe das Gefühl, mehr über diesen Übergang sagen zu müssen, weil sie Sorge habe, dass den Lesern dessen Bedeutung sonst entgehen würde. Sie erklärte, dass es sich eher um einen konzeptuellen als um einen chronologischen Übergang handle.

Sie sagte, eine einfache Darstellung des Übergangs würde besagen, dass Konditionierung im Sinne von Pawlow, Thorndike und sogar Skinner sich mit den etwas mechanistischen (ich meine maschinenartigen, erklärte sie) Regeln und Gesetzen befasse, die die Beziehungen zwischen objektiven, beobachtbaren Ereignissen regelten. In diesem Kapitel aber, so sagte sie, werden wir auf einmal mit Phänomenen konfrontiert, die andersartige Erklärungen nahe legen – Phänomene wie Lernen durch ein einmaliges Ereignis, Blocking und biologische Beschränkungen und Geschmacksaversionen.

(Hier fehlt ein Teil – vielleicht ein Absatz, vielleicht sogar eine ganze Seite. Wie üblich bestand die alte Dame darauf, vorauszugehen. Es regnete sehr stark. Ich verbarg den Rekorder unter meinem Mantel und drückte ihn mit dem linken Arm gegen meine Brust, um ihn vor Nässe zu schützen, gleichzeitig hielt ich das Mikro-

▼

138 Kapitel 5 · Evolutionspsychologie: Lernen, Biologie und das Gehirn

▼

fon in Richtung des Rückens der alten Dame, während sie durch das Unterholz brach. Sogar im Regen wollte sie nicht den Pfaden folgen, die ich in all den Jahren so sorgsam freigeschnitten und gepflegt hatte, sondern zog es stattdessen vor, ihren Instinkten zu folgen und sich durch Sümpfe und Dickichte zu arbeiten, die sogar von wilden Tieren gemieden werden. Zwischen dem Augenblick, als ich mich in den Zweigen einer Weide in der Nähe des östlichen Sumpfes verfing, und dem Augenblick, als ich die alte Dame am Big Hill wieder einholte, ist auf dem Band nichts zu hören außer den Geräuschen von Wind und Regen und dem Rascheln und Brechen von Ästen).

Als ich die alte Dame einholte, während sie den Weg bergauf hinaufstapfte, sagte sie: Um den Übergang zu verstehen, muss man sich vergegenwärtigen, dass Lernen im Kern adaptiv ist. Das ist eigentlich die Hauptaussage dieses Kapitels über Evolutionspsychologie, sagte sie, die Erklärung, dass Verhaltensänderungen – mit anderen Worten, Lernen – den Lebewesen erlauben, zu überleben und zu gedeihen, und wir sollten daher nicht überrascht sein, dass Tiere und Menschen in einem einzigen Durchgang lernen, potenziell schädliche Nahrung zu vermeiden, oder dass sie eine Bereitschaft besitzen, bestimmte Dinge zu lernen oder auch nicht. Sie sagte, Psychologen könnten Schlimmeres tun, als Biologie und Evolution zu betrachten, um Hinweise und Einsichten in die Prinzipien menschlichen und tierischen Lernens zu gewinnen.

Sie sagte außerdem, dass Konditionierung als Lernen über die Beziehungen zwischen Ereignissen betrachtet werden sollte, als Lernen darüber, was zusammengehört. Sie sagte, in einer Skinnerbox sieht es so aus, als würde Lernen aufgrund der zeitlichen Beziehung zwischen dem Hebeldrücken und dem verstärkenden Stimulus auftreten – und als würde die Ratte Erwartungen darüber ausbilden, dass das eine zum anderen führt.[4]

Die alte Dame blieb stehen und drehte sich so schnell um, dass ich fast mit ihr zusammenstieß. Trotz des Regens sind ihre Worte auf diesem Teil des Bandes sehr deutlich. Sie sagte, dass Erwartungen ein zu großes, ein zu mentalistisches Wort sei angesichts unseres Fortschrittes mit diesem Buch. Sie sagte, wir sollten uns dies für das nächste Kapitel aufheben, das den Übergang zwischen hauptsächlich behavioristischen und kognitiveren Theorien klarer darstellt.

Ich griff nach dem Rekorder, um ihn auszuschalten. Ich war sehr nass und fror stark. Ich wollte hineingehen und mich aufwärmen. Aber die alte Dame hielt mich auf. Sie sagte, ich solle den Rekorder noch nicht ausschalten, es gäbe da noch einige wichtige Dinge über das Gehirn, die die Leser wissen müssten, bevor wir zum nächsten Kapitel übergingen. Sie lehnte sich gegen eine alte Pappel und begann, über das Gehirn zu sprechen, mit unerwartet sanfter Stimme, beinahe ehrfurchtsvoll. Wenn ich jetzt das Band abhöre, muss ich mir Mühe geben, all ihre Worte zu verstehen.

---

[4] Aber, sagte die alte Dame, ein Behaviorist würde nicht spekulieren, dass die Ratte diese Beziehung »herausgefunden« hat. Dies zu tun, würde voraussetzen, dass sie etwas über die mechanische Funktion von Hebeln und Futtergebern weiß, oder etwas über die Denkweise von psychologischen Forschern. Aus der Sicht des Behavioristen bedeutet »Herausfinden« nur, dass sich Assoziationen zwischen Dingen bilden, die gleichzeitig auftreten, oder stets aufeinander folgen.

5.7 Lernen und Gehirn

Das Gehirn ist die komplexeste Struktur im gesamten Universum, mit mehr möglichen Verbindungen zwischen seinen grundlegenden Einheiten, den **Neuronen**, als es Partikel im bekannten Universum gibt. Schätzungen belaufen sich auf mehr als 100 Milliarden Neuronen im menschlichen Gehirn und vielleicht zehnmal soviele Stützzellen, genannt **Gliazellen** (*The Scientific American Book of the Brain*, 1999). Im nächsten Kapitel werden wir betrachten, wie diese Neuronen funktionieren, wie sie Verbindungen miteinander aufbauen und miteinander kommunizieren.

Es ist seit langem bekannt, dass diese Gewebemasse, die wir Gehirn nennen, das Zentrum unserer Fähigkeit zu lernen, zu denken, zu fühlen bildet – dass sie irgendwie unsere gesamte Essenz festlegt und definiert. Wir wissen, dass Erfahrung und Lernen einige relativ permanente Veränderungen im Gehirn verursachen, und dass Denken und Fühlen Gehirnaktivität erfordern. Das Lernen selbst ist von der Ausbildung von Verbindungen zwischen Neuronen im Gehirn abhängig. Aber bis vor kurzem war vieles, was die Funktionsweise des Gehirns betraf, ein Geheimnis, obwohl Psychologen seit langem wussten, oder zumindest annahmen, dass verschiedene Teile des Gehirns verschiedene Funktionen haben.

5.7.1 Studium der Hirnfunktionen

Am 13. September 1834 erlitt Phineas Gage, Vorarbeiter einer Gleisbaufirma, die Bahngleise in Vermont verlegte, einen Unfall, bei dem ein glatter, runder Eisenstab von etwas mehr als einem Meter Länge und einem Gewicht von etwa 6 kg aus einem Sprengloch emporschoss und von unten an der linken Seite des Gesichts in seinen Schädel eindrang und oben am Kopf wieder herauskam! Durch den Schlag wurde Phineas zu Boden geworfen, aber er stand schnell wieder auf und gelangte mit Hilfe seiner Männer zu einem Karren, der ihn zu seinem etwa einen Kilometer entfernten Haus brachte.

Die physische Erholung von Phineas ging schnell und erschien vollständig. Aber er war nicht mehr dieselbe Person. Zuvor war er ein freundlicher, sanfter Mann gewesen, ruhig und fleißig, aber nun wurde er launisch, unberechenbar, impulsiv, selbstsüchtig und starrsinnig. Seine Mitarbeiter erkannten in ihm nicht mehr den Mann wieder, der er einst gewesen war.

Gehirnverletzungen

Hirnverletzungen wie die von Phineas Gage liefern die frühesten Hinweise darauf, dass verschiedene Teile des Gehirns verschiedene Funktionen haben könnten. Aus Phineas' Unfall könnten wir folgern, dass der Teil seines Gehirns, der bei dem Unfall verletzt wurde, nichts mit physiologischen Funktionen wie Atmen zu tun hat (andernfalls hätte er nicht überlebt). Aus dem gleichen Grund könnte dieser Teil des Gehirns etwas mit Persönlichkeitseigenschaften zu tun haben.

Gehirnläsionen

Das Problem bei der Verwendung von Gehirnverletzungen zur Erforschung von Hirnfunktionen besteht darin, dass die Hauptursachen solcher Verletzungen – Unfälle, Krankheiten und Tumore – meist eher unspezifische Effekte haben. Normalerweise sind große Teile des Gehirns gleichzeitig betroffen. Zusätzlich können Forscher nicht mit Sicherheit kontrollieren, wer welche Folgen erleiden wird, was zu ungenauen Ergebnissen beiträgt.

Ein Ausweg aus dieser Problematik besteht darin, gezielt bestimmte kleine, sehr spezifische Bereiche des Gehirns abzutragen, um die Auswirkungen auf das Lebewesen zu beobachten. Karl Lashley (1942) tat dies mit einer Gruppe von Ratten, die vorher trainiert worden waren, schnell und auf dem korrekten Weg durch ein Labyrinth zu laufen. Lashley war davon überzeugt, dass Erinnerungen eine Spur in einem kleinen Bereich des Gehirns hinterließen und dass, wenn man den richtigen Teil entfernte, die Tiere sich nicht an den richtigen Weg durch das Labyrinth erinnern würden. Wie wir in ▶ Kap. 9 sehen werden, fand Lashley niemals diese Gedächtnisspur (das sogenannte **Engramm**). Es schien keine Rolle zu spielen, welchen Teil oder wie viel des Gehirns er entfernte, die Ratten erinnerten sich weiterhin an ihren Weg durch das Labyrinth, auch wenn sie sich oft langsamer bewegten. Die Schlussfolgerung, die durch spätere Studien bestätigt wurde, ist, dass die meisten Erinnerungen auf verschiedene Teile des Gehirns verteilt sind.

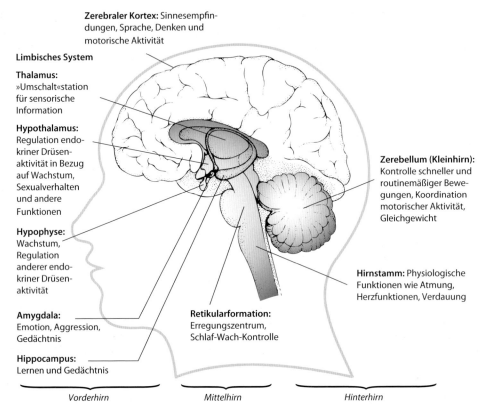

◻ **Abb. 5.5.** Ein Sagittalschnitt (von vorn nach hinten durchgeschnitten) des menschlichen Gehirns, der einige der größeren Strukturen zeigt, aus denen sich Vorderhirn, Mittelhirn und Hinterhirn zusammensetzen, sowie ihre Hauptfunktionen

Elektrische Stimulation des Gehirns

Eine andere Möglichkeit der Kartierung von Hirnfunktionen besteht darin, spezifische Bereiche des Gehirns zu stimulieren, entweder elektrisch oder mittels Chemikalien, und die Auswirkungen zu beobachten. In einer sehr frühen Untersuchung implantierte Olds (1956) Elektroden in die Gehirne von Ratten und entdeckte dabei zufällig, dass die Stimulation eines Teils des Hypothalamus – ein Hirnareal tief im Inneren des Gehirns, oberhalb des Hirnstamms (◻ Abb. 5.5) – für die Ratten eine sehr belohnende Wirkung hatte. Als er die Elektroden so verband, dass die Ratten selbständig durch Hebeldrücken ihre eigenen Gehirne stimulieren konnten, taten sie dieses beständig. Viele Ratten ließen sogar das Futter stehen, um ihre eigenen Gehirne zu stimulieren. Olds berichtet, dass eine Ratte sich über 24 Stunden hinweg durchgängig mehr als 2000mal pro Stunde selbst stimulierte (1956).

Während derselben Experimentserie entdeckte Olds auch, dass bei Implantation der Elektrode etwas tiefer im Hypothalamus die Effekte der Hirnstimulation nicht belohnend, sondern bestrafend waren. Nun gaben sich die Ratten große Mühe, diese Stimulation zu vermeiden. Aber sobald die Elektrode leicht in Richtung auf das »**Lustzentrum**« bewegt wird, scheint die Verlockung der Hirnstimulation beinahe unwiderstehlich zu sein: Eine Ratte stimulierte sich beinahe 7000mal in einer einzigen Stunde (Olds & Milner, 1954). Muttertiere verließen ihre neugeborenen Jungen, um ihre eigenen Hirne zu stimulieren (Sonderegger, 1970).

Spätere Forschungsarbeiten haben bestätigt, dass im Gehirn vieler Tierarten, einschließlich Primaten wie z. B. Menschen, ein Verstärkungszentrum existiert, gelegen im **limbischen System** des Gehirns. Dieses System, das sich hauptsächlich mit Emotion, Gedächtnis und Motivation befasst, schließt den

Hypothalamus, den Thalamus und verschiedene andere Strukturen ein. Insbesondere eine Gruppe von Nervenfasern, das **mediale Vorderhirnbündel**, ist mit Verstärkung assoziiert, während eine andere Gruppe, der **periventrikuläre Trakt**, mit Bestrafung assoziiert ist.

Chemische Stimulation des Gehirns

Elektroden in Gehirne von Tieren oder Menschen zu implantieren ist ein schwieriger und anspruchsvoller Vorgang. Eine einfachere Methode, das Gehirn zu stimulieren, ist die Verwendung von Chemikalien wie z. B. stimmungsverändernder Medikamente.

Es gibt z. B. Belege dafür, dass der Neurotransmitter **Dopamin** an der Aktivität einiger der Neurone, die mit Lusterleben und Motivation in Verbindung stehen, beteiligt ist (▸ Kap. 6). Normalerweise werden Neurotransmitter wie Dopamin bei neuraler Stimulation ausgeschüttet und dann schnell wieder aufgenommen (Wise, 1996). Aber bestimmte Drogen, wie z. B. Amphetamin oder Kokain, verhindern die schnelle Wiederaufnahme der Dopaminmoleküle und bewirken daher ein höheres Dopaminniveau (Lubin, Cannon, Black, Brown & Johns, 2003). Solche Drogen werden als **Agonisten** bezeichnet. Ein Agonist ist eine Substanz, die die Aktivität einer natürlich vorkommenden Substanz steigert. Die intensiv angenehmen Auswirkungen von Kokain stehen wahrscheinlich in Beziehung zu der Tatsache, dass Kokain die Wiederaufnahme von Dopaminmolekülen verzögert oder verhindert, sodass **dopaminerge** Neuronen (solche Neuronen, die Dopamin für ihre neurale Übertragung verwenden) über längere Zeiträume aktiv sind. Weil Dopamin einer der Transmitter ist, die an der neuronalen Aktivität in einem der »Lust«-Zentren des Gehirns beteiligt sind, besteht die ultimative Wirkung in einer Stimulation der Aktivität in diesen Zentren (Herman & Stimmel, 1997). Ein langfristiger Gebrauch von Kokain führt jedoch dazu, dass das Gehirn an die Droge adaptiert, sodass es weniger Dopamin synthetisiert. Infolgedessen erlebt der gewohnheitsmäßige Kokain-Verwender in den Phasen, in denen er die Droge nicht zu sich nimmt, oft das Gegenteil von Lust – nämlich Depression, Traurigkeit, negative Stimmungen.

Interessanterweise führt elektrische Stimulation des Gehirns ebenfalls zur Freisetzung von Dopamin, genauso wie natürliche Verstärker wie Nahrung, Wasser und Sex, und ebenso wie suchtauslösende Substanzen wie Nikotin und Alkohol (Balfour, Yu & Coolen, 2004; Kiianmaa et al., 2003).

Techniken bildgebender Verfahren

Forscher haben inzwischen Zugang zu verschiedenen leistungsfähigen bildgebenden Verfahren, die einen Blick ins Gehirn ermöglichen. Einige dieser Verfahren, wie das **Elektroenzephalogramm (EEG)**, reagieren sensitiv auf die tatsächlichen elektrischen Entladungen im Gehirn, andere entdecken Veränderungen im Blutfluss, die mit neuronaler Aktivität einhergehen. Die **Positronen-Emissions-Tomographie (PET)** zeichnet Veränderungen in der Durchblutung des Gehirns auf, indem dabei die Verteilung radioaktiver Partikel, die in den Blutstrom injiziert werden, registriert wird. **Funktionelle Magnetresonanztomographie (fMRT)** entdeckt extrem geringfügige Veränderungen in Magnetfeldern, die Änderungen im Oxygenierungsniveau des Blutes begleiten. **Magnetenzephalographie (MEG)** wiederum gestattet den Forschern, auf dem Schädel sehr geringfügige Veränderungen magnetischer Aktivität zu entdecken, die bei neuronaler Aktivität auftreten.

Wie wir in ▸ Kap. 9 sehen werden, haben diese bildgebenden Verfahren zusammen mit Resultaten aus Untersuchungen zur Stimulation des Gehirns und aus Befunden von Patienten mit Hirnverletzungen zu einer schnell wachsenden Menge an Informationen über die verschiedenen Strukturen des Gehirns und ihre Funktionen beigetragen. Viele Forschungsarbeiten zum Gedächtnis verwenden nun EEG oder MEG Aufzeichnungen, um Messungen sogenannter **ereigniskorrelierter Potenziale (EKPs)** oder **ereigniskorrelierter Felder (EKFs)** zu erhalten. Hierbei handelt es sich jeweils um Änderungen im elektrischen Potenzial oder in Magnetfeldern, die die neuronale Aktivität im Gehirn begleiten und in enger Beziehung zu externer Stimulation stehen. Daher liefern EKPs und EKFs Forschern wichtige Informationen darüber, was im Gehirn geschieht, wenn man z. B. ein Bild ansieht, ein Wort hört oder eine Algebraaufgabe lösen soll (▸ Kap. 9). Um diese Informationen zu verstehen, hilft es, etwas über die Anatomie des Gehirns zu wissen.

5.7.2 Hinterhirn

Das menschliche Gehirn kann in drei Hauptteile untergliedert werden: das Hinterhirn, das Mittelhirn und das Vorderhirn. Man geht davon aus, dass sie in dieser Reihenfolge evolviert sind, das bedeutet, das Hinterhirn ist die älteste und primitivste Struktur und das Vorderhirn die jüngste und modernste. Es ist daher nicht überraschend, dass die Hinterhirnstrukturen bei Tieren vorhanden und gut entwickelt sind, während Vorderhirnstrukturen bei Menschen und anderen Primaten den höchsten Entwicklungsstand haben.

Das Hinterhirn, physikalisch der am weitesten unten gelegene Teil des Gehirns bei einem aufrecht stehenden Menschen, enthält den unteren Teil des **Hirnstamms** und das sogenannte **Cerebellum** (Kleinhirn). Strukturen im Hirnstamm regeln grundlegende physiologische Funktionen wie Atmung und Herzfrequenz. Das Cerebellum (das Wort bedeutet »kleines Gehirn«) befasst sich hauptsächlich mit Bewegung und Gleichgewicht. Eine Schädigung in diesem Teil des Gehirns kann motorische Fertigkeiten wie Gehen, Klavierspielen oder einen Baseball fangen dramatisch beeinträchtigen. Es gibt außerdem vorläufige Hinweise darauf, dass das Cerebellum manchmal auch an Problemen beim Lesen beteiligt sein kann und dass eine Therapie, bei der Übungen zum Gleichgewicht und zur Bewegung durchgeführt werden, in manchen Fällen auch die Leseleistung verbessern kann (Pope & Whiteley, 2003).

5.7.3 Mittelhirn

Das Mittelhirn umfasst den oberen Teil des Hirnstamms, auch als **Formatio reticularis** bezeichnet, eine Struktur, die weitgehend für die Regulation von Wach- und Schlafzuständen und für die Kontrolle des allgemeinen Arousal (Erregungsniveaus) verantwortlich ist (▶ Kap. 10). Im Mittelhirn befinden sich auch Nervenfasern, die mit Bewegung assoziiert sind. Zur Erinnerung: Diese Nervenfasern sind **dopaminerg**, d. h. ihre neuronale Übertragung basiert auf dem Vorhandensein von Dopamin. Deshalb sind die Merkmale der Parkinson-Krankheit, die durch mangelhafte Dopaminproduktion verursacht wird, auch Zittern und andere physikalische, motorische Probleme.

5.7.4 Vorderhirn

Das Vorderhirn ist der jüngste, größte und komplexeste Teil des Gehirns. Es ist auch der bedeutendste Teil für das Verständnis von Themen, die für menschliches Lernen interessant sind. Seine wichtigsten Strukturen sind der Hypothalamus, der Thalamus und andere Strukturen des limbischen Systems, desweiteren das Zerebrum und der zerebrale Kortex.

Der Hypothalamus

Der Hypothalamus ist eine bohnengroße Struktur in den Tiefen des Gehirns, in der Nähe des oberen Teiles des Hirnstamms. Seine Hauptfunktion ist die Regelung von physiologischen Funktionen des autonomen Nervensystems und von verschiedenen Drüsen im Körper. Einige Nervenfasern, die in Verbindung zu Belohnung und Bestrafung stehen, befinden sich ebenfalls im Hypothalamus.

Der Thalamus

Der Thalamus, eine weitere Struktur oberhalb des Hirnstamms, befindet sich genau über dem Hypothalamus und fungiert als eine Art Umschaltstation für sensorische Information. Alle eingehenden neuronalen Signale der Sinnesorgane, mit Ausnahme von Geruchsinformationen, werden über den Thalamus weitergeleitet.

Das limbische System

Teile des Hypothalamus und des Thalamus sowie ein Netzwerk anderer Strukturen, die sich zwischen zerebralem Kortex und niedrigeren Hirnstrukturen finden, werden oft als Komponenten des limbischen Systems angesehen. Allgemein ausgedrückt sind die Strukturen des limbischen Systems an Emotionen beteiligt. Einige haben ebenfalls mit Gedächtnis und Konditionierung zu tun. Zu den wichtigen Strukturen des limbischen Systems gehört die **Amygdala**, die emotionale Informationen für die Langzeitspeicherung verarbeitet (Boujabit, Bontempi, Destrade & Gisquet-Verrier, 2003). Die Amygdala wird darüber hinaus mit Aggression und mit klassischer Konditionierung in Zusammenhang gebracht (Aguado, 2003). Der **Hippocampus** spielt eine wesentliche Rolle beim Langzeitgedächtnis für Fakten.

5.7 · Lernen und Gehirn

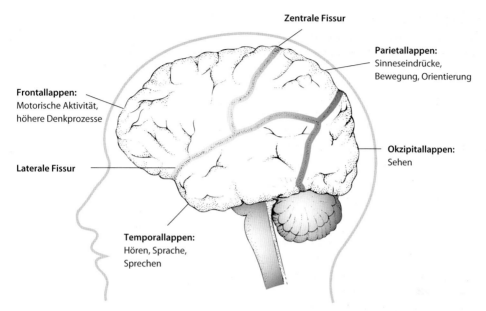

◘ **Abb. 5.6.** Die vier Großhirnlappen. Die Funktionen dieser Lappen sind stark integriert, sodass man sie nur schwerlich trennen kann. Dennoch steht jeder Lappen in enger Verbindung mit den genannten Hauptfunktionen

Das Zerebrum (Großhirn)

Das Zerebrum oder Großhirn, das sich in zwei Hälften (die **zerebralen Hemisphären**) unterteilt, ist die größte und komplexeste Hirnstruktur. Seine äußere Decke, der **zerebrale Kortex**, der nur etwa 3 mm dick ist, ist für die hochentwickeltsten Formen mentaler Aktivität verantwortlich: für Lernen, Denken und Erinnern. Diese Aktivitäten liegen auch unserem Empfinden von Bewusstsein zugrunde. Interessanterweise ist der zerebrale Kortex das jüngste Erbe der Evolution und einer der wenigen Teile des Gehirns, der sich während der Kindheit und bis ins frühe Erwachsenenalter weiter entwickelt und wächst.

Der zerebrale Kortex ist stark gefaltet, wodurch sich seine Oberfläche enorm vergrößert. Ihn durchlaufen eine Vielzahl von Fissuren. Diese Fissuren erzeugen in jeder der beiden zerebralen Hemisphären vier natürliche Unterteilungen, die sogenannten Lappen des zerebralen Kortex (◘ Abb. 5.6). Daher gibt es von jedem Lappen einen linken und einen rechten.

Am vorderen Teil des zerebralen Kortex befinden sich die **Frontallappen**, Strukturen, die sowohl mit motorischer Aktivität wie auch mit höheren Denkprozessen befasst sind. An jeder Seite befinden sich die **Temporallappen**, die an Hören, Sprache und Sprechen beteiligt sind. Wie wir später sehen werden, ist interessanterweise bei den meisten Personen der linke Temporallappen stärker an Sprachfunktionen beteiligt als der rechte. Unmittelbar hinter den Frontallappen und oberhalb der Temporallappen befinden sich die **Parietallappen**. Sie sind stark an Sinneseindrücken, Bewegung, Erkennungsleistungen und Orientierung beteiligt. Ganz hinten am Gehirn liegen die **Okzipitallappen**, die am Sehen beteiligt sind.

Wichtig zu wissen ist, dass die Teilung von Aufgaben und Verantwortlichkeiten zwischen den verschiedenen Teilen des Gehirns weder einfach noch klar ist. Obwohl die Temporallappen an Sprache und Sprechen beteiligt sind, spielen andere Teile des Gehirns dabei auch zentrale Rollen. In ähnlicher Weise sind verschiedene Gedächtnisarten in verschiedenen Teilen des Gehirns lokalisiert, wie wir in ▶ Kap. 9 sehen werden.

Die Hemisphären

Wie zuvor bereits angesprochen, besteht das Gehirn aus zwei sehr ähnlichen Hälften, deren Unterteilung entlang der Mittellinie von vorn nach hinten läuft und die die beiden zerebralen Hemisphären bilden. Infolgedessen gibt es von jedem der Hauptlappen des zerebralen Kortex zwei. Und auch wenn die Funktionen der korrespondierenden Lappen in vielfacher Hinsicht ähnlich sind, haben zahlreiche Untersuchungen ergeben, dass die Hemisphären ihre jeweiligen Funktionen nicht einfach doppelt ausüben – eine Tatsache, die als **Lateralisierung** bezeichnet wird. Allgemein kontrolliert z. B. die rechte Hemisphäre Sinneseindrücke und Bewegungen der **linken** Körperseite, die linke Hemisphäre kontrolliert Funktionen der rechten Körperseite. Diese Eigenschaft bezeichnet man als **Prinzip der gegenüberliegenden Kontrolle** (principle of opposite control) (Leask & Crow, 1997).

Hemisphärenasymmetrien sind auch anhand der Tatsache erkennbar, dass etwa 90% aller Menschen Rechtshänder und nur 10% Linkshänder sind (Halpern & Coren, 1990). Bei den meisten Menschen ist die linke Hemisphäre stärker an der Sprachproduktion beteiligt als die rechte. Dies gilt für ungefähr 95% der Rechtshänder und für etwa 70% der Linkshänder (Bradshaw, 1989). Außerdem gibt es Hinweise darauf, dass die rechte Hemisphäre stärker mit Emotionen sowie räumlichen und zeitlichen Dingen befasst ist – also mit Musik und Kunst.

Derartige Befunde haben zu Spekulationen über Unterschiede zwischen »rechtshirnigen« und »linkshirnigen« Individuen geführt. Von linkshirnigen Menschen erwartet man bessere Leistungen bei Aufgaben, die Logik, Mathematik, Wissenschaft und sprachliche Fähigkeiten erfordern. Im Gegensatz dazu hält man rechtshirnige Menschen für künstlerischer, musikalischer und mit höherer emotionaler Intelligenz ausgestattet. Einige Pädagogen behaupten, dass Schulen durch Betonung von Logik, Mathematik, Wissenschaft und Sprache die Funktionen des linken Gehirns betonen und dazu tendieren, die des rechten Gehirns zu ignorieren (bspw. Sonnier, 1991). Diese Pädagogen favorisieren die sogenannte **holistische oder ganzheitliche Erziehung** – eine Form von Erziehung, die gezielt beide Seiten des Gehirns schulen will. Laut Miller (1990) legt die holistische Erziehung den Schwerpunkt auf oft vernachlässigte künstlerische und musikalische Interessen und Fähigkeiten von Kindern und ist mehr auf die Person zentriert, stärker ökologisch und vielleicht auch spiritueller orientiert.

Unglücklicherweise hat es sich als schwierig erwiesen, die separaten Funktionen der beiden Hemisphären zu untersuchen. Vieles, was man an Informationen in diesem Bereich zu haben glaubt, ist eher Spekulation als Fakt, sagt Bruer (1997). Die vorliegenden Informationen verweisen eher darauf, dass es starke Überlappungen zwischen den Funktionen der zerebralen Hemisphären gibt. Ein Beispiel: Obwohl bestimmte Regionen des linken Temporallappens stark an Sprache und Sprechen beteiligt sind, werden diese Funktionen nach einer Gehirnschädigung oft von anderen Teilen des Gehirns übernommen (Bradshaw, 1989). Dies trifft insbesondere zu, wenn diese Schädigung in einer frühen Lebensphase auftritt; wenn es später zu einer Schädigung kommt, findet man weniger Erholung von Funktionsverlusten. Weiterhin ist nicht klar, ob die rechte Hemisphäre immer mehr an künstlerischen, musikalischen und räumlichen Fähigkeiten beteiligt ist. Eine Überblicksarbeit über Untersuchungen, die die Beziehung zwischen der rechten Hemisphäre und räumlichen Aufgaben betrachtet haben, zeigt z.B., dass die Resultate insgesamt äußerst komplex waren. Während Männer eine leichte rechtshemisphärische Bevorzugung für räumliche Aufgaben zu haben schienen, galt dies für Frauen nicht (Vogel, Bowers & Vogel, 2003).

Laut Brown und Kosslyn (1993) ist die Behauptung, die linke Hemisphäre sei logisch, wissenschaftlich und mathematisch, während die rechte künstlerisch, musikalisch und emotional sei, irreführend und grob vereinfachend. Diese Dichotomie, erklären sie, ist äußerst relativ. Das heißt, eine Hemisphäre ist in bestimmten Dingen **etwas** besser als die andere, aber es existieren beträchtliche Überlappungen ihrer Funktionen.

Dennoch verringern diese Erkenntnisse weder die Bedeutung einer Sorge der holistischen Erziehung, dass unsere Curricula wichtige Bereiche menschlicher Interessen und Fähigkeiten vernachlässigten, noch die Bedeutung ihrer Forderung, dass wir diesen Bereichen mehr Beachtung schenken sollten.

5.7.5 Gehirn und Erfahrung

Riesen und Kollegen (1951) zogen vier Schimpansenbabies in einem verdunkelten Raum auf, wo sie nur 90 Minuten am Tag diffusem Licht ausgesetzt waren. Als diese Schimpansen nach sieben Monaten in eine normale Umwelt gebracht wurden, hatte keiner von ihnen normales Sehvermögen. Die Schimpansen brauchten Monate, um vertraute Objekte wie ihre Fläschchen erkennen zu lernen oder zu lernen, wie sie ihre Bewegungen koordinieren mussten, um nicht an Gegenstände anzustoßen. Keiner von ihnen erlangte jemals normales Sehvermögen.

Viele weitere Untersuchungen an Katzen, Schimpansen und anderen Tieren, die in Dunkelheit aufgezogen wurden oder denen man Brillen aufsetzte, die die Welt auf verschiedene Weise verzerrten, demonstrieren auf dramatische Weise, dass die meisten nicht lernen können, normal zu sehen, wenn die Lichter wieder eingeschaltet oder die Brille entfernt wird. Spätere Untersuchungen der Gehirne dieser Tiere zeigen, dass sie nicht dieselbe Anzahl und Art von neuronalen Verbindungen ausgebildet hatten wie normal aufgezogene Tiere (Crawford, Harwerth, Smith & van Noorden, 1993).

In einer frühen Studie zogen Krech, Rosenzweig und Bennett (1966) einige Ratten in einer verarmten Umgebung auf: wenig Licht in blechverkleideten Käfigen, kein Spielzeug zum Spielen und keine Interaktion mit anderen Ratten oder mit Menschen. Andere Ratten wuchsen in einer – aus der Sicht der Ratte – stark angereicherten Umgebung auf: große, gut beleuchtete Käfige, Laufräder, in denen sie laufen konnten, Spielzeug, um damit zu spielen, Dinge, an denen sie knabbern oder die sie anschauen konnten, soziale Interaktion mit anderen Ratten und freundliche Menschen als Versuchsleiter. Die resultierenden Unterschiede zwischen diesen anfänglich identischen Rattengruppen waren, wie Krech und Kollegen erläutern, bemerkenswert. Die angereicherte Gruppe war offensichtlich weitaus intelligenter, erkennbar an der Leichtigkeit, mit der sie lernte, durch ein Labyrinth hindurchzufinden, und ihre Gehirne wiesen messbare Unterschiede zur anderen Gruppe auf (sie waren schwerer, zeigten mehr Verbindungen zwischen Neuronen sowie größere Mengen spezifischer Proteine). Jüngere Studien, in denen elaboriertere und präzisere Methoden zur Untersuchung der Gehirne von Experimentaltieren verwendet wurden, bestätigen diese frühen Befunde (beispielsweise Tropea et al., 2001). Eine stärkere Anreicherung der Umwelt von Tieren (und wahrscheinlich auch der von Menschen) führt zu Gehirnen, die über mehr Kapillaren (kleine Blutgefässe) pro Nervenzelle verfügen und darum besser mit Sauerstoff versorgt werden. Anreicherung der Umwelt führt wahrscheinlich auch zur vermehrten Ausbildung von **Synapsen** – von Verbindungen – zwischen Gehirnzellen (Bransford, Brown & Cocking, 2000).

Die allgemeine Schlussfolgerung aus dieser und anderen ähnlichen Untersuchungen lautet daher, dass die Entwicklung des Gehirns in hohem Maße von Erfahrungen abhängig ist – insbesondere von frühen Erfahrungen. Die Implikationen dieser Schlussfolgerung für das Aufziehen und die Erziehung von Kindern sind enorm.

5.7.6 Betrachtung von Lernen auf der Grundlage von Gehirnfunktionen

Es gibt viele verschiedene Möglichkeiten, menschliches Lernen zu betrachten. Eine Sammlung wichtiger Ansätze, die im ersten Kapitel dieses Textes beschrieben wurden, konzentriert sich auf das Verhalten und auf die Ereignisse, die Verhaltensänderungen zugrunde liegen. Andere Ansätze, die später beschrieben werden, sind stärker gehirnbasiert: Sie betrachten, wie das Gehirn an Lernen beteiligt ist.

Für unsere Zwecke kann die Rolle des Gehirns für menschliches Lernen wie folgt zusammengefasst werden (wobei man bedenken muss, dass diese Zusammenfassung eine übermäßige Vereinfachung darstellt):

1. Alle Informationen gelangen über unsere Sinnessysteme ins Gehirn. Die Sinnessysteme sind unsere einzigen Informationsquellen über die Welt. Alles, was das Gehirn wissen kann, erklärt Freeman (2003), resultiert aus den Hypothesen, die es auf Grundlage der über die Sinnessysteme einfließenden Informationen bildet.

2. All diese sensorischen Informationen (mit Ausnahme derjenigen, die mit Geruch zu tun haben) werden über den Thalamus sortiert und an die entsprechenden Teile des zerebralen Kortex weitergeleitet. So wird visuelle Information an den sogenannten **visuellen Kortex** im Okzipitallappen und auditorische Information an den **auditorischen Kortex** im Temporallappen weitergegeben. (Sinnesempfindungen, die mit Geruch zu tun haben, werden über direkte Verbindungen an den **Bulbus olfactorius**, eine Struktur an der Basis des Frontallappens, gesendet.)

146 Kapitel 5 · Evolutionspsychologie: Lernen, Biologie und das Gehirn

3. Wichtige Informationen über nicht-emotionale Fakten und Ereignisse werden über den Hippocampus zur Langzeitspeicherung weitergeleitet; wichtige emotionale Informationen gelangen über den Thalamus zur Verarbeitung ins Langzeitgedächtnis.
4. Die tatsächliche Verarbeitung, zu der die Überprüfung von Informationen auf Bedeutung und Assoziationen gehört, geschieht im zerebralen Kortex.

Wie Sprenger (2002) erklärt, geschieht Lernen im Prinzip auf diese Weise. Unglücklicherweise ist, wie wir später sehen werden, das komplette Bild – das noch nicht gänzlich aufgezeichnet wurde – etwas komplexer als diese Beschreibung.

Zusammenfassung

1. Starke Geschmacksaversionen können in einem einzigen Durchgang in einer verzögerten Konditionierung erlernt werden, ein Phänomen mit klar erkennbarer Bedeutung als biologischer Überlebensmechanismus.
2. Geschmacksaversionslernen kann über die Pawlow'sche Sicht klassischer Konditionierung nicht gut erklärt werden, da es (a) in einem einzigen Durchgang auftreten kann, (b) oftmals eine Wirkung enthält, die lang nach dem konditionierten Stimulus eintritt, und (c) bei bestimmten Stimulusarten leichter auftritt als bei anderen. Die Tatsachen, dass Geschmacksaversionen durch Spurkonditionierung mit langen zeitlichen Verzögerungen gelernt werden kann (die Wirkung des unkonditionierten Stimulus tritt lange nach dem konditionierten Stimulus auf, dies wird als **latente Inhibition** bezeichnet) und dass Geschmacksaversionslernen bei Tieren hoch selektiv ist, legen nahe, dass biologischer und evolutionärer Druck daran beteiligt sind.
3. Beim Blocking wird die Ausbildung einer einfachen konditionierten Reaktion durch vorangegangenes Lernen verhindert. Kamin erklärt Blocking unter Bezugnahme auf die Erwartungen des Tieres. Das Auftreten eines unerwarteten Ereignisses vor einem wichtigen Ereignis führt zur Entwicklung einer Assoziation zwischen diesem und dem unerwarteten Ereignis.
4. Rescorla und Wagner behaupten, dass Lernen in der klassischen Konditionierung durch die Ausbildung einer Assoziation zwischen verschiedenen kombinierten Stimuli und einer konditionierten Reaktion geschieht. Da nur eine definierte Menge assoziativer Stärke verfügbar ist, bleibt, sobald alles davon für eine Komponente eines kombinierten Stimulus aufgebraucht ist, nichts für die Ausbildung neuer Assoziationen mit den anderen Komponenten desselben kombinierten Stimulus übrig. Daher wird weiteres Lernen blockiert.
5. Eine Sichtweise auf Konditionierung besteht darin, dass dabei gelernt wird, was wozu gehört. Konditionierung höherer Ordnung stellt einen Prozess dar, bei dem verschiedene neutrale Stimuli als Resultat der Paarung mit einem unkonditionierten Stimulus einige von dessen Funktionen übernehmen.
6. Darwins Theorie der natürlichen Selektion basiert auf der Beobachtung, dass alle Spezies sowohl im Verhalten wie auch physiologisch variieren, dass diese Variationen zumindest teilweise genetischer Natur sind und dass die Konkurrenz um wichtige Ressourcen zu einem häufigeren Auftreten solcher Eigenschaften führt, die im Konkurrenzkampf um Ressourcen erfolgversprechend sind.
7. Evolutionspsychologen gehen davon aus, dass eine weitere nützliche Sichtweise auf Konditionierung darin besteht, sie als einen adaptiven Prozess zu betrachten, der stark durch biologischen und evolutionären Druck beeinflusst wird. Daher sind viele Lebewesen prädisponiert, bestimmte Verhaltensweisen zu zeigen, und lernen diese Verhaltensweisen sogar in Situationen, wo sie mit Verstärkung interferieren (Autoshaping, auf Pickscheiben picken bei Tauben).
8. Tiere, die komplexe Verhaltensweisen gelernt haben, fallen manchmal auf ein instinktiveres

▼

Verhalten zurück, auch wenn das bedeutet, dass sie nicht mehr verstärkt werden (instinktive Überlagerung).

9. Biologische Beschränkungen sind genetische Prädispositionen, die bestimmte Arten von Lernen erschweren (von Seligman als Gegenbereitschaft – contrapreparedness – beschrieben), andere hingegen sehr erleichtern (Bereitschaft – preparedness). Biologische Prädispositionen zeigen sich in instinktiver Überlagerung, im Autoshaping und im Geschmacksaversionslernen.

10. Soziobiologie ist die systematische Untersuchung der biologischen Grundlagen von Sozialverhalten. Sie geht davon aus, dass es für viele Aspekte des tierischen und menschlichen Sozialverhaltens genetische Erklärungen gibt (z. B. für Altruismus). Diese Erklärungen basieren stark auf der Evolutionstheorie und auf dem Konzept der inklusiven Fitness, also der Fitness genetisch verwandter Gruppen – und nicht von Individuen – bezüglich ihrer Fähigkeit, sich fortzupflanzen und zu überleben.

11. Die Konditionierungstheorie beschreibt zwei Arten von Verhalten (respondentes und operantes) und zwei Sammlungen von Gesetzen (klassische und operante Konditionierung) zu ihrer Erklärung. Ausnahmen von diesen Gesetzen sind Geschmacksaversionslernen, Autoshaping, Blocking und instinktive Überlagerung. Diese Ausnahmen zeigen, wie wichtig es ist, biologische Faktoren zu berücksichtigen, und dienen als Grundlage der Evolutionspsychologie.

12. Biofeedback bezieht sich auf Informationen, die Lebewesen über ihre biologischen Funktionen erhalten. Neurofeedback meint dabei insbesondere Informationen über neuronale und spezielle Gehirnfunktionen. Die Forschung zum Biofeedback bemüht sich, Menschen eine größere Kontrolle über ihre physiologischen Funktionen zu vermitteln, indem sie ihnen Informationen darüber liefert. Techniken des Biofeedback und Neurofeedback werden manchmal für therapeutische Zwecke eingesetzt, insbesondere für Stressabbau, Kopfschmerz und verschiedene andere Beschwerden.

13. Die Evolutionspsychologie mit ihrer Betrachtung der biologischen Anteile an menschlichem und tierischem Verhalten liefert einen etwas weniger mechanistischen Ansatz zur Erklärung von Lernen und stellt konzeptuell den Beginn eines Übergangs zu stärker kognitiv ausgerichteten Theorien dar.

14. Das Gehirn mit seinen etwa 100 Milliarden Neuronen spielt eine zentrale Rolle für alles, was wir denken und tun. Es ist die Grundlage unseres Bewusstseins. Informationen über das Gehirn und seine Funktionsweise entstammen Studien zu Hirnverletzungen und -erkrankungen, zu chirurgischen Eingriffen und Untersuchungen des Gehirns, zu elektrischen und chemischen Stimulationsmöglichkeiten des Gehirns und zu Verfahren wie EEG und verschiedenen bildgebenden Verfahren wie fMRT und PET.

15. Unter anderem haben Untersuchungen der Gehirnfunktionen Zentren für »Lust« und »Bestrafung« in Teilen des Hypothalamus identifiziert. Darüber hinaus haben sie gezeigt, wie man anhand einiger Neurotransmitter, z. B. Dopamin, die belohnenden und suchterzeugenden Wirkungen elektrischer Stimulation des Gehirns sowie bestimmter Rauschdrogen wie Kokain erklären kann.

16. Die im Sinne der Evolution jüngsten Strukturen des Gehirns, die das Vorderhirn und speziell das Zerebrum (Großhirn) bilden, sind bei Menschen am höchsten entwickelt und spielen eine zentrale Rolle für höhere geistige Funktionen. Strukturen des Hinterhirns, die stärker an physiologischen Funktionen und Bewegungsabläufen beteiligt sind, sind älter und oftmals bei nichtmenschlichen Tieren stark entwickelt.

17. Der zerebrale Kortex, die dünne, gefaltete, äußere Schicht des Zerebrums, lässt sich anhand natürlicher Einteilungen in vier Lappen in jeder Hemisphäre untergliedern, von denen

▼

jeder primär mit einer oder mehreren Funktionen befasst ist, obwohl auch beträchtliche Überlappung und Integration von Funktionen existiert (Frontallappen: höhere geistige Prozesse; Parietallappen: Sinnesempfindungen, Bewegung, Erkennung und Orientierung; Okzipitallappen: Sehen; Temporallappen: Hören, Sprache und Sprechen).

18. Es gibt einige Belege dafür, dass die beiden Hälften des zerebralen Kortex asymmetrisch an verschiedenen Funktionen beteiligt sind. Insbesondere wird von der linken Hemisphäre angenommen, dass sie stärker logisch, mathematisch und verbal ausgerichtet ist, während der rechten Hemisphäre eher emotionale, künstlerische, räumliche und musikalische Funktionen zugeschrieben werden. Tatsächlich überlappen die zerebralen Funktionen aber beträchtlich.

19. Die Entwicklung des Gehirns scheint stark erfahrungsabhängig zu sein, insbesondere frühe Erfahrungen spielen eine große Rolle.

20. Ansätze, Lernen auf der Basis des Gehirns zu untersuchen, beschäftigen sich damit, wie das Gehirn auf Stimulation reagiert und wie es Information verarbeitet.

III Der Beginn des modernen Kognitivismus

6 Übergang zum modernen Kognitivismus: Hebb, Tolman und die Gestaltpsychologen – 151

6

Übergang zum modernen Kognitivismus: Hebb, Tolman und die Gestaltpsychologen

Logischerweise sollte man eine wissenschaftliche Theorie niemals glauben. Man betrachtet sie am besten als eine hochentwickelte Aussage zum Nichtwissen, als eine Art und Weise, mögliche Ideen zu formulieren, damit sie überprüft werden können, und nicht als den Versuch einer Aussage über eine endgültige Wahrheit.

Donald Hebb

6.1	**Hebbs Theorie: Höhere geistige Prozesse** – 153	6.3.2	Implikationen für den Schulunterricht und Zusammenfassung: Prinzipien von Tolmans System – 169
6.1.1	Höhere geistige Prozesse – zwischen Stimulus und Reaktion – 153	6.3.3	Tolmans zweckorientierter Behaviorismus: Bewertung – 170
6.1.2	Physiologie des Lernens – 154		
6.1.3	Funktionen des zentralen Nervensystems – 154	6.4	**Gestaltpsychologie: grundlegende Annahmen** – 171
6.1.4	Hebbs neurophysiologische Annahmen – 156	6.4.1	Einsicht vs. Versuch und Irrtum beim Lernen von Menschenaffen – 171
6.1.5	Neurologische Veränderungen beim Lernen – 157	6.4.2	Gestalt bedeutet »das Ganze« – 173
6.1.6	Neurologie von Reaktivität und Plastizität – 158	6.4.3	Gestalttheorie: Gesetze der Wahrnehmung – 173
6.1.7	Vermittelnde Prozesse: Hypothesen und Annahmen – 159	6.4.4	Annahmen der Gestaltpsychologie zu Lernen und Gedächtnis – 175
6.1.8	Lernen und Denken in Hebbs Theorie – 161	6.4.5	Jenseits der Wahrnehmung: das Verhaltensfeld – 177
6.1.9	Set und Aufmerksamkeit – 162	6.4.6	Gestaltpsychologie und zeitgenössischer Kognitivismus – 178
6.1.10	Anwendungen von Hebbs Theorie für die Erziehung – 162	6.4.7	Implikationen der Gestaltpsychologie für Erziehung und Schule – 178
6.1.11	Hebbs Theorie: Bewertung – 163	6.4.8	Gestaltpsychologie: Bewertung – 179
6.2	**Vom Behaviorismus zum Kognitivismus** – 164	6.5	**Metaphern in der Psychologie** – 180
		6.5.1	Metaphern im Behaviorismus – 180
6.3	**Tolmans zweckorientierter Behaviorismus** – 166	6.5.2	Metaphern im Kognitivismus – 181
6.3.1	Verhalten sich Ratten zielgerichtet? – 166		

Der Kater wartete schon, als wir uns der Hütte näherten, er war verfroren und durchnässt und rieb sich an der geschlossenen Tür. Sogar durch den Regen hindurch konnte ich die Bohnen riechen, die die alte Dame zum Backen in die Backröhre des alten Holzofens geschoben hatte, und ich hatte auf einmal gewaltigen Hunger. Die alte Dame füllte den Napf des Katers schnell mit Bohnen und einem großen Brocken aus dem Ofen, aber mir gab sie

▼

▼

nichts zu essen. Noch nicht, sagte sie, ich möchte noch vor dem Abendessen mit Kapitel 6 anfangen. Damit entrollte sie ihre Manuskriptblätter auf dem Tisch, an dem ich eigentlich essen wollte. Aber anstatt mit dem Vorlesen ihrer Aufzeichnungen zu beginnen, legte sie sie wieder beiseite. Sie sagte, bevor sie mit dem nächsten Kapitel anfinge, wolle sie etwas über Ideen und Theorien sagen. Sie erklärte, dass neue Ideen selten aus heiterem Himmel kämen. Sie sagte, wenn wir die Geschichte menschlicher Ideen genau betrachteten, würden wir bemerken, dass lange vor dem Aufkommen einer scheinbar neuen Idee fast immer bereits Vorboten ihres Kommens vorhanden sind. Manchmal stellen wir fest, dass eine Idee bereits Jahrzehnte oder Jahrhunderte zuvor komplett ausformuliert wurde. Solche frühreifen Ideen – und ihre Vertreter – werden oft lautstark verlacht und sind zu einem schnellen Ende verdammt – verfrühte Ideen nennen die Philosophen sie. Aber sie haben unrecht, erklärte die alte Dame, weil Ideen niemals wirklich verfrüht sind, es sind vielmehr die Menschen, die hinter ihrer Zeit zurückbleiben und daher die Bedeutung dieser Ideen nicht erkennen.

Die alte Dame schwieg eine lange Zeit, so als würde sie über etwas Wichtiges nachdenken. Haben Sie Hunger?, fragte ich sie hoffnungsvoll, aber sie schien meine Frage nicht gehört zu haben. Dann, ohne Vorwarnung, machte sie eine Bewegung, um mich zum Einschalten des Rekorders aufzufordern, und begann wieder aus ihren Notizen vorzulesen.

In diesem Kapitel…

Kapitel 6 beschäftigt sich mit Ideen, die in mehrfacher Hinsicht »verfrühte« Ideen waren – Vorboten späterer Ideen. Viele dieser Ideen waren aber auch Spiegelungen bereits ausgesprochener und niedergeschriebener Ideen. So reflektiert Donald Hebbs Behaviorismus die Gedanken der Konditionierungstheorie, sie enthält aber auch Vorboten von Konnektionismus und neuronalen Netzwerken, die den Computermodellen menschlichen Denkens zugrundeliegen, die erst Jahrzehnte später entwickelt wurden (▶ Kap. 8). Darüber hinaus verweist Hebbs Theorie bereits auf zeitgenössische Versuche, Lernen und Verhalten durch Betrachtung der Ereignisse im Gehirn zu verstehen. In ähnlicher Weise drücken die Ideen von Edward Chace Tolman und den Gestaltpsychologen ein wachsendes Interesse an zeitgenössischen kognitiven Themen, wie Wahrnehmung, Problemlösen und Entscheidungsfindung, aus.

Lernziele

Die alte Dame sagte, dass Sie nach achtmaligem Lesen dieses Kapitels sowohl in der Lage als auch dazu bereit wären – versprochen! – selbst lange Reden zu den folgenden Themen zu halten:

- Hebb'sche Zellverbände und Phasensequenzen
- Arousal Theorie
- Tolmans zielgerichteter Behaviorismus
- grundlegende Gesetze der Gestaltpsychologie.

Sie sagte noch, dass Sie auch einiges, aber nicht so schrecklich viel, über Säbelzahntiger wissen würden. Und dann fuhr sie fort, ihre Notizen zu lesen.

6.1 Hebbs Theorie: Höhere geistige Prozesse

Die Bedeutung von Säbelzahntigern, las sie, hat damit zu tun, dass ein Mann, wenn er erstmals einem Säbelzahntiger gegenübersteht, sich sofort umdrehen und wegrennen wird, als wäre der Teufel selbst hinter ihm her. Aber wenn derselbe Mann an einen Fluss kommt, mit der Absicht ihn zu überqueren, und feststellt, dass der zu diesem Zweck bereitgelegte Stein verschwunden ist, wird er anhalten und sich vielleicht ans Ufer setzen, das Kinn in die Hand gestützt. Später wird er sich möglicherweise entschließen, einen neuen Stein zu besorgen, um den ersten zu ersetzen.

Zusätzlich zu dem offensichtlichen Mangel an Ähnlichkeiten zwischen einem Menschen, der vor einem Säbelzahntiger wegläuft, und einem, der an einem Flussufer sitzt, gibt es noch einen wichtigen Unterschied zwischen den beiden Verhaltensweisen. Das erste Verhalten kann in den Begriffen des inzwischen vertrauten S-R-Modells interpretiert werden: Der Tiger ist der Stimulus, Wegrennen die unmittelbare Reaktion.

Das zweite Verhalten zeigt eine völlig andere Situation, obwohl in gewissem Sinne der fehlende Stein ein Stimulus ist und die Handlung des Weggehens, um einen Ersatz zu besorgen, eine Reaktion darstellt. Das Problem mit einer S-R-Interpretation besteht darin, dass möglicherweise ein zeitlicher Abstand von Minuten oder sogar Stunden zwischen der Stimuluspräsentation und der Reaktion liegt. Aufgrund dieser zeitlichen Distanz ist das S-R-Modell überhaupt nicht angemessen.[1]

---

[1] Hier unterbrach sich die alte Dame selbst. Wir hätten auch Bohnen als Beispiel wählen können, sagte sie zu mir. Sie erklärte, dass trotz meines großen Hungers dieser Hungerstimulus nicht automatisch dazu führe, dass ich etwas essen würde. Sie sagte, ich wäre imstande, meine Reaktion aus einer Vielzahl von Gründen hinauszuschieben, einschließlich der Tatsache, dass ich mir die Konsequenzen sowohl des Essens als auch des Nicht-Essens ausmalen könne. Sie sagte, die Fähigkeit, unsere Reaktionen hinauszuschieben, und die Fähigkeit, sich die Konsequenzen dieses Hinausschiebens vorzustellen, seien zentral für das Verständnis menschlichen Verhaltens. Der Kater hatte inzwischen seinen leeren Napf komplett ausgeleckt, saß da und starrte mich an. Mein Magen knurrte.

Eine wichtige Frage lautet: Was passiert in dieser Zeit, die zwischen dem Stimulus und der Reaktion vergeht?

6.1.1 Höhere geistige Prozesse – zwischen Stimulus und Reaktion

Hebb sagt: Es ist sehr wahrscheinlich, dass irgendetwas, was mit Stimulus und Reaktion zu tun hat, zumindest während eines Teils dieser Zeit geschieht, weil das resultierende Verhalten (die Reaktion) die Situation (den Stimulus) reflektiert. Ein Etikett für diese Vorgänge zwischen Stimulus und Reaktion heißt **höhere geistige Prozesse**. Laienhaft ausgedrückt sind höhere geistige Prozesse Denken oder Denkprozesse. Ein Etikett stellt jedoch weder eine Erklärung noch eine Beschreibung dar.

Hebb beschreibt höhere geistige Prozesse als »Prozesse, die, obwohl sie selbst unabhängig von unmittelbarem sensorischen Input sind, mit diesem Input zusammenarbeiten, um zu entscheiden, welche von verschiedenen möglichen Reaktionen gezeigt wird, und wann« (1958, S. 101). Mit anderen Worten: Höhere geistige Prozesse sind Aktivitäten, die Reaktionen vermitteln, sie sind Vermittlungsprozesse. Das bedeutet, dass sie Stimuli und Reaktionen verbinden, manchmal über lange Zeitspannen.

Aus der Sichtweise des Handelnden werden diese Prozesse als »Denken« erlebt. Obwohl Hebb höhere geistige Prozesse erklären wollte, ist er dennoch ganz klar ein Behaviorist. »Die Belege, derer sich die Psychologie sicher sein kann, betreffen das, wie sich Mensch oder Tier **verhalten**«, behauptet er. »Zu diesen Belegen gehören nicht Empfindungen, Gedanken und Gefühle« (1966, S. 4). Aber, beeilt er sich herauszustellen, die Psychologie »beschäftigt sich mit solchen Prozessen, das Wissen darüber wird erschlossen, ist nicht unmittelbar« (S. 4). Und weiter: »Alles, was man über die Gedanken oder Gefühle einer anderen Person weiß, wird aus dem Verhalten geschlossen. Wissen über das Verhalten ist Faktenwissen. Wissen über geistige Prozesse ist theoretisches oder schlussfolgerndes Wissen« (S. 4).

Hier zeigt sich eine grundlegende, bedeutsame Abkehr vom frühen Behaviorismus. Mit der Forderung, dass die Wissenschaft des Verhaltens nur auf

Beobachtungen objektiver Ereignisse wie Stimuli und Reaktionen basieren darf, schien der frühe Behaviorismus die Existenz geistiger Prozesse zu leugnen. Hebb sagt uns aber, dass der Behaviorismus in Wirklichkeit das Vorhandensein dieser Prozesse nie geleugnet hat. John B. Watson und andere bestritten lediglich den **wissenschaftlichen** Nutzen von Konzepten wie Bewusstsein, Vorstellung und Denken (ebenso wie den wissenschaftlichen Wert von Ansätzen wie Introspektion).[2] Hebb selbst schlägt nun vor, dass Schlussfolgerungen über solche Prozesse nützlich sein können, wenn sie auf tatsächlichen Beobachtungen basierten und wenn Psychologen sich stets den Unterschied zwischen Fakt (Beobachtung) und Schlussfolgerung (Theorie) vergegenwärtigten. »Theorien sind für Debatten immer offen«, sagt Hebb, »aber eine nützliche Debatte ist nur möglich, wenn eine gewisse Übereinstimmung über die Fakten herrscht« (1966, S. 4).

Zur Erinnerung: Auch Clark L. Hull hatte angenommen, dass menschliches Verhalten über hypothetische (also auf Schlussfolgerungen basierende) Variablen verstanden werden kann, die zwischen Stimulus und Reaktion vermitteln. Ein großer Unterschied zwischen Hebbs und Hulls **vermittelnden Konstrukten** besteht jedoch darin, dass Hulls Schlussfolgerungen in keiner Beziehung zu Struktur oder Funktionsweise des Nervensystems stehen: Sie sind weitgehend hypothetisch. Im Gegensatz dazu sind Hebbs Variablen physiologisch: Sie basieren auf neurologischen Fakten und Spekulationen.

6.1.2   Physiologie des Lernens

Hebb weist darauf hin, dass die Psychologie sich mit dem Verhalten biologischer Organismen befasst, daher muss sie sich mit Menschen als Produkten der Evolution sowie mit der Funktionsweise von Drüsen, Muskeln und anderen Organen beschäfti-

gen. Die Evolutionspsychologen teilen, wie in ▶ Kap. 5 aufgezeigt, diese Sichtweise. Am wichtigsten ist wahrscheinlich, sagt Hebb, dass die Psychologie die Funktionsweise des Nervensystems – und insbesondere die des Gehirns berücksichtigt.

Obwohl andere Behavioristen wie B.F. Skinner die Existenz und Bedeutung der physiologischen Systeme des Menschen und insbesondere die des zentralen Nervensystems anerkannten, vermieden sie bewusst Spekulationen über die Funktionen dieser Systeme. Solche Spekulationen sind laut Skinner (1938) Fiktionen; sie befassen sich mit einem **konzeptuellen** und nicht mit einem **zentralen** Nervensystem.

Im Gegensatz dazu entschied sich Hebb bewusst, über das von ihm sogenannte »konzeptuelle Nervensystem« zu spekulieren. Er war der Ansicht, die geistigen Prozesse, die zwischen Stimulus und Reaktion intervenieren, könnten als neurologische Ereignisse verstanden und beschrieben werden. Diese Annahme bildet einen Grundstein seiner Theorie, die er **pseudobehavioristisch** nennt, weil sie sich hauptsächlich mit der Erklärung von Denkprozessen und Wahrnehmung befasst – also mit Themen, die nicht häufig vom behavioristischen Standpunkt aus betrachtet werden (Hebb, 1960).

Um Hebbs System verstehen zu können, ist es hilfreich, sich einige der Hauptmerkmale des menschlichen Nervensystems anzusehen.

6.1.3   Funktionen des zentralen Nervensystems

Das menschliche Nervensystem besteht aus Milliarden von Zellen, den Neuronen. Wie wir in ▶ Kap. 5 sahen, befinden sich die meisten davon im Gehirn (wahrscheinlich etwa 100 Milliarden) und im Rückenmark, die zusammen das zentrale Nervensystem (ZNS) bilden.[3] Der Rest befindet sich im gesam-

---

[2]   Die alte Dame schüttelte den Kopf, beinahe als wäre sie unglücklich, während sie diese Zeile las. »Wissen Sie«, sagte sie zu mir, »ich finde es erstaunlich, wie Ihre Psychologen das Bewusstsein behandelt haben.« Sie sagte, sie hätte erwartet, wir würden erkennen, wie absolut zentral das Bewusstsein für die Erfahrung des Menschseins sei, aber stattdessen habe es eine solch unsichere und kontroverse Rolle in der Entwicklung der menschlichen Psychologie erhalten. In den Anfängen, sagte sie, stand das Bewusstsein im Mittelpunkt

von Wissenschaft, später wurde es manchmal ignoriert oder sogar geleugnet. Psychologen sind sich immer noch nicht wirklich sicher, wie sie damit umgehen sollen.

[3]   Schätzungen zur Anzahl der Neuronen unterscheiden sich stark – sie reichen von nur 1 Milliarde bis hin zu 100 Milliarden Neuronen. Die aktuellsten Schätzungen sind tendenziell sehr hoch – 100 Milliarden oder mehr. Warum zählen Sie sie nicht einfach, fragte die alte Dame.

6.1 · Hebbs Theorie: Höhere geistige Prozesse

◘ **Abb. 6.1.** Schematische Darstellung zweier Neuronen

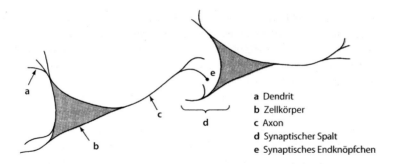

a Dendrit
b Zellkörper
c Axon
d Synaptischer Spalt
e Synaptisches Endknöpfchen

ten Körper, in Form komplexer neuronaler Pfade und Verzweigungen.

Ein **Neuron** ist eine spezialisierte Zelle, deren Funktion es ist, Impulse in Form elektrischer oder chemischer Veränderungen zu übertragen. Neuronen bilden die Verbindung zwischen Rezeptoren (z.B. Sinnesorganen) und Effektoren (Muskelsystemen, Drüsen) und gewährleisten damit, dass die Reaktionen eines Organismus in Beziehung zu der eingangenen Stimulation stehen. Bündel von Neuronen bilden die **Nerven**, aus denen sich das Nervensystem zusammensetzt.

Wie alle Zellen bestehen auch Neurone aus einem **Zellkörper** und verschiedenen Armen, die von diesem Zellkörper ausgehen. Einer davon bildet das **Axon**, die anderen sind **Dendriten** (◘ Abb. 6.1). Über das Axon werden neuronale Impulse weitergeleitet. In den meisten Fällen läuft die Weiterleitung nur in eine Richtung: Vom Zellkörper, weg das Axon entlang. Axone können mikroskopisch kurz sein, aber manche erstrecken sich über die gesamte Länge vom Gehirn durch das Rückenmark, eine Strecke von etwa 1 Meter beim Erwachsenen. An ihren Enden verzweigen sich die Axone und enden in mehreren

---

Donald Olding Hebb (1904–1985)

Hebb wurde am 22. Juli 1904 in der kleinen kanadischen Stadt Chester in Nova Scotia geboren. Seine Kindheit verbrachte er in dieser Region, danach ging er zur Dalhousie University in Nova Scotia. Interessanterweise war Hebbs frühes Ziel dasselbe wie Skinners, nämlich Romanschriftsteller zu werden (Hebb, 1980).

Wie aus Berichten hervorgeht, war Hebb kein besonders guter Student, sein Notendurchschnitt reichte gerade aus, um im Jahre 1925 seinen B.A. zu erhalten. Von Dalhousie wechselte er zur McGill University, wo er als Teilzeitstudent zugelassen wurde, wahrscheinlich weil der Leiter der Abteilung mit seiner Mutter befreundet war. Später ging er zur University of Chicago, um bei Karl Lashley zu studieren. Lashley, der Gedächtnisspeicherung im Gehirn erforschte, beeinflusste Hebbs Theorie stark (Dewsbury, 2000). Hebb machte in Chicago seinen M.A. und ging später zur Harvard University, wo er im Alter von 32 Jahren promovierte. Nach seiner Promotion bekleidete Hebb Positionen in Harvard, am Montreal Neurological Institute und an der Queen's University in Kingston, Ontario. Weitere Positionen, die er innehatte, waren: Mitherausgeber des *Bulletin of the Canadian Psychological Association*, eine Forschungsstelle im Yerkes Primatenforschungszentrum, die Präsidentschaften der Canadian Psychological Association und der American Psychological Association (er war der erste ausländische Präsident) und eine Professur für Psychologie an der McGill University in Montreal.

Zu seinen zahlreichen Auszeichnungen gehörte die Warren Medaille (die von der Society of Experimental Psychologists verliehen wird), die auch Hull gewann; ein Preis für herausragende wissenschaftliche Leistungen, den auch Jean Piaget erhielt, sowie eine große Anzahl Ehrentitel. Hebbs Publikationsliste umfasst viele wichtige Zeitschriftenartikel und zwei größere Bücher: *The Organization of Behavior*, veröffentlicht 1949, und *A Textbook of Psychology*, dessen dritte Auflage im Jahre 1972 erschien.

kleinen Verdickungen, die als **synaptische End-knöpfchen** bezeichnet werden. Diese sind nicht direkt mit anderen Neuronen verbunden, sondern enden nur in unmittelbarer Nähe. Die Lücke zwischen dem synaptischen Endknöpfchen und dem angrenzenden Neuron wird als **synaptischer Spalt** bezeichnet.

Dendriten sind haarfeine Verlängerungen des Zellkörpers von Neuronen. Während Neurone nur ein Axon haben, können sie einige oder viele Dendriten besitzen. Die Funktion der Dendriten besteht darin, Impulse zu empfangen und sie zum Zellkörper weiterzuleiten.

Neuronale Übertragung

An der Übertragung von Impulsen innerhalb und zwischen Neuronen ist elektrische und chemische Aktivität beteiligt. Man stelle sich jedes Neuron als eine kleine Batterie vor, die in der Lage ist, einen elektrischen Impuls zu erzeugen. Elektrizität ist der Strom negativ geladener Partikel (**Elektronen**) in Richtung eines positiv geladenen Pols. Elektrische Impulse in einem Neuron funktionieren auf genau dieselbe Weise. Eine Serie chemischer Veränderungen, die durch Stimulation ausgelöst wurden, verändern das **elektrische Potenzial** der Zelle, was zu einem Strom geladener Partikel (**Ionen**) führt. Dieser Strom ist ein elektrischer Impuls, ein sogenanntes **Aktionspotenzial**, im Gegensatz zu dem anfänglichen **Ruhepotenzial** der Zelle. Innerhalb von etwa 2 Millisekunden nach der anfänglichen Stimulation kehrt das Neuron wieder zum Ruhepotenzial zurück. Für einen kurzen Zeitraum danach, genannt **Refraktärzeit**, ist das Neuron entladen und kann daher in dieser Zeit keinen elektrischen Impuls generieren.

Die an der Änderung des elektrischen Zellenpotenzials beteiligten chemischen Stoffe, die damit zur neuronalen Übertragung beitragen, werden als **Neurotransmitter** bezeichnet. Bislang wurden ungefähr 100 verschiedene Neurotransmitter identifiziert (Sprenger, 2002). Die bekanntesten sind Dopamin, Noradrenalin, Acetylcholin und Serotonin.

Dopamin ist, wie wir in ▶ Kap. 5 gesehen haben, an den Funktionen von Neuronen beteiligt, die mit Lust und Verstärkung zu tun haben. Daher ist Dopamin ein wesentlicher Neurotransmitter für Motivation.

Noradrenalin ist ein Neurotransmitter, der mit Arousal (▶ Kap. 10) sowie mit Gedächtnis und Lernen zu tun hat. In kritischen Augenblicken werden Teile des Gehirns, einschließlich des Hypothalamus und der Amygdala, plötzlich mit Noradrenalin überschwemmt. Dieses Alarmsignal teilt dem Gehirn mit, dass der Körper eine Reaktion auf die kritische Situation hin zeigen muss: Vielleicht durch Flucht oder durch Kampf.

Der Neurotransmitter **Acetylcholin** ist an der Muskelaktivierung und damit an Bewegungen beteiligt, außerdem an Lernen und Gedächtnis. **Serotonin** ist an der neuronalen Übertragung in vielen Teilen des Gehirns beteiligt, insbesondere in Arealen, die mit Emotionen zu tun haben. Ein zu geringes Serotonin-Niveau steht im Zusammenhang mit Depressionen, Aggressionen und sogar Gewalt.

Aus der Perspektive des Lerntheoretikers ist das Wichtigste bei alledem, dass der Effekt einer Stimulation in der Aktivierung von Neuronen besteht, die sich daraufhin in einer Sequenz nacheinander aktivieren können, wobei die Impulse die Lücken zwischen den Neuronen überwinden (die Verbindungen oder Brücken zwischen Neuronen werden **Synapsen** genannt). Dies führt schließlich zu einer Impulsübertragung, die Drüsensekretionen oder Muskelkontraktionen verursacht. Die Grundfrage lautet dabei: Welche Veränderungen treten in Neuronen oder bei der neuronalen Übertragung auf, wenn der Organismus lernt?

6.1.4 Hebbs neurophysiologische Annahmen

Obwohl Hebb die Antwort auf diese Frage nicht kannte, stellte er eine Reihe wichtiger Annahmen auf, die auf eine Antwort hinausliefen, welche weitestgehend mit den jetzt bekannten Fakten kompatibel ist. Die grundlegende Annahme lautet: Die wiederholte Übertragung von Impulsen zwischen zwei Zellen (also zwischen zwei Neuronen) führt zu einer dauerhaften Bahnung der Übertragung zwischen diesen Zellen. Dauerhafte Bahnung bedeutet im Endeffekt Lernen. Hebb sagte im Grunde, dass wenn ein neurologisches Ereignis – also das Feuern einer Sequenz von Neuronen – wiederholt auftritt, es den ersten Neuronen in der Sequenz zu-

6.1 · Hebbs Theorie: Höhere geistige Prozesse

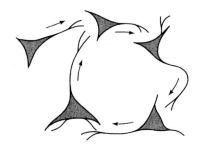

Abb. 6.2. Ein Zellverband. Zellverbände bestehen aus Aktivität in einer großen Zahl miteinander verbundener Neurone. Sie entsprechen einem relativ einfachen Input

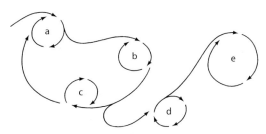

Abb. 6.3. Schematische Darstellung einer Phasensequenz: a, b, c, d und e kann man sich als Zellverbände vorstellen. Eine Phasensequenz entspricht einem Konzept und kann auf die Aktivität einer großen Anzahl miteinander in Verbindung stehender Neuronen beruhen (Abb. 6.2)

nehmend leichter fällt, die folgenden Neurone zu aktivieren.

Eine zweite zentrale Annahme in Hebbs Theorie lautet, dass Nervenzellen aufgrund ihrer Eigenaktivität wiederholt aktiviert werden können. Die Stimulation von Zelle A kann das Feuern von Zelle B auslösen. Dies wiederum kann zum Feuern von Zelle C führen, und Zelle C reaktiviert dann die erste Zelle der Sequenz, Zelle A, die wiederum B aktiviert, dann C, dann wieder A und so weiter und so weiter (Abb. 6.2). Das resultierende zirkuläre Muster des Feuerns wird als **Zellverband** (cell assembly) bezeichnet.

Eine dritte wichtige Annahme lautet: Wenn mehrere in Verbindung stehende Zellverbände gleichzeitig aktiv sind, werden sie in einer von Hebb als **Phasensequenz** bezeichneten Struktur verknüpft (Abb. 6.3). Diese hypothetischen Strukturen (hypothetisch, weil sie auf Vorstellungen beruhen) – Zellverband und Phasensequenz – spielen wichtige Rollen in Hebbs Vorschlag für eine Theorie des Lernens.

Jeder Zellverband entspricht einer von Hebb als »relativ einfacher sensorischer Input« bezeichneten Stimulation – also z. B. einer Farbe oder einer Sinnesempfindung. Daher ist sogar für die Erkennung sehr einfacher Objekte die Aktivierung einer großen Anzahl solcher Zellverbände oder Phasensequenzen notwendig.

6.1.5 Neurologische Veränderungen beim Lernen

Es ist wichtig, sich zu vergegenwärtigen, dass Zellverbände und Phasensequenzen hypothetische Konstrukte sind – Erfindungen Hebbs, die dazu dienen sollen, Wissen zu organisieren und zu neuen Einsichten zu führen. Jüngere Forschungsergebnisse bestätigen allerdings, dass Nervenzellen oft in Gruppen (Verbänden) feuern und sich gegenseitig wieder aktivieren, sehr ähnlich wie in Hebbs Spekulationen (siehe z.B. Amit, 1995; Rosler, Heil & Roder, 1997). Hebbs Vorstellung von Zellverbänden spielt tatsächlich eine zunehmend wichtige Rolle in gegenwärtigen psychologischen Forschungsarbeiten und Theorien, nicht nur in computerbasierten neuronalen Netzwerken (Besprechung in ▶ Kap. 8), sondern auch in verschiedenen Untersuchungen, die sich mit Themen wie Spracherwerb, Lernen, Amnesie und Gedächtnis befassen (z.B. Debigare, 1984; Milner, 1989; Mishkin, 1995).

Aplysia: Habituation und Sensitivierung
Wir wissen, dass die Übertragung von Nervenimpulsen Sinnesempfindungen und Verhalten und auch höheren geistigen Prozessen (also Denken) zugrunde liegt. Aber was genau geschieht eigentlich, wenn ein Organismus etwas lernt? Mit anderen Worten: Welche neurologischen Veränderungen gehen mit Lernen einher?

Veränderungen in menschlichen Neuronen zu untersuchen ist sehr schwierig und komplex – insbesondere in Anbetracht der Tatsache, dass das menschliche Nervensystem mehr als 100 Milliarden Neurone enthält. Aber es gibt wirbellose Tiere, die nur wenige Neurone haben. Einige davon haben sehr große Neurone, deren Funktionen untersucht werden können. Das vielleicht wichtigste dieser wirbellosen Tiere ist Aplysia, eine Schnecke, die beinahe so groß wie ein Kinderfuß werden kann. Aplysia wurde ausführlich untersucht (z.B. Kandel, Schwartz & Jessell, 2000) und stellt einen für neurologische Forschung außerordentlich wertvollen Organismus dar: Ihr Nervensystem ist relativ einfach und gut erforscht, und die elektrischen und chemischen Details der neuronalen Übertragung bei Aplysia entsprechen weitgehend denen bei Wirbeltieren. Außerdem zeigt diese Schnecke eine vorhersagbare Reaktion: Sie zieht ihre Kiemen ein, wenn ihr Siphon berührt wird. Sie habituiert jedoch schnell auf wiederholte leichte Berührungen und hört nach einer Weile auf, zu reagieren.

Habituation ist ein deutlicher Beleg dafür, dass Lernen stattgefunden hat. Habituation ist ein bei den meisten Lebewesen auftretendes Phänomen. Man hört ziemlich schnell auf, wiederholten geringfügigen Stimulationen Aufmerksamkeit zu schenken – den Empfindungen, welche die eigenen Kleider auf der Haut wecken; dem monotonen Summen einer Klimaanlage; dem fortgesetzten Zwitschern von Spatzen. In ähnlicher Weise hat ein Stadthund auf Verkehrsgeräusche habituiert und widmet ihnen wenig Aufmerksamkeit. Im Gegensatz dazu wird ein Hund, der auf dem Land lebt, auf die dort sehr viel selteneren Verkehrsgeräusche mit stärkerer Aufmerksamkeit reagieren.

Es gibt aber Situationen, in denen wiederholte Stimulation nicht zu Habituation führt, sondern zum Gegenteil: **Sensitivierung**. Diese tritt am ehesten bei intensiver Stimulation ein. Wenn man also, anstatt den Siphon von Aplysia nur leicht zu berühren, ihr ein oder zwei Elektroschocks an einer beliebigen Stelle ihres Körpers gibt, dann wird eine darauffolgende sehr leichte Berührung ihres Siphons Aplysia zu einer sofortigen und deutlichen Reaktion veranlassen.

Untersuchungen von Aplysias Neuronen vor und nach Habituation und Sensitivierung zeigen weder Neubildung noch Verlust von Synapsen, sondern vielmehr, dass die Axone der sensorischen Neurone stärker oder schwächer auf Stimulation reagieren (Kandel, 1985). Insbesondere nimmt mit stärker werdender Habituation die Menge der Neurotransmitter, die vom stimulierten Neuron ausgeschüttet werden, messbar ab. Im Falle der Sensitivierung wird jedoch ein zweites Neuron, **Interneuron** genannt, aktiv. Der Nettoeffekt besteht darin, dass eine darauffolgende Stimulation nun zu messbaren An-

stiegen in der ausgeschütteten Menge bestimmter Neurotransmitter führt. Zumindest bei Aplysia ist daher eine chemische Veränderung in der Zelle selbst für Verhaltensveränderungen (also für Lernen) verantwortlich.

6.1.6 Die Neurologie von Reaktivität und Plastizität

In Hebbs Theorie spielen ebenso wie in den meisten anderen Beschreibungen von Lernen zwei Eigenschaften des menschlichen Organismus zentrale Rollen: Reaktivität und Plastizität. **Reaktivität** meint die Fähigkeit des Organismus, auf externe Stimuli zu reagieren; **Plastizität** ist eine Eigenschaft des Organismus, die Veränderungen als Funktion wiederholter Stimulation ermöglicht. Zur Illustration dieser beiden Eigenschaften genügt eine einfache Demonstration. Bei der Prozedur wird ein Proband etwa 70–100 cm vor dem Versuchsleiter platziert. Der Versuchsleiter tritt dann ohne Vorwarnung den Probanden in sein Hinterteil. Das unmittelbar folgende Verhalten des Probanden ist ein Beispiel für Reaktivität, seine anschließende Weigerung, das Experiment zu wiederholen, ist ein Beispiel für Plastizität.

Plastizität – also im Kern die Fähigkeit zur Veränderung als Funktion von Erfahrung – ist für Lernen verantwortlich. Plastizität zeigt sich sowohl in der Habituation wie auch in der Sensitivierung der Schnecke Aplysia als Folge von Stimulation. Sie zeigt sich ebenfalls in den neurologischen Veränderungen, die infolge von Habituation und Sensitivierung auftreten. Neurologisch führt Sensitivierung zu **Langzeitpotenzierung (LTP)** – also zu einem dauerhaften Anstieg in der Empfindlichkeit von Neuronen. Im Gegensatz dazu führt Habituation zu **Langzeitdepression (LTD)** – einer dauerhaften Verringerung der Reaktionsbereitschaft relevanter Neuronen. Eine aktuelle Forschungsarbeit, bei der Neuronen elektrisch stimuliert wurden, zeigt, dass die Fazilitation (Potenzierung) und Inhibition (Depression) neuronaler Aktivität mit anhaltenden Veränderungen bei der Freisetzung von chemischen Transmittern einhergeht (Rosenzweig, Leiman & Breedlove, 1999).

Die Biochemie von an Lernen beteiligten neurologischen Ereignissen wird zunehmend besser verstanden. Laut Dayan und Abbot »wird aktivitäts-

6.1 · Hebbs Theorie: Höhere geistige Prozesse

abhängige synaptische Plastizität weithin als das grundlegende Phänomen betrachtet, das Lernen und Gedächtnis zugrunde liegt« (2001, S. 181). Es ist interessant und beeindruckend, dass Hebb bereits zu einer Zeit Verhalten anhand neurologischer Ereignisse zu erklären versuchte, in der er noch keine anderen Möglichkeiten hatte, als darüber zu spekulieren. Dennoch ist die inzwischen als **Hebb'sche Regel** bekannte Annahme eine Grundlage gegenwärtiger neurologischer Forschung. Einfach ausgedrückt besagt diese Regel Folgendes: Wenn der Input von Neuron A oft genug das Feuern von Neuron B auslöst, verändert sich die Synapse zwischen A und B und wird stärker. Für Hebb waren also Plastizität und Reaktivität tatsächliche Eigenschaften des ZNS, sie sind für Verhalten verantwortlich und nicht einfach Eigenschaften von Verhalten.

6.1.7 Vermittelnde Prozesse: Hypothesen und Annahmen

Hebbs primäres Ziel war es, höhere geistige Prozesse (bzw. das Denken) zu erklären. Seine Erklärung liefert eine Ausgangshypothese und vier grundlegende Annahmen zu seiner Sichtweise der Physiologie des Nervensystems.

Ausgangshypothese

Die bereits beschriebene Hypothese sagt aus: Vermittlung (oder Denken) besteht aus »Aktivität in einer Gruppe von Neuronen, die in geschlossenen Kreisen (closed pathways) angeordnet sind, welche als Zellverband bezeichnet werden, oder einer Serie solcher Aktivitäten, die als Phasensequenz bezeichnet werden« (Hebb, 1958, S. 103).

Wie bilden sich Zellverbände?

Annahme 1

Ein Zellverband (oder vermittelnder Prozess) entsteht als Folge wiederholten Feuerns von Zellen. Er ist das Ergebnis der Wiederholung einer bestimmten Art von sensorischem Ereignis. Dazu kommt es, weil die wiederholte Darbietung eines bestimmten Stimulus jedes Mal dieselben Zellverbände reaktiviert, was zu Veränderungen führt, die die Übertragung von Impulsen über die synaptischen Spalten zwischen den beteiligten Neuronen erleichtern. Daher hat die Wiederholung einen fazilitierenden Effekt auf weitere neuronale Aktivität. Verhaltensevidenz für diesen Effekt ist die Tatsache, dass es erheblich leichter fällt, zwei Zahlen zu multiplizieren, wenn man diese Zahlen vorher schon oft multipliziert hat. Oder, noch einfacher: Es ist leichter, ein einfaches Objekt zu erkennen, wenn es schon häufig präsen-

tiert wurde, als wenn man es erst einmal gesehen hat. Diese Eigenschaft neuronaler Übertragung definiert teilweise, was Plastizität des Nervensystems bedeutet. Und wie wir gesehen haben, gibt es mittlerweile neurologische Belege für Veränderungen in Neuronen, die für Steigerungen und Verringerungen synaptischer Stärke verantwortlich sind (Dayan & Abbott, 2001).

Annahme 2

Wenn zwei Zellverbände wiederholt gleichzeitig aktiv sind, bildet sich eine Assoziation zwischen beiden aus. Mit anderen Worten: Wenn Zellverband A immer (oder meistens) aktiv ist, wenn B ebenfalls aktiv ist, werden die beiden wahrscheinlich neurologisch assoziiert. Das heißt, das Feuern von Zellverband A kann zum Feuern von Zellverband B führen und umgekehrt. Das Ergebnis ist die Ausbildung von Phasensequenzen, Anordnungen von Neuronen, die in Sequenz feuern und die sich gegenseitig reaktivieren können.

Diese Vermutung erklärt Konditionierung über Kontiguität. Wenn Zellverband A einem spezifischen sensorischen Ereignis entspricht, ebenso wie B, und wenn A und B Komponenten des Denkens (Mediation) bilden, dann bedeutet die Etablierung einer Beziehung zwischen A und B, dass die Darbietung des mit A assoziierten Ereignisses eine Person an das mit B assoziierte Ereignis erinnern kann. Dies macht intuitiv Sinn. Wenn Sie George immer mit einer Zigarre im Mund sehen, dann wird wahrscheinlich alles, was Sie an George erinnert, Ihnen auch die Zigarre in Erinnerung rufen. Der Geruch von Holzrauch weckt Gedanken an Feuer; Flieder gehört zum Frühling; Fische bedeuten Restaurant oder Wasser; auf den Buchstaben **q** folgt in einem Wort immer **u**.

Diese Vermutung erklärt Lernen über Kontiguität und erklärt, wie Objekte wahrgenommen werden, auch wenn nur unvollständige sensorische Daten verfügbar sind. Die Linien in ◘ Abb. 6.4 werden z.B. fast immer als ein Dreieck wahrgenommen, obwohl sie eigentlich keines sind. (Dieses Phänomen, das in der **Gestaltpsychologie** als **Geschlossenheit** bezeichnet wird, wird später in diesem Kapitel erörtert). Vereinfachend könnte man sagen, dass die Zellverbände, die mit der Dreiecksform assoziiert sind, Einheiten enthalten, die jeweils die einzelnen

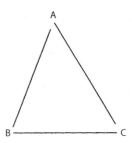

◘ **Abb. 6.4.** Wahrnehmung bei unvollständigen Informationen. Die Form sieht wie ein Dreieck aus, und die meisten Menschen werden sie als solches wahrnehmen. In Wirklichkeit sind es aber nur drei Linien, die nicht aufeinander treffen

Ecken A, B und C des Dreiecks repräsentieren, ebenso wie jede der Seiten.

Weil diese Eigenschaften eines Dreiecks viele Male in Kontiguität präsentiert wurden, haben sich Assoziationen zwischen den Zellverbänden gebildet, die diese Eigenschaften repräsentieren. Nun reicht es aus, eingeschränkten sensorischen Input zu präsentieren (also die drei Seiten eines Dreiecks, aber ohne die Ecken), um Aktivität in der gesamten Sequenz der Verbände, die einem »Dreieck« entsprechen, auszulösen.

Annahme 3

Ein Zellverband, der zeitgleich mit einer efferenten Faserverbindung (einer Nervenfaserverbindung, die aus dem ZNS hinausführt) aktiv ist, wird dazu tendieren, eine Assoziation damit auszubilden. Durch Annahme 3 konnte Hebb – wie auch durch Annahme 2 – die Bildung von Assoziationen zwischen Ereignissen, die in zeitlicher Kontiguität auftreten, erklären. Aktivität in einer Efferenz ermöglicht motorische Aktivität. Daher beinhalten die mittels dieser Annahme erklärten Assoziationen Verhaltensereignisse und Vermittlung – mit anderen Worten: Gedanken und Verhalten. Auch hier gibt es zahlreiche Belege, dass solche Assoziationen einen wesentlichen Teil menschlichen Lernens bilden. Einzelne visuelle Stimuli, Töne oder Gerüche werden z.B. mit einer spezifischen motorischen Aktivität assoziiert, sodass dieser sensorische Eindruck abgerufen wird, wenn man die Aktivität ausführt. Das Umgekehrte gilt ebenfalls: Aktivität in Zellverbänden, die während einer motorischen Reaktion oft aktiviert wurden, wird wahrscheinlich eine ähnliche Reaktion hervor-

6.1 · Hebbs Theorie: Höhere geistige Prozesse

rufen. Diese Interpretation ist eine einfache Erklärung für Pawlow'sche Konditionierung auf neurologischer Grundlage. Die Zellverbände, die dem Klang eines Summers entsprechen, sind zum Zeitpunkt des Speichelns immer aktiv und reichen daher schließlich aus, um das Speicheln hervorzurufen.

Annahme 4

Jeder Zellverband entspricht einem relativ einfachen sensorischen Input. Aufgrund dieser Eigenschaft des Zellverbandes sind große Gruppen solcher Verbände erforderlich, um die Wahrnehmung sogar relativ einfacher physikalischer Objekte zu erklären.

6.1.8 Lernen und Denken in Hebbs Theorie

Diese vier Annahmen gestatten es Hebb, Lernen und Denken zu beschreiben. Für Hebb ist der Begriff **Vermittlung** gleichbedeutend mit dem Wort **Denken**. Vermittlung besteht aus Aktivität in Neuronenverbänden, und die Art der Vermittlung (oder des Gedankens) wird durch die beteiligten Verbände determiniert. Hebb glaubte, dass der aktivierte Kortexbereich und nicht die Art der neuronalen Aktivität selbst das subjektive Erleben des Organismus bestimmt. Es ist z. B. möglich, den optischen Nerv elektrisch oder durch Ausübung von Druck zu stimulieren. In beiden Fällen ist das Resultat identisch: Der Proband sieht Licht (Hebb, 1966, S. 267). Im Gegensatz dazu beeinflusst die Aktivierung spezifischer Rezeptoren immer dasselbe Cortexareal (und wahrscheinlich auch dieselben Zellverbände). So ist es

möglich, dieselbe Reaktion auf dieselbe Stimulation zu verschiedenen Gelegenheiten zu »fühlen«. Wenn dies nicht gelten würde, dann gäbe es das menschliche Bewusstsein, so wie wir es kennen, nicht.[5]

In Hebbs Theorie führt die Wiederholung desselben sensorischen Ereignisses zu demselben Muster neuronalen Feuerns und im Endeffekt zur Bildung assoziierter Zellverbände. Die Übertragung zwischen den Zellen wird durch die Wiederholung vereinfacht. Einfach ausgedrückt, bedeutet Lernen »dauerhafte Fazilitation« der Übertragung zwischen neuronalen Einheiten. Was Hebb als **Phasensequenz** bezeichnet, ist eine neurologische Einheit, in der die Impulsübertragung so einfach geworden ist, dass die Aktivierung eines Teils der Sequenz ausreicht, um die gesamte Einheit zu aktivieren.

Hebbs Erklärung für Lernen auf neurologischer Grundlage kann die Ausbildung von Assoziationen zwischen Stimulus und Reaktion in Verbindungen zwischen den entsprechenden neurologischen Gegenstücken (aktive Zellverbände oder Phasensequenzen) erklären. Die Annahmen 2 und 3 befassen sich mit dieser Art des Lernens. Höhere Prozesse, die an Lernen beteiligt sind (z.B. einsichtsvolles Problemlösen) sollen eine Kombination von Phasensequenzen (manchmal durch Zufall) in Organisationseinheiten höherer Ordnung erfordern – in so genannten **übergeordneten Phasensequenzen**.

Hebbs Vorstellungen von Zellverbänden und Phasensequenzen liefern eine Erklärung für Konditionierung und auch, wie wir gesehen haben, den Anfang einer Erklärung für höhere geistige Prozesse. Sie bieten auch Erklärungen für zwei weitere interessante Phänomene an: Set und Aufmerksamkeit.

---

[5] Die alte Dame unterbrach sich und bedeutete mir, den Rekorder auszuschalten. Glauben Sie, fragte sie, dass dies bedeutet, dass Wissenschaftler eines Tages in der Lage sein werden, genau zu sagen, was Sie denken – einfach indem sie Sie an eine Maschine anschließen, die präzise feststellen kann, welche Neuronen in Ihrem Gehirn aktiv sind? Sie stand auf und legte Holz auf das Feuer nach. Dann sagte sie, nein, sie glaube nicht, dass Wissenschaftler eines Tages genau sagen könnten, was man denkt, nur indem sie erkennen können, welche Gehirnzellen aktiv sind. Sie sagte, Goldblum (2001) hätte genau diesen Punkt getroffen, als sie sagte, dies würde nie geschehen, weil die Neuronen, die in Ihrem Gehirn aktiv sind, wenn Sie bspw. denken »2+2=4«, andere Neuronen sind als diejenigen, die in ihrem eigenen Gehirn

aktiv sind, wenn sie dasselbe denkt. Im Endeffekt könnten Wissenschaftler möglicherweise in der Lage sein, herauszufinden, was sie denkt, wenn sie bei verschiedenen Gelegenheiten exakt dasselbe Aktivitätsmuster in ihrem Gehirn fänden. Aber wenn sie exakt dasselbe Aktivitätsmuster in dem Gehirn von jemand anderem entdeckten, würden sie nur den allgemeinen Bereich erraten können, auf den die Gedanken sich beziehen. Da dasselbe Aktivitätsmuster bei verschiedenen Menschen zur Enkodierung völlig verschiedener Gedanken verwendet werden könnte, kann man nicht wissen, was die andere Person denkt. Verstehen Sie, was ich meine, fragte sie. Ich wollte sagen, »nicht genau«, aber sie sagte: »Macht nichts, stellen Sie den Rekorder wieder an, ich habe noch mehr zu berichten.«

6.1.9 Set und Aufmerksamkeit

Wenn die Starterin bei einem Rennen den Läufern sagt, dass sie ihre Pistole einige Sekunden nach den Worten »Auf die Plätze« abfeuern wird, dann versucht sie, ein Set zu etablieren (eine Prädisposition, in einer bestimmten Weise zu reagieren). Wenn sie damit Erfolg hat, sprinten die Läufer beim Pistolenknall sofort los.

Eine oberflächliche behavioristische Interpretation dieser Situation könnte lauten, dass der Pistolenknall der Stimulus ist, der die Reaktion Rennen hervorruft. Aber man stelle sich vor, was geschehen würde, wenn die Starterin gesagt hätte: »Ich feuere die Pistole nur ab, um zu testen, ob sie funktioniert. Bleibt ganz locker.« Wenn sie dann die Pistole abfeuert und niemand losrennt, wird offensichtlich, dass die Pistole allein nicht der Stimulus sein kann, der zu der Reaktion Rennen führt. Hier wird deutlich, dass die anfänglichen Instruktionen ebenfalls von Bedeutung sind. Mit anderen Worten: Das den Läufern vermittelte **Set** beeinflusst das Verhalten zusammen mit dem Stimulus.

Man überlege weiterhin, was passieren würde, wenn ein Prominenter unmittelbar vor dem Pistolenschuss an der Bahn entlangspazieren würde. Würden die Läufer mehr schwitzen? Würde ihre Herzfrequenz und ihr Blutdruck steigen? Würde ihre Körpertemperatur Sprünge machen? Wahrscheinlich nicht. Aber wenn dieselben Läufer ihr Rennen bereits beendet hätten und sich ausruhen würden, während der Prominente vorbeigeht, könnten die aktivierten Phasensequenzen völlig andere sein. Dieses Beispiel illustriert die Wirkung von **Aufmerksamkeit** auf das Verhalten. **Set** meint Selektivität im Hinblick auf Reaktionen; **Aufmerksamkeit** meint Selektivität hinsichtlich eingehender Reize.

Laut Hebb sind sowohl Set wie Aufmerksamkeit Funktionen der Voraktivierung bestimmter Zellverbände. Wenn Läufer aufgefordert werden, sich auf das Rennen vorzubereiten, ist ihr **Set** (ihre Voreinstellung), loszurennen, wenn sie einen Knall hören. Wenn sie ihre **Aufmerksamkeit** auf das bevorstehende Geräusch richten, ist es unwahrscheinlich, dass sie auf andere ablenkende Stimuli achten.

6.1.10 Anwendungen von Hebbs Theorie für die Erziehung

Set und Aufmerksamkeit sind für Lehrer besonders wichtig. Aufmerksamkeit ist unerlässlich, wenn etwas gelernt werden soll, Set ist an der Auswahl geeigneter Reaktionen beteiligt. Zusätzlich stehen sowohl Aufmerksamkeit wie Set in enger Verbindung zu **Arousal**, einem zentralen Konzept in Hebbs Motivationstheorie (▶ Kap. 10). Gemäß dieser Theorie ist Arousal (definiert als die Wachsamkeit einer Person und abgebildet in physiologischen Messwerten wie der Herz- und Atemfrequenz und der Gehirnwellenaktivität) eine unerlässliche Vorbedingung für Lernen. Das Verhalten von Menschen weist darauf hin, dass sie ein optimales Niveau von Arousal aufrechterhalten müssen, erklärt Hebb (1966). Ein zu hohes Niveau führt zu Angst – vielleicht sogar zu Panik. Ein zu geringes Niveau führt zu Langeweile, Lethargie – vielleicht sogar zum Einschlafen.

Das Arousalniveau ist größtenteils eine Funktion der Menge und Vielfalt der auf den Organismus

6.1 · Hebbs Theorie: Höhere geistige Prozesse

einwirkenden Stimulation. Wie wir in ▶ Kap. 10 sehen werden, kontrollieren Lehrer einen großen Teil der für Schüler im Unterricht bedeutungsvollen Stimuli. Intensität, Bedeutung, Neuheit und Komplexität dessen, was Lehrer sagen und tun, beeinflussen die Aufmerksamkeit und das Arousalniveau der Schüler. Das Ziel sollte laut Hebb sein, das Arousal der Schüler auf einem optimalen Niveau zu halten – auf einem Niveau, auf dem sie aufmerksam und interessiert sind anstatt gelangweilt oder ängstlich.

Zusätzlich zu den wichtigen Implikationen für die Motivation von Schülern liefert Hebbs Theorie, wie wir gesehen haben, eine Erklärung dafür, warum Wiederholung beim Lernen wichtig ist. Gemäß dieser Theorie führt die Wiederholung einer Stimulation zur wiederholten Aktivierung derselben Neuronengruppen und zu der darauffolgenden Bildung von Zellverbänden und Phasensequenzen. Die Etablierung dieser neurologischen Muster definiert Lernen.

6.1.11 Hebbs Theorie: eine Bewertung

Hebbs Theorie stellt eine bedeutsame Abkehr von den traditionelleren S-R-Theorien dar, die wir zuvor betrachtet haben. Auffallend ist, dass sie sich hauptsächlich mit internalen neurologischen Ereignissen befasst, von denen wenige auch nur annähernd so objektiv sind wie die Stimuli und Reaktionen, für die sich Watson und Skinner interessierten. Hebbs Ziel war auch weniger, die Ausbildung von Beziehungen zwischen Stimuli und Reaktionen zu erklären, als vielmehr Erklärungen für höhere geistige Prozesse zu liefern. In diesem Sinne stellen Hebbs Ideen einen Übergang von behavioristischen zu stärker kognitiv ausgerichteten Theorien dar.

Wie erwähnt, basiert vieles in Hebbs Theorie auf Spekulationen über das Wesen neurologischer Ereignisse, die zwischen Stimuli und Reaktionen vermitteln. Aufgrunddessen sagte er auch, dass seine Beschreibungen und Annahmen weniger eine Theorie seien als ein Vorschlag für eine Theorie. Dennoch repräsentieren seine Ideen einen kohärenten und systematischen Versuch, wichtige Beobachtungen zu erklären, und können daher als eine Theorie bewertet werden.

Hebb lieferte mindestens drei wesentliche Beiträge zur Entwicklung der Lerntheorie: Erstens wurde durch seine Theorie die Betrachtung physiologischer Mechanismen wieder Teil der Untersuchung von Lernen und Verhalten (so wie es Pawlow viele Jahrzehnte zuvor getan hatte). Einige der Implikationen seiner Ideen zeigen sich nun wieder in Modellen neuronaler Netzwerke (▶ Kap. 8; Beltran, 2000).

Zweitens zeigen Hebbs Arbeiten zur Arousaltheorie ihn als wichtigen Motivationstheoretiker, wie wir in ▶ Kap. 10 sehen werden. Diese Arbeiten schafften die Grundlage für sehr viele Forschungsarbeiten zur Beziehung zwischen Motivation und Leistung.

Drittens hatten seine Arbeiten über sensorische Deprivation (▶ Kap. 10) großen Einfluss auf die Lernforschung. Unter anderem lenkten sie die Aufmerksamkeit auf eine vollständig neue Klasse motivationaler Systeme, die mit Neugier, Neuheit und Exploration zu tun haben.

Wie Braun und Milner (2004) erklären, hat Hebbs Theorie die Forschung in den Neurowissenschaften und zu Gehirnfunktionen beim Lernen, sowie auch die Untersuchung von Emotionen, Gedächtnis, Wahrnehmung und menschlicher Entwicklung stark beeinflusst. Von besonders großem Einfluss auf die Verhaltensneurowissenschaften waren Hebbs Vorschläge zu den neurologischen Grundlagen von Wahrnehmung und Denken und seine **Hebb'sche Regel** (die Vorstellung, dass simultane Aktivierung von Neuronen zu dauerhaften Veränderungen bezüglich der Fazilitation zukünftigen Feuerns derselben Neuronen führt) (Kolb, 2003).

Im Licht der von uns angewandten Kriterien kann man Hebbs Theorie zugestehen, dass sie einige Fakten ziemlich gut repräsentiert. Daher ist sie mit dem aktuellen Wissen über neurologische Funktionen kompatibel – obwohl zu Zeiten Hebbs die Instrumente zur Entdeckung und Messung von Hirnaktivität noch nicht ausreichend entwickelt waren, sodass er seine neurologischen Spekulationen nicht überprüfen konnte. Inzwischen werden immer neue Belege dafür gefunden, dass die neurologischen Funktionen im Gehirn sehr ähnlich wie in Hebbs Beschreibungen von Zellverbänden und Phasensequenzen organisiert sind (Pulvermuller, 1996). Ebenso treffen Hebbs Spekulationen zu, dass viele neuronale Veränderungen mit Erfahrung zu tun ha-

164   Kapitel 6 · Übergang zum modernen Kognitivismus: Hebb, Tolman und die Gestaltpsychologen

ben und dass sie Lernen und Erinnern zugrunde liegen. Wie Kolb und Whishaw (1998) anmerken, sind dies Veränderungen in Gehirngröße und – gewicht, in der Größe der Neuronen, in der Anzahl dendritischer Verzweigungen, in der Anzahl und Komplexität der synaptischen Verknüpfungen zwischen Neuronen, und sogar in der Anzahl der Nervenzellen. Außerdem unterstützt der gegenwärtige Kenntnisstand über neuronale Übertragung Hebbs neurologische Annahmen. Die Arbeiten von Kandel und anderen zu Habituation und Sensitivierung bei Aplysia liefern z.B. Belege für Veränderungen in neurologischer Struktur und chemischer Funktion. Diese Belege unterstützen Hebbs Annahmen, dass wiederholte Co-Aktivierung von in Verbindung stehenden Neuronen die neuronale Transmission zwischen ihnen fazilitiert.

Als weitere Unterstützung von Hebbs Theorie ist es interessant anzumerken, dass eine aktuelle Zusammenfassung von Befunden aus der neurowissenschaftlichen Forschung einige der Kernannahmen von Hebbs Theorie widerspiegelt. »Lernen«, so schreiben Bransford, Brown und Cocking, »verändert die physikalische Struktur des Gehirns. Diese strukturellen Veränderungen verändern die funktionale Organisation des Gehirns; das heißt: Lernen organisiert und reorganisiert das Gehirn« (2000, S. 115). Dies ist – kurzgefasst – dasselbe, was Hebb schon vor beinahe einem halben Jahrhundert gesagt hatte.

Man kann ruhig wiederholen, dass die Konzepte, die bspw. durch Zellverbände repräsentiert werden, wichtige Erklärungsfunktionen besitzen. Wie alle Theorien sollten auch Hebbs Hypothesen nicht auf Grundlage ihrer »Wahrhaftigkeit« beurteilt werden, sondern nur inwiefern die aus diesen Hypothesen abgeleiteten Vorhersagen zu tatsächlichen Beobachtungen passen und inwieweit sie klare und nützliche Erklärungen für die Beobachtungen bieten. Keine psychologische Theorie muss »Wahrhaftigkeit« bieten können. Die Wissenschaft würde das sowieso nicht anerkennen. Die Wissenschaft besteht auf Objektivität, Replizierbarkeit, Konsistenz und Nützlichkeit – und die Nützlichkeit kann von der Geschichte manchmal besser beurteilt werden als von der Wissenschaft.

6.2   Vom Behaviorismus zum Kognitivismus

Ismen scheinen für viele Psychologen ein bisschen so etwas wie eine Religion zu sein. Sogar wenn sie sich mit etwas befassen, was wissenschaftliche Ideensysteme sein sollen, haben Glaube und Emotion oft ebenso viel mit den Reaktionen von Menschen zu tun wie Wissenschaft oder gesunder Menschenverstand. So ist das auch mit Behaviorismus und Kognitivismus.

Amsel beschreibt das sehr gut, las die alte Dame. Er verwendet eine Metapher aus dem Parlament, um die historische Konfrontation zwischen Behaviorismus und Kognitivismus zu beschreiben. »Ich möchte darauf hinweisen«, sagt Amsel, »dass die S-R-Psychologen, die früher die Regierung gebildet haben, sich nun in loyaler Opposition befinden, während die Kognitivisten die neue Regierung bilden« (1989, S. 1). Aber der Regierungswechsel von den ersten Behavioristen (die alle mentalistischen Konzepte ablehnten) zu den gegenwärtigen Kognitionspsychologen (die sich weitgehend von den Stimuli und Reaktionen der ersten Behavioristen abgewandt haben) geschah nicht über Nacht. Er ging langsam vonstatten. Und er geschah teilweise als Resultat des Einflusses, den Hebb, Tolman und andere ausübten.[7]

In seinem Bericht über »den Krieg zwischen Mentalismus und Behaviorismus« beschreibt Uttal (2000) die beiden prinzipiellen Standpunkte in der frühen Entwicklung der Psychologie. Auf der einen Seite, sagt er, gibt es die Ansicht, dass das Themengebiet der Psychologie geistige Aktivität selbst sei und dass diese unmittelbar untersucht werden kön-

---

[7] Die alte Dame sagte, sie wolle die Metapher erweitern, und erklärte, dass das Parlamentsystem der Psychologie nie ein striktes Zwei-Parteien-System gewesen sei. In der Regierung habe es immer auch noch andere -ismen (wie Humanismus), andere -ologien (wie Soziobiologie) und andere -ysen (wie Psychoanalyse) gegeben. Einige davon seien sehr laut, andere eher leise gewesen. Und manchmal, so glaube sie, habe es auch Revolutionen gegeben, die vielleicht wenig merkliche Auswirkungen auf das etablierte Regierungssystem gehabt hätten, z. B. Basis-Revolten von Bauern mit Maschinengewehren und neuen Theorien. – Der Kater rollte sich auf dem Tisch zusammen und schloss sein gutes Auge, so als würde er sich langweilen. Das andere Auge konnte ich nicht sehen.

6.2 · Vom Behaviorismus zum Kognitivismus

Edward Chace Tolman (1886–1959)

Tolman wurde am 14. April 1886 (im selben Jahr wie Guthrie) in Newton, Massachusetts, in eine Quäkerfamilie hineingeboren. Er besuchte das Massachusetts Institute of Technology, wo er im Jahre 1911 seinen B.Sc. in Elektrochemie machte. Danach ging er nach Harvard, wo er 1912 seinen M.A. erhielt und 1915 promovierte, beide Male im Fach Psychologie. Als Student in Harvard wurde er zum Behavioristen – wenn auch zu einem Behavioristen, dessen Theorien sich von denen anderer Behavioristen unterschieden.

Tolman begann seine Laufbahn als Hochschullehrer an der Northwestern University. Drei Jahre später wurde er entlassen, vorgeblich aufgrund von Inkompetenz in der Lehre, wahrscheinlicher aber, weil er aufgrund seines Quäker-Hintergrundes pazifistische Überzeugungen vertrat – und dies in Kriegszeiten. Er wechselte dann zur University of California in Berkeley, wo er den Hauptteil seiner akademischen Laufbahn verbrachte. Dennoch musste Tolman auch Berkeley wieder verlassen – dieses Mal, weil er sich weigerte, während der McCarthy-Ära einen Loyalitätseid abzulegen. So nahm er 1950 Stellen als Hochschullehrer an der Universität von Chicago und in Harvard an. Als Mitglied der American Civil Liberties Union trug Tolman viel dazu bei, Garantien für bestimmte akademische Freiheiten zu erkämpfen. Aufgrund seiner Beteiligung an diesen Bemühungen konnte er 1953 nach Berkeley zurückkehren.

Tolman war, wie Skinner, Hebb und Guthrie, Präsident der American Psychological Association. Aber ihm wurde oft vorgeworfen, die Entwicklung seiner Theorien nicht ernsthaft genug voranzutreiben. Seine Schriften strotzen von sonderbarem Humor und Anekdoten, und er äußerte sich etwas verunglimpfend über seine eigenen Theorien und Forschungsarbeiten. »Das System mag einigen endgültigen Regeln wissenschaftlicher Vorgehensweise nicht genügen«, sagt er. »Aber das stört mich nicht sehr.... Am Ende ist das einzig sichere Kriterium, dass man Spaß hat. Und Spaß hatte ich« (Tolman, 1959, S. 140). Und vielleicht meinte er es auch ein bisschen ironisch, als er eines seiner wichtigsten Bücher Mus norvegicus albinus – der weißen norwegischen Maus – widmete, obwohl er wahrscheinlich die weiße norwegische Ratte meinte (Sahakian, 1981; Woodworth & Sheehan, 1964).

---

ne. Auf der anderen Seite gibt es den gegnerischen Standpunkt, der durch eine Sammlung verschiedener **Behaviorismen** gekennzeichnet ist, die behaupten, dass nicht der Geist, sondern beobachtbares Verhalten das Ziel der Psychologie als Wissenschaft sein solle. Der Hauptunterschied zwischen diesen beiden Standpunkten hat laut Uttal mit der Frage zu tun, ob externales Verhalten genutzt werden kann, um gültige Rückschlüsse auf zugrundeliegende mentale Zustände zu ziehen oder nicht.

Hebb für seinen Teil war Neobehaviorist – ein **Behaviorist**, weil er sich verpflichtet fühlte, die objektive, wissenschaftliche Natur psychologischer Untersuchungen beizubehalten, aber auch **Neo-**, weil er das Bedürfnis empfand, Schlussfolgerungen über grundlegende geistige Prozesse wie Denken und Vorstellen mit einzubeziehen. Tolman – ein weiterer Neobehaviorist – gab dem Behaviorismus bewusst eine neue Wendung, er gab ihm ein Ziel.

Mechanistischer Behaviorismus

Der Behaviorismus, den man mit Theoretikern wie John B. Watson, Edwin Guthrie, Iwan Pawlow und sogar B.F. Skinner und Edward Thorndike in Verbindung bringt, wird manchmal als **mechanistischer Behaviorismus** bezeichnet. Diese Theorien betonen die vorhersagbaren Aspekte menschlichen Verhaltens – mit anderen Worten, ihre **maschinenartigen** Qualitäten – und bemühen sich darum, diese zu verstehen. Solche Theorien haben bestimmte Merkmale gemeinsam. Zunächst, und das ist vielleicht am offensichtlichsten, entstanden sie hauptsächlich in Reaktion auf die mentalistischeren Ansätze, die vorher die Psychologie dominiert hatten. Im Gegensatz zu diesen bemühte sich der Behaviorismus um vollständige Objektivität. Dementsprechend konzentrierten sich die leidenschaftlichsten Anhänger in ihren Theorien fast gänzlich auf beobachtbare und messbare Verhaltensaspekte. Die Wissenschaft des Verhaltens beschäftigte sich daher damit, stabile Beziehungen zwischen Stimuli und Reaktionen aufzudecken. Und auch als Theoretiker wie Hebb und Hull sich von dieser Orientierung abwandten, indem sie intervenierende (vermittelnde) Variablen in ihre Systeme einführten, bemühten sie sich doch darum, diese so direkt wie möglich mit beobachtbaren Ereignissen zu verknüpfen.

Ein zweites Merkmal behavioristischer Theorien wie denen von Watson, Guthrie und Skinner besteht darin, dass sie nur wenige Annahmen über Ziel und Zweck von Verhalten machen, außer wenn diese unmittelbar mit bestimmten Antrieben und Bedürfnissen (oft definiert über messbare Deprivationszustände) in Zusammenhang gebracht werden konnten. Eine typisch behavioristische Interpretation eines Verhaltens fragt nicht nach den Absichten oder Wünschen des Handelnden. Sie betrachtet lediglich die Zusammenhänge zwischen Reaktionskonsequenzen und Verhalten oder erforscht, inwiefern die Kontiguität von Stimuli, Reaktionen und Reaktionskonsequenzen für die Determination von Verhalten bedeutungsvoll sind.

Manche behavioristischen Theorien, bspw. die von Watson und Guthrie, werden als **reduktionistisch** oder **molekular** bezeichnet, weil sie Verhalten durch Analyse auf molekularer Ebene zu beschreiben suchen – also auf der Grundlage seiner kleinsten Elemente oder Komponenten. Watson und Guthrie gründeten ihre Theorien auf der Reflexphysiologie und glaubten, dass der nützlichste Ansatz für das Verständnis und die Erklärung von Verhalten in der Betrachtung der grundlegendsten (molekularen) Reaktionen bestand. In den Augen dieser Theoretiker besteht Verhalten aus Ketten von Reflexen und Reaktionen.

Im Gegensatz zu diesem reduktionistischen oder molekularen Ansatz betrachteten Behavioristen wie Hull, Hebb und Skinner (ebenso wie Tolman) das Verhalten des Organismus aus einer ausgeprägten **molaren** (im Gegensatz zur **molekularen**) Perspektive. Sie gingen davon aus, dass Verhalten »als Ganzes« verstanden werden konnte, ohne dass man es auf individuelle Komponenten reduzieren muss.

6.3 Tolmans zweckorientierter Behaviorismus

Nicht alle Psychologen zeigten Enthusiasmus für die Betonung vorhersagbarer, maschinenartiger Qualitäten menschlicher Funktionen, wie sie der mechanistische Behaviorismus lieferte. Es gab starke negative Reaktionen auf den Behaviorismus, die sich im **Kognitivismus** äußerten. Kognitivismus ist ein psychologischer Ansatz, der sich stärker mit Entscheidungsfindung, Denken, Problemlösung, Vorstellung und verwandten Themen beschäftigt anstatt ausschließlich, oder primär, mit beobachtbarem Verhalten.

Eine der frühen Wurzeln des Kognitivismus ist die Gestaltpsychologie in Deutschland, die auf den folgenden Seiten besprochen wird. Eine andere ist Tolmans Theorie, in welcher die behavioristische Weigerung, Zweck und Bewusstsein als Themen der Psychologie anzusehen, herausgefordert wurde. Jedes Verhalten hat einen Zweck, behauptete Tolman (1967) – alle Handlungen, ob sie nun von einer Ratte, einer Frau oder einem Mann durchgeführt werden, richten sich über **Kognitionen** auf irgendein Ziel (entsprechend seiner behavioristischen Wurzeln nannte er Kognitionen **intervenierende Variablen**). Verhalten ist niemals ein einfaches Resultat gedankenloser S-R-Verbindungen. Aber als Behaviorist forderte Tolman: »Geistige Prozesse müssen anhand der Handlungen, zu denen sie führen, identifiziert werden« (1932, S. 2). Mit anderen Worten: Seine intervenierenden Variablen, genau wie die von Hull beschriebenen, sind an beobachtbares Verhalten geknüpft.

6.3.1 Verhalten sich Ratten zielgerichtet?

Welche Belege gibt es dafür, dass bspw. eine Ratte ihr Verhalten so ausrichtet, als ob sie bestimmte Ziele hätte? Warum sollte ein Psychologe glauben, dass Kognitionen und nicht einfach eine Abfolge gedankenloser S-R-Verbindungen den Antrieb für das Verhalten der Ratte bilden?

Die Untersuchung zum Umweg-Lernen
Die Belege sind überzeugend, sagt Tolman. Man betrachte bspw. die Untersuchung zum Umweg-

6.3 · Tolmans zweckorientierter Behaviorismus

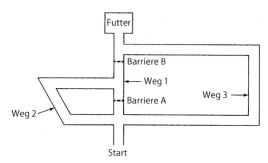

Abb. 6.5. In Tolmans und Honziks (1930) Untersuchung zum Umweg-Lernen wählten Ratten, die das Labyrinth kannten, fast ausschließlich Weg 3, wenn Weg 1 bei B blockiert war. Sie schienen irgendwie zu wissen, dass die Barriere bei B auch den weitaus kürzeren Weg 2 blockierte

Lernen bei blockierten Wegen (Tolman & Honzik, 1930). In dieser Untersuchung wird eine Ratte in ein Labyrinth gesetzt, in dem es verschiedene Routen zum Ziel gibt. Man gestattet ihr, frei im Labyrinth umherzulaufen, bis sie dieses kennengelernt hat. In einem nächsten Schritt werden einige Wege durch Barrieren blockiert und schließlich die Reaktion der Ratte beobachtet. In ◘ Abb. 6.5 ist Tolmans und Honziks Labyrinth schematisch dargestellt. Die Wege unterscheiden sich in ihrer Länge von der kürzesten, direktesten Route (Weg 1) bis zur längsten (Weg 3).

Wie nicht anders erwartet, wählen hungrige Ratten, die das Labyrinth kennen und die freie Wahl haben, fast immer Weg 1. Wenn Weg 1 an Punkt A blockiert wird, wählen sie normalerweise Weg 2 (in 93% der Fälle), auch das entspricht den Erwartungen.

Die Sache wird interessanter, wenn man Weg 1 an Punkt B blockiert. Die S-R-Theorie würde wahrscheinlich vorhersagen, dass die Ratte Weg 2 wählt, weil der Eingang dazu offen ist und dieser Weg am zweitliebsten gewählt wird. Wie sollte eine Ratte auch herausbekommen, dass die Barriere in Weg 1 bei B auch den Weg 2 blockiert und es daher nur noch einen Weg zum Ziel gibt?

Wie auch immer, die Ratte bekommt es heraus. Nun wählt die Ratte konsistent Weg 3 anstelle von Weg 2 (14 von 15 Ratten aus der ursprünglichen Untersuchung wählten Weg 3). Soll die Psychologie nun annehmen, dass diese Ratten dasselbe »wissen« wie Sie und ich – dass sie tatsächlich das Labyrinth irgendwie kognitiv erfasst haben?

Ja, sagte Tolman, genau das soll die Psychologie annehmen. Solche Experimente illustrieren, dass beim Lernen **kognitive Karten** ausgebildet werden. Eine kognitive Karte ist eine internale Repräsentation von Beziehungen zwischen Zielen und Verhaltensweisen sowie von Wissen über die Umwelt, in der die Ziele zu finden sind. Dabei entwickelt das Lebewesen eine Reihe von Erwartungen bezüglich seines Verhaltens. Diese Erwartungen sind Teil der von Tolman so genannten Beziehungen zwischen Zeichen und Bezeichnetem. Ein Zeichen ist einfach

Abb. 6.e. Tolman: Beim Lernen werden kognitive Karten ausgebildet

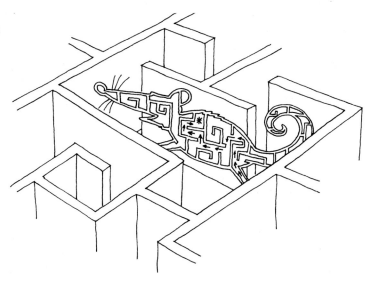

ein Stimulus, das Bezeichnete ist die Erwartung auf Belohnung, die sich durch Lernen etabliert hat.

Eine Untersuchung zu Erwartungen

Auch nichtmenschliche Primaten verhalten sich, als hätten sie Erwartungen. Tinklepaugh (1928), einer von Tolmans Schülern, legte unter den Augen eines Affen eine Banane unter einen umgedrehten Behälter. Dann ersetzte er, als der Affe nicht hinsah, die Banane durch ein Salatblatt. Der Affe durfte danach den Behälter umdrehen, was er sehr gierig tat. Daraufhin wurde der Affe sehr aufgeregt, suchte hier und dort und zeigte Tinklepaugh die Zähne. Das Verhalten des Affen schien deutlich darauf hinzuweisen, dass er die Banane unter dem Behälter erwartet hatte. Seine Aufregung und fortgesetzte Suche lassen sich über eine einfache Konditionierungstheorie kaum erklären.

Eine Untersuchung zum Ortslernen

In einem klassischen Experiment trainierten Tolman, Ritchie und Kalish (1946) Ratten, über eine offene, kreisrunde Fläche in einen Weg hinein zu laufen, der nach drei rechtwinkligen Windungen (links, rechts, rechts) zu einer Zielbox mit einem Futternapf führte (siehe Labyrinth A in ◘ Abb. 6.6). Im nächsten Teil des Experiments wurde der Weg zur Zielbox blockiert und den Ratten 18 neue Wege zur Auswahl angeboten (Labyrinth B). Welchen Weg werden die Ratten dabei am ehesten wählen?

Die behavioristische Theorie würde vorhersagen, dass die Ratten am ehesten einen Weg wählen, der in räumlicher Nähe zu dem ursprünglichen liegt. Da diese Wege dem vorher belohnten am nächsten liegen und ihm daher am ähnlichsten sind, wird erwartet, dass die Ratte die gelernte Reaktion schnell auf einen benachbarten Weg generalisiert.

So war es aber nicht. Tatsächlich wählten mehr Ratten solche Wege, die unmittelbar zur Zielbox hinführten. Es scheint, dass diese Ratten nicht einfach eine Reihe miteinander verbundener Reaktionen erlernt hatten, entsprechend verstärkt und eingeprägt, sondern einen Ort. Wie Tolman es ausdrückt, entwickelten sie eine kognitive Karte des Areals, zusammen mit entsprechenden Erwartungen. Diese Erwartungen leiteten, verbunden mit der kognitiven Karte, das Verhalten der Ratten.

Ein zweites Experiment, das von Macfarlane (1930) berichtet wird, verweist auf beeindruckende Weise auf einen sehr ähnlichen Sachverhalt. Auch hier wurden Ratten trainiert, eine Zielbox in einem Labyrinth zu finden, aber die Ratten mussten durch das Labyrinth schwimmen statt laufen. Eine plausible behavioristische Interpretation dieses Phänomens würde lauten, dass die spezifischen, mit Schwimmen verbundenen Reaktionen, verstärkt und schließlich als eine

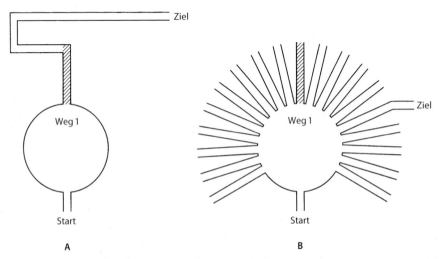

◘ **Abb. 6.6.** Orts- oder Richtungslernen bei Ratten. In der Untersuchung von Tolman et al. (1946) lernten Ratten ein einfaches Labyrinth mit einem indirekten Weg zum Ziel kennen. Im zweiten Teil des Experiments blieben die Positionen von Startbereich und Ziel gleich, aber der ursprüngliche Weg war blockiert und 18 neue Wege standen zur Auswahl

6.3 · Tolmans zweckorientierter Behaviorismus

komplette Sequenz gelernt würden. Dieselbe Interpretation würde also vorhersagen, dass nach Ablassen des Wassers aus dem Labyrinth die gelernten S-R-Ketten komplett nutzlos würden, sodass die Ratten das Labyrinth von Grund auf neu erlernen müssten. In Wirklichkeit liefen die Ratten nach Ablassen des Wassers aber ohne zu zögern zur Zielbox und machten dabei nicht mehr Fehler als vorher beim Schwimmen.

Ein Experiment zum latenten Lernen

Diese Untersuchungen zeigen deutlich, dass beim Lernen von Labyrinthen mehr geschieht als ein einfacher Erwerb von Verbindungen zwischen Stimulus und Reaktion oder zwischen Reaktion und Belohnung. Diese Aussage wird durch das Experiment zum latenten Lernen, das in ▶ Kap. 1 kurz geschildert wurde, auf dramatische Weise unterstrichen. In dieser Studie erlaubte Buxton (1940) seinen Ratten, mehrere Nächte in einem großen Labyrinth umherzustreifen, ohne dass sie dort Futter erhielten. Einige behavioristisch orientierte Großväter würden mit Sicherheit vorhersagen, dass die Ratten durch ihre Erlebnisse im Labyrinth sehr wenig lernen würden. Sie wären wahrscheinlich mehr als nur ein bisschen erstaunt, festzustellen, dass mindestens die Hälfte der Ratten den korrekten Weg zur Zielbox ohne Verstärkung lernte. Buxton fand dies heraus, indem er die Ratten kurz in der Zielbox fütterte und sie dann sofort in die Startbox setzte; die Hälfte der Ratten rannte zur Zielbox, ohne einen einzigen Fehler zu machen. Offenbar sind Ratten in der Lage, kognitive Karten auch ohne Futterbelohnung zu entwickeln. Weil dieses Lernen nur verzögert sichtbar wird, wird es manchmal als latentes Lernen bezeichnet. Latentes Lernen illustriert, wie wir in ▶ Kap. 1 sahen, eine wichtige Unterscheidung zwischen **Lernen** und **Ausführung des Gelernten**: Was gelernt wird, zeigt sich nicht immer unmittelbar im Verhalten.

6.3.2 Implikationen für den Schulunterricht und Zusammenfassung: Prinzipien von Tolmans System

Tolmans System des zweckorientierten Behaviorismus lässt sich in vier großen Themen zusammenfassen. Jedes dieser Themen besitzt deutliche Implikationen für die schulische Praxis.

Verhalten ist zweckorientiert

Erstens, und das ist am wichtigsten, war Tolman überzeugt, dass alles Verhalten zweckorientiert ist. Damit meinte er, dass alles Verhalten von Erwartungen geleitet wird, die selbst in Beziehung zu Zielen stehen. In der einfachsten Form ist die Erwartung einer Verstärkung das Ziel, welches das Verhalten eines Lebewesens leitet.

Aus diesem Prinzip folgt, dass Lehrer, die das Verhalten ihrer Schüler beeinflussen und leiten wollen, Wege finden müssen, deren Ziele und Erwartungen zu beeinflussen und zu leiten. Die besten Methoden dafür sind implizit im nächsten Thema enthalten.

Verhalten ist kognitiv

Die Erwartungen, die dem Verhalten zugrundeliegen und es leiten, sind Kognitionen. Sie bestehen aus dem Bewusstsein des Lebewesens für mögliche (oder wahrscheinliche) Verbindungen zwischen bestimmten Handlungen und bestimmten Ergebnissen. Diese Kognitionen entwickeln sich nach Erfahrungen mit Stimuli und Belohnungen. Was im Endeffekt gelernt wird, sagt Tolman, ist kein spezifisches Verhalten in Reaktion auf einen Stimulus oder eine Belohnung, sondern eine Kognition – ein Wissen über den physikalischen Raum und die darin verfügbaren Möglichkeiten der Belohnung. Spezifischer: Gelernt wird eine Beziehung zwischen Zeichen und Bezeichnetem, Wissen über die Verbindung zwischen Stimuli und Erwartungen an das Erreichen eines Zieles.

Man beachte, dass der Begriff Kognition abstrakt ist – eine theoretische Erfindung. Tolman als Behaviorist glaubte, dass man Kognitionen nur aus Verhalten erschließen solle, nicht aus Introspektion.

Eine der Methoden, mit denen Lehrer die Erwartungen und Ziele ihrer Schüler beeinflussen können, besteht darin, die wünschenswertesten, am stärksten wachstumsfördernden ihrer Verhaltensweisen mit positiven Resultaten zu verbinden. So entsteht bei den Schülern ein Lernprozess. Sie erwarten, dass bestimmte Handlungen zu bestimmten Resultaten führen, erklärt Tolman. Wie wir in ▶ Kap. 4 gesehen haben, verfügen Lehrer über beachtlichen Einfluss im Hinblick auf die Resultate von schulischem Verhalten.

Verstärkung etabliert und bestätigt Erwartungen

Ein drittes, diesem System zugrundeliegendes Thema, bezieht sich auf die Rolle von Verstärkung beim Lernen. Tolmans System beschäftigt sich mit Verbindungen zwischen Stimuli und Erwartungen. Weil Erwartungen in Situationen entstehen, in denen Verstärkung möglich ist, liegt die Rolle von Verstärkung hauptsächlich in der Bestätigung von Erwartungen. Je öfter eine Erwartung bestätigt wird, desto wahrscheinlicher ist es, dass die Stimuli (Zeichen), die damit assoziiert sind, mit dem relevanten Bezeichneten (der Erwartung) verknüpft werden.

Dieses Thema betont ebenfalls die Auffassung, dass in dem Maße, wie Lehrer und Eltern die Lernumgebung und die Verhaltensresultate kontrollieren und beeinflussen, sie auch enormen Einfluss auf das Lernen und Verhalten ausüben können.

Eine Theorie des zweckorientierten Behaviorismus ist molar, nicht reduktionistisch

Ein letztes wichtiges Prinzip in Tolmans System ist seine Betonung der molaren anstelle der molekularen Aspekte von Verhalten. Anders als Watson und Guthrie reduzierte Tolman das Verhalten nicht auf seine kleinsten Einheiten, sondern befasste sich stattdessen mit großen Verhaltenseinheiten, die in gewissem Sinne einheitlich sind, da sie demselben Zweck dienen. Zweck (die Suche nach belohnenden Zielen) und nicht die Belohnung selbst reguliert das Verhalten. Anders ausgedrückt: Die Verbindungen, die in Tolmans System Verhalten erklären, sind Verknüpfungen zwischen Stimuli und Erwartungen und nicht zwischen Verstärkung und Reaktionen oder Stimuli und Reaktionen. Die Erwartungen selbst entwickeln sich als Funktion des Erlebens von Situationen, in denen Verstärkung möglich ist.

Aus der Perspektive des Unterrichtens führt dieses letzte Thema zu einer weniger mechanistischen und starren Betrachtung des Lernenden, als sie durch die in den vorausgegangenen Kapiteln diskutierten behavioristischen Theorien nahegelegt wird. Ein Lernender in Tolmans Sichtweise wird nicht so sehr von Belohnungen und Bestrafungen, die die Welt bereithält, hierhin und dorthin gelenkt; sein Lernender ist eher ein denkendes Wesen, das wahrscheinlich Erwartungen entwickelt und die möglichen Resultate verschiedener Handlungen gegeneinander abwägt.

6.3.3 Tolmans zweckorientierter Behaviorismus: Bewertung

Ein wichtiger, aber oftmals übersehener Beitrag Tolmans zur Entwicklung der Psychologie ist seine Verwendung von Labyrinthen in Verhaltensuntersuchungen an Ratten. Zusammen mit seinen Schülern konstruierte er Dutzende einfallsreicher Labyrinthe und führte zahllose raffinierte Experimente damit durch. Wie Olton (1992) sagt, sind Verhaltensuntersuchungen in Labyrinthen weiterhin eine nützliche und wichtige Methode, kognitive Mechanismen zu untersuchen, die mit der Repräsentation des Raums und der Lenkung von Bewegungen zu tun haben. Darüber hinaus bietet das Lernen von Labyrinthen eine wichtige Methode für die Untersuchung des Gedächtnisses.

Tolmans wesentlichster Beitrag zur Entwicklung psychologischer Theorie liegt nicht so sehr in den Fortschritten für Erkenntnisgewinn und Vorhersage, die seine Arbeiten ermöglichten, als vielmehr in dem Übergang von behavioristischen hin zu stärker kognitiv geprägten Interpretationen. Tolmans Theorie stellt eine Abkehr von Theorien dar, wie sie Skinner, Watson und Guthrie vertraten. Sie lehnten Spekulationen über Ereignisse, die zwischen Stimuli und Reaktionen intervenieren könnten, ab. Tolman hingegen betont die Bedeutung kognitiver Variablen wie z. B. Erwartungen. Allerdings, merkt O'Neil (1991) an, war niemals ganz klar, ob Tolman tatsächlich Aussagen über »reale« internale Zustände oder Prozesse oder nur »als ob« – Aussagen machte. Daher kann man, bezugnehmend auf die Kriterien in ▶ Kap. 1, Tolmans Position vorwerfen, es fehle ihr an Konsistenz und Klarheit.

Es wäre jedoch nicht richtig, den Eindruck zu vermitteln, dass die Psychologie unmittelbar von den mentalistischen Konzepten der frühen Befürworter von Introspektion zu den Interpretationen von Behavioristen wie Watson und Guthrie überging und von dort aus zu einem aufgeklärteren Kognitivismus. Tatsächlich ist der Kognitivismus beinahe so alt wie der Behaviorismus, da die Gestaltpsychologie, eine der frühesten Formen kognitiver Theorie, zu etwa derselben Zeit entstand wie der frühe Behaviorismus. Wie wir ja zu Beginn erwähnten, ging die amerikanische Psychologie nach einer Phase, in der Behaviorismus Watsons und Thorndikes alles überragte, dennoch zu einer Phase über, in der sich

6.4 · Gestaltpsychologie: grundlegende Annahmen

das Interesse zunehmend kognitiven Themen zuwandte (obwohl der Behaviorismus weiter gedieh). Daher spricht man in der psychologischen Literatur üblicherweise von der Phase, in der der Behaviorismus in der amerikanischen Psychologie dominierte (von den 20er Jahren bis zur Mitte des 20. Jahrhunderts), gefolgt von der Phase der »kognitiven Wende«, die etwa in der Mitte des 20. Jahrhunderts begann (siehe bspw. Mandler, 1996).

Tolmans Denken reflektiert auf vielfache Weise die Ansichten beider Schulen. In Anbetracht der Tatsache, dass Tolman nach Deutschland gereist war und die führenden Gestaltpsychologen, wie Köhler und seine Kollegen, getroffen hatte, bevor er sein Studium in Harvard abschloss, sollte das nicht erstaunlich sein – wenn er auch bei einem seiner ersten Psychologieseminare Watsons brandneues und vollständig behavioristisches Buch verwendete (Tolman, 1952). Etwa zehn Jahre später (um 1923) kehrte er nach Deutschland zurück, um mit den Gestaltpsychologen zu arbeiten.

6.4 Gestaltpsychologie: grundlegende Annahmen

Bei Ausbruch des ersten Weltkrieges saß ein junger deutscher Psychologe namens Wolfgang Köhler auf der Insel Teneriffa vor der Küste Afrikas fest, von der er wegen des Krieges nicht nach Hause zurückkehren konnte. Auf Teneriffa gab es eine Forschungsstation mit Affen – und Köhler forschte mit diesen Affen während der vier Jahre, die er auf der Insel verbrachte. In einem Buch mit dem Titel »**Die Mentalität der Schimpansen**« (1925) berichtete er über diese Untersuchungen.

Es gibt intelligente Affen und dumme Affen, folgerte Köhler. Dumme Affen lernen offenbar durch Assoziation und Wiederholung, indem sie dieselben Verhaltensweisen wiederholt üben. Bei ihren Problemlöseversuchen machen sie laut Köhler »schlechte Fehler«, also Fehler, die auf alten und unangemessenen Lösungen basieren. Im Gegensatz dazu lernen intelligente Affen eher so wie Menschen und zeigen dabei wiederholt erstaunliche Fähigkeiten zu höheren geistigen Prozessen. Selbst wenn sie die richtige Lösung nicht finden, machen sie dennoch »gute Fehler« – sie probieren Lösungen aus, die – bei nachträglicher

Überlegung – hätten funktionieren können, dies aber aus dem einen oder anderen Grund nicht taten.

Köhler entwickelte verschiedene Untersuchungen zur Beobachtung von Problemlöseverhalten von Menschenaffen in Käfigen. Dabei musste der Affe oft eine Lösung für das Problem, an ein Bündel Bananen zu gelangen, entwickeln oder entdecken. In einigen Untersuchungen musste der Affe z. B. einen langen Stock benutzen, um die Bananen zu erreichen. In einigen Fällen mussten mehrere Stöcke verbunden werden, damit sie lang genug waren. In einer Untersuchung musste der Affe einen kurzen Stock benutzen, mit dem er die Bananen nicht erreichen konnte, um nach einem längeren Stock innerhalb seiner Reichweite zu angeln. Bei den »Kisten«-Problemen musste der Affe eine Kiste unter die Bananen schieben oder mehrere Kisten aufeinanderstapeln, um an die Belohnung zu kommen.

6.4.1 Einsicht vs. Versuch und Irrtum beim Lernen von Menschenaffen

Köhler behauptete, dass Thorndike unrecht hatte: Intelligente Affen lernen nicht einfach durch Versuch und Irrtum. Weder laufen sie einfach im Käfig herum und stürzen sich wiederholt auf unerreichbare Bananenbündel, noch klettern sie an den Gitterstäben hoch und tun andere gut eingeübte Dinge, die Affen so tun. Stattdessen scheinen zumindest manche Affen diese komplexen Probleme sehr plötzlich zu lösen, als hätten sie gerade eben die Lösung gefunden. Als bspw. Sultan, der wohl bekannteste von Köhlers Affen, feststellte, dass er die Bananen mit dem kurzen Stock nicht erreichen konnte, hielt er inne und – wie Köhler es ausdrückte – »schaute um sich«. Dann, als ob er durch seine Vision von der richtigen Lösung aufgeschreckt worden wäre, »führte [er] plötzlich die korrekten Reaktionen in einer ganzen Sequenz aus« (Köhler, 1927, S. 150). Der Begriff der Gestaltpsychologen für den an dieser Lösungsfindung beteiligten Prozess heißt **Einsicht**.

Einsicht ist der Grundstein der Gestaltpsychologie. Im Kern bedeutet der Begriff: **die Wahrnehmung von Beziehungen zwischen Elementen einer Problemsituation**. Dies bedeutet, dass ein Problem durch die Wahrnehmung der Beziehungen zwischen

Kurt Koffka (1886–1941), Wolfgang Köhler (1887–1967), Max Wertheimer (1880–1943)

Die Ideen und Theorien von Koffka, Köhler und Wertheimer sind beinahe untrennbar verbunden, ebenso wie ihre Lebenswege. Alle machten ihren Abschluss an der Universität Berlin (sie wurden als die »Berliner Gruppe« bekannt), alle hatten Philosophie und Psychologie studiert und alle emigrierten aufgrund der Judenverfolgung Hitlers in die Vereinigten Staaten (Koffka und Wertheimer waren Juden). Sie arbeiteten zusammen, teilten dieselben Überzeugungen, kämpften gemeinsam gegen Introspektionismus und Behaviorismus, und sie waren Freunde.

Köhlers Buch *Gestaltpsychologie* von 1929 ist Max Wertheimer gewidmet, und Koffkas Buch *Prinzipien der Gestaltpsychologie* von 1935 trägt die Widmung: »Für Wolfgang Köhler und Max Wertheimer, in Dankbarkeit für ihre Freundschaft und Inspiration.«

Wertheimer, ein halbes Dutzend Jahre älter als Köhler und Koffka, wurde am 15. April 1880 in Prag geboren. Anfänglich studierte er dort Rechtswissenschaften. Später ging er nach Berlin, wo er Philosophie und Psychologie studierte und im Jahre 1904 promovierte. Zu seinen vielfältigen Interessen gehörte das Schreiben von Gedichten und das Komponieren von Symphonien. Als anerkannter Kopf der Gestaltpsychologie trug Wertheimer dennoch erheblich weniger zur Popularisierung der Bewegung bei als Köhler und Koffka. Wertheimer schrieb nur wenig, entwickelte aber eine Anzahl wichtiger Experimente, arbeitete die Gestaltprinzipien in seinen Vorlesungen aus und gewann

▼

Koffka und Köhler als seine Mitarbeiter. Die Idee zu einem seiner wichtigsten Experimente kam ihm – so wird berichtet – auf einer Ferienreise ganz zu Beginn seiner Berufslaufbahn. Beim Zugfahren begann er darüber zu rätseln, wie es kommt, dass nacheinander aufleuchtende Lichter die Illusion von Bewegung vermitteln. An Wertheimers späteren Untersuchungen dieses »Phi-Phänomens« waren Köhler und Koffka als seine Assistenten beteiligt, sie führten schließlich zur Entwicklung der Gestaltpsychologie. Im Jahre 1933 emigrierte Wertheimer in die Vereinigten Staaten, wo er bis zu seinem Tode im Jahr 1943 blieb.

Köhler wurde am 21. Januar 1887 in Reval, Estonien, geboren. Er promovierte an der Universität Berlin im Jahre 1909 und arbeitete danach, neben Koffka, bei Wertheimer in Frankfurt. Während des ersten Weltkrieges verbrachte er vier Jahre auf Teneriffa, wo er als Direktor der Menschenaffenstation arbeitete und das Verhalten von Menschenaffen (und auch Hühnern) studierte. Die Ergebnisse seiner Untersuchungen sind in einem wichtigen Buch von 1917 zusammengefasst, das im Jahre 1925 als **Die Mentalität der Schimpansen** übersetzt wurde. Von Teneriffa kehrte Köhler nach Berlin zurück, wo er bis 1935 blieb. Während dieser Zeit entstand eine Flut von Publikationen, und Köhler wurde zu einer der wichtigsten Stimmen der Gestaltbewegung. Durch Konflikte mit dem Naziregime war er 1935 gezwungen, Deutschland für immer zu verlassen.

Er ging in die Vereinigten Staaten, wo er bereits einige Zeit mit Vorlesungen verbracht hatte und wo er bis zu seinem Tode 1967 lebte. Köhler schrieb auch dort weiterhin wichtige Bücher und lieferte sich heftige Kämpfe mit Behavioristen wie Hull. Er führte sogar ein öffentliches Streitgespräch mit Watson, erhielt einen Preis für besondere wissenschaftliche Leistungen von der American Psychological Association und arbeitete – wie Skinner, Guthrie, Tolman und Hebb – als Präsident dieser Vereinigung.

Koffka wurde am 18. März 1886 in Berlin geboren, ging dort auch zur Universität und promovierte im Jahre 1909 in Psychologie. Zuvor hatte er Wissenschaft und Philosophie in Edinburgh studiert. Von Berlin aus wechselte er nach Frankfurt, wo er und

6.4 · Gestaltpsychologie: grundlegende Annahmen

▼

Köhler mit Wertheimer zusammenarbeiteten. Dort begann er auch, seine ausführlichen Schriften zu verfassen, die später bei der Verbreitung der Gestaltpsychologie sehr einflussreich wurden. Er war der produktivste Autor der Berliner Gruppe, er publizierte viele wichtige und manchmal komplizierte Bücher.

Wie Köhler und Wertheimer verbrachte auch Koffka einige Zeit in den Vereinigten Staaten mit Vorlesungen, bevor er 1927 dauerhaft dorthin übersiedelte. Er lehrte am Smith College und schrieb weiter bis zu seinem Tode im Jahr 1941 (Boring, 1950; Sahakian, 1981; Woodworth & Sheehan, 1964).

---

den relevanten Elementen der Situation gelöst wird. In Köhlers (1925) Worten ist das einsichtsvolle Denken eine Art von **relationalem Denken**. Es erfordert die mentale Neuorganisation von Problembestandteilen und die Erkenntnis, dass diese Neuorganisation richtig ist.

Aber, warnt Köhler, nur weil der Begriff **Einsicht** oder **relationales Denken** zur Beschreibung einer für einen Affen möglicherweise außergewöhnlichen Leistung verwendet wird, sollte man ihn nicht fehlinterpretieren im Sinne »einer besonderen und übernatürlichen Fähigkeit, die erstaunliche und anders nicht erklärbare Resultate erzeugt. So wie ich den Begriff gebraucht und gemeint habe, sollte nichts dergleichen darin enthalten sein« (1929, S. 371). In Köhlers Verwendung des Begriffes bezieht er sich auf das Verständnis allgemeiner Fakten und die Lösung allgemeiner Alltagsprobleme.

Eine der wichtigsten Überzeugungen Köhlers lautet, dass Versuch und Irrtum nur eine untergeordnete Rolle im Problemlöseverhalten spielen, sogar bei Affen und Hühnern und insbesondere beim Menschen. »Ich bin nicht sicher, ob ein Kind selbst nach Jahren von Versuch und Irrtum lernen könnte, [ein sensorisches Feld] zu organisieren«, schreibt Köhler (1929, S. 177). Und die Organisation des Wahrgenommenen, behauptet er, ist weit wichtiger als die spezifischen Eigenschaften des Wahrgenommenen. Warum? Weil Menschen Dinge nur wissen, indem sie ein Verständnis für ihre Organisation, ihre Struktur, entwickeln.

Man nehme z. B. etwas so Einfaches wie eine Melodie. Sie wissen, dass eine Melodie aus einzelnen Noten besteht. Aber Sie könnten die Melodie nicht verstehen – sie gar nicht erfassen – wenn Sie die Noten in zufälliger Reihenfolge hören würden. In ähnlicher Weise resultiert die Bedeutung einer geometrischen Figur nicht aus jedem Einzelelement (Anzahl der Seiten, Maße der Teile, Winkel von Ecken), sondern aus ihrer Beziehung zueinander.

6.4.2 Gestalt bedeutet »das Ganze«

Der Spruch: »Das Ganze ist mehr als die Summe seiner Teile« ist sehr eng mit der Gestaltpsychologie verbunden. Die Melodie, nicht ihre Einzelnoten und Pausen, ist das Ganze, die Organisation, die Gestalt – wie das Trapez, das Dreieck, das Quadrat. Ihre Bedeutung resultiert nicht aus einer willkürlichen Aufsummierung ihrer Teile, sondern aus der Fähigkeit von Menschen (und Affen), ihre Organisation zu erkennen. Die Wahrnehmung von Organisation oder Struktur bedeutet, Einsicht zu erlangen. Gestalt kann ein Synonym für **ganz** sein, daher der Name für diesen psychologischen Ansatz.

Es ist nicht verwunderlich, dass man die Gestaltpsychologie zusammenfassen kann, indem man ihre Wahrnehmungsgesetze beschreibt. Diese Gesetze wurden weitestgehend von den drei Männern, die als die Begründer der Gestaltpsychologie angesehen werden, entwickelt und ausgearbeitet: Wertheimer (1959), Koffka (1922, 1925, 1935) und Köhler (1927, 1969). Der anerkannte Führer der drei war Wertheimer, aber Koffka und Köhler trugen das meiste dazu bei, die Bewegung durch ihre Schriften bekannt zu machen.

6.4.3 Gestalttheorie: Gesetze der Wahrnehmung

Das erste und grundlegendste Argument, das Gestaltpsychologen gegen Verfahren zur Verhaltensanalyse vorbringen, lautet: Verhalten kann nicht durch seine Bestandteile verstanden werden – es kann nicht auf isolierte Empfindungen reduziert werden (wie es die deutsche Introspektionspsychologie gern tat) oder auf isolierte Stimuli und Reaktionen (wie es der amerikanische Behaviorismus tat). Das bedeutet aber nicht, zu bestreiten, dass das Ganze aus Teilen zusammengesetzt ist oder dass die Teile durch Analyse ermittelt werden können.

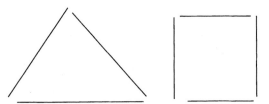

Abb. 6.7. Geschlossenheit: eine Tendenz, unvollständige Objekte (oder Gedanken) als vollständig zu betrachten. Die Objekte werden tendenziell als Dreieck und Quadrat gesehen, anstatt als Einzellinien, die sich nicht treffen

Wie Murray (1995) anmerkt, ist der Kern des Argumentes, dass das Ganze (die **Gestalt**) anders als seine Teile ist, wie man in zahllosen Alltagsereignissen sehen kann. Wie vorher erwähnt, nimmt man beim Musikhören nicht die einzelnen Noten, sondern Passagen wahr. Wenn dem nicht so wäre, dann wäre weder die Reihenfolge der Noten, noch die Zeitspannen, die sie gehalten werden, noch die Pausen zwischen ihnen von Bedeutung. Ebenso erhalten physikalische Objekte ihre Identität aus der Art und Weise, wie ihre Teile kombiniert sind und nicht nur aus den Teilen, aus denen sie bestehen. Ein so einfaches Objekt wie ein Apfel ist kein Apfel mehr, nachdem es in einen Mixer gesteckt wurde; ein Haus ist auch kein Haus mehr, wenn alle seine Bretter und Nägel auseinandergenommen und sortiert worden sind.

Prägnanz: gute Form
Das erste Anliegen der Gestaltpsychologen bestand darin, die Gesetze zu entdecken, die die Wahrnehmung von Ganzheiten regeln. Diese Gesetze, zuerst von Koffka (1935) beschrieben, werden hier kurz zusammengefasst. Sie beziehen sich primär auf die Wahrnehmung und können daher auf diese Art auch am besten beschrieben und illustriert werden. Man beachte aber, dass die Gestaltpsychologen keine Diskontinuität zwischen Wahrnehmung und Denken sehen. Sie halten diese Gesetze für anwendbar auf beides.

Ein einziges übergreifendes Prinzip regelt Wahrnehmung und Denken: **Prägnanz** (dies bedeutet: gute Form). Wie Köhler schrieb, scheinen einsichtsvolle Lösungen oft eine »abrupte Reorganisation gegebener Materialien« zu umfassen, »eine Neugestaltung, die plötzlich fertig auf der geistigen Szene erscheint« (1969, S. 163). Warum ist es die korrekte Neugestaltung, und wie erkennt der Mensch (oder das Tier) sie als richtig? Ein Teil der Antwort, behauptet Köhler, liegt darin, dass das Gehirn von einer Tendenz getrieben zu sein scheint, dem Wahrgenommenen die bestmögliche Form zu geben. Das genaue Wesen dieser Form für alle wahrnehmungsbezogenen (und kognitiven) Erfahrungen wird durch vier zusätzliche Prinzipien bestimmt:

Prinzip der Geschlossenheit
Geschlossenheit meint die Komplettierung eines Musters oder einer Gestalt. Sie lässt sich anhand der Beobachtung illustrieren, dass man beim Anblick einer unvollständigen Figur dazu neigt, eine vollständige zu sehen (Abb. 6.7). Dasselbe Phänomen gilt für die Wahrnehmung einer Melodie mit fehlenden Noten oder von unvollständigen Wörtern, wie z. B. P_ych_l_gie.

Obwohl der Begriff Geschlossenheit ursprünglich nur auf Wahrnehmungsprobleme angewandt wurde, verwenden ihn Psychologen nun in einer Vielfalt von Situationen, wobei viel der ursprünglichen Bedeutung beibehalten wird, aber auch eine breitere Bedeutung hinzukommt. Zum Beispiel wird die Wendung **Geschlossenheit erreichen** oft verwendet, wenn man sich auf die Lösung eines Problems, das Verständnis eines Konzepts oder auf die Beendigung einer Aufgabe bezieht.

Prinzip der Kontinuität
Wahrnehmungsphänomene werden tendenziell als kontinuierlich wahrgenommen. Eine Linie z. B., die als gebogene Linie beginnt (Abb. 6.8) wird wahrscheinlich als kontinuierlich wahrgenommen, d. h. sie verläuft auch weiter in Bögen.

6.4 · Gestaltpsychologie: grundlegende Annahmen

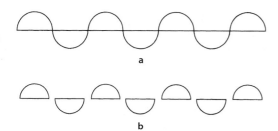

Abb. 6.8. Kontinuität: eine Tendenz, Dinge als kontinuierlich wahrzunehmen. Die Linien in (a) erscheinen als eine Gerade, die eine gebogene Linie schneidet, und nicht wie eine Reihe von Halbkreisen wie in (b)

```
a a a a a a a a a
g g g g g g g g g
c c c c c c c c c
x x x x x x x x x
```

Abb. 6.9. Ähnlichkeit: eine Tendenz, ähnliche Objekte als zusammengehörig zu betrachten. Die Abbildung wird als 4 Reihen identischer Buchstaben wahrgenommen anstelle von 10 Säulen mit unterschiedlichen Buchstaben

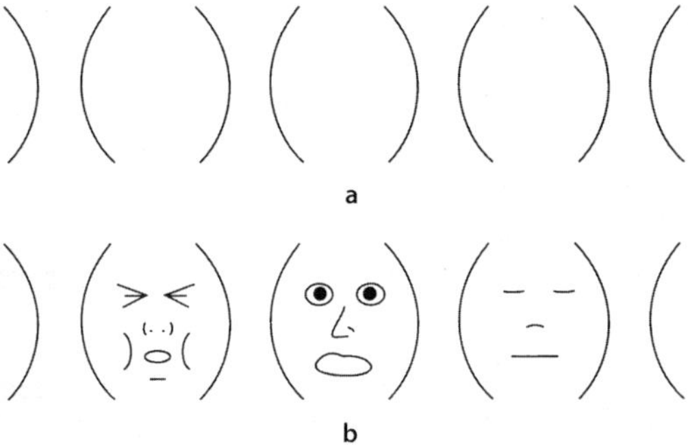

Abb. 6.10. Nähe: eine Tendenz, Dinge als zusammengehörig wahrzunehmen, die in enger räumlicher Nähe liegen. Reihe a wird als vier Paare gebogener Linien gesehen, Reihe b als drei Gesichter

Prinzip der Ähnlichkeit

Das Prinzip der Ähnlichkeit besagt, dass ähnliche Objekte als zusammengehörend wahrgenommen werden. Wenn bspw. jemand zwei Melodien gleichzeitig hört, wird er eher jede als separat wahrnehmen anstatt beide als eine Melodie zu hören. In ◘ Abb. 6.9 sehen wir 4 Reihen identischer Buchstaben und nicht 10 Spalten verschiedener Buchstaben.

Prinzip der Nähe

Objekte oder Wahrnehmungselemente werden anhand ihrer räumlichen Nähe gruppiert. In ◘ Abb. 6.10 (a) sind vier Paare gebogener Linien zu sehen, während in (b) drei Gesichter wahrgenommen werden.

6.4.4 Annahmen der Gestaltpsychologie zu Lernen und Gedächtnis

Diese vier und verschiedene andere Prinzipien wurden von Wertheimer entwickelt und später von Koffka auf Denken und auf Wahrnehmung angewandt. Weil die Gestaltpsychologen sich nicht mit solch molekularen Aspekten von Lernen und Verhalten wie Stimuli und Reaktionen befassen, sind ihre Erklärungen für Lernen und Gedächtnis beträchtlich globaler und unspezifischer als die der Behavioristen.

Im Allgemeinen besagt die Sichtweise der Gestaltpsychologen, dass Lernen zur der Bildung von Gedächtnisspuren führt. Die präzise Natur dieser Spuren bleibt unspezifiziert, aber verschiedene ihrer Eigenschaften wurden detailliert beschrieben. Die wichtigste Eigenschaft ist, dass gelerntes Material, wie andere Wahrnehmungsinformationen, die in Bezug auf die gerade besprochenen Prinzipien der Wahrnehmungsorganisation bestmögliche Struktur annehmen will (Prägnanz). Daher entspricht das Erinnerte nicht immer dem Gelernten oder Wahrgenommenen, sondern hat oft eine bessere Gestalt als das Original. Wulf (1938) beschrieb drei Organisationstendenzen des Gedächtnisses.

Angleichen

Angleichen bezeichnet eine Tendenz in Richtung Symmetrie oder zu einer Abschwächung der Besonderheiten von Wahrnehmungsmustern. ◘ Abb. 6.11 zeigt eine hypothetische Illustration des Angleichens. Koffka ging davon aus, dass der Prozess des Angleichens auch auf kognitives Material anwendbar sei. Beim Abruf des Gefühls, in einem Zug zu fahren, erinnert sich eine Person z. B. an einen allgemeinen Eindruck der Vorwärtsbewegung und an vorbeiziehende Landschaften, aber nicht an das Gefühl des Schwankens von einer Seite auf die andere.

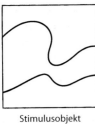 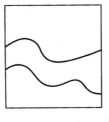  

Stimulusobjekt — Sukzessive Reproduktionen

Abb. 6.11. Angleichen: eine Tendenz zur Symmetrie, zur Reduzierung von Anomalien und Eigentümlichkeiten

Stimulusobjekt — Sukzessive Reproduktionen

Abb. 6.12. Verschärfen: eine Tendenz, die Besonderheiten eines Musters hervorzuheben

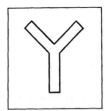 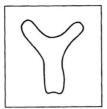  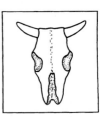

Stimulusobjekt — Sukzessive Reproduktionen

Abb. 6.13. Normalisierung: eine Tendenz, das Erwartete wahrzunehmen (und sich daran zu erinnern)

Verschärfen

Verschärfen bedeutet, die Unterschiede in einem Muster hervorzuheben. Ein Merkmal des menschlichen Gedächtnisses ist, dass es die Qualitäten, die am deutlichsten zur Identität eines Objektes beitragen, bei der Reproduktion dieses Objektes übertreibt. Abb. 6.12 illustriert bspw., wie der wiederholte Abruf eines Gesichts mit besonders deutlichen Augenbrauen dazu tendiert, diese Augenbrauen zu übertreiben.

Normalisierung

Normalisierung ist gegeben, wenn das reproduzierte Objekt modifiziert wird, damit es zu bestehenden Gedächtniseinträgen passt. Diese Modifikation verändert das erinnerte Objekt in Richtung dessen, was es zu sein scheint. Eine hypothetische Illustration von Normalisierung wird in Abb. 6.13 gezeigt. Hier beginnen aufeinanderfolgende Reproduktionen desselben Stimulusobjekt zunehmend stärker etwas vertrautem (und daher etwas »normalem«) zu ähneln.

6.4 · Gestaltpsychologie: grundlegende Annahmen

6.4.5 Jenseits der Wahrnehmung: das Verhaltensfeld

Die Welt, wie die Physik sie sieht und beschreibt, ist eine Sache, sagt Koffka; die Welt, wie das Individuum sie wahrnimmt, ist etwas anderes. Und diese Welt der »direkten Erfahrung« ist weit wichtiger, wenn man das Verhalten eines Individuums verstehen will.[8]

Der Bodensee

Zur Illustration erzählt Koffka (1935, S. 28) die Geschichte eines Reiters, der sich über eine weite Ebene durch einen schweren Schneesturm hindurchkämpft und schließlich an einem Gasthaus ankommt. »Lieber Himmel, von woher kommen Sie?«, fragt der Wirt. Der Mann, halb erfroren, zeigt in die Richtung, aus der er kam. »Wissen Sie«, fragt der Wirt verwundert, »dass Sie über den Bodensee geritten sind?« Und der Mann bricht benommen vor den Füssen des Wirts zusammen und ist tot.

Hier gibt es nur ein Verhalten – der Ritt über einen gefrorenen See in einem winterlichen Schneesturm. Die physikalische Umwelt ist festgelegt und klar. Koffka weist darauf hin, dass ein Psychologe aber weiß, dass das Verhalten des Mannes ganz anders gewesen wäre, wenn er von dem See gewusst hätte. Wenn der Gedanke ihn im Nachhinein so ängstigte, dass er daran starb, dann hätte er den See bestimmt nicht überquert, wenn er es vorher gewusst hätte.

Das Verhaltensfeld

Aus der Perspektive des Mannes fand sein Verhalten in einer ganz anderen Umgebung statt – in einem **Verhaltensfeld** (oder **psychologischen Feld**), wie Koffka es nennt. Das Verhaltensfeld ist die persönliche Sichtweise des Handelnden darüber, was real

ist. Im Verhaltensfeld des Mannes handelte es sich um eine windgepeitschte Ebene. Wie er später erfuhr, war es in der realen physikalischen Welt aber ein zugefrorener See. Sowohl das Verhaltensfeld wie die physikalische Umwelt beeinflussen das Verhalten von Personen, behauptet Koffka. Und obwohl die physikalische Umwelt auf jeden Fall das Verhaltensfeld beeinflusst, sind beide nicht dasselbe. In einem weiteren Beispiel beschreibt Koffka das Verhalten von zwei Affen in getrennten Käfigen, die beide nur dann ein Bündel Bananen erreichen können, wenn sie Kisten aufeinander stapeln. Einer von beiden, der intelligente Affe, tut dies auch schließlich, klettert hinauf und greift die Bananen. Der andere, der dumme Affe, bleibt auf einer der Kisten sitzen und starrt die unerreichbaren Bananen traurig an. Beide Affen befinden sich in exakt demselben physikalischen Feld. Aber im Verhaltensfeld des intelligenten Affen gibt es Kisten, die man stapeln kann und die bis oben hin reichen, im Verhaltensfeld des anderen gibt es nur eine Kiste, auf der man sitzen kann, und ein paar unerreichbare Bananen.

Anschein vs. Realität

Die Wahrnehmungsgesetze der Gestaltpsychologie weisen darauf hin, dass das, was Menschen sehen, nicht notwendigerweise tatsächlich dem entspricht, was da draußen ist. Ihre Realität ist laut Lehar (2003) einzig und allein in ihrem Kopf. Wenn Sie das Buch anschauen, das Sie gerade lesen, dann betrachten Sie Ihr persönliches, vollkommen internales **Bewusstsein** für dieses Buch. Es gibt sicherlich eine objektive, physikalische Realität außerhalb der Begrenzung Ihres Schädels, aber Sie können diese nur **innerhalb** Ihres Bewusstseins »erkennen«. Und Ihr Erkennen ist möglicherweise nicht akkurat. Wenn Sie also in ⬛ Abb. 6.7 ein Dreieck gesehen haben, haben Sie das physikalische Feld nicht korrekt wahrgenommen.

---

[8] Hierzu gibt es eine interessante philosophische Frage, sagte die alte Dame. Lassen Sie mich aus diesem Buch von Lehar (2003) vorlesen. Sie bedeutete mir, den Rekorder auszuschalten, sagte aber nichts dazu, dass ich mir weiterhin Notizen machte. Dann las sie mehrere Zeilen von hier und da, die laut meiner eiligen Notizen besagten, dass wir selbst nicht die Realität erkennen können, mit denen sich die Physik beschäftigt – aber dass auch die Physik nicht unsere persönliche Realität erkennen kann. Bewusstsein ist laut Lehar eine »zutiefst mysteriöse« Sache. Er erklärt: Wenn man darüber

nachdenkt, wird man schließlich feststellen, dass die Realität, die man kennt – das eigene Bewusstsein – sich nur im eigenen Kopf befindet. Sie kann nirgendwo anders sein. Was man sieht, wenn man glaubt die Realität zu betrachten, ist in Wirklichkeit das **persönliche Bewusstsein von Realität**. Bewusstsein, sagt Lehar, ist tatsächlich direkt beobachtbar, die externe Realität der Physik ist es nicht. Die Welt ist nur in Ihrem Kopf, wussten Sie das, fragte die alte Dame. Dann wandte sie sich wieder ihren Notizen zu.

Dass in ◘ Abbildung 6.7 aber ein Dreieck zu sehen ist, wird zum tatsächlichen Teil Ihrer psychologischen Realität. Auf diese Weise betont die Gestaltpsychologie den Unterschied zwischen der physikalischen Realität und dem, was nur real erscheint.

Die Gestaltpsychologen glaubten, dass es zum Verständnis von Verhalten notwendig ist, Wissen zu besitzen über die Art, wie das jeweilige Individuum die Realität wahrnimmt (also über das Verhaltensfeld oder psychologische Feld der Person) (Smith, 1988). Der Grund dafür ist, dass Menschen eher auf den Anschein (das, was sie für real halten) reagieren als auf die Realität. Die Aufgabe der Psychologie ist laut Koffka »die Untersuchung von Verhalten in seiner kausalen Verbindung mit dem psychophysikalischen Feld« (1935, S. 67). In vielfacher Hinsicht ist dies eine weit komplexere Aufgabe als die Behavioristen sich selbst gestellt hatten – also das Verständnis von Reaktionen auf reale Stimuli in der tatsächlichen physikalischen Umwelt. Gleichzeitig eignet sich dieser Ansatz aber besser für das Verständnis von Sozialverhalten, da das psychologische Feld auch die individuellen Wahrnehmungen von anderen Menschen (sowie auch von Dingen und Tieren) enthält.

6.4.6 Gestaltpsychologie und zeitgenössischer Kognitivismus

Aus zwei Gründen wird die Gestaltpsychologie als der Beginn der zeitgenössischen Kognitionspsychologie angesehen: erstens aufgrund ihrer Beschäftigung mit Wahrnehmung, Bewusstsein, Problemlösen und Einsicht; zweitens, weil sie den Behaviorismus ablehnte, da er zu mechanistisch, unvollständig und für die Erklärung höherer geistiger Prozesse ungeeignet sei. Insbesondere Köhler war der Meinung, dass Ansätze wie der von Hull nicht praktisch anwendbar seien, weil sie zu sehr auf Objektivität beharrten und den Nutzen eines Versuches, individuelle Wahrnehmung und privates Bewusstsein zu verstehen, zu stark anzweifelten.

In vielfacher, wichtiger Hinsicht aber stehen Gestaltpsychologie und zeitgenössischer Kognitivismus für unterschiedliche Interessen und Ansätze. Die zeitgenössische Kognitionspsychologie befasst sich mit Themen wie Problemlösen, Entscheidungsfindung, Informationsverarbeitung und Verstehen (die Theorien von Jerome S. Bruner und Jean Piaget sind Beispiele hierfür: ▶ Kap. 7). Kognitive Theoretiker forschen über einen weiten Themenbereich mit meist menschlichen Probanden. Die Themen reichen von Prosaverständnis über Gedächtnis für Wörter, Paraphrasierung und Sprachenlernen bis hin zum Lesen. Im Gegensatz dazu experimentierte die Gestaltpsychologie sehr stark mit Tieren (aber auch mit Menschen) und befasste sich hauptsächlich mit Problemen der menschlichen Wahrnehmung.

6.4.7 Implikationen der Gestaltpsychologie für Erziehung und Schule

Die Gestaltpsychologie steht in zweifacher Hinsicht in dramatischem Kontrast zu einigen der stärker behavioristisch ausgerichteten Ansätze, die wir in den ersten Kapiteln diskutiert haben: Zunächst weist sie die Erklärung zurück, die von Psychologen wie Thorndike favorisiert wurde, nämlich dass Lernen über Versuch und Irrtum geschieht. Menschen lernen durch Einsicht, nicht durch Versuch und Irrtum, behaupten die Gestaltpsychologen.

Zweitens lehnt die Gestaltpsychologie den »reduktionistischen« Ansatz des frühen Behaviorismus ab. Psychologen, die Lernen und Verhalten verstehen wollen, sollten es – so fordern die Gestaltpsychologen – nicht auf Einzelelemente wie Stimuli und Reaktionen **reduzieren**. Stattdessen sollten sie sich die stärker **molaren** Aspekte von Verhalten anschauen – also die Aufmerksamkeit auf das Ganze richten, nicht auf seine Teile.

Diese beiden Annahmen – dass Lernen durch Einsicht geschieht und dass die Psychologie sich auf molare und nicht auf molekulare Aspekte des Lernens konzentrieren solle – sind zwei der wichtigen Themen, die die Gestaltpsychologie beschreiben. Da die Gestaltpsychologie aber keine Lernprinzipien anbietet, die so einfach und klar sind wie z. B. die von Skinners Behaviorismus, kann sie nicht so leicht auf wesentliche Aspekte der Unterrichtspraxis angewandt werden. Dennoch haben diese beiden Themen klare und bedeutungsvolle Implikationen für Lehrer.

6.4 · Gestaltpsychologie: grundlegende Annahmen

Die Zurückweisung von Versuch und Irrtum als nützliche Lernmethode bedeutet ganz klar, dass Lehrer und Eltern die Lernenden nicht mit Problemen konfrontieren sollen, zu deren Lösung eine Vielzahl verschiedener Lösungswege ausprobiert werden kann, bis man es schließlich richtig macht. Stattdessen sollten Lernsituationen so strukturiert sein, dass Lernende schließlich **Einsicht** gewinnen. Aber wie macht man das?

Erstens, sagt Wertheimer (1959), sollten die Probleme, die man dem Lernenden präsentiert, nicht so gestaltet sein, dass man sie durch Einprägen einer Reihe von Schritten lösen kann. Menschen, die in dieser Art und Weise lernen, erklärt er, sind für eine Lernschwierigkeit namens **Antworttendenz** anfällig. Antworttendenz beschreibt eine starke Neigung, in einer vorher festgelegten Weise zu reagieren oder wahrzunehmen, selbst wenn geeignetere Reaktionen existieren. Zweitens behauptet Wertheimer, dass Probleme in bedeutungsvollen, alltagsnahen Situationen präsentiert werden sollen, damit Lernende ihre Bedeutung und ihren Bezug zu realen Alltagsproblemen erkennen können. Drittens müssen Lernende ermutigt werden, das Problem zu verstehen, anstatt lediglich einen Satz vorgefertigter Prozeduren nachzuvollziehen. Dementsprechend sollten Lehrer ihre Schüler anleiten, indem sie ihnen die Richtung weisen, wo sie die Lösung für sich selbst finden können, was zum Einsichtsgewinn bei den Schülern führt – anstatt ihnen nur einfache Informationen und Prozeduren zu vermitteln.

Im Jargon der aktuellen Erziehungspsychologie unterstützt die Perspektive der Gestaltpsychologen den sogenannten **Konstruktivismus** und nicht das **direkte Unterrichten** (Lefrancois, 2000). Konstruktivistische Ansätze sind stark auf den Lernenden zentriert und reflektieren die Überzeugung, dass bedeutungsvolle Informationen vom Lernenden **konstruiert** werden, anstatt ihm übermittelt zu werden. Im Gegensatz dazu enthält **direktes Unterrichten** stärker lehrerzentrierte Ansätze. Die Methoden des Konstruktivismus fördern Entdeckungslernen, Kooperation in der Klasse und die aktive Beteiligung des Lernenden im Unterrichts-/Lernprozess. Wie wir im nächsten Kapitel sehen werden, sind diese Methoden am ehesten mit den kognitiven Theorien von Bruner und Piaget kompatibel.

6.4.8 Gestaltpsychologie: Bewertung

Die Gestaltpsychologie war eine wichtige Gegenbewegung gegen den vorausgegangenen Introspektionismus und auch gegen den Behaviorismus, der die amerikanische Psychologie in der ersten Hälfte des 20. Jahrhunderts weitgehend dominierte. Köhler bspw. war der Ansicht, dass ein Behaviorismus wie der Hulls falsch lag, wenn er den wissenschaftlichen Wert von Konzepten wie Bewusstsein oder Denken bestritt. »Ich stelle daher bei mir eine profunde Aversion und Abwehr gegen den Behaviorismus oder gegen jeden anderen einseitigen und impraktikablen Purismus in der Wissenschaft fest«, schrieb Köhler (1929, S. 34). Er behauptete, das Beharren der Behavioristen auf der ausschließlichen Beschäftigung mit objektiver Realität zwinge sie zur Zurückweisung der Gültigkeit und Wichtigkeit der »direkten Erfahrung«: »Es kann nicht den geringsten Zweifel für mich geben, dass ich als Kind ›direkte Erfahrungen‹ hatte…. Es gab Erfahrungen, die mir persönlich und privat gehörten« (S. 20).

In mancher Hinsicht schneiden die Gestalttheorien bezüglich unserer Kriterien in ▶ Kap. 1 nicht besonders gut ab. »Die theoretischen Ideen der Gestaltpsychologen waren für ihre Ungenauigkeit berüchtigt«, schreiben Holyoak und Spellman (1993, S. 268). Infolgedessen sind sie nicht besonders nützlich für Vorhersage und Erklärung von Verhalten. »In den Augen der meisten zeitgenössischen Beobachter«, sagt Gardner, »war das theoretische Programm der Gestaltpsychologen nicht gut fundiert … es gab zu viele Ausnahmen oder undefinierte Fälle« (1987, S. 114).

Ein Beispiel für die Ungenauigkeit in der Gestalttheorie liegt laut Latimer und Stevens (1997) in ihrem Gebrauch der Begriffe »Ganzes« und »Teil«, die beide für die Theorie fundamental sind. Manchmal scheint das Wort »Teile« einzelne Einheiten einer Wahrnehmungsanalyse zu bedeuten, so wie Noten für Musik oder Winkel und Linien für geometrische Formen; an anderen Stellen scheint es sich auf physiologische oder neuronale Aktivität im Gehirn zu beziehen. In diesem Zusammenhang sprachen Gestaltpsychologen häufig auch von sogenannten **phänomenalen** Einheiten, wobei es sich um subjektive Wahrnehmungseinheiten zu handeln scheint, deren präzise Natur aber unklar bleibt.

Im Hinblick auf einige der anderen Kriterien schneidet die Gestalttheorie jedoch sehr gut ab. Die Gestaltpsychologie wird bspw. immer noch nutzbringend in Beratung und Therapie angewendet (Lobb, 2001). Gestalttypische Annahmen zum Verhaltensfeld und zum Selbst spielen wichtige Rollen in humanistischen Theorien wie der von Carl Rogers (er verwendet stattdessen die Begriffe **phänomenologisch** und **phänomenales Feld**). Rogers' Therapieansatz basiert auf der Annahme, dass es zum Verständnis des Verhaltens einer Person wichtig ist, es sich aus der persönlichen Perspektive dieser Person anzuschauen; Verhaltensänderungen resultieren aus einer veränderten Sichtweise auf die Realität.

Vielleicht noch wichtiger ist, dass die Gestalttheorie sehr viel Anregung zum Denken geboten und wesentlich zur Entwicklung späterer kognitiver Theorien beigetragen hat (siehe Lehar, 2003; Uttal, 2002). Epstein (1988) merkt an, dass die Gestaltpsychologie in sehr realem Sinn als Grundlage der gegenwärtigen kognitiven Theorie diente. Unter anderem lieferte sie der Psychologie die Anfänge einer neuen Metapher.

6.5 Metaphern in der Psychologie

Eine Metapher ist ein Vergleich. Metaphern finden sich in der Literatur, insbesondere in der Lyrik, wo sie dazu dienen, Bilder hervorzurufen (manchmal unmögliche), die erstaunlicher, klarer und bewegender sind als die Realität, die sie repräsentieren. In Pablo Nerudas Gedicht »Kleines Amerika« ist die Frau, die der Dichter liebt, nicht einfach eine Frau. Sie ist ein Land, mit »Zweigen und Feldern, Früchten und Wasser, dem Frühling, den ich liebe… dem Wasser des Meeres oder der Flüsse und dem rötlichen Dickicht aus Buschwerk, wo der Durst giert und wo der Hunger lauert« (1972, S. 110).[9]

Und in Nerudas »Brief auf der Straße« ist Liebe nicht nur ein Gefühl: Es ist Saat und Erde und Wasser und Feuer, sodass »vielleicht ein Tag kommen wird, wo ein Mann und eine Frau, wie wir, diese Liebe berühren und sie immer noch die Kraft hat, die Hände zu verbrennen, die sie berühren« (Neruda, 1972, S. 148).[10]

In der Psychologie, ebenso wie in der Lyrik, gibt es viele Metaphern. Ihr Zweck in der Psychologie ist allerdings weniger zu bewegen oder zu erstaunen, als vielmehr zu informieren und zu klären. In der Kognitionspsychologie, sagt Bruner, »ist offensichtlich, dass es nichts außer Metaphern gibt« (1990a, S. 230). Die bekannteste der aktuellen Metaphern für die menschliche Kognition ist wahrscheinlich der Computer, aus dem die Psychologie eine Auffassung von Menschen als informationsverarbeitenden Einheiten entwickelt hat. Psychologen entwickeln kognitive Modelle, die von Verarbeitung, Speichern, Abruf, Input, Output usw. usf. sprechen.

Aber die Metapher war in der Psychologie oder der Wissenschaft nicht immer gänzlich willkommen. Über viele Jahre waren Naturwissenschaftler davon überzeugt, dass das Resultat ihrer Forschungen eine vollständige, genaue und absolut sachliche Beschreibung der Welt und ihrer Funktionen sein würde. Im Jahre 1910 schien die Vermutung fernzuliegen, dass die Wissenschaft eines Tages etwas über die Welt herausfinden würde, was sich nur in Begriffen wie schwarze Löcher, Quarks, Antimaterie, Paralleluniversen oder anderen metaphorischen Konzepten ausdrücken ließe. Sogar im 21. Jahrhundert haben viele Wissenschaftler immer noch nicht den Eindruck, dass in ihrem Wissen irgendetwas nicht ganz sachlich sein könnte.

6.5.1 Metaphern im Behaviorismus

So war es auch in der Psychologie. Während der ersten Hälfte des 20. Jahrhunderts, in einer weitgehend vom Behaviorismus dominierten Phase, such-

---

[9] Das Original ist wie folgt: »ramas y tierras, frutas y agua / la primavera que amo, / la luna del desierto, el pecho / de la paloma salvaje / la suavidad de las piedras gestadas / por las aguas del mar o de los rios / y la espesura roja / del matoral en donde / la sed y el hambre acechan.«

[10] Das Original: »Tal vez llegará un día / en que un hombre / y una mujer, iguales / a nosotros / tocarán este amor y aún tendrá fuerza / para quemar las manos que lo toquen.«

6.5 · Metaphern in der Psychologie

ten Psychologen tapfer nach verlässlichen Fakten, Gesetzen und Prinzipien, die eine sachliche Beschreibung menschlichen Lernens und Verhaltens bieten würden. Der Schwerpunkt, speziell für Behavioristen wie Skinner und Watson, lag auf einer Theoriebildung möglichst nahe an den Daten. Und sogar Neobehavioristen wie Hull und Hebb, die es sich erlaubten, neue Metaphern in der Form von Hypothesen zu erfinden, die zwischen Stimuli und Reaktionen vermitteln, versuchten dennoch Dinge operational zu definieren (also in den Begriffen tatsächlicher Handlungen und Operationen). Dies war das Erbe des »logischen Positivismus« – einer Philosophie der Wissenschaft auf der Grundannahme, dass die Dinge real und genau sind und daher sachlich und genau beschrieben und gemessen werden können.

Aber wie Smith (1990) anmerkt, stellten die Behavioristen fest, dass auch sie Metaphern zur Erklärung und Klarstellung verwandten. Hull z. B. verwendete Maschinenmodelle menschlichen Funktionierens und beschrieb seine Theorie als den »Roboter-Ansatz«. »Soweit es die Denkprozesse betrifft«, schrieb Hull in einem seiner unveröffentlichten Tagebücher, »könnte man eine Maschine bauen, die genau dieselben Dinge tut wie der Körper« (zitiert in Hays, 1962, S. 820).

Tolman entdeckte ebenfalls neue Metaphern in der Vorstellungskraft der weißen norwegischen Ratte, da es für ihn so aussah, als wenn sogar die Ratte mehr lernte als nur S-R-Verbindungen. Stattdessen entwickelte sie Repräsentationen der Welt – kognitive Karten von dem, was da draußen ist – und Annahmen, die das, was da draußen war, mit ihrer Verhaltenswahl verbanden. Tolman nannte diese Annahmen »Erwartungen«, und seine Sichtweise auf menschliches Lernen explorierte die Me-

tapher kognitiver Karten und Hypothesen. Insofern sind Tolmans Erwartungen Repräsentationen der Welt. Aber sie sind keine sachlichen Repräsentationen, die ein logischer Positivist suchen würde; sie sind Metaphern.

Sogar Skinner verwendete Metaphern, behauptet Smith, auch wenn er wahrscheinlich der positivistischste Behaviorist war und konsequent an dem »Ziel festhielt, metaphorischen Diskurs aus der Wissenschaft zu eliminieren« (1990, S. 255). Seine Hauptmetapher ist eine darwinistische, evolutionäre. Auf dieselbe Weise, in der Arten als Funktion der Interaktion von natürlichem Druck und »Fitness« überleben oder aussterben, werden auch Reaktionen auf der Grundlage ihrer Konsequenzen selektiert. Verhaltensweisen überleben oder sterben aus als Funktion ihres Verstärkt-, Ignoriert- oder Bestraftwerdens.

6.5.2 Metaphern im Kognitivismus

Wie bereits erwähnt, ist Kognitionspsychologie eine Psychologie der Metaphern. Zur Beschreibung menschlichen Funktionierens verwendet die Kognitionspsychologie Metaphern für geistige Strukturen, die Dinge beschreiben, die nicht wirklich existieren, um Dinge zu repräsentieren, die nicht sachlich beschrieben werden können. Alle theoretischen kognitiven Konzepte – bspw. **Operationen, Kurz- und Langzeitgedächtnis, neuronale Netzwerke** – sind Metaphern. Und die meisten Beschreibungen menschlicher Funktionen (d. h. wie kognitive Strukturen entwickelt und gebraucht werden) stützen sich auf Metaphern, insbesondere auf Computer-Metaphern. Diese werden wir uns in den nächsten Kapiteln ansehen.

Zusammenfassung

1. Hebbs Modell basiert weitgehend auf Wissen und Spekulationen über neurologische und physiologische Prozesse. Sein Ziel ist, höhere geistige Prozesse zu erklären – Prozesse, die zwischen Stimuli und Reaktionen vermitteln.

2. Das Nervensystem des Menschen besteht aus spezialisierten Zellen, Neuronen genannt, die aus einem Zellkörper mit mehreren Empfangs-Ästen, den Dendriten, und einem verlängerten Teil, dem Axon, bestehen. Die Übertragung an Neuronen verläuft über das Axonende über den synaptischen Spalt (dem Abstand zwischen dem Axonende und den Dendriten der angrenzenden Zelle).

3. Für Hebb erfordern höhere geistige Prozesse (Denken) Aktivität in neuronalen Verbänden. Er argumentiert, dass diese Aktivität in einer Form organisiert sein muss, in der Neuronen so miteinander verbunden sind, dass sie sich gegenseitig in Mustern, die er Zellverbände nennt, reaktivieren können. Anordnungen miteinander verbundener Zellverbände werden Phasensequenzen genannt.

4. Forschungsarbeiten an der Schnecke Aplysia illustrieren, dass Habituation (Langzeitdepression oder LTD) und Sensitivierung (Langzeitpotenzierung oder LTP) chemische Veränderungen auf der Ebene des Neurons erfordern. Diese Arbeiten unterstützen Hebbs Annahmen zur neuronalen Übertragung.

5. Wichtige Annahmen in Hebbs Theorie sind die folgenden: Zellverbände entstehen aus der wiederholten Darbietung ähnlicher Stimulusmuster und daher aus der wiederholten Aktivierung derselben Neurone; wenn zwei Verbände oft gleichzeitig aktiv sind, werden sie Assoziationen miteinander ausbilden (wodurch sich Konditionierung erklären lässt); motorische Aktivität wird mit den Zellverbänden assoziiert, die oft zeitgleich aktiv sind; jeder Zellverband entspricht relativ einfachen sensorischen Daten.

6. Set meint eine Selektivität zwischen Reaktionen; Aufmerksamkeit meint eine Selektivität zwischen eingehenden Reizen. Set und Aufmerksamkeit sind zentrale Prozesse für Lernen und Wahrnehmung.

7. Der mechanistische Behaviorismus von Theoretikern wie Guthrie und Watson (und sogar Skinner und Thorndike) strebt nach makelloser Objektivität, analysiert Verhalten auf der molekularen Ebene und macht keine Annahmen über irgendwelche Absichten des Handelnden. Tolman stellte diesen Ansatz in Frage, indem er behauptete, dass alles Verhalten zweckorientiert ist und Erklärungen daher die Erwartungen des Lebewesens mit einbeziehen müssen.

8. Tolman glaubte, dass alles Verhalten zweckgerichtet ist; dass Verhalten kognitive Elemente enthält, die sich in Erwartungen zeigen und auch als Kognitionen oder kognitive Karten beschrieben werden können; dass Verhalten auf der molaren anstatt der molekularen Ebene analysiert werden sollte; dass Erwartungen als Funktion des Erlebens von Situationen entstehen, in denen Verstärkung möglich ist (Beziehung zwischen Zeichen und Bezeichnetem).

9. Die Gestaltpsychologie ist ein Vorläufer der zeitgenössischen Kognitionspsychologie. Kognitive Ansätze zur Betrachtung von Lernen sind durch ein Interesse an Themen wie Verstehen, Informationsverarbeitung, Entscheidungsfindung und Problemlösen charakterisiert.

10. Die wichtigsten Überzeugungen der Gestaltpsychologen können in zwei Aussagen zusammengefasst werden: (a) Das Ganze ist mehr als die Summe seiner Teile und (b) Menschen lösen Probleme durch Einsicht. Die erste Aussage besagt, dass die Analyse eines Subjekts (oder Objekts) anhand seiner Teile nicht zu Wissen über dieses Subjekt führt. Die zweite Aussage richtet sich gegen die Rolle von Versuch und Irrtum beim Problemlösen.

11. Wertheimer, Köhler und Koffka begründeten die Gestaltpsychologie und machten sie populär. Als System steht die Gestaltpsychologie in enger Verbindung mit Untersuchungen zur Wahrnehmung und der Formulierung von Gesetzen der Wahrnehmungsorganisation wie Prägnanz, Geschlossenheit, Kontinuität, Ähn-

6.5 · Metaphern in der Psychologie

▼

lichkeit und Nähe. Diese Gesetze sollen sowohl auf Denken wie auf Wahrnehmen angewandt werden können.

12. Untersuchungen der Gestaltpsychologie zum Thema Gedächtnis haben zu der Beobachtung geführt, dass strukturelle Veränderungen über die Zeit folgende Prozesse enthalten: Angleichen (Schaffung von Symmetrie); Verschärfen (Erhöhung der Unterscheidbarkeit) und Normalisierung (Veränderung in Richtung dessen, wie ein Objekt sein sollte).

13. Gestalttheoretiker treffen eine bedeutsame Unterscheidung zwischen der externalen Realität (dem physikalischen Feld) und den Wahrnehmungen des Individuums (dem Verhaltens- oder psychologischen Feld). Zum Verständnis von Verhalten müssen beide beachtet werden. Unsere Realität liegt – wahrscheinlich – innerhalb unseres Schädels.

14. Die Psychologie, dabei insbesondere die Kognitionspsychologie, verwendet sehr viele Metaphern, obwohl die frühen Behavioristen anstrebten, eher sachlich als metaphorisch zu sein (und so einen logischen Positivismus zu spiegeln). Seit langer Zeit sind verschiedene Maschinen-Metaphern populär, sie zeigen sich in Hulls »Roboter-Ansatz« und in jüngerer Zeit in der Computer-Metapher vom Menschen.

IV Kognitive Theorien

7 Drei kognitive Theorien:
   Bruner, Piaget und Wygotski   – 187

8 Neuronale Netzwerke:
   der neue Konnektionismus   – 231

9 Lernen und Erinnern   – 253

10 Motivation   – 283

11 Soziales Lernen: Banduras kognitive Theorie
    des sozialen Lernens   – 309

7

Drei kognitive Theorien:
Bruner, Piaget und Wygotski

Der Zwerg schaut weiter als der Riese, wenn er auf den Schultern des Riesen stehen kann.

Samuel Taylor Coleridge

7.1 Kognitionspsychologie – 189

7.2 Vergleich zwischen Kognitionspsychologie und Behaviorismus – 190

7.2.1 Die wichtigste Metapher der Kognitionspsychologie – 191

7.3 Bruners Lerntheorie: »über die gegebene Information hinausgehen« – 191

7.3.1 Evolution des Gehirns – 191

7.3.2 Evolution mentaler Repräsentationen – 193

7.3.3 Repräsentationen und kognitive Theorie – 194

7.3.4 Bruners Theorie der Repräsentationen: Kategorisierung – 194

7.3.5 Kategorien als Regeln – 195

7.3.6 Entscheidungsfindung – 196

7.3.7 Kodiersysteme – 196

7.4 Konzepterwerb – 197

7.4.1 Strategien des Konzepterwerbs – 198

7.4.2 Strategien des Konzepterwerbs im Alltagsleben – 200

7.5 Aktuelle Forschung zu Konzepten – 201

7.5.1 Entwicklung des Konzeptlernens – 201

7.5.2 Kategoriegrenzen – 201

7.5.3 Neurobiologie von Kategorien – 201

7.5.4 Abstraktion – 202

7.6 Bruners Standpunkt: Bewertung – 203

7.7 Implikationen von Bruners Theorie für Erziehung und Schule – 204

7.8 Jean Piaget: Annahmen zur kognitiven Entwicklung – 204

7.8.1 Méthode Clinique – 205

7.8.2 Theoretische Orientierung – 206

7.8.3 Assimilation und Akkomodation: Prozesse der Adaptation – 207

7.8.4 Spiel – 208

7.8.5 Imitation – 209

7.8.6 Intelligenz – 209

7.8.7 Piagets Stufentheorie – 210

7.8.8 Sensomotorische Entwicklung: Geburt bis 2. Lebensjahr – 210

7.8.9 Präoperationales Denken: 2. bis 7. Lebensjahr – 212

7.8.10 Operationen – 214

7.8.11 Konkrete Operationen: 7. bis 11./12. Lebensjahr – 215

7.8.12 Formale Operationen: nach dem 11./12. Lebensjahr – 218

7.8.13 Piagets Theorie als Lerntheorie – 220

7.9 Implikationen von Piagets Theorie für Erziehung und Schule – 220

7.10 Piagets Standpunkt: Bewertung – 221

7.10.1 Forschung – 221

7.11 Lew Wygotski: eine kulturell-kognitive Theorie – 223

7.11.1 Hauptideen in Wygotskis Theorie – 224

7.11.2 Wygotskis Theorie: Implikationen für die Erziehung – 226

7.11.3 Scaffolding (Gerüstbau) – 226

7.12 Wygotskis Theorie: Bewertung – 227

Zusammengerollt wie ein Hund schien die alte Dame im Gras unter den wilden Himbeersträuchern zu schlafen. Sie hatte gesagt, dass ich sie hier unterhalb der Felswand treffen solle, dass sie an diesem Nachmittag das siebte Kapitel vorlesen wolle. Begierig auf die Fortsetzung wollte ich sie wecken, aber ich wagte es nicht. Fette gelbe Bienen schwärmten über den Himbeersträuchern und Ameisen krabbelten über die saftigen Beeren, die die alte Dame in einer Schüssel gesammelt hatte. Sie hielt die Schüssel geschützt in ihrer Armbeuge, während sie schlief, und um ihre Mundwinkel spielte ein Lächeln.

Plötzlich stieß ein Vogel aus der Luft herab, mit einem Rauschen bremsender Schwingen und Schwanzfedern, und legte seine ausgestreckten Krallen beinahe sanft, wie es schien, um das Handgelenk der alten Dame. Sofort war sie wach, als hätte sie nie geschlafen, setzte sich auf, lächelte den Wanderfalken an, streichelte seine dunklen samtigen Wangen, glättete das schwarzblaue Gefieder auf seinem Rücken, und versprach mir – obwohl sie bislang meine Anwesenheit nicht weiter kommentiert hatte – dass wir heute Felsentauben und wilde Himbeeren zum Abendessen haben würden. Dann schickte sie den Falken mit einem gellenden Schrei wieder in die Luft. »Jag!« schrie die alte Dame, und der Vogel stieg auf, seine kurzen Flügel wirbelten, und er stieg höher und höher. Die alte Dame erklärte, dass der Vogel ein seltener Peregrine-Wanderfalke sei, der schnellste Falke überhaupt, und dass er mit fast einem Drittel der Schallgeschwindigkeit fliegen könne. Sie sagte, der Begriff »Peregrine« bedeute Wanderer oder Pilger, und der Vogel stieg immer noch, bis er nur noch ein kleiner Punkt war, segelte dann eine lange Minute, um dann, angezogen vom Anblick der Felsentauben, die wie betrunken zwischen der Scheune und dem Feld von Petersons Farm auf der anderen Seite der Straße hin und her flogen, seine Schwingen zusammenzulegen und hinabzustoßen und mit einem einzigen Schlag die graue Taube zu schlagen, die er sich aus dem Schwarm ausgesucht hatte. Er drehte sich um, die Taube in seinen Krallen, und kehrte zu der alten Dame zurück, die sagte, dass wir zwei bräuchten und den Falken nochmals losschickte, woraufhin er diesmal mit einer sandfarbenen Taube zurückkam. Ich hatte vorher nicht gesehen oder gewusst, dass die alte Dame einen Wanderfalken zur Jagd abgerichtet hatte.

Während sie die Vögel einpackte, bedeutete sie mir, den Rekorder einzuschalten.

> **In diesem Kapitel...**
>
> Was bedeutet ein Falke für eine Taube, grübelte die alte Dame. Dann schwieg sie lange Zeit. Und was bedeutet ein Mensch für eine Taube, fuhr sie fort. Was denkt eine Taube über Menschen, wenn sie über deren Häuser, deren Felder und Wälder fliegt? Wovon träumt sie, wenn sie auf einem Baum in der Stadt kauert oder sich an eine Dachkante schmiegt, während die Menschen unter ihr vorbeieilen? Ist in den Gedanken der Taube der Mensch nur ein weiteres großes, erdgebundenes Ding, nicht von Pferden, Kühen, Ziegen oder Lastwagen zu unterscheiden? Hat die Taube ein Konzept von ›Menschenartigkeit‹? Ist die Taube zu Gedanken dieser Art fähig?
>
> **Lernziele**
> Sagen Sie Ihren Lesern, sagte die alte Dame, dass dies eine der Fragen ist, die in diesem Kapitel beantwortet werden. – Denn dieses Kapitel beschäftigt sich mit
> ▼

▼

den Themen der Kognitionspsychologie, damit, was Bruner (1985) als die menschliche Lust an Wissen, den menschlichen Hunger nach Information bezeichnet. Und darüber hinaus gilt, behauptet Bruner, dass Menschen immer über die gegebene Information hinausgehen.

Erklären Sie ihnen, sagte die alte Dame, dass sie sogar dann, wenn sie nichts als die Informationen dieses Kapitels haben, in der Lage sein werden, komplexe Fragen dazu zu beantworten, was Bruner mit dem Folgenden meinte:

- Konzeptbildung
- Kategorien und Kodiersysteme
- Strategien
- über die vorhandene Information hinauszugehen.

Außerdem werden sie wissen, was Piaget meinte mit:

- Adaptation, Assimilation und Akkomodation
- Spiel, Imitation und Intelligenz
- den sensomotorischen, präoperationalen, konkreten und formalen Entwicklungsstufen.

Und sie werden verstehen, worin Bedeutung und Implikationen für den Unterricht von Wygotskis Ansichten über

- die Zone der proximalen Entwicklung
- Scaffolding

bestehen.

Und was noch besser ist, sagte die alte Dame, sie werden erstaunliche neue Einsichten darüber gewinnen, was Tauben über Menschen wissen.

7.1 Kognitionspsychologie

Für Menschen ist es nicht einfach, Tauben danach zu fragen, was sie wissen und was sie denken. Aber Herrnstein, Loveland und Cable (1976) nahmen sich ein paar Tauben und fragten sie auf gewisse Weise, was sie über Menschen dächten. Noch erstaunlicher ist: die Tauben antworteten.

Herrnstein und seine Kollegen präsentierten den Tauben eine Serie von Dias. Auf einigen dieser Dias waren eine oder mehrere Personen zu sehen, die verschiedene Dinge taten, die unterschiedlich gekleidet (oder auch nackt) waren, und die manchmal durch andere Objekte, wie z. B. Bäume, teilweise verdeckt waren. Die Tauben erhielten in diesem Experiment nur dann Verstärkung, wenn sie bei einem Bild pickten, auf dem Menschen zu sehen

waren. Die Tauben lernten diese Aufgabe. Sie schienen etwas zu besitzen, was Herrnstein und seine Kollegen als »natürliche Konzepte« bezeichnen, mit komplexen und unbestimmten Vorstellungen davon, was ein Mensch ist. Und die Tiere waren in der Lage, diejenigen Dias, die dieses Konzept zeigten, sogar dann zu erkennen, wenn die »Menschenartigkeit« der gezeigten Personen in verschiedenen Aktivitäten, Kontexten und unterschiedlicher Kleidung versteckt war.

Natürlich sind Tauben nicht die einzigen nichtmenschlichen Tiere, für die gezeigt werden kann, dass sie Konzepte ausbilden. Man erinnere sich z. B. an Tinklepaughs (1928) Forschungsarbeiten, in denen Affen entweder ein Salatblatt oder eine Banane gezeigt wurde, bevor diese Objekte versteckt wurden. Wenn der Affe sich später erinnerte, wo der

Salat und die Banane versteckt war und sie aufgrund dieses Erinnerungsvermögens fand, durfte er sie essen. Und das schien ihm zu gefallen, gleichgültig ob es eine Banane oder ein Salatblatt war. Aber wenn Tinklepaugh dem Affen eine Banane zeigte, dieser aber später ein Salatblatt fand, wo eigentlich die Banane sein musste (weil Tinklepaugh sie ausgetauscht hatte), zeigte sich der Affe sehr aufgeregt. Er ignorierte den Salat nicht nur (den er wahrscheinlich gegessen hätte, wenn er erwartet hätte, ihn zu finden), sondern suchte überall nach der fehlenden Banane. Laut Tinklepaugh war dies ein Beleg, dass der Affe nicht nur gelernt hatte, wo ein Objekt versteckt war, sondern dass er außerdem ein klares und stabiles Konzept davon hatte, was an diesem Ort versteckt sein müsste.

Wie Medin und Ross (1992) anmerken, stellen solche Untersuchungen behavioristische Erklärungen vor erhebliche Probleme. Wenn schon einfachere Verhaltensweisen von Tieren mit behavioristischen Annahmen nicht ausreichend erklärt werden können, dann sind die wahrscheinlich komplexeren Verhaltensweisen von Menschen noch schwerer erklärbar. Und wenn sogar Tiere Konzepte und gedankliche Prozesse besitzen, dann sollte sich die Psychologie vielleicht auch mit diesen beschäftigen, genau wie mit den leichter beobachtbaren und beschreibbaren Handlungen. Dies ist das Stichwort für den Auftritt des Kognitivismus – ein lerntheoretischer Ansatz, der sich hauptsächlich mit intellektuellen Ereignissen wie Problemlösen, Informationsverarbeitung, Denken und Vorstellen beschäftigt. Wie wir im vorigen Kapitel sahen, nahm Tolmans Behaviorismus mit seiner Beschreibung von Erwartungen, Zielen und Zwecken bereits die zeitgenössischen kognitiven Interessen vorweg. Auch in der Beschäftigung der Gestaltpsychologie mit Wahrnehmung, Bewusstsein, Problemlösen und Einsicht sowie in deren Ablehnung des Behaviorismus wegen seiner übermäßig mechanistischen und unvollständigen Erklärungen spiegelt sich die kognitive Sichtweise.

7.2 Vergleich zwischen Kognitionspsychologie und Behaviorismus

Die Kognitionspsychologie unterscheidet sich in vielen wichtigen Aspekten vom Behaviorismus.

Erstens liegt der Betrachtungsschwerpunkt der Kognitionspsychologie auf höheren geistigen Prozessen. Die wichtigsten haben mit Wahrnehmung zu tun (damit, wie physikalische Energie in bedeutungsvolle Erfahrungen umgeformt wird), mit Konzeptbildung, Gedächtnis, Sprache, Denken, Problemlösen und Entscheidungsfindung. Wie wir in ▶ Kap. 6 gesehen haben, spiegeln sich diese Themen in von der Kognitionspsychologie benutzten Metaphern – bspw. Metaphern zur Informationsverarbeitung oder Computern im Gegensatz zu Hulls Metapher des »mechanischen Roboters«.

Zweitens bedeutete der Übergang zum Kognitivismus auch eine Verlagerung des Schwerpunktes von tierexperimenteller Forschung zurück zur Forschung am Menschen. Themen wie das Lernen von Sprache, Lesen, Strategien des Konzepterwerbs und die Entwicklung der Logik können mit Hilfe von Ratten und Tauben nicht so leicht untersucht werden.

Drittens war das typische Ziel behavioristischer Theorien, die Beziehungen zwischen Verhalten und dem, was dem Verhalten vorausgeht und was darauf folgt, herauszufinden. Im Gegensatz dazu ist das typische Ziel kognitiver Theorien, plausible und nützliche Schlussfolgerungen über die geistigen Prozesse zu ziehen, welche zwischen Input und Output vermitteln, und über das, was wir unter **Bedeutung** verstehen.

Viertens sind kognitive Theorien i. Allg. weniger umfangreich als behavioristische Theorien wie die von Skinner oder Hull. Es gibt nur wenige Versuche, systematische und umfassende kognitive Theorien zu konzipieren, die das menschliche Lernen und Verhalten vollständig erklären. Dagegen lag der Schwerpunkt in den vergangenen Jahrzehnten eher auf intensiver Forschung in bestimmten Gebieten anstatt auf der Konzeption allgemeiner Systeme (◘ Tab. 7.1).

7.3 · Bruners Lerntheorie: »über die gegebene Information hinausgehen«

◘ Tab. 7.1. Grundsätzliche Unterschiede zwischen Behaviorismus und Kognitivismus

	Behaviorismus	Kognitivismus
Grundlegende Konzepte	Stimuli, Reaktionen, Verstärkung	Höhere geistige Prozesse (Denken, Vorstellen, Problemlösen)
Wichtigste Metaphern	Maschinenartige Eigenschaften menschlicher Funktionen	Auf Informationsverarbeitung und Computern basierende Metaphern
Geforscht wird typischerweise an	Tieren, nur manchmal an Menschen	Menschen, nur manchmal an Tieren
Hauptziele	Entdeckung vorhersagbarer Beziehungen zwischen Stimuli, Reaktionen und Konsequenzen der Reaktionen	Nützliche Schlussfolgerungen über beim Verhalten vermittelnde geistige Prozesse, sowie deren Einflüsse auf Verhalten
Theorieumfang	Oft wird angestrebt, alle wesentlichen Verhaltensaspekte zu erklären	Im Allgemeinen geringerer Umfang, es sollen eher spezifische Handlungen und Prozesse erklärt werden
Theoretiker, die die Richtung repräsentieren	Watson, Pawlow, Guthrie, Skinner, Hull	Gestaltpsychologen, Bruner, Piaget, Wygotski, konnektionistische Theorien (► Kap. 8)

7.2.1 Die wichtigste Metapher der Kognitionspsychologie

Die dominante Metapher der Kognitionspsychologie ist laut Massaro und Cowan (1993) die der Informationsverarbeitung – im Kern eine Metapher aus dem Computerbereich. Informationsverarbeitung bezieht sich auf die Modifikation und Veränderung von Informationen (Input). Hierbei werden Prozesse der Wahrnehmung und Konzeptbildung betont: Prozesse, die es dem Wahrnehmenden ermöglichen, wahrzunehmen; die festlegen, wie der Handelnde handelt; die dem Denken, Erinnern, Problemlösen usw. zugrundeliegen.

Das wichtigste gemeinsame Merkmal der von der Kognitionspsychologie behandelten Themen ist, dass sie geistige Repräsentationen und natürlich auch Informationsverarbeitung als Grundvoraussetzung annehmen. Dementsprechend tauchen in der Theorieentwicklung der Kognitionspsychologie Metaphern auf, die sich auf das Wesen mentaler Repräsentationen und auf die Prozesse beziehen, die an deren Konstruktion und Verwendung beteiligt sind.

Zu den wichtigsten theoretischen Beiträgen der zeitgenössischen Kognitionspsychologie gehören die von Jerome Bruner, Jean Piaget und Lew Wygotski, die im Anschluss besprochen werden. Die folgenden Kapitel befassen sich mit speziellen Bereichen, die hauptsächlich kognitiv erforscht werden: mit künstlicher Intelligenz, Gedächtnis und Motivation.

7.3 Bruners Lerntheorie: »über die gegebene Information hinausgehen«

In einem klassischen Aufsatz vergleicht Bruner (1964) die Entwicklung eines Kindes mit der Entwicklung der menschlichen Rasse.

7.3.1 Evolution des Gehirns

In den Anfängen, sagt Bruner, waren die Menschen weit davon entfernt, die schnellsten, bedrohlichsten oder stärksten Raubtiere des Planeten zu sein. Es ist wohl so, dass der sagenhafte Säbelzahntiger oder irgendein anderes schreckliches Raubtier über die menschliche Bevölkerung hätte herrschen können, wenn da nicht eine einfache Tatsache gewesen wäre: Der Mensch erwies sich schließlich als intelligenter als alle Raubtiere, die ihn jagten. Diese Kreatur war so intelligent, dass sie schließlich den Lauf der Evolution in die eigenen Hände nahm. Der Mensch benutzte sein Gehirn.

»Gehirne sind wundervolle Dinge«, teilen uns Johanson und Shreeve mit. »Es gibt keine bessere Lösung für die eigene Umwelt – keine Kralle kann so scharf sein, kein Flügel so leicht, dass er dieselben adaptiven Vorteile bieten könnte wie eine schwere Kugel grauer Substanz« (1989, S. 2).

Vorteile des Gehirns

In der Morgendämmerung der Zivilisation ermöglichte das menschliche Gehirn den Zugang zu Nahrungsquellen, die der mit Flossen, Flügeln oder Klauen bewehrten Konkurrenz der Menschheit entgangen waren, obwohl viele von ihnen einen besseren Geruchssinn, schärferes Sehen, schnellere Bewegungen und stärkere Schnäbel oder Kiefer besaßen. Das Gehirn erlaubte es den Menschen, eine Verbindung herzustellen zwischen spitzen Stöcken und dem Graben nach Wurzeln und Knollen im Boden oder zwischen schweren Steinen und erlegten Beutetieren (oder Räubern). Das Gehirn lieferte schließlich Stein- und Holzwerkzeuge, Geräte für Landwirtschaft und Jagd, das Rad, die Rakete, den Computer … und was immer als nächstes kommen wird. Und vielleicht noch wichtiger ist: Das Gehirn führte zur Entwicklung von Sprache und Kultur – und daraus resultierend zu der Möglichkeit, Information mitzuteilen, sie zwischen Individuen zu teilen und über Generationen weiterzutragen. Obwohl die Rohsubstanz unseres Nervensystems ein Produkt von Evolution und genetischer Übermittlung sein mag, werden die Produkte unseres Gehirns mit an-

---

Jerome Seymour Bruner (geb. 1915)

Jerome Bruner war das jüngste von vier Kindern einer jüdischen Familie in einem wohlhabenden New Yorker Vorort. Im Alter von 2 Jahren wurde die erste von mehreren Operationen zur Korrektur seiner frühkindlichen Blindheit (verursacht durch Katarakte) durchgeführt, an die er sich nicht erinnern kann. Er beschreibt seine Eltern als »distanzierte Erwachsene«; der Mittelpunkt seiner Familie – das »Wir« seiner Kindheit – umfasste ihn selbst, seine Geschwister und zwei Cousins.

Als Bruner 12 Jahre alt war, starb sein Vater. Seine Mutter zog danach jedes Jahr um (nach Florida, nach Kalifornien, »aufs Land«), die Auswirkungen dieses Verhaltens auf den jungen Jerome bestanden – in seinen Worten – in »einer zu plötzlichen Veränderung« (Bruner, 1983, S. 5). Er beschreibt, dass er ständig die Schule wechselte, es aber nie schaffte, sich innerlich umzustellen, bevor es an den Umzug ging, als wäre er in endloser Jugend gefangen. »Meine Zeit in der höheren Schule war furchtbar«, schreibt er (1983, S. 17) und beklagt sich darüber, dass er nie lange genug an einer Schule war, um gute Beziehungen zu den Lehrern aufzubauen, obwohl seine Noten in Ordnung waren.

Bruner beschreibt, dass er während seiner Jugend schüchtern war und sich nicht wohl in seiner Haut fühlte. Als er 16 war, kauften er und einige Freunde ein motorisiertes Rennboot, das sie pflegten und an dessen Motor sie herumschraubten, bis sie zu Experten geworden waren. Im Jahr 1932 gewannen sie das Rennen um Manhattan (»schwierige Sache«, sagt Bruner). Als Bruner im Jahr 1972, mit 57 Jahren, zum Watts Professor für experimentelle Psychologie an der Universität Oxford ernannt wurde, überquerten er und seine Frau den Atlantik mit seinem Segelboot, ein paar Freunde bildeten die Crew.

Mit 17 ging Bruner an die Duke University in Durham, North Carolina. Er machte dort 1937 seinen B.A. und promovierte 4 Jahre später in Harvard. Seitdem hatte er Professuren in Harvard, in Princeton, Cambridge und Oxford und an der School of Law der New York University inne. Er war einer der Gründer und Direktor des Center for Cognitive Research in Harvard.

Bruners Forschungsarbeiten sind sehr eklektisch und beeinflussen Psychologie und Erziehung enorm. Er genießt weithin Anerkennung als einer der führenden Köpfe der »kognitiven Revolution« der 50er und 60er Jahre (Bakhurst & Shanker, 2001). Mit mehr als 10 Büchern und mehreren Dutzend Artikeln ist er ein sehr produktiver Autor. Noch mit über 80 Jahren schrieb Bruner weiter über solche Themen wie die Entwicklung des Selbst (Bruner, 1997c), die Entwicklung und Bedeutung von »Bedeutung« (Bruner, 1996a) und die Geschichte und Zukunft der kognitiven Revolution (Bruner, 1997d). Im Jahr 1983 schloss er ein autobiographisches Essay mit den Worten »Ich glaube, ich hatte ein gutes Leben … die Psychologie hat dabei sicher geholfen, Psychologie als Art, Fragen zu stellen, und nicht als eine Quelle der Weisheit« (1983, S. 293).

7.3 · Bruners Lerntheorie: »über die gegebene Information hinausgehen«

deren Methoden übermittelt. Die meisten davon beruhen auf Sprache und anderen symbolischen Systemen.

Fehlangepasste Gehirne

Das Gehirn wurde durch dieselben evolutionären Kräfte geformt, die auch andere Organe formten, merkt Cowley (1989) an. Diese evolutionären Kräfte favorisieren tendenziell Verhaltensweisen, die die Überlebens- und Fortpflanzungschancen maximieren. Es sind allerdings Kräfte, deren Wirkungen sich nur sehr langsam über lange Zeiträume hinweg entfalten. Andererseits verändern sich die Umwelten, in denen die Menschen heute leben, mit erstaunlicher Geschwindigkeit. Infolgedessen bestehen einige einstmals sehr adaptive Verhaltensweisen weiter, obwohl sie inzwischen kontraadaptiv sind. Man denke nur an die sonderbare und beängstigende Neigung des Menschen, seine Umwelt zu zerstören und sein Leben durch zuwenig Aktivität und zuviel ungesunde Nahrung zu verkürzen. Der größte Teil der menschlichen Evolutionsgeschichte spielte sich in der Umwelt des Pleistozän ab, betont Cowley (1989). Dort stellten Schlangen und andere wilde Tiere eine erheblich größere Gefahr dar als Wasser- und Luftverschmutzung, und die Zufuhr von zuviel Fett, Salz oder Zucker über die Nahrung war lächerlich unwahrscheinlich. Und ein gut ausgeruhtes und gut genährtes Lebewesen kann erheblich leichter eine Kältewelle überstehen oder vor einem Verfolger fliehen. Es ist, als ob die Drachen des Pleistozän aus Sagans Eden (Sagan, »The Dragons of Eden«, 1977) immer noch dem vor dem Kühlschrank stehenden Menschen ins Ohr flüstern: »Iss solange Du kannst. Morgen gibt es vielleicht nichts – falls es ein Morgen gibt.«

7.3.2 Evolution mentaler Repräsentationen

Dennoch weiß man als Mensch, dass es auch morgen noch etwas zu essen geben wird und dass der Säbelzahntiger heute nacht wahrscheinlich nicht ins Schlafzimmer eindringen wird. Man kann mit erstaunlicher Deutlichkeit Erwartungen ausbilden, man kann für bevorstehende Zeiten planen, deren Kommen man auf die Sekunde genau messen kann. Man kann nicht nur die Zukunft planen, man kann sich auch an die Vergangenheit erinnern. Und mehr noch: Man ist sich dieses Bewusstseins bewusst, man kann über seine eigenen Überlegungen reflektieren.

Einfach ausgedrückt besitzt der Mensch einen Geist, der durch das Nervensystem und das Gehirn ermöglicht wurde. Der Geist, sagte Alexander (1989) ist der beeindruckendste – und am schwersten verständliche – Unterschied zwischen Menschen und allen anderen Tieren.

Erfindungen und mentale Evolution

Die Evolution des Geistes zeigt sich laut Bruner in drei Schüben bemerkenswerter Erfindungen, die alle drei verschiedenen Funktionen dienten. Zuerst gelang es den Menschen, Geräte zu entwickeln, die ihre motorischen Kapazitäten verstärkten: einfache Maschinen (Hebel, Rollen, geneigte Ebenen, vielleicht sogar das legendäre Rad) und Kombinationen von Maschinen zur Herstellung von Waffen (Messer, Pfeile, Speere und Äxte). Durch die Verstärkung ihrer motorischen Möglichkeiten wurden Menschen stärker und schneller, konnten bessere Unterkünfte bauen und waren weniger durch Jäger und Naturkatastrophen gefährdet.

Jahrhunderte später – also vor sehr kurzer Zeit in der Menschheitsgeschichte – kam es zu einem zweiten Schub von Erfindungen, die wiederum das Muster menschlicher Evolution auf dramatische Weise veränderte. Diese Erfindungen verstärkten eher sensorische als motorische Kapazitäten. Dazu gehören Teleskop, Radio, Fernsehen und all die anderen Instrumente, die die menschlichen Fähigkeiten des Sehens, Hörens und Fühlens verstärken und den Menschen Dinge wahrnehmen lassen, die er sonst nicht wahrnehmen kann.

Die letzte Gruppe menschlicher Erfindungen verstärken die von Bruner als »ratiocinative« (intellektuell) bezeichneten Fähigkeiten. Hierbei handelt es sich um menschliche Symbolsysteme und Theorien, wozu Computersprachen und -systeme gehören. Fast alle geistige Arbeit des Menschen, behauptet Bruner (1997b), wird nun mit Hilfe der Technologien geleistet, die die Kulturen ihren Angehörigen bieten. Diese Technologien bereichern die menschlichen Kompetenzen sehr stark.

Die Evolution von Repräsentationen bei Kindern

Bruner nimmt an, dass sich die Repräsentationssysteme, die Kinder verwenden, parallel zur Geschichte der menschlichen Erfindungen entwickeln. Im frühesten Alter repräsentieren Kinder Objekte durch ihre eigenen unmittelbaren Empfindungen dieser Objekte. Laut Bruner werden Dinge »in den Muskeln repräsentiert«. Diese sogenannte **enaktive Repräsentation** entspricht der Phase der menschlichen Evolution, die ihren Schwerpunkt auf der Verstärkung motorischer Kapazitäten hatte.

Früh in ihrer Entwicklung gehen Kinder von einer strikt motorischen (oder enaktiven) Repräsentation zu der von Bruner sogenannten **ikonischen Repräsentation** über. Ein Ikon ist ein Bild; dementsprechend beinhaltet ikonische Repräsentation die Verwendung mentaler Bilder, die für bestimmte Objekte oder Ereignisse stehen. Dieser Typ Repräsentation entspricht der Phase, während der die Erfindungen der Menschheit sich auf die Verstärkung ihrer sensorischen Kapazitäten richteten.

Die fortgeschrittenste Form der dem Kind verfügbaren Repräsentationen ist die **symbolische Repräsentation**, die der Entwicklung derjenigen Erfindungen entspricht, die intellektuelle Kapazitäten verstärken. Der fundamentale Unterschied zwischen einem Symbol und einem Ikon liegt darin, dass ein Ikon seinem Referenten getreu ähnelt, während ein Symbol dies nicht tut. Ein Symbol ist vollständig beliebig. Die Zahl 2 ähnelt einer Sammlung zweier Objekte nicht mehr als das Wort Truthahn dem entsprechenden Vogel ähnelt. Dennoch haben Menschen überhaupt keine Schwierigkeiten, zu verstehen, was mit den beiden Symbolen oder mit den meisten der Tausende von anderen Symbolen in diesem Text gemeint ist.

Obwohl enaktive, ikonische und symbolische Repräsentation sich nacheinander entwickeln, ersetzen sie einander nicht. Erwachsene verfügen neben den symbolischen weiterhin über enaktive und ikonische Repräsentationen. Menschen »wissen« also, wie man Fahrrad fährt, einen Spielball schlägt oder einen Golfschlag ausführt, nicht durch Symbole oder mittels Bildern, sondern mit ihrem Körper – deshalb ist es auch so schwer, mit Worten zu erklären, wie das gemacht wird. Im Gegensatz dazu erkennen wir Gesichter nicht mittels Aktivität oder Symbolen, sondern in Bildern.[1]

7.3.3 Repräsentationen und kognitive Theorie

Zusammengefasst besitzen Erwachsene also drei unterschiedliche Repräsentationsmodi für die Wirkung sensorischer Eindrücke und für Gedanken. Die Bedeutung von Repräsentationen – insbesondere von symbolischen Repräsentationen – kann nicht hoch genug eingeschätzt werden.

Ein symbolisches Repräsentationssystem, speziell die Sprache, ist für systematisches Schlussfolgern essentiell, sagte Newell (1990). Zusätzlich ist ein solches System für den Austausch von Wissen zwischen Menschen unerlässlich. Und zuletzt sind Repräsentationen fundamental für die menschliche Kultur und für die Erfahrung eines menschlichen Lebens. Repräsentationssysteme, behauptet Bruner, sind »ein ganz besonderer Typ von gemeinschaftlichem Werkzeug, das den Verwender zu einer Reflektion der Gemeinschaft macht« (1990b, S. 11). Der Geist, argumentiert er unerschütterlich, kann sein volles Potenzial nur als Bestandteil einer Kultur ausschöpfen (Bruner, 1996b).

7.3.4 Bruners Theorie der Repräsentationen: Kategorisierung

Bruners Interessenschwerpunkt liegt darauf, wie Menschen Repräsentationen ausbilden und verwenden. Die grundlegende Metapher seiner Theorie der Repräsentationen heißt **Kategorisierung**. Jede menschliche kognitive Aktivität enthält Kategorien, sagt Bruner. Daher ist es für das Verständnis von Bruners Theorie wesentlich zu wissen, was eine Kategorie ist, wie sie gebildet wird und welchen Nutzen sie hat.

Was ist eine Kategorie?

Wenn ein Mann einen Kopf mit langen blonden Haaren und einem hübschen Gesicht sieht, das ihn aus einem Meer von Schaum in einer rosafarbenen

---

[1] Und trotzdem, murmelte die alte Dame vor sich hin, können Sie nicht **irgendein** Gesicht, nicht einmal Ihr eigenes, so beschreiben, dass ein Fremder es in einem Meer von Gesichtern leicht erkennen kann. Außer natürlich irgendetwas an Ihrem Gesicht ist besonders ungewöhnlich. Und dann fügte sie noch – ziemlich unhöflich – hinzu: Vielleicht ist Ihr Gesicht kein so gutes Beispiel.

7.3 · Bruners Lerntheorie: »über die gegebene Information hinausgehen«

Badewanne anlächelt, sieht er da nur einen Kopf mit langem blonden Haar und ein lächelndes Gesicht über einem Meer von Schaum in einer rosafarbenen Wanne?[2]

Im wortwörtlichen Sinne: Ja, das ist alles, was er sieht. Aber in einem anderen Sinne sieht er noch viel mehr. Er sieht, dass dies eine Frau ist, die wahrscheinlich zwei Arme und zwei Beine hat, Zehennägel und andere Merkmale. Aber er kann diese Dinge nicht sehen, und so geht er, laut Bruner, »über die gegebene Information hinaus« (1957a). Zunächst stellt er fest, dass es sich um eine Frau handelt, zweitens zieht er Schlussfolgerungen über diese Frau basierend auf dem, was über alle Frauen bekannt ist. Laut Bruner sind Schlussfolgerungen durch die Verwendung von Kategorien möglich – in diesem Fall der Kategorie Frau. Die Kategorie Frau ist ein **Konzept** in dem Sinne, dass es eine Repräsentation von aufeinander bezogenen Dingen ist; es ist aber auch ein **Perzept** in dem Sinne, dass es sich um ein physikalisches Objekt handelt, welches über die Sinne aufgenommen wird. Perzepte und Konzepte sind in Bruners Theorie annähernd äquivalent.

Kategorien sind den Zellverbänden und Phasensequenzen in Hebbs Theorie vergleichbar. Weil es sich bei Kategorien im Prinzip um Klassifikationen von Objekten auf der Basis von bei dieser Art Objekt immer wieder auftretenden Eigenschaften handelt, basieren Kategorien auf Assoziationen, die sich weitestgehend über Häufigkeit und Wiederholung ausbilden. Wenn bspw. die ersten Marsmenschen, die hier ankommen, alle Warzen haben, dann werden Warzen zu einem charakteristischen Merkmal der Kategorie Marsianer. In Hebbs Worten: Die Zellverbände, die durch Warzen aktiviert werden, werden mit den Zellverbänden assoziiert, die durch Marsianer aktiviert werden.

Wie Markman und Gentner (2001) anmerken, steht Kategorisierung in enger Beziehung zu Ähn-

lichkeit. Objekte werden tendenziell auf der Grundlage von Ähnlichkeiten in dieselbe Kategorie eingeordnet – weil ihnen bestimmte Merkmale gemeinsam sind. Daher werden Autos aufgrund gemeinsamer Formen und Funktionen als Autos kategorisiert.

7.3.5 Kategorien als Regeln

»Kategorisieren bedeutet«, schreibt Bruner, »als unterschiedlich erkennbare Dinge äquivalent zu setzen, Objekte und Ereignisse und Menschen um uns herum in Klassen zu gruppieren und auf sie auf der Grundlage ihrer Klassenzugehörigkeit und nicht aufgrund ihrer Einzigartigkeit zu reagieren« (Bruner, Goodnow & Austin, 1956, S. 1). Daher besteht eine Methode, den Begriff **Kategorie** zu betrachten, darin, ihn als eine Regel (oder eine Sammlung von Regeln) zu definieren, nach der Dinge als gleichartig klassifiziert werden. Dies ist eine logische Definition, weil Konzepte und Perzepte, die durch Kategorisierung erzeugt werden, Sammlungen von Dingen sind, die in irgendeiner Form äquivalent sind. Das Konzept (oder die Kategorie) **Buch** kann man sich bspw. als eine implizite Regel vorstellen, die es einer Person ermöglicht, ein Objekt als ein Buch zu erkennen. Tatsächlich umfasst diese Kategorie eine Sammlung von Regeln, die festlegen, dass ein Objekt, um ein Buch zu sein, Seiten und einen Umschlag besitzen, gedruckten Text und einen Titel enthalten muss (unter anderem).

Attribute

Kategorien machen, genau wie Regeln, Aussagen über die Merkmale, die Objekte besitzen müssen, bevor sie auf eine bestimmte Weise klassifiziert werden können. Merkmale von Objekten sind **Attribute**. Bruner definiert Attribute als »ein unterscheidbares Merkmal eines Objekts oder Ereignisses, das einer erkennbaren Variation von Ereignis zu Ereignis unterliegt« (1966, S. 26). Attribute sind daher Eigenschaften von Objekten, die aber nicht bei allen Objekten vorkommen. Sie werden außerdem hinsichtlich ihrer Rolle bei der Kategorisierung unterschieden. Attribute, die ein Objekt definieren, werden als **kritische Attribute** bezeichnet, solche, die das nicht tun, sind irrelevant. Das Vorhandensein weiblicher Sexualorgane ist wahrscheinlich ein kritisches (ent-

---

[2] Vielleicht sollten Sie Ihre Leser darauf hinweisen, sagte die alte Dame, während sie noch eine weitere wilde Himbeere in ihrem Mund verschwinden ließ, dass die folgenden Beobachtungen genau dieselben wären, wäre es eine Frau gewesen, die einen Kopf mit lockigem schwarzem Haar und einem Bart gesehen hätte, der sie aus einem Meer von Seifenschaum aus einer blauen Badewanne anlächelt. Ich fragte mich, ob wir zum Abendessen noch genügend Himbeeren haben würden.

scheidendes) Attribut für die Kategorie Frau, eine bestimmte Haarfarbe ist dagegen irrelevant.

Regeln der Kategorisierung

In ihrer Eigenschaft als Regeln spezifizieren Kategorien die genaue Art der Ähnlichkeiten (oder Unterschiede), die für die Zugehörigkeit zu einer Kategorie erforderlich sind. Insbesondere fordern Kategorien als Regeln vier Dinge über die Objekte, auf die reagiert wird (► Übersicht)

— Zunächst wird, wie wir gerade gesehen haben, eine Kategorie über kritische Attribute definiert. Die Regel legt fest, dass um zur Kategorie **y** zu gehören, das Objekt das Attribut **x** besitzen muss. Die Regel für **Auto** würde bspw. festlegen, dass das Objekt einen Motor, Sitzplätze und bestimmte Steuereinrichtungen besitzen muss.

— Zweitens spezifiziert eine Kategorie die kritischen Attribute und verweist auf die Art, wie diese kombiniert sein müssen. Wenn bspw. ein Auto in Teile zerlegt und in Müllsäcke verpackt wäre, wäre es unwahrscheinlich, dass irgendjemand das Resultat als Auto behandeln würde. Wie die Gestaltpsychologen behaupteten, ist das Ganze mehr als die Summe seiner Teile; die Regel für die Kategorie **Auto** besagt, dass die Teile in bestimmter Weise zusammengesetzt sein müssen.

— Drittens gewichtet die Kategorie die verschiedenen Merkmale. Ein Auto würde wahrscheinlich weiterhin als Auto klassifiziert, auch wenn es keine Stoßstangen oder Fensterscheiben, und vielleicht sogar dann, wenn es keine Räder hätte. Aber wenn es keinen Motor und keine Karosserie hat, wird es als etwas anderes kategorisiert, weil diese Merkmale kritischer (wesentlicher) für die Zugehörigkeit zu einer Kategorie sind.

— Viertens legt eine Kategorie Akzeptanzgrenzen für Attribute fest. Attribute unterscheiden sich oft von Ereignis zu Ereignis. So kann z. B. Farbe stark variieren. Eine Regel, die festlegt, dass ein Auto vier Räder hat, setzt den Variationsbereich auf Null. Damit wäre alles, was drei oder weniger Räder hat, oder fünf und mehr Räder, kein Auto.

Zusammenfassung: Kategorisierung

Menschen interagieren mit ihrer Umwelt über Kategorien, oder Klassifikationssysteme, die es ihnen gestatten, unterschiedliche Objekte oder Ereignisse

als äquivalent zu behandeln. Eingehende Information wird daher in existierende Kategorien eingeordnet oder führt zur Bildung neuer Kategorien. In jedem Fall beinhaltet das Endresultat der Verarbeitung eine Entscheidung über die Identität des Stimulus, des weiteren beinhaltet es verschiedene implizite Schlussfolgerungen über das Objekt oder das Ereignis. Bruner behauptet, dass jede Interaktion mit der Umwelt die Klassifikation von Input in bereits existierende Kategorien erfordert. Vollständig neue Erfahrungen sind »dazu verdammt, ein ›schweigendes Juwel‹ zu sein, eingeschlossen in die Stille privater Erfahrung«, schreibt Bruner (1957b, S. 125). Kurz gesagt: Menschen können vollständig neuen Stimulusinput wahrscheinlich nicht wahrnehmen, und wenn sie es können, können sie das nicht mitteilen.

7.3.6 Entscheidungsfindung

Jede Information wird mittels eines Akts der Kategorisierung verarbeitet, jede Entscheidung benötigt ebenfalls Klassifizierungen. In Bruners System ist Entscheidungsfindung nur ein weiterer Aspekt von Informationsverarbeitung, die Kategorisierung erfordert.

Die Identifikation eines Objekts bedeutet zunächst eine Entscheidung darüber, ob es zu einer vorgegebenen Kategorie gehört. Sobald das Objekt dann einer Kategorie zugeordnet und damit identifiziert wurde, gibt die Kategorie eine Entscheidung vor, wie auf das Objekt zu reagieren ist. Beispielsweise ist die beinahe unbewusste Erkennung einer Rot anzeigenden Ampel das Resultat einer Interpretation des fraglichen Inputs als zur Kategorie **rotes Licht** gehörig. Implizit in diesem Akt der Kategorisierung enthalten ist die Entscheidung, nicht über die Straße zu gehen.

Ein zweiter Aspekt der Entscheidungsfindung betrifft die Strategiewahl für den Konzepterwerb, die später in diesem Kapitel besprochen wird.

7.3.7 Kodiersysteme

Kategorien ermöglichen die Klassifikation – und daher die Erkennung – von sensorischem Input. Aber ein Hinausgehen über die unmittelbar durch Sinnes-

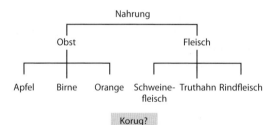

◘ **Abb. 7.1.** Schematische Darstellung eines Kodiersystems. Kodiersysteme sind hypothetische Gruppierungen verwandter Kategorien

empfindungen vermittelten Daten braucht mehr als einfache Schlussfolgerungen über die Kategorie, in die der Input eingeordnet wird. Noch wichtiger dafür sind die Schlussfolgerungen über verwandte Kategorien. Wenn bspw. gefolgert wird, dass ein neues Objekt (nennen wir es mal »Korug«) essbar ist, dann nicht nur einfach deshalb, weil der Korug birnenähnlich aussieht und Birnen essbar sind, sondern auch weil der Korug orangenähnlich ist und Orangen essbar sind. Der Korug wird also auf der Grundlage vieler verwandter Kategorien identifiziert und es werden Vorhersagen über ihn gemacht. Diese verwandten Kategorien werden als **Kodiersystem** (◘ Abb. 7.1) bezeichnet.

Man kann sich Kodiersysteme als hierarchische Gruppierungen verwandter Kategorien vorstellen, wobei die oberste Kategorie des Systems generischer (oder allgemeiner) als die darunterliegenden Kategorien ist. Mit anderen Worten: Wenn man sich ausgehend von den Spezialfällen, die verwandte Kategorien definieren, aufwärts bewegt, gelangt man zu immer abstrakteren Konzepten (oder Kategorien) – solchen, die in Bruners Begriffen freier von Besonderheiten sind. Um einen Spezialfall zu erinnern, reicht es normalerweise aus, das Kodiersystem abzurufen, zu dem es gehört. Die Einzelheiten des Spezialfalls können dann wiederhergestellt werden. Der Transferwert von Kodiersystemen – also das Aus-

maß, zu dem sie bei der Generalisierung helfen – entsteht, weil ein generischer Code eine Methode ist, Objekte miteinander in Beziehung zu setzen und Schlussfolgerungen über sie zu ziehen. Daher sind an der Entscheidung, dass ein Korug wahrscheinlich essbar ist, erhebliche Transferleistungen beteiligt.

7.4 Konzepterwerb

Bruners experimentelle Arbeiten zum Konzepterwerb sind ein wichtiger Beitrag zu diesem zentralen Bereich der Kognitionspsychologie. Unter anderem versuchte er erstmals systematisch, die Annahme zu überprüfen, dass Menschen Konzepte erwerben, indem sie Hypothesen über die Attribute der fraglichen Konzepte generieren und testen. Sein kontrollierter, experimenteller Ansatz trug viel dazu bei, dass der Kognitivismus auch von denjenigen Psychologen akzeptiert wurde, die einer experimentellen und normalerweise behavioristischen Tradition entstammten.[3]

Für Bruner beinhaltet **Konzepterwerb** die Entdeckung derjenigen Attribute, die zur Unterscheidung zwischen Mitgliedern und Nichtmitgliedern einer Klasse nützlich sein können. **Konzeptbildung**, ein etwas anderer Prozess, beinhaltet dagegen, dass spezifische unterschiedliche Klassen existieren. Wenn Jack bspw. lernt, dass es essbare und nicht essbare Pilze gibt, könnte man sagen, dass er das Konzept essbarer versus nicht essbarer Pilze **gebildet** hat.

Dass Jack dieses Konzept gebildet hat, bedeutet aber nicht, dass er nun in den Wald gehen und nur essbare Pilze mitbringen kann. Erst wenn er gelernt hat, welche Unterschiede zwischen essbaren und nicht essbaren Pilzen bestehen, hat er das Konzept **erworben**. Bruner geht davon aus, dass der Prozess der Konzeptbildung bei Menschen bis etwa zum 15. Lebensjahr dominant ist, danach herrscht Konzepterwerb vor.

---

[3] Wenn ich mehr Zeit hätte, sagte die alte Dame, während sie aufstand, um sich zu recken, hätte ich einen Weg gefunden, klarer zu machen, welch enormen Einfluss Bruners Arbeiten zum Konzeptlernen auf die Psychologie der 50er Jahre hatten. Sie erklärte, man müsse sich vergegenwärtigen, dass Bruners frühe Arbeiten zu einer Zeit entstanden, zu der die amerikanische Psychologie weitestgehend behavioristisch war. Sie sagte, vor diesen Arbeiten seien mentalistische Annahmen wie **Konzepte** einer objektiven experimentellen Untersuchung und Verifikation niemals wirklich zugänglich und daher bei den Behavioristen äußerst unpopulär gewesen. Bruner aber hätte gezeigt, dass solide empirische Untersuchungen auch im Bereich menschlichen Denkens möglich seien. Dann setzte sich die alte Dame wieder und lehnte ihren Rücken gegen den Stumpf. Sie begann wieder vorzulesen.

Attributwerten. Ein Rechteck z. B. hat vier Seiten, aber zwei Seiten davon müssen die gleiche Länge haben und länger als die beiden anderen sein, die ebenfalls die gleiche Länge aufweisen müssen. **Rechteck** ist daher ein relationales Konzept.

7.4.1 Strategien des Konzepterwerbs

Laut Bruner bilden Menschen Konzepte, um die Umwelt zu vereinfachen und zu wissen, wie sie darauf reagieren sollen. Um die kognitive Belastung zu verringern und um sicherzustellen, dass Konzepte schnell und präzise erworben werden, wenden sie bestimmte **kognitive Strategien** an.

Diese Strategien haben die Form von Regelhaftigkeiten oder Mustern in der Sequenz von Entscheidungen, die zur Ermittlung der Zugehörigkeit einzelner Objekte zu bestimmten Klassen getroffen werden müssen.

Zur Untersuchung dieser Strategien entwickelten Bruner und Mitarbeiter (1956) einen Kartensatz, bei dem jede Karte als Beispiel entweder eines konjunktiven, disjunktiven oder relationalen Konzepts dienen konnte. Die 81 für diesen Zweck entwickelten Karten enthielten alle möglichen Kombinationen von vier Attributen mit jeweils drei Werten (◘ Abb. 7.2). Für die Experimente wurden – abhängig von der jeweiligen Studie – disjunktive oder konjunktive Konzepte erklärt und illustriert. Eine Karte mit zwei Rahmen und drei roten Kreisen könnte ein Beispiel für verschiedene konjunktive Konzepte sein: Wie für einen **roten Kreis** – in diesem Fall wären alle anderen Karten, die mindestens ein Symbol zeigen, das rot **und** ein Kreis ist, Beispiele für dasselbe Konzept. Wenn das Konzept **rote Kreise** disjunktiv wäre,

Konzepttypen
Basierend auf ihren definierenden, also **kritischen** Attributen unterscheidet Bruner drei Arten von Konzepten. **Konjunktive** Konzepte sind über das gleichzeitige Vorhandensein zweier oder mehr Attributwerte gekennzeichnet. Ein Füllfederhalter ist z. B. ein Objekt, das in der Hand gehalten und zum Schreiben verwendet werden kann. Beide dieser Bedingungen müssen erfüllt sein, damit das Objekt als Füllfederhalter bezeichnet werden kann, daher ist das Konzept **Füllfederhalter** konjunktiv.

Im Gegensatz dazu ist ein **disjunktives** Konzept entweder durch das gleichzeitige Vorhandensein von zwei oder mehr Konzepten oder durch das Vorhandensein eines der relevanten Attribute gekennzeichnet. Zum Beispiel kann ein Mensch mit einer psychischen Störung Größenwahn, Verfolgungswahn und einen Zwang zu stehlen haben, oder aber er oder sie hat entweder die Wahnvorstellungen oder die Phobie oder den Zwang. Hierbei handelt es sich um ein disjunktives Konzept.

Der dritte Konzepttyp ist **relational**. Er definiert sich über eine spezifische Beziehung zwischen den

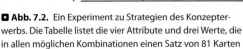
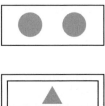

◘ **Abb. 7.2.** Ein Experiment zu Strategien des Konzepterwerbs. Die Tabelle listet die vier Attribute und drei Werte, die in allen möglichen Kombinationen einen Satz von 81 Karten bilden, die in dem Experiment verwendet werden. Zwei Beispielkarten sind rechts dargestellt

7.4 · Konzepterwerb

dann wäre jede Karte, die entweder ein rotes Symbol oder Kreise beliebiger Farbe zeigt, ein Beispiel dieses Konzepts. Zur Erinnerung: Konjunktion bedeutet Attribut **x und** Attribut **y**; Disjunktion bedeutet Attribut **x oder** Attribut **y**.

Im typischen Ablauf dieser Experimente mussten Probanden versuchen, die Konzepte zu entdecken (also zu **erwerben**), die sich der Versuchsleiter ausgedacht hatte. Zur Vereinfachung teilte der Versuchsleiter den Probanden mit, wie viele Werte im Konzept enthalten waren (normalerweise zwei) und ob das Konzept konjunktiv oder disjunktiv war.

Durch verschiedene Untersuchungen mit diesen Karten entdeckte Bruner, dass Probanden verschiedene systematische Strategien verwenden. Eine Gruppe von Strategien zum Erwerb von konjunktiven Konzepten wird hier zur Illustration vorgestellt. Sie werden als **Auswahlstrategien** bezeichnet, weil dem Probanden zunächst eine Karte als Beispiel des Konzeptes gezeigt wurde und er dann aus dem Satz von 81 Karten diejenigen auswählen sollte, die als nächstes getestet werden sollte. Nach jedem Test teilte der Versuchsleiter dem Probanden mit, ob die gewählte Karte ein Beispiel für das Konzept war oder nicht. Hierbei wurde ein »doppeltes« Ziel verfolgt: Einerseits das korrekte Konzept zu erraten, und andererseits dies mit so wenig Durchgängen wie möglich zu tun.

Bruner identifizierte vier Auswahlstrategien zum Erwerb konjunktiver Konzepte: **simultanes Scannen, sukzessives Scannen, konservatives Fokussieren** und **spielerisches Fokussieren**.

Simultanes Scannen

Beim **simultanen Scannen** werden auf der Grundlage des ersten Beispieles (Positivexemplar) alle möglichen Hypothesen für das Konzept generiert und dann jede sukzessive Auswahl dafür verwendet, ungeeignete Hypothesen zu verwerfen. Wenn der Versuchsleiter dem Probanden bspw. eine Karte mit zwei Rahmen und zwei roten Kreisen darauf zeigt, entstehen daraus 15 haltbare Hypothesen. Es gibt also 15 verschiedene Kombinationen der beiden Attribute dieser Karte (z. B. zwei Rahmen und drei Symbole; drei Kreise; drei rote Symbole; rote Kreise; zwei Rahmen und rote Symbole; zwei Rahmen und Kreise; usw.). Unglücklicherweise kann der menschliche Geist nicht so viele Hypothesen gleichzeitig

berücksichtigen. Infolgedessen kommt diese Strategie, obwohl sie theoretisch möglich wäre, in der Praxis nicht vor.

Sukzessives Scannen

Die Strategie des **sukzessiven Scannens** verringert die kognitive Belastung, weil sie eigentlich ein Ansatz ist, der über Versuch und Irrtum funktioniert. Dabei wird eine Hypothese gebildet (»Hmm… vielleicht ist es das Konzept ›rote Kreise‹«) und eine Karte ausgewählt, um diese Hypothese unmittelbar zu testen. Wenn diese Vermutung nicht bestätigt wird (»Mist, falsch!«), wird eine zweite generiert (»Vielleicht sind es die roten Quadrate«). Mittels dieser Prozedur kann das Konzept manchmal sehr schnell entdeckt werden – einfach durch Zufall –, aber manchmal gelingt es nie.

Konservatives Fokussieren

Aus verschiedenen Gründen ist **konservatives Fokussieren** die beste Strategie. Das liegt daran, weil sie das Gedächtnis und die Kapazitäten für das Schlussfolgern relativ wenig belastet. Darüber hinaus garantiert sie beinahe, dass das Konzept erworben wird.

Ein Proband, der konservative Fokussierung verwendet, beginnt damit, dass er das erste Positivexemplar als die **vollständige** Hypothese akzeptiert. Man nehme bspw. an, das Konzept lautet »rote Kreise«, und die erste Karte zeigt zwei Rahmen und drei rote Kreise. Der Proband geht davon aus, dass das Konzept »zwei Rahmen und drei rote Kreise« lautet und wählt dann eine Karte, die von der ersten nur in einem Wert abweicht: Beispielsweise zwei Rahmen und zwei rote Kreise. Der Versuchsleiter bestätigt, dass es ein Beispiel für das Konzept ist. Daraus folgt, dass das veränderte Attribut, die Anzahl der Symbole, irrelevant ist. Die verbleibende Hypothese lautet »zwei Rahmen, rote Kreise«. Bei der nächsten Auswahl wird ein weiterer Wert verändert – die Farbe: Diese gewählte Karte hat zwei Rahmen und drei grüne Kreise. Weil dieses Exemplar falsch war, war Farbe offenbar relevant. Der Proband weiß nun, dass rot ein Teil des Konzepts ist. Wenn das nächste Beispiel die Anzahl der Rahmen ausschließt oder die Form bestätigt (was zwangsläufig passiert, wenn man nur einen Wert verändert), dann hat der Proband das Konzept erworben (◘ Abb. 7.3).

200 Kapitel 7 · Drei kognitive Theorien: Bruner, Piaget und Wygotski

1. Eine Karte wird als Beispiel für das Konzept präsentiert.

2. Eine temporäre Hypothese wird gebildet – das Konzept lautet: zwei Rahmen und drei rote Kreise. (2R3RO)

3. Eine Karte wird gewählt, auf der ein Wert verändert ist. (1R3RO)

4. Die Auswahl ist positiv: die Anzahl der Rahmen ist irrelevant – die Hypothese wird auf 3RO verändert. Eine zweite Karte wird gewählt, auf der einer der beiden verbliebenen Werte verändert ist. (2R2RO)

5. Die Anzahl war nicht relevant, die Karte ist immer noch ein Beispiel für das Konzept. Bei der nächsten Auswahl wird einer der verbliebenen Werte verändert – die Form der Symbole. (2R3RS)

6. Diese Auswahl ist negativ. Daher war die Form relevant. Das Konzept ist: rote Kreise.

▣ Abb. 7.3. Entscheidungssequenz beim Erwerb des Konzeptes *rote Kreise* mittels der Strategie der konservativen Fokussierung

Spielerisches Fokussieren

In einer leichten Variation der konservativen Fokussierung **spielt** der Proband, indem er mehr als einen Wert zur gleichen Zeit ändert – daher die Bezeichnung **spielerisches Fokussieren**. Wenn der Spieler zwei Werte verändert und die Karte immer noch ein Beispiel für das Konzept ist, werden diese beiden Werte automatisch eliminiert, was schneller zur Lösung führt. Wenn aber die gewählte Karte kein Beispiel für das Konzept ist, lernt der Spieler nichts, weil jeder oder beide der veränderten Werte kritisch sein könnten.

7.4.2 Strategien des Konzepterwerbs im Alltagsleben

Die Ergebnisse von Bruners Arbeiten zum Konzepterwerb lassen sich nur schwer auf Situationen des Alltagslebens generalisieren. Das liegt daran, dass Menschen nicht oft systematische Beispiele erhalten, aus denen sie Erfahrungen aussuchen können. Und es gibt keine Autorität, die ihnen sofort sagt: »Ja, das ist ein Beispiel wahrer Liebe« oder »Nein, das ist kein Beispiel wahrer Liebe.«

Eine zweite Schwierigkeit liegt darin, dass Bruner oft erwachsene Probanden für seine Experimente einsetzen musste, da einfachere, an Kindern getestete Varianten nicht immer zur Identifikation derselben Strategien führten (Olson, 1963).

Ein drittes Problem ist, dass die Erwachsenen in Bruners Experimenten oftmals Strategien verwendeten, die nicht identifizierbar waren. Viele Probanden verlegten sich bei einer Gelegenheit aufs Raten, dann wieder versuchten sie, eine Strategie zu entwickeln, dann rieten sie wieder. Schwierige Strategien (wie sukzessives Scannen) wurden niemals verwendet und erscheinen daher eher als ideale denn als praktisch anwendbare Strategien.

Trotz dieser Schwierigkeiten können einige Ergebnisse dieser Arbeiten mit verschiedenen Aspekten menschlichen Verhaltens in Beziehung gesetzt werden. Kinder, die lernen, Schlussfolgerungen zu ziehen, könnten ähnliche Strategien benutzen wie die von Bruner untersuchten. Im Schulunterricht werden oft verwandte Beispiele und Informationen über die Zugehörigkeit zu Klassen genannt. Obwohl Lehrer und Unterrichtsmaterialien selten so systematisch und strikt wie experimentelle Prozeduren sind, können sie manchmal an diese Prozeduren angelehnt sein.

7.5 Aktuelle Forschung zu Konzepten

Bruners Beschreibung von Konzepten und Kategorisierungsprozessen spielt weiterhin eine große Rolle für die Forschung in der Kognitionspsychologie. Mervis und Rosch schreiben: »Eine Kategorie ist dann gegeben, wenn zwei oder mehr unterscheidbare Objekte oder Ereignisse äquivalent behandelt werden« (1981, S. 89) – diese Definition gleicht der, die Bruner ein Vierteljahrhundert zuvor niedergeschrieben hatte. »Sobald Kategorien etabliert sind«, merken Markman und Gentner (2001) an, »können Menschen sie dazu verwenden, Eigenschaften einer neuen Situation zu folgern« – diese Aussage erinnert stark an Bruners Behauptung, dass Kategorisierung es den Menschen ermöglicht »über die gegebene Information hinauszugehen«.

Was sagt nun die aktuelle Forschung zu Kategorisierung und Konzepten?

7.5.1 Entwicklung des Konzeptlernens

Eine einfache Methode, Konzepte zu definieren, besteht in der Verwendung von Substantiven und Verben. Substantive wie Hund, Graben, Tür und Tankwart repräsentieren Kategorien verwandter Eigenschaften, die auch tatsächlich bei der Interaktion mit diesen Objekten wahrgenommen werden. Jedes dieser Substantive definiert also eine Kategorie von Wahrnehmungserfahrungen. Demgegenüber drücken Verben Beziehungen zwischen Substantiven aus und verweisen im allgemeinen auf Zustände, Ursachen, Bewegungen und andere Veränderungen.

Linguisten sagen, dass tatsächlich alle Sprachen der Welt eine Unterscheidung zwischen Substantiv und Verb treffen, und dass Substantive in vielfacher Hinsicht einfacher sind als Verben. Daher ist es sehr viel einfacher, Substantive von einer Sprache in eine andere zu übersetzen als Verben. Wie Medin, Lynch und Solomon (2000) anmerken, ist die Variabilität zwischen Sprachen bei Verben erheblich größer als bei Substantiven.

Wie man auch erwarten könnte, lernen Kinder Substantive – und damit auch die mit Substantiven assoziierten Konzepte – bevor sie Verben lernen.

Erstaunlicherweise lernen sie aber nicht die spezifischsten Konzepte zuerst und gehen dann zu den allgemeineren über. Stattdessen lernen sie üblicherweise zunächst Konzepte eines mittleren Allgemeinheitsgrades und dann erst die spezifischeren. Später entwickeln sie umfassendere (manchmal als **übergeordnete** bezeichnete) Kategorien (Kodiersysteme, wie Bruner sagen würde). Beispielsweise lernt ein Kind nicht zuerst das Konzept **Deutscher Schäferhund** – eine sehr spezifische Kategorie – sondern stattdessen das Konzept **Hund**. Später werden Konzepte wie **Pudel**, **Deutscher Schäferhund** und andere auf demselben Spezifizitätsniveau gelernt. Noch später wird das Kind bereit sein, das verwandte, aber noch allgemeinere Konzept **Säugetier** zu verstehen.

7.5.2 Kategoriegrenzen

Objekte oder Ereignisse, die derselben Kategorie angehören, sind nicht alle äquivalent, auch wenn man sie so behandelt. So wird bspw. ein weiter Bereich von Stimuli als blau behandelt (d. h. zur Kategorie gehörend, die Blauheit entspricht), dennoch werden einige dieser Stimuli als blauer und andere als weniger blau angesehen. In ähnlicher Weise sind manche Farbtöne grünlicher, andere mehr ins Schwarze gehend, andere heller und andere dunkler; aber unter den entsprechenden Umständen wird auf alle so reagiert, als wären sie blau.

Ebenso sind Menschen, die den Kategorien dünn oder dick angehören, nicht alle gleichermaßen dünn oder dick. Kategoriegrenzen sind also nicht immer sehr klar definiert, und die existierenden Definitionen können etwas beliebig und individualistisch sein. Nicht nur werden zwei Menschen niemals vollkommen übereinstimmen, was die kritischen Attribute für die Zugehörigkeit zu den Kategorien dick oder dünn anbelangt, sie werden auch erkennen müssen, wenn man sie darauf hinweist, dass ihre eigenen persönlichen Kategorien für die Qualitäten etwas schwammige Grenzen haben.

7.5.3 Neurobiologie von Kategorien

Lernen, und daher auch Kategoriebildung, beinhaltet Veränderungen im Gehirn. Was gelernt wird, muss auf irgendeine Weise in einem oder mehreren

Gehirnarealen repräsentiert werden. Wie wir in
► Kap. 5 sahen, ermöglichen unsere sehr sensitiven
Mess- und Bildgebungsmethoden die Entdeckung
zumindest einiger Gehirnareale, die bspw. bei der
Wahrnehmung eines Lichtpunktes oder einer einzelnen Note beteiligt sind. Diese Messungen zeigen,
dass die Wahrnehmungsrepräsentation sensorischer
Kategorien in einem Teil des zerebralen Kortex, dem
Parietallappen, stattfindet. Sie zeigen auch, dass die
eher abstrakten Aspekte von Kategorien in den **Frontallappen** repräsentiert sind (Keri, 2003). Schließlich befasst sich dieser Teil des Gehirns mit höheren Denkprozessen. Und Abstraktion gehört zu den
höheren – also zu den **abstraktesten** – Denkprozessen.

7.5.4 Abstraktion

Oberflächlich betrachtet scheint es so, dass die Wahrnehmung physikalischer Objekte nichts weiter erfordert als etwas Wissen über ihre physikalischen
Eigenschaften und das Vorhandensein einer geeigneten Kategorie, der sie zugehörig sind – dass also
Wahrnehmung nichts anderes ist als das Vergleichen
von Sinneseindrücken und geeigneten Kategorien.
Um jemanden als dick oder dünn zu kategorisieren,
sollte es genügen, dieses Dünnsein oder Dicksein
wahrzunehmen (wahrscheinlich durch den Gesichts-
sinn, aber auch durch den Tastsinn). Tatsächlich
aber kann Dicksein oder Dünnsein nicht unmittelbar wahrgenommen werden, weil es sich dabei um
Abstraktionen handelt. Daher ist sogar auf einem
sehr grundlegenden Niveau des wahrnehmenden
Erkennens Abstraktion beteiligt.

Zwei Modelle für Abstraktion:
Prototyp- vs. Exemplarmodell
Abstraktion ist in allen Kategorisierungsmodellen
enthalten (Markman & Gentner, 2001). Die Haupt-
frage, die diese Modelle beantworten wollen, lautet:
Wie können Menschen die zentralen Merkmale
einer Klasse von Objekten oder Ereignissen abstrahieren, wenn sie mit Beispielen dieser Klasse konfrontiert werden?

Eine Antwort ist: Menschen entwickeln eine generalisierte Meinung über die typischsten oder re-
präsentativsten Merkmale eines Konzeptes. Diese

Abstraktion ist eigentlich ein **Prototypen-Modell**
oder ein **generalisiertes Modell** (Rosch, 1977). So
entwickelt Jane, nachdem sie Tausende verschiedener Bäume gesehen hat, eine äußerst abstrakte Auffassung von »Baumheit«. Wenn sie diese abstrakte
Auffassung genau beschreiben könnte, würde sie
feststellen, dass sie keinem spezifischen Baum oder
Baumtyp ähnelt, sondern stattdessen all das ver-
körpert, was für Bäume wesentlich ist. Und wann
immer sie ein neues baumähnliches Ding sieht, vergleicht sie es einfach mit ihrem prototypischen
Baum.

Eine andere Möglichkeit ist: Während sie etwas
über Bäume lernt, hat Jane in ihrem Gedächtnis eine
Anzahl guter Beispiele für Bäume gespeichert. Dieser Ansatz über **exemplarische Modelle** sagt aus,
dass Konzepte durch die Erinnerung an tatsächlich
wahrgenommene spezifische Modelle repräsentiert
sind – anstatt durch Abstraktion eines idealen Pro-
totyps (Medin & Florian, 1992). Nach diesem
Modell entscheidet ein Mensch, ob ein neues baumähnliches Ding ein Baum ist, indem er es mit anderen Beispielen vergleicht, die das Konzept definieren.

Ein wichtiger Unterschied zwischen diesen beiden Modellen ist, dass das Prototypen-Modell ein
höheres Abstraktionsniveau annimmt. Eine prototypische Kategorie für »Vogelähnlichkeit« bspw. enthält eine Abstraktion der Merkmale vieler Beispiele
von Vögeln. Im Gegensatz dazu ist eine exemplarische Kategorie für Vögel über Beispiele realer Vögel
definiert.

Rosch (1973) behauptet, dass das Prototypen-
Modell besser sei als das exemplarische Modell, weil
es bei vielen Konzepten schwierig sei, gute Beispiele
zu finden, die einander stark ähneln. Ein Auto ist ein
gutes Beispiel für ein Fahrzeug. Das gilt auch für einen Kleinbus oder einen Lieferwagen. Ein Bus ist ein
weniger gutes Beispiel, ein Zug ein noch schlechte-
res, und ein Kinderwagen noch schlechter. Wenn ein
Mensch all diese Objekte als Fahrzeuge klassifiziert,
dann wird er sich wahrscheinlich auf eine abstrakte
oder prototypische Ansicht über Fahrzeuge stützen,
behauptet Rosch.

Zur Evaluation dieser beiden Ansätze wurden
zahlreiche Forschungsarbeiten durchgeführt. Zusätzlich wurden verschiedene andere Modelle mit
neuen Bezeichnungen entwickelt (s. bspw. Ander-

son, 1995; Markman & Gentner, 2001). Bislang scheinen die Resultate darauf hinzuweisen, dass sowohl sehr abstrakte Prototypen wie auch spezifischere Beispiele ins Konzeptlernen eingehen (Holyoak & Spellman, 1993). Wie wir im nächsten Kapitel sehen werden, liefern computerbasierte Modelle neuronaler Netzwerke noch eine weitere Metapher für das Verständnis menschlichen Konzeptlernens.

7.6 Bruners Standpunkt: Bewertung

Die Bewertung eines kognitiven Standpunktes wie Bruners zeigt eine interessante Schwierigkeit auf: Während behavioristische Standpunkte sich um die Beschreibung eines Zustandes mit relativ exakten und sachlichen Mitteln bemühen und daher manchmal danach beurteilt werden können, inwieweit diese Beschreibung akkurat ist, sind kognitive Theorien wie die Bruners weit abstrakter. Daher kann diese Theorie nicht auf dieselbe Weise wie behavioristische Standpunkte beurteilt werden. Man beurteilt hier nicht eine Beschreibung, sondern eine Metapher: Es handelt sich nicht um einen Bericht über Dinge oder Ereignisse, die tatsächlich existieren, sondern um eine Abstraktion, die diese nur repräsentiert (also symbolisiert).

Dennoch widerspricht Bruners Metapher nicht wesentlich dem, was Menschen intuitiv über menschliches Funktionieren annehmen. Darüber hinaus erscheint sie auch relativ klar und verständlich und auch internal konsistent. Beide Merkmale sind wichtige Kriterien einer wissenschaftlichen Theorie.

Die vielleicht wichtigste Frage, die man sich zu einer psychologischen Theorie stellen muss, betrifft ihre Nützlichkeit für Vorhersagen und Erklärungen. Und auch wenn kognitive Theorien wie die Bruners nur geringe Nützlichkeit für die Erklärung von spezifischen Verhaltensweisen besitzen, die durch behavioristische Ansätze leicht erklärbar sind, können sie für die Erklärung höherer geistiger Prozesse wie Entscheidungsfindung und die Verwendung kognitiver Strategien durchaus nützlich sein.

Einer der wichtigsten Beiträge von Bruners Schriften und seiner Theoriebildung hat mit seiner Rolle in der sogenannten kognitiven Wende zu tun – der Wende, in der die kognitive Partei die behavioristi-

sche Partei in dem von Amsel (1989) so benannten parlamentarischen System der Psychologie ablöste. »Wir waren nicht darauf aus, den Behaviorismus zu ›reformieren‹«, sagt Bruner, »sondern ihn zu ersetzen« (1990b, S. 3).

Worum ging es in dieser Wende? »Es war«, sagt Bruner, »ein radikaler Versuch, den Begriff ›Bedeutung‹ als zentrales psychologisches Konzept zu etablieren – nicht Stimuli und Reaktionen, nicht offen beobachtbares Verhalten, nicht biologische Triebe und ihre Transformationen, sondern Bedeutung« (1990a, S. 2). Aber die Wende war nur teilweise erfolgreich, klagt Bruner, weil sich der Schwerpunkt von »Konstruktion von Bedeutung« hin zu »Informationsverarbeitung« verlagerte. Und der Computer wurde zur dominanten Metapher, was unglücklicherweise dazu führte, dass neue Modelle und Theorien »berechenbar« sein mussten. In einem jüngeren Artikel sagt er, dass es nicht nur eine kognitive Wende gegeben habe, sondern dass die kognitiven Wenden immer noch weitergingen. Und er schlägt vor, dass die fruchtbarste Zielrichtung der nächsten kognitiven Revolution darin bestünde, sich auf die Konstruktion von Bedeutung zu konzentrieren, d. h. wie Menschen aus dem Durcheinander physikalischer Sinneseindrücke Sinn machten (Bruner, 1997d). Shotter (2001) behauptet, dass vielleicht schon eine dritte Wende bevorstehe. Diese könnte sich im besonderen mit der Einzigartigkeit der Person und mit der Bedeutung des Selbst im Kontext der Kultur befassen.

Der richtige Weg, den Mann (Menschen) zu erforschen, sagt Bruner in seinem Buch mit demselben Titel, ist der Mann (und wahrscheinlich auch Frau und Kinder). »Es gibt keine Erklärung des Menschen«, erklärt er und fügt hinzu, dass keine Erklärung des menschlichen Zustandes Sinn machen kann, »wenn sie nicht im Licht der Symbolwelt interpretiert wird, die die Grundlage menschlicher Kultur bildet« (1990b, S. 138).

Bruners jüngere Arbeiten (▶ auch Kap. 12) beschäftigen sich zunehmend mit Menschen im Kontext von Kultur. Hierbei betont er die Bedeutung von Sprache, der Geschichten, die wir uns über unser Leben erzählen (unsere persönlichen Geschichten) und der Analyse von Grammatik und Sprache als ein Mittel, etwas über das Selbst herauszufinden (Bruner, 2002; Quigley, 2001).

7.7 Implikationen von Bruners Theorie für Erziehung und Schule

Insbesondere im Hinblick auf ihren heuristischen Wert schneidet Bruners Theorie besonders gut ab (also bezüglich des Ausmaßes, zu dem die Theorie Forschung und Diskussion anregt und zu neuen Entdeckungen führt). Bruner (1966, 1983, 1990c, 1996b) war auch sehr bemüht, die ausbildungsrelevanten Implikationen seiner Arbeiten hervorzuheben. Seine Betonung der Bildung von Kodiersystemen zusammen mit der Überzeugung, dass abstrakte Kodiersysteme Transferleistungen erleichtern, Abruf und Problemlösefähigkeit verbessern, hat ihn dazu veranlasst, einen entdeckungsorientierten Ansatz für den Schulunterricht vorzuschlagen. Diese Betonung von **Entdeckungslernen** basiert teilweise auf seiner Überzeugung, dass die Bildung allgemeiner Kodiersysteme die Entdeckung von Beziehungen voraussetzt. Aufgrunddessen spricht sich Bruner für Techniken aus, mittels derer Kinder ermutigt werden, Tatsachen und Beziehungen selbst herauszufinden.

Bruner betont, dass für diesen Zweck eine Art »Spiral-Curriculum« am besten geeignet ist. Ein Spiral-Curriculum wiederholt dieselben Themen in aufeinanderfolgenden Alters- oder Klassenstufen und dabei in verschiedenen Schwierigkeitsgraden. In den unteren Klassen werden den Schülern bspw. die einfachsten Konzepte eines bestimmten Bereichs vorgestellt, in höheren Klassen werden sie dann mit denselben Themen konfrontiert, aber mit zunehmend steigendem konzeptuellem Niveau.

Ein wiederbelebtes Interesse an Entdeckungslernen zeigt sich in einem konstruktivistischen Ansatz für den Unterricht, wie er von Orlofsy (2001), Gabler und Schroeder (2003a) und anderen vertreten wird. Die Grundidee des **Konstruktivismus**, sagen Gabler und Schroeder, besteht darin, die Schüler aus der »vertrauten Rolle des Zuhörers in eine aktiv lernende Rolle« hinüberzuleiten (S. xvii). Konstruktivismus stimmt mit Bruners Argument überein, dass Lernende Wissen für sich selbst aufbauen müssen – mit seinen Worten: Dass sie »Bedeutung schaffen« müssen. In der jüngsten Zeit sind zahlreiche Bücher und Programme erschienen, die spezifische Ansätze für einen konstruktivistischen Unterricht beschrei-

ben (bspw. Branscombe, Castle, Dorsey, Surbeck & Taylor, 2003; Gabler & Schroeder, 2003b).

Die sogenannte **Konzeptveränderungsbewegung** im Bereich des Unterrichts befindet sich ebenfalls in Übereinstimmung mit Bruners Theorie (Farnham-Diggory, 1990). Bei der Konzeptveränderungsbewegung handelt es sich um eine entdeckungsorientierte Bewegung für den Unterricht, deren Schwerpunkt darauf liegt, den Lernenden zu ermutigen, sich persönlich in den Lernprozess einzubringen. Dieser Ansatz betont die mentale Reorganisation anstelle eines einfachen Anhäufens gelernter Fakten und Prozeduren. Ein auf Konzeptveränderung ausgerichtetes Curriculum präsentiert Probleme und Rätsel, stellt alte Ideen in Frage und führt zu kontinuierlicher Konstruktion und Neuorganisation von Wissen.

Nicht alle Theoretiker oder Lehrer zeigen sich so enthusiastisch wie Bruner, was die Verwendung von Entdeckungsmethoden im Schulunterricht anbelangt (s. bspw. Ausubel, 1977; Ausubel & Robinson, 1976). Seit mehreren Jahrzehnten läuft in diesen Kreisen eine relativ friedliche Kontroverse, bei der Entdeckungslernen mit stärker didaktisch ausgerichteten Ansätzen verglichen wird. Forschungsarbeiten, die versucht haben, die relativen Vorteile dieser beiden Ansätze herauszuarbeiten, favorisieren keine der Methoden deutlich (siehe Lefrançois, 2000). Darüber muss man sich jedoch keine Gedanken machen. Lehrer müssen sich nicht auf eine dieser Methoden beschränken, sie können beide verwenden.

7.8 Jean Piaget: Annahmen zur kognitiven Entwicklung

Ein weiterer Kognitionstheoretiker, dessen Forschung und Theorien Psychologie und Pädagogik enorm beeinflusst haben, ist Jean Piaget. Piagets System ist zweifelsfrei kognitiv: Sein übergreifendes Thema heißt mentale Repräsentation. Es ist darüber hinaus eine Entwicklungstheorie: Es betrachtet die Prozesse, mittels derer Kinder ein zunehmend besseres Verständnis ihrer Umwelt und ihrer selbst erlangen. Kurz gesagt: Die Theorie Piagets ist eine Beschreibung der kognitiven Entwicklung des Menschen. Seine Arbeiten umspan-

7.8 · Jean Piaget: Annahmen zur kognitiven Entwicklung

nen einen großen Themenbereich: bspw. Sprache (1926); Realität (1929); Moral (1932); Kausalität (1930); Zeit (1946); Intelligenz (1950); Spiel, Träume und Imitation (1951) und Bewusstsein (1976) – um nur einige zu nennen. Die Theorie ist auf mehr als 50 Bücher und mehrere Hundert Artikel verteilt, bei vielen von ihnen war Piagets langjährige Assistentin, Bärbel Inhelder (1913–1997), Koautorin.

7.8.1 Méthode Clinique

Viele der Daten, auf denen die Theorien Piagets basieren, wurden mittels einer speziellen Technik erhoben, die er zur Untersuchung von Kindern einsetzte: Der Méthode Clinique. Hierbei handelt es sich um eine semi-strukturierte Interviewtechnik, bei denen die Antwort des Probanden auf Fragen oft bestimmt, welche Frage als nächstes gestellt wird. Darin unterscheidet sie sich stark von dem konventionelleren Ansatz, bei dem vorgefertigte Fragen in vorgefertigter Reihenfolge gefragt werden.

Die Méthode Clinique ist der klinischen Psychologie, insbesondere der Psychoanalyse entlehnt. Santiago-Delefosse und Delefosse (2002) spekulieren, dass Piagets Psychoanalytikerin, Sabina Spielrein (1885–1942)[5], die Entwicklung dieser Forschungsmethode stark beeinflusst haben könnte. Auch der Psychoanalytiker Pierre Janet (1859–1947), ebenfalls ein Zeitgenosse Piagets, benutzte diese Methode häufig in seiner Praxis. So wie Piaget die Methode beschreibt, erfordert sie, dass der Interviewer zuhört und das Kind erzählen lässt. Außerdem richtet er sich danach aus, wohin die Erklärungen und Fragen des Kindes führen (Piaget, 1926).

Einer der Vorteile der Méthode Clinique besteht in der außerordentlichen Flexibilität, die sie ermöglicht. Piaget sagt, wenn die Versuchsleiter nicht wissen, wie die Antworten aussehen können, ist es ihnen kaum möglich, vorher zu entscheiden, wie Fragen formuliert werden sollen oder sogar welche Fragen überhaupt gestellt werden. Die »Vater/Experimentator«-Rolle der Méthode Clinique hat manchmal zu überraschenden Beobachtungen geführt.

Die Untersuchungen zum Hawthorne-Effekt

Wie Hsueh (2001, 2002) sagt, wurde Piagets Theorie interessanterweise das erstemal systematisch in die amerikanische Psychologie eingeführt, als die Méthode Clinique in den berühmt gewordenen Hawthorne Experimenten bei der Western Electric Company in Chicago verwendet wurde (Roethlisberger & Dickson, 1939). In den frühesten dieser Experimente versuchten die Forscher herauszufinden, welche Veränderungen der Arbeitsbedingungen zu höherer Produktivität führen würden. Überraschenderweise führten fast alle Veränderungen zu höherer Produktivität: längere tägliche Arbeitszeiten, kürzere tägliche Arbeitszeiten, hellere Beleuchtung, dunklere Beleuchtung, mehr Pausen, weniger Pausen usw. Die gegenwärtig gängigste Interpretation dieser Befunde lautet: Wenn Probanden wissen, dass sie einer Experimentalgruppe angehören, verhalten sie sich oft in einer Weise, von der sie glauben, dass die Versuchsleiter sie von ihnen erwarten. Infolgedessen weisen die Resultate solcher Experimente einen Bias auf und die Schlussfolgerungen sind ungültig – ein Phänomen, das als **Hawthorne-Effekt** bezeichnet wird.[6] Das Risiko eines Hawthorne-Effekts ist einer der Gründe dafür, dass Probanden in vielen wissenschaftlichen Experimenten nicht über ihre

---

[5] Die alte Dame hielt inne und bedeutete mir, den Rekorder auszuschalten. Ihre Leser, sagte sie, möchten vielleicht wissen, wie es dazu kam, dass Sabina Spielrein Piagets Psychoanalytikerin war. Sie könnten ihnen sagen, dass sie in Russland geboren wurde, aber von ihren Eltern, die Juden waren, mit 19 Jahren in die Schweiz geschickt wurde, damit Carl Jung sie wegen einer nervösen Störung behandeln konnte. Jung hatte gerade damit begonnen, Freuds neue psychoanalytische Methode zu verwenden. Sabina war von der Psychoanalyse fasziniert, daher blieb sie in der Schweiz und begann, Medizin zu studieren und wurde selbst Psychoanalytikerin. Schließlich arbeitete sie am Jean-Jacques Rousseau Institut in

Genf, wo auch Piaget arbeitete. Später, mit 30 Jahren, kehrten sie und ihre zwei kleinen Töchter nach Russland zurück. Es ist schrecklich, sagte sie, aber im Jahr 1942 wurde Sabina Spielrein zusammen mit ihren beiden Töchtern und anderen jüdischen Menschen von deutschen Soldaten exekutiert.

[6] Sie möchten ihren intelligenteren Lesern vielleicht sagen, dass die Bedeutung und Verbreitung des Hawthorne-Effekts grob übertrieben wurde, sagte die alte Dame. Rice (1982) analysierte die Studien nochmals und stellte fest, dass in vielen der Experimente die Produktivität **nicht** anstieg. Darüber hinaus war die experimentelle Vorgehensweise oftmals schlecht kontrolliert und überwacht.

Zugehörigkeit zur Experimentalgruppe informiert werden.

Hsueh (2002) berichtet, dass einer der Forscher, Elton Mayo (1880-1949), in den Hawthorne-Untersuchungen Piagets Méthode Clinique einführte. Hsueh (2002) sagt, dass Mayo in einem Brief an seine Frau erwähnte, dass die Interviewer »die Piaget-Methode« verwenden würden, um das Denken und die Sorgen der Arbeiter besser zu verstehen. Mayos (1930) Aufzeichnungen verdeutlichen, dass er Piagets Schriften und seine Theorie schon in den 20er Jahren kannte, lange bevor Piagets Arbeiten in den Vereinigten Staaten populär wurden. Im Jahr 1930 veröffentlichte Mayo bspw. eine enthusiastische Besprechung zu einem von Piagets Büchern und Zusammenfassungen von vier weiteren.

7.8.2 Theoretische Orientierung

Piaget, der zunächst Biologie studiert hatte, entlieh zwei große Fragen aus der Zoologie: (a) Welche Eigenschaften von Lebewesen ermöglichen ihnen das Überleben und (b) wie können Spezies klassifiziert werden? Diese Fragen formulierte er um und passte sie für die Entwicklung von Kindern an: Welche

---

Jean Piaget (1896–1980)

Jean Piaget wurde im Jahre 1896 in Neuchâtel, Schweiz, als erstes Kind von Arthur Piaget, einem Professor für mittelalterliche Literatur, geboren. Obwohl Jean seine formalen Arbeiten erst etwas später begann, gibt es Hinweise darauf, dass er ein frühreifes Kind war. Im Alter von 11 Jahren veröffentlichte er sein erstes »wissenschaftliches« Werk: Einen Text von einer Seite über einen Albinospatz, den er gefunden hatte. Dieses Frühwerk war eine Ankündigung der Menge an Veröffentlichungen, die er später produzieren sollte.

Piagets frühes Interesse galt hauptsächlich der Biologie, ein Bereich, in dem er auch mit 22 Jahren promovierte. Bis zum Alter von 30 Jahren hatte er bereits mehr als zwei Dutzend Veröffentlichungen zu verbuchen, von denen die meisten sich mit Mollusken und verwandten Themen beschäftigten.

Nach seiner Promotion verbrachte Piaget ein Jahr »auf Wanderschaft« in Europa, unsicher, was er als nächstes tun wollte. Während dieses Jahres arbeitete er in einer psychoanalytischen Klinik (bei Eugen Bleuler), in einem Psychologielabor (bei Wreschner und Lipps) und schließlich in Alfred Binets Labor, damals unter der Leitung von Théodore Simon – von dort stammt der berühmte Stanford-Binet-Intelligenztest.

Eine Aufgabe Piagets in Binets Labor war die Durchführung eines frühen Intelligenztests, den Burt's Reasoning Tests, mit kleinen Kindern, um die Items zu standardisieren. Aus dieser Zeit stammt sein lebenslanges Interesse an den Denkprozessen von Kindern. Etwa um diese Zeit wurde auch Piagets erstes Kind geboren. Er und seine Frau, Valentine Châtenay, hatten drei Kinder, deren Entwicklung er im Detail studierte. Diese Studien sind in den Ursprüngen seiner Theorie enthalten. Der Hauptteil von Piagets Arbeiten ist in den *Archives de Psychologie* (dessen Mitherausgeber er war) erschienen, ein großer Teil ist immer noch nicht übersetzt.

Im Jahr 1980 publizierte und forschte Piaget weiterhin mit beeindruckendem Schwung. Ein Buch, das er kurz vor seinem Tod beendete, zeigt sogar bedeutsame Veränderungen und Fortschritte in seinem Denken (Piaget, 1980). Und sogar 20 Jahre nach seinem Tod erscheinen immer noch bislang unveröffentlichte Essays und neue Übersetzungen seiner Werke (bspw. Piaget 2001). Piaget selbst drückte es so aus: »Am Ende einer Berufslaufbahn ist es besser, bereit zu sein, seine Perspektive zu ändern als dazu verdammt zu sein, sich unendlich oft zu wiederholen (zitiert in Inhelder, 1982, S. 411).

Ein Hinweis auf seine Bedeutung in Psychologie und Pädagogik liefert die Website www.piaget.org, die offizielle Seite der Jean Piaget Society – einer Gruppe von Akademikern und Lehrern, die sich dem Studium und der Anwendung von Piagets Theorie widmen. Die offizielle Zeitschrift der Gesellschaft heißt *Cognitive Development* (Nucci & Turiel, 2001).

7.8 · Jean Piaget: Annahmen zur kognitiven Entwicklung

Eigenschaften von Kindern ermöglichen es ihnen, sich an ihre Umwelt anzupassen? Und was ist die einfachste, genaueste und nützlichste Methode, die kindliche Entwicklung zu klassifizieren? Daher ist Piagets theoretische Orientierung deutlich biologisch und evolutionär, aber auch kognitiv geprägt. Er untersucht also die Entwicklung des Geistes (ein kognitives Unterfangen) im Kontext biologischer Adaptation. Wie von Glasersfeld (1997) schreibt, ist die folgende Idee Piagets seine grundlegendste: **Menschliche Entwicklung ist ein Prozess der Adaptation. Und die höchste Form von Adaptation ist Kognition (oder Wissen).**

7.8.3 Assimilation und Akkomodation: Prozesse der Adaptation

Wie Piaget schreibt, ist das Neugeborene in vielfacher Hinsicht ein erstaunlich hilfloses Lebewesen. Es ist sich nicht bewusst, dass die Welt real ist, es weiß nichts über Ursache und Wirkung, es hat kein Arsenal an Ideen, mit denen es schlussfolgern könnte und keine Kapazitäten für zielgerichtetes Verhalten. Alles, was das Neugeborene besitzt, sind ein paar einfache Reflexe und eine beeindruckende Fähigkeit zur Adaptation.

In der Sprache der Computermetapher sind Neugeborene bemerkenswerte kleine Empfindungsmaschinen mit einer natürlichen Prädisposition, enorme Mengen von Information aufzunehmen und zu verarbeiten. Sie suchen nach und reagieren kontinuierlich auf Stimulation, schreibt Flavell (1985). Infolgedessen werden die einfachen Reflexe des Säuglings – das Saugen, das Greifen, das Erfassen – zunehmend komplexer, koordinierter und zweckgerichteter. Dies geschieht über den Prozess der Adaptation.

Um die erste Frage der Biologie so einfach wie möglich zu beantworten: Die Prozesse, die Adaptation ermöglichen, sind **Assimilation** und **Akkomodation.**

Assimilation bedeutet, auf Situationen mittels angeborener oder erlernter Aktivität oder Wissen zu reagieren. In Piagets Beispiel wird der Säugling mit einer Fähigkeit zu saugen geboren – in Piagets Begriffen mit einem Saug**schema.** Schemata sind wichtige Konzepte in Piagets System. Im Kern ist ein

Schema ein Verhalten, zusammen mit den neurologischen Strukturen, die in Zusammenhang mit diesem Verhalten stehen. In Piagets Theorie kann man jede unterscheidbare Aktivität als Schema bezeichnen. So gibt es Blickschemata, Redeschemata, Schemata, die sich in der Fähigkeit des Kindes zeigen, 2 und 2 zusammenzuzählen, usw. Man sagt, dass Objekte oder Situationen in ein Schema assimiliert werden, wenn man auf sie unter Verwendung von bestehendem Wissen reagieren kann. Wenn die Reaktion auf ein Objekt oder eine Situation eine Veränderung des Schemas erfordert, ist Assimilation beteiligt. So ermöglicht es das Saugschema dem Säugling, eine Brustwarze in das Saugverhalten zu assimilieren. Genauso kann ein Kind, das die Additionsregeln gelernt hat, ein Problem wie 1+1 assimilieren, d. h. es kann mit seinem vorhandenen Wissen angemessen reagieren.

Oftmals aber reicht das Verständnis des Kindes über die Welt nicht aus. Das Saugschema des Neugeborenen funktioniert für normale Brustwarzen, ist aber für Finger oder Schnuller nicht sehr effektiv. Genauso ermöglicht das Zahlenverständnis von Vorschulkindern es ihnen, ihre Finger oder Zehen zu zählen, aber das beeindruckt Kindergärtner gar nicht. Wenn ein Entwicklungsfortschritt stattfinden soll, sind Änderungen von Information und Verhalten notwendig. Diese Veränderungen werden als Akkomodation bezeichnet.

Zusammengefasst bedeutet **Assimilation** eine Reaktion auf der Basis vorhandenen Wissens und Verstehens, **Akkomodation** bedeutet eine Veränderung des Verstehens. Das Zusammenspiel von Assimilation und Akkomodation führt zu Adaptation.

Equilibration

Jede Aktivität, sagt Piaget, beinhaltet sowohl Assimilation wie Akkomodation. Das Kind kann auf eine völlig neuartige Situation nicht reagieren, ohne altes Lernen und einige alte Verhaltensweisen zu verwenden (also zu assimilieren). Gleichzeitig impliziert sogar die tausendste Reaktion auf dieselbe Situation eine Veränderung, wie subtil auch immer (also einen Anteil von Akkomodation). Flavell (1985) merkt an, dass diese Prozesse einfach die beiden Seiten derselben kognitiven Medaille sind.

Wie Piaget erklärt, ist es wichtig zu wissen, dass zwischen Assimilation und Akkomodation ein Aus-

Kapitel 7 · Drei kognitive Theorien: Bruner, Piaget und Wygotski

❏ Tab. 7.2. Piagets Beschreibung der Regeln, die von Kindern verstanden und angewandt werden

Stufe	Geschätztes Alter	Regelverständnis	Regelbefolgung
1	Unter 3 Jahren	kein Regelverständnis	spielt nicht nach Regeln
2	3 bis 5 Jahre	glaubt, Regeln kommen von Gott (oder einer anderen Autorität) und sind unveränderlich	bricht und verändert Regeln ständig
3	5 bis 11/12 Jahre	versteht, dass Regeln sozialer Natur und veränderlich sind	verändert keine Regeln, hält sie strikt ein
4	Über 11/12 Jahre	komplettes Regelverständnis	Regeln werden im gegenseitigen Einverständnis verändert

gleich besteht – also ein Gleichgewicht. Daher verwendet er den Begriff **Equilibration**, um Prozesse oder Tendenzen zu benennen, die zu diesem Gleichgewicht führen. Wenn zuviel Assimilation vorhanden ist, findet kein neues Lernen statt; wenn zuviel Akkomodation (also Veränderung) vorhanden ist, wird das Verhalten chaotisch.

Piaget bezeichnete Assimilation und Akkomodation als **funktionelle Invarianten**, weil es Funktionen oder Verhaltensweisen sind, die sich während der Entwicklung nicht verändern. Diese funktionellen Invarianten werden anhand zweier wichtiger Aktivitäten der frühen Kindheit klar illustriert: Spiel, das hauptsächlich Assimilation enthält, und Imitation, die hauptsächlich Akkomodation ist.

7.8.4 Spiel

Wenn Kinder spielen, assimilieren sie kontinuierlich Objekte an festgelegte Aktivitäten, wobei sie Merkmale ignorieren, die nicht zu der Aktivität passen, sagt Piaget. Wenn Kinder bspw. rittlings auf einem Stuhl sitzen und »Hüa!« sagen, achten sie nicht besonders auf diejenigen Merkmale eines Stuhls, die einem Pferd nicht ähneln.

Diese Art von Spielverhalten enthält wenig Veränderung und daher wenig Akkomodation – was nicht bedeutet, dass es für die Entwicklung nicht wesentlich ist. Im Gegenteil, Piaget weist wiederholt darauf hin, dass auch wenn kleine Kinder Aktivitäten nur um der Aktivität willen ausführen (wie »Pferd« zu spielen), besteht die Wirkung darin, das Schema (die Aktivität) zu stabilisieren und schneller verfügbar zu machen, wodurch weiteres Lernen vorbereitet wird.

Stufen des Spiels

Während ihrer Entwicklung durchlaufen Kinder eine Reihe von Stufen beim Spielen und interessanterweise eine Reihe andersartiger Stufen bezüglich ihres Verständnisses der Regeln, nach denen sie spielen (Piaget, 1932; ❏ Tab. 7.2).

Auf der frühesten Stufe, unter 3 Jahren, wissen Kinder nicht, dass es Regeln gibt, und spielen auch nicht nach Regeln. Bis zum Alter von 5 Jahren haben sie dagegen die Überzeugung entwickelt, dass Regeln ewig und unveränderlich seien, aber sie verändern sie beim Spiel ständig. Während der nächsten 6 Jahre beginnen sie zu begreifen, dass Regeln von Menschen gemacht und daher veränderlich sind. Ironischerweise verhalten sie sich aber nun bei der Regelbefolgung völlig starr: Sie verändern sie gar nicht! Erst im Alter von 11 oder 12 Jahren gelangen sie zu einem kompletten Regelverständnis. Sowohl im Verhalten wie im Denken akzeptieren sie Regeln als vollkommen modifizierbar.[7]

---

[7] Nur so nebenbei, sagte die alte Dame, um sicherzustellen, dass ich in den Text keine Kommentare aufnahm, die nicht Teil ihrer Notizen waren, was halten Sie von diesem Widerspruch zwischen Denken und Verhalten bei Kindern? Es war aber eine rhetorische Frage, sie erwartete keine Antwort von mir. Sie sagte, dass diese bemerkenswerte Inkonsistenz von Verhalten und Denken in Anbetracht der Tatsache, dass es Kinder seien, erklärbar sei. Da menschliche Kinder mit relativ wenig Vorverdrahtung geboren würden, hätten sie eine Menge zu lernen und machten Fehler. Aber wie erklärt man, fragte sie, die erstaunliche Menge ähnlicher Widersprüche zwischen Überzeugung und Verhalten bei erwachsenen Menschen? Dieses Phänomen sorgt für den Erfolg von Glücksspielen; obwohl bspw. normal intelligente Menschen wissen, dass die Wahrscheinlichkeit, die richtigen 6 aus 49 Zahlen zu treffen, etwa 1 zu 13 Millionen beträgt, werfen sie doch dafür ihr Geld zum Fenster hinaus. Sie schwieg eine Weile, dann meinte sie: Vielleicht ist der Kauf eines Lottoscheins kein zu hoher Preis für einen Traum.

7.8.5 Imitation

Spiel enthält ein Übergewicht an Assimilation, weil während des Spiels Objekte und Situationen kontinuierlich an stattfindende Aktivitäten assimiliert werden. Wenn das Kind also Pferd spielt – wenn, in Piagets Worten, das »Reit«schema aktiv ist –, wird ein Stuhl genauso leicht zum Pferd wie eine Plüschteddy oder der Familienhund. Diese Objekte werden an das »Reit«schema assimiliert; das Kind benötigt keine Anpassung (also keine Akkommodation) an die verschiedenen Merkmale des Stuhls, des Teddys oder des Hundes.

Im Gegensatz dazu ist Imitation hauptsächlich Akkommodation. Wenn Kinder imitieren, modifizieren sie ihr Verhalten ständig, um dem Wunsch gerecht zu werden, etwas zu sein, was sie nicht sind oder wie jemand anders zu sein. Piaget argumentiert, dass sich durch die Imitation von Aktivitäten das Repertoire von Kindern erweitert und nach und nach internalisiert wird. In Piagets Terminologie entspricht **Internalisation** der Ausbildung geistiger Konzepte. Internalisation ist der Prozess, mittels dessen Aktivitäten und Ereignisse in der realen Welt geistig repräsentiert werden. Also kommt zunächst die Aktivität, dann die geistige Repräsentation der Aktivität. Internalisation ist die Grundlage kognitiven Lernens.

Viele der imitativen Verhaltensweisen von Säuglingen geschehen in Gegenwart des imitierten Modells. So können z. B. schon sehr junge Säuglinge einfache Verhaltensweisen wie Blinzeln, Zwinkern und Mundöffnen imitieren (Meltzoff & Moore, 1989), aber die Imitation endet, wenn das Modell nicht mehr anwesend ist.

Laut Piaget liegt dies daran, dass der Säugling nicht erkennen kann, dass Objekte unabhängig weiter existieren, auch wenn das Kind sie nicht sehen, berühren oder anders wahrnehmen kann. Die Welt des Säuglings, behauptet Piaget, ist eine Welt des Hier und Jetzt; sie enthält kein Verständnis der Dauerhaftigkeit von Objekten (genannt **Objektkonstanz**).

Etwa im Alter von einem Jahr findet eine deutliche Veränderung statt, wenn der kleine Ralph die Jacke seines Vaters anzieht, seine Spielzeugschaufel nimmt, sich in sein vorgestelltes Auto setzt und vorgibt, zur Arbeit zu fahren, **nachdem sein Vater zur**

Arbeit weggefahren ist. Piaget erklärt, dass **verzögerte Imitation** – die Fähigkeit, Dinge und Menschen zu imitieren, die nicht anwesend sind – ein Beleg dafür ist, dass das Kind eine Repräsentation des Imitierten internalisiert hat. Sie ist auch ein Beleg dafür, dass das Kind begonnen hat zu verstehen, dass Dinge von sich aus weiterexistieren, auch wenn sie sich nicht im Wahrnehmungsbereich befinden – mit anderen Worten ein Beleg für **Objektkonstanz**.

7.8.6 Intelligenz

Piaget war mit der Gestalttheorie sehr vertraut. In seinem Buch *The Psychology of Intelligence* (Piaget, 1950 – das Original wurde 1947 verfasst) befasst er sich in dem Großteil eines Kapitels mit der Ansicht der Gestalttheorie, dass Wahrnehmungsaktivitäten der Intelligenz zugrundeliegen. Letztlich folgert er aber trotz seiner Bewunderung für die Gestalttheorie und obwohl er deren Betonung der Wahrnehmung teilte, dass Intelligenz ein aktiver Prozess ist, als er von den Gestalttheoretikern dargestellt wird. Sein Intelligenzkonzept unterscheidet sich auch stark von dem traditionellen Ansatz der Intelligenzmessung. Anstatt Intelligenz als relativ feststehende Größe oder Qualität zu beschreiben, bezeichnet

Piaget sie als **mobil** – also als etwas, das beweglich ist (das sich verändert). Intelligenz, behauptet er, existiert in der Handlung. Wie Beilin und Fireman (2000) es ausdrücken, sind mentale und physische Aktivität die Basis von Piagets Theorie. In dieser Theorie ist Intelligenz eine Eigenschaft von Aktivität, die sich in maximal adaptivem Verhalten reflektiert, und kann daher als der gesamte Adaptationsprozess aufgefasst werden.

Kurz zusammengefasst meint Adaptation den Interaktionsprozess mit der Umwelt, bei dem die Aspekte der Umwelt in die kognitive Struktur assimiliert und diejenigen Aspekte der kognitiven Struktur wiederum modifiziert (oder akkommodiert) werden. Beide Aktivitäten geschehen in Reaktion auf Umweltanforderungen. Ebenfalls werden beide durch kognitive Strukturen geleitet und führen zu Veränderungen in den kognitiven Strukturen. Der gesamte Prozess kann aber nur aus dem tatsächlichen Verhalten (dem **Inhalt**, in Piagets Worten) erschlossen werden. Die Grundelemente von Piagets Sichtweise auf Intelligenz sind in ◘ Abb. 7.4 zusammengefasst.

Kognitive Struktur

Obwohl dieser Blick auf Intelligenz nützlich für das Verständnis einiger der an intelligentem Verhalten beteiligten Prozesse sein kann, ist er für die Messung von Intelligenz nicht unmittelbar von Nutzen. Ein Aspekt des Modells hat allerdings Implikationen für die Entwicklung von Intelligenztests: nämlich der Begriff **Struktur**.

Piagets Beschreibung von Struktur ist eigentlich eine Beschreibung der Eigenschaften von Kindern verschiedener Altersstufen. Es ist seine Antwort auf die zweite seiner aus der Biologie entlehnten Fragen: Was ist die einfachste, genaueste und nützlichste Methode, die kindliche Entwicklung zu klassifizieren? Daher ist Piagets Beschreibung von Strukturveränderungen eine Beschreibung der Stufen menschlicher kognitiver Entwicklung. Dieser Aspekt seines Systems hat die meiste Beachtung gefunden.

7.8.7 Piagets Stufentheorie

Piaget glaubte, dass die Entwicklung über eine Reihe von Stufen fortschreitet, von denen jede durch die Entwicklung neuer Fähigkeiten oder genauer, durch ein fortgeschritteneres Adaptationsniveau gekennzeichnet ist. Er beschreibt vier Hauptstufen und verschiedene Zwischenstufen, die Kinder in ihrer Entwicklung durchlaufen:

- Sensomotorisch (Geburt bis 2 Jahre)
- Präoperational (2 bis 7 Jahre)
  - Präkonzeptuell (2 bis 4 Jahre)
  - Intuitiv (4 bis 7 Jahre)
- Konkrete Operationen (7 bis 11/12 Jahre)
- Formale Operationen (11/12 bis 14/15 Jahre)

Jede Stufe lässt sich anhand wesentlicher Merkmale, die Kinder auf dieser Stufe zeigen, und auch durch die Lernprozesse, die vor dem Übergang zur nächsten Stufe ablaufen, beschreiben.

7.8.8 Sensomotorische Entwicklung: Geburt bis 2. Lebensjahr

Das auffallendste Merkmal kindlichen Verhaltens in den ersten zwei Lebensjahren ist das Fehlen von Sprache und internalen Repräsentationen. Wie wir gesehen haben, ist die Welt des Kindes, weil sie nicht mental repräsentiert werden kann, eine Welt des Hier und Jetzt. In einem sehr wörtlichen Sinne ist es eine Welt, in der Objekte nur dann existieren, wenn das Kind sie wahrnimmt und etwas mit ihnen tut – daher die Bezeichnung **sensomotorische Intelli-**

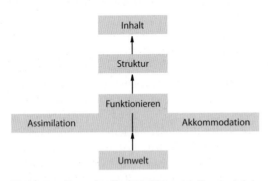

◘ **Abb. 7.4.** Piagets **Intelligenz in Aktion**. Intelligenz wird als die Interaktion eines Individuums mit seiner Umwelt definiert. Diese Interaktion beinhaltet ein Gleichgewicht von Assimilation (Aufnehmen von Umweltaspekten in bestehendes Gelerntes) und Akkommodation (Verhaltensänderung in Anbetracht von Umweltanforderungen). Das Ergebnis dieser Interaktion (dieses **Funktionierens**) ist die Entwicklung kognitiver Strukturen (Schemata und Operationen), die sich wiederum in Verhalten (im Inhalt) zeigen

7.8 · Jean Piaget: Annahmen zur kognitiven Entwicklung

genz. In dieser Stufe hören Objekte auf zu existieren, wenn sie nicht wahrgenommen werden; die Kinder besitzen noch keine **Objektkonstanz** (das Wissen darüber, dass Objekte permanent vorhanden sind).

Objektkonstanz

Piaget untersuchte die Entwicklung der Objektkonstanz, indem er Kleinkindern ein attraktives Objekt darbot und es entfernte, nachdem sie daran Interesse gewonnen hatten. In den frühesten Entwicklungsstufen zeigten sie keine Anzeichen, dass sie das Objekt vermissten – laut Piaget ein Beweis dafür, dass aus den Augen tatsächlich auch aus dem Sinn bedeutet. In späteren Stufen suchen Kinder dagegen nach Objekten, nachdem sie zugesehen haben, wie sie versteckt wurden; im Alter von 1 Jahr suchen sie auch nach Objekten, an die sie sich von einiger Zeit zuvor erinnern.

Die Entwicklung von Objektkonstanz ist vielleicht noch stärker mit Sprache und Kultur verbunden, als Piaget annahm. Tomasello (1996) berichtet bspw., dass das kindliche Lernen von Wörtern für den Akt des Verschwindens in enger Verbindung mit dem Verständnis für Objektpermanenz steht.

Üben von Reflexen

Während der sensomotorischen Stufe (den ersten zwei Lebensjahren) perfektionieren und elaborieren Kinder ihr kleines Repertoire angeborener Reflexschemata. Bei der Geburt können Säuglinge einfache reflektorische Aktionen wie Saugen, Greifen, Erfassen, Schauen usw. ausführen. Ein großer Teil des ersten Lebensmonats wird mit der Übung dieser Reflexe (und mit Schlafen) verbracht. Dieser erste Lebensmonat repräsentiert die erste von sechs Zwischenstufen der sensomotorischen Phase, wie sie von Piaget beschrieben werden. Jede ist durch die Art der reflektorischen Aktivität charakterisiert. Die zweite Zwischenstufe (1 bis 4 Monate) bspw. zeigt das Auftreten von erworbenen Adaptationen, die als primäre, zirkuläre Reaktionen bezeichnet werden. Diese Aktivitäten kreisen um den Körper des Kindes (daher primär) und sind zirkulär, da das Verhalten seine eigene Wiederholung hervorruft. Daumenlutschen ist eine primäre, zirkuläre Reaktion, da die Aktivität des Lutschens Empfindungen hervorruft, die das Kind veranlassen, die Aktivität zu wiederholen. Spätere sensomotorische Zwischenstufen zeigen

die Koordination separater Aktivitäten, die Entwicklung von Sprache, usw.

Errungenschaften bis zum Alter von 2 Jahren

Piagets Stufenbezeichnungen reflektieren normalerweise die Merkmale, die während der Stufe am typischsten sind, und nicht die Merkmale und Fähigkeiten, die ein Kind erwirbt und die zum Übergang in die nächste Stufe führen. Die sensomotorische Stufe wird so genannt, weil Kinder während ihrer ersten zwei Lebensjahre auf die Welt in **sensomotorischer** Weise reagieren. Sie verstehen die Welt hauptsächlich durch ihre Empfindungen (daher **senso**) und über ihre Handlungen (daher **motorisch**). Allerdings ist jede Stufe eine Vorbereitung auf die nächste. Daher sind die Errungenschaften jeder Stufe sehr wichtig, um den Übergang zur nachfolgenden Stufe zu erklären.

Zu den beeindruckendsten und wichtigsten Errungenschaften der sensomotorischen Stufe gehört die Entwicklung der Fähigkeit, Symbole zu verwenden und zu kommunizieren.

Sprache beschleunigt das Denken und ermöglicht den Übergang zu einer kognitiveren Interpretation der Welt. Eine zweite bereits erwähnte Errungenschaft ist die Entwicklung von Objektkonstanz – der Entdeckung, dass die Welt weiter existiert, auch wenn sie nicht gesehen, gefühlt, gehört, gerochen oder geschmeckt wird.

Der Höhepunkt sensomotorischen Lernens wird durch eine dritte Errungenschaft markiert: Die wachsende Fähigkeit des Kindes, separate Aktivitäten zu koordinieren. Erwachsene nehmen die Fähigkeit, komplexe Aktivitäten zu koordinieren, als gegeben hin, aber für ein Kind ist dies keine kleine oder unwichtige Errungenschaft. Wenn einfache Aktivitäten wie Sehen und Greifen nicht miteinander koordiniert werden können, kann das Kind ein wahrgenommenes Objekt, das es haben möchte, nicht erhalten. Sogar für ein so unkompliziertes Verhalten wie das Ergreifen eines Stiftes muss das Sehsystem den Arm lenken, und die Hand, der Arm, die Schulter, der Rumpf und vielleicht sogar der Kopf müssen alle zu dieser Aufgabe herangezogen werden.

Eine letzte sensomotorische Errungenschaft ist das Erkennen von Beziehungen zwischen Ursache und Wirkung. Bei der Geburt wissen Säuglinge nicht, dass sie ein Objekt erfassen und in ihre Nähe bringen können, wenn sie danach greifen – sie müssen dies erst lernen. Darüber hinaus ist es genau diese Art des Lernens, die es ihnen gestattet, Intentionalität zu entwickeln. Denn bevor Kinder wissen, was die Wirkung ihrer Handlungen ist, können sie diese Wirkung nicht beabsichtigen.

7.8.9 Präoperationales Denken: 2. bis 7. Lebensjahr

Die nächste Stufe in der kognitiven Evolution des Kindes – **präoperationales Denken** – bringt gegenüber der ersten eine deutliche Verbesserung im Weltverständnis des Kindes. Aber im Vergleich zu dem Verständnis eines Erwachsenen zeigt das Denken des präoperationalen Kindes immer noch große Unzulänglichkeiten.

Die präoperationale Stufe wird in zwei Zwischenstufen unterteilt: Die präkonzeptuelle und die intuitive.

Präkonzeptuelles Denken: 2. bis 4. Lebensjahr

Die Stufe des präkonzeptuellen Denkens ist gekennzeichnet durch die Unfähigkeit des Kindes, alle Eigenschaften von Klassen zu verstehen. Piaget, dessen frühe Arbeiten normalerweise auf Beobachtungen seiner eigenen Kinder basierten, illustriert dieses Phänomen mit einer Beschreibung der Reaktion seines Sohnes auf eine Schnecke, als sie eines Morgens spazierengingen. »Papa«, sagte der Junge, »regardez l'escargot.« Das taten sie. Aber später, als sie auf eine zweite Schnecke trafen, sagte der Junge wieder: »Papa, regardez l'escargot. C'est encore l'escargot!«[8]

Das präkonzeptuelle Kind hat die Fähigkeit erworben, Objekte internal (also mental) zu repräsentieren und sie auf der Grundlage ihrer Zugehörigkeit zu Klassen zu identifizieren, reagiert aber nun auf alle ähnlichen Objekte so, als wären sie identisch. Eine Zeitlang sind alle Männer »Papa«, alle Frauen »Mama«, Tiere sind »Wauwau« und die Welt ist einfach. Wenn Samuel bei seinem Freund einen Teddybär sieht, der seinem gleicht, weiß er, dass es sein Teddybär ist, und das Dreirad im Laden gehört ihm auch. Kinder haben ein gewisses Verständnis für Klassen, weil sie Objekte identifizieren können. Ihr Verständnis ist aber dennoch unvollständig, weil sie nicht zwischen anscheinend identischen Angehörigen derselben Klasse differenzieren können (daher der Begriff **präkonzeptuell**). Diese Denkweise hat gelegentlich auch Vorteile für die Eltern: Der Weihnachtsmann ist das einzige Individuum seiner Art, auch wenn er im Verlaufe eines Tages an 10 verschiedenen Stellen gesehen wird.

Ein weiteres Merkmal des kindlichen Denkens in dieser Stufe ist, dass es **transduktiv** ist und nicht **induktiv** oder **deduktiv**. Deduktives Schlussfolgern

---

[8] Die erste Äußerung bedeutet: »Papa, schau Dir die Schnecke an.« Die zweite, in Reaktion auf eine andere Schnecke, bedeutet: »Papa, schau Dir die Schnecke an. Da ist die Schnecke wieder.«

läuft vom Allgemeinen zum Spezifischen. Wenn man bspw. die Generalisierung akzeptiert, dass alle Vögel Flügel haben, und wenn einem dann gesagt wird, dass die Wasseramsel ein Vogel ist, dann kann man **deduktiv** folgern, dass er Flügel hat. Induktives Schlussfolgern läuft vom Spezifischen zum Allgemeinen. Wenn man z. B. hundert Vogelarten gesehen und bemerkt hat, dass sie alle Flügel haben, könnte man **induktiv** folgern, dass dies für alle Vögel zutrifft.

Sowohl induktives wie deduktives Schlussfolgern sind gültige Methoden logischen Denkens. Im Gegensatz dazu ist transduktives Schlussfolgern fehlerhafte Logik, da es von einem spezifischen Fall Schlüsse auf einen anderen zieht. Wenn ein Kind folgert: »Mein Hund hat ein Fell, und das Ding da hat ein Fell, deswegen ist das Ding ein Hund«, dann benutzt es transduktive Folgerungen. Transduktive Folgerungen können zu korrekten Resultaten führen, aber es gibt keine Garantie dafür. Das Ding mit dem Fell könnte also ein Hund sein, und in diesem Falle führt die transduktive Folgerung zu einem korrekten Resultat. Wenn aber das pelzige Ding ein Skunk ist, so hat derselbe Folgerungsprozess ein weniger glückliches Ende.

Intuitives Denken: 4. bis 7. Lebensjahr

Wenn Kinder das Alter von 4 Jahren erreicht haben, besitzen sie bereits ein größeres Verständnis von Konzepten und haben weitgehend aufgehört, transduktiv zu folgern. Ihr Denken ist logischer geworden, obwohl es mehr von der Wahrnehmung als von Logik geleitet wird. Die Rolle der Wahrnehmung in der Stufe **intuitiven Denkens** ist wahrscheinlich das auffallendste Merkmal dieser Zeitspanne. Diese Rolle der Wahrnehmung zeigt sich im Fehlen von Invarianz, in egozentrischem Denken und in Problemen mit Klassifizierungsaufgaben.

Eine typische (Mengen-)Invarianz-Aufgabe sieht so aus: Den Kindern werden zwei identische Behälter gezeigt, die bis zu derselben Höhe mit Wasser gefüllt sind (Teil (a) von ◘ Abb. 7.5). Der Versuchsleiter füllt danach den Inhalt eines Behälters in ein hohes dünnes Röhrchen um (Teil (b) von ◘ Abb. 7.5). Die Probanden, die vorher gesagt hatten, es befände sich gleich viel Wasser in den Behältern werden nun gefragt, ob im neuen Behälter gleich viel, mehr oder weniger Wasser ist. In der intuitiven Stufe sagen fast

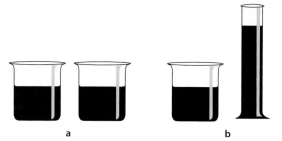

◘ **Abb. 7.5.** Material für ein einfaches Experiment zum Flüssigkeitserhalt (Invarianz von Flüssigkeiten). Der Inhalt eines Glases bei (a) wurde bei (b) in ein höheres, dünneres Glas umgefüllt. Ein Kind, das Invarianz noch nicht beherrscht, nimmt an, dass im neuen Glas mehr Flüssigkeit enthalten ist, weil es »höher« ist, oder aber weniger, weil es »dünner« ist

alle Kinder, dass mehr Wasser darin ist, weil der Wasserspiegel im Röhrchen deutlich höher ist. Sie werden durch den Anschein (die Wahrnehmung) und durch den Mangel an logischen Fähigkeiten irregeführt.

Das Denken von Kindern in der intuitiven Stufe zeigt aber nicht nur fehlende Invarianz, sondern auch einen deutlichen **Egozentrismus** – eine Unfähigkeit, die Sichtweise von anderen zu übernehmen. Zur Illustration dieses Phänomens hält der Versuchsleiter in jeder Hand ein Ende eines Drahtes, an dem zwei Puppen, die einen Jungen und ein Mädchen zeigen, nebeneinander festgebunden sind. Dem Kind werden die Puppen gezeigt, danach werden sie hinter einem Schirm verborgen, wobei die Hände aber sichtbar bleiben. Das Kind wird gefragt, welche Puppe zuerst hervorkommt, wenn sie nach links gezogen werden. Die Antwort des Kindes wird notiert, die Puppen in ihre Ursprungsposition zurückgebracht und die Frage wiederholt. Wieder werden die Puppen nach links gezogen, daher kommt auch dieselbe Puppe zuerst hervor. Diese Prozedur wird mehrfach wiederholt.

Einigermassen intelligente Kinder antworten im Allgemeinen zunächst richtig. Nach einer Weile aber ändern sie ihre Meinung und sagen voraus, dass die andere Puppe zuerst hervorkommen wird. Auf die Frage, warum sie das meinen, werden sie nicht angeben, dass sie psychologischen Versuchsleitern misstrauen, weil sie wahrscheinlich noch nicht gelernt haben, ihnen zu misstrauen. Stattdessen sagen sie wahrscheinlich etwas wie »Das ist nicht fair. Jetzt ist

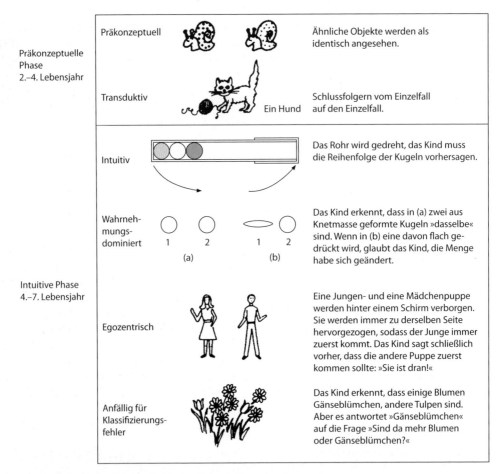

○ Abb. 7.6. Merkmale des präoperationalen Denkens mit Illustrationen

sie dran, zuerst herauszukommen.« Diese Lösung einer einfachen logischen Aufgabe in einer Weise, in der Kinder angeben, wie etwas aus ihrer eigenen Sicht sein sollte, zeigt die Rolle des Egozentrismus im intuitiven Denken.

Obwohl Kinder auf dieser Stufe Objekte auf der Grundlage ihrer Klassenzugehörigkeit identifizieren können, verstehen sie doch noch nicht vollständig, wie Klassen in größere Klassen verschachtelt sein können. Wenn man einem Vierjährigen eine Handvoll (sieben Stück) Süßigkeiten zeigt, von denen zwei aus Schokolade und fünf Gummibärchen sind, erkennt er sofort, dass alles Süßigkeiten sind und wird das auf Anfrage wahrscheinlich auch antworten. Wenn aber der Versuchsleiter fragt: »Sag mir, sind da mehr Gummibärchen als Süßigkeiten oder sind es gleichviel?« dann wird das Kind wahrscheinlich sagen, dass es mehr Gummibärchen als Süßigkeiten sind! Wenn eine Klasse in Unterklassen gegliedert wird und die Kinder nach einer Aussage über die Unterklasse (Gummibärchen) und die übergeordnete Klasse (Süßigkeiten) gefragt werden, finden sie dies sehr schwierig. Für sie wird durch die Aufteilung die übergeordnete Klasse zerstört. (In ○ Abb. 7.6 befindet sich eine Übersicht über die Merkmale präoperationalen Denkens).

7.8.10 Operationen

Die präkonzeptuelle und die intuitive Stufe sind Unterstufen der längeren präoperationalen Phase. Diese Phase wird **präoperational** genannt, weil das Kind bis zum Alter von 7 Jahren nicht auf der Grundlage

7.8 · Jean Piaget: Annahmen zur kognitiven Entwicklung

von **Operationen** schlussfolgert. Wie die Bezeichnungen der nächsten zwei Stufen andeuten, erlangt das Kind im Allgemeinen ungefähr im Alter von 7 Jahren operationales Denken. Der Begriff **Operation** nimmt daher in Piagets System eine zentrale Stellung ein.

Eine Operation kann als internale Aktivität (also als ein Gedanke) definiert werden, der bestimmten Gesetzen der Logik unterliegt. Drei dieser Gesetze, **Reversibilität, Identität** und **Kompensation**, werden in Kürze beschrieben.

7.8.11 Konkrete Operationen: 7. bis 11./12. Lebensjahr

Etwa im Alter von 7 Jahren findet bei Kindern der wichtige Übergang vom präoperationalen Denken zu **konkreten Operationen** statt – also von einer noch nicht logischen, egozentrischen und wahrnehmungsdominierten Denkweise hin zu einem stärker regelbasierten Denken. Dieser Entwicklungsschritt wird wahrscheinlich am Beispiel des Erwerbs des Invarianz-Konzepts am deutlichsten.

Invarianz
Wie wir gesehen haben, bedeutet Invarianz die Erkenntnis, dass sich bestimmte quantitative Attribute von Objekten nicht ändern, es sei denn es wird etwas hinzugefügt oder weggenommen. In der zuvor beschriebenen Demonstration, bei der Wasser in einen anderen Behälter umgefüllt wird (❏ Abb. 7.5), haben Kinder dann Invarianz erlangt, wenn sie erkennen, dass das Umfüllen von Wasser von einem Behälter in einen anderen die Wassermenge nicht verändert.

Es gibt verschiedene Arten von Invarianz. Alle beziehen sich je auf spezifische quantitative Attribute eines Objekts, und sie werden von fast allen Kindern in sehr ähnlicher Reihenfolge gelernt. Beispielsweise wird Invarianz der Menge normalerweise etwa im Alter von 7 oder 8 Jahren gelernt, Flächeninvarianz wird erst mit 9 oder 10 Jahren gelernt und Invarianz des Volumens nicht vor dem 11. oder 12. Lebensjahr (❏ Abb. 7.7).

Die Bedeutung von Invarianz in Piagets Theorie liegt darin, dass sie die Verwendung von einem oder mehreren logischen Gesetzen demonstriert, die nun das Denken dominieren, von Gesetzen wie **Rever-**sibilität, **Identität** und **Kompensation**. Während der Interaktion mit Dingen und Ereignissen – also während der »Konstruktion von Wissen«, wie Piaget es nennt (von Bruner, 1996a, oder Kuhn, 1972, als »Schaffung von Bedeutung« bezeichnet) – entdeckt das Kind, dass Handlungen und Beziehungen durch Logik geregelt werden.

Ein Gedanke (eine internale Handlung) ist **reversibel**, wenn das Kind erkennt, dass die Handlung umgekehrt werden kann und dass daraus bestimmte logische Konsequenzen folgen. Bezogen auf das Problem der Invarianz von Flüssigkeiten, das zuvor beschrieben wurde, könnte das Kind folgern: »Wenn das Wasser aus dem hohen Röhrchen zurück in den ursprünglichen Behälter geschüttet wird, dann wird da soviel Wasser wie vorher sein, daher kann die Menge sich nicht verändert haben.« Das ist – in Kürze – Reversibilität.

Alternativ könnte das Kind folgern, dass aus keinem Behälter etwas weggenommen oder hinzugefügt wurde und dass daher immer noch dieselbe Menge in jedem vorhanden sein muss. Dies ist ein Beispiel für die **Identitäts**regel, die festlegt, dass es für jede Operation (Handlung) eine andere Operation gibt, die das Ergebnis unverändert lässt. Nichts hinzuzufügen oder wegzunehmen bewirkt keine Veränderung.

Eine dritte Methode des Schlussfolgerns wäre: »Das Röhrchen ist höher, aber schlanker, das gleicht sich aus.« Piaget und Inhelder (1941) nennen dieses Schlussfolgern **Kompensation** (oder Kombinierbarkeit), eine Eigenschaft, die sich aus den logischen Konsequenzen der Kombination von mehreren Operationen oder, in diesem Falle, von mehreren Dimensionen ergibt.

Man könnte diese Ansichten veranschaulichen, indem man einige weitere Aufgaben zur Invarianz, wie sie in ❏ Abb. 7.7 gezeigt sind, mit echten Kindern durchführt. Man beachte dabei, dass die Altersangaben, die in ❏ Abbildung 7.7 in Klammern notiert sind, nur ungefähre Angaben darstellen.

Kann Invarianz gelehrt werden?
In Anbetracht der Tatsache, dass der Erwerb von Invarianz-Konzepten eine bedeutsame Errungenschaft für die kognitive Entwicklung kleiner Kinder darstellt, haben viele Forscher versucht, Kindern diese Konzepte zu einem früheren Zeitpunkt zu vermit-

1. Invarianz der Anzahl (6. oder 7. Lebensjahr)
Zwei Reihen von Spielmarken werden in eins-zu-eins Korrespondenz zwischen dem Versuchsleiter (V) und dem Probanden (P) ausgelegt.

Eine der Reihen wird dann auseinandergezogen oder zusammengeschoben.

P wird gefragt, welche Reihe mehr Spielmarken enthält oder ob es immer noch gleich viel sind.

2. Längeninvarianz (6. oder 7. Lebensjahr)
V legt zwei Stäbe vor den Probanden hin. Die Enden sind aneinander ausgerichtet.

P wird gefragt, ob sie dieselbe Länge haben. Ein Stab wird dann nach rechts verschoben.

Die Frage wird wiederholt.

3. Invarianz von Substanz oder Masse (7. oder 8. Lebensjahr)
P werden zwei Kugeln aus Knetmasse präsentiert. Es wird gefragt, ob sie dieselbe Menge Knetmasse enthalten. Wenn P verneint, wird gebeten, die Kugeln anzupassen. (Bei einem kleinen Kind ist es nicht unüblich, dass es die Kugel einfach flachdrückt, um zu erreichen, dass sie weniger Knetmasse enthält.) Eine Kugel wird dann verformt.

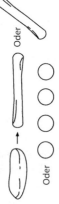

P wird gefragt, ob die Objekte dieselbe Menge Knetmasse enthalten.

4. Flächeninvarianz (9. oder 10. Lebensjahr)
P wird ein großes Stück Pappe gegeben, V hat eines derselben Größe. Beide stellen Spielplätze dar. Kleine Holzklötze repräsentieren Gebäude. P wird gebeten, jedes Mal ein Gebäude auf seinen Spielplatz zu setzen, wenn V das auch tut. Nachdem neun Gebäude auf dem Spielplatz verteilt worden sind, schiebt V seine in einer Ecke zusammen.

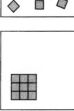

P wird gefragt, ob es auf seinem Spielplatz genauso viel Platz (Raum) gibt wie in dem von V.

5. Invarianz von Flüssigkeitsmengen (6. oder 7. Lebensjahr)
P werden zwei identische Behälter präsentiert, die bis zu derselben Höhe mit Wasser gefüllt sind.

Der Inhalt eines der Behälter wird dann in ein hohes, dünnes Röhrchen umgefüllt, der andere in eine flache Schüssel.

P wird gefragt, ob die Wassermenge in jedem Behälter gleich geblieben ist.

6. Invarianz des Volumens (11. oder 12. Lebensjahr)
P wird ein Messbehälter präsentiert, der mit Wasser gefüllt ist

außerdem zwei identische Kugeln aus Knetmasse. Einer davon wird plattgedrückt und in den Behälter gelegt, der andere wird in die Länge gezogen.

P wird gebeten, anzugeben, bis zu welcher Höhe der Wasserspiegel im Behälter ansteigt, wenn das längere Stück Knetmasse das zusammengedrückte ersetzt.

Abb. 7.7. Experimentelle Prozeduren zur Invarianz von sechs physikalischen Attributen, mit Angaben zum ungefähren Lebensalter des Erwerbs

teln, als sie sie auf natürliche Weise erwerben würden. Dies mit Erfolg zu tun, würde das kognitive Wachstum signifikant beschleunigen. Und intuitiv erscheint es als eine relativ leichte Aufgabe, einem sagen wir mal Fünfjährigen beizubringen, dass die Menge der Knetmasse in einer Kugel sich nicht ändert, es sei denn man nimmt etwas davon weg oder fügt etwas hinzu. Tatsächlich war jedoch die Mehrzahl der Versuche, kleinen Kindern Invarianz-Konzepte beizubringen, erfolglos (s. bspw. Kuhn, 1972; Smedslund, 1961). Und in den Fällen, in denen es gelang, den Erwerb von Invarianz-Konzepten bei einigen Kindern (nie bei allen) zu beschleunigen, geschah dies normalerweise erst nach ausführlichen, systematischen und theoriebasierten Übungen (s. bspw. Lefrançois, 1968; Siegler & Liebert, 1972). Keiner dieser Psychologen konnte deutlich zeigen, dass solche Untersuchungen zur Beschleunigung des Konzepterwerbs eine allgemein begünstigende Wirkung auf andere Aspekte der kognitiven Funktionen des Kindes hatten.

Klassifizierung

Mit dem Auftreten der logischen Denkfähigkeiten, durch die Operationen definiert werden, erwerben Kinder auch neue Fertigkeiten im Umgang mit Klassen, Zahlen und Serien.

Piaget nahm an, dass diese Fähigkeiten stark von Interaktionen und Manipulationen mit realen Objekten abhängen. Durch das Kombinieren und Trennen von Objekten oder durch ihre Anordnung in Gruppen lernen Kinder bspw. etwas über Zugehörigkeit zu Klassen und entwickeln die Fähigkeit, über ineinander verschachtelte Klassen zu schlussfolgern. Die zuvor beschriebene Aufgabe mit den Süßigkeiten (ob es mehr Gummibärchen oder mehr Süßigkeiten gibt) ist für Kinder in der Phase der konkreten Operationen so leicht zu lösen, dass sie wahrscheinlich lachen, wenn man ihnen diese Frage stellt.

Seriation

Außerdem erwerben Kinder aufgrund ihrer Erfahrungen mit realen Objekten die Fähigkeit, diese in Serien anzuordnen und Korrespondenzen zwischen mehreren Serien herzustellen. Piaget untersuchte das Verständnis für Seriation, indem er Kindern verschiedene Objekte präsentierte, die man leicht in eine Rangfolge bringen kann – bspw. Puppen verschiedener Größe. Vor der Phase der konkreten Operationen bringen Kinder Objekte in eine Rangfolge, indem sie jeweils zwei miteinander vergleichen, aber sie ziehen nur selten den notwendigen Schluss, dass wenn A größer als B ist und B größer als C, dann A auch größer sein muss als C. Präoperationale Kinder irritiert es gar nicht, wenn sie C vor B anordnen, nachdem sie kurz vorher A und C verglichen haben. In der Phase der konkreten Operationen machen Kinder nur selten Fehler dieser Art (◘ Abb. 7.8).

Zahlen

Die Fähigkeit, mit Zahlen umzugehen, ist eine logische Konsequenz von Klassifizierung und Seriation, weil ein komplettes Verständnis von Zahlen einiges

Abb. 7.8. Ein Test zum Verständnis von Seriation bei Kindern. Die Elemente der Serie sind in zufälliger Reihenfolge präsentiert, das Kind wird gebeten, sie in die Reihenfolge ihrer Größe zu bringen. Die obere Reihe stammt von einem Dreieinhalbjährigen, die untere von einem Achtjährigen

an Verständnis für ihre Kardinaleigenschaften voraussetzt (der Tatsache, dass Zahlen Klassen verschiedener Größe repräsentieren: ein Ding, zwei Dinge, drei Dinge usw.) sowie auch Wissen über ihre Ordinaleigenschaften (über ihre Anordnung: an erster, zweiter, dritter Stelle usw.).

7.8.12 Formale Operationen: nach dem 11./12. Lebensjahr

Formale Operationen stellen einen erheblichen Fortschritt gegenüber konkreten Operationen dar. Zunächst wenden Kinder in der Phase der konkreten Operationen ihre Logik unmittelbar auf reale Objekte oder auf leicht vorstellbare Objekte an (daher die Bezeichnung **konkret**). Mit anderen Worten: Diese Kinder befassen sich noch nicht mit dem Hypothetischen, solange es nicht an die konkrete Realität angebunden werden kann. Jugendliche sind im Gegensatz dazu potenziell in der Lage, sich mit dem Hypothetischen oder Idealen auseinanderzusetzen (dem **nicht konkreten**).

Kombinatorische Analyse
Zweitens reagieren Kinder in der Phase der konkreten Operationen deutlich anders als solche in der Phase der formalen Operationen, wenn sie Problemen gegenüberstehen, die eine systematische Analyse einer Vielzahl von Möglichkeiten erfordern. In einer repräsentativen Aufgabe zeigten Inhelder und Piaget (1958) Kindern fünf Reagenzgläser mit verschiedenen Chemikalien und demonstrierten ihnen, dass eine Kombination dieser Chemikalien eine gelbe Flüssigkeit erzeugte. Die Aufgabe der Kinder war es, herauszufinden, welche Kombination(en) das gewünschte Resultat erzeugte. Das Experiment ist in Abb. 7.9 illustriert.

Typische Zehnjährige beginnen damit, zwei Röhrchen zu kombinieren, dann zwei weitere, dann noch zwei andere – manchmal probieren sie auch drei gleichzeitig aus – bis sie entweder zufällig auf eine der zwei korrekten Lösungen stoßen oder aufgeben. Ihre Strategie besteht darin, jede Kombination als reale Hypothese zu betrachten – darin spiegelt sich die konkrete Art ihres Denkens wider.

Ein intelligenter Vierzehnjähriger geht das Problem dagegen völlig anders an. Er kombiniert alle

7.8 · Jean Piaget: Annahmen zur kognitiven Entwicklung

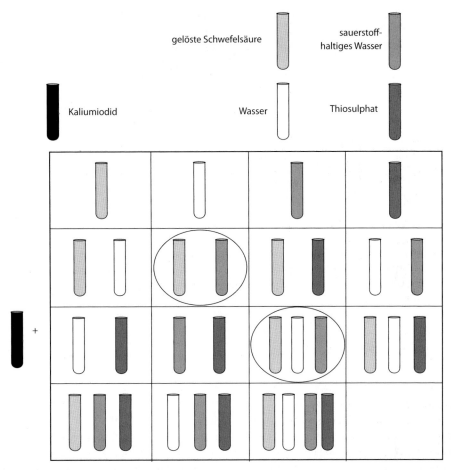

Abb. 7.9. Alle Kombinationsmöglichkeiten der vier Reagenzgläser, zu denen das fünfte hinzugefügt werden kann. Vom Probanden wird in diesem Experiment gefordert, die Kombination(en) zu finden, die eine gelbe Flüssigkeit ergeben, wenn Kaliumiodid hinzugefügt wird. Die korrekten Lösungen sind mit einem Kreis markiert

Reagenzgläschen systematisch in Zweier-, Dreier- oder Vierergruppen, was zu allen möglichen Kombinationen, wie sie in ■ Abb. 7.9 illustriert sind, führt. Der Vierzehnjährige hat sich auf diese Art alle Möglichkeiten vorgestellt und dann ausgeschöpft – worin sich die hypothetische und kombinatorische Art des Denkens auf der Stufe der formalen Operationen zeigt.

Die Fähigkeit, hypothetisch zu denken

Wie wir gerade gesehen haben, ist die letzte Stufe in der Entwicklung des Denkens durch das Auftreten des **propositionalen Denkens** im Verhalten gekennzeichnet – eine Art Denken, das nicht den Beschränkungen des Konkreten oder potenziell Realen unterliegt, sondern sich stattdessen mit dem Bereich des Hypothetischen befasst. (Eine Proposition ist eine Aussage, die entweder wahr oder falsch ist.) Kinder können nun vom Realen auf das nur Mögliche und vom Möglichen auf das Tatsächliche schlussfolgern. Sie können hypothetische Zustände mit tatsächlichen vergleichen und umgekehrt. Infolgedessen können sie über die anscheinende Unverantwortlichkeit einer Generation von Erwachsenen, die sich selber an den Rand unaussprechlicher Katastrophen gebracht hat, sehr erschüttert sein. (In ■ Tab. 7.3 findet sich eine Zusammenfassung von Piagets Entwicklungsstufen.)

Kapitel 7 · Drei kognitive Theorien: Bruner, Piaget und Wygotski

◘ Tab. 7.3. Piagets Stufen der kognitiven Entwicklung

Stufe	Ungefähres Alter	Hauptmerkmale
Sensomotorisch	0 – 2 Jahre	Motorische Intelligenz Welt des Hier und Jetzt Keine Sprache, kein Denken in frühen Phasen Kein Wissen über objektive Realität
Präoperational	2 – 7 Jahre	
▬ Präkonzeptuell	2 – 4 Jahre	Egozentrisches Denken Schlussfolgern von Wahrnehmung dominiert
▬ Intuitiv	4 – 7 Jahre	Intuitive anstelle logischer Lösungen Unfähigkeit zur Invarianz
Konkrete Operationen	7 – 11/12 Jahre	Erwerb von Invarianz Logik von Klassen und Beziehungen Zahlenverständnis Denken ans Konkrete gebunden Entwicklung von Reversibilität beim Denken
Formale Operationen	11/12 – 14/15 Jahre	Vollständige Generalität des Denkens Propositionales Denken Fähigkeit, mit Hypothetischem umzugehen Entwicklung eines starken Idealismus

7.8.13 Piagets Theorie als Lerntheorie

Piagets Position ist primär eine Theorie menschlicher Entwicklung. Aufgrund der Betonung der Genese (oder Entwicklung) von Wissen (von Piaget als **genetische Epistemologie** bezeichnet) ist sie aber auch eine Lerntheorie. Als Lerntheorie kann sie vereinfacht und auf die folgenden Aussagen reduziert werden:
- ▬ Der Erwerb von Wissen ist ein gradueller Entwicklungsprozess, der durch die Interaktion des Kindes mit seiner Umwelt ermöglicht wird.
- ▬ Der Verfeinerungsgrad der kindlichen Repräsentation der Welt ist eine Funktion ihrer Entwicklungsstufen. Die Stufen sind durch die Denkstrukturen definiert, über die sie jeweils verfügen.
- ▬ Reifung, aktive Erfahrung, Equilibration und soziale Interaktion sind die Kräfte, die das Lernen formen (Piaget, 1961).

7.9 Implikationen von Piagets Theorie für Erziehung und Schule

Piaget (1961) beschreibt vier große Kräfte, die die kindliche Entwicklung formen. Wie wir gesehen haben, ist eine davon die Tendenz zur **Equilibration** –

dazu, ein optimales Gleichgewicht zwischen Assimilation und Akkommodation zu finden. Eine andere ist **Reifung**, ein biologisch basierter Vorgang, der die allmähliche Entfaltung von Potenzial bedeutet. Eine dritte ist **aktive Erfahrung**, die es dem Kind ermöglicht, Dinge zu wissen und zu **internalisieren**. Die vierte ist **soziale Interaktion** – also Interaktion mit anderen Menschen – wodurch es dem Kind möglich wird, Ideen über die Welt und über andere auszuarbeiten. Wie in **◘** Tab. 7.4 zu sehen ist, besitzt jede dieser Kräfte bedeutende Implikationen für die Erziehung.

Der Einfluss von Piagets Theorie auf schulische Curricula sowie auf Unterrichts- und Messmethoden ist grundlegend und bedeutsam. Die Theorien von Piaget und Bruner betonen, dass Lernen mehr ist als der Transport von Informationen von **außen** ins Kind hinein. Diese Theorien führten zum sogenannten Konstruktivismus – einem Ansatz für Lernen und Unterrichten, in dem das Kind eine zentrale, **aktive** Rolle in der **Konstruktion** von Wissen hat. Laut Gabler und Schroeder ermutigen konstruktivistische Methoden »die Schüler, kritisch zu denken und unabhängig zu lernen, wobei der Lehrer als Mentor und Vereinfacher auftritt« (2003a, S. xvii).

Piagets Arbeiten bieten viele sehr spezifische Ansätze und Prinzipien in Bezug auf Erziehung und

Tab. 7.4. Vier Kräfte, die die Entwicklung des Menschen formen

Kraft	Erklärung	Implikationen für die Erziehung
Equilibration	Eine Tendenz zur Erhaltung des Gleichgewichts zwischen Assimilation (Reaktion unter Verwendung vorherigen Lernens) und Akkommodation (Veränderung des Verhaltens in Reaktion auf die Umwelt).	Kinder müssen Aufgaben mit optimalem Schwierigkeitsgrad erhalten – nicht zu schwierig, sodass sie eine zu große Herausforderung darstellen, aber auch nicht so einfach, dass keine Akkommodation nötig ist.
Reifung	Genetische Kräfte, die – obwohl sie das Verhalten nicht determinieren – an dessen Entfaltung beteiligt sind.	Zur Optimierung ihres Unterrichts müssen Lehrer etwas darüber wissen, wie Kinder denken und lernen – über ihren Reifegrad und ihr Verständnis.
Aktive Erfahrung	Die Interaktion mit realen Objekten und Ereignissen ermöglicht es dem Individuum, Dinge zu entdecken und mentale Repräsentationen der Welt zu entwickeln (zu konstruieren).	Hiermit wird ein konstruktivistisches Curriculum favorisiert, bei dem der Lernende aktiv am Prozess der Entdeckung und des Lernens beteiligt ist.
Soziale Interaktion	Die Interaktion mit Menschen führt zur Entwicklung von Ideen über Dinge, Menschen und das Selbst.	Schulen sollten reichlich Gelegenheit zur Interaktion zwischen Lernenden und zwischen Lernenden und Lehrern geben, sowohl im Unterrichtskontext (Klasse) wie auch außerhalb (Pausenhof, Bibliothek etc.).

Unterricht (siehe Lefrançois, 2000). Aus seiner Theorie folgt z. B. unmittelbar, dass in frühen Stadien die Interaktion mit realen Objekten für den Aufbau von Wissen und die Entwicklung von Verständnis und Fähigkeiten, die dem Denken zugrundeliegen, unverzichtbar ist. Daher ist eine grundlegende Implikation von Piagets Theorie für die Erziehung, dass Gelegenheit für mentale und physische Aktivität geschaffen werden muss.

Piagets Theorie (wie auch die Wygotskis) legt auch nahe, dass Schulen sich bemühen sollten, Schülern Aufgaben und Herausforderungen mit optimalem Schwierigkeitsgrad zu stellen. Das den Lernenden präsentierte Material sollte nicht so schwierig sein, dass es nicht verstanden (assimiliert) werden kann, es sollte aber auch nicht so einfach sein, dass es nicht zu neuem Lernen (Akkomodation) führt. Daher ist es für Lehrer sehr wichtig, einiges Wissen über die kindliche Entwicklung und über die Art, wie Kinder lernen und denken, zu besitzen. Lehrer müssen sich sowohl der Grenzen wie auch des Potenzials des kindlichen Denkens bewusst sein.

In seiner Beschreibung der Kräfte, die die kindliche Entwicklung formen, wies Piaget der sozialen Interaktion eine sehr wichtige Rolle zu. Durch soziale Interaktion werden sich Kinder der Gefühle und Gedanken anderer bewusst, entwickeln moralische Regeln und Spielregeln und entwickeln und üben ihre eigenen logischen Denkprozesse. Unterrichts-

methoden, die Piagets Theorie aufgreifen, sollten reichlich Gelegenheit zur Interaktion zwischen Lernenden und zwischen Lehrer und Schüler schaffen. DeVries drückte dies folgendermaßen aus: »Die offensichtliche, allgemeine Implikation von Piagets sozialer Theorie besteht darin, eine sozial interaktive Klasse positiv zu bewerten und sozialen, kooperativen Austausch zur Förderung der operationalen Entwicklung zu fördern« (1997, S. 14).

7.10 Piagets Standpunkt: Bewertung

Piagets zahlreiche Kritiker haben einige Standard-Kritikpunkte vorgebracht. Einer der frühesten konzentriert sich auf die geringe Anzahl von Probanden in seiner Forschung – denn die Méthode Clinique eignet sich nicht gut für große Stichproben. Diese Kritik ist jedoch nicht sonderlich relevant, außer in Fällen, wo sorgfältigere Studien mit größeren Stichproben Piagets Befunden widersprechen.

7.10.1 Forschung

Piagets Arbeiten sind in tausenden von Untersuchungen erforscht und manchmal weiterentwickelt worden. Die überwältigende Mehrheit dieser Studien bestätigt Piagets allgemeine Beschreibung der Abfolge der intellektuellen Entwicklung, insbesondere für die frühesten Stufen (s. bspw. Gelman, 1978; Opper, 1977). Die Abfolge scheint für Kinder verschiedener Länder zu gelten (Dasen, 1972, 1977; Glick, 1975). Im Gegensatz dazu liefert die Forschung weniger deutliche Unterstützung für Piagets Beschreibung der Altersstufen, bei denen größere intellektuelle Veränderungen auftreten.

Piaget unterschätzte kleine Kinder

Kritiker verweisen darauf, dass Piaget das Lebensalter, in dem kleine Kinder zu bestimmten wichtigen Verhaltensweisen in der Lage sind, deutlich zu hoch eingeschätzt haben dürfte. Es gibt Hinweise darauf, dass Piagets Scheitern bei der Entdeckung von bestimmten Fähigkeiten und von Verständnis in frühen Entwicklungsphasen auf verbale Schwierigkeiten zurückzuführen ist. Wenn die Aufgaben vereinfacht und von fortgeschrittenen sprachlichen Fähigkeiten entkoppelt werden, reagieren Kinder manchmal deutlich anders.

In der »Berge«-Aufgabe bspw. werden Kindern drei Berge ungleicher Höhe auf einem Tisch präsentiert, die Kinder dürfen um die Berge herumgehen, um mit ihnen vertraut zu werden. Im Testteil der Untersuchung setzen sich Probanden an eine Seite des Tisches, eine Puppe wird an einem anderen Ausgangspunkt am Tisch platziert. Die Kinder werden dann gefragt, wie die Anordnung aus der Sicht der Puppe aussieht. Ihre anfängliche Unfähigkeit, dies zu tun, wird als Hinweis auf **Egozentrismus** angesehen (die Unfähigkeit, die Perspektive eines anderen zu übernehmen). Als aber Liben (1975) präoperationale Kinder aufforderte, zu beschreiben, wie ein weißer Karton aus der Sicht des Versuchsleiters (und aus ihrer eigenen) aussehen würde, wenn Kind und Versuchsleiter Brillen mit verschiedenfarbigen Gläsern trugen (oder der Versuchsleiter eine rosafarbene und das Kind keine Brille trug), konnten die Kinder oft korrekt antworten.

Baillargeon (1987, 1993) berichtet außerdem über Untersuchungen, die darauf zu verweisen scheinen, dass Säuglinge schon viel früher als Piaget annahm über eine Vorstellung von Objektpermanenz verfügen. Wenn bspw. 3–4 Monate alte Säuglinge sahen, dass ein Objekt sich durch einen Raum zu bewegen schien, der von einem anderen festen Objekt besetzt sein sollte, erschienen sie erstaunt. Bower (1989) hingegen merkt an, dass das flüchtige Gedächtnis eines 3 Monate alten Säuglings Piagets Beobachtung nicht wirklich widerspricht, dass es noch einige Monate dauern wird, bis dieses Kind bewusst nach einem versteckten Objekt sucht. Gelman, Meck und Merkin (1986) weisen auch darauf hin, dass Kindergartenkinder normalerweise ein sehr gut entwickeltes Zahlenverständnis besitzen, das Piaget erst bei älteren Kindern in der Phase konkreter Operationen für charakteristisch hielt.

Formale Operationen sind nicht sehr allgemein verbreitet

In seinen frühen Schriften ließ Piaget keinen Zweifel daran, dass er formale Operationen als ein allgemeines Merkmal älterer Jugendlicher wie auch der meisten Erwachsenen betrachtete (Inhelder & Piaget, 1958). Einige Untersuchungen liefern aber überzeugende Belege dafür, dass dies wahrscheinlich nicht der Fall ist (s. bspw. Modgil & Modgil, 1982). Viele dieser Untersuchungen konnten kaum Hinweise auf formale Operationen bei Erwachsenen, geschweige denn bei Jugendlichen, finden. Als Dulit (1972) begabte ältere Jugendliche auf formale Operationen hin untersuchte, stellte er fest, dass etwa die Hälfte immer noch auf dem Niveau konkreter Operationen und nur etwa ein Viertel der im Schnitt älteren Jugendlichen und Erwachsenen auf dem Niveau formaler Operationen arbeitete. Ebenso fiel es kulturübergreifenden Studien häufig schwer, in verschiedenen Kulturen Belege für Denken oberhalb der konkreten Operationen zu finden (siehe Gelman, 1978). Die Ironie besteht darin, dass Piaget einerseits die Fähigkeiten kleiner Kinder zu unterschätzen schien, andererseits aber die Fähigkeiten älterer Kinder und Erwachsener zu überschätzen schien.

In Anbetracht dieser Befunde modifizierte Piaget (1972) seinen früheren Standpunkt, indem er eingestand, dass die Stufe formaler Operationen möglicherweise nicht so allgemein sei, wie er ursprünglich dachte. Die vorhandenen Beweise legen nahe, dass formale Operationen am besten als potenzielle und nicht als wahrscheinliche kognitive Prozesse anzusehen sind. In Kürze: Formale Operationen sind in der mittleren Kindheit und davor wahrscheinlich unmöglich, sie sind während der Adoleszenz und im Erwachsenenalter möglich, aber von einer allgemeinen Verbreitung weit entfernt.

7.11 · Lew Wygotski: eine kulturell-kognitive Theorie

Das System ist zu komplex

Ein anderer Kritikpunkt greift die Schwierigkeiten beim Verständnis des Systems und der Verwendung komplexer und manchmal nebulöser Begriffe auf. Morgado (2003) weist z. B. darauf hin, dass Piagets Verwendung wichtiger Begriffe wie **Repräsentation** manchmal mehrdeutig ist. Zusätzlich verwendete Piaget bei seinem Versuch, logisches Denken zu beschreiben, eine schwierige Logik, deren Beitrag nicht immer offensichtlich war. Lourenco und Machado (1996) meinen, dass viele dieser Kritikpunkte auf Fehlinterpretationen von Piagets Theorie basieren, die manchmal aus Problemen bei der Übersetzung aus dem französischen Original in andere Sprachen resultieren.

Wie schädlich ist diese Kritik?

Diese Kritikpunkte sind, obwohl zahlreicher und detaillierter als hier präsentiert, wahrscheinlich für die Grundtheorie nicht sehr schädlich. Allenfalls zeigen die verschiedenen gesicherten Gegenbelege zu Piagets Theorie, dass die Altersstufen des Erwerbs nur annähernd sein können – etwas, was Piaget auch selbst immer eingestand. Sie verweisen weiterhin darauf, dass Kinder sich in bestimmten Bereichen möglicherweise schneller entwickeln als Piaget annahm (insbesondere in der sensomotorischen Stufe) und dass die letzte Stufe der Beschreibung Piagets nicht ein allgemeines Phänomen beschreibt – eine Tatsache, die Piaget-Theoretiker nicht wesentlich stören dürfte, vorausgesetzt, dass die vorausgehende Stufe konkreter Operationen diejenigen Menschen beschreiben kann, die die formalen Operationen nicht erreicht haben. Der deutlichste Hinweis aller Kritiken besteht darin, dass die kognitive Entwicklung des Kindes weit komplexer ist als Piaget dachte – vielleicht auch noch komplizierter als Psychologen heute glauben.

Eine Überprüfung von Piagets System im Hinblick auf die in ▶ Kap. 1 genannten Kriterien zeigt unter anderem, dass die Theorie bemerkenswert konsistent, kohärent und umfassend ist. Jedoch zeigen einige Forschungsarbeiten, dass Piagets System möglicherweise nicht alle Fakten exakt wiedergibt. Gelegentlich unterschätzt es die Fähigkeiten von Kindern, in anderen Fällen überschätzt es sie.

Ist die Theorie klar und verständlich? Ja und nein. Auf einer Ebene – auf der Ebene der Stufenbeschreibung – kann sie einfach und klar dargestellt werden. Aber auf einer anderen Ebene – auf der Ebene abstrakter logischer Systeme – ist sie weniger klar und vielleicht auch nicht sonderlich nützlich (Russell, 1999).

Liefert die Theorie gute Erklärungen und Vorhersagen? Wiederum: ja und nein. Sie erklärt einige Verhaltensweisen, die vorher weitgehend unentdeckt waren (z. B. Invarianz) und sagt allgemein den Typus kognitiver Funktionen voraus, der von Kindern in verschiedenen Entwicklungsstufen zu erwarten ist. Diese Vorhersagen sind nicht immer gänzlich angemessen, insbesondere dann nicht, wenn sie sich zu eng an Piagets geschätzte Altersangaben anlehnen.

Schließlich: Wie nützlich und einflussreich ist die Theorie? Sehr. Piagets Einfluss in Psychologie und Erziehung ist enorm, obwohl er kontrovers diskutiert wird. Die Theorie hat tausende von Untersuchungen und zahllose Anwendungen in der Schule angeregt. Piaget ist weitgehend verantwortlich dafür, dass eine Generation von Lehrern, Eltern und Kinderbetreuern zu faszinierten Beobachtern von Kindern und ihrer Entwicklung wurden. Und obwohl einige Theoretiker nun der Ansicht sind, dass der Einfluss seiner Theorie schwindet, gibt es doch noch viele, die seinen Beitrag preisen und seine Arbeit fortführen (s. bspw. The Jean Piaget Society, 2002).

7.11 Lew Wygotski: eine kulturell-kognitive Theorie

Nicht alle Psychologen haben Piagets Arbeiten immer gepriesen und sich darum bemüht, sie fortzuführen. Tatsächlich verwandte ein Zeitgenosse Piagets, der sowjetische Psychologe Lew Wygotski, beträchtlichen Aufwand darauf, Piagets Arbeiten anzugreifen, zu kritisieren und Piaget dazu zu bewegen, in eine Debatte und einen Dialog mit ihm einzutreten (Van der Veer, 1996). Piaget, wie es seine Gewohnheit war, antwortete niemals, wobei nicht klar ist, ob dies daran lag, dass er bewusst nicht reagierte oder dass er mit Wygotskis Arbeiten nicht sehr vertraut war. Schließlich wurde der Großteil von Wygotskis Arbeiten erst viele Jahre nach seinem frühen Tod (im Alter von 38 Jahren im Jahre 1934) ins Englische übersetzt. Für mehrere Jahrzehnte nach seinem Tod waren seine Arbeiten in der Sowjetunion verboten (▶ Biographie Wygotski).

Lew Semjonowitsch Wygotski (1896–1934)

Lew Wygotski (engl. Schreibweise: Lev Semenovich Vygotsky) wurde in der Stadt Orscha im heutigen Weißrussland als Sohn jüdischer Eltern der Mittelklasse geboren. In Gomel, etwa 400 Meilen westlich von Moskau, wuchs er auf. Aufgrund seiner jüdischen Herkunft waren seine Ausbildungs- und Berufsmöglichkeiten stark eingeschränkt. Infolgedessen wurde er in jungen Jahren von einem Privatlehrer unterrichtet, bevor er eine höhere jüdische Schule besuchte. Es war reines Glück, dass er später an der Universität von Moskau aufgenommen wurde, da damals ein Lotteriesystem in Kraft war, durch das jedes Jahr nur wenige Juden eine Zulassung zur Universität erhielten.

Weil seine Eltern darauf bestanden, schrieb sich Wygotski an der medizinischen Fakultät der Universität Moskau ein. Er entschied jedoch schnell, dass er kein Arzt werden wollte, und wechselte zu Jura, wobei er zeitgleich Geschichte und Philosophie an einer zweiten Universität (Universität Shaniavsky) studierte. Nachdem er im Jahre 1917 seinen Abschluss an diesen beiden Universitäten gemacht hatte, ging er nach Gomel zurück und begann, in einer staatlichen Schule zu unterrichten. Einige Zeit später steckte er sich mit Tuberkulose an, anscheinend weil er Familienmitglieder pflegte, die an dieser Krankheit litten. Glücklicherweise überlebte er den ersten Schub.

Es ist überraschend, dass Wygotski – obwohl er während seines Lebens ein so ausnehmend einflussreicher Psychologe werden und dies auch Jahrzehnte nach seinem Tod bleiben sollte – sich erst mit 28 Jahren, im Jahre 1924, für Psychologie zu interessieren begann. Nur 10 Jahre später, am Morgen des 11. Juni 1934, starb er an Tuberkulose. Dennoch hatte er in der Zwischenzeit Ideen und Forschungsarbeiten in der Entwicklungspsychologie und Erziehung hervorgebracht, die immer noch frisch und aktuell wirken. Trotz der Tatsache, dass sein berühmtestes Werk, **Thought and Language**, erst nach seinem Tod veröffentlicht wurde, wurde er während seiner kurzen Berufslaufbahn eine der wichtigsten intellektuellen Kräfte in der damaligen Sowjetunion. Bedauerlicherweise wurden seine Arbeiten zwei Jahre nach seinem Tod verboten und daher im Westen erst mehr als 20 Jahre später bekannt. Sowjetische Behörden hatten entschieden, dass die Wissenschaft des Kindes, deren Vorreiter er war und die als Pädologie bezeichnet wird, dekadente »bourgeoise Pseudowissenschaft« sei, teilweise weil er Tests aus dem Westen für die Einschätzung und Diagnostik von Lernschwierigkeiten verwendete.

Toulmin (1978) beschrieb Wygotski als den »Mozart« der Psychologie, ihr kindliches Genie. Im Alter von 28 Jahren, schreibt Toulmin, hatte Wygotski alle großen Theorien und Befunde der Psychologie aufgesogen und damit begonnen, neue Ideen zu entwerfen, die immer noch sehr einflussreich sind. Wie wäre seine Karriere wohl verlaufen und wie hätten seine Beiträge ausgesehen, wenn er so lange gelebt hätte wie Piaget?

7.11.1 Hauptideen in Wygotskis Theorie

Laut Bruner (1997a) liegt der Schwerpunkt von Piagets Theorie auf dem Verständnis der logischen Systeme, die an der kindlichen Konstruktion von Bedeutung beteiligt sind. Wygotskis Theorie befasst sich ebenfalls mit der Schaffung von Bedeutung; infolgedessen wird seine Theorie auch oft als ein Beispiel für **Konstruktivismus** genannt. Im Gegensatz zu Piaget betont Wygotski aber, wie Kultur und soziale Interaktion an der Entwicklung menschlichen Bewusstseins beteiligt sind. Während Piagets Theorie also den Kräften **innerhalb** des Kindes eine vorrangige Rolle zuschreibt (z. B. der Tendenz zur Equilibration), betont Wygotskis System Kräfte **außerhalb** des Kindes, mit anderen Worten: die Kräfte der Kultur.

Drei übergreifende Themen sind Bindeglieder in Wygotskis weitreichender – und oft unvollständiger und verwirrender – Theorie: Sie beschäftigen sich mit der Bedeutung von Kultur, der Rolle von Sprache und der Beziehung zwischen Ausbilder und Ausgebildetem.

Die Rolle der Kultur

Das wichtigste Thema in Wygotskis Theorie kann in einem Satz zusammengefasst werden: **Soziale Interaktion ist grundlegend an der Entwicklung der Kognition beteiligt**. Mit sozialer Interaktion meinte Wygotski die Interaktion des Kindes mit dem, was wir als Kultur bezeichnen. Wir unterscheiden uns sehr von anderen Tieren, erklärt Wygotski. Warum? Weil wir Werkzeuge und Symbole gebrauchen und infolgedessen dieses Ding namens Kultur schaffen. Kulturen sind sehr mächtige, dynamische, veränderliche Dinge, die einen enormen Einfluss auf jeden von uns ausüben. Kultur legt z. B. fest, wie das erfolgreiche Ergebnis von Entwicklung aussieht. Kulturen bestimmen, was wir lernen, welche Kompetenzen für die erfolgreiche Anpassung an unsere Welten notwendig sind. Kulturen prägen, wie Wygotski erklärte, notwendigerweise die mentalen Funktionen des Menschen. »Jede Funktion in der kulturellen Entwicklung des Kindes tritt zweimal auf«, schreibt er. »Zunächst auf sozialer Ebene und später auf individueller Ebene; zunächst zwischen Menschen (interpsychologisch) und dann innerhalb des Kindes (intrapsychologisch). Dies gilt gleichermaßen für willkürliche Aufmerksamkeit, für logisches Gedächtnis und für die Ausbildung von Konzepten« (Wygotski, 1978, S. 5).

Die Bedeutung der Kultur in Wygotskis Theorie wird durch seine Unterscheidung zwischen **elementaren mentalen Funktionen** und **höheren mentalen Funktionen** unterstrichen. Elementare Funktionen sind unsere natürlichen, ungelernten Tendenzen und Verhaltensweisen, die sich in der Fähigkeit des Neugeborenen zum Saugen, Glucksen und Weinen zeigen. Während der Entwicklung und hauptsächlich durch soziale Interaktion – also durch Interaktion mit der Kultur – werden **elementare mentale Funktionen** in **höhere mentale Funktionen** umgewandelt. Höhere mentale Funktionen sind alle Aktivitäten, die wir unter **Denken** zusammenfassen, wie Problemlösen und Vorstellungsvermögen.

Die Rolle der Sprache

Höhere mentale Funktionen oder Denken werden weitgehend durch Sprache ermöglicht, behauptet Wygotski. Ohne Sprache bleibt die Intelligenz des Kindes eine rein praktische, rein natürliche Kapazität, vergleichbar mit der von Tieren wie Menschenaffen. Daher ist kognitive Entwicklung hauptsächlich eine Funktion der zum Großteil verbalen Interaktion, die zwischen dem Kind und Erwachsenen stattfindet. Wygotski sagt, dass das Kind durch diese Interaktionen Sprache und, als Ergebnis dessen, logisches Denken entwickelt.

In vielen Bereichen nahm Wygotski bedeutende Aspekte von Piagets genetischer Epistemologie vorweg, wie z. B. in seiner Beschreibung der Stufen bei der Entwicklung von Wissen. Wygotski beschreibt hier, wie das Kind als Folge sozialer Interaktion drei Stufen in der Entwicklung des Sprechens durchläuft (Wygotski, 1962). Die erste Stufe, das **soziale Sprechen** (auch als **externales Sprechen** bezeichnet), kontrolliert weitgehend das Verhalten anderer (»Gib mir Milch!«) oder drückt einfach Konzepte aus. **Egozentrisches Sprechen**, das im Alter zwischen 3 und 7 Jahren auftritt, stellt eine Art Verbindung zwischen dem sehr öffentlichen, **externalen** Sprechen der ersten Stufe und dem privateren, **inneren** Sprechen der dritten Stufe dar. Während dieser Stufe sprechen Kinder oft mit sich selbst, als würden sie sich dadurch bemühen, ihr eigenes Verhalten zu steuern, anstelle nur das von anderen. Die letzte Stufe, **inneres Sprechen**, ist die Stufe des Selbstgespräches – die Stufe dessen, was William James als »Strom des Bewusstseins« bezeichnete (1890/1950). Unsere Selbstgespräche (unser **inneres Sprechen**) lässt uns wissen, dass wir leben und Bewusstsein besitzen. Es erlaubt uns, unser Denken, und damit auch unser Verhalten, zu beobachten und in eine Richtung zu lenken. Inneres Sprechen macht alle höheren mentalen Funktionen erst möglich (◻ Tab. 7.5).

Die Zone des proximalen Wachstums

Ein Großteil der gegenwärtigen Popularität von Wygotskis theoretischem Rahmen gründet sich auf seine Beschreibung der Beziehung zwischen Schüler und Lehrer – oder zwischen Elternteil und Kind. In Wygotskis theoretischem Rahmen bedeutet diese Beziehung Lehren und Lernen für beide Beteiligte (der russische Ausdruck für diese Lernen/Lehren-Beziehung lautet **obuchenie**) (Scrimsher & Tudge, 2003). Das heißt, der Lehrer lernt etwas vom und über das Kind, sogar während das Kind etwas aufgrund der Handlungen des Lehrers lernt. Diese Beziehung wird in Wygotskis Konzept der **Zone proximalen Wachstums** am besten zusammengefasst.

226   Kapitel 7 · Drei kognitive Theorien: Bruner, Piaget und Wygotski

◻ Tab. 7.5. Wygotskis Stufen der Sprachentwicklung

Stufe	Ungefähres Lebensalter	Funktion
Soziales Sprechen	Bis 3 Jahre	Das Verhalten anderer zu kontrollieren, einfache Gedanken und Gefühle ausdrücken
Egozentrisches Sprechen	3 bis 7 Jahre	Das eigene Verhalten kontrollieren, aber oftmals laut ausgesprochen
Inneres Sprechen	Ab 7 Jahre	Lautloses Selbstgespräch; ermöglicht die Lenkung von Denken und Verhalten; an allen höheren mentalen Funktionen beteiligt

Das Konzept der **Zone proximalen Wachstums** kann mit einfachen Worten erklärt werden: Es handelt sich um eine Art von Potenzial für die Entwicklung. Zur Erklärung: Man stelle sich Billy-Bob und Billy-Joe vor, zwei Siebenjährige, die beide, unter normalen Umständen, ungefähr dieselben Fragen wie durchschnittliche Siebenjährige beantworten können und die dieselben Aufgaben in etwa derselben Zeit durchführen können. Die gemessene Intelligenz dieser beiden Kinder ist etwa durchschnittlich. Aber man stelle sich vor, dass Billy-Bob, wenn er von einem älteren Kind oder kompetenten Erwachsenen Anleitung und Hilfe erhält, erfolgreich Aufgaben lösen und Fragen beantworten kann, die eigentlich eher für Neunjährige charakteristisch sind, während Billy-Joe das nicht kann. Nun könnte man zutreffenderweise sagen, dass Billy-Bobs **Zone proximalen Wachstums** größer ist als die von Billy-Joe. Das heißt, sie umspannt einen größeren Bereich mentaler Funktionen.

Als Zusammenfassung erklärt Davydov die Zone proximalen Wachstums wie folgt: »Alles, was das Kind anfangs nur zusammen mit Erwachsenen und Gleichaltrigen tun kann und danach unabhängig von ihnen tun kann, liegt genau in der Zone proximaler psychologischer Entwicklung« (1995, S. 18).

7.11.2 Wygotskis Theorie: Implikationen für die Erziehung

Die Aufgabe von Lehrern und Eltern, erklärt Wygotski, ist es, dafür zu sorgen, dass Kinder Aktivitäten ausführen, die innerhalb dieser Zone liegen – Aktivitäten, die – definitionsgemäß – nicht so leicht sind, dass das Kind sie prompt ausführen kann, aber auch nicht so schwierig, dass sie auch mit Hilfe nicht ausgeführt werden können.

7.11.3 Scaffolding (Gerüstbau)

Wenn man ein besonders hohes Nebengebäude bauen wollte, wäre es sehr nützlich, ein Gerüst zu haben, auf dem man stehen kann. Anfänglich ist dieses Gerüst eine sehr stabile Sache, solide und nah am Boden. Wenn das Gebäude aber wächst, wächst auch das Gerüst, wobei es seine ursprüngliche Basis nutzt, um stabil und am richtigen Ort zu bleiben. Aber der Gerüstbau muss nicht mehr so ausgedehnt und so stark sein. Inzwischen könnte man möglicherweise auf die Wandplatten und Dachsparren seiner eigenen Konstruktion klettern und schließlich bis aufs Dach, wobei man das Gerüst, das am Anfang so wichtig war, kaum noch benötigt.

Gerüstbau (Scaffolding) beim Lehren und Lernen funktioniert auf dieselbe Weise, behauptet Wygotski. In den frühen Phasen des Lernens sind Gerüste (also Anleitung und Unterstützung) oftmals unverzichtbar. Von einem Kindergartenkind kann man kaum erwarten, dass es schnell die Laute entdeckt, die jeder Buchstabe des Alphabets repräsentiert. Aber in späteren Phasen kann ein intelligenter und erfolgreicher Schüler schnell in der Lage sein, völlig neue Wörter auszusprechen. Ältere Lernende, die gelernt haben, wie man lernt, benötigen viel weniger Unterstützung, stattdessen bauen sie auf vorheriges Lernen und gut eingeübte Strategien.

Lehrer und Eltern bauen Gerüste für Kinder, indem sie erzählen, demonstrieren, zeigen, korrigieren, hinweisen, drängen, Modelle sind, Prozeduren erklären, Fragen stellen, Objekte identifizieren usw. Wie Fernandez, Wegerif, Mercer und Rojas-Drummond (2002) betonen, ermöglicht der Gerüstbau den Kindern, Aufgaben auszuführen, die jenseits ihrer Fähigkeiten lägen, wenn sie allein arbeiteten. Die Forschung unterstützt Wygotskis Ansicht, dass Gerüstbau die Komplexität des kindlichen Denkens

7.12 · Wygotskis Theorie: Bewertung

steigern und sowohl Lernen wie Entwicklung positiv beeinflussen kann (s. bspw. Gregory, Kim & Whiren, 2003).

Scaffolding, schreiben Hogan und Pressley (1997), ist eine Metapher, die zu einem Modell des Lernens über graduelle Steigerungen führt. Zusätzlich betont sie die Bedeutung der Interaktion zwischen Lernendem und Lehrendem. Außerdem unterstreicht sie die Wichtigkeit des Verständnisses kindlicher Entwicklung und kindlichen Lernens, weil die Gerüste, die der Lehrer baut, innerhalb der Zone proximalen Wachstums liegen müssen. Sie müssen dem Lernenden also Herausforderungen bieten, die innerhalb eines Bereichs dessen liegen, was das Kind mit Hilfe eines kompetenten Erwachsenen oder älteren Kindes bewältigen kann.

7.12 Wygotskis Theorie: Bewertung

Wie viele andere kognitive Theorien kann auch Wygotskis kulturell-kognitive Theorie dahingehend kritisiert werden, dass sie keine präzisen Messungen liefert oder zu nur wenigen verifizierbaren Annahmen führt – dass sie keine sehr wissenschaftliche Theorie ist. Interessanterweise sind dies einige der Kritikpunkte, die Wygotski selbst in einem seiner früheren Werke gegen die marxistische Psychologie seiner Zeit aussprach (Wygotski, 1927/1987). Insbesondere war er entsetzt bei dem Gedanken, dass »wissenschaftliche« Theorien oft nur durch Bezug auf Zitate von Marx und Engels oder Lenin gestützt wurden. Wygotski war ein heftiger Verfechter der Ansicht, dass die Psychologie objektive Untersuchungsmethoden verwenden und von den intuitiven, introspektiveren Ansätzen, die immer noch sehr populär waren, Abstand nehmen müsse.

Außerdem wies er die reduktionistischen Ansätze der behavioristischen Theorien zurück und favorisierte eine ganzheitlichere Verhaltensanalyse (Lantolf, 2003).

Im Hinblick auf die Hauptkriterien guter Theorien schneidet Wygotskis Theorie relativ gut ab: Sie ist relativ klar und verständlich, sie versucht, komplexe Beobachtungen bezüglich menschlichen Lernens und menschlicher Entwicklung zu vereinfachen, sie ist konsistent und sie hat sehr wichtige praktische Implikationen, insbesondere für Erziehung und Unterricht von Kindern (s. bspw. Kozulin, Gindis, Ageyev & Miller, 2003). Darüber hinaus stimuliert und leitet sie weiterhin eine beträchtliche Menge von Forschungsarbeiten in den Sozialwissenschaften (s. bspw. Lindblom & Ziemke, 2003). Aber, warnen Lambert und Clyde (2003), die Anwendung von Wygotskis Theorierahmen auf Forschung und Erziehung war möglicherweise durch ein Übermaß an Enthusiasmus gekennzeichnet, der Forscher und Anwender für die Möglichkeit blind gemacht hat, dass es bessere Methoden gäbe, Kinder zu verstehen und zu unterrichten. Laut Lambert und Clyde führte der Wunsch, seine Theorie und gegenwärtige Praktiken einander anzugleichen, manchmal dazu, dass seine Worte aus dem Zusammenhang gerissen und an gegenwärtige Überzeugungen angepasst wurden. Dies ist jedoch in dem Ausmaß, zu dem es zutrifft, der Fehler derjenigen, die die Theorie interpretieren und anwenden, und nicht der Fehler der Theorie oder des Theoretikers.

Zusammenfassung

1. Kognitive Theorien beschäftigen sich hauptsächlich mit der Erklärung höherer mentaler Prozesse (Wahrnehmung, Informationsverarbeitung, Entscheidungsfindung und Wissen), und gründen sich stärker auf Forschung mit Menschen als mit Tieren – im Gegensatz zu behavioristischen Theorien. Kognitive Theorien haben als Voraussetzung normalerweise irgendeine Form mentaler Repräsentation.

2. Bruner vergleicht die Entwicklung des Kindes mit der Entwicklung der menschlichen Rasse. Daher schreitet das Kind von enaktiven (motorischen) Repräsentationen (entsprechend Erfindungen, die die motorischen Kapazitäten stärken) zu ikonischen (bildhaften) Repräsentationen (entsprechend Erfindungen, die die Sinneswahrnehmungen verstärken) und schließlich zu symbolischen Repräsentationen (entsprechend Erfindungen, die intellektuelle Kapazitäten stärken) fort.

3. Kategorisierung beschreibt in Bruners System sowohl wahrnehmungsbezogene wie konzeptbildende Aktivitäten. Eine Kategorie kann man sich als eine Regel vorstellen, mit der Dinge als gleich klassifiziert werden. Als Regel spezifiziert sie die Attribute, die Objekte besitzen müssen, damit sie in eine bestimmte Kategorie eingeordnet werden können.

4. Informationsverarbeitung (und Entscheidungsfindung) benötigt Kategorisierung. Ein Objekt wird identifiziert, wenn es in eine Kategorie eingeordnet wird – ein Prozess, der die Möglichkeit, »über die gegebene Information hinauszugehen«, impliziert (also die Möglichkeit, Vorhersagen über Ereignisse und Objekte anhand ihrer Zugehörigkeit zu Kategorien zu machen).

5. Kodiersysteme sind hierarchische Anordnungen verwandter Kategorien. Kategorien höheren Niveaus sind allgemeiner, indem sie mehr Beispiele erfassen und freier von Spezifika sind (d. h. sie sind weniger durch kleine Einzelheiten definiert).

6. Konzeptbildung bezieht sich auf die Erkenntnis, dass bestimmte Dinge zusammengehören und andere nicht; Konzepterwerb bedeutet die Entdeckung, welche Attribute für die Zugehörigkeit zu einer bestimmten Kategorie kritisch (wesentlich) sind. Konzepte können **konjunktiv** (definiert durch gleichzeitiges Vorhandensein zweier oder mehr Attributwerte), **disjunktiv** (definiert durch das gleichzeitige Vorhandensein relevanter Attribute oder durch das Vorhandensein eines dieser Attribute oder in Kombination mit anderen) oder **relational** sein (definiert durch die spezifizierte Beziehung zwischen den Attributwerten).

7. Bruner beschreibt verschiedene Strategien des Konzepterwerbs: **simultanes Scannen** (Generierung aller Hypothesen – unpraktisch und für die meisten Probanden unmöglich), **sukzessives Scannen** (Versuch und Irrtum – nicht ökonomisch), **konservative Fokussierung** (Akzeptieren des ersten Beispiels als komplette Hypothese und Variieren nur eines Attributwertes zu einer Zeit – ökonomisch und effektiv) und **spielerisches Fokussieren** (risiko-reicher als konservatives Fokussieren – manchmal schneller, manchmal langsamer).

8. Bruners Arbeiten haben zu einer beträchtlichen Menge an Forschungsarbeiten zur Kategorisierung geführt. Zu den Forschungsresultaten gehören die folgenden: Kategorien variieren hinsichtlich ihrer Allgemeinheit, aber die spezifischste Kategorie (Holsteinische Kuh) wird nicht vor einer allgemeineren gelernt (Kuh); Items und Ereignisse, die zu derselben Kategorie gehören, ebenso wie die Werte, die zur Ermittlung der Kategoriezugehörigkeit verwendet werden, sind nicht notwendigerweise äquivalent; Abstraktion ist an Kategorisierung immer beteiligt.

9. Das **Prototypmodell der Abstraktion** besagt, dass Menschen sehr allgemeine Auffassungen von Konzepten aus der Erfahrung mit verschiedenen Exemplaren dieses Konzeptes abstrahieren; das **Exemplarmodell** (das weniger abstrakt ist), besagt, dass Menschen sich an spezifische, repräsentative Beispiele von Konzepten erinnern.

10. Bruner ist ein starker Verfechter von entdeckungsorientierten Unterrichtsmethoden.

7.12 · Wygotskis Theorie: Bewertung

▼

11. Piagets Theorie kann als ein Versuch angesehen werden, zwei biologienahe Fragen zu beantworten: Was sind die Merkmale von Kindern, die sie befähigen, sich an ihre Umgebung anzupassen? Und was ist die einfachste, genaueste und nützlichste Methode, die kindliche Entwicklung zu klassifizieren oder zu ordnen?

12. Assimilation bedeutet, unter Nutzung vorherigen Lernens zu reagieren, Akkommodation bedeutet, sein Verhalten in Reaktion auf Anforderungen der Umwelt zu verändern. Im Spiel herrscht Assimilation vor, bei Imitation Akkommodation. Eine intelligente Adaptation benötigt ein Gleichgewicht zwischen beidem.

13. Der Beginn der sensomotorischen Stufe ist durch ein Hier-und-Jetzt-Verständnis der Welt, die Abwesenheit von Objektkonstanz und das Fehlen von Sprache gekennzeichnet. Durch die Interaktion mit der Welt beginnt der Säugling, eine Repräsentation der Realität aufzubauen, in der sowohl der Spracherwerb als auch die Fähigkeit zur Koordination von Aktivitäten sowie das Auftreten von Absichtlichkeit und das Erkennen der Beziehungen zwischen Ursache und Wirkung enthalten sind.

14. Das präoperationale Denken ist durch Logikfehler, transduktives (vom Einzelfall auf den Einzelfall) Folgern, intuitives Problemlösen, Vertrauen auf die Wahrnehmung und Mangel an Invarianz gekennzeichnet (2. bis 7. Lebensjahr). Dennoch treten in dieser Stufe bemerkenswerte Fortschritte in der Sprache, im Verständnis für Mathematik und im Schlussfolgern auf.

15. Der Übergang vom präoperationalen zu operationalem Denken ist durch das Auftreten der Fähigkeit zur Invarianz (worin sich logische Gesetze der Reversibilität, der Kompensation und Identität spiegeln) gekennzeichnet. Außerdem können Kinder nun angemessener mit Klassen, Serien und Zahlen umgehen. Ihr Denken ist jedoch ans Konkrete gebunden.

16. Formale Operationen (Beginn mit dem 11. oder 12. Lebensjahr) sind durch das Auftreten von propositionalem Denken gekennzeichnet. Die Denkprozesse des Kindes befreien sich vom Unmittelbaren und Realen und sind potenziell so logisch, wie sie es nur sein können.

17. Zu den Implikationen von Piagets Theorie für den Unterricht gehören Vorschläge, die sich auf das Anbieten konkreter Aktivitäten, auf die Optimierung der Aufgabenschwierigkeit, auf den Versuch, das kindliche Denken zu verstehen und auf das Anbieten von Möglichkeiten sozialer Interaktion beziehen.

18. Die Forschung legt nahe, dass sensomotorische Kinder bereits weiter fortgeschritten sind, als Piaget annahm, dass die von ihm für die kognitive Entwicklung beschriebene Sequenz allgemein zutrifft und dass formale Operationen möglicherweise kein allgemeines Merkmal von Jugendlichen oder Erwachsenen ist. Dennoch ist es eine sehr einflussreiche Theorie, die Anregungen zu zahlreichen Forschungsarbeiten und Publikationen gegeben hat.

19. Lew Wygotskis kulturell-kognitive Theorie betont die Bedeutung der Kultur und ihrer Haupterfindung, der Sprache. Kultur und insbesondere Sprache trennen uns von dem eher tierhaften Bereich von Reflex und Reaktion und ermöglichen höhere mentale Prozesse (Denken). Kinder durchlaufen beim Spracherwerb drei Stufen: soziales (externales) Sprechen (unter 3 Jahren) hauptsächlich zur Kontrolle des Verhaltens anderer; egozentrisches Sprechen (3 bis 7 Jahre), das oft laut ausgesprochen wird, obwohl es sich auf die Leitung des eigenen Verhaltens richtet; inneres Sprechen (nach dem 7. Lebensjahr), wobei es sich um Selbstgespräche im Sinne des »Stroms des Bewusstseins« handelt.

20. Wygotskis Zone proximalen Wachstums ist das Entwicklungspotenzial des Kindes, definiert über Dinge, die das Kind anfänglich nicht allein, aber mit Hilfe kompetenter Anderer bewältigen und später auch allein durchführen kann. Gerüstbau beschreibt eine interaktive Lern- oder Lehrtechnik, bei der Lehrer oder Eltern den Lernenden für ihr Lernen verschiedene Arten von Unterstützung anbieten.

Neuronale Netzwerke: der neue Konnektionismus

Wissenschaftliche Theorien sind Berge aus Sand, die Körnchen für Körnchen aufgebaut werden, und Menschen, die diese Berge bauen, sind mit Recht misstrauisch gegenüber jedem, der ihnen mit einem Bulldozer begegnet.

W.F. Allman

Mein Gehirn! Das ist mein zweitliebstes Organ.

Woody Allen

8.1	Computersimulation und künstliche Intelligenz – 233	8.4	Neuronale Netzwerke – 244	
8.1.1	Computer klüger machen – 234	8.4.1	Modelle neuronaler Netzwerke – 244	
8.1.2	Können Maschinen denken? Der Turing-Test – 235	8.5	Konnektionistische Modelle: Bewertung – 247	
		8.5.1	Einige Vorbehalte und Kritikpunkte – 248	
8.2	Computer und Gehirn – 237			
8.2.1	Menschen und Maschinen: Computermetaphern – 237	8.6	Implikationen für den Unterricht – 249	
8.2.2	Parallel Distributed Processing (parallele verteilte Informationsverarbeitung) – 239	8.7	Ein Forschungsfeld in Entwicklung – 250	
8.3	Symbolische und konnektionistische Modelle – 239			
8.3.1	Symbolische Modelle – 240			
8.3.2	Konnektionistische Modelle – 242			

Die alte Dame bat mich, sie nachts auf dem Bergkamm, an der Weggabelung hinter der Waldhütte, zu treffen. Sie sagte, sie werde dort sein, um mir die Geschichte des nächsten Kapitels zu erzählen. Wenn Sie nicht kommen, sagte sie, geht der rote Faden der Geschichte verloren. Sie sagte, dass es vielleicht als nicht so wichtig erscheinen möge, wenn der rote Faden verlorenginge, dass dies aber durchaus größere Bedeutung habe. Alle Geschehnisse sind mit anderen Geschehnissen verbunden, sagte sie mit sehr ernstem Ausdruck. Und dann, ganz plötzlich, legte sie eine kleine schwarze Schachtel in meine Hände.

Sagen Sie mir, was in dieser Schachtel ist, sagte sie. Ich drehte die Schachtel hin und her, suchte vergeblich nach einer Möglichkeit, sie zu öffnen. Ich weiß nicht, was darin ist, antwortete ich, ich kann sie nicht öffnen.

Ist das die einzige Möglichkeit, herauszufinden, was darin ist?, fragte die alte Dame. Aber bevor ich antworten konnte, riss sie mir die Schachtel aus der Hand und wirbelte schnell herum, sodass ich nur noch ihren Rücken sehen konnte. Einen Augenblick später, als sie sich mir wieder zuwandte, hielt sie etwas in der Hand, das aussah wie eine tiefge-

▼

frorene Hühnerkeule, über die der Kater sofort herfiel, und ich begriff, dass die alte Dame irgendwie die Schachtel geöffnet hatte. Wie haben Sie…?, begann ich meine Frage, aber sie war bereits zwischen den Bäumen verschwunden.

Ich fand sie in jener Nacht an einem Feuer zusammengekauert, nicht an der Weggabelung an der Flanke des Bergkamms, sondern weiter hinten an der Kante des Bergkamms, wo keine Bäume die Sicht auf die Sterne verdeckten, und wieder begrüßte sie mich nicht, sondern forderte mich mit einer Bewegung zum Hinsetzen und mit einem Nicken zum Einschalten des Rekorders auf. Als ich das tat, heulte ein Wolf. Jedes Mal, wenn ich mir jetzt das Band anhöre, klingt das Heulen irgendwie verzweifelter, trauernder.

Ich hockte mich auf die andere Seite des Feuers und beobachtete, wie die Schatten auf dem Gesicht der alten Dame spielten, als sie dieses achte Kapitel vorlas, während der Rekorder ihre Worte unsichtbar auf dem Band speicherte.

In diesem Kapitel…

Die alte Dame sagte, dass sich ein großer Teil dieses Kapitel damit beschäftige, wie Dinge in großen, komplexen Netzwerken miteinander in Verbindung stünden. Um diese Netzwerke zu verstehen, erklärte sie, sei es wichtig, einen geheimnisvollen Begriff, der oft in der Psychologie verwendet werde, zu erläutern: die **Black Box**.

Black Box ist ein Ausdruck, den Psychologen manchmal verwenden, um den Inhalt des Geistes zu beschreiben. Interessanterweise haben Psychologen aber noch nicht klargestellt, was Geist eigentlich ist, obwohl der Begriff in verschiedenen Redewendungen ständig verwendet wird.

Der Ausdruck Black Box deutet an, dass die Inhalte des Geistes unbekannt sind und möglicherweise nicht erkannt werden können. Daher wird Black Box oft in Zusammenhang mit Behavioristen wie Watson und Skinner erwähnt, die der Meinung waren, dass es Zeitverschwendung sei, darüber zu spekulieren, was zwischen der Präsentation eines Stimulus und dem Auftreten der Reaktion geschehe.

Wie wir aber gesehen haben, glaubten manche Behavioristen auch, die Black Box solle geöffnet werden – was ihnen aber nicht gelang. Stattdessen bemühten sie sich, intelligente Vermutungen darüber anzustellen, was da oben (oder da unten) im Geist geschieht – oder im Gehirn, da die meisten Psychologen glauben, dass – falls der Geist je gefunden wird – er irgendwo im Gehirn entdeckt wird.

Neobehavioristen wie Hull, Tolman und Hebb entwickelten eigene Standpunkte dazu, was sie in der Black Box vorzufinden gedachten, wobei sie aber stets darauf bedacht waren, ihre Hypothesen an sichtbare und möglicherweise messbare Dinge anzuknüpfen. Gleichzeitig bemühten sich auch Kognitivisten, den Deckel der Black Box zu lüften. Einige von ihnen, Bruner und Piaget, wurden durch einen Blick auf die Strukturen und Prozesse, den sie erhaschten, so gefesselt, dass sie schließlich den Deckel abrissen und die Box mit soviel Jargon und Zeug füllten, dass sie wahrscheinlich nicht mehr zu schließen war.

Und nun, in der jüngeren Geschichte der Black Box, hat eine neue Armee von Gehirn-/Geist-Forschern, angetrieben durch mächtige und manchmal komplizierte Computermetaphern, damit begonnen, Regionen der Box zu kartieren, von denen niemand zu träumen gewagt hätte. Viele dieser Forscher geben sich nicht länger damit zufrieden, einfach nur Metaphern für Geist und Gehirn zu erdenken.

▼

8.1 · Computersimulation und künstliche Intelligenz

> ▼
>
> Stattdessen versuchen sie zu simulieren, was das Gehirn bzw. der Geist tatsächlich tut. Ihre Theorien sind, in Harnishs Worten, »konnektionistische computationale Theorien des Geistes« (2002, S. 15).
>
> **Lernziele**
> Sagen Sie Ihren Lesern, sprach die alte Dame, dass die Wege, auf denen diese Gehirn-/Geistforscher unterwegs sind, das Thema dieses Kapitels darstellen. Versuchen Sie, sie davon zu überzeugen, dass sie nach dem Lesen dieses Kapitels wahrscheinlich Sendezeiten im Fernsehen mieten wollen, um aller Welt die Bedeutung der folgenden Dinge zu erklären:
> - Künstliche Intelligenz und Computersimulation
> - Symbolische Repräsentationssysteme
> - Parallel distributed processing und Konnektionismus
> - Warum Roboter Schach spielen
>
> Sagen Sie ihnen, dass sie auch mehr über diesen Gewebeklumpen in ihren Schädeln wissen werden, den sie das Gehirn nennen. Aber sie werden noch nicht wissen, wohin der Weg dieses neuen Konnektionismus führt, weil die menschliche Geschichte, die perverserweise an lineare Zeitvorstellungen geknüpft ist, keinen Blick in die Zukunft gestattet.
>
> Die alte Dame schwieg für einen Augenblick. Der Wolf schrie wieder, mehr klagend als heulend. Dann begann die alte Dame, ihre Notizen vorzulesen.

8.1 Computersimulation und künstliche Intelligenz

Der Bereich Computeranwendungen in der Psychologie ist – wie die Technologie des Computers selbst – äußerst dynamisch. Er verändert sich schnell, daher ist fast alles, was erst vor einem Jahrzehnt geschrieben wurde, bereits so veraltet, dass es nicht einmal mehr gute Geschichte abgibt.

Viele ältere Forschungsarbeiten, die sich auf eine Computermetapher stützten, versuchten, die Ähnlichkeiten zwischen Gehirnen und Computern zu ergründen und Computersysteme zu entwickeln, die dieselben Dinge leisten konnten wie Menschen. Dieser Bereich wurde unter dem Begriff **künstliche Intelligenz (KI)** bekannt. Inzwischen beschäftigen sich mit diesem Thema eine Vielzahl von Psychologen, Neuroanatomen, Physiologen, Linguisten, Computer-Spezialisten und andere. Sie sind vereint in ihrem Bemühen, Programme, Prozeduren, Geräte oder Mechanismen zu entwickeln, mit denen man einige der intelligenten Funktionen menschlicher geistiger Aktivität simulieren oder duplizieren kann.

Künstliche Intelligenz wird zuweilen von **Computersimulation** unterschieden. Künstliche Intelligenz beschäftigt sich mit der Entwicklung von Systemen – hauptsächlich Hard- und Software von Computern –, die dieselben Dinge leisten können wie Menschen (bspw. Sprache erwerben oder Probleme lösen). Der Schwerpunkt im Unternehmen künstliche Intelligenz liegt auf den Leistungen der Systeme. Im Gegensatz dazu versucht die Computersimulation, die Funktionen des Menschen (einschließlich ihrer Fehler und Tendenzen) zu simulieren. Daher liegt der Schwerpunkt der Computersimulation eher auf den Prozessen als auf dem Ergebnis. Arbeiten zu künstlicher Intelligenz können dabei durchaus Computersimulationen menschlicher intellektueller Aktivitäten beinhalten.

Laut Raphael (1976) ist künstliche Intelligenz ein Zweig der Computerwissenschaften, der sich bemüht, Computer klüger zu machen. Viele Menschen glauben, dass Computer dumm sind, sagte Raphael; sie glauben, dass Computer nicht mehr sind als »große schnelle Arithmetikmaschinen« und »gehorsame intellektuelle Sklaven«, die nur das tun können, worauf sie programmiert wurden. Dies sind Mythen, behauptet Raphael. Der erste Mythos, nämlich dass Computer nichts als Rechenmaschinen sind, kann leicht zerstört werden. Die Funktion vieler Computer erfordert zahllose Operationen, die nichts mit Rechnen zu tun haben, bspw. Speichervorgänge, Speicherabrufe, Entscheidungssequenzen, An- und Abschalten von Geräten, externe Bedingungen erspüren und darauf reagieren, Mustererkennung und vielleicht sogar (wie später in diesem Kapitel gezeigt wird) Lesenlernen.

Der zweite Mythos, dass der Computer ein Sklave sei, ist komplexer. Es trifft zu, dass Computer das tun, worauf sie programmiert sind. In diesem Sinne sind sie ein Sklave ihrer Programme (oder, genauer, ihrer Programmierer). Aber das bedeutet nicht, dass alle Computer nur auf immer vorhersagbare Aktivitäten programmiert werden müssen. Es gibt Computer, die so auf Schach oder Damespiel programmiert sind, dass sie ihre Programmierer schlagen können. Darüber hinaus gibt es Computer, die nicht sequentiell arbeiten. Ihre Verarbeitung verteilt sich über eine große Zahl simultaner Verbindungen. Dies wird als **Parallel Distributed Processing (PDP)** bezeichnet – ein Verarbeitungstypus, der es Computern grundsätzlich ermöglicht, sich selbst zu programmieren (oder zu trainieren) und auf unvorhergesehene und manchmal überraschende Weise zu reagieren. Aber darüber berichten wir später.

8.1.1 Computer klüger machen

Es gibt mindestens zwei gute Gründe, warum Menschen danach streben, einen klügeren Computer zu bauen. Einer davon ist, dass ein solcher Computer für den Menschen wunderbare Dinge erledigen könnte, was dem Menschen die Freiheit geben könnte, andere oder noch wunderbarere Dinge zu tun. Das ist das eigentliche Ziel des Unternehmens künstliche Intelligenz: Computersysteme und -programme zu entwickeln, die intelligente Dinge für Menschen erledigen können. Ein Beispiel dieser Bemühungen sind computergesteuerte Roboter – Maschinen, die einfache Funktionen durchführen können, wie z. B. Maschinenteile zusammenzubauen, oder auch komplexere Funktionen, wie mit Menschen in der Art eines Psychotherapeuten zu interagieren (Brooks, 2002).

Der andere, für viele Psychologen wahrscheinlich interessantere Grund für den Versuch, einen klügeren Computer zu bauen, ist, dass man damit möglicherweise viele Fragen über menschliche kognitive Prozesse klären könnte. Thomas und Karmiloff-Smith (2003) weisen darauf hin, dass die Anwendung von Computermodellen für Bereiche wie (inter)individuelle Unterschiede oder kognitive Entwicklung die Forscher zwingt, ihre Gedanken zu diesen Themen klar auszudrücken und zu vereinfachen. Es ist nicht nur so, dass der Programmierer klären und vereinfachen muss, sondern immer, wenn die Simulationen des Programms den Erwartungen zuwiderlaufen, kann die Psychologie möglicherweise etwas darüber lernen, was es bedeutet, ein Mensch (oder eine Maschine) zu sein.

8.1 · Computersimulation und künstliche Intelligenz

Forscher, die mit Computersimulationen arbeiten, beschäftigen sich hauptsächlich mit dem zweiten Nutzen. Ihr Ziel ist es, aufzudecken, was die Forschung mit dem Computer über den Menschen aussagen kann. Sie verwenden Computer auf zwei unterschiedliche Weisen: erstens, um die Funktionen des Geistes zu imitieren und zweitens, um Metaphern menschlichen Funktionierens zu generieren. Man hofft, dass die resultierenden Maschinen und Programme bislang nicht bekannte Informationen enthüllen. Darüber hinaus könnten Versuche, menschliche Prozesse in Maschinen zu simulieren, zu grundlegend wichtigen Tests werden, welche die psychologischen Annahmen über menschliche Prozesse überprüfen. Eine wichtige praktische Anwendung könnte dies in Erziehung und Unterricht finden.

8.1.2 Können Maschinen denken? Der Turing-Test

Welche Arten menschlicher Aktivitäten können Computer imitieren? Können sie z. B. denken?[1] Menschen setzen sich bereits seit langer Zeit mit dieser alten, aber grundlegend bedeutsamen Frage auseinander. Sternberg und Ben-Zeev (2001) sind bspw. der Ansicht, dass weder die Computersimulation menschlicher Denkprozesse noch die Entwicklung von Problemlöse-Computern Beispiele für Maschinen (oder Programme) sind, die tatsächlich denken können. Sie behaupten: Computer können **nicht** denken, obwohl sie auf Reaktionen programmiert werden können, die so aussehen, **als ob** sie denken könnten.

Ein anderes Argument lautet: Wenn es zutrifft, dass Menschen denken können, und wenn es zutrifft, dass eine Maschine entwickelt werden kann, die alles tun kann, was ein Mensch tun kann, wenn er denkt, dann folgt daraus, dass die Maschine denken kann.

Man stelle sich nun eine Situation vor, wie sie von Turing (1950) beschrieben wurde, und die seitdem als **Turing-Test** bezeichnet wird: Zwei Menschen – ein Mann (A) und eine Frau (B) – werden allein in einen Raum gesetzt. Ein Untersucher (C) in einem anderen Raum muss herausfinden, ob A ein Mann (X) oder eine Frau (Y) ist. Am Ende des Spiels muss C sagen: »A ist X und B ist Y« oder »A ist Y und B ist X«. Um herauszufinden, was A und B sind, darf C ihnen Fragen stellen, A und B tippen ihre Antworten ein. Für A besteht das Ziel des Spieles darin, den Untersucher zu behindern. Er kann bspw. Fragen so beantworten, als wäre er eine Frau, oder er kann die Wahrheit sagen. Im Gegensatz dazu versucht B, dem Untersucher zu helfen. Wenn sie dies versucht, indem sie die Wahrheit sagt (»Ich bin B, ich bin die Frau! Glaub mir!«) kann A offensichtlich genau dasselbe tun (»Glaub ihm nicht, ich bin die Frau!«).

Turing sagt, es wird bald möglich sein, eine Maschine zu konstruieren, die den Untersucher in mindestens 70 % der Fälle in die Irre führen kann, was möglicherweise sogar eine bessere Leistung ist als von echten Menschen. Tatsächlich schreiben Hamburger und Richards (2002) 50 Jahre nach dem ursprünglichen Artikel von Turing, dass die Möglichkeit, eine »Turingmaschine« zu bauen, die so gut wie jede menschliche Funktion ausführen kann, die auf einen Algorithmus reduzierbar ist (ein Algorithmus ist eine schrittweise Problemlöseprozedur), inzwischen weithin anerkannt ist. Daher scheint die Antwort auf die Ausgangsfrage, ob Maschinen denken können, Ja zu lauten.

»Aber«, protestieren die Skeptiker, »die Maschine würde nicht denken. Sie würde einfach nur

---

[1] An dieser Stelle hört man auf dem Band lange Zeit nichts außer dem gedämpften Prasseln des Feuers und einmal das Geschrei eines Virginia-Uhus. Ich erinnere mich daran, dass die Stimme der alten Dame leiser wurde, als wäre sie in Gedanken versunken, und dann bat sie mich, den Rekorder für eine Minute auszuschalten. Dann wiederholte sie die Frage: Können Maschinen denken, so als würde die Antwort klarer, wenn sie sich selbst befragte. Sie sagte, dass der große Philosoph Blaise Pascal versucht hatte, genau diese Frage zu beantworten. Sie sagte, dass vor mehr als drei Jahrhunderten Pascal, dessen IQ von jemandem, der deutlich weniger intelligent war, auf über 200 geschätzt wurde, eine primitive, computerartige Rechenmaschine gebaut hatte, die er Arithmetikmaschine nannte. In einem seiner Pensées hatte er geschrieben: »Die Arithmetikmaschine tut Dinge, die näher an tatsächliches Denken herankommen als alles, was Tiere tun.« – Aber, erklärte die alte Dame, Pascal schloss diesen Gedanken mit dem Satz: »...aber im Gegensatz zu Tieren tut die Maschine nichts, was darauf hindeutet, dass sie absichtlich handelt« (Pascal, 1820, S. 184, Vol. 2). Als ich sie bitten wollte, zu erklären, was sie meine, sagte die alte Dame, ich solle mehr Holz aufs Feuer tun und den Rekorder einschalten, und sie fuhr mit dem Lesen fort.

dumm Reaktionen zeigen, auf die sie programmiert wurde.«

Reductio ad Absurdum

Man stelle sich einen zweiten »Turing-Test« vor, in dem keine Maschine vorkommt (beschrieben von Searle, 1980). Stattdessen ist daran ein menschlicher Student, Bob, beteiligt. Bob befindet sich allein in einem Raum; er sitzt an einem Tisch, vor dem sich ein Schlitz befindet. Durch diesen Schlitz schieben chinesische Psychologen ein Blatt Papier, auf dem eine Reihe chinesischer Schriftzeichen niedergeschrieben ist – was Bob ziemlich spanisch vorkommt. Aber er hat ein dickes Buch zur Verfügung und findet in diesem Buch eine Reihe chinesischer Schriftzeichen, die mit denen auf dem Blatt identisch sind, zusammen mit Instruktionen, eine zweite Reihe Schriftzeichen zu kopieren. Er tut dies und schiebt das Blatt zurück durch den Schlitz in der Wand.

Die chinesischen Psychologen betrachten die Zeichen, die er geschrieben hat, nicken zustimmend und schicken ihm ein zweites Blatt mit anderen Schriftzeichen darauf. Er reagiert wieder so, wie es die Instruktionen in seinem Buch verlangen. Nach mehreren Wiederholungen folgern die chinesischen Psychologen, dass die Maschine – oder der Raum – in den sie ihre Blätter geschoben haben, chinesisch versteht. Sie haben Fragen über eine Geschichte gestellt, und Bob hat diese richtig beantwortet. Natürlich weiß er, dass er kein Chinesisch kann. Der Turing-Test ist daher bedeutungslos, er wurde aufs Absurde reduziert (**reductio ad absurdum**).

Es ist seltsam, schreibt Searle (1980), dass so viele Psychologen so tun, als ob sie an die Gültigkeit des Turing-Tests glaubten. Sie nehmen an, wenn eine Maschine intelligentes Verhalten simuliert, muss diese Maschine selbst intelligent sein; wenn eine Maschine korrekte Lösungen für komplexe Probleme liefert, muss sie diese Probleme verstehen; und wenn durch einen Schlitz in der Wand einsichtsvolle Antworten in chinesischen Schriftzeichen kommen, dann versteht wahrscheinlich das Etwas oder die Person hinter der Wand nicht nur Chinesisch, sondern kennt auch Geschichten. Das ist ein Fehler, schreibt Searle, der von Menschen nicht begangen wird, die Computer in anderen Bereichen nutzen, wo ebenfalls komplexe Systeme simuliert werden. Der Meteorologe, der den Bewegungen und Bedeu-

tungen von Wettersystemen nachspürt, indem er sie auf einem Computer simuliert, weiß, dass der Computer keinen Hurrikan oder Hagelsturm erzeugen kann.

Genauso wird ein Computer, der menschenähnliche Prozesse exakt imitieren kann, oder der in einer Weise reagiert, wie es auch ein Mensch täte, deswegen nicht menschlich. Laut Mellor (1989) sind einfache Maschinenmodelle schlechte Metaphern für den Reichtum menschlichen Denkens. Das absichtliche Spiel mit Ideen oder die bewusste Analyse von Emotionen – ebenso wie die unbewussten, »automatischen« Dinge, die Menschen lernen und tun – lassen sich nicht so einfach in der Metapher einer Feedback-Maschine abbilden. Wie Mellor sagt, liegt dies daran, dass »die meisten geistigen Prozesse keine Berechnungen sind« (1989, S. 47). Insbesondere sind Schmerzen und andere Sinnesempfindungen geistige Prozesse, die nichts repräsentieren, daher können sie auch nicht repräsentiert und berechnet werden.

Turings ursprüngliche Annahme lautete, dass eine Maschine in einer relativ trivialen Aufgabe so effektiv wie ein Mensch sein kann. Günstigstenfalls ist dies dasselbe, was Psychologen schon lange wissen: Etwas, das etwas anderes genau imitiert, muss deshalb nicht genau dasselbe sein.

Gibt es also mehr als eine Art und Weise, ein Problem zu lösen? Sich ein Gedicht ins Gedächtnis zurückrufen? Ein Wort zu erkennen? Werden Untersuchungen zu künstlicher Intelligenz und Computersimulationen bei Computern eine Art des Denkens entdecken, die sich deutlich von der menschlichen Art unterscheidet? Und werden Menschen niemals wissen, ob eine Maschine denken kann – bis es vielleicht zu spät ist?

Ist überhaupt klar, was Denken ist? Beweist die Tatsache, dass das menschliche Verhalten zweckgerichtet erscheint, während das Verhalten eines Computers es nicht ist, dass Menschen denken können und die Maschine nicht? Wäre die Psychologie überzeugter davon, dass eine Maschine denken kann, wenn sie ihre Meinung ändern könnte? Wenn sie bewusst lügen könnte?

Muss der Computer denken können?

In letzter Analyse ist es möglicherweise gar nicht so wichtig, dass der Computer vielleicht nicht denken kann, dass er keinen Geist besitzt und dass der Geist kein Computer ist. Gunderson drückte es so aus: »Am Ende hielt der Dampfhammer beim Graben von Eisenbahntunneln länger durch als John Henry, aber das bewies nicht, dass Maschinen Muskeln haben, es bewies lediglich, dass Muskeln zum Graben von Eisenbahntunneln nicht nötig sind« (1964, S. 71).

Ebenso müssen Computer nicht »denken« oder Freude oder Ärger empfinden, um das zu tun, was sie so gut können. Und dass sie möglicherweise nicht imstande sind, zu denken und zu fühlen, bedeutet nicht, dass Computermodelle entweder nutzlos oder schlichtweg falsch sind. Aber, wie DeLancey (2002) sagt, ihr Mangel an »Leidenschaft« unterstreicht, dass sie **nicht** menschlich sind und möglicherweise auch nicht sehr **menschenähnlich**.

8.2   Computer und Gehirn

Auf ihre typisch menschliche Weise nehmen Menschen seit jeher an, dass ein wahrhaft kluger Computer einem Menschen sehr ähnlich wäre. Es ist sicher kein Zufall, dass die meisten Computer und computergesteuerten Roboter in der populären Science Fiction Literatur Persönlichkeiten besitzen. Diese Computer sind von überragender »Intelligenz« in ihren Gedächtnis- und Berechnungsfähigkeiten, und sie besitzen alle ein gewisses Maß an absichtsvollem Handeln und persönlicher Idiosynkrasie. Ihre Schöpfer haben versucht, sie menschlich zu gestalten.

8.2.1   Menschen und Maschinen: Computermetaphern

Mechanische Metaphern waren reiche Inspirationsquellen für Wissenschaftler und Philosophen, sagt Shanks (2002). Aber diese Metaphern haben Kontroversen hervorgerufen. Da sind jene, die argumentieren, dass die Sichtweise auf Menschen als Maschinen den Menschen der wesentlichsten Aspekte seines Menschseins beraube. Schließlich haben Maschinen keine Emotionen und keine Absichten. Metaphern und Modelle, die auf Maschinen basieren, können Affekte (Emotionen) nicht erklären, erläutert DeLancey (2002).

Es ist wichtig, sich zu vergegenwärtigen, dass Metaphern, wie der Ausdruck schon sagt, nur Vergleiche sind. Wie Penner (2000-2001) sagt, sind Modelle einfach konzeptuelle oder physische Repräsentationen von etwas anderem. Wir müssen nicht glauben, dass Computer in irgendeiner Art menschlich sind, damit Computermetaphern und -analogien nützlich sind. Wir müssen lediglich akzeptieren, dass zumindest in mancher Hinsicht Computer und Mensch ähnlich genug sind, damit einige Merkmale des einen als eine Art Muster für einige Aspekte des anderen dienen können.

In den so genannten Kognitionswissenschaften sind Computermetaphern sehr gebräuchlich. Die historisch bedeutsamsten Ähnlichkeiten in diesen Computermetaphern beziehen sich dabei auf Struktur und Funktion. Strukturell bestehen Computer aus komplexen Anordnungen elektronischer Komponenten: Chips, Festplatten, Laufwerken, Schaltern usw. (**Hardware** genannt). Das menschliche Gehirn besteht aus komplexen Anordnungen neuronalen Materials: Neuronen, verschiedene andere Zelltypen, Aminosäuren, chemische Neurotransmittersubstanzen usw. (**Wetware** genannt). Die grundlegende Computermetapher, wie sie in ◨ Abb. 8.1 dargestellt ist, vergleicht die Hardware mit der Wetware. Ebenso setzt sie Input und Output mit Stimuli und Reaktionen gleich.

Obwohl die Hardware des Computers seine Funktion ermöglicht (so wie die Wetware den Menschen ihre Funktion ermöglicht), sind es die Instruktionen oder Programme des Computers (**Software** genannt), die bestimmen, wie und auf welche Weise er funktioniert. Auf die Funktion bezogen, vergleicht die grundlegende Computermetapher die programmierten Operationen des Computers mit menschlichen kognitiven Prozessen. Daher werden diese menschlichen kognitiven Prozesse als **Informationsverarbeitung** bezeichnet. Denn Informationsverarbeitung ist das, was Computer tun.

Das Potenzial des Vergleichs zwischen den Funktionsweisen von Mensch und Computer liegt in der Möglichkeit, dass ein wirklich kluger Computer – also einer, der wie ein intelligentes menschliches Wesen reagiert – auch so funktionieren könnte wie ein Mensch.

Anders ausgedrückt: Der Speicher und die Programme eines klugen Computers könnten in man-

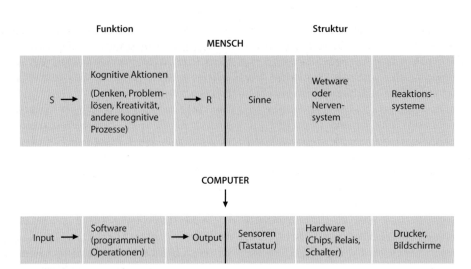

Abb. 8.1. Analogien zwischen Strukturen und Funktionen bei Mensch und Computer. Die grundlegende Computermetapher vergleicht Input mit Stimuli, Output mit Reaktionen und die kognitiven Funktionen des Nervensystems mit den programmierten Operationen des Computers

cherlei wichtiger Hinsicht dem Gedächtnis und den kognitiven Prozessen des Menschen ähneln.

Man muss jedoch bedenken, dass auch ein Computer, der sehr menschenähnliche Dinge tut, diese dennoch mittels deutlich andersgearteter Prozesse ausführt. Eine Maschine kann eine Kuh ebenso schnell wie Lefrançois' Großmutter melken, dies beweist aber nicht, dass die Maschine Hände hat (oder dass die Großmutter Saugrohre hat!). Und es könnte außerdem wichtig sein, dass die Maschine beim Melken nicht singt, während die Großmutter dies mit verdammter Sicherheit tut.

Wichtige Unterschiede zwischen Gehirnen und Computern

Trotz der Ähnlichkeiten zwischen Gehirnen und normalen Computern unterscheiden sie sich in mehreren wichtigen Aspekten. Einerseits sind Gehirne sehr langsam, Computer blitzschnell. Die Impulsübertragung im Gehirn ist vielleicht 100.000mal langsamer als in einem Computer. Wie Churchland und Sejnowski (1992) anmerken, ist das Gehirn das Produkt der Evolution und keine Ingenieurleistung, und die Natur ist nicht unbedingt der intelligenteste Ingenieur.

Dennoch kann ein menschliches Gehirn innerhalb eines Augenblicks einen Mann mit Namen grüßen, obwohl er gerade erst seinen Bart abrasiert, seine Haare gefärbt und seine Kleidung gewechselt hat; es kann fünf verschiedene Sprachen verstehen, gesprochen in Dutzenden verschiedener Akzente; es kann einen Trinkbehälter erkennen, egal was für eine Art von Becher, Glas, Flasche, Kelch, Tasse, Kanne, Humpen, Karaffe oder Topf es ist; es kann einen Roman schreiben, usw. usf.

»Was macht einen Haufen Neurone so klug?«, fragt Allman (1989, S. 6). Es ist ein Kollektivphänomen, es hat mit Organisation zu tun, beantwortet er seine eigene Frage. Oder, wie Waldrop (1992) sagt: Intelligenten Lebewesen ist Organisation und Komplexität gemeinsam. Daher ist von einem physikalischen Standpunkt das menschliche Nervensystem unbeschreiblich viel komplexer als auch die größten und kompliziertesten modernen Computer. Infolgedessen zeigt laut Allman – von einem psychologischen Standpunkt aus gesehen – »das verschlungene Netzwerk des Gehirns kognitive Leistungen, die die Leistungen jeder beliebigen Silikonmaschine, die wir gebaut haben, um es zu imitieren, weit übersteigen« (1989, S. 3). Die menschliche Fähigkeit zur Speicherung von Information im Gedächtnis ist praktisch unbegrenzt, kein Computer besitzt auch nur annähernd das gleiche Potenzial. Ebenso kann die menschliche Fähigkeit der Wahrnehmung und Erkennung komplexer, veränderlicher Muster von Computern nicht erreicht werden. Sogar die kompli-

8.3 · Symbolische und konnektionistische Modelle

ziertesten modernen Roboter des 21. Jahrhunderts sind im Vergleich zu Menschen immer noch lächerlich inkompetent, was Bewegung, Erkennung von Objekten und Personen, Unterscheidung von Formen und Gerüchen usw. anbelangt.[3]

Im Gegensatz dazu übersteigt die Fähigkeit des Computers, fehlerlose Abrufe aus dem Speicher und schnelle, fehlerfreie arithmetische Berechnungen durchzuführen, die des Menschen bei weitem. Computer können komplexe Berechnungen in komplizierten Anordnungen (wie Tabellenkalkulationen) in Sekundenbruchteilen durchführen. Das Gehirn für diese Art Arbeit zu verwenden, ist laut Allman (1989) dasselbe, als würde man einen Schraubenschlüssel verwenden, um einen Nagel einzuschlagen: Es funktioniert, aber es ist nicht dafür vorgesehen.

Daher, sagt Allman, können Menschen das nicht gut, was Computer können, und Computer können das nicht gut, was Menschen so gut können. Infolgedessen wäre es falsch, zu versuchen, das Gehirn mit einem digitalen Computer zu vergleichen. Es wäre laut Allman in etwa so, als würde man verstehen wollen, wie Flugzeuge funktionieren, indem man Heliumballons untersucht, oder als würde man verstehen wollen, wie ein Fernseher funktioniert, indem man sich die Schaltpläne im Handbuch anschaut.

8.2.2 Parallel Distributed Processing (parallele verteilte Informationsverarbeitung)

Das Problem der Kognitionswissenschaftler, sagt Rumelhart (1992), besteht darin, dass sie ihre Metapher auf den falschen Computertyp begründen – genauer: auf den seriell verarbeitenden **digitalen Computer**. Sie haben sich gefragt, inwieweit das Gehirn einem Computer ähnelt und haben in mancherlei Hinsicht ihre Interpretation der Funktionsweise des Gehirns ihrem Verständnis der Funktionsweise des Computers angepasst. Stattdessen sollten sie sich umgekehrt fragen, was für eine Art von Computer das Gehirn denn sein könnte.

Eine mögliche Antwort lautet, dass das Gehirn ein Computer ist, der Dinge nicht mit rasender Geschwindigkeit nacheinander erledigt und so in kürzerer Zeit Resultate liefert, als es dauert »Bob ist dein Onkel« zu sagen. Wenn das Gehirn tatsächlich so arbeiten würde, würde es in Wahrheit beträchtliche Zeit dauern, um zu sagen »Bob ist dein Onkel«. Stattdessen, erklären O'Brien und Opie (2002), gleicht das Gehirn eher einem **analogen Computer**, der eine ganze Menge Dinge gleichzeitig erledigt. Ein Computer, der viele Dinge gleichzeitig tut, wird als **parallel distributed processing (PDP)-Computer** bezeichnet.

Als die ersten Computermodelle und Simulationen menschlicher Denkprozesse entwickelt wurden, gab es nur digitale Computer. Inzwischen gibt es PDP-Computer, diese sind jedoch sehr komplex und schwierig. Meistens emulieren Psychologen und andere, die Computer zur Simulation menschlicher Denkprozesse einsetzen, PDP-Systeme auf konventionellen, seriell verarbeitenden Maschinen, z. B. auf dem überall verbreiteten PC. In solchen Fällen ist das PDP-System nicht wirklich eine neue parallelverarbeitende Maschine. Es ist vielmehr ein Satz von Instruktionen, der die Maschine eher wie einen PDP-Computer als wie ein serielles System arbeiten lässt.

8.3 Symbolische und konnektionistische Modelle

Wie nützlich sind nun Computer für die Untersuchung menschlicher Informationsverarbeitung? Ist es möglich, sie so zu konstruieren und zu program-

---

[3] Machen Sie sich Sorgen, dass eines Tages wirklich kluge Roboter die Weltherrschaft übernehmen könnten, fragte die alte Dame. Das müssen Sie nicht, beantwortete sie ihre Frage selbst. Brooks (2002) habe gesagt, dass sogar wenn, oder falls, Roboter jemals wirklich intelligent würden, man sich keine Sorgen machen müsse, sie könnten feststellen, dass wir dumm und nutzlos seien und die Weltherrschaft übernehmen. Warum? »Weil«, so schreibe Brooks, »es dann für sie (reine Roboter) keine von uns (Menschen) mehr geben (wer-

de), die sie beherrschen könnten« (S. ix). Möchten Sie wissen, warum, fragte die alte Dame und beantwortete ihre Frage abermals selbst. Laut Brooks liege das daran, dass bis dahin alle Menschen Roboterteile enthalten würden, Teile, die ihre Muskeln und Gelenke schneller und stärker machten, ihr Hören genauer und ihr Sehen schärfer, und ja, sogar ihre Gehirne unbeschreiblich leistungsfähiger. Robotermenschen, sagte die alte Dame, werden den reinen Robotern immer um ein paar Schritte voraus sein.

mieren, dass sie die Umwelt so wahrnehmen, wie Menschen es tun? Können sie so gebaut werden, dass sie Sprache lernen und verwenden wie ein Mensch? Kann man ihnen Lesen beibringen?

Und wenn ein Computer dazu gebracht werden könnte, einige (oder alle) diese Dinge zu tun, würden seine Prozesse dann menschlichen kognitiven Prozessen ähneln? Wäre er dann eine »denkende Maschine«? Wird er Dinge über die menschliche kognitive Verarbeitung aufdecken, die noch unbekannt sind?

Tatsächlich gibt es zwei verschiedene Ansätze zur computerbasierten Erforschung menschlicher kognitiver Prozesse, die beide mit einer manchmal verwirrenden Vielfalt von Namen bezeichnet werden. Einerseits ist da das **symbolische Modell** (auch als **Produktionsmodell** oder **deklaratives Wissen** bezeichnet), andererseits gibt es das neuere **konnektionistische Modell** (das auch als **PDP-Modell** bezeichnet wird und mit den Etiketten **prozedural**, **automatisch** und **implizit** versehen ist).

8.3.1 Symbolische Modelle

Aufgrund der Tatsache, dass anfänglich alle Computer digitale, seriell verarbeitende Maschinen waren (genau wie der handelsübliche PC), spiegeln frühe Modelle menschlicher Denkprozesse die Eigenschaften dieser Geräte wider. Diese Modelle betrachten intellektuelle Funktionen weitgehend als eine Abfolge von Aktionen (und nicht als eine Vielzahl von Aktionen, die simultan ausgeführt werden). Die beachtliche Leistung eines seriellen Computers besteht darin, dass er eine enorme Anzahl von Operationen (Berechnungen) in sehr kurzer Zeit ausführen kann – nicht gleichzeitig, aber nacheinander. Im Computerjargon liegt seine Stärke in **brute force** (wörtlich übersetzt »rohe Gewalt«).

Die Grundannahme symbolischer Modelle lautet: Bedeutung, und daher Denkprozesse, kann mittels Symbolen wie z. B. der Sprache repräsentiert werden. Diesen Modellen zufolge kann alle Informationsverarbeitung – und daher alles Denken – mittels identifizierbarer Regeln repräsentiert werden. Einfach ausgedrückt: Die äußere Welt wird geistig in Symbolen repräsentiert; Denken bedeutet eine Manipulation dieser Symbole gemäß bestimmten logi-

schen Regeln. Wenn ein Programmierer also Denken simulieren will, muss er in das System Symbole hineinprogrammieren, die Informationen entsprechen, außerdem Regeln, wie mit diesen Symbolen umzugehen ist.

Logic Theorist und General Problem Solver

Ein frühes Beispiel für ein symbolisches Modell ist der Vorschlag von Newell, Shaw und Simon (1958; Newell, 1973; Newell & Simon, 1972) einer Theorie menschlichen Problemlösens. Der Vorschlag hatte die Form eines komplexen Programmes, das Beweise für Theoreme in symbolischer Logik finden sollte. Dieses Programm, genannt Logic Theorist oder LT, basierte auf **Principia Mathematica** (Whitehead & Russell, 1925). Es speicherte die Axiome aus Principia Mathematica im Computer, zusammen mit allen zum Auffinden von Beweisen notwendigen Prozessen. Die ersten 52 Theoreme des Textes wurden LT sodann präsentiert; es bewies 38 der Theoreme, beinahe die Hälfte davon in weniger als einer Minute. Es bewies sogar ein vorher nicht bewiesenes Theorem.

Obwohl es gute Fähigkeiten bei der Lösung mathematischer Theoreme besaß, konnte das Logic Theorist Programm nicht zur Lösung andersartiger Probleme benutzt werden. Daher entwickelten Newell und Kollegen ein allgemeineres Problemlöse-Programm, passend als General Problem Solver oder GPS betitelt (Newell & Simon, 1972). Einfach ausgedrückt, benutzt das Programm beliebig viele der verfügbaren Operationen, um den Unterschied zwischen der aktuellen Sachlage (dem Problem) und der gewünschten Sachlage (der Problemlösung) zu verringern.

Das Programm ist also dazu ausgelegt, Vergleiche zwischen der gewünschten und der aktuellen Situation anzustellen und eine Abfolge von Veränderungen (unter Verwendung der logischen und mathematischen Operationen, die ihm zur Verfügung stehen) vorzunehmen, bis eine Lösung erreicht ist.

GPS wurde verwendet, um verschiedene logische und mathematische Probleme zu lösen, und die Schritte, die der Computer zur Problemlösung unternahm, wurden mit denen verglichen, die Menschen bei dieser Problemlösung machten. Wie Newell und Simon (1972) berichten, zeigen diese Vergleiche, dass das Verhalten des GPS in mehrfacher Hinsicht dem eines Menschen gleicht. Ebenso wie Menschen löste GPS manche Probleme, aber nicht alle; es zeigte bessere Leistungen, wenn die Informationen systematisch präsentiert wurden, wenn Instruktionen die Richtung vorgaben; es verwendete Prozesse, die »Einsicht« nahe legten, anstatt einfach mittels Versuch und Irrtum vorzugehen; es verwendete bei der Problemlösung Konzepte, insoweit Axiome als Konzepte angesehen werden können; und es organisierte sich selbst, um diese Dinge zu tun, wobei es vorherige Erkenntnisse für zukünftige Unternehmungen benutzte. Dennoch brachte GPS keine neuen oder sehr wichtigen Erkenntnisse über menschliches Problemlösen. Es tat lediglich, wozu es programmiert war, und daher reflektierte es am ehesten das, was bis dahin über kognitive Verarbeitung bekannt war oder vermutet wurde. Aber, wie Wagman (2002) anmerkt, zeigte es eines: Dass nämlich menschliche Probanden weitaus flexibler sind als GPS. Außerdem verfügen Menschen über Bewusstsein und Wissen, das man nicht einfach in einen Computer hineinprogrammieren kann, damit er es zur Lösung eines neuen Problems nutzt.

SOAR

In einer Theorie namens SOAR hat Newell (1989, 1990) die Prozesse und Komponenten umfangreicher symbolbasierter Informationsverarbeitungsmodelle zusammengefasst. SOAR beschreibt die sogenannte Architektur der menschlichen kognitiven Maschine (immer noch im wesentlichen eine Maschinen-Metapher). Simon definiert **kognitive Architektur** als »eine Beschreibung des kognitiven Systems auf einer abstrakten, normalerweise symbolischen, Ebene« (1990, S. 13). SOAR beschreibt das menschliche kognitive System anhand von 10 Komponenten. Dazu gehören Aspekte, die denjenigen Informationen und Prozessen ähneln, die dem ursprünglichen GPS mitgegeben wurden, aber auch Dinge, die man in einem Maschinenmodell nicht erwarten würde (bspw. »beabsichtigte Rationalität«).

SOAR, behauptet Newell, »arbeitet als Regelsystem für den menschlichen Organismus, es ist daher ein vollständiges System mit Wahrnehmungs-, Kognitions- und motorischen Komponenten« (1989, S. 412). Wie andere symbolische Produktionsmodelle basiert es auf der grundlegenden Annahme, dass alles Wissen in einem Symbolsystem repräsen-

tiert werden kann, »was bedeutet, dass Berechnungen verwendet werden, um Repräsentationen zu erzeugen, ihre Handlungsimplikationen zu extrahieren und die gewählte Handlung zu implementieren« (Newell, 1989, S. 412).

Ein sehr detailreicher Überblick zu SOAR von Cooper und Shallice (1995) kommt zu dem Resultat, dass es sich um eine sehr beeindruckende Forschungsarbeit handelt. Newell ist weithin als einer der Begründer des Forschungsfeldes künstliche Intelligenz anerkannt (Steier & Mitchell, 1996).

Schach

Es besteht eine Tendenz, sich Computer als mechanisches Zauberwerk mit der Fähigkeit zu einer Form kognitiver »brute force« vorzustellen, an die Menschen nicht im entferntesten herankommen. Grundsätzlich ist diese Einschätzung des Computers, wenn auch nicht völlig falsch, so doch irreführend. Man nehme z. B. ein Spiel wie Schach. Die Spielregeln sind wunderbar explizit, jede Figur kann sich nur auf vorgeschriebene Weise und nur auf einem vorgeschriebenen, klar definierten Feld bewegen. Das Ziel des Spiels – den gegnerischen König zu schlagen – ist einfach und klar. In jeder gegebenen Spielsituation gibt es eine begrenzte Zahl möglicher Züge, eine endliche Anzahl möglicher Gegenzüge, usw.

Sicherlich kann ein Computer mit seiner mächtigen »brute force« so programmiert werden, dass er alle möglichen Züge, Gegenzüge, Reaktionen auf Gegenzüge usw. zusammen mit den endgültigen Implikationen jedes dieser Züge in Betracht zieht. Mit anderen Worten: Ein gut programmierter Computer sollte gegen jeden Schachgroßmeister der Welt mindestens unentschieden spielen, aber wahrscheinlicher noch gewinnen.

So einfach ist es aber nicht. Die Gesamtzahl aller möglichen Züge in einer Schachpartie liegt etwa bei 10^{120} – diese Zahl mag hier auf dieser Seite niedergeschrieben nicht so groß aussehen, sie ist aber absolut atemberaubend. »Seit dem Urknall sind nicht so viele Mikrosekunden vergangen«, schreibt Waldrop (1991, S. 151). Daher kann kein vorstellbarer Computer alle möglichen Alternativen repräsentieren.

Der Computer, wie der Mensch, muss sich daher in Situationen wie dieser auf **Heuristiken** anstatt auf **Algorithmen** verlassen. Ein Algorithmus ist eine Problemlöseprozedur, in der alle Alternativen syste-

242 **Kapitel 8** · Neuronale Netzwerke: der neue Konnektionismus

matisch betrachtet werden. Eine algorithmische Lösung für Schachprobleme basiert auf der brute force des Computers. Im Gegensatz dazu verwendet ein heuristischer Ansatz der Problemlösung verschiedene Strategien, um zwischen Alternativen zu selektieren und einzelne zu eliminieren, ohne dass jede einzelne betrachtet werden müsste. Ein auf Schachspielen programmierter Computer könnte daher bspw. Heuristiken (Strategien) verwenden, um den König zu schützen, die gegnerische Königin anzugreifen, die Mitte des Brettes zu kontrollieren usw.

Als Forscher der künstlichen Intelligenz erstmals begannen, Computer für das Schachspiel zu programmieren, war keiner ihrer Computer groß oder schnell genug, um brute force besonders effektiv einsetzen zu können. Daher waren die Programmierer gezwungen, ihre Programme rund um die Strategien aufzubauen, die menschliche Schachspieler wahrscheinlich verwenden. Schachgroßmeister konnten diese frühen Schachcomputer mit links besiegen.

Inzwischen sind Computer aber viel schneller und unglaublich viel größer geworden, und einige von ihnen können die Implikationen von Millionen unterschiedlicher Züge innerhalb von Sekunden oder Minuten voraussehen. Wie Campbell, Hoane und Hsu (2002) erklären, haben moderne Schachprogramme längst aufgegeben, menschliche Schachspiel-Strategien zu imitieren. Sie verwenden stattdessen reine brute force, kombiniert mit einigen Schlüsselstrategien. Ihre Stärke liegt nicht darin, dass sie in Sachen Schach besser »denken« können als durchschnittliche menschliche Spieler, sondern dass sie innerhalb weniger Sekunden Millionen von Zügen und Gegenzügen mechanisch berechnen können. Der Schachcomputer von IBM, »Deep Blue«, wird als eine »massiv parallelverarbeitende« Maschine beschrieben, deren Chips jeweils zwischen 2 und 2,5 Millionen Züge pro Sekunde betrachten und bewerten können. Insgesamt kann Deep Blue mehr als 300 Millionen Stellungen pro Sekunde berechnen.

Wie gut sind also die besten Schachcomputer heutzutage? Ziemlich gut. Schachgroßmeister lachen nicht mehr, wenn sie gute Computer gegeneinander spielen sehen oder wenn sie selbst herausgefordert werden. Sie müssen voll konzentriert spielen und riskieren nun, bei jedem Spiel zu verlieren. Tatsächlich gewann Deep Blue, der zuvor gegen Weltmeister Garry Kasparow verloren hatte, die Revanchepartie im Mai 1997 (obwohl der Sieg knapp war – 3 ½ zu 2 ½ in einer Partie mit 6 Spielen, wobei jeweils 1 Punkt für einen Sieg und ½ Punkt für ein Unentschieden vergeben wurde).[4]

8.3.2 Konnektionistische Modelle

Schachmeister und Schachcomputer spielen nicht auf dieselbe Weise Schach. Menschliche Schachspieler verlassen sich nicht auf brute force – sie können es gar nicht. Ihre Berechnungsfähigkeiten erlauben es ihnen nicht, die Konsequenzen sehr vieler Züge und Gegenzüge auf einmal vorauszusehen. Was sie aber tun und was die Maschine nicht tut, ist: Stellungsmuster auf dem Schachbrett zu erkennen, auf der Grundlage ihrer früheren Erfahrung mit ähnlichen, wenn auch wahrscheinlich nicht identischen Stellungen. Auf dieser Grundlage können sie den besten Zug wählen und so in gewisser Weise eine Synthese der Wirkung früherer Erfahrung herstellen, ohne dabei notwendigerweise expliziten Regeln zu folgen. Es scheint, dass der menschliche Schachspieler aus Erfahrung lernt und dabei implizite, nicht verbalisierte Regeln lernt. Darüber hinaus ist die Logik, die das Verhalten des Schachspielers charakterisiert, keine formale Logik, die immer zu einer korrekten Lösung führt. Sie wird stattdessen als **fuzzy logic** bezeichnet – eine relativistische Logik,

---

[4] Der Sieg von Deep Blue war vielleicht nicht gänzlich trivial, sagte die alte Dame, nicht nur eine weitere verlorene oder gewonnene Schachpartie. Sie erklärte, dass er möglicherweise den nächsten Schlag für das kollektive Ego der Menschheit ankündigen könne. Sie erklärte, dass es in relativ jüngerer Menschheitsgeschichte bereits mindestens drei dieser Schläge gegeben habe. Der erste sei Kopernikus' Entdeckung gewesen, dass der Mensch nicht das Zentrum von allem ist. Der zweite Darwins Annahme, dass das mensch-

liche Tier sich aus anderen Tierformen entwickelt hat. Der dritte, eng mit der Freudschen Theorie verknüpft, die Erkenntnis, dass Menschen nicht alles rational kontrollieren können. Und nun habe ein Computer einen menschlichen Schachmeister geschlagen. Ob der nächste Schlag wohl die zögerliche Erkenntnis sei, dass alle Qualitäten, die den **Homo sapiens** zum Menschen machten, in einer Maschine dupliziert oder vielleicht sogar verbessert werden könnten?

8.3 · Symbolische und konnektionistische Modelle

die eine Vielfalt von Faktoren berücksichtigt und keine völlig vorhersagbare Wahrscheinlichkeit besitzt, richtig zu liegen (Russo & Jain, 2001).

Wenn all dies zutrifft, dann ist es naheliegend, dass das symbolische Modell unangemessen oder unvollständig ist. Zur Erinnerung: Dieses Modell basiert auf den Annahmen, dass jegliche Information mittels Symbolen (wie Sprache) repräsentiert werden kann, dass Lernen explizit ist und dass Informationsverarbeitung (Denken) die Anwendung identifizierbarer Regeln beinhaltet.

Zwei Arten des Lernens

Aber nicht alles Lernen ist explizit oder in Symbolen repräsentierbar, und nicht alles Lernen ist bewusst oder unterliegt definierten Regeln. Wenn Martha nur lange genug Pfeile auf ein Dartboard wirft, gelangt sie schließlich an einen Punkt, wo sie den Doppel- oder Treble-Ring im 20er-Segment beinahe mit Absicht treffen kann. Sie wird sich aber dabei nicht bewusst sein, was sie genau gelernt hat. Ihr Lernen war **implizites Lernen**. In diesem Fall war das Lernen implizit in einem komplexen Netzwerk von Verbindungen zwischen ihrem Auge und ihrer Hand, unter Beteiligung von Millionen von Relais zwischen Neuronen und Muskeln.

Gewohnheitsmäßige, gut geübte motorische Fertigkeiten sind nur ein Beispiel für implizites oder unbewusstes Lernen. Es scheint, dass Menschen außerdem viele kognitive Dinge unbewusst lernen. Reber (1989) berichtet bspw. über eine Reihe von Untersuchungen zu »künstlicher Grammatik«, bei denen Probanden bedeutungslose Zusammenstellungen von Buchstaben präsentiert werden (bspw. PVKPZ), die aber in Wirklichkeit nach genauen pseudogrammatischen Regeln erstellt wurden.

In einigen Untersuchungen wissen die Probanden, dass die Anordnung der Buchstaben auf Regeln basiert, in anderen wissen sie dies nicht. Später werden sie gefragt, ob verschiedene neue Kombinationen denselben Regeln folgen (ob sie also »grammatikalisch« sind oder nicht). Und obwohl menschliche Probanden bei komplexen Aufgaben dieses Typs selten sehr gut abschneiden, geben sie doch erheblich öfter korrekte Antworten, als es per Zufall zu erwarten wäre, und erheblich öfter, als wenn ihnen keine Beispiele der sogenannten Grammatik präsentiert worden wären. Erstaunlich ist jedoch, dass sie nur

selten in der Lage sind, die Regeln in Worte zu fassen, auf deren Grundlage sie ihre Urteile fällen. Dass sie etwas gelernt haben, geht aus ihrem Verhalten klar hervor, aber was sie gelernt haben, ist eher implizit als explizit.

Etwas sehr Ähnliches geschieht, wenn Kinder Sprache lernen. Innerhalb einer erstaunlich kurzen Zeitspanne lernen sie, alle möglichen Dinge grammatikalisch weitgehend korrekt zu sagen. Dennoch können sie das Regelwissen, das es ihnen erlaubt, korrekte Sprache zu erzeugen oder gute oder schlechte Grammatik zu erkennen, nicht explizit darstellen.

Wie St. Julien (1977) anmerkt, nahmen Kognitionswissenschaftler normalerweise an, dass der Geist zum Denken Regeln und Symbole verwendet. Der Hauptreiz des Computers als Modell für kognitive Prozesse ist die Metapher der Information, die in Form von elektrischen Impulsen durch das Gehirn saust, ähnlich wie in einem seriellen digitalen Computer. Aber, behauptet St. Julien, unser Wissen über die Physiologie des Gehirns unterstützt diese Metapher nicht mehr, gleichgültig wie nützlich, instruktiv oder sogar inspirierend sie gewesen sein mag. Wir wissen nun, dass Kognition im Gehirn nicht als eine Reihe von Prozessen geschieht, sondern vielmehr in Form von Aktivierungsmustern (ähnlich wie Hebb es vermutete). Und wir wissen auch, dass diese Aktivierungsmuster erfordern, dass viele Dinge sowohl gleichzeitig als auch sehr schnell geschehen.[5]

Kognitionswissenschaftler haben ebenfalls angenommen, dass die Art von Logik, die menschliche kognitive Aktivität reguliert, präzise und vorhersagbar sei – eine maschinenartige Logik. Und dass das Ergebnis, zumindest theoretisch, von jeder Maschine mit Zugang zu den geeigneten Symbolen und darauf programmiert, die zugrunde liegende Logik anzuwenden, dupliziert werden könnte. Laut Hamburger und Richards gibt es »für jeden möglichen Algorithmus, gleichgültig wie komplex, eine TM

---

[5] Sie könnten Ihre klügeren Leser vielleicht darauf hinweisen, sagte die alte Dame, dass die Kognitionswissenschaftler ihre Modelle an die Erkenntnisse der Neurowissenschaftler über das Gehirn und seine Funktionen anpassen mussten. Infolgedessen hat etwas stattgefunden, was Kobes (1991) als sehr enge Co-Evolution zwischen den Neurowissenschaften und der Psychologie der Informationsverarbeitung beschreibt.

(Turing-Maschine), die ihn ausführt« (2002, S. 305). Mit anderen Worten: Eine Maschine kann dazu ausgelegt werden, alles zu tun, was durch einen Algorithmus repräsentiert werden kann. Das Schlüsselwort lautet jedoch **Algorithmus**. Zur Erinnerung: Ein Algorithmus ist eine klare, logische, systematische, schrittweise Prozedur zur Problemlösung. Obwohl eine Maschine möglicherweise so ausgelegt werden kann, dass sie jedes Problem löst, für das ein Algorithmus gefunden werden kann, eignen sich viele Probleme nicht für Algorithmen. Wie wir gesehen haben, sind einige Probleme eher für **Heuristiken** geeignet – für allgemeinere Problemlösestrategien, bei denen Alternativen eliminiert werden. Die Logik von Heuristiken ist »fuzzier« als die Logik von Algorithmen. Aktivitäten wie Schach spielen, Grammatik lernen, einen Hund erkennen oder eine Löffelente fälschlich für eine Stockente halten, illustrieren eine eher typisch menschliche, fehleranfällige, fuzzy-logic-artige Art des Denkens. Wenn Computerwissenschaftler diese Art des Denkens untersuchen und modellieren wollen, brauchen sie offenbar etwas anderes als die algorithmus-getriebene, symbol-manipulierende Rechenmaschine, die der serielle digitale Computer nun einmal ist.

8.4 Neuronale Netzwerke

Was sie brauchen – und haben – ist der PDP-Computer (oder, häufiger, das entsprechende Computerprogramm). Dieser Computer ist die Grundlage des PDP-Modells (oder konnektionistischen Modells) kognitiver Architektur. Die Pioniere seiner Entwicklung waren McClelland und Rumelhart (1986).

Wie Kellogg (2003) erklärt, bestehen alle PDP-Modelle aus einem Satz von Verarbeitungs-Units, deren Struktur (**Architektur**) die Neurone im Gehirn imitieren soll. Daher kann man sagen, dass diese einzelnen Units Worte, Buchstaben, Elemente visueller Wahrnehmung, Variablen der Börsenmärkte, globale Wetterdaten usw. repräsentieren. Sie sind miteinander auf komplexe und veränderliche Weise verbunden, genau wie tatsächliche Neuronen im Gehirn. Das Muster der Verbindungen bestimmt, was das System weiß und wie es reagiert. Lernen innerhalb eines solchen Systems bedeutet eine Veränderung der Verbindungen zwischen den Units – wie-

derum auf eine Weise, die stark an die Beschreibung Hebbs zur Bildung von Zellverbänden erinnert.

8.4.1 Modelle neuronaler Netzwerke

Der PDP-Computer dient als Modell dafür, wie das Gehirn arbeiten könnte – ein Modell, das als Konnektionismus (oder konnektionistisch) bezeichnet wird. Zur Erinnerung: Der Begriff **Konnektionismus** wurde erstmals in ▶ Kap. 3 verwendet, in Bezug auf Theorien wie die von Edward Thorndike. Thorndike beschäftigte sich mit Verbindungen zwischen Stimuli und Reaktionen. Durch die Betrachtung tatsächlichen Verhaltens zog er Schlussfolgerungen über diese Verbindungen. Die neuen Konnektionisten beschäftigen sich mit Verbindungen zwischen neuronalen Einheiten. Sie ziehen Schlussfolgerungen über diese Verbindungen, indem sie die Funktionen von Computern, die als künstliche neuronale Netzwerke programmiert sind, betrachten.

Das konnektionistische Modell geht davon aus, dass die Ansammlung von Neuronen im Gehirn den Verarbeitungs-Units in einem PDP-Computer entspricht. Tatsächlich bilden sie ein **neuronales Netzwerk**. Kein zentraler Organisator oder Prozessor reguliert ihre Aktivitäten. Stattdessen sind Tausende (oder Millionen) dieser Units gleichzeitig aktiv, aktivieren sich reihum gegenseitig, etablieren neue Verbindungen, lernen letztlich durch Erfahrung, erlangen Verständnis und treffen Entscheidungen.

Es ist wichtig zu bedenken, dass in der Kognitionsforschung neuronale Netzwerke keine physikalischen Arrangements tatsächlicher Netzwerke von Neuronen sind. Stattdessen beschäftigt sich die Kognitionsforschung mit künstlichen neuronalen Netzwerken, die in PDP-Computern repräsentiert sind. Wie Hu und Hwang es ausdrücken, ist »ein neuronales Netzwerk ein allgemeines mathematisches Berechnungsparadigma, das die Operationen biologischer neuronaler Systeme modelliert« (2002, S. 2). Dieser Ansatz zum Verständnis menschlichen Denkens und Lernens verwendet also die physikalische Hardware und Software von PDP-Systemen, um die Funktionsweise tatsächlicher neuronaler Netzwerke beim Menschen zu modellieren.

Lernen kann in einem neuronalen Netzwerk auf drei Arten geschehen: Es können sich neue Verbin-

8.4 · Neuronale Netzwerke

dungen entwickeln, alte Verbindungen können verloren gehen oder die Wahrscheinlichkeit, dass eine Unit eine andere aktiviert, kann sich verändern. Konnektionisten haben sich insbesondere mit dieser letzten Möglichkeit befasst.

Eine Illustration: NETtalk

Es ist äußerst komplex, einem seriell verarbeitenden Computer all die Regeln einzugeben, die nötig sind, damit er einen Brief oder ein Gedicht so lesen kann, wie es ein intelligenter Sechsjähriger könnte. Wie ein Wort ausgesprochen wird, hängt davon ab, welche Wörter davor oder danach kommen, welche Satzzeichen auf den Satz folgen, in dem es steht, wann es gesagt wird, von wem, von beabsichtigten Bedeutungen und Betonungen des Lesers und so weiter. Daher müssen in diese Regeln so viele Ausnahmen und Qualifizierungen eingebaut werden, dass sich nicht einmal Linguisten darüber einig werden können (Li & MacWhinney, 2002). Wahrscheinlich lernt der Sechsjährige auch nicht lesen, indem er zunächst all die entsprechenden Regeln und Ausnahmen lernt und sie dann wie erforderlich anwendet (ein symbolisches Produktionsmodell), sondern indem die »Regeln«, wie man gesprochene Worte und geschriebene Symbole angleicht, unbewusst im Lernprozess entstehen (ein konnektionistisches Modell). Genau diese Argumentation führte Sejnowski und Rosenberg (1987) zur Entwicklung eines konnektionistischen Programmes zum Lesenlernen. Das Ergebnis, NETtalk, ist gleichzeitig eine Maschine und ein Programm. Es ist eine Maschine, die aus Verarbeitungs-Units besteht, und es ist ein **neuronales Netzmodell**. Daher dienen seine Units als Analogien für echte Neurone im Gehirn; im Modell werden sie auch als »Neurone« bezeichnet.

Als Maschine besteht NETtalk aus einem »Fenster«, das sieben Buchstaben gleichzeitig scannen kann. Jeder der sieben Speicherslots in diesem Fenster ist mit 29 Neuronen (Input-Units) verbunden, die den 26 Buchstaben des Alphabets plus Satzzeichen und Leerzeichen entsprechen. Insgesamt gibt es also 203 Input-Units. An der Output-Seite der Maschine befinden sich weitere 26 Neurone (Output-Units), von denen jedes mit einem der 26 Phoneme (einfache Laute) verbunden ist, aus denen die englische Sprache besteht. Wenn eines der Output-neurone ein Phonem auswählt, wird es durch einen Lautsprecher abgespielt – so erhält NETtalk seine »Stimme« (◘ Abb. 8.2).

Das Innenleben oder, besser gesagt, das Gehirn von NETtalk besteht aus 80 »Hidden Units« (verborgene Schichten), die zwischen den 203 Input-Units und 26 Output-Units intervenieren. Jedes der 203 Inputneurone ebenso wie jedes der 26 Output-neurone ist mit jeder der 80 Hidden Units verbunden. Insgesamt gibt es in diesem neuronalen Netzwerk also 18.320 Verbindungen. Jede dieser 18.320 Verbindungen ist gewichtet, d. h. einige der Verbindungen sind stark (die wichtigen), andere sind schwach (die irrelevanten). Das höchste Gewicht (also die stärkste Verbindung) könnte bedeuten, dass die Aktivierung einer Unit immer zur Aktivierung der nächsten Unit führt; im Gegensatz dazu bedeutet das geringste Gewicht, dass die Aktivierung einer solchen Unit niemals zur Aktivierung der nächsten führt.

Die Aufgabe von NETtalk ist leicht zu beschreiben: Es soll lernen, Texte zu lesen. Unglücklicherweise ist im Englischen kein Buchstabe, nicht einmal eine Kombination von Buchstaben, direkt einem Laut zugeordnet. Das **a** in **can** unterscheidet sich deutlich von dem **a** in **cane**. Für diese Beispiele gibt es eine einfache Regel, aber wie sieht es mit dem **a** in **ah** aus? Oder in **far**? Was ist mit den **a's** in **facade**? Oder in **aaaargh**? Daher ist die Lösung der Aufgabe für NETtalk (Lesen lernen) nicht so einfach. Dafür ist notwendig, dass die Gewichtungen zwischen den Hidden Units auf solche Weise gesetzt werden, dass die durch Buchstaben aktivierten Muster die korrekten Phoneme auswählen. Sejnowski und Rosenberg (1987) wussten natürlich nicht, wie diese Gewichtungen sein würden, daher ließen sie die Maschine selbst unter Verwendung der sogenannten **Backpropagation**-Regel (Fehler-Rückvermittlung) lernen. Ein Modell, das die Backpropagation-Regel verwendet, nutzt Informationen über die Richtigkeit oder Angemessenheit seiner Reaktionen, um sich selbst zu verändern, damit die Reaktion richtiger oder angemessener wird. Beim Lesenlernen weiß ein Kind z. B. bereits etwas über Lautkombinationen, die richtig (oder bedeutungsvoll) sind, der Computer hingegen nicht.

Sejnowski und Rosenberg nahmen an, dass die Lösung darin bestehen könnte, den Computer wissen zu lassen, wie gesprochener Text klingen soll.

246   **Kapitel 8** · Neuronale Netzwerke: der neue Konnektionismus

Lautsprecher

Outputschicht (Neurone).
26 Output-Units repräsentieren alle Laute (Phoneme) der
englischen Sprache. Jede
Hidden Unit ist mit jeder der
Output-Units verbunden.

26 Output-Units

Hidden Units.
80 Units (Knotenpunkte)
sind jeweils mit jeder
anderen Unit verbunden.
Die Verbindungen sind
gewichtet und repräsentieren so die Wahrscheinlichkeit, mit der die Aktivierung
einer Unit zur Aktivierung
der nächsten führt.

80
Hidden
Units

Inputschicht (Neurone).
Ein Fenster, das 7 Buchstaben gleichzeitig scannen
kann (es enthält 7 Speicherslots), wobei jeder Speicher-
slot mit 29 Input-Units verbunden ist. Dies ergibt eine
Gesamtzahl von 203 Input-
Units. Alle 203 Input-Units
sind mit jeder Hidden Unit
verbunden.

29 Input-Units

Fenster zur Buchstabenerkennung, 7 Speicherslots

◻ **Abb. 8.2.** Schematische Darstellung von NETtalk, einem neuronalen Netzwerk-Modell. Die Maschine ist ein Computer, der darauf programmiert ist, zu lernen, wie geschriebene englische Wörter in korrekt gesprochene Wörter übertragen werden, indem er die Gewichte zwischen den miteinander verbundenen Units anpasst. Nur einige der Units und der 18.320 möglichen Verbindungen sind dargestellt

Daher präsentierten sie NETtalk 1.000 Wörter in einem Text, der von einem Erstklässler gelesen wurde.
Und sie bauten die Backpropagation-Regel ein, die
dem Computer vorschreibt, seinen Output mit dem
Leseergebnis des Erstklässlers zu vergleichen und
seine Hidden Units rückwärts durchzuarbeiten und
dabei die Gewichtungen anzupassen, um den Unterschied zwischen den eigenen Leseergebnissen und
denen des Kindes zu verringern.

Das tat der Computer. Weil die anfänglichen Gewichtungen beliebig eingestellt waren, erzeugte sein

erster Leseversuch völligen Unsinn. Aber wieder
und wieder wurde der Text durch die Inputneuronen
von NETtalk eingespeist und wieder und wieder gab
der Computer Lautfolgen von sich – anfänglich un-
verständlich und bedeutungslos, aber schließlich
klarer und systematischer. Er brachte sich selbst das
Lesen bei.

Nach einem Tag Übung konnte NETtalk nicht
nur den größten Teil des 1000-Wörter-Texts lesen,
den es so intensiv geübt hatte, sondern auch andere
Texte, die es nie gesehen hatte. Es hatte Regeln und

8.5 · Konnektionistische Modelle: Bewertung

Ausnahmen gelernt, es hatte gelernt zu generalisieren und es hatte dieselben Arten von Fehlern gemacht, die Kinder machen, wenn sie anfangen, lesen zu lernen – bspw. **have** so auszusprechen, dass es sich mit **cave** und **rave** reimt. Und ähnlich wie das menschliche Gehirn benutzte NETtalk am Ende nur einen geringen Teil seiner potenziellen Verbindungen.[7]

8.5 Konnektionistische Modelle: Bewertung

Die wichtigste Aussage von all diesem ist, dass neuronale Netzwerke sehr ähnlich wie Menschen reagieren. Ihre fuzzy logic berücksichtigt die Ungenauigkeiten der wirklichen Welt. Tatsächlich ist der menschliche Geist das Vorbild für die Logik, die diese neuronalen Netzwerke antreibt, behaupten Jang, Sun und Mizutani (1997). Infolgedessen, so sagen sie, wird die Vorstellung wirklich intelligenter Maschinen schnell zur Realität werden.

Wie Menschen können neuronale Netzwerke Schlussfolgerungen ziehen, ohne dass ihnen spezifische Regeln dafür mitgegeben werden. Wie Allman (1989) anmerkt, weiß man ganz andere Dinge über das Wort **bat**, wenn man es zusammen mit den Worten **ball, diamond** und **base** sieht, als wenn man es zusammen mit den Worten **witch, Halloween** und **cave** sieht (Anm. d. Übers.: Einmal bedeutet **bat** Baseballschläger, das andere Mal Fledermaus). Die Schlussfolgerungen von Menschen, sagt Bruner (1957a), basieren auf Erfahrungen, die es ihnen gestatten, Dinge zu kategorisieren und miteinander in Beziehung zu setzen. Ein Computer mit einem neuronalen Netzwerk könnte genau dasselbe tun, wenn ihm die richtigen Erfahrungen mitgegeben werden. In gewissem Sinne ermöglichen seine Struktur und Funktionen ihm, etwas zu erlangen, das wie Einsicht aussieht. Der konventionelle Computer ist da ganz anders – es spielt keine Rolle, wie oft man ihm **bats**

verschiedener Arten präsentiert, er wird nie herausfinden, dass **bat** in einem Kontext etwas anderes bedeutet als in einem anderen – es sei denn, man gäbe ihm eine Regel, die alle Möglichkeiten spezifiziert.

Daher sind Modelle neuronaler Netzwerke – und die PDP-Computer, die sie ermöglichen – möglicherweise weitaus bessere Modelle für einige kognitive Prozesse beim Menschen als symbolbasierte Modelle. Unter anderem weisen sie darauf hin, dass Menschen nicht immer ganz so rational denken. Sie berücksichtigen nicht systematisch jedes Für und Wider, setzen nicht die kalten Gesetze der Logik ein, um zu berechnen, wie die richtige Antwort aussieht (wie es ein konventioneller Computer täte). Diese Modelle ermöglichen den Einsatz einer Art von Logik, die eher »fuzzy« ist, und sie betonen, dass an einer Reaktion oder einer Folgerung viele Aspekte einer Situation (oder vieler Situationen) beteiligt sind. Außerdem haben neuronale Netzwerke den Vorteil, die physiologischen Strukturen des menschlichen Nervensystems mit seinem Gewirr von Neuronen und Verbindungen genauer darstellen zu können – obwohl auch das komplexeste neuronale Netzwerk immer noch lächerlich einfach ist – verglichen mit dem voll funktionstüchtigen menschlichen Gehirn.

Modelle neuronaler Netzwerke bieten auch eine funktionale Analogie für die Annahme, dass Erfahrung die Verdrahtung des Gehirns verändert, wie Hebb es schon vor langer Zeit formuliert hatte. Ein neuronales Netzwerk, das seine eigenen Verbindungen anpasst, ist z. B. äußerst kompatibel mit Hebbs Vorstellungen, dass Neurone, die einander wiederholt aktivieren, dies mit der Zeit mit höherer Wahrscheinlichkeit tun.

Ansätze auf der Grundlage konnektionistischer oder neuronaler Netzwerke dominieren derzeit in der Untersuchung menschlicher kognitiver Prozesse. Konnektionistische Modelle führen schnell zu neuen Einsichten beim Verständnis menschlicher

---

[7] Ich bin sicher, einige Ihrer Leser würden sich hier für weitere Informationen interessieren, sagte die alte Dame und wandte sich für einen Augenblick von ihren Notizen ab. Einige, erklärte sie, möchten vielleicht erfahren, dass andere Forscher ähnliche Programme wie NETtalk entwickelt haben, wobei sie aber Feed-Forward anstatt Backpropagation-Regeln verwendeten. Dies bedeutet, dass das neuronale Netz-

werk so strukturiert ist, dass der Computer Zugriff auf Regeln hat, die geeignet sind, bestimmte Fehler zu eliminieren oder zu minimieren. Andere haben ähnliche Programme entwickelt, mit denen Computer sich selbst das Zählen beibringen sollten. Die Resultate sind zuweilen ziemlich beeindruckend (siehe bspw. Ahmad, Casey & Bale, 2002; Chang, 2002).

Entwicklung, interindividueller Unterschiede und atypischer Entwicklungsverläufe (Thomas & Karmiloff-Smith, 2003). Es ist auch ein Hinweis darauf angebracht, dass ihre Anwendung weit über die Bereiche Kognitionswissenschaften und Psychologie hinausgeht. Neuronale Netzwerke wurden bereits in einer Vielfalt von Bereichen angewandt, z. B. bei der Vorhersage von Wetter und Börsenverläufen, für medizinische Diagnostik und Engineering.

8.5.1 Einige Vorbehalte und Kritikpunkte

Wie wir gesehen haben, besitzen konnektionistische Netzwerke ein gewisses Maß an biologischem Realismus. Aufgrund ihrer großen Ähnlichkeit mit der Struktur und der Funktionsweise des menschlichen Gehirns könnte man konnektionistische Netzwerke leicht für das reale System – also für real funktionierende Nervensysteme halten. Aber das sind sie nicht – sie sind nur Metaphern. Als Metaphern liefern sie Beschreibungen und Hinweise, aber es wäre falsch, diese mit einer Erklärung zu verwechseln.

Konnektionistische Modelle bilden keine perfekten Analogien für menschliche Denkprozesse. Wie Benjafield (1996) erklärt, gibt es drei Standard-Kritikpunkte an Computersimulationsmodellen für menschliche Denkprozesse. Der erste lautet, dass Computer menschliche Emotionen gar nicht gut simulieren. Laut DeLaney macht das Scheitern, Maschinen »Leidenschaft« einzugeben, »eine strenge Version der computationalen Theorie des Geistes unhaltbar« (2002, S. 187).

Eine zweite häufig geäußerte Kritik lautet, dass Computersimulationen nicht die Einsicht besitzen, zu der problemlösende Menschen fähig sind. Aus Sicht der Gestaltpsychologen sind solche Simulationen beklagenswert unzulängliche Modelle menschlicher kognitiver Prozesse.

Der dritte allgemeine Kritikpunkt ist, dass Computerprogramme uns sehr wenig, wenn überhaupt etwas über die Funktionsweise des menschlichen Nervensystems verraten. Wie Li (2002) anmerkt, beruht die erfolgreiche Arbeitsweise konnektionistischer Modelle auf bestimmten Eigenschaften ihrer Units, diese sind aber keine Eigenschaften des menschlichen Nervensystems. Durch Veränderung ihrer Gewichtungen können diese Units die Aktivität anderer Units inhibieren und die Aktivität wieder anderer Units fazilitieren; Neurone im menschlichen Gehirn tun dies nicht.

Es gibt noch viele andere Gründe, weswegen konnektionistische Modelle nicht immer sehr informativ und nützlich sind und weshalb man sie nicht zu wörtlich nehmen sollte. Ein konnektionistisches Modell mit 360 Units, das irgendeine menschliche kognitive Funktion erfolgreich nachahmt, beweist nicht, dass diese Funktionen im menschlichen Gehirn 360 neuronale Einheiten beansprucht. Dieselbe kognitive Aktivität könnte möglicherweise mit einem Modell von 250 oder auch 400 Units beschrieben werden. Massaro und Cowan (1993) weisen darauf hin, dass neuronale Netzwerke mit genügend Hidden Units in der Lage sind, Resultate hervorzubringen, die nicht nur unvorhersagbar sind, sondern auch niemals im Labor beobachtet wurden. Tatsächlich kann es in einem neuronalen Netzwerk mit Backpropagation möglich sein, jeden beliebigen Input dem gewünschten Output anzupassen, wenn man nur genügend Schichten von Hidden Units und genügend Zeit aufwendet. Daher könnte es möglich sein, dass ein neuronales Netzwerk sich selbst beibringt, einen spanischen Text so zu »lesen«, als ob es eigentlich Englisch wäre. Wenn der Input keine Rolle spielt, dann lehrt ein solches Modell Psychologen wenig über am Lernen beteiligte Prozesse. Massaro und Cowan warnen, dass solche Modelle möglicherweise nicht sehr informativ sind.

Ein anderes Problem für selbstlernende neuronale Netzwerke ist Interferenz. McCloskey und Cohen (1989) haben bspw. Folgendes gezeigt: Wenn beim sogenannten Wortpaarlernen neuronale Netzwerke sich beibringen, je zwei einander zugeordnete Begriffe zu lernen, und wenn ihnen danach ein zweiter Satz von Wortpaaren präsentiert wird, so behindert ihr anfängliches Lernen das darauffolgende Lernen weit mehr als dies bei menschlichen Probanden der Fall ist. Estes drückt es so aus: »Konnektionistische Modelle sind zum Lernen gebaut, aber es gibt Gründe zu bezweifeln, dass sie dazu gebracht werden können, so zu lernen wie Menschen« (1991, S. 23). Gleichzeitig ist die Tatsache, dass sie lernen, ziemlich menschlich. Und man kann vielleicht viel daraus lernen, wenn man untersucht, auf welche Weise sie lernen.

8.6 Implikationen für den Unterricht

Eine erfolgreiche Simulation menschlichen Lernens und Denkens hat deutliche Implikationen für den Unterricht. Ilyas und Kumar (1996) beschreiben bspw., wie ein computerbasiertes Tutorensystem, das die intellektuelle Aktivität von Schülern nachahmt, möglicherweise auch imstande sein könnte, Schlussfolgerungen über das Verständnis und das Wissen der Schüler zu ziehen. Insofern könnte es zur Fortschrittskontrolle der Schüler verwendet werden und wie ein Lehrer agieren, indem es die Schüler anleitet, Fragen stellt, Missverständnisse und Fehler aufdeckt usw.

Computersimulationen, die andersgeartete Phänomene als menschliche Denkprozesse nachahmen, haben ebenfalls zunehmend wichtigere Implikationen für die Ausbildung. Programme, die bspw. das Flugverhalten bestimmter Flugzeuge nachbilden, werden zur Schulung von Piloten eingesetzt, andere, die die Funktionen des Kreislaufs modellieren, werden in der medizinischen Ausbildung verwendet. Eine Simulation eines Physik- oder Chemielabors kann genutzt werden, um Schülern zu demonstrieren, welche Folgen das Kombinieren, Kühlen, Aufheizen, unter Druck setzen oder gar der Konsum verschiedener Substanzen haben kann – ohne bei diesem Vorgang das Labor selber, die Schule oder gar das Leben eines Schülers zu riskieren.

Interaktive, computerbasierte Simulationen verschiedener Umgebungen, als **virtuelle Realität** bezeichnet, finden ebenfalls Anwendung im Unterricht. Im Unterricht beschreibt virtuelle Realität eine Art von Interaktion zwischen Computer und Schüler, in der Schüler bestimmte Ereignisse und Umgebungen erleben und darin bestimmte Entscheidungen treffen. An vielen Systemen virtueller Realität, von denen die meisten noch im Experimental- und Entwicklungsstadium stecken, ist mehr als ein Sinnessystem beteiligt. Die visuelle Darbietung des Computers kann z. B. über Helme oder Brillen erfolgen, sodass das gesamte visuelle Feld des Lernenden ausgefüllt ist und sich bei Bewegungen verändert. Auch kann der Lernende Kopfhörer tragen, die einen authentischen Raumklang bieten, oder »Handschuhe«, die die Illusion vermitteln, man könne in der virtuellen Welt Objekte manipulieren.

Ein Beispiel für ein Programm virtueller Realität, das unmittelbar für Unterrichtszwecke eingesetzt wird, beschreibt eine Welt der Maya und heißt Palenque (Wilson & Tally, 1990). Ein Schüler kann in dieser virtuellen Umgebung eine Pyramide besteigen, Maya-Gräber erkunden, durch ein altes Museum wandern usw.

Natürlich gibt es noch viele andere Computeranwendungen im Unterricht, die nicht alle auf Simulationen aufbauen. Sogenannte **intelligente Tutor-Systeme** sind z. B. computerbasierte Unterrichtsprogramme, in denen der Computer als Informationsquelle genutzt wird, genau wie ein menschlicher Tutor. Aber anders als eine einfache, mit Informationen gefüllte Datenbank berücksichtigt ein intelligentes Tutor-System die Stärken und Schwächen des Schülers. Es ist so programmiert, dass es die Antworten des Schülers analysiert und seinen Unterricht entsprechend anpasst – so wie es ein intelligenter menschlicher Lehrer tun würde.

Eine weitere wichtige Anwendung von Computern in Schulen besteht darin, Schülern das Programmieren beizubringen. Ein bekanntes Programm dafür heißt **Logo**, eine von Papert (1980, 1993) entwickelte Programmiersprache. Das Programm verwendet eine »Schildkröte«, ein Tier auf dem Computerbildschirm, das man in verschiedene Richtungen bewegen kann. Das Kind tippt bspw. FORWARD 40 ein, damit die Schildkröte 40 kleine Schritte vorwärts macht. Wenn das Kind nun RIGHT 90 eingibt, macht die Schildkröte eine 90-Grad-Drehung. Das Kind lernt sehr schnell, zu schreiben: REPEAT 4 FORWARD 40, RIGHT 90 – und die Schildkröte macht 40 kleine Schritte vorwärts, dreht sich nach rechts, macht wieder 40 Schritte, dreht sich wieder, wiederholt diese Prozedur viermal und beschreibt ein perfektes Quadrat – das das Kind SQUARE nennen kann. Einfach, beinahe mühelos, hat das Kind ein Programm geschrieben.

Einerseits ist Logo ein einfaches Werkzeug, das es dem Kind gestattet, die Geometrie der Ebene zu erkunden. Andererseits ist es aber auch ausgefeilt genug, um Kindern zu ermöglichen, die Welt der Differentialgleichungen zu erforschen. Solche Programme lehren Kinder auch das systematische und klare Denken, das für Programmierung notwendig ist. Sie vermitteln Kindern Fertigkeiten, die man als **Computer-Lese- und Schreibkenntnisse** bezeichnen könnte.

Ein Buch, herausgegeben von Moore, Redfield und Johnson (2001) beschreibt Dutzende weiterer Anwendungen künstlicher Intelligenz für den Unterricht. (Zur Erinnerung: **Künstliche Intelligenz** ist ein allgemeiner Begriff für Modelle, Prozeduren, Geräte oder Maschinen, die dafür konstruiert wurden, einige **intelligente** menschliche Funktionen auszuführen). Verschiedene dieser Anwendungen wurden erwähnt: intelligente Tutor-Systeme, Simulationen wie die eines Chemielabors zur Vermittlung chemischer Reaktionen, Programme mit virtueller Realität für den Geschichtsunterricht und Programme zur Vermittlung von Programmier- und Computerkenntnissen wie Logo. Zusätzlich wurden Computerprogramme geschrieben, um Schülern die Fähigkeit zum kooperativen Lernen zu vermitteln, die Fähigkeiten bei Problemerkennung und Problemlösung zu fördern, Fähigkeiten zur Analyse von Aufgaben und zum Lernen zu entwickeln, das Gedächtnis zu verbessern, die Fähigkeiten verbaler Interaktion zu ver-

bessern, Modelle nachzuahmen und so weiter und so fort.

8.7 Ein Forschungsfeld in Entwicklung

Vieles in diesem Buch ist historisch: Es befasst sich mit Theorien, deren Prinzipien und Annahmen bereits gut durchgekaut wurden. Das liegt aber nicht notwendigerweise daran, dass sie weniger aktuell sind als jüngere Bereiche. Es liegt nur daran, dass sie einfach älter sind, sodass mehr Zeit zur Verfügung stand, um auf ihnen herumzukauen.

Im Gegensatz dazu ist das Thema dieses Kapitels jünger, es muss noch von Generationen von Schülern und Denkern verdaut werden. Daher kann das Kapitel nicht wirklich abgeschlossen werden, und die darin präsentierten Modelle und Theorien können nicht bewertet werden. Die Geschichte wird entscheiden, wie das so ihre Gewohnheit ist.

Zusammenfassung

1. Der Zweig der Computerwissenschaften, welcher sich mit der Entwicklung von Modellen, Prozeduren oder Geräten befasst, die einige intelligente Funktionen menschlicher geistiger Aktivität ausführen sollen, wird als **künstliche Intelligenz** bezeichnet. **Computersimulationen** versuchen, tatsächliche kognitive Funktionen nachzuahmen.

2. Zwei Mythen charakterisieren die Reaktion von Menschen auf Computer: dass sie nur Rechenmaschinen sind und nicht mehr als die Sklaven ihrer Programmierer. Neue PDP-Computer können jedoch lernen, und manchmal überraschen sie ihre Programmierer.

3. Der Turing-Test besagt: Wenn A x, y und z tun kann und B ebenfalls x, y und z tun kann, dann muss B dieselben Attribute besitzen, die A hat und die es ermöglichen, x, y und z zu tun. Der Test lässt sich leicht ins Absurde reduzieren und beantwortet nicht die Frage, ob Maschinen denken können. Wahrscheinlich brauchen sie es nicht zu können.

4. Die grundlegende Metapher des Computers als kognitiver Prozessor sieht Parallelen zwischen der Hardware (den physikalischen Komponenten) des Computers und dem Nervensystem des Menschen, insbesondere dem Gehirn (der Wetware), ebenso wie zwischen menschlichen kognitiven Funktionen und den Computerprogrammen (der Software).

5. Gehirne sind viel langsamer als Computer und bei Berechnungen weit unterlegen, aber sie sind besser in Erkennungsaufgaben und beim Schlussfolgern, wenn Einsicht und fuzzy logic erforderlich sind. Sie sind auch weitaus komplexer in ihrer Organisation und Größe. Parallel Distributed Processing (PDP) Computer arbeiten anscheinend eher wie Gehirne, da sie mehrere Dinge simultan tun.

6. Das **symbolische Modell** basiert auf dem seriell verarbeitenden digitalen Computer. Es geht davon aus, dass Wissen symbolisch dargestellt und mittels Regeln manipuliert werden kann. Beispiele für symbolische Modelle sind der Logic Theorist (LT) von Newell, Shaw und Simon,

▼

der imstande ist, in symbolischer Logik Beweise für Theoreme zu finden, und ihr GPS, ein allgemeineres Problemlöse-Programm. Die Funktionen dieser Programme simulieren einige Aspekte menschlichen Problemlöse-Verhaltens.

7. Newells SOAR, ein Modell kognitiver Architektur, ist ebenfalls ein Beispiel für ein symbolisches Modell, wie auch die meisten Schachprogramme. Schachprogramme sind teilweise heuristisch (indem sie Strategien und andere systematische Abkürzungen verwenden), sie schlagen menschliche Schachmeister aber vorwiegend aufgrund ihrer Verwendung von Algorithmen (systematisches Problemlösen unter Verwendung von brute force zur Betrachtung einer großen Zahl von Alternativen mit enormer Geschwindigkeit).

8. Nicht alles menschliche Lernen ist explizit und mittels Symbolen und Regeln beschreibbar. Vieles ist implizit oder unbewusst, wie das Lernen motorischer Fertigkeiten und das Lernen von abstrakten Zusammenhängen durch Erfahrung. Implizites Lernen kann auf PDP-Maschinen besser modelliert werden als auf seriellen Computern (oder mittels Programmen, die serielle, digitale Computer arbeiten lassen als wären sie PDP-Maschinen).

9. Neuronale Netzwerkmodelle (oder konnektionistische Modelle) basieren auf PDP-Computern; sie bestehen aus miteinander vernetzten Einheiten anstelle von zentralen Prozessoren. Die Muster und die Stärken der Verbindungen repräsentieren das Wissen. NETtalk von Sejnowski und Rosenberg ist ein neuronales Netzwerkmodell, das so konstruiert wurde, dass die Maschine sich selbst das Lesen »beibringen« kann, wobei sie die Backpropagation-Regel nutzt (Wissen darüber, wie der Output aussehen soll), um Verbindungen derart zu modifizieren, dass schließlich Input (geschriebene Wörter) und Output (gesprochene Wörter) zusammenpassen.

10. Konnektionistische Modelle führen zu Maschinen, deren Funktionsweise in mancher Hinsicht der menschlichen ähnelt. Sie ermöglichen Denken, das nicht vollständig logisch ist und manchmal zu unvorhergesehenen Resultaten führt. Sie reflektieren auch einige Aspekte der neurologischen Strukturen des Menschen recht gut. Aber es sind dennoch Beschreibungen und keine Erklärungen, die nicht immer plausible Resultate generieren und nicht immer so wie ein Mensch funktionieren (sie leiden bspw. an stärkeren Interferenz-Effekten, simulieren Emotionen nur schlecht und können nicht einfach darauf programmiert werden, Einsicht zu reflektieren).

11. Anwendungen künstlicher Intelligenz für den Unterricht sind bspw. intelligente Tutorensysteme (Tutorensysteme, welche die Antworten des Schülers berücksichtigen), Simulationen von Systemen und Situationen, um z. B. das Fahren zu unterrichten oder chemische Experimente durchzuführen, Programme mit virtueller Realität für den Unterricht in Geschichte und Medizin und eine Vielfalt anderer Programme, um Programmier- und Computerkenntnisse zu vermitteln und Problemlösefähigkeiten, Gedächtnisleistungen, Fähigkeiten verbaler Interaktion usw. zu üben.

9

Lernen und Erinnern

Die Welt wird das, was wir hier sagen, wenig beachten und sich nicht lang daran erinnern...

Abraham Lincoln

9.1	Metaphern in der Erforschung des Gedächtnisses – 255
9.1.1	Grundlegende Konzepte und Definitionen zum Gedächtnis – 255
9.1.2	Definition von Gedächtnis – 257
9.1.3	Frühe Gedächtnisforschung – 258
9.2	Drei-Komponenten-Modell des Gedächtnisses – 259
9.2.1	Sensorisches Gedächtnis – 260
9.2.2	Kurzzeit- (oder Arbeits-)Gedächtnis – 261
9.2.3	Langzeitgedächtnis – 265
9.2.4	Kurzzeit- und Langzeitgedächtnis im Vergleich – 267
9.3	Verschiedene Formen des Langzeitgedächtnisses – 268
9.3.1	Explizites (deklaratives) und implizites (nicht deklaratives) Gedächtnis – 268
9.3.2	Zwei Formen des deklarativen Gedächtnisses – 269
9.3.3	Modelle des deklarativen Langzeitgedächtnisses – 271

9.4	Physiologie des Gedächtnisses – 272
9.4.1	Engramm – 272
9.4.2	Untersuchungen am Gehirn der Ratte und an Planaria – 273
9.4.3	Bildgebende Verfahren, EKPs und EKFs – 274
9.4.4	Konnektionistische Betrachtungsweise – 275
9.5	Vergessen – 275
9.5.1	Verletzungen des Gehirns – 275
9.5.2	Theorie des Spurenzerfalls (Fading-Theorie) – 275
9.5.3	Verzerrungstheorie (Distortions-Theorie) – 276
9.5.4	Verdrängungstheorie – 276
9.5.5	Interferenz-Theorie – 277
9.5.6	Versagen beim Abruf von Hinweisreizen – 277
9.6	Implikationen für den Unterricht: Gedächtnis- und Erinnerungshilfen – 278
9.6.1	Rehearsal (Wiederholung) – 278
9.6.2	Elaboration – 278
9.6.3	Organisation – 278
9.6.4	Systeme zur Verbesserung des Erinnerns – 279

Die alte Dame sagte, dass wir heute die Felswand hinaufklettern würden, dass meine Höhenangst keine Rolle spiele, dass sie mir zeigen würde, wohin ich jeden Fuß, jede Hand setzen müsse, dass sie mich führen würde wie eine Mutter ihr Kind. Sie überhörte meine Proteste und sagte, dass sie das neunte Kapitel nur auf dem Gipfel der Klippe, hoch über dem Land, erzählen würde.

Wir gingen in der Morgendämmerung los, bevor die Sonne die Luft erwärmt hatte. Der Kater lag zusammengerollt an der besonnten Seite der größten Birke und beobachtete uns, während wir uns langsam die glatte Felswand hocharbeiteten. Innerhalb von Minuten waren meine Hände nass von Schweiß, meine Muskeln verkrampft vor Angst: Die alte Dame sagte, ich solle aufpassen, genau das tun, was sie tat, ich solle meine Hände und

▼

Füße an die Stellen setzen, die ihre Hände und Füße mir zeigten, und auf das Seil vertrauen, das uns wie eine Nabelschnur verband. Sie erklärte, dass Vertrauen ein Gedanke sei, eine Schlussfolgerung. Sie sagte, ich müsse nur daran glauben und es sei mein.

Aber ich konnte meine Angst nicht unterdrücken, und als ich etwa auf Höhe der jüngsten Birke angelangt war, konnte ich nicht weiterklettern und die alte Dame ließ mich auf den Boden herab und ließ das Seil hinunterfallen, nutzlos, wie eine tote Schlange zu meinen Füssen. Als ich mich umdrehte, um mich zur Erholung an die Birke zu lehnen, war der Kater verschwunden, und als ich wieder zu der alten Dame hinaufsah, wie sie kletterte, entdeckte ich den Kater, der ganz oben auf sie wartete, obwohl es gar nicht möglich war, dass er so schnell dort hinaufgelangen konnte.

Die alte Dame kletterte geschmeidig, wie ein haarloser Affe, machte kaum eine Pause, bis sie schließlich oben bei dem Kater stand. Zu meinem Erstaunen bedeutete sie mir, dass ich ihre Worte nun aufzeichnen solle, und dann begann sie, die Worte des neunten Kapitels sehr laut zu rufen, also ob es ihr Spaß mache, dass sie das tun musste.

In diesem Kapitel…

Hier kommt das, was sie aus dieser großen Höhe herunterrief, während ich im frühen Morgen zuhörte, zu weit entfernt, um Fragen zu stellen.

Mein Körper weiß, wie man klettert, rief sie, und erklärte, dass vieles von ihrem Wissen über das Klettern auf einer Art von Gedächtnis beruhe, das man nicht leicht in Worte fassen könne. Deshalb kann ich Ihnen nicht **sagen**, wie man klettert oder wie man Fahrrad fährt. Sie erklärte, dass das Gedächtnis für solche Handlungen **implizit** sei, es könne nicht einfach **explizit** gemacht werden. Sie sagte, dass sie im Gegensatz dazu ganz einfach erklären könne, wie man die Quadratwurzel einer vierstelligen Zahl ziehe.

Dieses Kapitel befasst sich mit dem menschlichen Gedächtnis, sagte sie. Es betrachtet die Unterschiede zwischen impliziten und expliziten Erinnerungen. Es erkundet die erstaunliche Leistungsfähigkeit des menschlichen Gedächtnisses, es zeigt aber auch seine Mängel und Grenzen auf. Wie Johnson erklärte: »Wenn wir im Zeugenstand stehen, können wir vor Gott schwören, die Wahrheit zu sagen, die ganze Wahrheit und nichts als die Wahrheit. Aber das Äußerste, was wir wirklich tun können, ist das auszulesen, was von unseren Erinnerungen übrig ist, die unvermeidlich durch die Zeit verändert wurden« (1992, S. 233).

Lernziele

Sagen Sie Ihren Lesern, sprach die alte Dame, dass sie verstehen werden, was all dies bedeutet, wenn sie dieses Kapitel gelesen und die Inhalte gelernt haben – vorausgesetzt, sie erinnern sich daran. Und wenn ihr Gedächtnis ihnen gute Dienste leistet, werden sie in der Lage sein, die folgenden Themen selbst wiederzugeben:

- Sensorisches, Kurzzeit- und Langzeitgedächtnis
- Zwei Arten von Langzeitgedächtnis
- Ereigniskorrelierte Aktivität im Gehirn
- Theorien zum Vergessen.

Außerdem werden sie einen neuen Trick gelernt haben, wie man alte Leute beeindrucken kann.

9.1 Metaphern in der Erforschung des Gedächtnisses

Wie ich schon mehrfach angemerkt habe, rief die alte Dame von ihrem hohen Aussichtpunkt herunter, ist Kognitionspsychologie eine Psychologie der Metaphern. Sie bemüht sich, die enorme Komplexität menschlicher Kognition nicht so sehr zu verstehen, indem sie ihre genauen Mechanismen erforscht und ihre Strukturen und Funktionen darstellt, sondern vielmehr indem sie die beeindruckendsten und nützlichsten Metaphern benutzt, um sie zu beschreiben. Am Ende wird der Wert einer Metapher aber weitgehend danach beurteilt, wie gut sie die Fakten wiedergibt. Daher basiert die Suche nach einer Metapher auf Forschungsresultaten. Wenn die Psychologie ihren Fakten nicht trauen kann, wie dann ihren Metaphern?

Man kann getrost wiederholen, dass Metaphern für kognitive Themen wie das Gedächtnis keine bewegenden literarischen Redewendungen sind. Sie sind nichts als Modelle – oft einfache Modelle. Sie sagen nicht: »Aufmerksamkeit ist eine Jungfrau mit Blumen in der Nase« oder »Gedächtnis ist ein alter Elefant« oder »Motivation ist ein Engel mit grünem Haar«. Die Metaphern der Kognitionspsychologie sind stattdessen prosaische Metaphern. Sie sagen lediglich, dass Menschen sich verhalten, »als ob«, und sie beschreiben dieses »als ob«. Das, erklären Oswick, Keenoy und Grant (2002), sind die bequemen Ähnlichkeits-Metaphern. Sie elaborieren und erklären, indem sie auf Ähnlichkeiten verweisen.

Über die Jahre hinweg wurde eine große Anzahl verschiedener Metaphern zur Beschreibung des Gedächtnisses benutzt – vielleicht ein Beleg dafür, was für ein schwieriges Konzept es ist und wie unsicher Psychologen sich ihrer Modelle waren. Der Index von Draaismas *Metaphors of Memory* (2000) listet bspw. etwa 43 verschiedene Metaphern für das Gedächtnis auf. Verschiedene Denker haben uns versichert, das Gedächtnis sei wie eine Abtei mit vielen Räumen. Oder vielleicht gleicht es eher einem Buch mit vielen Seiten, einem Inhaltsverzeichnis und einem Index. Vielleicht ist es aber auch wie eine Bibliothek, ein Spiegel, ein Webstuhl, ein Palast, eine Kamera, eine Geldbörse, eine Schatztruhe, ein Gewölbe, ein Weinkeller... und so weiter und so fort (S. 240). In jüngerer Zeit hat natürlich die Computer-Metapher zunehmend an Popularität gewonnen. Schließlich verfügen Computer über Speicher- und Abrufsysteme, zwei grundlegende Merkmale von Gedächtnis. Aber wie wir in diesem Kapitel sehen werden, wird die Computermetapher, ebenso wie all unsere gebräuchlichen Metaphern, dem Reichtum und der Komplexität des menschlichen Gedächtnisses nicht wirklich gerecht.

9.1.1 Grundlegende Konzepte und Definitionen zum Gedächtnis

Aufmerksamkeit, Gedächtnis und Lernen sind untrennbar miteinander verbunden. Lernen ist eine Veränderung des Verhaltens als Resultat von Erfahrung, Gedächtnis ist die Auswirkung von Erfahrung, und beide werden durch Aufmerksamkeit vereinfacht. Anders ausgedrückt: Es gibt keinen Beleg für Lernen, wenn nicht etwas im Gedächtnis geschehen ist; ebenso impliziert etwas, das im Gedächtnis geschieht, Lernen. Die Untersuchung des Gedächtnisses ist eigentlich eine andere Art, das Lernen zu untersuchen.

Dennoch gibt es unter Psychologen keine einhellige Meinung darüber, was Gedächtnis ist und wie man es erforschen sollte. In der Geschichte der Psychologie haben sich die Metaphern und Modelle für das Gedächtnis oft verändert, und sie verändern sich weiter – ebenso wie die Methoden, mit denen das Gedächtnis untersucht wird.

Frühe Untersuchungen zu Menschen mit außergewöhnlichem Gedächtnis

Wie Draaisma (2000) berichtet, war Leonard Euler nicht nur ein Wunderkind, sondern auch ein Mathematikgenie. Er hatte anscheinend die gesamte *Ilias* auswendig gelernt und konnte sie bis zum Tage seines Todes fehlerfrei rezitieren. Man sagt, dass er eines Nachts, als er nicht schlafen konnte, die ersten sechs Potenzen für die Zahlen 0 bis 99 ausrechnete und eine mentale Tabelle von mehr als 600 Zahlen generierte, die er noch Wochen später gezielt abrufen konnte. Er schien sich an alles erinnern zu können, was er je gehört oder gelesen hatte, sodass die Blindheit, an der er in seinen letzten 15 Lebensjahren litt, seine Arbeit kaum beeinträchtigte. In der Mitte seines Arbeitszimmers stand ein großer, mit

256   Kapitel 9 · Lernen und Erinnern

6	6	8	0
5	4	3	2
1	6	8	4
7	9	3	5
4	2	3	7
3	8	9	1
1	0	0	2
3	4	5	1
2	7	6	8
1	9	2	6
2	9	6	7
5	5	2	0
X	0	1	X

◼ **Abb. 9.1.** Der von Luria beschriebene S. prägte sich diese Tabelle innerhalb von 3 Minuten vollständig ein und konnte danach aus dem Gedächtnis jede beliebige Anordnung von Zahlen abrufen, einschließlich der 12 vierstelligen Zahlen in den Reihen, alle vierstelligen Diagonalen in der Matrix oder die vier vertikalen Spalten. Außerdem konnte er die gesamte Matrix in eine einzige 50stellige Zahl umwandeln und diese vortragen, für dieses Kunststück benötigte er 1½ min. Aus »The Mind of a Mnemonist: A Little Book About a Vast Memory«, von A.R. Luria, S. 17. Copyright © 1968 by Basic Books. Nachdruck mit Genehmigung des Autors

einer Tafel bedeckter Tisch, um den er herumwanderte und auf den er Formeln und Ideen aufzeichnete, die dann von seinen Schülern, zu denen auch seine Söhne und Enkel gehörten, organisiert, niedergeschrieben und ihm vorgelesen wurden. Das Ergebnis war, dass er während der 15 Jahre seiner Blindheit 335 wissenschaftliche Artikel veröffentlichte, meist in Mathematik und angewandter Naturwissenschaft.

Allerdings sind nicht alle Menschen mit außergewöhnlichem Gedächtnis so gut angepasst und so produktiv. Manche ungewöhnlichen Gedächtnisleistungen können trivial und nutzlos sein. Es gibt bspw. sogenannte Idiot Savants – geistig retardierte Menschen, die aber ein bemerkenswertes und sehr spezifisches Talent besitzen, wie ein Mann, der sich beim Vorbeifahren eines Güterzuges alle Seriennummern der Wagen merken konnte.

Dann ist da noch der gut dokumentierte Fall eines Mannes, der von Luria (1968) beschrieben

wurde und der uns nur als S. bekannt ist. S. war eigentlich ein normaler Mann, der als Musiker oder als Journalist nicht sonderlich erfolgreich gewesen war, der aber ein erstaunliches Gedächtnis besaß. Bei einer Gelegenheit präsentierte Luria S. die in ◼ Abb. 9.1 gezeigte Matrix mit 50 Zahlen. Nachdem er die Tabelle 3 Minuten lang angesehen hatte, reproduzierte S. alle Zahlen fehlerfrei innerhalb von 40 Sekunden. Auf Aufforderung rezitierte er jede der vierstelligen Zahlen in den 12 Zeilen und die zweistellige Zahl in der letzten Zeile – abermals ohne Fehler und innerhalb von 50 Sekunden. Eine absolut bemerkenswerte Eigenschaft seines Gedächtnisses war weniger, dass er sich diese Tabellen so schnell einprägen konnte, sondern dass er sie zu jedem beliebigen späteren Zeitpunkt fehlerlos abrufen konnte. Sogar Wortlisten, die er 16 Jahre zuvor gelernt hatte, konnte er fehlerfrei wiedergeben, ohne dass er zwischenzeitlich auch nur einmal aufgefordert worden war, sich daran zu erinnern.

Wenn er nach mehreren Monaten oder Jahren aufgefordert wurde, sich an etwas zu erinnern, war der einzige Unterschied, dass er einige Minuten benötigte, um die Erinnerung »wiederzubeleben«. Er saß dann normalerweise mit geschlossenen Augen da, berichtet Luria, und kommentierte vielleicht so: »Jaja…. das war eine Serie, die Sie mir einmal gezeigt haben, als wir in Ihrem Apartment waren… Sie saßen am Tisch und ich im Schaukelstuhl… Sie trugen einen grauen Anzug und sahen mich etwa so an… Nun, ich sehe, dass sie sagten…« (1968, S. 12).

Das Gedächtnis der meisten Menschen ist nicht so phänomenal, wie die aus den ersten Experimenten zum Gedächtnisabruf stammenden »Gedächtniskurven« eindrucksvoll illustrieren (die meisten dieser Experimente wurden vom Pionier der Gedächtnisforschung, Ebbinghaus (1885/1964), durchgeführt). In ◼ Abb. 9.2 ist eine idealisierte Zusammenfassung dieser Kurven dargestellt. Das Auffallendste an diesen Kurven ist: Menschen neigen dazu, das Meiste, was sie lernen, unmittelbar nach dem Lernen wieder zu vergessen. In den ursprünglichen Experimenten von Ebbinghaus wurden Probanden gebeten, eine Liste sinnloser Silben zu lernen – bedeutungslose Kombinationen von Buchstaben wie kiv, gur oder lev. Obwohl diese Probanden sofort nach dem Lernen alle Silben erfolgreich abrufen konnten, hatten sie innerhalb von 20 Minuten nor-

9.1 · Metaphern in der Erforschung des Gedächtnisses

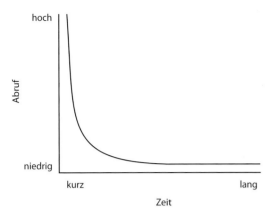

Abb. 9.2. Eine idealisierte Gedächtniskurve, nach Ebbinghaus (1885/1964)

malerweise mehr als 40% vergessen, innerhalb einer Stunde mehr als die Hälfte. Gleichzeitig standen jedoch die 20 oder 30% sinnloser Silben, an die sich die Probanden einen halben Tag erinnert hatten, auch nach einem Monat noch zum Abruf verfügbar. Daher gilt: Obwohl das Meiste, was Menschen lernen (zumindest insoweit es bedeutungslose Dinge betrifft) sehr schnell vergessen wird, wird einiges an Information doch über lange Zeiträume behalten. Diese Eigenschaften des menschlichen Gedächtnisses werden von den meisten aktuellen Theorien zu Lernen und Vergessen wiedergespiegelt.

9.1.2 Definition von Gedächtnis

In der Alltagssprache bezieht sich der Begriff Gedächtnis auf die Verfügbarkeit von Information und impliziert, dass man imstande ist, vorher erworbene Fertigkeiten oder Informationen abzurufen. Es setzt ganz klar Lernen voraus; das heißt Gedächtnis erfordert Veränderung. Die Computermetapher besagt, dass Erinnern bedeutet, einen Abruf aus dem Speicher vornehmen zu können.

Laut Hintzman (1990) ist es nicht überraschend, dass das intuitive Verständnis von Gedächtnis fordert, eine Erinnerung, die das Verhalten beeinflussen soll, müsse abrufbar sein.

Dies ist aber nicht richtig. Es gibt zahlreiche Beispiele für ein Phänomen, das manchmal als **implizites Gedächtnis** (oder **unbewusstes** Gedächtnis) bezeichnet wird (wie auch Freud überzeugend argumentierte). Früheres Lernen, an das man sich nicht bewusst erinnern kann, kann dennoch späteres Verhalten beeinflussen – z. B. wenn jemand eine lange nicht gebrauchte und scheinbar vergessene Sprache neu lernt. Ebenso wissen Amnestiker alle möglichen Dinge, können sich aber nicht daran erinnern, sie gelernt zu haben.

Goldblum (2001) unterscheidet zwei verschiedene Gedächtnisarten. Einerseits ist da das allgemeine Wissen: Dinge die man relativ dauerhaft weiß, wie den eigenen Namen, die Telefonnummer, die Namen der Planeten, ein Gedicht, das man in der Schule gelernt hat, wo man den letzten Urlaub verbracht hat. Andererseits gibt es eine Vielzahl von temporären Dingen, die man weiß – was man z. B. heute zum Frühstück gegessen hat, wohin man zum Essen gehen will, was man tun will, nachdem man dieses Kapitel zu Ende gelesen hat. Wie Goldblum schreibt, eignen sich konnektionistische Modelle, die auf der Annahme basieren, dass die Wiederholung von Erfahrungen zu Veränderungen in der Wahrscheinlichkeit führen, mit der Neurone sich gegenseitig aktivieren, zur Erklärung von dauerhaften Erinnerungen. Aber diese Modelle machen keine Aussagen zu temporären Erinnerungen. Wie wir in Kürze sehen werden, berücksichtigen aktuelle Gedächtnismodelle verschiedene Arten von Gedächtnis wie auch verschiedene Arten, Erinnerungen zu speichern sowie verschiedene Speicherorte.

Erinnern und Wissen

Erinnern, sagt Tulving (1989), ist nicht dasselbe wie Wissen. Er erklärt, dass Bäume mit ihren Jahresringen genau wie Musikaufnahmen und Karteien ein Gedächtnis besitzen, in gewissem Sinne etwas wissen. Aber sie erinnern sich an nichts.

Um diese Konzepte zu erklären, schlägt Tulving (2002) vor, dass Psychologen zwei unterschiedliche Aspekte des Gedächtnisses beachten sollen: Speicherung und Abruf. Bäume und Karteien verfügen über einen Speicher für bestimmte Dinge; Menschen verfügen über Speicher und Abruf. Um etwas abrufen zu können, muss Speichern vorausgegangen sein, weil Dinge, die nicht gelernt wurden, nicht abgerufen werden können. Dennoch kann nicht alles, was gespeichert wurde, auch abgerufen werden. Und es gibt inzwischen Belege dafür, dass an Speicherung und Abruf unterschiedliche Teile des Gehirns beteiligt sind (D'Esposito & Postle, 2002).

Aktuelle Gedächtnismetaphern benennen drei verschiedene Arten der Speicherung: sensorische Speicherung, Kurzzeit- und Langzeit-Speicherung. Sie benennen auch mindestens zwei verschiedene Arten des Abrufs aus dem Speicher: episodisch und semantisch. Später in diesem Kapitel werden diese Begriffe erklärt und illustriert.

Vergessen

Wenn die Medaille des Lernens zwei Seiten hat, ist Gedächtnis die eine, Vergessen die andere. Wie Gedächtnis bezieht sich auch Vergessen sowohl auf Speicherung als auch auf Abruf. Daher kann Vergessen, das einen Gedächtnisverlust impliziert, entweder auf eine Unfähigkeit des Abrufs zurückzuführen sein oder auf eine tatsächliche Veränderung oder den Verlust physiologischer Effekte von Erfahrung. Möglicherweise ist auch beides daran beteiligt.

9.1.3 Frühe Gedächtnisforschung

Man kann sagen, dass ein Mensch sich erinnert, wenn Verhalten oder Reaktionen vorausgegangenes Lernen reflektieren, unabhängig davon, ob dieser Mensch sich bewusst an das Lernen selbst erinnern kann. Wenn Ralph Schlangen aus dem Wege geht, weil er mit drei Jahren ein furchteinflössendes Erlebnis mit einer Schlange hatte, ist es korrekt zu sagen, dass diese frühe Erfahrung sein Verhalten verändert hat – das bedeutet, er hat etwas über Schlangen gelernt **und erinnert** sich daran. Dass er sich nicht mehr bewusst an dieses Erlebnis erinnern kann, widerspricht dieser Tatsache nicht. Die meisten frühen Untersuchungen zum Gedächtnis befassten sich jedoch mit bewusstem Abruf. Am häufigsten betrachteten sie die Fähigkeit oder Unfähigkeit von Menschen, Information wiederzugeben, die ihnen zuvor präsentiert wurde.

Derartige Untersuchungen können zu unklaren Resultaten führen, wenn die Probanden in der Vergangenheit bereits ähnliche Dinge gelernt haben. Dieses Problem kann man umgehen, indem man Material verwendet, das für alle Probanden vollständig neu ist. Ebbinghaus (1885/1964) löste das Problem, indem er mehr als 600 sinnlose Silben erfand.

Eine Reihe von Jahren lang saß er regelmäßig an seinem Schreibtisch und prägte sich Listen dieser sinnlosen Silben ein, um danach seinen Abruf zu testen. Die in einem Schaubild dargestellten Resultate dieser Experimente, mit Ebbinghaus als dem einzigen Probanden, lieferten die ersten Gedächtniskurven. Wie bereits angemerkt (und in ◘ Abb. 9.2 dargestellt), zeigen diese Kurven, dass der größte Teil des vergessenen Materials sehr schnell verloren geht. Gleichzeitig ist es wahrscheinlich, dass etwas, was für einen längeren Zeitraum (z. B. 10 Tage) behalten wird, auch nach deutlich längerer Zeit nicht vergessen wird (z. B. 40 Tage).

Die darauf folgende frühe Gedächtnisforschung benutzte diese sinnlosen Silben weiterhin sehr häufig in den verschiedensten experimentellen Situationen. Manchmal wurden diese Silben mit anderen Silben zu Paaren zusammengestellt – oder bedeutungsvolle Wörter wurden mit anderen Wörtern zu Paaren kombiniert – und die Probanden mussten lernen, was zusammengehörte. Dies wird als **Paarassoziations-Lernen** bezeichnet. In anderen Studien wurden Probanden aufgefordert, Sequenzen von Stimuli zu lernen (dies wird als **serielles Lernen** bezeichnet).

In zahlreichen Studien lernten die Probanden zwei verschiedene Gruppen von Material und mussten dann die eine oder andere abrufen, wobei man überprüfte, ob beim Abruf Interferenzen auftraten. Dies traf häufig zu. Wenn früher Gelerntes mit dem Abruf von später Gelerntem interferiert, spricht man von proaktiver Interferenz (wobei sich proaktiv auf eine Vorwärtsbewegung in der Zeit bezieht).

Wenn später Gelerntes den Abruf von früher Gelerntem reduziert, spricht man von retroaktiver Interferenz (◘ Tab. 9.1 und 9.2). Wenn man eine Sprache wie Französisch halbwegs lernt und später versucht, eine verwandte Sprache, wie Spanisch, zu lernen, stellt man wahrscheinlich fest, dass man sich an französische Wörter erinnert, wenn man nach den neu gelernten spanischen Wörtern sucht. Dies ist ein Beispiel für **proaktive** Interferenz. Wenn man Spanisch später beherrscht, fällt es einem möglicherweise schwer, sich an einige der französischen Wörter zu erinnern, die man zuvor kannte. Das ist ein Beispiel für **retroaktive** Interferenz.

9.2 · Drei-Komponenten-Modell des Gedächtnisses

Tab. 9.1. Test von retroaktiver Interferenz

	Experimentalgruppe (A)	Kontrollgruppe (B)
Zeitlicher Ablauf	1. Lerne X	1. Lerne X
	2. Lerne Y	2. tue etwas völlig anderes
	3. Abruf von X	3. Abruf von X

Anmerkung: Niedrigere Werte in Gruppe A verglichen mit Gruppe B verweisen auf das Ausmaß, in dem das Lernen von Y den Abruf von X stört.

Tab. 9.2. Test von proaktiver Interferenz

	Experimentalgruppe (A)	Kontrollgruppe (B)
Zeitlicher Ablauf	1. Lerne X	1. tue etwas völlig anderes
	2. Lerne Y	2. Lerne Y
	3. Abruf von Y	3. Abruf von Y

Anmerkung: Niedrigere Werte in Gruppe A verglichen mit Gruppe B verweisen auf das Ausmaß, in dem X mit Y interferiert.

9.2 Drei-Komponenten-Modell des Gedächtnisses

Einen wichtigen Beitrag der frühen Gedächtnisforschung, neben den vielen Einzelbefunden, stellen verschiedene, eng miteinander verwandte Modelle zum Erinnern beim Menschen dar. Das bekannteste stammt von Atkinson & Shiffrin (1968) und wird manchmal als **modales Modell** (Baddeley, 1997) bezeichnet. Es trifft eine wichtige Unterscheidung zwischen Kurzzeitgedächtnis und Langzeitgedächtnis und einer dritten Komponente, die als sensorisches Gedächtnis (oder sensorisches Register) bezeichnet wird. Das modale Modell ist in ◘ Abb. 9.3. zusammengefasst.

Man muss dabei bedenken, dass dieses Modell, wie die meisten psychologischen Modelle, eine Metapher ist. Als solche sagt es wahrscheinlich ebenso-

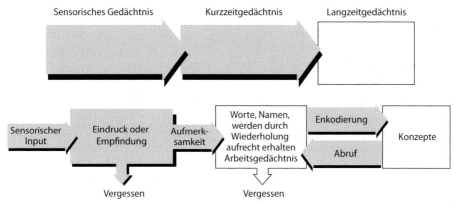

Abb. 9.3. Die drei Komponenten des Gedächtnisses im Modell von Atkinson und Shiffrin. Die sensorische Information gelangt zunächst ins sensorische Gedächtnis. Von dort aus kann sie ins Kurzzeitgedächtnis (auch als Arbeitsgedächtnis bezeichnet) gelangen, wo sie so lange bspw. als Name, Wort oder Bild verfügbar ist, wie sie wiederholt (beachtet) wird. Anteile des Materials im Kurzzeitgedächtnis können dann in Form von Konzepten (Ideen) für Langzeitspeicherung kodiert werden, wo es, falls notwendig, für einen Abruf ins Kurzzeitgedächtnis zur Verfügung steht. Wichtig ist, dass diese drei Gedächtniskomponenten nicht drei unterschiedliche Orte im Gehirn oder anderen Teilen des Nervensystems beschreiben, sondern die Art und Weise, wie wir Gedächtnis untersuchen

Das Cocktailparty-Phänomen

viel über die Art und Weise, wie Psychologen das Gedächtnis erforschen und darüber sprechen, wie über das Gedächtnis selbst. Kurz gesagt, gibt es keine bestimmte »Box« oder andere Struktur im menschlichen Gehirn, die dem Kurzzeitgedächtnis, und keine andere, die dem Langzeitgedächtnis entspricht. Es handelt sich nicht um physische Strukturen, sondern um Abstraktionen.[1]

9.2.1 Sensorisches Gedächtnis

Sensorisches Gedächtnis ist ein Begriff für die unmittelbaren, unbewussten Wirkungen von Stimuli. Es lässt sich in den **Cocktailparty-Experimenten** illustrieren, die ihren Namen aus der Untersuchung von Situationen bekommen haben, welche gesellschaftlichen Anlässen ähneln, in deren Gedränge viele Gespräche gleichzeitig stattfinden. Das Cocktailparty-Phänomen beschreibt die Fähigkeit von Individuen, ihre eigenen Gespräche fortzuführen, während sie die anderen simultan ablaufenden Gespräche scheinbar nicht zur Kenntnis nehmen. Wenn aber jemand anderes im Raum ein interessantes Thema anspricht, kann ihre Aufmerksamkeit sofort umschalten.

Dieses Phänomen zeigt, dass auch sensorische Eindrücke, denen das Individuum keine Aufmerksamkeit schenkt, offenbar zumindest eine kurzzeitige Wirkung haben.

Cherry (1953) war einer der ersten, der dieses Cocktailparty-Problem erforschte. In einer Studie setzte er seinen Probanden Kopfhörer auf und gab ihren beiden Ohren unterschiedliche Nachrichten zu hören. Unter diesen Umständen schienen die Probanden fähig zu sein, absichtlich auf den einen oder den anderen Kanal zu achten.

---

[1] Sehen Sie, was ich mit Metaphern meine, rief die alte Dame vom Felshang herunter, wobei sie ihre Arme weit ausbreitete, als wolle sie eine Predigt beginnen – oder als wolle sie in die Luft springen und zu mir herabgleiten oder -tauchen. Aber nichts davon hatte sie vor. Sehen Sie, fragte sie rhetorisch, dass dieses Gedächtnismodell ein weiteres Beispiel dafür ist, wie selektiv Menschen vorgehen, wenn sie zu erklären versuchen, was in der »Black Box« ist und wie sie von der gerade aktuellen Metapher geleitet werden? Im Fall des Gedächtnisses waren die Erklärungen lange Zeit durch eine Metapher geformt, die den menschlichen Geist als eine Art von Karteisystem ansah, das Informationen in logisch geordnete Karteien sortierte – von denen viele später verlorengingen. Eine andere Metapher sah den menschlichen Geist als eine Art Filmkamera, die kontinuierlich alles aufzeichnet, was sie erlebt. Eine aktuelle Metapher stellt das menschliche Gedächtnis als ein Informationsverarbeitungssystem dar, dessen Speicher durch die Art der Verarbeitung bestimmt wird.

9.2 · Drei-Komponenten-Modell des Gedächtnisses

In einer Abwandlung dieser Untersuchung ließ Broadbent (1952) seine Probanden alles wiederholen, was sie auf dem einen Ohr hörten, während sie es hörten – ein als »Shadowing« (Beschatten) bezeichneter Prozess. Mit diesem Ansatz entdeckte Broadbent, dass die Probanden sich nicht daran erinnern können, was sie auf dem anderen Ohr gehört haben. Als die Sprache, in der die Informationen auf das nichtbeachtete Ohr gegeben wurden, von Englisch auf Deutsch umgestellt wurde, bemerkten die Probanden dies nicht einmal. Moray (1959) stellte fest, dass Probanden sich sogar bei 35maliger Wiederholung eines Wortes nicht erinnern konnten, es gehört zu haben. Wenn aber der Name des Probanden nur ein einziges Mal genannt wurde, reichte dies oft aus, um eine Verlagerung der Aufmerksamkeit zu bewirken. Wood und Cowan (1995a, 1995b) replizierten diese Befunde später. Sie stellten weiter fest, dass Probanden, die ihren Namen auf dem nicht beachteten Kanal hörten, diesen Kanal einige Zeit danach weiter zu überwachen schienen. Moray fand auch heraus, dass wenn der Versuchsleiter das Band stoppte, Probanden abrufen konnten, was sie unmittelbar zuvor auf dem nichtbeachteten Ohr gehört hatten (obwohl die Wahrscheinlichkeit eines korrekten Abrufs mit längeren Zeitabständen stark abfiel). Offenbar haben sensorische Ereignisse kurzzeitige Wirkungen, auch wenn man ihnen keine Aufmerksamkeit schenkt. Diese Wirkungen definieren das, was wir sensorisches Gedächtnis nennen.

Sensorisches Gedächtnis zeigt sich auch in den Untersuchungen von Sperling (1963), in denen er mit einem Tachistoskop (einem Instrument, mit dem Stimuli blitzartig für Bruchteile einer Sekunde dargeboten werden können), auf einem Bildschirm drei Reihen von jeweils vier Buchstaben darbot. Unmittelbar nach der Darbietung hörten die Probanden einen von drei Tönen, der ihnen signalisierte, welche der drei Reihen sie abrufen sollten. Unter diesen Randbedingungen konnten sich die meisten Probanden fast immer an alle vier Buchstaben der betreffenden Reihe erinnern (die Genauigkeit des Abrufs lag bei über 90%). Wenn die Probanden aber aufgefordert wurden, sich an alle 12 Buchstaben zu erinnern, so schafften sie es im Durchschnitt nur auf 4,5. Je länger der zeitliche Abstand zwischen Darbietung der Buchstaben und der Frage danach war, desto weniger konnten sich die Probanden erinnern. Dieses Experiment illustriert sehr deutlich, dass eine begrenzte Anzahl von Stimuli für eine sehr kurze Zeit nach der Präsentation abrufbar bleibt, auch wenn sie nicht beachtet werden. Diese Art des sensorischen Gedächtnisses gleicht gewissermaßen einem Echo – so sehr, dass Neisser (1976) es als echoisches (für auditorische Stimuli) oder ikonisches (für visuelle Stimuli) Gedächtnis bezeichnete.

9.2.2 Kurzzeit- (oder Arbeits-)Gedächtnis

Eine andere Annäherung an das sensorische Gedächtnis ist der Hinweis darauf, dass es der bewussten Aufmerksamkeit vorausgeht, mit anderen Worten: Es ist etwas, das ohne Bewusstsein des Betreffenden auftritt. Wenn der Betreffende auf einen Stimulus achtet (sich dessen bewusst wird), gelangt dieser Stimulus in das Kurzzeitgedächtnis (KZG).

Sensorisches Gedächtnis ist ein Phänomen, das nur Millisekunden dauert, Kurzzeitgedächtnis ist dagegen ein Phänomen, das Sekunden dauert – nicht Stunden, nicht einmal Minuten.

Insbesondere bezieht sich Kurzzeitgedächtnis auf Bewusstsein und Abrufmöglichkeit für Informationen, die nicht mehr verfügbar sein werden, sobald der Betreffende aufhört, sie zu wiederholen.

Goldblum (2001) nennt Kurzzeitgedächtnis **temporäres Gedächtnis**. Das Kurzzeitgedächtnis ermöglicht es Sekretärin Olga, eine Nummer in einem Telefonbuch zu finden und sie zu wählen, ohne nach dem Wählen der ersten Zahl die zweite, nach dem Wählen der zweiten Zahl die dritte usw. nachschauen zu müssen. Dass sie die Telefonnummer vergisst, nachdem sie sie gewählt hat und sie daher erneut nachschauen muss, wenn sie noch einmal wählen muss, sind ebenfalls Merkmale des Kurzzeitgedächtnisses. Langzeitgedächtnis (LZG) wäre beteiligt, wenn Olga vermutet, dass sie die Nummer wiederholt wählen wird und daher versucht, sie sich »einzuprägen«, es wäre auch beteiligt, wenn die Symmetrie und Poesie dieser Nummer ihr auffallen würden, sodass sie am nächsten Tag feststellen würde, dass sie sich noch daran erinnert.

Eine klassische Untersuchung zum Kurzzeitgedächtnis

Eine der gebräuchlichsten frühen Techniken zur Untersuchung des Kurzzeitgedächtnis wurde von Peterson und Peterson (1959) entwickelt: Hier wird Probanden eine einzige sinnlose Silbe präsentiert und sie werden gebeten, sie später wieder abzurufen. Der unmittelbare Abruf ist normalerweise nahe bei 100% (Fehler beruhen hauptsächlich darauf, dass die Silbe nicht richtig verstanden wird). Größere Zeitabstände zwischen der Darbietung des Wortes und seinem Abruf führen zu höheren Fehlerraten, deren Ausmaß von den zwischenzeitlich ablaufenden Aktivitäten des Probanden abhängt. Wenn Probanden zwischendurch nichts tun und wissen, dass sie die Silbe später abrufen sollen, wiederholen sie sie normalerweise, um sicherzustellen, dass sie sich daran erinnern. Wenn die Probanden unmittelbar nach der Darbietung der sinnlosen Silbe aber irgendeine andere Aktivität ausführen sollen (z. B. im Takt eines Metronoms rückwärts zählen), wird die Erinnerung gestört. In der Studie von Peterson und Peterson (1959) bspw. erinnerten sich die Probanden in 80% der Fälle an die Silbe, wenn sie 3 Sekunden Zeit hatten, sie zu wiederholen, aber nur in 60% der Fälle, wenn sie dazu keine Gelegenheit hatten.

18 Sekunden nach der Darbietung des Stimulus erinnerten sich die Probanden immer noch in 33% der Fälle, wenn sie 3 Sekunden lang Gelegenheit hatten, die Silbe zu wiederholen, aber nur in 14% der Fälle, wenn sie dazu keine Gelegenheit hatten (◘ Abb. 9.4).

Begrenzte Kapazität

Kurzzeitgedächtnis bedeutet aktuelle Verfügbarkeit einer kleinen Anzahl von Items – eine Verfügbarkeit, die bereits innerhalb von Sekunden nachlässt und normalerweise innerhalb von 20 Sekunden (ohne Wiederholung) verschwunden ist. Kurzzeitgedächtnis ermöglicht Lesern, die Worte, die sie gerade lesen (oder schreiben), lange genug im Gedächtnis zu behalten, um den Sinn des Ganzen zu verstehen. Anders ausgedrückt: Kurzzeitgedächtnis ist das, was zu einem gegebenen Zeitpunkt bewusst ist. Wie Baddeley (2002) erklärt, ist es eine Art von »Notizblock« für das Denken. Aus diesem Grund wird Kurzzeitgedächtnis oft als **Arbeitsgedächtnis** bezeichnet.

Aus seinen Untersuchungen zum Kurzzeitgedächtnis schloss Miller (1956), dass die durchschnittliche Kurzzeitgedächtnis-Kapazität eines Erwachsenen bei etwa sieben, plus oder minus zwei, Items

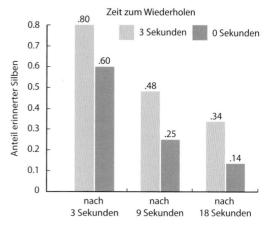

◘ **Abb. 9.4.** Anteil sinnloser Silben, an die sich die Probanden in der Untersuchung von Peterson und Peterson korrekt erinnerten, in Abhängigkeit von Wiederholung und Zeitabstand zwischen Darbietung und Abruf. Probanden in der Gruppe, die 0 Sekunden Zeit hatte, die Silbe zu wiederholen, mussten unmittelbar nach der Darbietung der Silbe beginnen, von einer dreistelligen Zahl rückwärts zu zählen. Die Probanden der anderen Gruppe hatten vor Beginn der Zählaufgabe 3 Sekunden Pause. Aus »Short-term Retention of Individual Verbal Items« von L.R. Peterson und M.J. Peterson, 1959, Journal of Experimental Psychology, 58, S. 197

liegt. Miller zufolge gibt es etwa sieben Speicherplätze im Kurzzeitgedächtnis – plus oder minus zwei. Wenn diese gefüllt sind, ist kein Platz für weiteres, bis ein oder zwei Speicherplätze wieder geleert sind, was in Anbetracht der Eigenschaften des Kurzzeitgedächtnisses innerhalb von Sekunden geschieht.

Chunking (Gruppierung)

Die begrenzte Kapazität des Kurzzeitgedächtnisses stellt für die meisten Menschen kein großes Problem dar, sagt Miller (1956), weil die Items, die die Speicherplätze füllen, keine Einzelinformationen (bspw. eine Zahl oder ein Buchstabe) sein müssen. Stattdessen können sie aus mehreren Items zusammengesetzt sein – eine Gruppierung (chunking) von Items sozusagen. Daher können die Speicherplätze des Kurzzeitgedächtnis mit sieben Buchstaben oder mit sieben Wörtern gefüllt werden. Die sieben Wörter stellen Gruppen von Informationen dar, die weit ökonomischer (und wahrscheinlich bedeutsamer) sind als sieben unzusammenhängende Buchstaben. Miller erklärt Chunking, indem er es analog zu einer Geldbörse mit Wechselgeld darstellt, die nur sieben Geldstücke aufnehmen kann (das ist die Gedächtnismetapher »Wechselgeldbörse«). Wenn sieben Pennies in der Börse sind, ist sie voll, sie könnte aber auch sieben Vierteldollar oder sieben Dollar (oder sieben Tausenddollarscheine) aufnehmen.

Baddeleys Arbeitsgedächtnismodell
Wie funktioniert also Arbeitsgedächtnis? Zur Erinnerung: **Arbeitsgedächtnis** ist nur ein anderes Etikett für **Kurzzeitgedächtnis**. Baddeley und Hitch (1974) stellen ein sehr interessantes, wenn auch etwas kompliziertes Modell vor. Zunächst, so erklären sie, wird eine Art von Kontrollprozess oder -system benötigt, das den gesamten Prozess überwacht. Sie nennen dieses System die zentrale Exekutive. Zweitens legt unser Wissen über die Funktionsweise des Kurzzeitgedächtnis nahe, dass es mindestens zwei andere Systeme geben muss, die aufgrund ihrer Beziehung zu der zentralen Exekutive als untergeordnete Systeme bezeichnet werden. Diese beiden untergeordneten Systeme sind die phonologische Schleife und der visuell-räumliche Notizblock (◘ Abb. 9.5).

Die wichtigsten Funktionen der zentralen Exekutive sind, (1) den Informationsfluss aus dem sensorischen Speicher zu regulieren (also Information der bewussten Aufmerksamkeit zugänglich zu machen), (2) Information für längerfristige Speicherung zu verarbeiten und (3) Information aus dem Langzeitspeicher abzurufen (Baddeley, 1997).

Die Hauptfunktionen der untergeordneten Systeme bestehen darin, Information aufrechtzuerhalten, damit sie für das Arbeitsgedächtnis verfügbar bleiben. Die phonologische Schleife hält verbale Informationen wie Worte oder Zahlen aufrecht und spielt eine wichtige Rolle beim Lernen neuer Wörter. In ähnlicher Weise verarbeitet der visuell-räumliche Notizblock hauptsächlich visuelles oder räumliches Material (Gathercole & Baddeley, 1993).

Dieses Modell legt nahe, dass im Arbeitsgedächtnis zwei unterschiedliche und unabhängige Verarbeitungsmodi existieren. Untersuchungen mit einem von Baddeley und Kollegen entwickelten Doppelaufgabenparadigma liefern dafür experimentelle Unterstützung. Dabei werden Probanden bspw. aufgefordert, eine visuell präsentierte Wortliste zu lernen (eine Aufgabe für die zentrale Exekutive), während

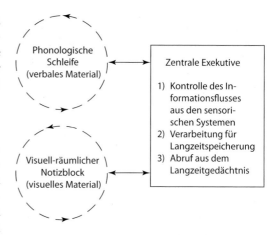

Untergeordnete Systeme

◘ **Abb. 9.5.** Darstellung des Arbeitsgedächtnismodells von Baddeley und Hitch. Die zentrale Exekutive kontrolliert den Informationsfluss aus den sensorischen Speicher, verarbeitet ihn, falls notwendig, und sorgt für den Abruf aus dem Langzeitspeicher. Die untergeordneten Systeme halten das sensorische Material für den Zugriff durch die zentrale Exekutive vorübergehend verfügbar

sie eine Sequenz von sechs oder weniger Zahlen behalten sollen (eine Aufgabe für ein untergeordnetes System). Man sollte erwarten, dass zwischen diesen Aufgaben starke Interferenzen auftreten. Aber normalerweise gibt es dabei nur geringfügige Interferenzen – nach Ansicht von Baddeley (1997) ein deutlicher Hinweis darauf, dass die zentrale Exekutive und die untergeordneten Systeme unterschiedliche Prozesse darstellen.

Zusätzliche Hinweise darauf, dass auch die untergeordneten Systeme auf verschiedenen Prozessen beruhen, stammen aus Untersuchungen, die die Hirnaktivität überwachen, während Probanden Gedächtnisaufgaben durchführen. Diese Untersuchungen verweisen darauf, dass separate Gehirnregionen an den unterschiedlichen Aspekten von Arbeitsgedächtnis beteiligt sind (bspw. Henson, 2001).

Bezogen auf das modale Modell, wie es in ◘ Abb. 9.3 dargestellt ist, repräsentiert Baddeleys Modell die Inhalte von sensorischem Gedächtnis und von Arbeitsgedächtnis. Das Baddeley-Modell besagt im Grunde, dass die untergeordneten Systeme die Wirkungen sensorischer Stimulation aufrecht erhalten (in einer Art von Schleife, wenn man so will), damit die zentrale Exekutive auf sie zugreifen kann.

Wichtig in diesem Modell ist außerdem, dass eine wesentliche Funktion der zentralen Exekutive im Transfer von Material ins Langzeitgedächtnis sowie auch im Abruf aus dem Langzeitgedächtnis besteht. Diese Themen werden in einem späteren Abschnitt zum Langzeitgedächtnis diskutiert.

Verarbeitungsebenen

Unterschiedliche Theorien erklären, weshalb das Kurzzeitgedächtnis auf wenige Items begrenzt ist und weshalb es zu Vergessen kommt. Die Zerfallstheorie (Decay Theory) besagt, dass Gedächtnisspuren im Laufe der Zeit schnell zerfallen (wenn sie nicht kontinuierlich wiederholt werden). Die Verschiebungstheorie (Displacement Theory) – im Grunde eine Analogie zu Miller (1956) – sagt aus, dass nur eine begrenzte Anzahl von Speicherplätzen im Kurzzeitgedächtnis vorhanden ist, sodass neu eintreffende Information alte Information daraus verschiebt. Die Interferenztheorie, die der Verschiebungstheorie stark ähnelt, besagt, dass vorausgegangenes Lernen (und nicht später eintreffende Informationen) in gewisser Weise mit dem Kurzzeitgedächtnis interferiert.

Craik und Lockhart (1972) vertreten die Auffassung, dass die Ursache von Informationsverlust aus dem Kurzzeitgedächtnis in den Verarbeitungsebenen liegt. Sie meinen, dass der Hauptunterschied zwischen Kurzzeit- und Langzeitgedächtnis in der Art der Inputverarbeitung besteht. Ein einfacher Stimulus wie ein Wort kann bspw. in Bezug auf sein physikalisches Aussehen verarbeitet werden – eine sehr niedrige, die sogenannte orthografische Verarbeitungsebene. Alternativ kann ein Wort aber auch im Hinblick auf seinen Klang verarbeitet werden (ein etwas tieferes, das sogenannte phonologische Verarbeitungsniveau). Oder es kann in Bezug auf seine Bedeutung verarbeitet werden (semantische Verarbeitung – die tiefste Verarbeitungsebene). Craik (1977) entwickelte Experimente, in denen Probanden Wortanalyseaufgaben durchführten, bei denen sie Wörter auf verschiedenen Ebenen verarbeiten sollten – wobei sie aber nicht wussten, dass sie sich später an die Wörter erinnern sollten. Sie wurden bspw. gefragt, ob ein Wort in Großbuchstaben geschrieben war (niedrigste Verarbeitung: orthographisch), ob es sich auf ein anderes Wort reimte (mittlere Verarbeitungsebene: phonologisch) oder ob es

dasselbe bedeutete wie ein anderes Wort (tiefste Verarbeitungsebene: semantisch). Nicht überraschend war, dass bei tieferer Verarbeitung der Anteil der Wörter anstieg, an den sich die Probanden später erinnerten.

Laut Craik kommt es im sensorischen Register nicht zu Verarbeitung. Auf der Ebene des Kurzzeitgedächtnisses kommt es zu einer »flachen« Verarbeitung, Stimuli werden hauptsächlich aufgrund einer Wahrnehmungsanalyse erkannt. Bei tieferer Verarbeitung (z. B. Analyse, Organisation, Erkennung der Bedeutung) wird Material ins Langzeitgedächtnis transferiert und geht daher nicht unmittelbar verloren. Das Vergessen aus dem Kurzzeitgedächtnis resultiert also aus unangemessener Verarbeitung (Cermak & Craik, 1979).

Die Überblicksarbeit von Nairne (2002) zu Untersuchungen, die sich mit Vergessen aus dem Kurzzeitgedächtnis befasst haben, zeigt die potenzielle Gültigkeit und Nützlichkeit von Craiks Erklärung über die Verarbeitungsebenen auf. Laut Nairne sind weder Zerfall der Gedächtnisspur noch mangelnde Wiederholung sehr gute Erklärungen für die häufigsten Fälle von Vergessen aus dem Kurzzeitgedächtnis. Vergessen ist stattdessen häufig auf fehlerhafte Abrufhinweise oder auf das Fehlen solcher Hinweise überhaupt zurückzuführen. Wenn eine Information wiederholt oder verarbeitet wird, erstellt der Lernende bestimmte Hinweise, die für den späteren Abruf verwendet werden können. Wenn diese Hinweisreize ermöglichen, dass der Abruf auch nach mehr als ein paar Sekunden möglich ist, wird angenommen, dass das Material für eine Speicherung im Langzeitgedächtnis enkodiert worden ist. Wahrscheinlich haben sich deshalb die meisten Forscher nur wenig mit Vergessen aus dem Kurzzeitgedächtnis befasst, vermutet Groeger (1997). Schließlich besteht die Funktion des Kurzzeitgedächtnisses einfach darin, Informationen so lange aufrechtzuerhalten wie nötig, um sie dann zu verwerfen. Wenn Menschen nicht auf diese Art funktionieren würden, dann würde ihr Langzeitgedächtnis wahrscheinlich mit aller Art nutzloser Information vollgepackt, sodass der Abruf aus dem Langzeitgedächtnis schwieriger wäre.

Informationsverlust aus dem Kurzzeitgedächtnis wird dann zu einem signifikanten Problem, wenn Krankheiten, Verletzungen oder Alterungsprozesse das Kurzzeitgedächtnis so stark beeinträchtigen, dass die spätere Verarbeitung leidet. Das geschieht im Grunde dann, wenn Menschen vergessen, was sie sagen wollten, nachdem sie damit begonnen haben. Oder was sie als Nächstes schreiben wollten…

9.2.3 Langzeitgedächtnis

Vor den 50er Jahren befasste sich der größte Teil der Gedächtnisforschung nicht mit den kurzlebigen und instabilen Erinnerungen des Kurzzeitgedächtnisses, sondern mit den stabileren, und – per definitionem – langlebigeren Erinnerungen des Langzeitgedächtnisses. Den Nutzen einer Unterscheidung zwischen LZG und KZG erkannten Psychologen erst Mitte der 50er Jahre.

Zwei weitere Veränderungen in der Gedächtnisforschung waren: (a) Statt sinnloser Silben und Wortpaare wurde nun bedeutungsvolles Material verwendet und (b) statt Gedächtnisspannen und Interferenzeffekte zu messen, verlagerte sich der Schwerpunkt auf die Untersuchung von Modellen zu Langzeitspeicherung und Abruf.

Alles, woran ein Mensch sich erinnern kann und was nicht gerade erst passiert ist, gehört zum Langzeitgedächtnis. Daher befinden sich alle Erinnerungen an Schulunterricht, Sprachkenntnisse und das gesamte stabile Weltwissen im Langzeitgedächtnis. Vier besonders wichtige Merkmale des Langzeitgedächtnisses werden im Folgenden illustriert.

1. **Langzeitgedächtnis ist äußerst stabil**

An vieles von dem, woran Sie sich heute und morgen erinnern, werden Sie sich auch in der nächsten Woche und vielleicht sogar im nächsten Jahr erinnern. Gesichter und andere Wahrnehmungsmuster, die Sie heute erkennen, werden Sie auch morgen erkennen. Und die allgemeinen Informationen, die Sie aus Ihrer Schulzeit behalten haben, werden Sie mit hoher Wahrscheinlichkeit auch noch im nächsten Monat wissen (Jenkins, Burton & Ellis, 2002; Magnussen, Greenlee, Aslaksen & Kildebo, 2003). Tatsächlich sind manche Erinnerungen, z. B. solche, die mit Geruch zu tun haben, erstaunlich haltbar über die Zeit. Wie Annett (1996) anmerkt, wird der Geruchssinn erst in jüngerer Zeit systematisch und intensiv erforscht. Vor Mitte der 70er Jahre befassten sich aktuelle kognitive Gedächtnismodelle hauptsächlich mit visueller und verbaler Information. Seitdem ist jedoch die Zahl der Forschungsarbeiten zum olfaktorischen Gedächtnis dramatisch angestiegen. Diese Forschung zeigt, dass das Gedächtnis für Gerüche einzigartig, vom Gedächtnis für verbale oder visuelle Informationen unabhängig und durch Interferenzen nicht störbar ist. In einer sehr interessanten Studie füllten Goldman und Seamon (1992) 14 Gerüche auf Flaschen ab, von denen die Hälfte mit der Kindheit assoziiert war (bspw. Späne angespitzter Farbstifte, Play-Doh, Fingerfarbe, Schaumseife), die andere Hälfte teilweise oder gänzlich mit Erwachsensein (Schokolade, Popcorn, Seifenspäne, Zigarettentabak). Erwachsene erkannten über 90% der kürzlich wahrgenommenen Gerüche und mehr als drei Viertel der manchmal sehr lange zurückliegend wahrgenommenen Gerüche (◘ Abb. 9.6). »Eine signifikante Erinnerung für Assoziationen zwischen Namen und Gerüchen bleibt sogar über sehr lange Abrufintervalle erhalten«, folgern Goldman und Seamon, »viel länger als alle anderen, die bisher getestet wurden« (1992, S. 562).

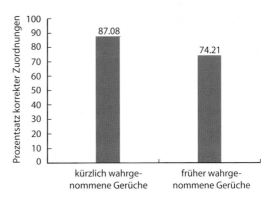

◘ **Abb. 9.6.** Genauigkeit der Erinnerung an kürzlich und länger zurückliegend wahrgenommene Gerüche. In dieser Untersuchung ordneten 30 17–22jährige Studenten in mindestens zwei von drei Fällen Gerüche korrekt bestimmten Namen zu. Aus »Very Long-Term Memory for Odors: Retention of Odor-Name Associations« von W.P. Goldman und J.G. Seamon, 1992. American Journal of Psychology, 105, S. 549–563 (Abbildung 1, S. 553). © 1992 Board of Trustees of the University of Illinois. Nachdruck mit Genehmigung der University of Illinois Press

2. Langzeitgedächtnis ist generativ

»Gedächtnis«, schreiben Schacter, Norman und Koutstaal, »ist keine buchstäbliche Reproduktion der Vergangenheit, sondern stattdessen abhängig von Konstruktionsprozessen, die wiederum für Fehler, Verzerrungen und Illusionen anfällig sind« (1998, S. 290). Vorgefasste Meinungen und Ansichten darüber, was zusammengehört, sogenannte **Schemata** oder **Skripte**, beeinflussen das Gedächtnis grundlegend. Diese Schemata können Menschen dazu bringen, sich an Dinge zu erinnern, die niemals geschehen sind – mit anderen Worten: Erinnerungen zu **generieren** anstatt zu **reproduzieren**. Johnson, Bransford und Solomon zeigten Probanden bspw. diese Textpassage (1973, S. 203):

John versuchte, das Vogelhaus zu reparieren. Er schlug den Nagel ein, als sein Vater herauskam, um ihm zuzuschauen und bei der Arbeit zu helfen.

Später wurden den Probanden die oben gezeigten beiden Sätze gezeigt, zusammen mit verschiedenen anderen, z. B. dem folgenden:

John benutzte den Hammer, um das Vogelhaus zu reparieren, als sein Vater herauskam, um ihm zuzuschauen und bei der Arbeit zu helfen.

Die meisten Probanden waren überzeugt, diesen Satz gesehen zu haben und nicht die beiden Sätze, die sie tatsächlich gesehen hatten. Warum? Weil die Probanden, obwohl das Wort Hammer in keinem der beiden ersten Sätze erwähnt worden war, sich an die Idee des Satzes klar erinnerten und auf Grundlage ihres Wissens, dass man Hämmer dazu verwendet, um Nägel einzuschlagen, das Wort in ihren Erinnerungen **generierten**, sagen Johnson und Kollegen.

Die generative (oder konstruktive) Tendenz des Gedächtnisses hat besonders wichtige Implikationen für Rechtssysteme, die sich stark auf Zeugenaussagen stützen. Untersuchungen von Loftus, Feldman und Dashiell (1995) zeigen bspw., dass sich Zeugen unter einer Vielzahl von Randbedingungen an die Ereignisse wahrscheinlich nur ungenau erinnern oder sich sogar an Ereignisse erinnern, die gar nicht stattgefunden haben.

3. Verständnis beeinflusst das Langzeitgedächtnis
Menschen erinnern sich oft an eine Bedeutung – eine zentrale Idee. Wir erinnern uns nicht so sehr an Einzelheiten als vielmehr an das **Wesentliche**, erklären Koriat, Goldsmith und Pansky (2000). Wenn Len z. B. eine Geschichte hört und sie dann nacherzählt, erinnert er sich normalerweise an den allgemeinen Ablauf – die Situation und die Pointe. Wenn er die Geschichte nacherzählt, erinnert er sich nicht an jeden einzelnen Satz, an jede Pause und die Gesten des ursprünglichen Erzählers. Stattdessen generiert er seine eigene Geschichte, basierend auf seinem Verständnis der gehörten Geschichte.

Die Beziehung zwischen Verständnis und Langzeitgedächtnis wird mit einer Untersuchung von Piaget und Inhelder (1956) illustriert, in der kleine Kinder Linien zeichneten, die die Wasserlinie in geneigten Gefäßen anzeigen sollten. Obwohl alle Kinder Flüssigkeiten in geneigten Gläsern oder Flaschen gesehen haben, geht aus ihren Reproduktionen hervor, dass sie sich nicht wirklich daran erinnern, wie dies aussieht (gezeigt in ◘ Abb. 9.7). Erst nachdem Kinder verstehen, dass der Wasserspiegel horizontal bleibt, erinnern sie sich korrekt.

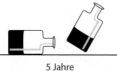
5 Jahre

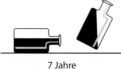
7 Jahre

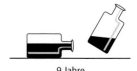
9 Jahre

◘ **Abb. 9.7.** Von Kindern eingezeichnete Wasserspiegel. Man beachte, dass die Kinder nicht zeichnen, was sie gesehen haben und woran sie sich erinnern. Sie zeichnen den Wasserspiegel erst dann richtig ein, wenn sie verstanden haben, dass der Wasserspiegel horizontal verläuft

9.2 · Drei-Komponenten-Modell des Gedächtnisses

4. An manche Dinge kann sich der Mensch leichter erinnern.

Wie wir gerade gesehen haben, wird bedeutungsvolles Material leichter und über längere Zeiträume in der Erinnerung behalten als weniger bedeutungsvolles Material. Das Gedächtnis für Gerüche scheint ebenfalls sehr dauerhaft zu sein. Und wie Wynn und Logie (1998) aus ihren Befragungen von 63 Erwachsenen über tatsächliche Ereignisse in deren Leben schlossen, sind persönliche Erinnerungen an reale Alltagserlebnisse bemerkenswert genau und verändern sich über die Zeit auch wenig.

An besonders bemerkenswerte, wichtige oder emotionale Ereignisse kann man sich auch oft klarer und länger erinnern als an banalere Ereignisse. Solche Ereignisse lösen manchmal sogenannte Flashbulb Memories (Blitzlichterinnerungen) aus. Flashbulb Memories sind außerordentlich lebhafte Erinnerungen an das erste Gewahrwerden einer besonders emotionalen Information. Solche Erinnerungen, erklärt Cohen (1996), enthalten normalerweise einen sehr genauen Abruf der unmittelbaren Umstände, in denen man diese Nachricht erstmals vernahm, was man da gerade tat, wie man es erfuhr, was man dabei fühlte, was als nächstes geschah, usw. Flashbulb Memories sind manchmal Massenphänomene – wie beim Attentat auf Präsident Kennedy in den Vereinigten Staaten oder dem Tod von Prinzessin Diana in Europa. Sie können aber auch persönlicher sein, z. B. wenn man erfährt, dass man viel Geld in einer Lotterie gewonnen hat.

9.2.4 Kurzzeit- und Langzeitgedächtnis im Vergleich

Das Kurzzeitgedächtnis ist ein aktives Gedächtnis, sagt Wickelgren: Es enthält, woran »man gegenwärtig denkt« (1981, S 46). Daher entspricht das Kurzzeitgedächtnis der Aufmerksamkeitsspanne, und der wichtigste Unterschied zwischen Kurzzeitgedächtnis und Langzeitgedächtnis ist nicht, dass das eine nur Sekunden anhält und das andere über lange Zeiträume, sondern vielmehr, dass das eine unmittelbar bewusst ist und das andere nicht.

Zu weiteren Unterschieden zwischen Kurzzeitgedächtnis und Langzeitgedächtnis (zusammengefasst in ◘ Tab. 9.3) gehört auch, dass das Kurzzeitgedächtnis als ein aktiv laufender Prozess leicht durch äußere oder innere Ereignisse störbar ist. Im Gegensatz dazu ist das Langzeitgedächtnis eher passiv und weniger störanfällig. Außerdem ist, wie wir gesehen haben, das Kurzzeitgedächtnis in seiner Kapazität wesentlich begrenzter, da es im Kern synonym zu aktiver Aufmerksamkeit oder unmittelbarem Bewusstsein ist.

Schließlich erfolgt der Abruf aus dem Kurzzeitgedächtnis auch unmittelbar und automatisch – eine kaum überraschende Tatsache, da das Abgerufene entweder unmittelbar im Bewusstsein oder nicht verfügbar ist. Der Abruf aus dem Langzeitgedächtnis

◘ Tab. 9.3. Drei Gedächtnisebenen

	Sensorisch	Kurzzeit	Langzeit
Alternative Bezeichnungen	Echoisches oder ikonisches Gedächtnis	Primäres oder Arbeitsgedächtnis	Sekundäres Gedächtnis
Dauer	Unter 1 Sekunde	Temporär, unter 20 Sekunden	Dauerhaft, unbegrenzt
Stabilität	Vorübergehend	Leicht störbar	Nicht leicht störbar
Kapazität	Begrenzt	Begrenzt (7 +/- 2 Items)	Unbegrenzt
Allgemeine Merkmale	Augenblicklicher, unbewusster Eindruck, eine vorübergehende Empfindung oder Assoziation	Worauf wir unsere Aufmerksamkeit ausrichten; unmittelbares Bewusstsein; aktiv; durch Wiederholung aufrechtzuerhalten	All unser Wissen; passiv; Resultat von Enkodierung, Speicherung und Abruf von Information

Aus **Psychology for Teaching**, 10. Auflage, von G.R. Lefrançois, S. 175. Copyright © by Wadsworth, Inc. Nachdruck mit Genehmigung von Wadsworth Publishing Company, Belmont, CA.

kann weit zögerlicher verlaufen, eine Suche erfordern und Verzerrungen des ursprünglich Gelernten enthalten.

9.3 Verschiedene Formen des Langzeitgedächtnisses

Eine wichtige Einsicht aus der Gedächtnisforschung ist die allmähliche Erkenntnis, dass Langzeitgedächtnis nicht einheitlich ist, sondern aus verschiedenen Komponenten besteht. Zahlreiche Forscher und Theoretiker haben verschiedene Etiketten als Metaphern für diese Komponenten vorgeschlagen. Zu den nützlichsten und am häufigsten erforschten gehören das **implizite** und das **explizite** Gedächtnis (Davis, 2001).

9.3.1 Explizites (deklaratives) und implizites (nicht deklaratives) Gedächtnis

Wie wir bereits gesehen haben, kann Wissen entweder explizit oder implizit sein. Als der Tausendfüßler gefragt wurde, wie er es schafft, auf seinen vielen Beinen so elegant zu laufen, woher er immer weiß, welches er als nächstes bewegen muss, stellte er erstaunt fest, dass er über dieses Problem nie wirklich nachgedacht hatte. Daher versuchte er darüber nachzudenken, wie er lief, und das arme Ding war am Ende hoffnungslos verwirrt und völlig verknotet, nur weil es versuchte bewusst so zu laufen, wie es das immer getan hatte.

Erinnerungen von Menschen daran, wie man geht, wie man sich auf einem Fahrrad aufrecht hält, wie man einen Home Run schlägt oder wie man beim Eislauf einen dreifachen Lutz macht, sind implizite Erinnerungen – auch als **nichtdeklarative** Erinnerungen bezeichnet, weil sie nicht einfach abgerufen und in Worte gefasst werden können (also nicht »deklariert« werden können).

Im Gegensatz dazu sind die Erinnerungen an Namen und Adressen von Menschen, ihre Telefonnummern und den Namen ihres Hundes explizite Erinnerungen – auch als **deklarativ** bezeichnet, weil sie in Worte gefasst werden können (sie können »deklariert« werden). Andere Beispiele sind Erinnerungen an den letzten Geburtstag oder was man letztes Jahr zu Weihnachten getan hat.

»Die wesentliche Unterscheidung«, sagen Squire, Knowlton und Musen, »ist die zwischen bewusstem Gedächtnis für Fakten und Ereignisse und verschiedenen Formen nichtbewussten Gedächtnisses« (1993, S. 457). Eine Methode, sich den Unterschied zwischen explizitem und implizitem Gedächtnis klarzumachen, bezieht sich auf den Unterschied zwischen **Wissen** und **Erinnern**, sagen Rovee-Collier, Hayne und Colombo (2001). An explizite Erinnerungen kann sich der Mensch erinnern; d. h. er kann sie ins Bewusstsein rufen (explizit machen). Im Gegensatz dazu können implizite Erinnerungen, obwohl sie Dinge enthalten, die man weiß (bspw. Fahrradfahren) nicht **erinnert** und verbalisiert werden. Das bedeutet, sie können nicht explizit gemacht werden.

Physiologische Belege

Am Beispiel von Amnestikern, die häufig intensiv von Psychologen untersucht wurden, kann man den Unterschied zwischen implizitem und explizitem Gedächtnis besonders deutlich illustrieren. Viele Amnestiker haben große Teile ihres deklarativen (expliziten) Gedächtnisses verloren, sie haben oft vergessen, wer sie sind, wo sie zur Schule gingen, welchen Beruf sie hatten, wer ihre Ehepartner, Kinder, Eltern und Freunde sind usw. Dennoch verfügen sie noch über viele implizite Erinnerungen bezüglich motorischer Fertigkeiten und anderer Dinge.

Wie Keane et al. (1997) demonstrierten, zeigen Amnestiker in einfachen Gedächtnisexperimenten gute Leistungen beim impliziten Gedächtnis, während ihr Abruf expliziten Lernens gestört ist, was nicht überraschend ist. Ebenso schneiden Alzheimer-Patienten (eine Krankheit, die mit schweren Gedächtniseinbußen verbunden ist) relativ gut in Tests des impliziten Gedächtnis ab, obwohl sie schwere Beeinträchtigungen in Aufgaben zum expliziten Gedächtnis zeigen (Monti, Gabrieli, Wilson, Beckett, Grinnell et al., 1997). Wie Hintzman (1990) berichtet, können Amnestiker interessanterweise klassisch konditioniert werden. Dieser Befund ist ein Beleg für implizites oder nichtdeklaratives Gedächtnis. In diesen Fällen können sie sich jedoch meistens nicht an den Konditionierungsvorgang selbst erinnern,

9.3 · Verschiedene Formen des Langzeitgedächtnisses

was auf die Schwäche des deklarativen Gedächtnisses verweist.

Wie wir später in diesem Kapitel sehen werden, liefern Untersuchungen der Hirnaktivität gesunder Probanden, genau wie Untersuchungen von Menschen mit Hirnschäden, überzeugende Belege dafür, dass an implizitem und explizitem Gedächtnis unterschiedliche Teile des Gehirns beteiligt sind (bspw. Broadbent, Clark, Zola & Squire, 2002).

9.3.2 Zwei Formen des deklarativen Gedächtnisses

Untersuchungen an Amnestikern verweisen auch auf eine wichtige Unterscheidung zwischen zwei Formen des deklarativen Gedächtnisses. Da ist z. B. der Fall K.C., ein Mann, der mit 30 Jahren mit seinem Motorrad aus einer Kurve getragen wurde und einen schweren Gehirnschaden mit einer dauerhaften Amnesie davontrug (Tulving, Schacter, McLachlan & Moscovitch, 1988). K.C. ist nicht imstande, sich irgendetwas, das er in der Vergangenheit jemals getan, gesehen oder gefühlt hat, bewusst ins Gedächtnis zu rufen. Er kann sich nicht daran erinnern, je etwas erlebt oder getan zu haben. Tulving schreibt: »K.C. weiß, dass seine Familie ein Sommerhaus besitzt, er weiß wo es liegt, er kann den Ort auf einer Karte von Ontario zeigen, und er weiß, dass er dort Sommer und Wochenenden verbracht hat. Aber er erinnert sich an keine Gelegenheit, zu der er in dem Haus war und an kein einzelnes Ereignis, das dort stattgefunden hat« (1989, S. 363). K.C. erinnert sich an alle möglichen politischen, geographischen und musikalischen Dinge. Er kann sich so gut erinnern, dass seine gemessene Intelligenz im Normalbereich liegt, und wenn man mit ihm redet, bemerkt man vielleicht nicht einmal, dass etwas nicht stimmt. Aber er erinnert sich an keine einzige persönliche Episode seines Lebens.

Semantisches und episodisches Gedächtnis
Es gibt mindestens zwei unterschiedliche Formen von deklarativem Langzeitgedächtnis, behauptet Tulving (1989, 2002). Einerseits ist da das stabile Weltwissen, z. B. abstraktes Wissen, Wissen zum Verständnis und zur Verwendung von Sprache, Wissen über Prinzipien, Gesetze und Fakten, Wissen über Strategien und Heuristiken. Dies sind Beispiele für semantisches Gedächtnis. Die Belege zeigen, dass das semantische Gedächtnis bei K.C. erhalten ist.

Andererseits ist da Wissen, das aus persönlichen Erinnerungen an Ereignisse besteht, die das Individuum erlebt hat. Hierbei handelt es sich nicht um abstrakte Erinnerungen (wie bspw. Regeln und Prinzipien), sondern um spezifische, an eine Zeit und einen Ort gebundene Erinnerungen. Es sind autobiographische Erinnerungen, an denen immer eine Person an einem Ort zu einer bestimmten Zeit beteiligt ist. Diese Erinnerungen, die durch K.C.s Amnesie zerstört wurden, werden als episodisches Gedächtnis bezeichnet.

Tulving argumentiert, dass diese beiden Formen von Gedächtnis sich ausreichend unterscheiden, um ihre separate Behandlung zu rechtfertigen. Er nimmt an, dass sich die Art der Speicherung in den beiden Gedächtnisformen deutlich unterscheiden könne, ebenso wie die Art, wie erinnert und wie vergessen wird. Das episodische Gedächtnis scheint bspw. weitaus anfälliger für Verzerrungen oder Vergessen zu sein als das semantische: Menschen tun sich beträchtlich schwerer, sich daran zu erinnern, was sie vor drei Tagen zum Frühstück gegessen haben als sich an ein Gedicht oder einen Namen zu erinnern, den sie in der Grundschule lernten.

Laut Tulving (1989) ist das episodische Gedächtnis vom semantischen Gedächtnis abhängig. Wenn Georgina sich an das Erlebnis des morgendlichen Frühstücks erinnert, kann sie sich auch an eine Vielzahl abstrakter Dinge erinnern, die mit dem Essen, mit Frühstück, mit Küchen oder Restaurants zusammenhängen. Im Gegensatz dazu scheint das semantische Gedächtnis auch unabhängig oder sogar in Abwesenheit von episodischem Gedächtnis arbeiten zu können. Daher kann K.C. wissen, wie man Schach spielt – und wissen, dass er weiß, wie man Schach spielt – ohne eine Erinnerung daran zu haben, jemals eine Partie Schach gespielt zu haben. In Tulvings Worten: »Es ist einem Individuum möglich, Fakten zu wissen, ohne sich zu erinnern, sie gelernt zu haben, es ist aber nicht möglich, sich an etwas zu erinnern, ohne zu wissen, was es ist, woran man sich erinnert« (1989, S. 365).

Tulving (2002) erklärt, dass episodisches Gedächtnis eng mit einem subjektiven Zeitempfinden

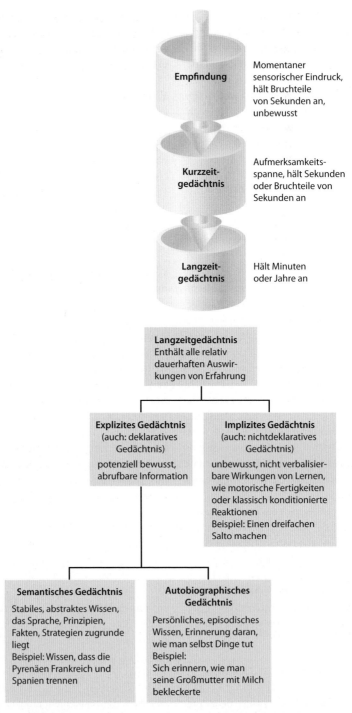

Abb. 9.8. Ein Modell des Gedächtnisses. Forscher beschreiben verschiedene Aspekte des Gedächtnisses, die sich in Bezug auf das beteiligte Material und die Art, wie das Material gelernt und abgerufen wird, unterscheiden. Untersuchungen zu Gedächtnisstörungen bei Amnestikern sowie bildgebende Untersuchungen des Gehirns liefern Hinweise darauf, dass unterschiedliche Teile des Gehirns an den verschiedenen Formen des Gedächtnisses beteiligt sind

9.3 · Verschiedene Formen des Langzeitgedächtnisses

verbunden ist.[2] Wenn Menschen sich an besondere Episoden ihres Lebens erinnern, erinnern sie sich auch an eine bestimmte Zeit und an einen Ort. K.C., dessen episodisches Gedächtnis bei seinem Unfall verlorengegangen ist, hat auch jeden Sinn für persönliche Zeit verloren. Obwohl er das Konzept Zeit verstand und darüber so gut wie jeder Gesunde diskutieren konnte, hatte er kein Empfinden für subjektive Zeit. In Tulvings Worten: »Die Beeinträchtigung betrifft nicht nur die Vergangenheit, sie erstreckt sich auch in die Zukunft. Auf die Frage des Untersuchers kann er (K.C.) nicht sagen, was er später am Tage tun wird, oder am Tag danach oder zu irgendeinem Zeitpunkt seines weiteren Lebens. Er kann sich seine Zukunft genauso wenig vorstellen, wie er sich an seine Vergangenheit erinnern kann« (2000, S. 14).

Die Unterschiede zwischen den verschiedenen Formen des Langzeitgedächtnisses werden in ❏ Abbildung 9.8. dargestellt.

9.3.3 Modelle des deklarativen Langzeitgedächtnisses

Eine frühe Metapher für das Langzeitgedächtnis stellt den Geist als eine Art Filmkamera dar (komplett ausgestattet mit Audio, Video, Geruch, Tastsinn, Geschmack usw., Koffka, 1935). Dieses Modell sieht Gedächtnis als eine vollständige, sequenzielle Aufzeichnung von Erfahrungen, aus denen Menschen die isolierten Stücke von Information abrufen, die im Laufe der Zeit noch verfügbar sind.

Hierbei handelt es sich um ein nichtassoziatives Gedächtnismodell.

Nahezu ohne Ausnahme sind zeitgenössische Modelle des Langzeitgedächtnisses assoziativ. Das bedeutet, sie gründen auf der Annahme, dass alle Informationen im Gedächtnis in vielfältiger Weise assoziiert sind. Wenn man also im Gedächtnis nach einer Information »sucht«, erzeugt man nicht zufällig eine lange Sequenz unzusammenhängender Reaktionen, sondern man nähert sich der gesuchten Information über ein Netzwerk zusammenhängender Informationen.[3]

Assoziationistische Modelle des Langzeitgedächtnisses sind im Kern kognitive Modelle. Es ist nicht überraschend, dass sie häufig eine Vielzahl abstrakter Konzepte verwenden, wie Bruners **Kategorien** und **Kodiersysteme**, Piagets **Schemata**, Hebbs **Zellverbände** oder **Phasensequenzen** oder andere Abstraktionen wie **Knoten** (s. bspw. Wickelgreen, 1981). Aber **Knoten, Kategorie, Schema, Zellverband** und verwandte Begriffe sind einfach nur Metaphern. Sie beschreiben keine tatsächlichen Strukturen. Sie sind Metaphern für das, was im »Geist« repräsentiert werden kann. Ihr einziges definierendes Attribut besteht darin, dass sie repräsentieren.

Ein Knotenmodell (node model) mentaler Repräsentation sagt bspw. nur aus, dass Menschen Wissen durch Repräsentationen (Knoten genannt, obwohl sie auch irgendeinen anderen Namen haben könnten) abbilden, die auf vielfältige, kaum verstandene Weise miteinander in Beziehung stehen. In ❏ Abb. 9.9 wird eine mögliche Darstellung eines kleinen Ausschnittes eines Knotenmodells gezeigt.

Die Nützlichkeit eines Knotenmodells für das menschliche Gedächtnis liegt darin, dass es die assoziationistischen Merkmale des Gedächtnisses her-

---

[2] Ihre intelligenteren Leser könnten hier eine kleine Abschweifung wünschen, sagte die alte Dame, unterbrach ihren Vortrag und wies mich an, den Rekorder auszuschalten. Sie möchten sich vielleicht etwas Zeit nehmen, um über Zeit nachzudenken. Vielleicht sollten sie Stephen Hawkings *A Brief History of Time* (1996; dtsch. *Eine kurze Geschichte der Zeit*) lesen. Aber vielleicht wäre das zu schwierig. Besser wäre es vielleicht, wenn sie über die von Tulving (2002) vorgeschlagene Möglichkeit nachdenken, dass kein nichtmenschliches Tier jemals fähig ist, über subjektive Zeit nachzudenken. Weil episodische Erinnerungen die Form einer »mentalen Reise durch die subjektive Zeit« haben, sind sie von einer bestimmten Art von Bewusstsein (**autonoetisch** genannt) begleitet, über das Tiere vermutlich nicht verfügen. Harpaz schreibt unter Bezugnahme auf diesen Vorschlag »Das ist schrecklich dumm. Bis ein Tier genug Intelligenz besitzt, um Bewusstsein zu haben, kann es

per definitionem kein episodisches Gedächtnis besitzen. Sogar wenn es das tut, muss es noch intelligent genug sein, mit uns darüber zu diskutieren, damit wir das erfahren« (2003).

[3] Die alte Dame sagte, vielleicht solle sie als Nebenbemerkung für die scharfsinnigen Leser darauf hinweisen, dass das Assoziationskonzept für die meisten früheren, behavioristischen Theorien, die in den ersten Kapiteln dieses Berichtes beschrieben wurden, fundamental sei. Sie erklärte, dass viele dieser Theorien sich bspw. damit beschäftigten, wie Assoziationen zwischen Stimulus und Reaktionen durch Wiederholung und Belohnung beeinflusst werden. Sie sagte, dass Assoziationen auch im Bereich der Kognitionspsychologie sehr wichtig seien. Aber Kognitionstheoretiker befassten sich mehr mit den Assoziationen zwischen Ideen (Konzepten) und wie diese durch Bedeutung beeinflusst würden. Dann fuhr sie fort, aus ihren Notizen vorzulesen.

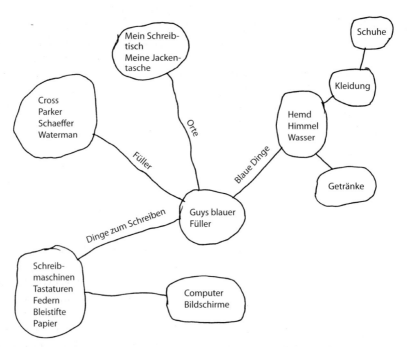

□ **Abb. 9.9.** Ein Modell einer Metapher. Die Knotentheorie nimmt an, dass wir Abstraktionen (Bedeutungen, Assoziationen, Kerninhalte) erinnern und nicht Einzelheiten. Daher ist »Guys blauer Füller« hier als ein Knoten beschrieben, eingebettet in ein komplexes Netzwerk von Abstraktionen (bspw. »blaue Dinge«), von denen jede auch in Verbindung mit vielen anderen Knoten steht, die hier nicht gezeigt sind

vorhebt. Man beachte weiterhin, dass Modelle des LZG im Grunde Informationsverarbeitungs-Modelle sind. Als solche haben sie viel über die an Gedächtnis beteiligten Prozesse mitzuteilen (wie Aufmerksamkeit, Wiederholung, Organisation). Es ist daher nicht überraschend, dass die meisten Kognitionstheoretiker Lernen und Gedächtnis nicht mehr als separate Themen behandeln.

9.4 Physiologie des Gedächtnisses

Lernen und Erinnern bewirken gewisse Veränderungen im Gehirn, wie wir in ▶ Kap. 5 gesehen haben. Für ein Verständnis von Lernen und Gedächtnis wäre Wissen über die genaue Art und den Ort dieser Veränderungen nützlich.

9.4.1 Engramm

Die ersten Gedächtnisforscher dachten, dass es sinnvoll wäre, wenn für jede erinnerte Erfahrung eine spezifische und dauerhafte Spur im Gedächtnis zurückbliebe. Der Trick ist, diese Spur zu finden, die manchmal als Engramm bezeichnet wird. Wie Wolfgram und Goldstein (1987) sagen, ist die physikalische Basis des Gedächtnisses vielleicht weniger eine Spur (oder ein Engramm) als vielmehr ein Code – dessen Geheimnisse die wahre Natur des Erinnerns enthüllen würden. Auf der Suche nach diesem Code oder dieser Spur sind einige faszinierende Untersuchungen entstanden.

Lashleys Ratten
Karl Lashley (1924) war davon überzeugt, dass Erfahrungen spezifische **Engramme** im Gehirn hinterlassen, und er war fest entschlossen, sie zu finden. Wie wir in ▶ Kap. 5 sahen, trainierte Lashley Ratten darin, sich in einem Labyrinth zurechtzufinden. Sobald eine Ratte das Labyrinth gut kannte, entfernte er systematisch winzig kleine Teile ihres Gehirns und fertigte genaue Aufzeichnungen über die entfernten Teile an. Dann setzte er die Ratte wieder in das Labyrinth. Er war sicher, dass er schließlich genau das richtige Teilchen herausschneiden würde,

9.4 · Physiologie des Gedächtnisses

woraufhin die Ratte sich nicht mehr werde erinnern können wie man sich im Labyrinth zurechtfindet.

Aber das funktionierte nicht. Egal welchen Teil des Gehirns Lashley entfernte – solange er die Tiere dabei nicht tötete oder die Operation zu körperlichen Einschränkungen führte – die Ratten liefen weiterhin durch das Labyrinth (wenn auch immer langsamer). Er war schließlich zu der Schlussfolgerung gezwungen, dass Erinnerungen über das Gehirn verteilt sind und sich nicht nur an einer Stelle befinden.

Nach Lashleys Tod führte einer seiner engen Mitarbeiter, R. Thompson, die Suche nach dem Engramm weiter. Er schlussfolgerte ebenfalls, dass Erinnerungen an vielen Stellen im Gehirn lokalisiert sein können (Thorne, 1995). Spätere Untersuchungen zeigten aber, dass diese Forscher der Wahrheit vielleicht näher waren, als viele ihrer Zeitgenossen glaubten. Poldrack und Poldrack (2003) fassen bspw. Forschungsergebnisse zusammen, die zeigen, dass während des Lernens multiple Gedächtnissysteme oft zeitgleich aktiv sind. Sie nehmen an, dass in manchen Fällen ein **Wettbewerb** zwischen diesen Systemen besteht, sodass die Schädigung eines Systems das Lernen tatsächlich verbessert.

Penfields Patienten

Der Gehirnchirurg Wilder Penfield (1969) glaubte, einen Weg gefunden zu haben, menschliche Erinnerungen aufzuspüren und zu lokalisieren, als er im Verlauf von Gehirnoperationen die Gehirne einiger seiner Patienten stimulierte, während diese bei vollem Bewusstsein waren. Geringe Stimulationen, über winzige Elektroden vermittelt, schienen sehr lebhafte und detaillierte Erinnerungen an zurück-

liegende Erlebnisse auszulösen. Eine sorgfältigere Überprüfung ergab jedoch später, dass diese Erinnerungen nicht sehr verlässlich waren: Ein Patient, der detailliert einen Besuch in einem Holzlager beschrieb, war in Wirklichkeit niemals dort gewesen. Squire (1987) nimmt an, dass Penfields Patienten wahrscheinlich fantasierten, Erinnerungen konstruierten oder sogar halluzinierten.

9.4.2 Untersuchungen am Gehirn der Ratte und an Planaria

Eine Untersuchungsreihe an den Gehirnen von Ratten (Krech, Rosenzweig & Bennett, 1960, 1962, 1966) schien zu demonstrieren, dass Lernen spezifische, messbare chemische Veränderungen in den Rattenhirnen bewirkt. Die gefundenen Veränderungen erwiesen sich allerdings als sehr global und wenig informativ. Außerdem konnten diese Untersuchungen kaum je repliziert werden und werden allgemein als ungültig angesehen (Johnson, 1992).

Auch McConnell (1962, 1976) berichtet über Untersuchungen, die zu zeigen schienen, dass die Konditionierung von Planaria (Plattwürmern), sich in Reaktion auf ein Licht zusammenzurollen, bei diesen dauerhafte chemische Veränderungen auslöste, die man auf andere Planaria übertragen konnte, indem man die konditionierten Würmer zerhackte und an untrainierte Würmer verfütterte. Anderen Forschern gelang es aber nicht, diese Resultate zu replizieren, und McConnell wurde später beschuldigt, die Bedeutung seiner Planariastudien »übertrieben« zu haben und ein »Popularizer« zu sein (s. bspw. McKeachie, 1997; Rilling, 1996).[4]

---

[4] Wissen Sie eigentlich irgendetwas über die Heisenberg'sche Unschärferelation, rief die alte Dame mir aus heiterem Himmel zu. Aber bevor ich auch nur über die Antwort nachdenken konnte, hatte sie bereits mit ihrer Erklärung begonnen: Wie die Heisenbergsche Unschärferelation aus der Quantenmechanik abgeleitet ist und dass sie besagt, dass für keinen Zustand eines beliebigen Systems jemals alle dynamischen Variablen gleichzeitig und genau gemessen werden können. Dann sagte sie für eine lange Zeit nichts mehr, beobachtete nur den Steinadler, der auf einer wirbelnden Masse aufsteigender Luft schwebte; und ich dachte schon, ich hätte den wesentlichen Punkt nicht begriffen, als sie wieder zu reden begann. Sie erklärte, dass diese Planaria-Studien gute Beispiele für die Notwendigkeit von Replikation in den Hu-

manwissenschaften seien. Sie sagte, dass es einfach zu viele Variablen gäbe, die die Humanwissenschaftler in ihren Untersuchungen noch nicht kontrollieren können. Sie sagte, Wissenschaftler hätten immer noch nicht gelernt, wie sie mit den konfundierenden Effekten ihrer eigenen Untersuchungsprozeduren umgehen sollten, obwohl sie inzwischen immerhin anerkennen würden, dass diese Effekte existierten. Und das, sagte sie, dieses Phänomen, das ist die Heisenberg'sche Unschärferelation. Diese bedeute, kurzgefasst, dass Forscher fast immer einen beachtlichen, aber nicht immer beachteten Effekt auf ihre eigenen Untersuchungen hätten. – Ich wollte protestieren, sagen, dass das gar nicht so klar sei, sie um eine nochmalige Erklärung bitten, aber sie wandte sich schon wieder ihren Notizen zu.

9.4.3 Bildgebende Verfahren, EKPs und EKFs

Obwohl die exakte Physiologie des Gedächtnisses immer noch nicht entdeckt ist, wiesen frühe Studien an Amnestikern und an Hirngeschädigten darauf hin, dass an verschiedenen Gedächtnisarten unterschiedliche Hirnregionen beteiligt sind. Jüngere Studien konnten sich die neuen bildgebenden Verfahren zunutze machen, die es Forschern ermöglichen, neurologische Funktionen an normalen Patienten zu untersuchen und nicht nur an solchen, die an Hirnverletzungen oder Amnesie leiden. Wie wir in ▶ Kap. 5 sahen, entdeckt das **EEG (Elektroenzephalogramm)** neurologische Aktivität, indem tatsächliche elektrische Entladungen, die neuronale Aktivität im Gehirn begleiten, überwacht und gemessen werden. Die **Positronemissionstomographie (PET)** entdeckt Veränderungen im Blutfluss, die mit neuronaler Aktivität in Zusammenhang stehen, indem die Verteilung radioaktiver Partikel, die in den Blutstrom injiziert werden, gemessen wird. Und **funktionelle Magnetresonanztomographie (fMRT)** ist sensitiv für äußerst geringfügige Veränderungen in den Magnetfeldern, die das Oxygenierungsniveau des Blutes widerspiegeln.

Ereigniskorrelierte Potenziale und Felder

Wenn EEG-Ableitungen durchgeführt werden, während ein Mensch (oder ein Tier) einem spezifischen Stimulus ausgesetzt wird, kann man dabei elektrische Aktivität im Gehirn entdecken, die in unmittelbarem Zusammenhang zu diesem Stimulus steht. Diese Aktivität wird als ereigniskorreliertes Potenzial (EKP) bezeichnet. Verwandt mit EKPs sind ereigniskorrelierte Felder (EKFs), die Veränderungen im Magnetfeld messen, welche aus dem Fluss elektrischer Ströme zwischen Nervenzellen resultieren. Diese Veränderungen können in einem Magnetenzephalogramm (MEG) aufgezeichnet werden, wobei das Magnetfeld am Schädel gemessen wird, obwohl dieses Feld nur ein Milliardstel der Stärke des Erdmagnetfeldes besitzt (Roth, Ford, Pfefferbaum & Elbert, 1995).

EKPs und EKFs gehören heute zu den am häufigsten untersuchten Variablen bei der Untersuchung von Lernen und Gedächtnis, aber auch bei Untersuchungen von Lernschwierigkeiten und mentalen Störungen. In vielen dieser Studien werden bspw. auditorische Stimuli wie Wörter oder Töne verwendet. Normalerweise zeigen diese Untersuchungen, dass EKPs auf verbales Material in **beiden** Hemisphären auftreten, aber stärker und lokalisierter im linken Temporallappen (bspw. Gottselig et al., 2004).

EKP- und EKF-Untersuchungen haben wiederholt Anomalien bei verschiedenen geistigen Störungen, z. B. bei Schizophrenie, gefunden (bspw. Guillem et al., 2003). Der übliche Befund ist eine **verringerte** EKP-Amplitude bei Schizophrenen. Eine verringerte EKP-Amplitude wurde auch bei gestörter Persönlichkeitsentwicklung und bei Lernstörungen gefunden (Greenham, Stelmack & van der Vlugt, 2003).

Forschungsarbeiten, die einige dieser neuen Techniken verwenden, zeigen, dass Verletzungen bestimmter Hirnregionen (insbesondere Bereiche des Temporallappens) mit Verlust des deklarativen LZG zusammenhängen (Mayes, 2000). Im Gegensatz dazu scheint das nichtdeklarative Gedächtnis mit anderen Strukturen des Gehirns, wie dem Neokortex, der Amygdala und dem Zerebellum, in Verbindung zu stehen. Tulving folgert (1989) aus seinen Untersuchungen an K.C. ebenfalls, dass episodisches Gedächtnis auf intakte Frontallappen angewiesen ist, semantisches deklaratives Gedächtnis jedoch nicht. Die emotionalen Aspekte des Gedächtnisses scheinen eng mit der Amygdala verbunden zu sein (Rolls, 2000). Man beachte jedoch: Der Großteil der Belege zeigt, dass menschliches Lernen – und daher auch Gedächtnis – selten nur mit einem Ort im Gehirn assoziiert ist. Sogar so einfache Lernvorgänge wie klassische Konditionierung des Lidschlagreflexes bedingen Aktivität und Veränderungen in verschiedenen Gehirnstrukturen (Kress & Daum, 2003).

Broadbent und Kollegen (2002) stellen fest, dass viele Details der Physiologie und Neuroanatomie von Lernen weiterhin unbekannt sind. Die neuen bildgebenden Verfahren, die die Untersuchung normaler Gehirne ermöglichen, haben jedoch bereits sehr viel zum Verständnis sowohl normaler wie anomaler Gedächtnisfunktionen beigetragen. Wahrscheinlich werden die Metaphern mit zunehmendem Wissensstand genauer. Mit der Zeit könnte die Psychologie sogar weg von der Metapher hin zu einer genauen Beschreibung gelangen.

9.4.4 Konnektionistische Betrachtungsweise

Die gegenwärtige kognitive Metapher für das Gedächtnis bezieht sich weniger auf die gröbere Physiologie von Gehirnstrukturen als vielmehr auf die Neuroanatomie und die Organisation von Neuronen. Diese Sichtweise sieht Lernen und Gedächtnis – wie in ▶ Kap. 8 ausgeführt – als durch Veränderungen auf der Ebene des Neurons bedingt. Diese Veränderungen spiegeln sich im Arrangement der Assoziationen zwischen Neuronen (mit anderen Worten: in neuronalen Netzwerken). Eine solche Betrachtungsweise erinnert in vielfacher Hinsicht stark an Donald Hebbs Aussagen zur Bahnung der Leitfähigkeit zwischen Neuronen durch wiederholtes Feuern. Wie wir gesehen haben, gibt es inzwischen Belege für eine biochemische Basis von Hebbs Theorie – Belege dafür, dass in den Rezeptoren von Neuronen chemische Veränderungen auftreten, wodurch die folgende neuronale Übertragung gebahnt wird. Aber Psychologen wissen immer noch nicht genau, was geschieht, wenn Menschen lernen und sich erinnern. Wissen sie mehr über das Vergessen?

9.5 Vergessen

Die übliche Verwendung des Begriffs Vergessen meint die Unfähigkeit, etwas ins unmittelbare Bewusstsein zu rufen. Natürlich beweist Vergessen keinen kompletten Verlust aus dem Gedächtnis, impliziert dies nicht einmal. Viele Dinge werden von Menschen implizit gelernt (wie einen Stein hüpfen zu lassen), aber die zugrundeliegenden Erinnerungen können nicht leicht in Symbole überführt oder bewusst überprüft werden. Auch besteht die Möglichkeit, dass etwas, an das man sich nicht erinnern kann, gar nicht verlorengegangen ist, sondern nur nicht abgerufen werden kann. Vielleicht ist es später abrufbar – wie ein störrischer Name, der einem auf der Zunge liegt – vielleicht auch nicht.

Auf die Frage, warum sich Menschen nicht erinnern können, wurden viele Antworten vorgeschlagen.

9.5.1 Verletzungen des Gehirns

Hirnverletzungen beeinträchtigen das Gedächtnis wahrscheinlich, weil sie die normalen Gehirnfunktionen stören. Amnesie – ein totaler oder partieller Ausfall des Gedächtnisses – ist eine mögliche Folge einer Hirnverletzung, obwohl sie auch andere Ursachen haben kann, wie Krankheit, emotionale Störung oder Trauma.

Weil manche Gehirnareale mehr als andere an bestimmten Arten von Gedächtnis beteiligt sind, kann eine Hirnverletzung auch zur ausschließlichen Beeinträchtigung des episodischen Gedächtnisses führen – wie im Falle von K.C. Obwohl der Patient nicht in der Lage ist, sich an persönliche Erlebnisse zu erinnern, sind bei ihm allgemeinere Informationen erhalten. In anderen Fällen kann alle alte Information verloren gehen, einschließlich des Wissens um die persönliche Identität.

Eine Form von Amnesie beinhaltet einen vollständigen Gedächtnisausfall für alle Erfahrungen vor der Amnesie, berichtet Brown (2002). Weit verbreiteter jedoch ist eine Form partieller Amnesie, wobei der Gedächtnisverlust vorwiegend die neueren und weniger die älteren Erinnerungen betrifft. Brown nimmt dies als Hinweis, dass Langzeiterinnerungen mit der Zeit stärker vergessensresistent werden.

9.5.2 Theorie des Spurenzerfalls (Fading-Theorie)

Eine Hirnverletzung ist eine ungewöhnliche Ursache für Vergessen, es gibt weitaus verbreitetere Ursachen. Eine Möglichkeit ist bspw., dass Menschen einige Dinge einfach vergessen, weil Zeit vergeht – dass die vom Lernen hinterlassenen Spuren oder Veränderungen mit der Zeit weniger klar erkennbar sind. Belege für diese Fading-Theorie entstammen der Beobachtung, dass Menschen sich an aktuellere Ereignisse oft besser erinnern als an länger zurückliegende. Clara wird sich in diesem Augenblick an die meisten Kleidungsstücke erinnern können, die in ihrem Schrank hängen, aber sie würde nicht so gut abschneiden, wenn sie alles beschreiben sollte, was vor 6 Jahren in ihrem Schrank hing (es sei denn, sie war damals im Gefängnis). Wenn sie aber regelmäßig im Geiste durchgegangen ist, was zu diesem Zeit-

276 Kapitel 9 · Lernen und Erinnern

punkt in ihrem Schrank war, würde sie wahrscheinlich viel besser abschneiden. Dinge, die man sich gelegentlich ins Gedächtnis ruft, sind gegenüber dem vermutlich angreifenden Zahn der Zeit weitaus resistenter als niemals abgerufene Dinge. Jeder Abruf ist eine Art Übung und eine Gelegenheit zum Neulernen (Altmann & Gray, 2002).

Huang (1997) berichtet über eine Einzelfallstudie zum Gedächtnisverlust über den Zeitverlauf mit einem 55-jährigen Professor, der sich an die Namen von Studenten in Kursen, die er vor 26,5 Jahren oder vor 6 Monaten unterrichtet hatte, erinnern sollte. Es ist nicht überraschend, dass eine enge Beziehung zwischen der Zeit und der Abrufgenauigkeit bestand, worin sich schnelles frühes Vergessen, gefolgt von langsamerem Vergessen, spiegelte.

Es sollte angemerkt werden, dass Psychologen die Fading- oder Zerfalls-Theorie mehrheitlich nicht für sehr nützlich oder genau halten. Diese Psychologen weisen darauf hin, dass die Zeit an sich nicht stärker Vergessen verursacht, als sie die Erosion von Bergen, das Schmelzen von Gletschern oder das Rosten von Metall verursacht. Andere Dinge, die im Verlauf der Zeit geschehen, verursachen diese Veränderungen. Diese anderen Dinge könnten mit nachlassender Effizienz von Gehirnfunktionen zu tun haben, wie EKP- und EKF-Untersuchungen zeigen. Friedman (2003) geht davon aus, dass insbesondere die Frontallappen stark an altersbedingten Veränderungen in der Lern- und Erinnerungsfähigkeit beteiligt sind.

9.5.3 Verzerrungstheorie (Distortions-Theorie)

Bereits beschriebene Untersuchungen zeigen, dass vieles, was aus dem Langzeitgedächtnis abgerufen wird, verzerrt ist. Die Verzerrungstheorie geht davon aus, dass sich Menschen bei der Suche in ihrem Gedächtnis an Hauptideen und Abstraktionen erinnern, an die Kernaussage der Geschichte, aber nicht an die Details. Später generieren sie die Details, wobei das Original oft verzerrt wird. Zur Erinnerung: In der Untersuchung von Johnson, Bransford und Solomon (1973) waren Probanden überzeugt, einen Satz bereits zu kennen, den sie nie zuvor gesehen hatten, einfach weil er passte.

Wie Loftus (1979) anmerkt, sind Augenzeugen bemerkenswert unzuverlässig und leicht in die Irre zu führen. In einer Untersuchung zeigte sie ihren Probanden einen Film, in dem ein Sportwagen in einen Unfall verwickelt wurde. Danach wurden den Probanden Fragen gestellt, wie sie einem Unfallzeugen wahrscheinlich gestellt werden. Einige wurden gefragt: »Wie schnell fuhr der Sportwagen, als er auf der Landstraße an der Scheune vorbeikam?« Andere wurden einfach gefragt: »Wie schnell fuhr der Sportwagen auf der Landstraße?« An der Straße war keine Scheune zu sehen gewesen. Dennoch war später in ihrer Antwort auf die Frage, ob sie eine Scheune im Film gesehen hatten, etwa ein Fünftel der Probanden, denen die erste Frage gestellt worden war, sicher, sie hätten sie gesehen. Weniger als 3% der zweiten Gruppe glaubten, sie hätten eine Scheune gesehen.

9.5.4 Verdrängungstheorie

Eine Vergessenstheorie basiert auf der Freud'schen Annahme, dass Individuen manchmal angstauslösende oder traumatische Erlebnisse verdrängen (also unbewusst vergessen). Dies kann z. B. dann vorkommen, wenn ein Erwachsener Schwierigkeiten hat, sich an kindliche Traumata wie sexuellen Missbrauch zu erinnern. Die meisten hoch traumatischen (äußerst negativen) Erfahrungen werden jedoch nicht vergessen. Eine Studie von Porter und Birt (2001) zeigte sogar, dass 306 erwachsene Teilnehmer traumatische Ereignisse mit etwa der gleichen Genauigkeit und Detailtreue berichten konnten wie sehr positive Erlebnisse.

Weil unbewusste Verdrängung nur bei seltenen, hoch emotionalen und äußerst negativen Erfahrungen auftritt, hat die Verdrängungstheorie als allgemeine Erklärung für Vergessen nur begrenzten Wert. Dennoch zeigen Untersuchungsergebnisse, dass es Probanden zumindest teilweise gelingt, bestimmte Informationen zu vergessen, wenn sie explizit dazu aufgefordert werden (Lehman, McKinley-Pace, Wilson & Slavsky, 1997). Verdrängung bezieht sich jedoch auf nicht beabsichtigtes Vergessen. Bewusstes Vergessen – oder wahrscheinlicher: bewusstes Nicht-Lernen – dürfte sich deutlich von nichtbeabsichtigter Verdrängung unterscheiden.

9.5.5 Interferenz-Theorie

Eine gut bekannte Theorie des Vergessens nimmt an, dass neues Lernen mit dem Abruf von bereits Gelerntem (**retroaktive Interferenz**) oder dass bereits Gelerntes mit dem Abruf von neu Gelerntem (**proaktive Interferenz**) interferieren kann. Diese beiden Interferenz-Arten haben sich als konsistentes Phänomen in Untersuchungen zum Langzeitgedächtnis (oft mit sinnlosen Silben) erwiesen. In diesen Untersuchungen führte das Lernen einer zweiten Wortliste, nachdem bereits eine erste gelernt wurde, zu (a) größeren Problemen beim Erinnern der ersten Liste (retroaktive Interferenz) und (b) zu verstärkten Schwierigkeiten beim Lernen der zweiten Liste (proaktive Interferenz). Auch beim Sprachenlernen wurde Interferenz intensiv erforscht. Isurin und McDonald (2001) fanden bspw. signifikante Hinweise auf Interferenzen zwischen der ersten und der zweiten Sprache. Nicht überraschend ist, dass die Interferenzen bei ähnlicheren Wörtern stärker sind und dass sie mit zunehmender Vertrautheit mit der zweiten Sprache nachlassen.

Laut Wixted (2004) werden beim Vergessen aufgrund von Interferenz neue Erfahrungen einfach nicht »konsolidiert« – die neurologischen Veränderungen, die der Erinnerung zugrundeliegen, finden nicht statt. Bis zur Konsolidierung einer Erinnerung ist diese für die interferierenden Auswirkungen gleichzeitig stattfindender geistiger Aktivität und gleichzeitiger Ausbildung anderer Erinnerungen sehr anfällig. Wie Wixted meint, ist dies der Grund dafür, dass Schlaf und sogar manche Drogen das Gedächtnis für kürzlich Gelerntes oft verbessern. Im Endeffekt haben Schlaf und Drogen wie z. B. Alkohol die Wirkung, konkurrierende geistige Aktivität zu minimieren.

Glücklicherweise scheint Interferenz eher in Laborsituationen als im alltäglichen Leben von Menschen aufzutreten. Obwohl Menschen gelegentlich durch Konkurrenz zwischen Dingen, an die sie sich erinnern wollen, verwirrt werden können, scheint doch zu gelten, dass sie weiterhin alle möglichen Dinge lernen können, ohne zunehmend stärker an den Auswirkungen von Interferenz zu leiden.

Die Tatsache, dass die Resultate von Laboruntersuchungen zum Gedächtnis sich nicht immer im wirklichen Leben widerspiegeln, hat zu einer manchmal sehr leidenschaftlich geführten Kontroverse zwischen Psychologen geführt. Einige, wie Neisser (1978), argumentieren, dass Laboruntersuchungen keine wesentlichen Resultate erbracht haben, und dass Forscher das Alltagsgedächtnis unter lebensnahen Bedingungen untersuchen sollten. Andere, wie Banaji und Crowder (1989), sagen, dass die Wissenschaft die experimentelle Kontrolle benötigt, um generalisierbare Resultate zu produzieren. Wieder andere, wie Tulving, behaupten, dass die Diskussion überflüssig sei und dass sie die Wissenschaft nicht voran bringen werde: »Es gibt keinen Grund anzunehmen, dass es nur eine richtige Methode gibt, das Gedächtnis zu untersuchen« (1991, S. 41).

9.5.6 Versagen beim Abruf von Hinweisreizen

Wie bereits zu Anfang angemerkt, vergessen Menschen vielleicht nicht wirklich, sondern können sich einfach nur nicht erinnern. Dass etwas nicht erinnert werden kann, ist kein guter Beweis dafür, dass es tatsächlich aus dem Gedächtnis verschwunden ist; es kann auch einfach bedeuten, dass es nicht zugänglich ist. In den Worten von Howe und O'Sullivan (1997) könnte es sich eher um ein Abruf- als um ein Speicherproblem handeln.

Tulving (1974) berücksichtigt diese Möglichkeit in seiner Beschreibung von zwei Formen des Vergessens. Eine Art von Vergessen, erklärt er, beinhaltet lediglich eine Unfähigkeit des Abrufes – ein Versagen beim Abruf von Hinweisreizen. Er nimmt an, dass diese Art des Vergessens auf einen Mangel an angemessenen Hinweisreizen für den Abruf zurückzuführen ist. Viele Forscher (z. B. White, 2002) gehen davon aus, dass dies eine der häufigsten Ursachen für Vergessen ist. Die Schwierigkeit beim Nicht-Erinnern, erklärt er, hängt mit einer Unfähigkeit zusammen, das Item von anderen Möglichkeiten zu unterscheiden – und dies **zum Zeitpunkt des Erinnerns und nicht zum Zeitpunkt des Lernens.**

Eine zweite Art von Vergessen beinhaltet tatsächliche Veränderungen der Gedächtnisspur selbst und wird daher als spurabhängig bezeichnet. Die fünf zuvor beschriebenen Möglichkeiten (Hirnverletzung, Fading, Interferenz, Verzerrung und Repression) beziehen sich hauptsächlich auf spurabhängiges Vergessen.

Bei deklarativem (bewusstem, explizitem) Material scheint der Abruf bei Vorhandensein bestimmter Hinweisreize einfacher zu sein. Tulving (1989) berichtet bspw., dass die effektivsten Hinweisreize solche sind, die zu dem geforderten Abruftyp passen. In Untersuchungen, in denen Probanden sich an die Bedeutung von Wörtern erinnern sollen, sind Hinweisreize, die die Bedeutung betonen, am besten geeignet. Wenn Probanden aber nach der Schreibweise oder dem Klang von Wörtern gefragt werden, sind Hinweisreize, die die Laute (Phoneme) oder die Buchstaben in den Wörtern betonen, am besten. Andere Hinweisreize und -strategien, mit denen das Gedächtnis signifikant verbessert werden kann, sind verschiedene wohlbekannte Gedächtnisstützen.

9.6 Implikationen für den Unterricht: Gedächtnis- und Erinnerungshilfen

Ein wesentliches Ziel des Unterrichts ist es, Langzeiterinnerungen zu schaffen. Und glücklicherweise scheint die allgemeine Ansicht, dass Schüler kurz nach ihren Prüfungen vieles von dem, was sie gelernt haben, wieder zu vergessen beginnen, nicht zuzutreffen. Zwar unterstützen zahlreiche Untersuchungen diese Auffassung, aber es handelt sich bei den meisten dieser Untersuchungen um Laborexperimente, wie Semb und Ellis (1994) betonen. In diesen Untersuchungen wird das Material normalerweise innerhalb einer Sitzung präsentiert und gelernt, die Erinnerung wird zu verschiedenen späteren Zeitpunkten getestet. In Schulen aber haben Schüler meist mehr als eine Gelegenheit zum Lernen. Das Material wird zu verschiedenen Zeiten und auf unterschiedliche Weise präsentiert, wobei oft vielfältige Präsentationsmodi genutzt werden (wie Filme, Computer, Demonstrationen, Bücher usw.). In Sembs und Ellis' Überblicksstudie von 62 Untersuchungen zum Langzeitabruf von Schulwissen fanden sich beeindruckende Belege für signifikante Langzeiterinnerungen. Daher scheint eine der wichtigsten Implikationen von Gedächtnisforschung und -theorie für den Unterricht die augenfällige Erkenntnis zu sein, dass Wiederholungen über die Zeit, mit einer Vielfalt von Präsentations- und Lernmethoden, weitaus effektiver sein könnte als die einmaligen Prozeduren, wie sie in Laboruntersuchungen zum Lernen üblich sind.

Wichtig ist sicherlich auch, die verschiedenen Strategien zu systematisieren und solche zu verwenden, deren Wirksamkeit für die Verschiebung von Material vom Kurzzeit- ins Langzeitgedächtnis von der Psychologie bewiesen wurde. Die wichtigsten dieser Strategien – Wiederholung (Rehearsal), Elaboration und Organisation – sind gleichzeitig die wichtigsten kognitiven Prozesse beim Lernen.

9.6.1 Rehearsal (Wiederholung)

Rehearsal bedeutet Wiederholung (ihr Name ist Greta; ihr Name ist Greta; Greta; Greta; Greta…). Wie zuvor beschrieben, ist Rehearsal die wichtigste Methode, um Informationen im Kurzzeitgedächtnis zu erhalten. Es ist auch eine Methode, durch die Information ins Langzeitgedächtnis überführt wird.

9.6.2 Elaboration

Elaboration bedeutet, etwas zu erweitern, etwas hinzuzufügen. Elaboration kann beinhalten, dass man das zu lernende Material mit geistigen Bildern assoziiert oder dass man neues Material in Beziehung zu bereits gelerntem Material setzt. Bradshaw und Anderson (1982) baten ihre Probanden sich den Satz »Der dicke Mann las das Schild« einzuprägen. Diejenigen, die den Satz zu »Der dicke Mann las das Schild, das vor dem Betreten des Eises warnte« elaboriert hatten, zeigten bessere Abrufleistungen als diejenigen, die nicht elaboriert hatten.

9.6.3 Organisation

Organisation bedeutet, Material in einem System anzuordnen. Chunking – das zu lernende Material in verwandte Gruppen anordnen – ist ein Beispiel für Organisation. Das bewusste Organisieren von Texten mit Titeln und Untertiteln ist ein weiteres Beispiel. Eine grundlegende Annahme der Kognitionspsychologie lautet, dass Menschen eine natür-

9.6 · Implikationen für den Unterricht: Gedächtnis- und Erinnerungshilfen

liche Tendenz aufweisen, nach Beziehungen zu suchen – Ähnlichkeiten und Unterschiede zu ermitteln (also zu kategorisieren und Konzepte zu erwerben).

9.6.4 Systeme zur Verbesserung des Erinnerns

Verschiedene Systeme, die speziell zur Verbesserung von Gedächtnisleistungen entwickelt wurden, basieren auf diesen Strategien; demgemäß betonen diese Strategien Methoden der Organisation und der Elaboration, außerdem Methoden zur Nutzung von Hinweisreizen. Laut Belleza (1996) erfordern viele dieser Strategien beträchtliche Fertigkeiten und Übung. Forschungsergebnisse zeigen, dass sie in einer Vielfalt von Situationen nutzbringend eingesetzt werden können – z. B. bei Schülern mit Lernschwierigkeiten (Bulgren, Schumaker & Deshler, 1994), aber auch bei normalen Schülern (Richardson, 1995).

Reime und kleine Merksätze
Zu diesen Gedächtnisstützen (oder mnemonischen Hilfen) gehören Akronyme (Hinweisreize, die aus Buchstaben bestehen) wie NATO oder UNO. Ein anderes Beispiel ist das Akrostichon, dies sind Sätze oder Ausdrücke, in denen der erste Buchstabe jedes Wortes für etwas anderes steht. Das Akrostichon »Mein Vater Erklärt Mir Jeden Sonntag Unsere Neun Planeten« benennt die Namen der Planeten in ihrer Reihenfolge des Abstands von der Sonne (Merkur, Venus, Erde, Mars, usw.). Gedächtnisstützen dieser Art liefern leicht abrufbare Hinweisreize und stellen eine Form von Elaboration und Organisation des Materials dar.

Das Loci-System
Komplexere Mnemotechniken verwenden normalerweise visuelle Vorstellungen, die von Menschen weit besser erinnert werden können als die meisten geschriebenen oder gesprochenen Wörter (Kosslyn, Behrmann & Jeannerod, 1995). Als man Probanden 10.000 Bilder jeweils sehr kurz zeigte und danach einige dieser Bilder in Paaren zusammen mit anderen Bildern vorführte, die in der ersten Präsentation nicht enthalten waren, erkannten über 90% die Bilder korrekt (Standing, 1973). Als Bahrick, Bahrick und Wittlinger (1975) ihren Probanden aus Jahr-

büchern entnommene Fotos ihrer früheren Klassenkameraden zeigten, erkannten sie nach 2 Monaten etwa 90% und auch 15 Jahre später nicht nennenswert weniger. Die menschliche Fähigkeit zur Erkennung visueller Stimuli ist bemerkenswert.

Mnemonische Systeme, die auf visueller Vorstellung basieren, bieten spezielle Methoden, mittels derer mentale Bilder visuell mit anderen, leicht zu erinnernden Bildern verbunden werden können. Viele dieser Systeme sind sehr alt und dabei sehr wirkungsvoll. Das Loci-System bspw. ist mehr als 2.000 Jahre alt (Hermann, Reybeck & Gruneberg, 2002). Der Lernende muss dabei nur ein starkes visuelles Bild des zu erinnernden Items erstellen und dies in eine vertraute Umgebung, wie einen Raum in einem Haus, platzieren. Das zweite Item wird dann ebenfalls visualisiert, in einen anderen Raum gestellt, das dritte könnte in den Flur gestellt werden, usw. Beim Abruf der Items muss der Proband dann nur im Geiste die Räume des Hauses »durchwandern« und versuchen, all die Items zu visualisieren, die er dorthin gestellt hat. Versuchen Sie es mal mit der Einkaufsliste – es funktioniert.

Das phonetische System
Ein Gedächtnissystem, das oft von professionellen Gedächtniskünstlern verwendet wird und mit dem man Großmütter garantiert beeindrucken kann, ist das von Higbee (1977) beschriebene phonetische System. Der erste Schritt beim Lernen des phonetischen Systems besteht darin, starke visuelle Assoziationen zwischen Zahlen und Konsonanten zu bilden. Traditionell bedienen sich die Assoziationen des visuellen Erscheinungsbildes der Konsonanten. Daher ist die 1 ein t (weil es einen Abwärtsstrich hat), die 2 könnte ein n sein, die 3 ein m, die 4 ein q usw.

Sobald Sie eine Zahl mit jedem Konsonanten assoziiert haben (Vokale zählen nicht), können sie ein Wort für jede Zahl bilden – sagen wir mal von 1 bis 25. Die Zahl 12 könnte bspw. »tin« sein, die Zahl 21 »nut« [Nuss]. Bilden Sie nun ein starkes visuelles Bild, mit dem sie jedes dieser Worte mit seiner Zahl verbinden. Lernen Sie diese intensiv, üben Sie sie und fordern Sie dann Ihre Großmutter heraus, Ihnen 25 Items zu zeigen oder zu benennen. Während sie diese Items auf einen Zettel schreibt und durchnummeriert, schließen Sie Ihre Augen und verbinden ein

280 Kapitel 9 · Lernen und Erinnern

Bild von jedem mit dem entsprechend nummerierten visuellen Bild.

Wenn Ihre Großmutter fertig ist, sind Sie auch bereit: »Soll ich sie vorwärts oder rückwärts aufsagen?« Aber sie ist eine verschlagene alte Dame und hegt daher den Verdacht, dass Sie einen Trick kennen, die 25 Items in eine Reihenfolge zu bringen. Daher versucht sie, Sie hereinzulegen: »Was war das 21. Item, das ich genannt habe?« Vor Ihrem frisch trainierten inneren Auge sehen Sie Ihre »Nuss«, die Sie mit der Aussage Ihrer Großmutter verknüpft haben: »Das ist der Ofen im alten Haus«, sodass Sie nun die Nuss rotglühend auf dem Ofen liegen sehen. Sie antworten: »Das 21. Item? Nun, das ist der alte Ofen in dem anderen Haus, der, in den Du die Katze eingesperrt hast.« Und Ihre Großmutter ist beeindruckt.

Zusammenfassung

1. Verschiedene Metaphern wurden als Vergleiche und Beschreibungen des menschlichen Gedächtnisses herangezogen, wobei die Computermetapher besonders populär geworden ist. Einige außergewöhnliche Gedächtniskünstler (wie Euler und Lurias Proband S.) sind zu erstaunlichen Abrufen aus dem Langzeitgedächtnis imstande, aber im Gegensatz zum Computer zeigt das menschliche Gedächtnis schnellen anfänglichen Verlust von Informationen.

2. Gedächtnis wird normalerweise über die Verfügbarkeit von Information definiert (Erinnerung oder Abrufbarkeit); einige Gedächtnisaspekte sind jedoch nicht bewusst (d. h., sie sind implizit und nicht explizit). Nicht alles, was gespeichert wird, kann auch abgerufen werden. Ebbinghaus, der die ersten wissenschaftlichen Untersuchungen des Gedächtnisses durchführte, wobei er sinnlose Silben benutzte, war ein Pionier der Gedächtnisforschung.

3. Vergessen bezeichnet die Unfähigkeit, Informationen ins Bewusstsein zu rufen, und kann entweder mit Speicherdefiziten (Verlust von Gedächtnisspuren, möglicherweise aufgrund von Zerfall oder Interferenzen) oder mit Erinnerungsdefiziten (Unfähigkeit, Informationen abzurufen) zusammenhängen. Proaktive (vorwärts gerichtete) oder retroaktive (rückwärts gerichtete) Interferenzen sind oft an Vergessen beteiligt.

4. Das modale Modell des Gedächtnisses beschreibt einen Prozess, der aus Kurzzeit- und Langzeitgedächtnis besteht. Eine dritte Stufe, manchmal **sensorisches Register** genannt, beschreibt die momentanen Effekte einer Stimulation (und wird manchmal als echoisches oder ikonisches Gedächtnis bezeichnet). Untersuchungen zum Cocktailparty-Effekt illustrieren dieses Phänomen. Darin wird demonstriert, dass auch nicht beachtetes Material für Bruchteile einer Sekunde verfügbar bleibt.

5. Das Kurzzeitgedächtnis (KZG) hält nur Sekunden an (selten länger als 20 Sekunden), es sei denn, es findet kontinuierlich Rehearsal statt (in diesem Fall kann die Information ins Langzeitgedächtnis überführt werden). KZG bezieht sich im Kern auf die aktuelle Verfügbarkeit einer geringen Anzahl von Items (sieben plus/minus zwei) und wird als **aktives** oder **Arbeitsgedächtnis** bezeichnet, um die Ähnlichkeit zu unmittelbarer Aufmerksamkeit oder Bewusstsein hervorzuheben. Seine Kapazität kann durch Chunking – also durch Gruppierung verwandter Items – gesteigert werden.

6. Baddeleys Modell des Kurzzeitgedächtnisses (Arbeitsgedächtnisses) beschreibt zwei Systeme: ein System der exekutiven Kontrolle, das sich mit der Steuerung des Informationsstroms ins und aus dem Arbeitsgedächtnis befasst, und zwei Subsysteme (die phonologische Schleife und der visuell-räumliche Notizblock), die auditorisches oder visuelles Material aufrechterhalten, damit das exekutive System darauf zugreifen kann.

7. Vergessen aus dem KZG kann mit Zerfall (Verlust von Gedächtnisspuren), mit Verdrängung (Ersetzen alten Materials durch neues aufgrund begrenzten Speicherplatzes), mit Interferenzen (vorausgegangenes Lernen interferiert mit neuem Lernen) oder mit den Verarbeitungs-

▼

9.6 · Implikationen für den Unterricht: Gedächtnis- und Erinnerungshilfen

▼

ebenen (Modell von Craik und Lockhart) in Zusammenhang stehen.

8. Langzeitgedächtnis (LZG) soll auf einige dauerhafte strukturelle und chemische Veränderungen im Gehirn zurückzuführen sein. Dagegen sind an kurzzeitigem Abruf wahrscheinlich nur temporäre elektrische/chemische Veränderungen beteiligt. Dies entspricht im Kern Hebbs Theorie.

9. Das Langzeitgedächtnis ist sehr stabil (insbesondere für Bilder und Gerüche), generativ und nicht nur reproduktiv, wird durch Verständnis beeinflusst und ist für einige Items besser als für andere (solche Items, die beeindruckender, bedeutungsvoller oder emotionaler sind, wodurch manchmal **Flashbulb Memories** entstehen).

10. Ein Vergleich von Kurzzeitgedächtnis und Langzeitgedächtnis zeigt, dass KZG ein aktiver, kontinuierlicher Prozess ist, der leicht durch parallele Aktivitäten störbar und in seiner Kapazität beschränkt ist. Im Gegensatz dazu ist LZG eher passiv, nicht leicht durch laufende Aktivitäten störbar und grundsätzlich in seiner Kapazität unbegrenzt. Der Abruf aus dem KZG ist entweder unmittelbar oder automatisch oder findet gar nicht statt; der Abruf aus dem LZG kann beträchtlich langsamer sein und mehr Suche erfordern.

11. Zu den Systemen des Langzeitgedächtnisses gehört das explizite (deklarative) Gedächtnis, das potenziell bewusste, abrufbare Informationen enthält und das implizite (nicht deklarative oder prozedurale) Gedächtnis, das unbewusste, nicht verbalisierbare Effekte von Lernen enthält (wie das Lernen motorischer Fertigkeiten oder klassische Konditionierung). Untersuchungen an Amnestikern und Menschen mit Hirnverletzungen sowie an normalen Gehirnen mittels bildgebender Verfahren wie PET und fMRT zeigen, dass den verschiedenen Gedächtnissystemen unterschiedliche Gehirnregionen zugrundeliegen.

12. Das deklarative (abrufbare) Gedächtnis besteht aus dem semantischen und dem prozeduralen Gedächtnis. Das semantische Gedächtnis enthält allgemeine, stabile, abstrakte Fakten und Prinzipien (bspw. Sprachen- oder Weltwissen). Das episodische Gedächtnis enthält privates Wissen, dass seiner Natur nach zeitbezogen ist und an bestimmte persönliche Ereignisse geknüpft ist (daher autobiographisches Gedächtnis).

13. Einige frühe Gedächtnismodelle waren nicht-assoziationistisch (Koffkas Ansicht einer kontinuierlichen Aufzeichnung, wie auf einem Videoband); aktuelle Modelle betonen demgegenüber Assoziationen zwischen den einzelnen Gedächtnisitems und benutzen häufig Schema- oder Knotenmodelle – wobei ein Knoten oder Schema jeweils einfach das ist, wodurch eine Idee repräsentiert wird.

14. Zu den historischen Episoden bei der Suche nach der Physiologie des Gedächtnisses gehören: Lashleys Läsionen von Rattengehirnen (er fand das Engramm nicht); Penfields Stimulationen der Gehirne seiner Patienten (ihre Erinnerungen waren möglicherweise eher Phantasien oder Halluzinationen als spezifische Erinnerungen); Untersuchungen der Gehirne von in angereicherter Umgebung aufgewachsenen Ratten (die Veränderungen waren allgemein und ungenau); das Verfüttern und Injizieren von trainierten Plattwürmern an untrainierte Plattwürmer (die Untersuchungen lassen sich kaum replizieren und scheinen – 30 Jahre später – nirgendwohin geführt zu haben); Untersuchungen der Gehirne von Amnestikern (die eine Differenzierung zwischen verschiedenen Systemen des Langzeitgedächtnisses unterstützen und darauf hinweisen, dass an diesen Systemen verschiedene Gehirnregionen beteiligt sind); die Entwicklung konnektionistischer Modelle (die behaupten, dass Erinnerungen in Mustern von Neuronen abgelegt sind und nicht in spezifischen Veränderungen von Einzelneuronen).

▼

▼

15. Die aktuelle Gedächtnisforschung verwendet häufig Aufzeichnungen von Elektroenzephalographen (EEG) und Magnetenzephalographen (MEG). EEG-Aufzeichnungen liefern Echtzeit-Aufzeichnungen über sogenannte **ereigniskorrelierte Potenziale (EKPs)**, Veränderungen im elektrischen Potenzial von Nervenzellen, während diese feuern. MEG-Aufzeichnungen liefern parallele Hinweise auf Veränderungen im Magnetfeld am Schädel während neuronaler Aktivität – diese werden als **ereigniskorrelierte Felder (EKFs)** bezeichnet. EKPs und EKFs treten normalerweise in Reaktion auf spezifische externe Stimulation auf und gestatten Forschern, die genauen beteiligten Gehirnregionen zu identifizieren.

16. Vergessen kann manchmal aus Hirnverletzungen resultieren, manchmal aus einem schlecht beschriebenen Fading-Prozess. Zusätzlich kann Vergessen wahrscheinlich auch aus Verzerrungen resultieren, die auftreten, weil das Erinnerte meist eher abstrakt ist und weil Menschen Erinnerungen eher generieren als rekonstruieren, wenn sie versuchen, sich zu erinnern. Andere Erklärungen für Vergessen sind: die Verdrängungstheorie (unüblich und am ehesten für sehr negativ besetzte emotionale Ereignisse anwendbar), die Interferenz-Theorie (proaktive und retroaktive Interferenz) und Versagen beim Abruf von Hinweisreizen (Fehlen geeigneter Hinweisreize, um Gelerntes abzurufen).

17. Lernen und Erinnern kann oft durch Rehearsal, Elaboration und Organisation verbessert werden. Gedächtnisstrategien sind unter anderem: Reime und ähnliche Strategien sowie spezielle Mnemotechniken (Gedächtnisstützen), die extensiv auf visuelle Vorstellungen setzen (das Loci-System und das phonetische System).

Motivation

Der Versuch, ein Motiv in dieser Erzählung zu finden, wird strafrechtlich verfolgt. Mark Twain

10.1	**Motivation und Emotionen** – 284
10.2	**Reflexe, Instinkte und Prägung** – 285
10.2.1	Reflexe – 285
10.2.2	Der Orientierungsreflex – 285
10.2.3	Instinkte – 286
10.2.4	Prägung – 287
10.3	**Psychologischer Hedonismus** – 288
10.4	**Triebreduktion und Anreize** – 288
10.4.1	Bedürfnisse und Triebe – 289
10.4.2	Psychologische Bedürfnisse – 289
10.4.3	Maslows Hierarchie – 290
10.4.4	Bedürfnis-/Trieb-Modelle: eine Bewertung – 291
10.4.5	Anreize – 293
10.5	**Arousaltheorie** – 293
10.5.1	Arousal: Messen von Motivation – 293
10.5.2	Yerkes-Dodson-Gesetz – 294
10.5.3	Hebbs Arousaltheorie – 294
10.5.4	Sensorische Deprivation – 295
10.5.5	Ursachen von Arousal – 296
10.6	**Kognitive Theorien der Motivation** – 296
10.6.1	Theorie kognitiver Dissonanz – 296
10.7	**Intrinsische und extrinsische Motive** – 299
10.7.1	Können externale Belohnungen die intrinsische Motivation verringern? – 300
10.7.2	Selbstbestimmungs-Theorie – 300
10.7.3	Attributionstheorie – 301
10.7.4	Selbstwirksamkeit – 302
10.8	**Anwendungen der Motivationstheorie für den Unterricht und andere Zwecke** – 305
10.8.1	Vorhersage von Verhalten – 305
10.8.2	Kontrolle und Veränderung von Verhalten – 305
10.8.3	Motivation im Klassenzimmer – 306

Die alte Dame würzte die Tauben und wickelte sie in etwas ein, das wie dicker Pastetenteig aussah. Dann schob sie die glühenden Kohlen zur Seite, legte die Vögel direkt in die Asche und bedeckte sie danach mit noch mehr Asche und Kohlen. Später brach sie die verbrannten Schalen auf und warf sie weg, legte dann die dampfenden Vögel auf die Teller zu den Röstkartoffeln, und wir aßen beide. Als wir fertig waren, war die Dunkelheit hereingebrochen und tief im Wald heulte ein Wolf, und ich wollte Holz nachlegen, um die Nacht zu erwärmen und meine Ängste zu besänftigen, aber die alte Dame sagte nein, heute Nacht wolle sie, dass nichts den Himmel verdüstere. Lange Zeit lag sie auf dem Rücken und sah in den Himmel. Ihre Augen schienen sich nicht zu bewegen, so als würde sie etwas betrachten, das sie wiedererkannt hatte, etwas Vertrautes. Aber als ich angestrengt dorthin spähte, wohin sie zu schauen schien, sah ich nichts, nur ein Durcheinander kleiner Sterne, verloren in der Milchstraße. Dann heulte der Wolf abermals, diesmal so nah, dass ich zwischen seinem Geheul das Rasseln seiner Kehle hören könnte, und ich hätte die alte Dame gern noch einmal gefragt, ob ich das Feuer nicht ein bisschen anfachen könne, aber ich sah, dass sie ihr Gesicht nun dem Nordhimmel zugewandt hatte, wo das Nordlicht in der

284 Kapitel 10 · Motivation

▼

dunklen Nacht zu schimmern und tanzen begonnen hatte und den Himmel in grün und pink leuchten ließ, und für eine Weile schwieg der Wolf.

Plötzlich erhob sich die alte Dame und stapelte große Stücke Holz aufs Feuer, bis die Flammen hüpften und tanzten und Funken wie Diamanten in die plötzlich schwarze Nacht warfen. Und dann bedeutete sie mir, den Rekorder wieder einzuschalten.

In diesem Kapitel...

Wir haben heute Abend viel von dem getan und empfunden, wovon das 10. Kapitel handelt, sagte die alte Dame. Sie erklärte, dass wir gegessen und getrunken, unsere Ängste verscheucht und herrliche Dinge gesehen hätten – was bedeutet, dass wir von Durst und Hunger, vielleicht von Angst und Kälte, möglicherweise sogar von Liebe und Schönheit bewegt wurden.

Sie sagte, dass dies genau die Dinge seien, mit denen dieses Kapitel sich beschäftige: Was bewegt menschliche Wesen? Oder anders ausgedrückt: Was sind die Gründe und Ursachen für das, was Menschen tun?

Lernziele

Sagen Sie Ihren Lesern, sprach die alte Dame, während sie noch mehr Birkenholz ins Feuer legte, dass sie nach dem vollständigen Durcharbeiten dieses Kapitels den Unterschied zwischen Ursachen und Gründen kennen werden – das heißt, nachdem sie es sorgfältig gelesen haben, werden sie die Fähigkeit besitzen, knappe aber brillante Wahrheiten niederzuschreiben (etwa solche, wie man sie in Glückskeksen findet), die unter anderem die folgenden Dinge erklären:

- die Bedeutung von Motivation
- wie Instinkte und Reflexe mit dem Verhalten zusammenhängen
- was Bedürfnisse, Triebe und Anreize sind
- die Komplikationen der Attributionstheorie
- die Bedeutung und Funktion von Arousal
- die Nutzung von Motivation im Schulunterricht

Außerdem, so sagte sie, werden sie neue Einsichten in die Ursachen und Gründe ihrer eigenen uninspirierenden, aber dennoch inspirierten Handlungen gewinnen. Sie saß jetzt nahe beim Feuer und nahm ihren Stapel Notizblätter zur Hand. Sie begann zu lesen: Überschrift eins – Motivation und Emotionen.

10.1 Motivation und Emotionen

Grundlegende Fragen, die man sich zu menschlichem Verhalten stellen kann, lauten: Warum verhalten sich Menschen? Warum verhalten sie sich auf genau diese Weise und nicht anders? Warum hört Verhalten auf? Die Beantwortung dieser Fragen ist essentiell für ein Verständnis von menschlichem Lernen und Verhalten. Es sind Fragen zur Motivation.

Der lateinische Ursprung des Wortes **Motivation** bedeutet **bewegen**. Daher hat Motivation mit Handeln zu tun. Ein Motiv ist eine bewusste oder unbewusste Kraft, die einen Menschen zum Handeln oder manchmal zum Nicht-Handeln treibt. In diesem Sinne kann man Motive als Ursachen bezeichnen, weil laut Wörterbuch Ursachen Agenten oder Kräfte sind, die eine Wirkung oder eine Handlung hervorrufen. Daher ist die Untersuchung mensch-

10.2 · Reflexe, Instinkte und Prägung

licher Motivation die Untersuchung von Agenten und Kräften, die Verhalten verursachen.

Aber die Untersuchung menschlicher Motivation umfasst noch mehr: Die Untersuchung der Gründe für Verhalten. Gründe sind rationale Erklärungen. Sie umfassen normalerweise Absicht, Zweck, Erwartungen an die Verhaltensauswirkungen – mit anderen Worten: Vernunftgründe. Wenn Sherlock Holmes die Motive einer Mörderin ermittelt, fragt er nach den Zielen der Mörderin – ihren Gründen.

Zur Illustration des Unterschieds zwischen Gründen und Ursachen: Wenn Joe seine Hand ahnungslos auf eine heiße Herdplatte legt, ist die Hitze (oder genauer: Joes Empfinden der Hitze) die Ursache dafür, dass er die Hand rasch zurückzieht. Der Grund, weswegen Joe es später vermeidet, sich dem heißen Herd zu nähern, ist seine Erkenntnis, dass eine Annäherung schmerzhaft sein könnte. Die Untersuchung menschlicher Motivation befasst sich sowohl mit Gründen als auch mit Ursachen.

Es ist wichtig anzumerken, dass Motive und Motivation sehr eng mit Emotionen verbunden sind. Emotionen können eine zentrale Rolle als Ursachen und Gründe für zahlreiche menschliche Handlungen spielen. Ebenso wie starke negative Emotionen die schmerzhafte Empfindung von Hitze begleiten, begleiten auch starke positive Emotionen das Hingezogensein zu einer Person, die man liebt.

Wie wir in diesem Kapitel sehen werden, sind Emotionen komplexe Zustände, die nicht nur mit Motiven in Zusammenhang stehen, sondern sich auch in der Aktivität unseres Nervensystems spiegeln. Wie Russell (2003) schreibt, können Emotionen sehr allgemeine Zustände sein, die als »sich gut fühlen«, »sich schlecht fühlen«, »sich energiegeladen fühlen« usw. erlebt werden. Wenn diese Zustände unmittelbar mit einer Ursache wie einer Aktivität oder einem Objekt verbunden werden, können sie zu sehr starken Motivationsquellen werden.

10.2 Reflexe, Instinkte und Prägung

Die Motivationstheorie berücksichtigt biologische Ursachen für Verhaltensweisen, wie bspw. Joes schnelles Rückziehen seiner Hand vor der Hitze. Diese haben mit seinem Nervensystem und seiner vorver-

drahteten Tendenz zu tun, auf bestimmte Situationen reflektorisch zu reagieren. Daher ist ein Reflex auch eine Art von Motiv, eine Erklärungsart für Verhalten.

10.2.1 Reflexe

Wie wir in ► Kap. 2 sahen, ist ein Reflex eine nicht erlernte Handlung, die in Reaktion auf einen spezifischen Stimulus auftritt. Kinder werden mit einer begrenzten Anzahl von Reflexen geboren, bspw. dem Lidschlagreflex als Reaktion auf einen Luftzug auf das Auge, dem Patellarsehnenreflex, dem Zurückziehen bei Schmerz und Schreckreaktionen. Alle diese Reflexe finden sich normalerweise auch beim Erwachsenen. Außerdem gibt es eine Reihe menschlicher Reflexe, die bei der Geburt vorhanden sind, aber kurz danach verschwinden: der Babinski-Reflex (Spreizen der Zehen bei Kitzeln der Fußsohle), der Greifreflex, der Saugreflex, der Moro-Reflex (plötzliches Ausstrecken von Armen und Beinen bei Schreck oder Fallengelassenwerden) (in ◘ Tab. 2.1 findet sich eine Zusammenstellung von Säuglingsreflexen).

Die meisten Reflexe besitzen klaren Überlebenswert. Wie wir in ► Kap. 2 sahen, wird vermutet, dass sogar der Moro-Reflex vor langer Zeit nützlich gewesen sein könnte, wenn der baumbewohnende Säugling plötzlich von seinem Ruheplatz fiel oder dem Griff seiner Mutter entglitt, wobei das plötzliche Ausstrecken der Arme ihm dabei helfen konnte, einen Zweig zu ergreifen.

10.2.2 Der Orientierungsreflex

Eine weitere Form reflexiven Verhaltens, der Orientierungsreflex, beschreibt eine allgemeine Tendenz, auf neue Stimulation mit verstärkter Aufmerksamkeit zu reagieren. Es handelt sich um »einen Mechanismus, der die Informationsverarbeitung in allen sensorischen Systemen verstärkt«, erklären Berg und Berg (1987, S. 268). Bei Hunden und Katzen ist die Orientierungsreaktion deutlich: Wenn sie ein neues Geräusch hören, drehen sie den Kopf, stellen die Ohren auf, und ihre gesamte Haltung drückt aus: »Was zum @#$*! war das?« Daher ist es nicht überraschend, dass die Orientierungsreaktion oft auch

»Was ist das?«-Reaktion genannt wird. MacCulloch und Feldman (1996) weisen darauf hin, dass die Orientierungsreaktion eine evolutionäre Entwicklung ist, die es Lebewesen gestattet, ihre Umgebung schnell auf potenzielle Bedrohungen und Gelegenheiten hin zu überprüfen. Daher hat sie hohe Überlebensrelevanz.

Beim Menschen ist die Orientierungsreaktion nicht so offensichtlich wie bei Katzen und Hunden, dient aber derselben aufmerksamkeitsweckenden Funktion. Wenn man sich einem neuartigen Stimulus gegenübersieht, verringern sich Puls und Atmung augenblicklich (damit erklärt sich der Ausdruck: »Den Atem anhalten«), und die elektrische Aktivität im Gehirn kann sich verändern. Interessanterweise zeigen sich einige dieser durch Orientierung bedingten Veränderungen (wie die Veränderung der Herzrate) auch bereits im ungeborenen Fötus (Groome, Mooney, Holland & Bentz, 1997).

Eine sehr wichtige Funktion des Orientierungsreflexes beim Menschen hat unmittelbar mit Lernen und Entwicklung zu tun, schreibt Alter (1996). Die Orientierungsreaktion tritt bei neuartigen Stimuli auf; wenn das Neuartige vertraut geworden ist (mit anderen Worten: Gelernt worden ist), lässt die Orientierungsreaktion nach. In Untersuchungen mit noch nicht sprachfähigen Kleinkindern wird das Nachlassen der Orientierungsreaktion (auf einen gezeigten Stimulus) oft als Hinweis für stattgefundenes Lernen angesehen.

Reflexe als Erklärungen

Pawlow und Watson verwendeten in ihren Theorien häufig Reflexe und konnten damit einige einfache Formen des Lernens wie emotionale Reaktionen und Geschmacksaversionen zumindest teilweise erklären. Man beachte, dass beide Arten von Lernen für den Organismus überlebenswichtig sein können. Klassisch konditionierte Furcht vor einem knurrenden Geräusch bspw. könnte ein Tier – auch ein menschliches – vor einem Säbelzahntiger retten, wenn es hört, wie dieser sich räuspert. Und eine gelernte Geschmacksaversion könnte das Tier davor schützen, einen giftigen Pilz zu fressen.

Aufgrund ihrer Überlebensrelevanz sind Reflexe gültige, biologisch basierte Erklärungen für einige Verhaltensweisen. Zum Unglück derer, die einfache Dinge schätzen, sind sie zur Erklärung der meisten menschlichen Verhaltensweisen, die meist nicht reflektorisch sind, nur begrenzt nützlich und geeignet.

10.2.3 Instinkte

Reflexe sind einfache (ererbte) Verhaltensweisen, Instinkte sind komplexere ererbte Verhaltensmuster, die einer ganzen Spezies gemeinsam sind und ebenfalls Überlebenswert besitzen. Einige frühe Theoretiker wie James nahmen an, dass Menschen eine enorme Menge von Instinkten besäßen – mehr als jedes andere Tier. Neben Instinkten für Eifersucht, Reinlichkeit, Saugen, Zeigen, Greifen und Beißen (unter hunderten anderer) bezeichnete James auch eine Tendenz zur Kleptomanie als menschlichen Instinkt! (James, 1890, 1950). McDougall (1908), und andere gingen sogar so weit, zu behaupten, dass alles menschliche Verhalten aus ungelernten Tendenzen resultiere, in bestimmter Weise zu reagieren – mit anderen Worten aus Instinkten. Diese Theoretiker erdachten lange Listen angenommener Instinkte wie Geselligkeit, Streitsucht, Flucht, Selbstbehauptung, Selbsterniedrigung und Hunger. Einmal zählte Bernard mehr als 6.000 »Instinkte«, einschließlich so verblüffender Neigungen wie »die Tendenz, zu vermeiden, Äpfel aus dem eigenen Garten zu essen« (1924, S. 212).

Aber wahrscheinlich sind die meisten dieser Tendenzen gar keine richtigen Instinkte. Schließlich sind Instinkte komplexe Verhaltensweisen (wie Vogelzug oder Winterschlaf), sie gelten für alle Angehörige einer Spezies (bspw. das Folgeverhalten von jungen Enten und Gänsen) und sie sind wenig veränderbar (z. B. das Nestbauverhalten von Vögeln). In Anbetracht dieser Beobachtungen argumentieren viele Psychologen, es gäbe keine überzeugenden Belege dafür, dass der Mensch überhaupt irgendwelche Instinkte besitzt, obwohl Instinkte bei anderen Tieren sehr deutlich erkennbar sind und auch ausnahmslos mit Überleben und Fortpflanzung zu tun haben (s. bspw. Thorpe, 1963).

Aber nicht alle Psychologen glauben, dass Instinkte in menschlichem Verhalten überhaupt keine Rolle spielen. Die Freud'sche Theorie basiert bspw. auf der Annahme, dass mächtige instinktmäßige Triebe, die hauptsächlich mit Überleben und Fort-

10.2 · Reflexe, Instinkte und Prägung

pflanzung assoziiert sind (gemeinhin als Es bezeichnet und oft im Sexualtrieb [Libido] manifestiert), einem großen Teil des Verhaltens zugrundeliegen (s. bspw. Lear, 1996). Diese Instinkte zeigen sich laut Medici de Steiner (1995) manchmal in Träumen, aber auch in tatsächlichem Verhalten.

Wie wir in ▶ Kap. 5 sahen, betrachten Evolutionspsychologen Biologie und Genetik als wichtige Erklärungsquellen für menschliches Lernen und Verhalten. Die Soziobiologie bspw. behauptet, dass menschliches Verhalten zutiefst durch ungelernte, instinktmäßige Tendenzen beeinflusst wird.

10.2.4 Prägung

Auch Theoretiker wie Bowlby (1982) behaupten, dass die frühe Bindung zwischen Mutter und Kind bei Menschen wichtige Parallelen zur Prägung bei Tieren aufweist. Prägung beschreibt ein instinktives, ungelerntes Verhalten, das für eine Spezies spezifisch ist und erst auftritt, wenn ein Tier dem geeigneten Stimulus (als Auslöser bezeichnet) ausgesetzt wird, vorausgesetzt dies geschieht innerhalb der richtigen Zeitspanne im Leben des Tieres (der sensiblen Phase). Das klassische Beispiel für Prägung ist das Folgeverhalten von Enten, Hühnern oder Gänsen, die normalerweise auf das erste sich bewegende Objekt, das sie sehen, geprägt werden. Glücklicherweise ist dieses Objekt meist ihre Mutter, aber das muss nicht immer so sein. Lorenz (1952) berichtet über ein Gänschen, das auf ihn geprägt wurde und ihm danach so folgte, als wäre er die Mutter. Als die Paarungszeit kam, richtete diese Gans ihre Gefühle auf Lorenz, was diesen etwas aus der Fassung brachte. Die Geschichte besagt, dass diese Gans in einer Geste von Zuneigung und Liebe darauf bestand, ganze Schnäbel voll zerhackter Würmer in Lorenz' Ohr zu deponieren. Soweit die Wissenschaft weiß, wurde diese Liebe nicht erwidert.

Collias (2000) stellte fest, dass Vögel wie z. B. Hühner nicht nur auf die Mutterhenne geprägt werden können, sondern auch auf ihre Geschwister oder irgendein anderes sich bewegendes Objekt – auch auf Menschen – vorausgesetzt, dieser Stimulus wird kurz nach der Geburt dargeboten. In seinen Untersuchungen war die Prägung am stärksten, wenn die Darbietung am ersten Tag nach dem Schlupf erfolgte, und schwächte sich während der nächsten 10 Tage zunehmend ab (◘ Abb. 10.1).

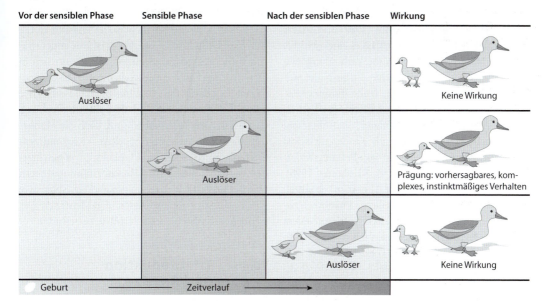

◘ **Abb. 10.1.** Darstellung von Prägung. Unter geeigneten Bedingungen führt die Darbietung eines Auslösers (z. B. einer Mutterente) während der sensiblen Phase (innerhalb weniger Stunden nach dem Schlupf) zur Prägung, die sich in dem Folgeverhalten des frisch geschlüpften Entchens zeigt. Es kommt nicht zur Prägung, wenn kein Auslöser dargeboten wird, oder wenn er zu früh oder zu spät dargeboten wird

Prägung bei Tieren ist nicht auf den Erwerb von Folgeverhalten bei Vögeln beschränkt; sie scheint auch für ihr späteres Sexualverhalten eine wichtige Rolle zu spielen. Viele Untersuchungen haben bspw. gezeigt, dass das Sexualverhalten erwachsener Vögel stark davon beeinflusst wird, dass sie während kritischer Phasen ihrer Entwicklung geeignete Stimuli sehen. Deswegen wollen sich erwachsene Vögel normalerweise mit Angehörigen ihrer eigenen Spezies paaren. Als Plenge, Curio und Witte (2000) weibliche Vögel mit Eltern aufzogen, die mit einer leuchtend roten Feder auf dem Kopf geschmückt worden waren, wollten sich diese Weibchen später auch mit entsprechend geschmückten erwachsenen Vögeln paaren. In einer Parallelstudie zeigten männliche Vögel, die unter denselben Bedingungen aufgezogen waren, ebenfalls eine signifikante Präferenz für erwachsene Weibchen, die mit einer roten Feder geschmückt waren (Witte, Hirschler & Curio, 2000). Interessanterweise bevorzugten in einer dritten Studie frisch geschlüpfte Vögel, die auf Erwachsene mit rotgefärbten Schnäbeln geprägt wurden, später aber nicht Erwachsene mit roten Schnäbeln bei ihrer Partnerwahl (Hoerster, Curio & Witte, 2000). Das heißt, nicht alle Merkmale können als Prägungsstimuli genutzt werden.

Obwohl Menschen nicht wie andere Tiere geprägt werden, behaupten Bowlby (1982) und andere (bspw. Klaus & Kennell, 1983), dass es eine »sensible Phase« gibt, während der sich die Verbindung zwischen Mutter und Kind am leichtesten ausbildet, was eine biologische Erklärung für frühe Bindung darstellt. Andere nehmen an, dass bestimmte Verhaltensweisen wie sexueller Missbrauch – in Anbetracht der Tatsache, dass die Täter als Kinder oft selbst missbraucht wurden – eine Art von Prägung widerspiegeln könnten (Eisenman & Kristsonis, 1995). Auch tiefverwurzelte Ängste (Phobien) könnten manchmal auf ein prägungsähnliches Phänomen zurückzuführen sein, das aus einem Erlebnis mit einem geeigneten furchterregenden Stimulus resultiert. Fredrikson, Annas und Wik (1997) berichten bspw., dass Schlangen- und Spinnenphobien entweder durch direktes Erleben (tatsächlich durch eine Schlange oder Spinne in Furcht versetzt werden) oder indirektes Erleben (Sehen, wie jemand anderes erschrickt, oder durch die Warnung eines Elternteils vor den Gefahren von Schlangen und Spinnen) ausgelöst werden

können. In ihrer Stichprobe von 158 phobischen Frauen fanden sie einen engen Zusammenhang zwischen Phobien bei Eltern und Großeltern und Phobien bei Kindern und Enkeln. Dies, behaupten die Autoren, stützt die Auffassung, dass Phobien durch Erfahrung gelernt werden. Es könnte allerdings auch die Ansicht unterstützen, dass genetische Faktoren zur Entwicklung von Phobien beitragen und dass sie ein Beispiel für Prägung bei Menschen sind.

10.3 Psychologischer Hedonismus

Viele intuitive Hinweise zeigen, dass menschliche Wesen das Angenehme suchen und das Unangenehme vermeiden (Overskeid, 2002). Auf den ersten Blick könnte diese Ansicht, psychologischer Hedonismus genannt, eine gute allgemeine Erklärung für die meisten menschlichen Verhaltensweisen bieten. Unglücklicherweise ist es keine sehr nützliche Idee. Das Hauptproblem dieser Auffassung besteht darin, dass man sie nicht zur Vorhersage oder auch nur zur Erklärung von Verhalten heranziehen kann, wenn nicht Schmerz und Lust zuvor klar definiert werden können, was oft nicht möglich ist. Eine scheinbar kluge Aussage könnte bspw. lauten, dass ein Mensch der arktischen Kälte in einer nicht isolierten Hütte trotzt, weil dieses Tun lustvoll ist, aber es ist eine andere Sache vorherzusagen, dass dieses Individuum sich in diese frostige Hütte zurückziehen wird. Die Schwierigkeit liegt darin, dass Lust und Schmerz subjektive emotionale Reaktionen sind. Obwohl zutreffen mag, dass Menschen hedonistisch sind, kann die Motivationstheorie von diesem Häppchen Wissen nur profitieren, wenn Schmerz und Lust objektiver beschrieben werden können. Laut Hosen, Hosen und Stern (2001) müssten wir dazu einiges über das subjektive »hedonistische« Kalkül wissen, das Menschen verwenden, um verschiedene Resultate zu bewerten.

10.4 Triebreduktion und Anreize

Ein Ansatz zu einer objektiveren Definition von Schmerz und Lust ist implizit in der Theorie operanter Konditionierung, in ihren Definitionen von Verstärkung und Bestrafung, enthalten. Einfach betrachtet, könnte man positive Verstärker als angenehm betrachten, während Bestrafung und negative Verstärkung dies im Allgemeinen nicht sind.

Ein anderer Ansatz zur Klärung der hedonistischen Betrachtungsweise von Schmerz und Lust besteht darin, sich grundlegende menschliche Bedürfnisse und Antriebe anzusehen – und davon auszugehen, dass die Befriedigung von Bedürfnissen lustvoll ist und die Nichtbefriedigung unangenehm. Laut Covington (2000) gab es historisch gesehen zwei Perspektiven betreffend Motivation. Eine Perspektive, die lange Zeit am populärsten war, sieht Motive als Triebe, die das Individuum zur Handlung drängen. Man erinnere sich, dass Antrieb, wie von Hull definiert, eine Verhaltenstendenz ist, die durch ein nichtbefriedigtes Bedürfnis ausgelöst wird. Daher löst das unbefriedigte Bedürfnis nach Nahrung den Antrieb Hunger aus, der dann Verhalten motiviert.

Die andere Perspektive sieht Motive weniger als Antriebe, die das Individuum zum Handeln bringen, sondern vielmehr als Ziele, die das Individuum anstrebt. Der Unterschied zwischen diesen Perspektiven liegt hauptsächlich in ihrer Schwerpunktsetzung. Triebe wie der Sexualtrieb sind selbstverständlich mit Zielen verbunden. Ein Ziel – wie der Wunsch nach Ruhm – kann auch zu mächtigen Trieben führen, sich in bestimmter Weise zu verhalten. Wie wir später sehen werden, betrachten die meisten aktuellen Theorien zur Motivation, die im Allgemeinen eher kognitiv als behavioristisch ausgerichtet sind, Motive eher als Ziele denn als Triebe.

Drei physiologische Motive sind allen Menschen gemeinsam: Hunger, Durst und Sexualität. Diese wurden bisher hauptsächlich als Triebe und nicht als Ziele untersucht.

10.4.1 Bedürfnisse und Triebe

Jedes dieser drei physiologischen Motive ist mit einem Trieb verbunden – einem Mangel, der einen Wunsch nach Befriedigung auslöst. Die Handlungstendenz, ein Bedürfnis zu befriedigen, definiert den Trieb. Durst zu haben, bedeutet bspw., ein Bedürfnis nach Flüssigkeit zu haben; dieses Bedürfnis führt zum Dursttrieb. Durst führt dazu, dass getrunken

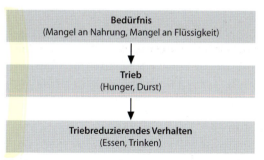

Abb. 10.2. Das Triebreduktionsmodell der Motivation. Ein Bedürfnis (Mangel) führt zu einem Trieb (Drang), der wiederum zu einem Verhalten führt, das darauf ausgerichtet ist, das Bedürfnis zu befriedigen und den Trieb zu beseitigen. Dieses Modell ist nützlich zur Erklärung vieler physiologisch basierter Verhaltensweisen, aber weniger zur Erklärung anderer Dinge, wie z. B. warum manche Menschen gern lesen, andere aber nicht, oder warum manche gern auf Berge klettern, andere gern singen usw.

wird, und der Trieb verschwindet. Daher tragen Bedürfnisse in sich den Keim ihrer eigenen Zerstörung (Abb. 10.2). Diese Erklärung für Verhalten, als **Triebreduktion** bezeichnet, ist in Hulls Theorie anschaulich illustriert. Hull glaubte, dass Triebreduktion für die Wirkung von Verstärkern verantwortlich ist und zu Lernen führt.

10.4.2 Psychologische Bedürfnisse

Die grundlegenden physiologischen (oder körperlichen) Bedürfnisse scheinen klar zu sein: das Bedürfnis nach Nahrung, Getränken, Sexualität und das Bedürfnis, die Körpertemperatur aufrecht zu erhalten. Einige Psychologen glauben darüber hinaus, dass Menschen psychologische Bedürfnisse haben, obwohl über deren Natur sehr viel weniger Übereinstimmung besteht. Mögliche Kandidaten sind das Bedürfnis nach Zuneigung, Zugehörigkeit, Leistung, Unabhängigkeit, sozialer Anerkennung und Selbstachtung. Glasser (1998, 2002) beschreibt bspw. vier Bedürfnisgruppen, die für das Verständnis von Kindern und Heranwachsenden sehr wichtig sind: das Bedürfnis nach Spaß, nach Freiheit, nach Macht und Kontrolle sowie nach Liebe und Zugehörigkeit. Harvey und Retter (2002) untersuchten 402 Kinder und Jugendliche (im Alter von 8 bis 16 Jahren) und stellten systematische Geschlechts- und Altersunterschiede in der Relevanz dieser Bedürfnisse fest. Die älteren Kinder zeigten ein höheres Bedürfnis nach Freiheit als die jüngeren; Jungen hatten ein stärkeres Bedürfnis nach Spaß als Mädchen; Mädchen hatten ein stärkeres Bedürfnis nach Liebe und Zugehörigkeit als Jungen. Ob nichtmenschliche Tiere auch psychologische Bedürfnisse haben, ist weniger klar und wird kontrovers diskutiert. Jensen und Toates (1993) argumentieren bspw., dass der Versuch, solche Bedürfnisse bei Tieren festzustellen, schwierig und nicht sonderlich nützlich sei.

Ein Hauptunterschied zwischen körperlichen und psychologischen Bedürfnissen ist, dass körperliche Bedürfnisse – und ihre Befriedigung – zu Gewebeveränderungen führen. Psychologische Bedürfnisse zeigen sich dagegen nicht notwendigerweise in körperlichen Veränderungen, sondern haben eher mit den intellektuellen oder emotionalen Aspekten menschlichen Funktionierens zu tun. Außerdem können physiologische Bedürfnisse vollständig befriedigt werden, während psychologische Bedürfnisse relativ unstillbar sind. Menschen können essen, bis sie gar keinen Hunger mehr haben, aber sie erhalten selten soviel Zuneigung, dass sie wirklich nicht noch mehr von irgendjemandem wollen.

10.4.3 Maslows Hierarchie

Laut Maslow (1970) gibt es zwei Hauptbedürfnissysteme: Grundbedürfnisse und Meta-Bedürfnisse. Die Grundbedürfnisse werden als **Mangelbedürfnisse** bezeichnet, weil sie zu Verhalten führen, wenn befriedigende Bedingungen fehlen. Zu den Grundbedürfnissen gehören die physiologischen Bedürfnisse (z. B. das Bedürfnis nach Nahrung, Flüssigkeit und Sexualität), Sicherheitsbedürfnisse (z. B. das Bedürfnis nach Geborgenheit), Bedürfnisse nach Liebe und Zugehörigkeit und nach Selbstachtung.

Im Gegensatz zu den grundlegenden Mangelbedürfnissen sind die Metabedürfnisse **Wachstumsbedürfnisse**. Sie sind durch den menschlichen Wunsch gekennzeichnet, zu wachsen, zu erreichen, zu werden. Zu ihnen gehört das Bedürfnis, abstrakte Werte wie Tugend und Wahrheit zu erkennen und zu erlangen, Wissen zu erwerben, und Selbstverwirklichung

zu erreichen – was im Folgenden näher besprochen wird.

Maslow geht davon aus, dass diese Bedürfnissysteme hierarchisch sind, sodass Bedürfnisse höherer Ebene erst angestrebt werden, wenn die Bedürfnisse niedrigerer Ebene befriedigt sind. Daher haben hungernde Menschen kein Bedürfnis nach Wissen. Und daher könnten auch ältere Menschen trotz gestillter Grundbedürfnisse unglücklich sein, wenn ihre Bedürfnisse höherer Ebene ignoriert werden (Umoren, 1992) (◘ Abb. 10.3).

Selbstverwirklichung

Das wichtigste Metabedürfnis Maslows ist Selbstverwirklichung, ein schwer zu definierendes Konzept. Am besten beschreibt man es als den Prozess der Selbstwerdung, der Verwirklichung des eigenen Potenzials. Aber sogar Maslow selbst gab zu: »Die Erkundung der Tiefen der menschlichen Natur und seiner ultimativen Möglichkeiten und Bestrebungen ist eine schwierige und anstrengende Aufgabe« (1970, S. 67). Sogar Jahrzehnte später ist das Konzept immer noch unklar, sagen Leclerc, Lefrançois, Dube, Herbert und Gaulin (1998). Dies liegt zum Teil daran, dass die Tendenz vorherrschte, Selbstverwirklichung als einen **Zustand** anzusehen, den ein Individuum erreicht, wenn all sein Potenzial schließlich entfaltet ist. In Maslows Worten: Selbstverwirklichte Menschen »können grob so beschrieben werden, dass sie ihre Talente, Kapazitäten, Potenziale usw. in vollem Umfang verwenden und ausnutzen« (1970, S. 150). Als Maslow 3.000 Collegestudenten befragte, fand er nur eine einzige Person, die er gemäß dieser Definition tatsächlich als selbstverwirklicht ansah.

Das Problem ist laut Rowan (1998), dass Selbstverwirklichung kein Zustand ist, sondern ein Prozess, eine laufende Suche nach Entwicklung und Wachstum. Infolgedessen ist das Dreieck, das normalerweise zur Darstellung von Maslows Bedürfnishierarchie verwendet wird, irreführend, weil es oben geschlossen ist. »Der Fehler bei diesem Dreieck«, erklärt Rowan, »liegt darin, dass es einen Endpunkt der persönlichen Entwicklung suggeriert« (1998, S. 68). Aber wir erreichen diesen Endpunkt niemals (◘ Abb. 10.3).

10.4 · Triebreduktion und Anreize

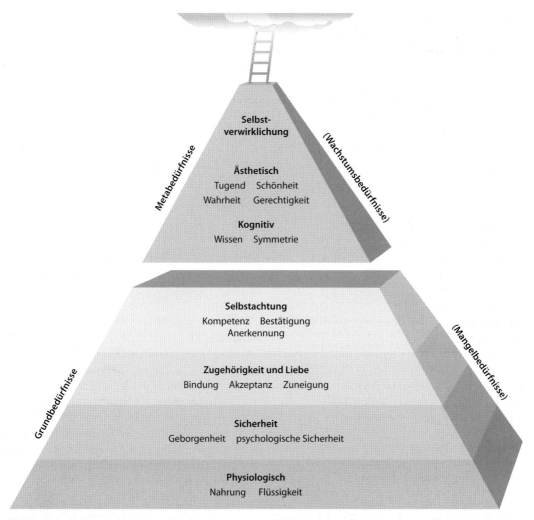

Abb. 10.3. Maslows Bedürfnishierarchie. Die von Rowan (1998) vorgeschlagene offene Pyramide zeigt, dass Selbstverwirklichung ein endloser Prozess ist und kein ultimates, erreichbares Ziel

10.4.4 Bedürfnis-/Trieb-Modelle: eine Bewertung

Bedürfnis-/Trieb-Modelle sind wichtige Erklärungen in behavioristischen Lerntheorien. Skinners und Thorndikes Konditionierungstheorien gründen weitestgehend auf der Wirksamkeit grundlegender Triebe als menschliche Motive. Auch Hull erklärte mittels Triebreduktion, warum Gewohnheiten gebildet werden und wie fraktionierte antizipatorische Zielreaktionen verbunden werden. Nicht überraschend ist, dass übliche Verstärker in der Tierforschung Futter und Wasser sind – Dinge, die grundlegende ungelernte Bedürfnisse befriedigen. Zu den gängigsten Verstärkern in Untersuchungen zu operanter Konditionierung beim Menschen gehören solche, die gelernte oder psychologische Bedürfnisse befriedigen (Lob, Geld, Tokens, gute Noten, usw.).

Einige Schwierigkeiten mit der Bedürfnis-/Trieb-Theorie

Auch wenn die Bedürfnis-/Trieb-Theorie anscheinend beträchtliche Relevanz für die Erklärung menschlichen Verhaltens besitzt, gibt es dabei doch eine Reihe von Problemen. Erstens suggerieren Be-

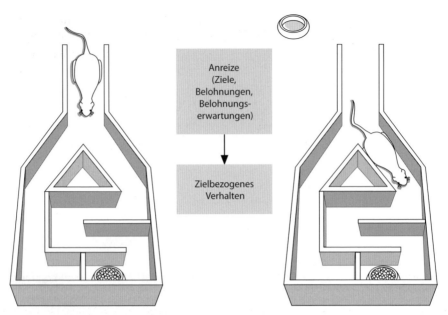

Abb. 10.4. Anreize. Triebe allein können Verhalten nicht erklären. In Zeamans (1949) Experiment zeigten Ratten, die bereits ein Häppchen Futter erhalten hatten (rechtes Labyrinth) bessere Leistungen in einem Labyrinth, in dem sie Futter erwarteten, als hungrige Ratten (linkes Labyrinth)

dürfnis-/Trieb-Theorien normalerweise, dass Verhalten aus einem Bedürfnis oder Mangel im Organismus resultiert. Daher wäre es logisch anzunehmen, dass die Befriedigung von Bedürfnissen zu einem Ruhezustand führt. Dies ist aber oft nicht der Fall. Sogar Ratten, die offenbar nicht in einem Zustand der Bedürftigkeit sind, da sie gerade gefüttert und getränkt und gestreichelt wurden, rollen sich oft nicht einfach zusammen, um zu schlafen. Stattdessen zeigen sie oft sogar einen Aktivitätsanstieg.

Ein zweites Problem mit der Bedürfnis-/Trieb-Theorie besteht darin, dass es viele von Menschen (und auch Tieren) gezeigte Verhaltensweisen gibt, in denen keine Möglichkeit zur sofortigen oder verzögerten Befriedigung eines Bedürfnisses besteht – bspw. wenn eine Ratte lernt, durch ein Labyrinth zu laufen, ohne dass sie dafür belohnt wird (Tolman, 1951) oder wenn ein Mensch sich langweilt und nach sensorischer Stimulation sucht (Hebb, 1966). Hinweise auf Explorationsverhalten haben einige Theoretiker dazu veranlasst, anzunehmen, dass viele menschliche Verhaltensweisen durch einen Neugier- oder Explorationstrieb motiviert sind (s. bspw. Berlyne, 1960, 1966).

Eine dritte, wichtige Unzulänglichkeit von Bedürfnis-/Trieb- oder Triebreduktionstheorien besteht darin, dass sie Verhalten über innere Zustände und Impulse zu erklären versuchen (das Bedürfnis nach Nahrung bspw. ist ein innerer Zustand, der Hungertrieb ist ein Impuls). Infolgedessen tun sich diese Theorien schwer zu erklären, warum Verhalten auch durch externale Stimulation beeinflusst wird. Wenn Hunger nur ein internaler Zustand wäre, würden Menschen immer nur soviel essen, um die physiologischen Mechanismen zu aktivieren, die ihnen signalisieren, mit dem Essen aufzuhören. Dennoch essen sehr viele Menschen sehr viel mehr, wenn die Nahrung appetitlicher ist, andere erscheinen deutlich hungriger, wenn sie vorher erfahren, was sie zu essen bekommen. Sogar Ratten, denen man ein Häppchen Futter gibt, bevor man sie in die Startbox eines Labyrinths setzt, rennen schneller zur Zielbox als Ratten, die nicht so vorbereitet wurden (Zeaman, 1949). Wenn ein innerer Zustand von Hunger das Motiv ist, folgt daraus aber, dass ein Häppchen Futter, wie klein auch immer, den Hungertrieb etwas verringern sollte, sodass hungrige Ratten schneller rennen sollten (Abb. 10.4).

10.4.5 Anreize

Bedürfnis-/Trieb-Modelle müssen den Anreizwert der Motivation (als **Anreizmotivation** bezeichnet) erklären können. Sogar für Ratten scheint ein Häppchen Futter als Anreiz zu dienen, der sie zu schnellerem Laufen drängt. Bei Menschen, die die Fähigkeit zur Vorstellung und Erwartung besitzen, ist ein solcher Vorgeschmack nicht notwendig. Alles, was sie wissen müssen, ist, dass man dort hinten bei dem violetten Schild, auf dem »Suzie's« steht, die köstlichste Crêpe Suzette der Welt bekommt, und schon laufen sie ein bisschen schneller.

Der Begriff **Anreiz** bezieht sich auf den Wert eines Ziels oder einer Belohnung. Ein Ziel hat dann einen hohen Anreizwert, wenn es Verhalten besonders wirkungsvoll motivieren kann; es hat dann einen geringen Anreizwert, wenn es nicht sonderlich motivierend wirkt. Wie wir in ▶ Kap. 3 sahen, gehörte Hull zu den ersten, die das Anreiz-Konzept (mit dem Symbol k bezeichnet) in ihren Theorien verwendeten. Er berücksichtigte, dass Triebe allein Motivation nicht erklären konnten. Unter anderem erklärt auch die Belohnungsmenge, die eine Ratte erhält, ihr Verhalten ebenso wie ihre Geschichte früherer Belohnungen.

Durch Einführung des Anreiz-Konzeptes in eine Diskussion der Bedürfnis-/Trieb-Theorie wird es möglich, die Tatsache zu erklären, dass Affen für eine Banane mehr tun als für ein Salatblatt und dass ein Mensch bereit ist, für ein Steak mehr zu bezahlen als für einen Hamburger.

Dieses Konzept führt die behavioristische Motivationstheorie auch näher an kognitive Standpunkte heran, weil die Erwartung eines Zieles und die Einschätzung seines Wertes essentiell kognitive Prozesse benötigt. Später in diesem Kapitel werden wir uns detaillierter mit Zielen und Belohnungen und ihrer Beziehung zur Motivation befassen.

10.5 Arousaltheorie

Laut Brehm und Self (1989) nehmen drei Dinge Einfluss auf den Grad der Bemühungen eines Menschen (das heißt, auf das Ausmaß seiner Motivation): internale Zustände wie Bedürfnisse, potenzielle Resultate und die individuelle Einschätzung der Wahrscheinlichkeit, mit der ein bestimmtes Verhalten zu einem gewünschten Resultat führt. Diese Betrachtungsweise berücksichtigt sowohl die physiologischen wie auch die kognitiven Aspekte des Verhaltens, in etwa so, wie Hull es in seinem System versuchte (▶ Kap. 3).

10.5.1 Arousal: Messen von Motivation

Kann Motivation gemessen werden? Brehm und Self (1989) sagen ja, weil sich die Intensität der Motivation in Veränderungen im sympathischen Nervensystem zeigt. Solche Veränderungen zeigen sich insbesondere im sogenannten Arousal. Daher liefert die Arousal-Theorie sowohl eine physiologische wie auch eine kognitive Erklärung für Verhalten.

Der Begriff **Arousal** hat sowohl psychologische als auch physiologische Bedeutung. Als psychologisches Konzept scheint er mindestens zwei Dimensionen zu haben, erklärt Dickman (2002). Eine Dimension betrifft die Anspannung und bewegt sich zwischen großer Besorgnis oder sogar Panik an einem Extrem bis zu großer Ruhe am anderen. Die andere Dimension hat mit Energie zu tun und bezieht sich auf den Grad an Vigilanz, Wachheit oder Aufmerksamkeit. Die Energiedimension des Arousal kann sich auch in der Vitalität des Organismus zeigen, merkt Dickman an, wobei es sich um etwas anderes zu handeln scheint als um Wachheit.

Als physiologisches Konzept meint Arousal den Aktivierungsgrad des Organismus, oftmals gemessen an Veränderungen von Puls und Blutdruck, Veränderungen der elektrischen Hautleitfähigkeit (elektrodermale Reaktion genannt) und Veränderungen der elektrischen Aktivität des Gehirns. Bei steigendem Arousal nimmt die elektrische Aktivität im Cortex (gemessen mit einem Elektroenzephalographen oder EEG) die Form von zunehmend schnelleren und flacheren Wellen an (als Betawellen bezeichnet). Bei geringerem Arousalniveau (bspw. im Schlaf) sind die Wellen langsam und tief (sogenannte Alphawellen).

Steigendes Arousal definiert ansteigende Intensität der Motivation (und der Emotion), behaupten Brehm und Self (1989). Die Beziehung zwischen Arousal und Intensität der Motivation ist allerdings

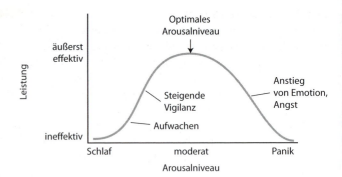

Abb. 10.5. Das Yerkes-Dodson-Gesetz beschreibt die Beziehung zwischen Leistung und Arousalniveau. Im Allgemeinen findet man die effektivste Leistung bei mittlerem Arousalniveau

nicht vollständig linear; das bedeutet, eine Person wird bei einem Anstieg des Arousals nicht kontinuierlich motivierter.

10.5.2 Yerkes-Dodson-Gesetz

Auf dem geringsten Arousalniveau ist die Motivation tendenziell gering und das Verhalten ineffektiv. Dies kann man leicht demonstrieren, indem man jemandem auf dem geringsten Arousalniveau (also Schlaf) eine einfache Frage stellt wie »Wie viel ist zwei und zwei?« Bei steigendem Arousal wird das Verhalten motivierter, interessierter; die Person kann nun deutlich mitteilen, wie viel zwei und zwei ist, und auch alle möglichen anderen Dinge.

Wenn das Arousal aber noch weiter ansteigt – was z. B. passieren könnte, wenn die Person durch ein Erdbeben geweckt wurde – kann die Leistung stark abfallen. Hohes Arousal, das sich oft in starker Anspannung oder sogar Angst zeigt, ist der Grund dafür, dass sich Studenten in anstrengenden mündlichen Prüfungen manchmal an nichts mehr erinnern können oder sogar unfähig sind zu sprechen. Angst in Prüfungssituationen senkt die Leistung deutlich, folgert Hembree (1988) in einer Überblicksarbeit zu 562 Einzeluntersuchungen. Aktuellere Ergebnisse zeigen, dass dies an einer Verringerung der Arbeitsgedächtniskapazität bei steigendem Arousal liegen könnte (Necka, 2000). Auch übermäßig hohes Arousal beim Sport hat wiederholt negative Auswirkungen auf die athletischen Leistungen gezeigt (Gould, Greenleaf & Krane, 2002).

Zusammengefasst nimmt die Beziehung zwischen Leistung und Arousal, dargestellt in ◘ Abb. 10.5, umgekehrt U-förmige Gestalt an. Diese Beobachtung wurde erstmals von Yerkes und Dodson (1908) beschrieben und ist als Yerkes-Dodson-Gesetz bekannt: Für effektives Verhalten gibt es ein optimales Arousalniveau, wenn das Arousalniveau höher oder niedriger liegt, ist die Effizienz des Verhaltens reduziert.

10.5.3 Hebbs Arousaltheorie

Hebbs Arousaltheorie der Motivation basiert unmittelbar auf dem Yerkes-Dodson-Gesetz. Laut Hebb (1972) kann man aus diesem Gesetz zwei wesentliche Annahmen ableiten. Erstens: Das optimale Arousalniveau unterscheidet sich je nach Aufgabentyp. Intensive, Konzentration erfordernde Aktivitäten wie Lernen oder die Teilnahme an einer TV-Quizshow erfordern ein höheres Niveau an Vigilanz (Arousal) als gewohnheitsmäßigere Aktivitäten wie Autofahren. Für die meisten Alltagsaktivitäten ist ein moderates Arousalniveau wahrscheinlich am besten. Zweitens: Der Organismus verhält sich auf eine Weise, in der das angemessenste Arousalniveau für das laufende Verhalten aufrechterhalten wird. Wenn das Arousal zu gering ist, versucht der Organismus, es zu steigern, wenn es zu hoch ist, versucht er, es zu verringern.

Der Wert von Arousal als motivationales Konzept beruht weitgehend auf der Gültigkeit dieser zweiten Annahme. Wenn Menschen versuchen, ein optimales Arousalniveau aufrechtzuerhalten, sollte es möglich sein, zumindest einige ihrer Verhaltensweisen vorherzusagen. Vom Unterricht gelangweilte Schüler bspw. (zu geringes Arousalniveau) werden wahrscheinlich Dinge tun, um ihr Arousal zu steigern. Das genau passiert, wenn Schüler tagträumen, Papierbällchen werfen, Comics lesen oder sich laut mit andern gelangweilten Schülern unterhalten.

Zwei Funktionen von Stimuli

Laut Hebb (1972) haben Stimuli zwei wichtige Funktionen: die Hinweisfunktion und die Arousalfunktion. Die Hinweisfunktion ist informativ: Sie teilt dem Organismus mit, wie er fühlen, denken oder reagieren soll. Die Arousalfunktion definiert sich über den allgemein aktivierenden Effekt von Stimuli. Interessanterweise traf Hull genau dieselbe Unterscheidung, als er sich auf die Hinweis- und Antriebskomponenten von Stimuli bezog – ein Beleg für den Reiz dieser Idee.

Laut Hebb beinhaltet die Hinweisfunktion die Aktivierung der speziellen Zellverbände, die der Stimulation entsprechen. Im Gegensatz dazu beinhaltet die Arousalfunktion die Aktivierung – oder genauer: **Voraktivierung** – einer großen Anzahl von Zellverbänden. Diese Voraktivierung läuft über die **Formatio reticularis** – eine Struktur, die einen Teil des Hirnstamms bildet und durch die die meisten neuronalen Pfade auf ihrem Weg zu den sensorischen Systemen im Gehirn verzweigen. Arousal (Voraktivierung von Zellverbänden) ist essentiell, damit der Hinweis seine Wirkung entfalten kann, behauptet Hebb. Bei extrem geringem Arousalniveau schläft das Individuum bspw., dann hat eine Stimulation keine erkennbare Wirkung.

Das Bedürfnis nach Stimulation

Wenn sie nicht gerade müde sind und ein Bedürfnis nach Schlaf haben, scheinen Menschen und auch viele andere Lebewesen ein klar erkennbares und starkes Bedürfnis zu haben, ein relativ hohes Arousalniveau aufrechtzuerhalten. Als Hebb und seine Mitarbeiter das Arousalniveau von Studenten dramatisch verringerten und lange auf diesem niedrigen Niveau hielten, beobachteten sie einige erstaunliche Resultate (Bexton, Heron & Scott, 1954; Zubek, 1969). In den ursprünglichen – und inzwischen klassischen – Experimenten, die an der McGill University durchgeführt wurden, wurde eine Gruppe von Collegestudenten als freiwillige Teilnehmer für ein Experiment angeworben. Man sagte ihnen, sie würden 20 $ am Tag für absolutes Nichtstun erhalten (Heron, 1957) – damals eine beachtliche Summe. Tatsächlich brauchten sie nicht nur nichts zu tun, sie durften auch gar nichts tun. Stattdessen lagen sie auf Liegen, standen nur auf, um zur Toilette zu gehen, und setzten sich nur hin, um Mahlzeiten einzuneh-

men. Jede Liege befand sich in einer schalldichten Kabine, die Probanden trugen durchscheinende Visiere, mit denen sie nichts sehen konnten, die aber diffuses Licht durchließen. Auf ihren Ohren trugen sie U-förmige Schaumstoffkissen, um Hören zu verhindern. Als weitere Vorsichtsmaßnahme gegen die Wahrnehmung von Tönen summte die Klimaanlage unaufhörlich und monoton. Außerdem trugen die Probanden Baumwollhandschuhe und Pappmanschetten, die bis über ihre Fingerspitzen reichten, um taktile Empfindungen auszuschließen. Insgesamt wollten die Forscher sicherstellen, dass die Probanden nur ein Minimum sensorischer Stimulation erfuhren, solange sie in dieser Isolation waren.

Interessanterweise hielt keiner der Probanden länger als zwei Tage durch. In einigen späteren Experimenten, in denen die Deprivationsbedingungen noch schlimmer waren (bspw. vollständige Dunkelheit, kein Geräusch, Körper im Wasser schwimmend, um Schwerelosigkeit zu simulieren) hielten die Probanden oft nicht länger als ein paar Stunden durch (s. bspw. Barnard, Wolfe & Graveline, 1962; Lilly, 1972).

10.5.4 Sensorische Deprivation

Da Empfindungen die Hauptquelle von Arousal sind, sollte sensorische Deprivation zu einer Verringerung des Arousal führen. Diese Annahme wurde mittels Messungen der elektrischen Aktivität im Gehirn (EEG) vor, während und nach der Isolation bestätigt (Heron, 1957; Zubek & Wilgosh, 1963). Nach längerer Isolation gleicht die Hirnaktivität wacher Probanden oft der, die man normalerweise im Schlaf beobachtet.

Andere Auswirkungen sensorischer Deprivation sind Beeinträchtigungen perzeptueller und kognitiver Funktionen, die man anhand der Leistung bei einfachen numerischen oder visuellen Aufgaben beobachten kann (Heron, 1957). Außerdem werden Probanden oft reizbar, leicht zu erheitern oder zu verärgern, und in ihren Reaktionen auf den begrenzten Kontakt zu den Versuchsleitern fast kindisch. Beispielsweise versuchen sie oft verzweifelt, den Versuchsleiter in ein Gespräch zu verwickeln, wobei sie ähnliches Verhalten zeigen wie ein Kind, das die Aufmerksamkeit eines beschäftigten Elternteils erlangen möchte.

Einer der beeindruckendsten Befunde von Untersuchungen zu sensorischer Deprivation ist, dass Probanden nach längerer Isolation manchmal über Illusionen verschiedenster Art berichten – in manchen Fällen über Halluzinationen. Diese sind relativ selten und stark durch die Einstellung des Probanden vor der Isolation beeinflusst (Zubek, 1969).

Diese Untersuchungen zur sensorischen Deprivation liefern weitere Unterstützung für arousalbasierte Erklärungen menschlichen Verhaltens. Es scheint außer Frage zu stehen, dass Verhalten unter moderatem Arousal näher am Optimum liegt. Außerdem scheint zuzutreffen, dass Menschen versuchen, ihr Arousal auf diesem Niveau zu halten. Beispielsweise sprechen Probanden in der Isolation oft mit sich selber, pfeifen, rezitieren Gedichte oder (wie zuvor angemerkt) versuchen, die Versuchsleiter in ein Gespräch zu verwickeln. Solche Verhaltensweisen brachten Schultz (1969) zu der Hypothese, dass das Bedürfnis nach Arousal eigentlich ein Bedürfnis nach Stimulation ist.

10.5.5 Ursachen von Arousal

Eine wichtige Quelle hohen und niedrigen Arousals ist Stimulation. Für Motivationstheorien vielleicht noch wichtiger sind unter Umständen jedoch Bedeutung, Neuheit und Unerwartetheit von Stimulation, die Arousal ansteigen oder nicht ansteigen lassen (Berlyne, 1965, 1966). Ein großer Teil des menschlichen Explorationsverhaltens – also Verhalten, das darauf gerichtet ist, Dinge zu entdecken und zu lernen – entstammt einem Bedürfnis nach Stimulation, sagt Berlyne.

Arousal hängt auch mit verschiedenen persönlichen und kognitiven Faktoren zusammen. Geen (1984) berichtet von Resultaten, nach denen dieselbe Stimulation bei Introvertierten ein höheres Arousal erzeugt als bei Extrovertierten. Außerdem ist, wie Brehm und Self (1989) schreiben, das Arousal um so höher, je schwieriger und wichtiger ein Verhalten ist. Auch kann motivationales Arousal eine Funktion des Ausmaßes sein, in dem der Handelnde persönliche Verantwortung für die Handlungsresultate übernimmt (im Vergleich zu dem Ausmaß, in dem diese Resultate auf Glück oder andere Faktoren attribuiert werden, über die die Person keine Kontrolle hat).

Dies sind einige Aspekte, mit denen sich kognitive Theorien der Motivation befassen.

10.6 Kognitive Theorien der Motivation

Einige frühe behavioristische Theorien sowohl für Lernen wie für Motivation waren durch eine mechanistische und passive Sichtweise des menschlichen Organismus gekennzeichnet (Bolles, 1975). In Hulls Theorie bspw. bestanden Verhaltensmotive hauptsächlich in einem Drang zur Triebreduktion in Zusammenhang mit unbefriedigten Bedürfnissen. Verhalten wird als eine Reaktion auf internale oder externale Reize gesehen, auf die das Individuum relativ hilflos reagiert.

Im Gegensatz dazu zeichnet die kognitive Perspektive ein aktiveres Bild menschlichen Verhaltens. Individuen wird zuerkannt, dass sie aktiv explorieren und manipulieren, dass sie Verhaltenskonsequenzen vorhersehen und bewerten und dass sie aktiv auf die Umgebung einwirken, anstatt nur auf sie zu reagieren.

Auch wenn einige behavioristische Positionen dazu neigen, das Individuum als eher reaktiv denn aktiv anzusehen, tun viele das auch nicht. Skinner bspw. sieht das Lebewesen auch als auf die Umwelt einwirkend, als explorierend und manipulierend – kurz gesagt: als ein Wesen, das Reaktionen aussendet und nicht nur blind reagiert. Daher würde eine bessere Gegenüberstellung behavioristischer und kognitiver Motivationstheorien besagen, dass kognitive Theorien die Wirksamkeit der Umweltbedingungen (wie Belohnungen und Bestrafungen) aus dem Verständnis und der Interpretation durch das Individuum erklären. Behavioristische Theoretiker sehen keine Notwendigkeit, diese kognitiven Ereignisse zu betrachten.

10.6.1 Theorie kognitiver Dissonanz

Laut Festinger (1957, 1962), dem Autor einer sehr interessanten kognitiven Motivationstheorie, die als Theorie kognitiver Dissonanz bekannt ist, ist offensichtlich, dass Individuen auf der Grundlage ihrer Informationen und Überzeugungen handeln. Ein-

10.6 · Kognitive Theorien der Motivation

fach ausgedrückt besagt die Theorie, dass eine Person, die zeitgleich zwei einander widersprechende Informationen besitzt (dieser Sachverhalt definiert eine Situation kognitiver Dissonanz), motiviert sein wird, diesen Widerspruch zu verringern.

In einer Untersuchung von Festinger (1962) mussten Collegestudenten eine ermüdende und langweilige einstündige Sitzung durchstehen, die vorgeblich mit motorischer Leistung zu tun hatte. Nach der Sitzung wurde jedem Teilnehmer mitgeteilt, dass das Experiment vorbei sei, und dann gefragt, ob er dem Experimentator mit dem nächsten Probanden helfen würde. Den Teilnehmern wurde gesagt, es sei für die Forschung wichtig, dass die neu hinzukommende Person glaube, das Experiment sei interessant und mache Spaß. Jeder Student willigte ein, den nächsten Teilnehmer anzulügen. Infolgedessen, behauptet Festinger, muss man annehmen, dass die Studenten einen Konflikt (oder eine Dissonanz) zwischen ihrem Verhalten und ihren Ansichten erleben.

Die Theorie kognitiver Dissonanz sagt voraus, dass Probanden versuchen werden, diese Dissonanz zu verringern. Eine geeignete Methode wäre, die Lüge zu widerrufen – unter den herrschenden Umständen unmöglich. Die Alternative für die Probanden besteht darin, ihre privaten Ansichten zu ändern – ihre Überzeugungen zu modifizieren. Mit den Worten von Petty, Wegener und Fabrigar: »Dissonantes Verhalten erzeugt bei Menschen ein allgemeines Unbehagen, eine Änderung der Einstellung kann dieses Unbehagen beseitigen« (1997, S. 619).

Festinger verwendete in seinem Experiment zwei unterschiedliche Bedingungen. Obwohl alle Probanden für ihre Lüge bezahlt wurden, erhielten einige $20, andere nur $1. Die Auswirkungen dieser unterschiedlichen Behandlung waren bemerkenswert. Die naheliegende Vermutung (die auch von der Großmutterpsychologie in ▶ Kap. 1 favorisiert wurde) lautet, dass diejenigen, die den höheren Betrag erhalten hatten, ihre Einstellung eher ändern würden als die, die den geringen Betrag erhalten hatten. Tatsächlich traf konsistent das Gegenteil zu! Diejenigen, die geringe Summen erhalten hatten, waren oft überzeugt, dass die einstündige Sitzung tatsächlich erfreulich war, diejenigen, die die höhere Summe erhalten hatten, blieben bei ihrer ursprünglichen Meinung.

Brehm und Cohen (1962) stützten diese Befunde später mit einer ähnlichen Studie, in der sie den Teilnehmern $10, $5, $1 oder 50 Cents für ihre Lüge bezahlten. Wie in der Untersuchung von Festinger änderten diejenigen Probanden, die die kleinste Summe erhalten hatten, ihre Ansicht am stärksten, wohingegen diejenigen, denen $10 ausgezahlt wurden, ihre Ansicht nicht merklich änderten. Die Erklärung für diese unerwarteten Befunde lautet: Die Größe der Dissonanz, die durch ein Verhalten ausgelöst wird, das den eigenen Ansichten zuwiderläuft, ist direkt proportional zu der Rechtfertigung, die für dieses Verhalten existiert. Studenten, die für ihre Lüge $20 erhalten, haben bessere Gründe für das Lügen und empfinden daher weniger Dissonanz. Diese Untersuchungen führen zu der interessanten Beobachtung, dass wenn Kriminelle (bspw. Diebe) anfänglich wissen, dass ihr Verhalten unmoralisch ist und wenn sie bei dieser Tätigkeit Erfolg haben, sie »bessere« Menschen sind als wenn sie wenig Erfolg haben. Wenn sie durch das Stehlen viel Geld einnehmen, werden sie mit höherer Wahrscheinlichkeit weiterhin überzeugt sein, dass Stehlen unmoralisch ist.

Dissonanzverringerung

Laut Festinger (1962) kann Dissonanz zu unangenehm hohem Arousal führen. Verschiedene Untersuchungen haben dissonanzbegleitende signifikante Anstiege bei physiologischen Indikatoren von Arousal gezeigt (Zanna & Cooper, 2000; s. auch Franken, 2002). Dissonanz ist ein wichtiges motivationales Konzept, weil es eine Erklärung für Verhaltensweisen zur Dissonanzverringerung liefert. Festinger (1957), Brehm und Cohen (1962) und zahlreiche Experimente verweisen auf verschiedene Wege, wie diese Dissonanzverringerung erzielt werden kann (bspw. Beauvois, 2001; Takaku, 2001; Martinie & Joule, 2000).

1. **Einstellungsänderung.** Eine Methode, Dissonanz zu verringern, besteht darin, seine Überzeugung (oder Einstellung) zu ändern – wie die gerade beschriebenen Experimente illustrieren. Man stelle sich die Situation von Sam Plotkin vor, der Lehrer nicht leiden kann, sich jedoch bei einer örtlichen Tanzveranstaltung in Mary Rosie verliebt. Als er erfährt, dass Mary Rosie Lehrerin ist, stellt sich bei ihm eine starke Dissonanz ein,

die verschwindet, wenn er entweder entscheidet, dass er Mary nicht mag, oder aber dass Lehrer eigentlich gar nicht so schlimm sind.

In der Sozialpsychologie wird die Theorie kognitiver Dissonanz oft benutzt, um zu erklären, wie und warum Menschen ihre Einstellungen ändern. Schauss, Chase und Hawkins (1997) sagen bspw., dass Therapeuten bewusst die Überzeugungen von Menschen manipulieren und große Einstellungsänderungen erzielen können, wenn sie kognitive Dissonanz verwenden. Ebenso zeigen Morwitz und Pluzinski (1996), dass Meinungsumfragen vor einer Wahl Dissonanz bei Wählern auslösen können, wenn die Umfragen Resultate präsentieren, die ihren Erwartungen, Vorlieben oder Überzeugungen zuwiderlaufen.

Solche Umfragen, argumentieren diese Autoren, können zu tatsächlichen Veränderungen der Überzeugungen der Wähler und letztlich zu Änderungen ihres Wahlverhaltens führen.

2. **Bereichsbildung** (Compartmentalization). Wenn Sam Plotkin, der in Mary verliebt ist, aber eine negative Meinung über Lehrer hat, für sich entscheidet, dass Mary nicht wie die anderen Lehrer ist, dass sie eine andere Art Mensch ist, obwohl sie unterrichtet – dann ordnet er sie einem anderen »Bereich« zu. Laut Festinger (1962) ist Bereichsbildung eine sehr gängige Form der Dissonanzreduktion.

3. **Informationssuche oder -abruf**. Wenn zwei Informationen in Konflikt zueinander stehen, können zusätzliche Informationen die Dissonanz oft verringern. Wenn ein Gerücht umgeht, dass Weißmehl die menschliche Leber weiß färbt, wird dies wahrscheinlich bei Menschen, die gewohnheitsmäßig Nahrung mit Weißmehl zu sich nehmen, einen Konflikt auslösen. Wenn man dann die Information erhält, dass weiße Lebern durchaus funktionstüchtig sind, kann die Dissonanz verschwinden. Ebenso kann Dissonanz, die durch schlechte Leistung in einer Prüfung ausgelöst wird (Diskrepanz zwischen den Erwartungen und der tatsächlichen Leistung) stark verringert werden, wenn der Student erfährt, dass alle anderen Studenten auch so schlecht abgeschnitten haben.

4. **Verhaltensänderung.** Situationen, in denen Dissonanz vorherrscht, führen manchmal zu Änderungen des Verhaltens. Raucher, deren Verhalten ja nicht zu den ihnen in der Regel bekannten Informationen über die negativen Auswirkungen des Rauchens passt, können mit dem Rauchen aufhören und damit jegliche Dissonanz eliminieren.

5. **Wahrnehmungsverzerrung.** Sehr häufig finden Raucher es jedoch einfacher, andere Techniken zu verwenden, um mit diesem Problem umzugehen. Sie können sich bspw. selbst überzeugen, dass es keine schlüssigen Beweise für die Gefährlichkeit des Rauchens gibt, und damit eine Strategie selektiver Informationssuche oder Wahrnehmungsverzerrung verfolgen. Zur Vermeidung von Dissonanz könnten diese Raucher einfach darauf beharren, dass das einzige Resultat zahlreicher tierexperimenteller Studien zum Rauchen lautet, dass **Rattus norvegicus** sich besser von Tabak fernhalten sollte.

Als Gibbons, Eggleston und Benthin (1997) die Einstellungen von Personen untersuchten, die das Rauchen aufgegeben, aber später wieder angefangen hatten, fanden sie heraus, dass diese Rückfälligen ihre Wahrnehmung der Risiken des Rauchens signifikant verzerrt hatten – was nicht überraschend ist.

Dissonanzreduktion

10.7 · Intrinsische und extrinsische Motive

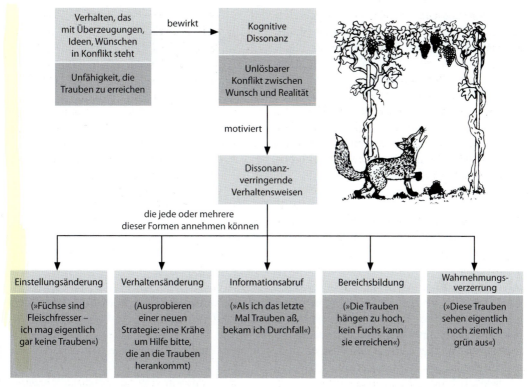

Abb. 10.6. Ein Modell für kognitive Dissonanz. Jedermann erlebt Konflikte zwischen Überzeugungen oder Wünschen und der Realität. Ein solcher Konflikt kann das Arousal steigern, störend wirken und als Motiv für Verhalten dienen, das darauf abzielt, den Konflikt zu verringern. Es gibt viele Methoden, um die kognitive Dissonanz abzumildern

Zusammenfassung der Dissonanztheorie

Kognitive Dissonanz ist ein motivationaler Zustand, der auftritt, wenn ein Individuum sich in einem Konflikt befindet. Gängige Quellen von Dissonanz sind Inkompatibilitäten zwischen Überzeugungen, zwischen Verhalten und persönlichen Ansichten oder zwischen zwei Informationen. Die Dissonanztheorie behauptet, dass diese Zustände zu Verhalten führen, das auf Konfliktverringerung abzielt und dabei das Ausmaß des vorhandenen Konfliktes reflektiert (◘ Abb. 10.6).

Collins und Hoyt (1972) argumentieren, dass Menschen nur dann Dissonanz empfinden, wenn sie auch persönliche Verantwortung für ihr Handeln empfinden. In zeitgenössischem psychologischem Jargon ausgedrückt ist kognitive Dissonanz eine direkte Funktion der Ursachen, auf die Verhalten attribuiert wird.

10.7 Intrinsische und extrinsische Motive

Kognitionswissenschaftler vertreten die Ansicht, dass der Drang, unser Verhalten zu verstehen und uns selbst zu erklären, fundamental menschlich sei. Wir haben das Bedürfnis, unser Verhalten auf irgendeine erkennbare Ursache zu attribuieren.

Einige Ursachen von Verhalten erscheinen klar. Wir tun bspw. viele Dinge wegen externaler Ziele und Belohnungen, wie für ein Steak, einen Hamburger oder eine Zwanzig-Dollar-Note. Solche externalen Belohnungen haben sehr viel mit sogenannten extrinsischen Motiven zu tun. Extrinsische Motive werden von Forschern verwendet, wenn sie ihren Ratten oder Tauben für ihre Aktivitäten Futterbelohnungen geben – und wenn sie Studenten gute Noten und verbales Lob für ihr Verhalten geben. Aber Lob ist nicht etwas, das wie eine Süßigkeit gegessen werden kann, um einen Drang zu befriedigen – und dann ist er verschwunden. Lob und vielleicht auch die Süßigkeit können mehr tun als nur einen vorübergehenden Drang befriedigen. Beides könnte zu der Erkenntnis führen, dass man etwas gut gemacht hat, und beides könnte zu Gefühlen von Stolz und Zufriedenheit führen. Kognitionspsychologen behaupten, dass diese Gefühle sehr starke intrinsische Motive sein können. Sowohl im Geschäftsleben wie auch im Schulunterricht, wo die Motivation von Menschen sehr wichtig ist, kann es besser sein, intrinsische Motive anzusprechen als extrinsische Motive.

10.7.1 Können externale Belohnungen die intrinsische Motivation verringern?

»Wenn Individuen intrinsisch motiviert sind, widmen sie sich einer Aktivität, weil sie daran interessiert sind und daran Freude haben. Wenn sie extrinsisch motiviert sind, widmen sie sich einer Aktivität aus instrumentellen oder anderen Gründen wie dem, eine Belohnung zu erhalten«, erklären Eccles und Wigfield (2002, S. 112).

Externale Belohnungen wie Geld sind sehr mächtige Motive – man beachte die Mühen, die viele Menschen sich machen, um an Geld zu kommen. Aber, so warnen Deci und Flaste, »Obwohl Geld Menschen motiviert, unterminiert es auch ihre intrinsische Motivation…« (1995, S. 27). So kontraintuitiv diese Aussage auch erscheinen mag, zeigen einige Untersuchungen doch genau dies. Lepper und Greene (1975) bspw. gaben zwei Gruppen von Kindern geometrische Puzzles, die sie lösen sollten. Eine Gruppe sollte zur Belohnung mit einigen Spielsachen spielen dürfen, der anderen Gruppe wurde keine Belohnung angekündigt. Danach durften beide Gruppen mit den Spielsachen spielen. Darüber hinaus wurden beide Gruppen später daraufhin beobachtet, ob sie an den bearbeiteten Puzzles genug Interesse hatten, um auch spontan damit zu spielen. Wie in ◘ Abb. 10.7 gezeigt, spielten überraschenderweise signifikant mehr Kinder, die keine Belohnung erwartet hatten, mit den Puzzles.

Lepper und Greene (1975) nehmen an, dass eine kognitive Erklärung für dieses Phänomen wahrscheinlich am plausibelsten ist. Für uns ist es wichtig, dass unser Verhalten Sinn macht, dass wir verstehen, war-

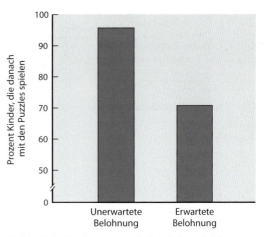

◘ **Abb. 10.7.** Signifikant mehr Kinder, die keine Belohnung erwartet hatten, zeigten höheres intrinsisches Interesse, indem sie danach spontan mit den geometrisches Puzzles spielten. Basiert auf Daten von M.R. Lepper und D. Greene (1975), »Turning Play into Work: Effects of Adult Surveillance and Extrinsic Rewards on Children's Intrinsic Motivation«, Journal of Personality and Social Psychology, 31, 479-486

um wir Dinge tun. Normalerweise, so sagen sie, greifen wir auf zwei Erklärungsmodi für unser Verhalten zurück: intrinsische oder extrinsische. Mit anderen Worten: Wir sind uns im Klaren darüber, dass wir Dinge für externale Belohnungen tun – wie Geld oder die Erlaubnis, mit einem Spielzeug zu spielen – oder für internale Belohnungen – wie unser Interesse daran, weil uns die Aktivität Freude macht und wir persönliche Befriedigung daraus ziehen. Oder wir tun Dinge sowohl aus externalen wie internalen Motiven.

Wenn externale Motive groß, offensichtlich und erwartet sind, verwenden wir wahrscheinlich diese Motive, um unser Verhalten zu erklären, merkt Lepper (1981) an. Das bedeutet, dann sind wir am ehesten extrinsisch motiviert. Wenn wir keine signifikante externale Belohnung erwarten, müssen wir uns unser Verhalten eher mit intrinsischen Motiven erklären und rechtfertigen. Daher zeigen jene, die keine externale Belohnung erwarten, stärkere intrinsische Motivation – mehr Interesse – an der Aktivität.

10.7.2 Selbstbestimmungs-Theorie

Der Befund, dass extrinsische Belohnungen die intrinsische Motivation unterminieren können, ist nicht ganz eindeutig. Eine Analyse von 96 Untersuchungen, die die Beziehung zwischen intrinsischer und extrinsischer Motivation erforschten, kam zu dem Fazit, dass Verstärkung die intrinsische Motivation nicht verringert (Cameron & Pierce, 1994). Als möglichen Grund dafür vermuten Deci, Koestner und Ryan (1999), dass viele Verhaltensweisen, die auf externale Belohnungen gerichtet scheinen, aus den grundlegenden **internalen Bedürfnissen** des Individuums resultieren. Zu den wichtigsten hierbei gehört das Bedürfnis, kompetent und selbstbestimmt (autonom) zu sein. Wie Deci und Ryan (1985) erklären, erscheint bspw. ein Student, der ein Hauptfach wählt, **weil** er damit viel Geld verdienen kann, als gänzlich durch extrinsische Motive geleitet.

Tatsächlich kann er aber stark durch grundlegende Bedürfnisse nach Kompetenz und Selbstbestimmung beeinflusst sein. Selbstbestimmte Individuen – die ihre eigenen Aktivitäten frei und autonom auswählen – sind jene, die **internalisiert** haben, was man sonst als externale Gründe des Verhaltens betrachten könnte.

Die wichtigste Annahme von Deci und Ryans (1985) Selbstbestimmungs-Theorie der Motivation ist, wie der Name andeutet, dass Menschen ein Bedürfnis nach Selbstbestimmung haben, dass sie Kontrolle über ihre eigenen Handlungen empfinden möchten. Per Definition müssen wir, um intrinsisch motiviert zu sein, die Ursachen unseres Verhaltens auf Faktoren **attribuieren** können, über die wir Kontrolle haben (intrinsische Faktoren), anstatt auf externale Ursachen.

10.7.3 Attributionstheorie

Diese Überzeugung knüpft unmittelbar an die sogenannte Attributionstheorie an – wie auch die Theorie kognitiver Dissonanz, die nun normalerweise über die Attributionstheorie neu interpretiert wird (Westermann, 1989). In der Kognitionstheorie bedeutet attribuieren, Verantwortung oder Motive zuschreiben. Wenn Rod seine Dummheit auf seine Eltern attribuiert, gibt er ihnen die Verantwortung für diesen Zustand.

Rotter (1954) gehörte zu den ersten, die vorschlugen, dass sich Menschen hinsichtlich ihrer Tendenzen, Erfolge oder Misserfolge internalen oder externalen Ursachen zuzuschreiben, unterscheiden.

	Internal (unter persönlicher Kontrolle)	External (außerhalb persönlicher Kontrolle)
Stabil (unveränderlich)	Fähigkeit	Schwierigkeit
Instabil (veränderlich)	Bemühung	Glück

Abb. 10.8. Attributionstheorie: Erklärungen für Erfolg oder Misserfolg (nach Weiner, 1974)

In seinen Worten gibt es Menschen, deren Locus of Control external ist; andere sind eher internal orientiert. Laut Weiner (1986) neigen external orientierte Menschen dazu, ihre Erfolge und Misserfolge der Aufgabenschwierigkeit, Glück oder Pech oder anderen Faktoren zuzuschreiben, über die sie keine Kontrolle haben. Im Gegensatz dazu erklären internal orientierte Individuen die Resultate ihres Verhaltens eher mit ihren eigenen Fähigkeiten und Bemühungen (Abb. 10.8).

Attribution und Dissonanz

Die Beziehung zwischen Attributionstheorie und Dissonanz wird implizit in der Beobachtung deutlich, dass das Ausmaß an Dissonanz wiederspiegelt, wie verantwortlich eine Person sich für ihre Verhaltensresultate fühlt. Per Definition übernehmen Menschen, die Resultate auf externale Ursachen attribuieren, für ihre Erfolge und Misserfolge keine persönliche Verantwortung. Infolgedessen unterliegen sie nicht im selben Maße der kognitiven Dissonanz wie andere Individuen, die stärker internal orientiert sind. Ebenso empfinden Menschen, die internal orientiert sind, mit höherer Wahrscheinlichkeit Stolz, wenn sie Erfolg haben, und Scham, wenn sie scheitern. Daher sind sowohl Dissonanz wie internale Orientierung wahrscheinlich mit Emotionen assoziiert, und die Motivationskraft von Emotionen ist beträchtlich. Albonetti und Hepburn (1996) nehmen an, dass Drogenabhängige am ehesten von einer Behandlung profitieren, wenn sie ihr Verhalten auf Faktoren attribuieren, über die sie Kontrolle haben – mit anderen Worten: Wenn sie persönliche Verantwortung für ihre Handlungen übernehmen.

Diese kognitive Sichtweise auf Motivation basiert auf der Annahme, dass Menschen ihr Verhalten

◻ Abb. 10.9. Beziehungen zwischen Kausalattributionen und Empfindungen in Zusammenhang mit Erfolg und Misserfolg

	Kausalattributionen			
	Internal		**External**	
	Einsatz	Fähigkeit	Andere	Glück
Erfolg	Entspannung	Zuversicht Kompetenz	Dankbarkeit	Überraschung
Misserfolg	Schuld (Scham)	Inkompetenz	Ärger	Überraschung

kontinuierlich evaluieren, nach Gründen für Erfolge und Misserfolge suchen, die wahrscheinlichen Resultate beabsichtigter Handlungen antizipieren und emotional auf Erfolg und Misserfolg reagieren. Und das ist das Schlüsselkonzept der Attributionstheorie. Nicht die Attribution von Verhalten auf die eine oder andere Ursache motiviert Verhalten, sagt Weiner (1972); sondern vielmehr die Emotionen, die als Reaktion auf spezifische Attributionen auftreten. Die Resultate der Attribution könnten seiner Ansicht nach Ärger, Schuld, Dankbarkeit oder verschiedene andere Emotionen sein (◻ Abb. 10.9). Es erscheint logisch, dass im Fall positiver Emotionen die späteren Handlungen darauf abzielen, diejenigen Bedingungen wieder herzustellen, die diese Attribution ermöglicht haben.

Attribution und Leistungsziele

Wie Menschen ihre Erfolge und Misserfolge erklären, scheint in engem Zusammenhang mit dem von Psychologen als Leistungsbedürfnis bezeichneten Bedürfnis des Individuums zu stehen, einen gewissen Leistungsstandard zu erreichen. Es scheint, dass Menschen mit einem hohen Leistungsbedürfnis die Resultate ihres Verhaltens mit höherer Wahrscheinlichkeit auf internale Ursachen attribuieren. Wenn sie Erfolg haben, attribuieren sie ihn also auf Einsatz (und möglicherweise auf Fähigkeiten); wenn sie Misserfolg haben, schreiben sie diesen auch internalen Faktoren zu und werfen sich oft mangelnden Einsatz vor.

Im Gegensatz dazu können Individuen mit einem niedrigeren Leistungsbedürfnis ihre Erfolge auf Fähigkeiten, Einsatz, Einfachheit der Aufgabe oder Glück attribuieren, während sie Misserfolge mit hoher Wahrscheinlichkeit auf einen Mangel an Fähigkeiten attribuieren (Graham, 1997; Nathawat, Singh & Singh, 1997). Diese Menschen schätzen ihre eigenen Fähigkeiten gering ein, sie schätzen ihre von Bandura (1991) so genannte Selbstwirksamkeit gering ein.

10.7.4 Selbstwirksamkeit

Selbstwirksamkeit befasst sich mit der individuellen Einschätzung persönlicher Effizienz (Bandura, 1986, 1993; Evans, 1989). Menschen mit hoher Selbstwirksamkeit schätzen sich als fähig oder effektiv im Umgang mit der Welt und mit anderen Menschen ein. (Biographie Bandura ▶ Kap. 11)

Bedeutung von Selbstwirksamkeitsbeurteilungen

Selbstwirksamkeitsbeurteilungen sind sehr wichtig für die Bestimmung dessen, was Menschen tun; daher haben sie Bedeutung als Motive. Wie Schunk (1984) sagt, tun Menschen in den meisten Fällen nicht solche Dinge, bei denen sie von sich schlechte Leistungen erwarten. »Selbstwirksamkeitsüberzeugungen«, sagt Bandura, »beeinflussen, wie Menschen fühlen, denken, sich selbst motivieren und wie sie sich verhalten« (1993, S. 118). Nicht überraschend sind bspw. die Befunde von Slanger und Rudestam (1997), dass das Selbstwirksamkeitsniveau eine der Variablen war, die am besten zwischen hoch- und niedrigrisikobereiten Personen bei Sportarten wie Kajakfahren, Skifahren, Klettern und Kunstflug differenzierten. Menschen mit den höchsten Beurteilungen ihrer Selbstwirksamkeit – ihrer persönlichen Macht – widmen sich auch mit höchster Wahrscheinlichkeit Aktivitäten, die die Gültigkeit ihrer Selbstbeurteilung demonstrieren.

Beurteilungen persönlicher Effizienz beeinflussen nicht nur, was Menschen tun, sondern auch, wie viel Einsatz und Zeit sie auf eine Aufgabe verwenden, insbesondere wenn sie auf Schwierigkeiten stoßen. Je mehr Ann an sich selbst glaubt (je höher ihre Einschätzung persönlicher Effizienz ist), desto wahrscheinlicher wird sie Beharrlichkeit zeigen. Wenn sie sich aber als nicht besonders fähig einschätzt, wird sie eher entmutigt sein und aufgeben. Zimmermann, Bandura und Martinez-Pons schreiben, dies sei der

Grund für die Wichtigkeit von Selbstwirksamkeitsbeurteilungen in der Schule: »Zahlreiche Studien haben gezeigt, dass Schüler mit einem hohen Selbstgefühl akademischer Effizienz größere Beharrlichkeit, mehr Einsatz und mehr intrinsisches Interesse an ihrem akademischen Lernen und ihrer Leistung zeigen« (1992, S. 664). Außerdem, sagen Phillips und Gully (1997) sind dies im Allgemeinen die Schüler, die sich selbst die höchsten Ziele setzen und die höchsten Leistungen erbringen. Und Schüler, die das höchste Niveau akademischer Selbstwirksamkeit haben, zeigen tendenziell auch das höchste Niveau sozialer Selbstwirksamkeit (Patrick, Hicks & Ryan, 1997). Diese Schüler haben die realistischsten sozialen Ziele und sind eher sehr erfolgreich in engen sozialen Beziehungen mit Gleichaltrigen und Erwachsenen.

Auch am Arbeitsplatz ist Selbstwirksamkeit ein wichtiger Faktor. Harrison, Rainer, Hochwarter und Thompson (1997) zeigen, dass Menschen, die die positivsten Einschätzungen ihrer persönlichen Kompetenz aufweisen (mit anderen Worten, Personen mit den höchsten Ansichten über ihre Selbstwirksamkeit) auch mit der höchsten Wahrscheinlichkeit gute Leistungen erbringen.

Ungeachtet der positiven Rolle, die eine hohe Selbstwirksamkeit für Zielsetzung und Leistung spielt, scheint dennoch zu gelten, dass unter bestimmten Umständen hohe Selbstwirksamkeitseinschätzungen zu einem sturen Beibehalten einer falschen Richtung führen können. Whyte, Saks und Hook (1997) demonstrierten bspw., dass viele Studenten, die von ihrem Erfolg fest überzeugt waren (hohe Selbstwirksamkeit), ihren Einsatz für eine falsche Handlungsrichtung noch über einen Punkt hinaus steigerten, an dem sich bereits klar abzeichnete, dass sie scheitern würden. Ungeachtet der Tatsache, dass positive Einschätzungen der eigenen Kompetenz eng mit hohen Zielsetzungen und hohem Einsatz zur Zielerreichung zusammenhängen, zeigt sich doch, dass unrealistisch hohe Kompetenzüberzeugungen mit unrealistischen Zielen und unangemessener Beharrlichkeit assoziiert sein können.

Quellen von Selbstwirksamkeitsbeurteilungen

Warum beurteilen einige Menschen ihre Selbstwirksamkeit normalerweise positiv, während andere sich sehr viel weniger günstig einschätzen? Bandura (1986) vermutet, dass die Antwort in der kombinierten Wirkung von vier Haupteinflussquellen liegt.

Erstens sind da die individuellen Verhaltensauswirkungen, widergespiegelt in Erfolg oder Misserfolg. Bei ansonsten gleichen Bedingungen entwickeln Menschen, die im Allgemeinen erfolgreich sind, wahrscheinlich eher positive Bewertungen ihrer persönlichen Effizienz als Menschen, die normalerweise scheitern. Wie Weiner (1980) betont, ist wenig wahrscheinlich, dass Menschen, die ihre Erfolge und Misserfolge auf unkontrollierbare Faktoren attribuieren (wie Glück oder Aufgabenschwierigkeit), ihre Verhaltensresultate zur Grundlage ihrer Selbstbeurteilung persönlicher Effizienz machen. Schließlich ist es ja nicht ihre Schuld, dass der Test zu schwer war oder sie die falschen Abschnitte gelernt hatten.

Ein zweiter Einflussfaktor ist **stellvertretend** (aus zweiter Hand): Er basiert auf dem Vergleich der eigenen Leistung mit der anderer. Die nützlichsten Vergleiche, so Bandura (1981), richten sich auf potenziell Gleichrangige. Daher entwickeln Kinder, die bessere Leistungen zeigen als ihre Altersgenossen, wahrscheinlich positive Einschätzungen ihrer Selbstwirksamkeit. Dass dieselben Kinder von jemand Älterem oder Erfahrenerem übertroffen werden könnten, ist für ihre Selbstwirksamkeitsbeurteilung wenig relevant.

Überredung ist ein dritter Faktor, der Selbstbeurteilungen beeinflusst. Menschen mit geringerem Selbstvertrauen können manchmal überredet werden, Dinge zu tun, die sie normalerweise nicht tun würden. Laut Bandura (1986) könnte die Wirkung darauf zurückzuführen sein, dass der Betreffende die Überredung als Beweis dafür ansieht, dass andere ihn für kompetent halten.

Auch ein hohes Maß an Arousal kann die Selbstbeurteilung beeinflussen, sagt Bandura, dies führt dann abhängig von der Situation und vorherigen Erfahrungen des Betreffenden in Situationen mit hohem Arousal zu einer hohen oder geringen Einschätzung seiner Fähigkeiten. Einige Sportler, die vor einem Wettkampf aufgeregt sind, sehen diese Emotion als hilfreich für ihre Leistung an, andere könnten Arousal negativ interpretieren. Diese persönlichen Erfahrungen in angsterregenden Situationen können später das Ausmaß und die Richtung der Auswirkungen von Arousal auf die Selbstbeur-

◼ **Tab. 10.1.** Vier Informationsquellen in Zusammenhang mit Selbstwirksamkeitsbeurteilungen	
Informationsquelle	Beispiele von Informationen, die Joan dazu veranlassen können, eine positive Einschätzung ihrer persönlichen Effizienz zu entwickeln
Enaktiv	Sie erhält ein »Sehr gut« in Mathematik
Stellvertretend	Sie erfährt, dass Ronald viel gelernt hat, aber nur ein »Gut« hat
Überredend	Ihr Lehrer sagt ihr, dass sie ein Stipendium gewinnen kann, wenn sie sich Mühe gibt
Emotiv	Sie wird vor einem Test etwas aufgeregt, fühlt sich aber danach angeregt

teilung beeinflussen. So könnte eine Person, die extreme Angst vor dem Ertrinken hat, feststellen, dass sie nicht in der Lage ist, einen Fluss zu durchschwimmen. Im Gegensatz dazu könnte extreme Angst eine andere Person zu der Erkenntnis bringen, dass sie imstande ist, denselben Fluss zu durchschwimmen, um ihren Sohn zu retten, der allein auf der anderen Seite zurückgelassen wurde.

In der Zusammenfassung lauten Banduras vier Einflussquellen auf die Selbstwirksamkeitsbeurteilung: **enaktiv** (die Resultate der eigenen Handlungen widerspiegelnd), **stellvertretend** (basierend auf Vergleichen zwischen sich selbst und anderen), **überredend** (als Ergebnis von Überredung) und **emotiv** (Arousal oder Emotionen spiegelnd). Beispiele für jede dieser Einflussquellen sind in ◼ Tab. 10.1 aufgelistet.

Effizienz und Erwartungs-Wert-Theorie

Unsere Handlungswahl, erklären Eccles und Wigfield (2002), wie auch unsere Beharrlichkeit und unsere Leistung werden durch unsere Erfolgs- (oder Misserfolgs-) Erwartungen ebenso beeinflusst wie durch den Wert, den wir den verschiedenen Optionen beimessen. Das Wechselspiel zwischen diesen beiden Variablen – Erwartung und Wert – definiert Eccles' Erwartungs-Wert-Theorie der Motivation.

In dieser Theorie wird Erwartung ähnlich definiert wie Selbstwirksamkeit bei Bandura: »Die Überzeugung von Individuen über ihre Leistung bei bevorstehenden Aufgaben, entweder in der unmittelbaren oder ferneren Zukunft« (Eccles und Wigfield, 2002, S. 119). In dem **Wert**, der einer Wahl zugeordnet wird, spiegeln sich andererseits vier unterschiedliche Komponenten:

- **Bedeutungswert** (attainment value) ist die persönliche Bedeutung der Aufgabe für das Individuum. Unter anderem ist im Bedeutungswert enthalten, wie gut eine Aktivität zu den Plänen des Individuums passt, wie gut sie das Selbstbild des Individuums spiegelt. Ein Mensch, der sich selbst als »gut« und gesetzestreu ansieht, wird der Option, seinen Cousin bei einem Raub im örtlichen 24-Stunden-Supermarkt zu begleiten, nicht viel Wert beimessen.
- **Intrinsischer Wert** bezieht sich auf die persönliche Befriedigung und Freude, die das Individuum aus der Aktivität bezieht. Wie Deci schreibt, neigen Menschen dazu, herausfordernde Aktivitäten zu wählen, bei denen sie eine Erfolgserwartung haben – ein Gefühl von Kompetenz oder Selbstwirksamkeit (Deci & Flaste, 1995). Solche Aktivitäten, behauptet er, haben tendenziell einen hohen intrinsischen Wert. Das heißt, sie sind stark intrinsisch motivierend.
- **Nutzwert** gibt an, ob eine Aktivität zu gegenwärtigen und zukünftigen Zielen passt. Wenn Robert, der in ein Doktorandenprogramm aufgenommen werden möchte, eine Reihe schwieriger Ferienkurse in Physik belegt, obwohl er stattdessen am See faulenzen könnte, kann seine Wahl auf den hohen Nutzwert der gewählten Option zurückzuführen sein.
- Die **Kosten** einer Option, ein sehr wichtiger Faktor für die individuelle Wahlentscheidung, stellen die verschiedenen **negativen** Aspekte dar, die mit einer Aufgabe verbunden sind. Dazu gehören bspw. die Wahrscheinlichkeit des Scheiterns, mit der Aufgabe verbundener Stress und Anspannung, alternative Optionen, die in einem Konflikt dazu stehen usw.

Zusammenfassend stellt die Erwartungs-Wert-Theorie einen kognitionspsychologischen Ansatz zur Motivation dar, der davon ausgeht, dass Menschen ihre Auswahl auf Grundlage einer Art mentaler Berech-

□ Tab. 10.2. Zentrale Konzepte von Eccles' Erwartungs-Wert-Theorie der Motivation

Zusammenfassung der Theorie	Auswahl, Durchhaltevermögen und Leistung stehen in direktem Zusammenhang zu den individuellen erwartungs- und aufgabenbezogenen (wertbezogenen) Überzeugungen
Erwartung	Persönliche Überzeugung darüber, wie gut ein Individuum aktuell und in der Zukunft eine Aufgabe bewältigt
Wert	Aufgabenbezogene Überzeugung, die den Wert jeder Option definiert
Komponenten der Werteinschätzung	
1. Bedeutungswert	Persönliche Bedeutung einer guten Leistung, passt die Option zum Selbstbild?
2. Intrinsischer Wert	Wie angenehm und persönlich befriedigend ist die Option?
3. Nutzwert	Wie gut passt die Option zu unmittelbaren und zukünftigen Zielen?
4. Kosten	Wie viel Einsatz ist erforderlich? Wie anstrengend ist jede Option? Was gibt man dafür auf?

nung treffen. Die wichtigsten Faktoren darin sind die Erwartung von Erfolg und Kompetenz auf der einen Seite (mit anderen Worten: Ein Gefühl von Selbstwirksamkeit) und die Werte, die man den einzelnen Optionen zuschreibt (ihre persönliche Bedeutung, wie gut sie zu Plänen, Zielen und Selbstbild passen; ihr intrinsischer Wert; die mit der Option verbundenen Kosten wie Einsatz, Verlust anderer Gelegenheiten, Stress, usw.) auf der anderen Seite (□ Tab. 10.2).

10.8 Anwendungen der Motivationstheorie für den Unterricht und andere Zwecke

Das Wissen darüber, warum Menschen sich so verhalten, wie sie es tun, kann die Vorhersage des Psychologen, was ein Mensch in einer gegebenen Situation tun wird, und auch die Verhaltenskontrolle (sofern nicht unethisch) stark vereinfachen.

10.8.1 Vorhersage von Verhalten

Eine normale soziale Interaktion hängt stark von der Fähigkeit des Einzelnen ab, viele der üblichen Aktivitäten anderer Menschen vorherzusagen. Wenn diese Aktivitäten nicht zumindest teilweise vorhersagbar wären, wären soziale Beziehungen chaotisch und verwirrend. Wenn Jack seine Großmutter trifft und »Hallo« sagt, erwartet er, dass sie entweder denselben Gruß erwidert (oder einen anderen ange-

messenen Gruß) oder dass sie ihn im schlimmsten Fall ignoriert. Er wäre verständlicherweise überrascht, wenn sie ihn stattdessen vor das Schienbein treten, wegrennen, in Ohnmacht fallen oder in einer fremden Sprache fluchen würde.

10.8.2 Kontrolle und Veränderung von Verhalten

Wissen über Motivation hat wichtige Implikationen für die Verhaltenskontrolle – dieses Thema hat zu beträchtlichen Debatten zwischen Psychologen geführt. Sollte Verhalten kontrolliert werden? Wie sollte es kontrolliert werden? Wer sollte es kontrollieren und zu welchem Zweck? In Kürze: Was ist die Ethik der Verhaltenskontrolle (s. Rogers & Skinner, 1956)?

Trotz der weitgehend nachvollziehbaren humanistischen Argumente gegen Verhaltenskontrolle ist bewusste Verhaltenskontrolle nicht nur eine Realität, sondern in manchen Fällen sehr wünschenswert – wie Eltern, deren kleines Kind gerade erst sauber geworden ist, sofort bestätigen würden. Erziehung zur Sauberkeit ist nur eine von vielen Aktivitäten, bei denen systematische und bewusste Versuche zur Verhaltensmodifikation beteiligt sind.

Motivation spielt bei Verhaltensänderung und -kontrolle eine Schlüsselrolle. Die Sauberkeitserziehung eines Kindes kann eine Manipulation von Zielen enthalten (indem man dem kleinen Sammy z. B. beibringt, Reinlichkeit als einen wünschenswerten Zustand zu betrachten). Außerdem können

306 Kapitel 10 · Motivation

Belohnungen und Bestrafungen, die ebenfalls mit Motivation (und Lernen) zusammenhängen, genutzt werden. Kognitive Dissonanz kann ebenfalls in der Sauberkeitserziehung eingesetzt werden: Kinder, die es als wünschenswert empfinden, sauber zu sein, können beträchtliche Dissonanz empfinden, wenn ihnen etwas zustößt, was man euphemistisch als »kleines Malheur« bezeichnet.

10.8.3 Motivation im Klassenzimmer

Für Lehrer, deren Funktion weitgehend darin besteht, die Motivation und das Verhalten von Schülern zu ändern (man erinnere sich, dass Lernen als relativ dauerhafte Verhaltensänderung definiert ist), ist die Motivationstheorie sehr relevant. Es ist wichtig, dass Lehrer über die individuellen Bedürfnisse und Ziele ihrer Schüler informiert sind, über die Auswirkungen kognitiver Dissonanz und über die Rolle von Arousal beim Lernen und im Verhalten sowie auch über die an Entscheidungsfindung beteiligten kognitiven Faktoren.

Bedürfnisse und psychologischer Hedonismus
Theorien, in denen die Bedeutung von Bedürfnissen und die Bedeutung der menschlichen Tendenz, angenehme Konsequenzen anzustreben und weniger angenehme zu meiden, berücksichtigt wird, haben offensichtliche Implikationen für die Erziehung. Beispielsweise ist klar, dass grundlegende physiologische Bedürfnisse wie nach Nahrung und Flüssigkeit vernünftig befriedigt sein müssen, damit Lernen optimiert werden kann. Es ist weniger offensichtlich, aber deshalb nicht weniger wahr, dass die psychologischen Bedürfnisse von Kindern – bspw. das von Maslow beschriebene Wachstumsbedürfnis – ebenfalls Beachtung finden müssen.

Wie wir in ▶ Kap. 4 sahen, kann die kluge Verwendung von Belohnungen (Lob, Noten usw.) und eventuell auch von Bestrafungen durch den Lehrer (Verlust von Privilegien, Verwendung von aversiven Stimuli) wichtig für die Steuerung von Lernen und Motivation der Schüler sein.

Arousal
Die Rolle von Arousal kann im Unterricht ebenfalls zentral sein. Zur Erinnerung: Es ist die Kombination aus Neuheit, Intensität und Bedeutung von Stimuli, die das Arousalniveau am meisten beeinflusst. Lehrer sind eine der wichtigsten Quellen arousal-induzierender Stimulation für Schüler. Was Lehrer sagen und tun und wie sie es sagen und tun, hat Auswirkungen, die bei den Schülern entweder Langeweile und Schlummer (geringes Arousal) oder Aufmerksamkeit (höheres Arousal) hervorrufen. Diese Beobachtung verweist unmittelbar darauf, dass Präsentationen im Klassenzimmer aussagekräftig, abwechslungsreich und intensiv gestaltet sein sollten.

Kognitive Dissonanz
Kognitive Dissonanz ist eine mögliche Quelle von Arousal. Aus der Motivationstheorie folgt, dass Schüler, die kognitive Dissonanz erleben, danach streben werden, diese Dissonanz zu reduzieren – und infolgedessen auch das begleitende Arousal zu verringern. Dissonanz kann bspw. auftreten, wenn Schüler eine Diskrepanz zwischen ihrem eigenen Verhalten und dem, was ein Lehrer oder ein anderes wichtiges Modell (z. B. ein Buch) als ideal ansieht, bemerken. Wie wir gesehen haben, kann Dissonanz auf vielfältige Weise reduziert werden, z. B. durch Verhaltensänderung, Einstellungsänderung oder neue Informationen. Lehrer können dissonante Situationen erzeugen, um Schüler zu motivieren und ihnen bei der Dissonanzreduktion helfen.

Intrinsische und extrinsische Attributionen
Die Neigung, Erfolg und Misserfolg auf internale oder externale Ursachen zu attribuieren, ist wahrscheinlich ein relativ stabiles Persönlichkeitsmerkmal, sagt Dweck (1986). Diejenigen Kinder, die am ehesten zu internalen Attributionen neigen – also persönliche Verantwortung für ihre Erfolge und Misserfolge übernehmen – streben auch am ehesten eine Kompetenzsteigerung an. External orientierte Kinder sind weniger bereit, Herausforderungen anzunehmen und weniger bestrebt, ihre Kompetenz zu verbessern. Ein Ziel von Schule und Lehrern ist, auf stärkere internale Orientierung – stärkere intrinsische Motivation – der Kinder hinzuarbeiten. In diesem Zusammenhang sollte nicht vergessen werden, dass übermäßiger Gebrauch von externalen Belohnungen manchmal negative Auswirkungen auf die internale Motivation haben kann. Ames (1992)

schlägt vor, Lehrer sollten sich darum bemühen, dass Schüler den Unterricht als Orientierung zur Aufgabenbewältigung (und nicht als Leistungsanforderung) wahrnehmen, und Lernerfahrungen so arrangieren, dass alle Schüler ein Gefühl von persönlicher Kompetenz und Selbstwirksamkeit entwickeln können.

Unter anderem schlägt Ames vor, dass Lehrer ihren Schülern eine Reihe kurzfristiger Ziele präsentieren sollen, die zwar eine Herausforderung darstellen, aber mit angemessenem Einsatz erreicht werden können. Weiter sollten Lehrer sich darum bemühen, sicherzustellen, dass der Unterricht die Schüler einbezieht; Lehrer sollten sich auf den Lernprozess konzentrieren, anstatt auf die Ergebnisse; individuelle Forschritte sollten hervorgehoben und Vergleiche mit anderen Schülern vermieden werden.

Selbstbestimmung, Selbstwirksamkeit und Erwartungs-Wert-Theorie

Wie Deci und Ryan (1985) erklären, haben Menschen ein Bedürfnis nach Selbstbestimmung. Sie brauchen ein Gefühl von Autonomie und persönlicher Kompetenz. In anderen Begriffen definiert, kann man persönliche Kompetenz auch als persönliche Einschätzung der Selbstwirksamkeit bezeichnen.

Es sollte an dieser Stelle wiederholt werden, dass Selbstwirksamkeitsbeurteilungen starke Motivationskräfte sind – sie beeinflussen die Gedanken und Emotionen eines Menschen grundlegend. Wer seine Selbstwirksamkeit gering einschätzt, fühlt sich wahrscheinlich nicht gut, nimmt seltener schwierige Aufgaben in Angriff und ist letztlich wahrscheinlich weniger erfolgreich. Gemäß der Selbstwirksamkeitstheorie von Eccles und Kollegen sind unsere Wahlentscheidungen die Resultate mentaler Berechnungen, in denen wir unsere Erwartungen an Erfolg oder Misserfolg (oder Selbstwirksamkeitsbeurteilungen) betrachten und diese Erwartungen mit unseren persönlichen Wertbeurteilungen der betrachteten Handlungsoptionen gewichten.

Lehrer spielen eine zentrale Rolle dabei, Kindern Erfahrungen zu vermitteln, die zu positiven Selbstwirksamkeitsbeurteilungen beitragen. Lehrer können auch Einfluss darauf nehmen, wie Schüler ihre Ziele und ihr Selbstbild definieren; sie sind wichtige Faktoren dafür, wie Schüler den Wert verschiedener Konsequenzen und die potenziellen Kosten ihrer Bemühungen zur Erreichung dieser Konsequenzen einschätzen.

Zusammenfassung

1. Ein Motiv ist eine bewusste oder unbewusste Kraft, die eine Person zum Handeln treibt. Psychologische Motivationstheorien befassen sich sowohl mit den Gründen wie den Ursachen für Verhalten.

2. Reflexe sind einfache, ungelernte, stimulusspezifische Reaktionen, die einige elementare menschliche Verhaltensweisen erklären können. Der Orientierungsreflex ist die allgemeine reflektorische Reaktion eines Organismus auf neue Stimuli; er beinhaltet einige physiologische Veränderungen, die mit Arousal in Zusammenhang stehen. Instinkte sind komplexere ungelernte Verhaltensmuster, die für tierisches Verhalten relevanter sind als für menschliches. Prägung ist ein komplexes, instinktartiges Verhaltensmuster, das sich auf das Erleben eines angemessenen Stimulus innerhalb einer kritischen Phase hin manifestiert.

3. Psychologischer Hedonismus ist ein Ausdruck für das Lust-/Schmerz-Prinzip – die Auffassung, dass Menschen handeln, um Schmerz zu vermeiden und Lust zu erreichen oder aufrechtzuerhalten. Physiologische Bedürfnisse sind Defizit- oder Mangelzustände, die Triebe auslösen, welche wiederum den Organismus zu Handlungen treiben, durch die diese Bedürfnisse befriedigt werden. Psychologische Bedürfnisse werden manchmal als erlernte Bedürfnisse bezeichnet.

4. Maslow, ein humanistischer Psychologe, beschreibt eine Bedürfnishierarchie, zu denen grundlegende oder Mangel-Bedürfnisse gehören (physiologische Bedürfnisse, Sicherheits-, Zugehörigkeits- und Selbstachtungsbedürf-

▼

nisse) wie auch Meta- oder Wachstumsbedürfnisse (kognitive, ästhetische und Selbstverwirk-
lichungsbedürfnisse). Selbstverwirklichung
ist eher ein Prozess (der Entwicklung des
höchstmöglichen potenziellen Niveaus des
Menschseins) als ein Zustand, der erreicht
werden kann.

5. Anreiz beschreibt im Grunde den Wert, den
eine Aktivität oder ein Ziel für ein Individuum
besitzt. Anreiz ist eher ein kognitives Konzept
als Bedürfnis oder Trieb.

6. Arousal bezieht sich auf den Grad an Wachheit
eines Organismus. Die Beziehung von Arousal
zu Motivation ist implizit in der Annahme, dass
zu geringes oder zu hohes Arousal weniger
optimales Verhalten verursacht als ein mode-
rateres Aktivierungsniveau (Yerkes-Dodson-
Gesetz).

7. Zentrale Annahme in Hebbs Motivationstheorie ist, dass es ein optimales Arousalniveau für
maximal effizientes Verhalten gibt und dass
Menschen sich auf eine Weise verhalten, mit
der sie dieses Niveau aufrechterhalten. Daher
haben Stimuli sowohl Hinweisfunktion (Be-
nachrichtigungsfunktion) wie Arousalfunktion.
Untersuchungen zu sensorischer Deprivation
stützen die Ansicht, dass Menschen eine Vielfalt sensorischer Stimulation benötigen.

8. Kognitive Theorien sehen den Menschen als
aktiver an als es traditionelle behavioristische
Theorien tun. Eine dieser Theorien, die der
kognitiven Dissonanz, nimmt an, dass Konflikte zwischen Meinungen, Verhalten und
Erwartungen zu Verhalten führt, dass den
Konflikt reduzieren soll (bspw. Einstellungsänderung, Bereichsbildung, Informationssuche
oder -abruf, Verhaltensänderung oder Wahrnehmungsverzerrung).

9. Extrinsische Motive beziehen sich auf externale Belohnungen; intrinsische Motive haben mit
persönlicher Zufriedenheit und Interesse an

einer Aktivität zu tun. Es gibt einige Belege
dafür, dass übermäßige externale Belohnungen
die intrinsische Motivation unterminieren
können.

10. Die Selbstbestimmungstheorie basiert auf der
Annahme, dass Individuen ein Bedürfnis nach
persönlicher Autonomie haben – also ein Bedürfnis, für ihre eigenen Taten verantwortlich zu
sein (intrinsisch motiviert zu sein).

11. Die Attributionstheorie versucht zu erklären,
wie Individuen Verantwortung für die Resultate
ihres Verhaltens zuschreiben. Internal orientierte Individuen schreiben Erfolg oder Misserfolg
häufig ihrer Fähigkeit oder ihrem Einsatz zu;
external orientierte Individuen neigen eher
dazu, Erfolg oder Misserfolg auf Glück oder auf
die Aufgabenschwierigkeit zurückzuführen.
Internal orientierte Individuen sind häufig durch
ein höheres Leistungsbedürfnis charakterisiert.

12. Selbstwirksamkeitsbeurteilungen haben mit
persönlichen Einschätzungen von Kompetenz
und Effizienz zu tun. Hohe Bewertungen der
Effizienz stehen in Zusammenhang mit Behar-
lichkeit, Leistung und positivem Selbstkonzept.
Sie werden durch Verhaltensresultate, Vergleiche mit anderen, Überredung und Arousal beeinflusst.

13. Die Erwartungs-Wert-Theorie ist eine kognitive
Motivationstheorie, die einige der Variablen
beschreibt, die in einer mentalen Berechnung
berücksichtigt werden, in der eine Auswahl
zwischen Optionen getroffen wird: Dies sind
Erfolgs- oder Misserfolgs-Erwartungen (Selbstwirksamkeit) unter Berücksichtigung des Wertes
jeder Option (Bedeutungswert, intrinsischer
Wert, Nutzwert und Kosten).

14. Wissen über Motivation des Menschen ist wichtig für Verhaltensvorhersage, Verhaltenskontrolle und Verhaltensänderung. Im praktischen
Sinne ist dieses Wissen besonders wichtig für
Lehrer.

Soziales Lernen: Banduras kognitive Theorie des sozialen Lernens

Kinder brauchen eher Vorbilder als Kritiker.   Anonym

11.1 Soziales Lernen – 310	**11.4 Kognitive Einflüsse** – 318
11.1.1 Das Produkt sozialen Lernens – 310	11.4.1 Verhaltenskontrollsysteme – 318
11.1.2 Die Prozesse sozialen Lernens – 311	11.4.2 Verhaltenskontrollsysteme in der Praxis – 320
	11.4.3 Banduras Handlungsperspektive – 320
11.2 Hauptideen von Banduras kognitiver Theorie des sozialen Lernens – 312	11.4.4 Selbstwirksamkeit – 321
11.2.1 Modelle – 312	**11.5 Anwendungen für den Unterricht und andere Zwecke** – 322
11.2.2 Die Prozesse beim Beobachtungslernen – 313	11.5.1 Beobachtungslernen – 322
	11.5.2 Verhaltenskontrollsysteme – 323
11.3 Imitation und operante Konditionierung – 314	11.5.3 Personal Agency (persönliche Wirkungskraft) und Selbstwirksamkeit – 323
11.3.1 Verstärkungsquellen bei Imitation – 315	
11.3.2 Drei Wirkungen von Modellen – 316	**11.6 Banduras Theorie: Bewertung** – 324

Als ich an der Waldhütte ankam, forderte die alte Dame mich auf hereinzukommen und mich zu setzen, denn sie wolle mir etwas zeigen. Sie verhielt sich ganz so, als gehöre die Hütte ihr und ich wäre nur ein Gast, dabei habe ich die Hütte gebaut, und sie gehört eigentlich mir. Ich ging aber hinein und zog mir einen Stuhl an den Tisch. Ich konnte den Bohneneintopf riechen, den die alte Dame gerade aus dem Ofen geholt hatte, und auf dem Tisch lagen zwei Laibe ihres frisch gebackenen Brotes. Ich hatte plötzlich sehr großen Hunger. Aber die alte Dame sagte nein, ich solle nicht am Tisch sitzen, und wies mich an, mich stattdessen auf eine der Schlafkojen zu setzen. Dann nahm sie einen Teller und schaufelte Bohnen darauf, schnitt eine dicke Scheibe Brot ab, die sie sehr langsam mit Butter bestrich. Ich dachte, dass sie mir den Teller nun anbieten würde, obwohl ich es seltsam fand, dass sie sich die Mühe gemacht hatte, Butter auf mein Brot zu streichen. Aber nein, sie bot mir nichts an. Stattdessen setzte sie sich an den Tisch und begann, ihre Bohnen zu verschlingen, indem sie sie mit beiden Händen in den Mund schaufelte, so schnell sie konnte. Manchmal hielt sie inne, um sich ein Stück Brot in ihre Backentaschen zu schieben, bis sie sich grotesk auf beiden Seiten ihres zerfurchten Gesichtes wölbten. Als der Teller halb leer war, begrub sie ihr Gesicht darin und schlürfte ganze Mundvoll Bohnen, wobei sie alle möglichen grunzenden und prustenden Geräusche von sich gab. Als die letzte Bohne verschwunden war, leckte sie den Teller sauber. Dann hielt sie ihre Nase fest zwischen Daumen und Zeigefinger und schnäuzte sich energisch mitten auf den Teller. Danach bedeutete sie mir, den Rekorder einzuschalten und sagte, dass sie nun bereit sei, mit dem nächsten Kapitel zu beginnen.

310   Kapitel 11 · Soziales Lernen: Banduras kognitive Theorie des sozialen Lernens

---

In diesem Kapitel...

Sie sind schockiert und angeekelt, nicht wahr, fragte die alte Dame, während sie ihre Nase mit dem Handrücken abwischte und die Bohnensoße von ihrem Kinn und ihren Augenbrauen tropfte.

Aber ich solle nicht geschockt sein, sagte sie, denn die Art und Weise, wie sie gerade gegessen habe, sei bei einigen ihr bekannten Stämmen Amazoniens absolut normal und ausgesucht höflich. Sie sagte, dass all dies verständlicher würde, sobald sie mit diesem Kapitel fertig wäre.

Lernziele

Sagen Sie Ihren Lesern, sprach die alte Dame, dass sie nach dem Lesen dieses Kapitels wissen werden,
- was soziales Lernen ist
- wie Imitation funktioniert
- was die drei Effekte von Modellen sind
- welche Systeme menschliches Verhalten kontrollieren
- worin die Bedeutung eines Gefühls persönlicher Macht und Effektivität liegt
- woran es liegen könnte, dass unterschiedliche Kulturen weiterhin erkennbare Unterschiede zeigen

Sagen Sie Ihren Studenten auch, dass sie ein tieferes Verständnis für die Bedeutung von Willen und Absicht in ihrem Leben entwickeln werden. Außerdem werden sie verstehen, warum reiche Firmen an »Stars« irrwitzige Geldsummen zahlen, damit diese Werbung für ihre Produkte machen.

11.1   Soziales Lernen

Psychologen verwenden häufig den Ausdruck **soziales Lernen**, ohne ihn jedoch zu definieren, so als wüsste sowieso jeder, was er bedeutet. Tatsächlich kann der Begriff aber in mindestens zwei verschiedenen Bedeutungen verwendet werden.

Soziales Lernen kann alles Lernen umfassen, das als Ergebnis sozialer Interaktion auftritt oder in irgendeiner Weise mit sozialer Interaktion verbunden ist (Salomon & Perkins, 1998). Es kann aber auch bedeuten, zu lernen, welche Verhaltensweisen im sozialen Umgang erwartet und in sozialen Situationen erwünscht sind. Anders ausgedrückt: Der Begriff **soziales Lernen** kann sich auf den **Prozess** des Lernens beziehen (genauer: ein Prozess, an dem soziale Interaktion beteiligt ist) oder auf das **Produkt** des Lernens (welche Verhaltensweisen sozial angemessen sind).

11.1.1   Das Produkt sozialen Lernens

Das Produkt sozialen Lernens ist Wissen darüber, was sozial akzeptabel ist. Durch einen Prozess sozialen Lernens lernen Kinder, dass es akzeptabel ist, Eltern oder Großeltern darum zu bitten, mit ihnen ins Geschäft zu gehen und ihnen violettes Weingummi zu kaufen – dass es aber nicht akzeptabel ist, einem Fremden dieselbe Bitte zu unterbreiten. Durch einen langen Prozess der **Sozialisation** lernen Menschen auch, wie man einen Teller Bohnen isst – ein Beispiel aus einer großen Vielfalt anderer sozialer Verhaltensweisen. Sie lernen auch, dass sozial akzeptierte Verhaltensweisen sich von Kultur zu Kultur unterscheiden können und dass diese für verschiedene Altersgruppen und Geschlechter sehr unterschiedlich sein können. In einigen asiatischen Ländern ist es z. B. durchaus akzeptabel und wird vielleicht sogar erwartet, dass Studenten sich vor ihren Professoren verbeugen und ihnen möglicherweise sogar kleine Geschenke machen. In Nordame-

Albert Bandura (geb. 1925)

Albert Bandura wurde in einer kleinen bäuerlichen Gemeinde etwa 50 Meilen von Edmonton, Alberta, geboren. Später zog er an die Südküste von British Columbia, wo er sein Studium an der University von British Columbia (UBC) absolvierte, an der er auch im Jahre 1949 seinen Abschluss machte.

»Was hat Sie bewogen, Psychologe zu werden?«, wurde Bandura von Evans gefragt. »Ich bin zu der Ansicht gelangt«, antwortete er, »dass die wichtigsten Bestimmungsfaktoren für Beruf und Lebenswege oft durch trivialste Umstände bedingt sind« (Evans, 1989, S.3). Er erklärte weiter, dass er einen Kurs in Psychologie belegte, nur um eine Lücke in seinem Stundenplan zu füllen, weil er eine Fahrgemeinschaft mit einer Gruppe von vormedizinischen und Ingenieurstudenten hatte, deren Kurse sehr zeitig begannen. Das Thema faszinierte ihn, und so promovierte er an der Iowa State University in klinischer Psychologie, drei Jahre nach seinem Abschluss an der UBC. Ein Jahr später erhielt er eine Stelle an der Stanford Universität, wo er schließlich Professor und Leiter des Fachbereiches wurde. Banduras frühen Schriften und Theorien lagen die damals vorherrschenden Theorien zugrunde: Skinners und Hulls Formen des Behaviorismus. Aber schon zu Beginn seiner Berufslaufbahn begann er, sich von der behavioristischen Haltung zu distanzieren, in der Gedanken und Absichten nicht berücksichtigt wurden. Banduras Ansatz war stärker sozial orientiert: Er betrachtete, wie Menschen sich gegenseitig beeinflussen und wie soziales Verhalten durch Imitation erworben wird. Sein Ansatz war auch eher kognitiv, er wies der menschlichen Fähigkeit, die Konsequenzen von Verhalten zu antizipieren, eine zunehmend wichtige Rolle zu. Im Endeffekt handelt es sich um eine sozialkognitive Theorie menschlichen Verhaltens, die in dem passend betitelten Werk *Social Foundations of Thought and Action: a Social Cognitive Theory* (1986) zusammengefasst ist. Bandura hat zahlreiche lokale und nationale Auszeichnungen und Ehrungen erhalten und war eine Amtszeit lang Präsident der American Psychological Association.

---

rika [und Europa] verspüren dagegen nur wenige Studenten das Bedürfnis, sich vor ihren Professoren zu verbeugen oder ihnen Geschenke zu machen. Dies zu tun wäre ein Anzeichen für mangelnde soziale Intelligenz.

Wie sozial akzeptierte Verhaltensweisen sich zwischen den Kulturen unterscheiden, so können sie auch für verschiedene Altersgruppen und Geschlechter variieren. Während sich Erwachsene bspw. beim Vornamen nennen, erwartet man dies von kleinen Kindern eher nicht. Wenn der achtjährige Charles seine Großmutter **Rhonda** nennt, könnte dies als Mangel an Respekt ausgelegt werden (oder als ungewöhnliche Frühreife – oder als ein besonders entwickelter Sinn für Humor).

Eine der wichtigsten Aufgaben bei der Kindererziehung ist die **Sozialisierung** der Kleinen – ihnen also sozial angemessenes Verhalten beizubringen. Die wichtigsten Sozialisierungsinstanzen einer Gesellschaft sind ihre größten kulturellen Institutionen: Familie, Schule, Kirche, Spielplatz, Kommunikationsmedien usw. Diese Institutionen vermitteln Kindern die **Sitten**, Gebräuche, Werte, Gewohnheiten, Überzeugungen und andere Dinge, durch die sich menschliche Kulturen definieren.

11.1.2 Die Prozesse sozialen Lernens

In Anbetracht der Bedeutung und Verbreitung sozialen Verhaltens lautet eine fundamental wichtige Frage der Lerntheorie: Wie lernen Kinder und Erwachsene sozial angemessenes Verhalten?

Die Antwort, die fast synonym mit dem Begriff **soziales Lernen** geworden ist, basiert auf Albert Banduras Theorie sozialen Lernens durch Imitation, auch als **Beobachtungslernen** bezeichnet. Banduras Theorie ist teilweise aus der Theorie von Miller und Dollard (1941) abgeleitet. Die ursprüngliche Theorie von Miller und Dollard war ein deutlich behavioristischer Ansatz, der sich stark an Hulls Ansichten zur Triebreduktion anlehnte. Im Kern sagte die Theorie aus, dass Verhalten als Reaktion auf spezifische Triebe (wie Hunger) auftritt. Diese Triebe sind mit Stimuli verknüpft (z. B. internale Hungergefühle). Triebreduktion beseitigt den Stimulus, dies wirkt als Verstärkung und führt zu Lernen.

Wie wir in ▶ Kap. 10 sahen, besteht das Problem einer Triebreduktionstheorie darin, dass menschliche und nichtmenschliche Lebewesen viele Verhaltensweisen zeigen, die anscheinend nicht darauf abzielen, eine Stimulation zu beseitigen oder zu verringern. Man erinnere sich bspw. an Hebbs Untersuchungen zur sensorischen Deprivation, in denen die Probanden aktiv nach Stimulation suchten, als sie sich langweilten.

Bandura modifizierte die Imitationstheorie von Miller und Dollard, indem er die Hull'sche Triebreduktionskomponente entfernte. Banduras frühes theoretisches Werk basierte unmittelbar auf Skinners Theorie der operanten Konditionierung (Bandura & Walters, 1963) und wurde später erweitert, als Bandura die Bedeutung kognitiver Aktivitäten wie Vorstellung und Erwartung erkannte (Bandura, 1977, 1986, 2001). Die Theorie wird nun allgemein als eine **sozialkognitive Theorie** bezeichnet.

11.2 Hauptideen von Banduras kognitiver Theorie des sozialen Lernens

Durch operante Konditionierung lernen wir sehr viel, erklärte Bandura früh in der Entwicklung seiner Theorie (Bandura & Walters, 1963). Aber operantes Lernen für sich allein genommen kann oftmals eine sehr ineffiziente, sogar unwirksame Lernmethode sein. Man muss sich nur vorstellen, wir könnten nichts tun außer auf das Auftreten eines sozial wünschenswerten Verhaltens als Operant zu warten und dann darauf zu hoffen, dass die darauffolgenden Umstände sich als verstärkend erweisen. Man nehme bspw. das Lernen eines einfachen sozialen Verhaltens wie die Hand zu geben. Wie wahrscheinlich ist es wohl, dass der kleine Peter den Operant »Handgeben« unter den angemessenen Umständen eines Tages spontan zeigt, und dass ihn jemand sofort dafür verstärkt? Oder man betrachte das Problem, Autofahren zu lernen. Wie vernünftig ist es, zu erwarten, dass man Sheila nur ein paar Schlüssel und ein Auto

zu geben braucht, damit sie Autofahren lernt, einfach als Ergebnis von zufällig in der richtigen Sequenz gezeigten Operanten – und dass sie für diese Operanten verstärkt wird, bevor sie gegen die Hauswand prallt?

Tatsächlich wäre es schwierig zu lernen, wann und wie man die Hand gibt oder wie man Auto fährt, wenn der vollständig unerfahrene Lernende – ohne jede Anleitung – spontan die richtige Reaktionsabfolge zeigen müsste. Der Punkt ist aber, dass es nur sehr wenige vollständig unerfahrene angehende Handgeber oder Autofahrer gibt. Fast alle Kinder haben ihre Eltern und andere Personen gesehen, wie sie die Hand geben oder Auto fahren. Viele haben sogar Lehrbücher zu Verkehrsregeln gelesen und sie werden zugehört haben, wie Gleichaltrige oder Geschwister darüber gesprochen haben, wie man ein Auto startet und fährt. Bandura würde sagen, sie haben viele verschiedene **Modelle** erlebt.

Laut Bandura hat ein großer Teil unseres Lernens mit Modellen zu tun. Dies wird als Beobachtungslernen (oder Lernen durch Imitation) bezeichnet und resultiert aus der Imitation von Modellen. Lernen durch Imitation, sagt Bandura, ist eigentlich eine Form operanten Lernens.

Das liegt daran, dass Imitationsverhalten viel Ähnlichkeit mit einem Operanten hat; es ist keine Reaktion auf einen spezifischen Stimulus (wie es bei einem Respondenten der Fall ist), sondern vielmehr eine von selbst gezeigte Reaktion. Imitationsverhalten wird, wie wir in Kürze sehen werden, oft verstärkt und daher gelernt.

11.2.1 Modelle

Obwohl man oft glaubt, dass Modelle immer Menschen sind, deren Verhalten von anderen kopiert wird, lautet eine bessere Definition von Modellen: **jede Repräsentation eines Verhaltensmusters.** Obwohl also ein Modell eine reale (vielleicht sehr ordinäre) Person sein kann, deren Verhalten als Anleitung, als Schablone oder Inspiration für einen anderen dienen kann, sind viele Modelle symbolisch. Der Begriff **symbolische Modelle** umfasst so verschiedenartige Modelle wie mündliche oder schriftliche Instruktionen, Bilder, Charaktere eines Buches, mentale Bilder, Charaktere in Cartoons oder Filmen,

11.2 · Hauptideen von Banduras kognitiver Theorie des sozialen Lernens

Fernsehschauspieler usw. Auch computerbasierte Modelle sind symbolische Modelle, viele von ihnen werden für verschiedene Schulungszwecke eingesetzt, wie für das Training von Piloten an Computersimulatoren (Shebilske, Jordan, Goettle & Paulus, 1998).

Modelle sind auch nicht notwendigerweise Beispiele hochentwickelter Fertigkeiten und Kompetenzen, wie sie z. B. von älteren Personen oder Experten auf einem Gebiet gezeigt werden. Sogar Zwei- und Dreijährige imitieren einander und lernen voneinander, erklären Abravanel und Ferguson (1998). Im Gegensatz dazu berichten Lindberg, Kelland und Nicol (1999) von einer faszinierenden Untersuchung, in der Pferde aus der Beobachtung von »Modell«-Pferden, die eine Futterbox öffnen konnten, **nicht lernen** konnten, diese ebenfalls zu öffnen. Hätte niemand die Box für sie geöffnet, wären sie verhungert.

11.2.2 Die Prozesse beim Beobachtungslernen

Wie Bandura erklärt, basiert Beobachtungslernen klar auf den Prinzipien operanter Konditionierung. Aber was vielleicht noch wichtiger ist: Die Theorie berücksichtigt die enorme Bedeutung unserer Fähigkeit, die Konsequenzen unsers Verhaltens zu antizipieren, zu symbolisieren, Ursache-und-Wirkungs-Beziehungen zu entdecken. Die Macht der Modelle hat hauptsächlich mit ihrer **informativen** Funktion zu tun. Modelle **informieren** uns nicht nur, wie man bestimmte Dinge tut, sondern auch darüber, welche Konsequenzen unser Verhalten wahrscheinlich haben wird. Dementsprechend sind vier getrennte Prozesse an Beobachtungslernen beteiligt.

Aufmerksamkeitsprozesse
Zunächst müssen wir aufmerksam sein. Wir lernen sehr wenig aus der Beobachtung von Verhaltensweisen, die für uns nur geringen Wert haben und denen wir daher nur wenig Aufmerksamkeit schenken. Der 30-jährige Robert kann tausendmal zugesehen haben, wie seine Mutter ihm Crêpes zum Frühstück machte. Aber wenn man ihn auffordern würde, selbst Crêpes zu backen, wäre er wahrscheinlich ratlos. Trotz des außerordentlich hohen Wertes, den Crêpes mit Sirup aus wilden Traubenkirschen für ihn ha-

ben, hat das Crêpebacken seiner Mutter so geringen Wert für ihn, dass er buchstäblich nichts daraus gelernt hat, sie zahllose Male dabei zu beobachten.

Ob wir auf das Verhalten eines potenziellen Modells achten oder nicht, hängt sehr stark vom Wert des Verhaltens dieses Modells für uns ab, teilt uns Bandura mit. (Ist es für den Beobachter wichtig, eine Zigarette so drehen zu können? Solch leckere Crêpes zu machen? Ein Hufeisen so werfen zu können? Ein Kaninchen in einem Käfig zu fangen?)

Ob wir aufmerksam sind, hängt auch davon ab, wie unverwechselbar, wie komplex, wie häufig und wie nützlich ein Verhalten ist. Wir achten wahrscheinlich weniger auf Verhaltensweisen, die sehr gängig und eher unauffällig sind, oder auf solche, die sehr selten oder komplex und schwierig auszuführen sind. Es ist nicht überraschend, dass die wirkungsvollsten Modelle – diejenigen, die die größte Aufmerksamkeit auf sich ziehen – äußerst attraktiv, vertrauenerweckend und einflussreich sind (sozialer Einfluss, der aus Wissen, Geld oder Prestige erwachsen kann) (Brewer & Wann, 1998). Dies ist einer der Gründe, warum Schauspieler und berühmte Sportler als Modelle große Wirkung haben können.[1]

Behaltensprozesse
Um von einem Modell zu lernen, muss der Beobachter aufmerksam und in der Lage sein, sich an das Beobachtete zu erinnern. Dafür, erklärt Bandura, könnte eine von zwei unterschiedlichen Repräsentationsarten bedeutsam sein: visuelle oder verbale Repräsentation. Viel von dem, was ein Beobachter sieht, kann bspw. mit Worten beschrieben werden (verbale Repräsentation). Daher kann ein Fahranfänger, der lernt, einen normalen Schaltwagen zu fahren, imstande sein, die erforderliche Handlungssequenz zu verbalisieren – Kupplung treten, ersten Gang einlegen, Kupplung langsam kommen lassen, während man gleichzeitig den Druck aufs Gaspedal erhöht usw. Ein angehender Sportler, der einen Olympioniken beobachtet, könnte dagegen das zu

---

[1] Deshalb sind Firmen ohne weiteres bereit, ihnen riesige Summen zu zahlen, damit sie ihre Logos tragen und vorgeben, ihre Kartoffelchips zu essen, sagte die alte Dame etwas gereizt und fügte hinzu, dass niemand ihr irgendetwas zahle, damit sie ihre Jacke trage. In Wirklichkeit war es meine Jacke, die mit dem Coca Cola™ -Logo. Mir zahlen sie auch nichts dafür, dass ich sie trage.

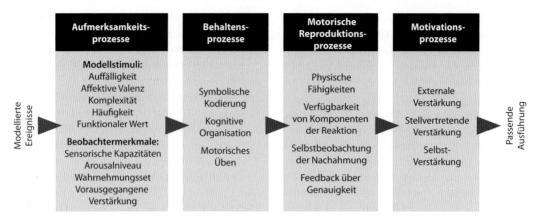

◘ Abb. 11.1. Die vier an Beobachtungslernen beteiligten Prozesse. Aus A. Bandura, Social Learning Theory, © 1977, S. 23. Nachdruck mit Genehmigung von Pearson Education, Inc., Upper Saddle River, NJ.

imitierende Verhalten als eine Serie visueller Bilder und nicht als eine Serie von Worten repräsentieren und behalten.

Motorische Reproduktionsprozesse

Imitation erfordert die vorgestellten (visuell oder verbal repräsentierten) Handlungen in tatsächliches Verhalten umzusetzen. Dafür sind wahrscheinlich gewisse motorische und physische Fähigkeiten und möglicherweise auch einige verbale und intellektuelle Kapazitäten erforderlich. Außerdem ist für eine erfolgreiche Imitation auch die Fähigkeit notwendig, die eigene Ausführung zu überwachen und zu korrigieren. Ein Trainer kann wiederholt demonstrieren, wie man im Eishockey vom Flügel her eingreift oder wie man im Basketball einen Korbleger macht. Aber das alles wird nichts nützen, wenn es dem Beobachter an körperlichen Fähigkeiten und Übung fehlt, um den Trainer erfolgreich imitieren zu können. Auch wenn eine Sportlerin sich nicht darüber im Klaren ist, wie schlecht sie Schlittschuh fährt oder dass sie nicht hoch genug springt, um den Korb zu erreichen – mit anderen Worten, wenn sie ihre Verhaltensausführung nicht überwachen und korrigieren kann – wird ihr wahrscheinlich keine erfolgreiche Imitation gelingen.

Motivationsprozesse

Schließlich muss der Beobachter auch **motiviert** sein. Motive sind, wie wir in ▶ Kap. 10 sahen, die Ursachen und Gründe für Verhalten. Als Roberts Mutter ankündigte, dass **sie** ausziehen würde, wenn er sich weigere, sich eine eigene Wohnung zu nehmen, hatte er mit einem Mal ein wichtiges Motiv dafür, zu lernen, seine eigenen Crêpes zuzubereiten.

Diese neu gefundene Motivation wurde sichtbar, als er nun nach ein- oder zweimaliger morgendlicher Beobachtung seiner Mutter lernte, Crêpes zu machen (◘ Abb. 11.1 mit einer Zusammenfassung der vier Prozesse, die an Beobachtungslernen beteiligt sind).

11.3 Imitation und operante Konditionierung

Einfach ausgedrückt, beschreibt Skinners Modell operanter Konditionierung Lernen als eine Steigerung der Wahrscheinlichkeit für das Auftreten eines Operanten (einer von selbst gezeigten Reaktion) als Funktion von Verstärkung. Banduras Theorie des sozialen Lernens beschreibt Imitation als von selbst gezeigtes Verhalten, das nach der Beobachtung eines Modells auftritt und das verstärkt wird. Daher wird Imitationsverhalten genauso gelernt wie ein beliebiger Operant.

Imitationsverhalten ist laut Bandura extrem häufig. Ähnlichkeiten in der Art und Weise, wie Menschen sich kleiden, essen, gehen und sprechen sowie Unterschiede zwischen Kulturen bezeugen die Verbreitung und den Einfluss von Imitation. Als Erklärung für soziales Lernen hat Imitation einen hohen Stellenwert, da sie eine gute Erklärung für komplexes Lernen bietet. Die Fertigkeit, ein Flugzeug zu fliegen,

11.3 · Imitation und operante Konditionierung

kann nicht einfach nur durch Kontiguität oder Versuch und Irrtum erlernt werden; sie erfordert vielmehr die Demonstration durch Modelle (normalerweise andere Piloten, außerdem mündliche und schriftliche Instruktionen). Ebenso würden Kinder niemals sprechen lernen, wenn sie dabei auf Versuch und Irrtum angewiesen wären, ohne Modelle anderer sprechender Menschen zu erleben. Wie wir bereits gesehen haben, ist darüber hinaus offensichtlich, dass Menschen weitgehend durch Beobachtung von Modellen lernen, was bezüglich Sprache, Kleidung und Verhalten angemessen oder unangemessen ist.

11.3.1 Verstärkungsquellen bei Imitation

Die Beziehung zwischen operanter Konditionierung und Beobachtungslernen kann auf einfache Weise dargestellt werden: Imitationsverhalten ist eigentlich ein Operant; dementsprechend wird Imitationsverhalten wahrscheinlicher, wenn es zu positiven Kontingenzen oder zur Beseitigung oder Verhinderung negativer Kontingenzen führt (Masia & Chase, 1997).

Wie Bandura und Walters (1963) sagen, gibt es im Beobachtungslernen zwei potenzielle Verstärkungsquellen für den Beobachter. Darüber hinaus könnte auch das Modell selbst verstärkt werden.

Erstens hat imitiertes Verhalten oft **direkte Verstärkung** zur Folge, wenn seine Konsequenzen unmittelbar zu Verstärkung führen. Ein Imitator wird bspw. oft unmittelbar durch das Modell verstärkt, dessen Verhalten nachgeahmt wurde. Stolze Eltern loben ihr Kind oft für Verhaltensweisen, die denen von Papa oder Mama ähneln. Sogar von Großmüttern hört man gelegentlich Sätze wie: »Schau nur, wie der kleine Norbert dasteht, mit dem Finger in der Nase, genau wie sein Papa.«

Eine zweite direkte Verstärkungsquelle liegt in den tatsächlichen Konsequenzen des imitierten Verhaltens. Wenn die Handlung sozial akzeptiert ist oder zu Belohnung führt, wird sie oft durch ihre eigenen Konsequenzen verstärkt. Ein Kind, das lernt, »Milch« zu sagen, weil es dieses Wort von seiner Mutter in 18 Monaten 40mal am Tag gehört hat, erhält vielleicht tatsächlich Milch, sobald es dieses Wort ausgesprochen hat.

Zweitens, zusätzlich zu der Möglichkeit direkter Verstärkung, scheint der Beobachter in einer Modell-Lern-Situation oft durch sogenannte **stellvertretende Verstärkung** (Bandura, 1969) beeinflusst zu werden. Dies ist eine Art Verstärkung aus zweiter Hand, bei der der Imitator nicht unmittelbar selbst verstärkt wird. Anscheinend nimmt der Beobachter vielmehr an, dass wenn ein Modell bestimmte Dinge tut, dieses Tun zu Verstärkung führen muss. Daher erwartet der Imitator in unbewusster Logik eine ähnliche Art von Verstärkung für sich selbst.

Eine weitere Verstärkungsquelle für Imitationsverhalten, die eher das Modell als den Beobachter betrifft, basiert auf der Annahme, dass die schiere Tatsache, imitiert zu werden, verstärkend wirken kann. Daher werden Entertainer, die bizarre Kleidung oder Frisuren tragen und daraufhin von ihren Fans imitiert werden, mit höherer Wahrscheinlichkeit an ihrem ungewöhnlichen Geschmack festhalten.

Klassische Konditionierung beim Beobachtungslernen

Wie wir gesehen haben, ist Imitationsverhalten normalerweise eine operante Reaktion, deren Wahrscheinlichkeit aufgrund der assoziierten Verstärkungskontingenzen ansteigt oder sinkt. Daher ist offensichtlich operante Konditionierung an dieser Art von Lernen beteiligt.

Wie Powell, Symbaluk und MacDonald (2002) aufzeigen, ist am Lernen durch Imitation aber auch klassische Konditionierung beteiligt. Es werden vor allem viele **emotionale Reaktionen**, die mit Modellen assoziiert sind, durch klassische Konditionierung erworben. Wenn Sie sehen, wie eine Gruppe Ihrer Altersgenossen laut lacht und sich ganz offensichtlich wunderbar amüsiert, werden diese Bekundungen von Freude und Glück wahrscheinlich ähnliche Emotionen in Ihnen auslösen. Warum? Einfach, weil die Wahrnehmung lachender Menschen von Kindheit an wiederholt mit Ihren eigenen emotionalen Reaktionen von Freude gepaart wurde. Infolgedessen dient das freudige Verhalten anderer Menschen nun als konditionierter Stimulus (CS) für Ihre eigene konditionierte Reaktion (CR) von Freude.

Nicht alle **konditionierten emotionalen Reaktionen (conditioned emotional responses, CERs)** sind positiv. Viele soziale Verhaltensweisen und Ges-

316 Kapitel 11 · Soziales Lernen: Banduras kognitive Theorie des sozialen Lernens

ten wie Schreien, Tränen, Stirnrunzeln, hochgezogene Augenbrauen, Kopfschütteln oder Drohen mit dem Finger sind konditionierte Stimuli für wirksame negative CERs. Diese Verhaltensweisen sind oft genug mit negativen Emotionen gepaart worden, sodass sie durch klassische Konditionierung leicht negative Emotionen im Beobachter auslösen.

Konditionierte emotionale Reaktionen können die Wahrscheinlichkeit für die Imitation eines Modells grundlegend beeinflussen. Wenn Sie Zeuge sind, wie Edward dafür bestraft wird, dass er aufs Dach geklettert ist, könnten die CERs, die Sie erleben, Sie davon abhalten, sein Verhalten zu imitieren. Wenn Edward sich auf dem Dach aber stattdessen offensichtlich sehr wohl fühlt und Cindy ihn außerdem noch anlächelt und für seinen Mut lobt, werden Sie möglicherweise versuchen, ihn zu imitieren.[2]

11.3.2 Drei Wirkungen von Modellen

In technologisch hochentwickelten Gesellschaften sind symbolische Modelle, wie sie durch Fernsehen, Bücher, verbale Instruktion und ähnliches geboten

werden, extrem wichtig, erklärt Bandura. Wie Bandura sagt, besteht ein Problem der älteren Lerntheorien darin, dass »die meisten lange vor dieser enormen technologischen Revolution der Kommunikation entwickelt wurden… Diese Theorien berücksichtigen die enorme Macht der symbolischen Umwelt nicht« (Evans, 1989, S. 6).

Durch Beobachtungslernen lernen Kinder (und Erwachsene) drei verschiedene Klassen von Reaktionen, die von Bandura und Walters (1963) als die drei Effekte von Imitation beschrieben werden. Diese werden hier vorgestellt und in ◘ Tab. 11.1 zusammengefasst.

Der Modelleffekt
Wenn Beobachter durch Imitation etwas für sie Neues lernen, spricht man davon, dass sie ein Modell nachahmen. Daher beinhaltet der **Modelleffekt** den Erwerb neuer Reaktionen. Wenn Großmütter beschreiben, wie ihre Enkel unerwünschtes Verhalten von den undisziplinierten Raufbolden der Nachbarn übernehmen – Angewohnheiten, die ganz klar neu sind, weil ihre Enkel so etwas vorher nie getan haben – beschreiben sie den Modelleffekt.

◘ **Tab. 11.1.** Banduras Theorie: drei Wirkungen von Imitation

Wirkung	Beschreibung	Illustration
Modelleffekt	Ein neues Verhalten wird als Ergebnis der Beobachtung eines Modells erworben.	Nach einer Kampfsportsendung im Fernsehen probiert Robert ein paar neue Bewegungsfolgen an seiner kleinen Schwester Jenna aus.
Hemmungs-/ Enthemmungs- Effekt	Ein Verhalten wird gezeigt oder nicht mehr gezeigt, nachdem beobachtet wurde, dass ein Modell für ein ähnliches Verhalten belohnt oder bestraft wurde.	Dick, der Roberts Bewegungsfolgen kennt, sie aber lange nicht selbst gezeigt hat, probiert – nachdem er Robert beobachtet hat – einige dieser Bewegungsfolgen an der Familienkatze aus (**Enthemmungseffekt**).
		Dick hört auf, die Katze zu belästigen, als Jennas Mutter auf deren Jammern reagiert und Robert bestraft (**Hemmungseffekt**).
Auslöseeffekt	Es wird ein ähnliches Verhalten wie das des Modells gezeigt.	Robin beginnt mit dem Klavierspielen, nachdem ihr Cousin auf einem Familientreffen stehende Ovationen für seinen Gesang bekommen hat.

---

[2] Erinnern Sie sich an das Auto, sagte die alte Dame, unterbrach ihren Vortrag und zog die Zeitschriftenanzeige heraus, die sie mir vor vielen Wochen gezeigt hatte, die mit dem Fotomodell, das sich auf einem Auto räkelt. Ich war erstaunt, dass sie die Anzeige immer noch hatte. Wenn wir die Änderungen in Ihrem Blutdruck, Puls und Perspiration und all das messen würden, sagte sie, würden wir feststellen, dass Sie eine CER erlebten, als Sie diese Anzeige anschauten. Und genau darauf haben die Werbeleute abgezielt. Und dann – obwohl ich weiß, dass sie nicht raucht – zumindest nicht viel – zog sie eine Schachtel Zigaretten hervor, eine mit den aufgedruckten Warnungen des Gesundheitsministers und einem Bild einer krebszerfressenen Lunge. Und hier, sagte sie, haben wir eine andere Art von CER. Es ist aber dasselbe Lernprinzip.

11.3 · Imitation und operante Konditionierung

Die klassische experimentelle Illustration des Modelleffektes stammt aus Banduras und Walters (1963) oft replizierten Experimenten zur Aggression bei kleinen Kindern. In diesen Experimenten sehen die Probanden gefilmte, reale oder gezeichnete Modelle anderer Kinder oder Erwachsener, die ein neuartiges aggressives Verhalten gegenüber einer großen, aufblasbaren Clownsfigur aus Plastik, »Bobo« genannt, zeigen. Manchmal zeigt das Modell verbale Aggression, manchmal schlägt es den Clown (mit der Faust, dem Fuß oder einem Schläger), manchmal setzt es sich auf ihn, kratzt ihn oder greift ihn auf andere Weise an. Die Probanden sehen sich später demselben Clown gegenüber und ihre Reaktionen werden notiert. Häufig imitieren die Probanden exakt die gesehenen aggressiven Verhaltensweisen. Wenn diese Reaktionen für das Kind neu sind, ist der Modelleffekt eingetreten.[3]

Hemmungs- und Enthemmungseffekt

Imitation führt nicht immer zum Lernen neuer Reaktionen, sondern stattdessen zur Unterdrückung oder Enthemmung vormals gelernten unerwünschten Verhaltens. Hemmung und Enthemmung folgen normalerweise auf die Beobachtung eines Modells, das für ein unerwünschtes Verhalten bestraft oder belohnt wurde. Beispielsweise könnte ein Gruppe von Dieben mit dem Stehlen aufhören, nachdem eines ihrer Mitglieder verhaftet und bestraft wurde (**Hemmungseffekt**). Im Gegensatz dazu könnte dieselbe Gruppe mit dem Stehlen begonnen haben, nachdem eines ihrer Mitglieder durch Diebstahl zu viel Geld gekommen ist (**Enthemmungseffekt**). Beim Enthemmungseffekt wird ein vorher gehemmtes unerwünschtes Verhalten gezeigt, nachdem ein Modell bei diesem Verhalten beobachtet wurde. Beim Hemmungseffekt wird ein unerwünschtes Verhalten unterlassen.

Beeindruckende Illustrationen für die Macht von Modellen, unerwünschtes Verhalten zu enthemmen, finden sich in einigen klassischen Untersuchungen zur Bestrafung (Walters & Llewellyn, 1963; Walters, Llewellyn & Acker, 1962). In diesen Studien wurden freiwillige Probanden für ein angebliches Gedächtnisexperiment rekrutiert. Ihnen wurde eine von zwei kurzen Filmsequenzen gezeigt: eine gewalttätige Episode aus **Denn sie wissen nicht, was sie tun** oder ein Auszug aus einem Film, in dem sich Jugendliche mit künstlerischen Arbeiten beschäftigten. Danach wurden die Probanden gebeten, dem Versuchsleiter bei einer anderen Untersuchung zu helfen, in der die Wirkung von Bestrafung auf Problemlöseverhalten untersucht werden sollte. Dabei saß ein anderer männlicher Student, angeblich auch ein Proband, tatsächlich aber ein Komplize des Versuchsleiters, an einer Tafel, war mit Problemlöseaufgaben beschäftigt und signalisierte seine Antworten durch das Drücken eines Schalters. Bei richtiger Antwort leuchtete auf einer zweiten Tafel ein grünes Licht auf, bei falscher Antwort ein rotes Licht. Diese zweite Tafel enthielt darüber hinaus 15 Kippschalter mit den Beschriftungen 15 Volt, 30 Volt, 45 Volt usw. Diese Schalter schienen mit Elektroden verbunden zu sein, die an den Handgelenken des angeblichen Probanden befestigt waren. Der wirkliche Proband wurde instruiert, bei jedem Fehler des angeblichen Probanden eine Bestrafung in Form eines Elektroschocks zu geben (nachdem man ihm selbst einen geringfügigen Schock gegeben hatte, um sicherzustellen, dass er wusste, was er tat).

Die Ergebnisse dieser Untersuchung zeigen, dass das Sehen eines Films mit gewalttätigem Inhalt die Schockintensität, die die Probanden zu geben bereit waren, signifikant erhöhte (der Komplize erhielt nicht wirklich Elektroschocks, weil eine der Elektroden nicht verbunden war). Diese und ähnliche Untersu-

---

[3] Für Ihre intelligenten Studenten habe ich noch ein Beispiel für den Modelleffekt, sagte die alte Dame und deutete an, dass dies nicht aufgezeichnet werden solle. Sie sagte, es handele sich um ein Beispiel, das von Bandura beschrieben wurde. Dieses Beispiel hängt mit dem Film *Der Flug des Schreckens* zusammen, in dem eine höhenempfindliche Bombe eingesetzt wird, um Geld von einer Fluggesellschaft zu erpressen. Bandura schrieb an die Federal Aviation Administration (Bundesbehörde für Flugverkehr), um zu erfahren, ob es vor und nach den Ausstrahlungen des Films Erpressungsversuche gegeben hatte. Wie er erwartet hatte, stiegen solche

Versuche oft am Tag nach einer Ausstrahlung dramatisch an. Am auffallendsten dabei ist vielleicht, dass viele dieser versuchten Erpressungen eine sehr genaue Nachahmung enthielten: Die angebliche Verwendung einer höhenempfindlichen Bombe, die in einer Höhe unter 5.000 Fuß explodieren sollte. Einem Möchtegern-Erpresser eines Flugs von Montreal nach London wurde ein Strich durch die Rechnung gemacht, als die Fluggesellschaft beschloss, stattdessen in Denver (Höhe 5.300 Fuß) zu landen. In Alaska aber erhielt ein Erpresser $ 25.000; in Australien gelang es einem anderen, $ 560.000 von Qantas zu erpressen (Evans, 1989).

chungen wurden oft als Belege für die potenziell schädlichen Wirkungen von Gewalt im Fernsehen zitiert – Schlussfolgerungen daraus sind aber immer noch vorläufig, obwohl es mittlerweile wahrscheinlich erscheint, dass Gewalt im Fernsehen tatsächlich zu aggressivem Verhalten beiträgt. Schneider (1996) merkt an, dass die Mehrzahl der Befunde eine starke Verbindung zwischen Gewalt in den Medien und tatsächlicher Gewalt gegen Frauen, Pornographie, Selbstmord, Terrorismus, Bandenkriminalität und »Nachahmer«-Verbrechen aller Art zeigt.

Der Auslöseeffekt
Eine dritte Manifestation des Einflusses von Modellen auf menschliches Verhalten, der **Auslöseeffekt**, beschreibt die Auslösung von Reaktionen, die das Verhalten des Modells nicht exakt nachahmen, sondern ihm nur ähneln. In gewissem Sinne scheint es so, als würde das Verhalten des Modells ähnliches Verhalten beim Beobachter ermutigen. Wenn bspw. ein Bruder gelobt wird, weil er Sportwettbewerbe gewonnen hat, kann dies den anderen Bruder ermutigen, sich um akademische Erfolge zu bemühen. Ebenso kann der Geschmack und die Kleidung von Fernseh- und Filmstars den Geschmack und die Kleidung ihrer Bewunderer beeinflussen. Der Auslöseeffekt, erklärt Bandura, »ist die Funktion sozialer Bahnung… Die gesamte Modeindustrie baut auf diese Modellfunktion« (Evans, 1989, S. 5).

11.4 Kognitive Einflüsse

Banduras Theorie des Beobachtungslernens (oder Imitationslernens/Modelllernens) basiert unmittelbar auf einem Modell operanter Konditionierung. Imitation ist ein einflussreiches Phänomen, das einer enormen Vielfalt sozialen Lernens zugrunde liegt. Menschen können weitgehend durch Imitation lernen, wie man sich kleidet, isst, spricht, Auto fährt usw. Wie Bandura erklärt, ist Imitation ein Verhalten, das entweder als unmittelbare Konsequenz des Verhaltens selbst oder aufgrund von (stellvertretenden) Wirkungen aus zweiter Hand verstärkt wird, wobei beobachtet wird, wie andere Menschen verstärkt oder bestraft werden.

In ▶ Kap. 10 haben wir eine andere Seite von Banduras Theorie kennengelernt. Dort betrachteten

wir die Bedeutung von Selbsteinschätzungen der eigenen Kompetenz und Effizienz für ein Individuum. Was Juan über sich selbst denkt (sein Gefühl für Selbstwirksamkeit) ist untrennbar mit seinen Entscheidungen über sein Verhalten verbunden, ebenso mit der Menge an Einsatz und Zeit, die er für verschiedene Aktivitäten aufzubringen bereit ist. Wenn er fest davon überzeugt ist, dumm und nicht in der Lage zu sein, die Inhalte dieses Buchs zu verstehen, wird er es wahrscheinlich nicht lesen. Auf diese Weise steuern Kognitionen das Verhalten.

Laut Bandura ist sogar beim operanten Lernen das Wichtigste: die Fähigkeit zu denken, zu symbolisieren, Ursache-und-Wirkungs-Beziehungen zu entdecken und die Konsequenzen des eigenen Verhaltens zu antizipieren (wie auch die des Verhaltens anderer Menschen). Außerdem, sagt Bandura, streben Menschen nach Kontrolle über Ereignisse, die sie beeinflussen. »Durch Einflussnahme auf Bereiche, über die sie einige Kontrolle haben«, schreibt Bandura, »können sie gewünschte zukünftige Entwicklungen umsetzen und unerwünschten zuvorkommen« (1995, S. 1). Obwohl Bestrafung und Belohnung das Verhalten beeinflussen, steuern sie Menschen nicht so, als wären diese nur gedankenlose Puppen. Ihre Auswirkungen resultieren aus dem Wissen über Beziehungen und aus Ergebniserwartungen – Erwartungen, die Tage oder sogar Jahre umfassen können. Daher pflanzen Bauern im Frühling Weizen, obwohl keine Möglichkeit unmittelbarer Verstärkung besteht, weil sie wissen, dass diese Verstärkung im Herbst kommen wird (sofern es zwischendurch regnet).[4]

11.4.1 Verhaltenskontrollsysteme

Bandura (1969) ist der Ansicht, es sei unmöglich, menschliches Verhalten ausschließlich auf der Grundlage entweder internaler oder externaler Sti-

---

[4] Und Studenten lernen Tag und Nacht, grummelte die alte Dame und bedeutete mir, dass dies eine Nebenbemerkung war, die nicht aufgezeichnet werden solle. Sie lernen und lernen, sagte sie, auch ohne die geringste Wahrscheinlichkeit unmittelbarer Belohnung für ihre Mühen. Sie wissen, dass sie später eine beeindruckende und belohnende Karriere machen werden. Sie machte einen Augenblick Pause und fügte dann hinzu: zumindest die Intelligenten.

muluseregnisse zu erklären; beide sind in den meisten menschlichen Verhaltensweisen unvermeidlich enthalten. Behaviorismus kann über seine Beschäftigung mit externalen Ereignissen definiert werden, während die Kognitionspsychologie sich hauptsächlich mit internalen Ereignissen befasst; Banduras Sichtweise integriert tendenziell diese beiden Ansätze.

Wenn Bandura sich auf externale Stimulusereignisse bezieht, meint er damit einfach, dass die physikalische Umwelt zumindest teilweise für menschliches Verhalten verantwortlich ist. Menschen reagieren auf die Umwelt. Dies nicht zu tun, wäre ein Kennzeichen für ein völlig funktionsunfähiges Wesen. Sogar so phylogenetisch niedrige Lebensformen wie Planaria reagieren auf externale Stimulation.

Internale Stimulation beschreibt eher kognitive Ereignisse (in Form von Bildern, Erinnerungen, Gefühlen, Instruktionen, Verbalisationen usw.), aus denen die menschlichen Denkprozesse bestehen. Dass diese Ereignisse Verhalten beeinflussen ist offensichtlich: Großmutter müsste davon nicht überzeugt werden. Interessanterweise muss man Psychologen aber manchmal davon überzeugen. Zu diesem Zweck zitiert Bandura (1969) ein Experiment von Miller (1951), in dem eine Gruppe von Probanden durch Elektroschocks konditioniert wurde, negativ auf den Buchstaben T und positiv auf die Zahl 4 zu reagieren.

Nach der Konditionierung zeigten die Probanden konsistent Hinweise auf stärkere autonome Reaktionen (Arousal) für den mit Schock assoziierten Stimulus (in diesem Fall das T). Daraufhin instruierte Miller die Probanden, alternierend an die Stimuli zu denken, während ihnen eine Sequenz von Punkten präsentiert wurde (an T beim ersten Punkt, an 4 beim zweiten, an T beim dritten, usw.). Das Auftreten einer stärkeren autonomen Reaktion bei den ungeraden Punkten demonstriert die Wirkung internaler Prozesse auf das Verhalten.

In seiner Beschreibung der Kräfte, die menschliches Verhalten beeinflussen, benennt Bandura drei separate Kontrollsysteme, die in der Verhaltenssteuerung miteinander interagieren.

Stimuluskontrolle

Eine Klasse menschlicher Verhaltensweisen umfasst Aktivitäten, die unmittelbar unter der Kontrolle von Stimuli stehen. Zu solchen Verhaltensweisen gehören die verschiedenen autonomen (reflektorischen) Reaktionen, die Menschen als Reaktion auf bestimmte spezifische Stimuli zeigen. Niesen, Rückzug bei Schmerz, Zurückschrecken, die Schreckreaktion usw. sind allesamt Beispiele für Verhalten, das durch externale Stimuli kontrolliert wird.

Zu stimuluskontrolliertem Verhalten gehören auch Reaktionen, die durch Verstärkung gelernt wurden. Wenn zum Zeitpunkt der Verstärkung immer ein spezifischer Stimulus vorhanden ist, erwirbt er Kontrolle über das Verhalten, sodass er schließlich als Signal für die Reaktion dient. Ein Beispiel für diese Art von Kontrolle ist der Gegensatz zwischen den Verhaltensweisen einiger Schulkinder in Anwesenheit oder Abwesenheit des Lehrers. Durch Belohnungen für gutes Verhalten und Bestrafungen für weniger wünschenswerte Handlungen können Lehrer zu Stimuli werden, die Gehorsam, Angst, Vorsicht, Respekt, Liebe oder eine Kombination dieser Reaktionen auslösen können.

Ergebniskontrolle

Wie Bandura erklärt, stehen manche Verhaltensweisen eher unter der Kontrolle ihrer Konsequenzen als unter der Kontrolle vorausgegangener Ereignisse – das heißt, sie unterliegen anscheinend nicht der Stimuluskontrolle. Das System der Ergebniskontrolle, das von Skinner umfassend untersucht wurde, bezieht sich insbesondere auf Verhalten, das als Funktion von Verstärkung wahrscheinlicher und als Funktion von Nichtverstärkung oder Bestrafung unwahrscheinlicher wird. In diesem Verhaltenskontrollsystem wird die Kontrolle durch operante Konditionierung hergestellt (▶ Kap. 4).

Symbolische Kontrolle

Das dritte Verhaltenskontrollsystem umfasst den Bereich menschlicher Aktivitäten, der durch »Mediation« oder internale Prozesse beeinflusst wird. Denkprozesse können menschliches Verhalten auf verschiedene Weise beeinflussen. Die internale Verbalisierung von Regeln (Selbstinstruktion) kann das Verhalten steuern wie im Experiment von Miller (1951), in dem Probanden sich selbst instruierten, an T, dann an 4 usw. zu denken.

Symbolische Prozesse können das Verhalten aber auch auf eine zweite Art und Weise lenken, wobei die Vorstellung der Verhaltenskonsequenzen die laufende Handlung beeinflusst. Wenn es die Fähigkeit zur symbolischen Repräsentation langfristiger Konsequenzen nicht gäbe, würden viele Aufgaben, die nicht mit einem unmittelbaren Stimulus oder einer unmittelbaren Belohnung verbunden sind, nicht in Angriff genommen. Warum Korn säen, wenn man keine Ernte im Herbst erwarten kann? Warum Medizin studieren, wenn man keine Vorstellung von sich selbst als Arzt entwickeln kann?

Die Bedeutung von Symbolisierung scheint für menschliches Verhalten deutlich größer zu sein als die der beiden anderen Verhaltenskontrollsysteme. Auf niedrigeren Stufen der phylogenetischen Skala scheint darüber hinaus die Bedeutung von Ergebniskontrolle und direkter Stimuluskontrolle zuzunehmen. Niedere Tiere scheinen stärker auf spezifische externe Stimulation zu reagieren als auf Verhaltensresultate. Darüber hinaus scheint Symbolisierung bei vielen niederen Tieren keine wesentliche Rolle in der Verhaltenssteuerung zu spielen (wenn überhaupt eine).

11.4.2 Verhaltenskontrollsysteme in der Praxis

Obwohl Stimulus-, Ergebnis- und symbolische Kontrolle in der Theorie deutlich unterschieden werden können, sind sie in der Praxis nicht notwendigerweise separat zu sehen. Viele menschliche Aktivitäten werden wahrscheinlich durch eine Kombination von diesen drei Kontrollsystemen gesteuert. Man stelle sich bspw. eine Frau vor, die einen raffzahnigen, schielenden, x-beinigen, krummzehigen, mageren, rothaarigen Mann umwirbt. Aufgrund von Stimulusgeneralisierung reagiert die Umwerbende auf diesen Mann wie auf jeden anderen (der Stimulus Mann war zum Zeitpunkt vieler vorausgegangener Verstärkungen vorhanden).

Aber menschliches Verhalten ist nicht so einfach. Die Umwerbende reagiert nicht einfach blind auf den Stimulus, wie man es von einer naiven Katze erwarten würde. Wenn ihre anfängliche Annäherung auf starken Widerstand stößt, kann sie sie modifizieren; wenn die Annäherung belohnt wird, kann sie sie intensivieren. Wenn die Intensivierung auf mehr Verstärkung trifft, kann sie sie weiter intensivieren; wenn daraufhin die Verstärkung aufhört, kann die Annäherung verringert werden. So ist eine Frau in der Lage, ihr Verhalten in Reaktion auf die unmittelbaren Resultate zu verändern.

Die Aktivitätssteuerung ist sogar noch komplexer, weil auch symbolische Prozesse Handlungen leiten. Die Frau kann bspw. in ihrer Vorstellung die Konsequenzen repräsentieren, die sich ergeben, wenn ihr Umwerben des unattraktiven rothaarigen Mannes Erfolg hat. Sie ist wahrscheinlich überzeugt, dass ein solch hässlicher Mann verborgene Talente besitzen muss, um seinen Mangel an offensichtlichen physischen Qualitäten zu kompensieren. Vielleicht erwartet sie, dass er ein exzellenter Koch ist.

11.4.3 Banduras Handlungsperspektive

Menschen sind Agenten (Handelnde) bei ihren eigenen Handlungen, behauptet Bandura. »Sie sind Agenten von Erfahrungen, nicht einfach Erlebende von Erfahrungen. Die sensorischen, motorischen und cerebralen Systeme sind Werkzeuge, die Menschen benutzen, um Aufgaben zu erledigen und Ziele zu erreichen, die ihrem Leben Bedeutung, Richtung und Befriedigung geben« (2001, S. 4).

Laut Bandura gibt es drei Hauptmerkmale des Menschen als Agenten – drei menschliche Eigenschaften, die diese Handlungsperspektive definieren:

1. **Intentionalität**
   Menschen können nur dann Agenten ihrer Handlungen sein, wenn sie diese Handlungen intentional ausführen. Wenn Graciela gegen ihren Professor geschubst wird, woraufhin der Professor ihren Kaffee verschüttet, würde man sie nicht als Agenten dieser Handlung betrachten. Aber wenn Consuelo, die Graciela geschubst hat, dies mit Absicht getan hat, wäre Consuelo der Agent.

2. **Vorausschau**
   Intentionalität impliziert Planung und Erwartung. Das heißt, sie impliziert Vorausschau. Wie wir schon erwähnt haben, ermöglicht die Fähigkeit zur Symbolisierung den Menschen, die Konsequenzen ihrer Handlungen zu antizipieren. Wenn es diese Fähigkeit, die wahrscheinlichen Verhaltenskonsequenzen vorauszusehen, nicht gäbe, könnten wir diese Konsequenzen kaum

11.4 · Kognitive Einflüsse

absichtlich anstreben. Wenn Consuelo also nicht voraussehen könnte, welche Konsequenzen es haben wird, wenn sie Graciela schubst, könnte sie nicht beabsichtigen, sie in Schwierigkeiten zu bringen.

3. **Selbstreaktivität und Selbstreflektion**

In Banduras Worten: »Durch Vorausschau motivieren Menschen sich selbst und lenken ihre Handlungen in der Erwartung zukünftiger Ereignisse« (2001, S. 7). Dazu ist erforderlich, dass Menschen imstande sind, ihr eigenes Agieren zu überprüfen und darauf zu reagieren. Als Agent ihrer eigenen Handlungen kann Consuelo nicht nur beabsichtigen, Graciela zu schubsen und die Konsequenzen dieses Tuns voraussehen, sie kann auch ihre eigenen Handlungen und deren Konsequenzen reflektieren, und sie kann darauf reagieren. Das heißt, sie kann die wahrscheinlichen langfristigen Konsequenzen ihres Verhaltens reflektieren, sowohl davor wie danach, und sie kann auf diese Konsequenzen reagieren – wiederum davor und danach. Außerdem kann sie, während sie reflektiert und reagiert, ihre Absichten und damit auch ihre Handlungen ändern.

Laut Bandura ist dabei der wichtigste Punkt, dass **wir** verantwortlich sind: Wir sind die Agenten. Diese Aussage soll nicht bestreiten, dass viele Aspekte unseres Verhaltens durch mächtige biologische Kräfte geformt werden. Sie leugnet auch nicht, dass vieles von dem, was wir tun, unter der Kontrolle verschiedener Stimuli und unter der Kontrolle erwarteter Konsequenzen steht. Außerdem gibt es zufällige Ergebnisse, unbeabsichtigtes Verhalten und unerwartete Eventualitäten, über die wir wenig Kontrolle haben – oft genau deshalb, weil wir sie nicht erwarten konnten. Wenn Graciela erwartet hätte, dass Consuelo sie schubst, wären die Ereignisse wahrscheinlich deutlich anders verlaufen.

11.4.4 Selbstwirksamkeit

Wie wir in ▶ Kap. 10 gesehen haben, befasst sich ein weiterer wichtiger Aspekt von Banduras Theorie mit **Selbstwirksamkeit**. Selbstwirksamkeit hat mit der individuellen Einschätzung der persönlichen Effektivität zu tun (Bandura, 1986, 1993; Evans, 1989).

Wenn Muhamed von sich selbst glaubt, sehr gut mit dem Leben fertig werden zu können, kann man sagen, dass er hohe Selbstwirksamkeit besitzt.

Selbstwirksamkeitsbeurteilungen scheinen einen grundlegenden Einfluss darauf zu haben, was wir tun und was wir nicht tun. Wenn Sarah glaubt, dass sie eine besonders gute Rednerin bei öffentlichen Anlässen ist – wenn also ihre Selbstwirksamkeitsbeurteilung bezogen auf öffentliches Reden sehr positiv ist – kann sie stark motiviert sein, Gelegenheiten dazu aufzusuchen und zu akzeptieren. Wenn sie im Gegenteil eine geringe Selbstwirksamkeitseinschätzung in diesem Bereich hat, wird sie mit weitaus höherer Wahrscheinlichkeit vermeiden öffentlich zu sprechen. Wie Schunk (1984) betont, vermeiden Menschen eher Dinge zu tun, von denen sie glauben, dass sie sie nur schlecht können.

Natürlich sind Selbstwirksamkeitsbeurteilungen nicht immer zutreffend. Es gibt Menschen, die sich weiterhin als effizient und fähig bei Aktivitäten sehen, die sie erbärmlich schlecht ausführen. Andere haben das genau entgegengesetzte Problem – sie sehen sich selbst als unfähig an und versuchen, Aktivitäten zu vermeiden, die sie erstaunlich gut ausführen würden.

Wie wir in ▶ Kap. 10 sahen, reflektieren Selbstwirksamkeitsbeurteilungen vier unterschiedliche Einflüsse: enaktive (direkte Auswirkungen von Verhalten), stellvertretende (Auswirkungen des Vergleiches mit dem Verhalten anderer), überredende (die Wirkungen von Überredung) und emotive (Wirkungen von Emotionen).

Die objektiven Wirkungen oder Auswirkungen unseres Verhaltens auf andere liefern uns oft Informationen über unsere Effizienz. Wenn Samuel in der Schule oft versagt, wäre das ein objektiver Beleg für geringe Effizienz. Und wenn seine Eltern, seine Lehrer oder seine Freunde abwertende Bemerkungen über seine Leistung machen, stellen die Auswirkungen seines Verhaltens auf andere zusätzlich einen sehr mächtigen sozialen Einfluss dar, der wahrscheinlich seine Selbstwirksamkeitseinschätzung verringern wird.

Ebenso liefern Vergleiche, die Samuel zwischen seiner Leistung und der seiner Klassenkameraden anstellt, Informationen über seine Effizienz. Und wichtige Bezugspersonen, wie Eltern, Lehrer oder Kameraden, können ihn erfolgreich davon überzeugen, dass er tatsächlich ein kompetenter und effizienter Mensch ist, dass er sich nur mehr Mühe geben muss.

11.5 Anwendungen für den Unterricht und andere Zwecke

Banduras Theorie besitzt mehrere wichtige Facetten: Eine davon, die weitgehend auf Skinners Modell operanten Lernens basiert, befasst sich mit Beobachtungslernen – also mit Lernen durch Imitation. Dieser Aspekt der Theorie betrachtet den außerordentlich tiefgreifenden Einfluss von tatsächlichen und symbolischen Modellen auf Lernen und Verhalten. Er betrachtet die unterschiedlichen Prozesse, die an Beobachtungslernen beteiligt sind (Aufmerksamkeit, Behalten, Reproduktion und Motivation), und die verschiedenen Wirkungen von Beobachtungslernen (Modelleffekt, Hemmung-Enthemmung und Auslösung).

Eine zweite Facette der Theorie führt eine eher kognitiv geprägte Orientierung ein. Sie berücksichtigt, dass die Fähigkeit des Individuums zur Symbolisierung und Antizipation sogar beim Beobachtungslernen von grundlegender Bedeutung ist. Dieser Aspekt der Theorie betrachtet die drei unterschiedlichen Kontrollsysteme, die menschliches Verhalten steuern: Stimuluskontrolle, Ergebniskontrolle und symbolische Kontrolle. Das erste System, Stimuluskontrolle, hat mit klassisch konditioniertem Lernen zu tun, das zweite, Ergebniskontrolle, mit operantem Lernen, und das dritte, symbolische Kontrolle, bezieht sich auf die Rolle kognitiver Aktivitäten wie Denken und Vorstellen.

Ein dritter Aspekt der Theorie, noch stärker kognitiv, unterstreicht die Überzeugung Banduras, dass wir nicht einfach von unseren Reflexen, Trieben oder den Kontingenzen unseres Verhaltens hierhin und dorthin geschoben werden. Wir tragen die Verantwortung, sagt Bandura. Obwohl es mächtige biologische Kräfte und Verhaltenskonsequenzen gibt, die unser Verhalten formen, sind wir doch die Agenten unserer eigenen Handlungen. Wir beabsichtigen sie, wir antizipieren ihre Konsequenzen und wir reflektieren unser Verhalten, unsere Effektivität und uns selbst als menschliche Wesen.

Jede Facette dieser Theorie besitzt deutliche praktische Anwendungen.

11.5.1 Beobachtungslernen

Beobachtungslernen bedeutet Lernen durch das Imitieren von Modellen. Wie wir gesehen haben, kann sich die Imitation in neuem Verhalten zeigen (Modelleffekt), in der Unterdrückung oder im Auftreten von unerwünschtem Verhalten (Hemmungs-/Enthemmungseffekt) oder im Auftreten von Verhaltensweisen, die denen des Modells ähnlich sind (Auslöseeffekt). Zur Erinnerung: Einige der wichtigsten Modelle in technologisch fortgeschrittenen Gesellschaften sind eher **symbolisch** als real. Dazu gehören Bücher, fiktionale Charaktere, mündliche Instruktionen usw.

Lehrer verwenden im Unterricht sehr häufig Modelle. Ihre Instruktionen und Anweisungen sind eigentlich Modelle. Dies gilt auch für das Verhalten des Lehrers und anderer Schüler. Die Forschung zeigt, dass nicht alle Modelle denselben Einfluss auf Kinder haben. Kinder imitieren am ehesten Modelle, die ihnen wichtig sind und mit denen sie sich identifizieren – wie Eltern, Geschwister, enge Freunde und respektierte Lehrer. Wie wir ebenfalls gesehen haben, imitieren sie am ehesten hoch bewertete Verhaltensweisen. Jeder der drei von Bandura beschriebenen Effekte kann systematisch verwendet werden, sowohl um wünschenswertes Verhalten zu fördern als auch um unerwünschtes Verhalten zu beseitigen.

Kindern kann man bspw. etwas Neues beibringen, indem man ihnen zeigt, was zu tun ist (Modelleffekt); sie können daran gehindert werden, etwas zu tun, indem sie miterleben, wie jemand anderes für dieses Verhalten bestraft wird (Hemmungseffekt); oder sie können ermutigt werden, bestimmte Verhaltensweisen zu zeigen, nachdem sie ein bedeutungsvolles Modell erlebt haben (Auslöseeffekt).

Ein Beispiel für die Verwendung von Modellen zur Verhaltensmodifikation stammt aus einer Untersuchung von Martens und Hiralall (1997). Darin wurde ein Lehrer instruiert, wie er in einer dreistufigen Prozedur unangemessenes Spielverhalten bei Kindergartenkindern ändern konnte: (1) Identifikation von Sequenzen unangemessenen Verhaltens,

11.5 · Anwendungen für den Unterricht und andere Zwecke

(2) Umschreiben dieser Verhaltensweisen durch Ausarbeitung angemessenerer Interaktionen, (3) Vorführen der modifizierten Skripte vor den Kindern. Diese Forscher stellten fest, dass der Lehrer diese Prozedur sehr schnell lernen und implementieren konnte und dass im Resultat ein messbarer Anstieg angemessenen Spielverhaltens zu beobachten war.

11.5.2 Verhaltenskontrollsysteme

Manche Verhaltensweisen im Unterricht scheinen unter relativ unmittelbarer Kontrolle spezifischer Stimuli zu stehen. Daher etablieren die meisten Lehrer zu Anfang des Schuljahres klare Regeln und Routinen, die einen ruhigen und ordentlichen Ablauf des Unterrichtes sicherstellen. Ein mündliches Signal, eine Glocke, ein Summer oder eine Geste kann ein spezifischer Stimulus sein, der besagt: »Ja, Du kannst jetzt zur Toilette gehen«, »Es ist Zeit, die Bücher beiseite zu legen«, »Ihr könnt in die Pause gehen«, »Nehmt Eure Mathe-Bücher heraus« usw. Solche Routinen sind laut Doyle (1986) von grundlegender Bedeutung für eine effektive Führung der Klasse. Diese unter die Kontrolle klar erkennbarer Stimuli zu bringen kann den Unterricht deutlich vereinfachen.

Viele Verhaltensweisen im Unterricht sind eher durch das Ergebnis als durch vorausgegangene Stimuli beeinflusst. Zu den wichtigen Ergebnissen, die Lehrer kontrollieren können, gehören Lob und Kritik sowie alle anderen Verstärker und Bestrafungen, die in Schulen Verwendung finden (▶ auch Kap. 4).

Die Wirkungen der Fähigkeit des Individuums zur Symbolisierung und Antizipation – also zur **Vorstellung** – der wahrscheinlichen Konsequenzen von verschiedenen Verhaltensweisen hängen laut Bandura eng mit Stimulus- oder Ergebniskontrolle zusammen. Dass Wladimir die Regeln und Routinen in seiner Klasse so gut befolgt, liegt daran, dass er sich vorstellen kann, was geschieht, wenn er das nicht täte. Ebenso hängt die Tatsache, dass Ishmael so intensiv lernt, sicherlich damit zusammen, dass er die Reaktion seiner Eltern und Lehrer auf seine Leistung bei verschiedenen Prüfungen antizipieren kann. Sein Lernen kann darüber hinaus mit der von ihm angestrebten brillanten Zukunft als Kernphysiker in Zusammenhang stehen.

11.5.3 Personal Agency (persönliche Wirkungskraft) und Selbstwirksamkeit

Ishmael hat eine starke, äußerst positive Meinung zu seiner Selbstwirksamkeit. Selbstwirksamkeitsbeurteilungen sind ein sehr wichtiger Aspekt der Selbsterkenntnis, sagt Bandura (1977). Unter anderem bestimmen unsere Selbstwirksamkeitsbeurteilungen sehr wesentlich mit, was wir tun und was wir nicht tun. Außerdem sind positive Selbstwirksamkeitsbeurteilungen mit größerer körperlicher und geistiger Gesundheit assoziiert. Bandura erklärt, dass eine hohe Selbstwirksamkeit Menschen mit den Werkzeugen ausstattet, die sie im Umgang mit Lebenssituationen benötigen. Ängste und Phobien als wichtige Manifestationen von Not beim Menschen finden sich daher wesentlich seltener bei Personen, die ihre Selbstwirksamkeit positiv beurteilen. Im Gegensatz dazu bewerten sich Personen, die ihre eigene Kompetenz gering einschätzen, sehr viel häufiger negativ und haben geringeres Selbstwertgefühl (Bandura, Pastorelli, Barbaranelli, Caprara & Gian, 1999). Viele Forschungsarbeiten unterstreichen auch die Bedeutung positiver Selbstbewertung für die Leistungen in der Schule und im Leben (s. bspw. Skaalvik & Rankin, 1995).

Eine wichtige Aufgabe für Eltern und Lehrer ist es, Kindern positive Selbstkonzepte (positive Selbstwirksamkeitsbeurteilungen) zu vermitteln, zusammen mit einem Gefühl persönlichen Einflusses (**personal agency**). Bandura beschreibt vier Haupteinflüsse auf diese Konzepte, von denen jeder zumindest teilweise durch Eltern und Lehrer kontrolliert werden kann. Enaktive Einflüsse beziehen sich bspw. auf die Wirkungen der Handlungen eines Kindes – daher ist es wichtig, Kindern Aufgaben zu stellen, bei denen sie Erfolge erleben können.

Stellvertretende Einflüsse wirken über einen Vergleich der eigenen Leistung mit der von anderen. In diesem Zusammenhang empfehlen viele Pädagogen, dass Lehrer im Unterricht Wettbewerbssituationen vermeiden sollen, bei denen in Gewinner-Verlierer-Kämpfen ermittelt wird, welcher Schüler der Beste ist (Johnson & Johnson, 1994). Stattdessen sollten Lehrer ihren Schülern individuelle Lernziele vorgeben, damit sie sowohl individuell wie auch kooperativ in ihrem eigenen Tempo lernen können, sodass jeder Schüler Erfolge erleben und sich für diese Erfolge persönlich verantwortlich fühlen kann (Schmuck & Schmuck, 1997).

Lehrer sind darüber hinaus auch wichtige Agenten für die von Bandura sogenannten **überredenden** Einflüsse – den Wirkungen von Vertrauen oder Zweifeln anderer Menschen. Wenn Sarahs Lehrer ihr davon abrät, die Studienarbeit in Mathematik in Angriff zu nehmen, weil das für sie zu schwierig sei, wird das sehr wenig positiven Einfluss auf die Selbstbeurteilung ihrer persönlichen Kompetenz haben.

Physiologische Zustände von Arousal, erkennbar an hoher oder niedriger Aufregung oder Angst, beeinflussen ebenfalls die Selbstwirksamkeitsbeurteilungen, erklärt Bandura. Wie wir in ▶ Kap. 10 sahen, kann Arousal ebenfalls zumindest teilweise von Lehrern oder Eltern kontrolliert werden. Lehrer gehören zu den wichtigsten Stimulationsquellen im Unterricht. Was sie sagen und tun ebenso wie die Aufgaben, die sie verteilen, kann viel zur Steigerung oder Verringerung von Arousal beitragen. Bandura geht davon aus, dass Arousal die Selbstbeurteilung auf verschiedene Weise beeinflussen kann. Große Angst kann bspw. zu einer geringen Einschätzung der persönlichen Kompetenz führen. Wenn Jessica große Angst davor hat, beim Erklettern einer Felswand Angst zu empfinden, wird sie sich selbst für unfähig halten, dies zu tun. Wenn sie andererseits große Angst davor hat, von einem herumtobenden Bären angegriffen zu werden, wird sie sich selbst für fähig halten, ihm davonzurennen – oder ihn auszutricksen.

11.6 Banduras Theorie: Bewertung

Banduras sozialkognitive Theorie bildet eine wichtige Brücke zwischen behavioristischen und stärker kognitiv geprägten Theorien. Ihre behavioristischen Wurzeln zeigen sich darin, dass Bandura ein Modell operanter Konditionierung heranzieht, um Lernen durch Imitation zu erklären. Ihre kognitive Ausrichtung zeigt sich darin, dass sie berücksichtigt, wie wichtig unsere Fähigkeit zur Vorstellung von Handlungskonsequenzen ist, und auch in Banduras Aussage, dass wir die Agenten unserer eigenen Handlungen sind.

Banduras Theorie ist darüber hinaus ein exzellentes Beispiel dafür, dass psychologische Theorien nicht statisch und unveränderlich sein müssen, und es wahrscheinlich auch nicht sein sollten. Wenn sich der Zeitgeist ändert und die Wissenschaft den Theoretikern neue Informationen und Möglichkeiten aufzeigt, können gute Theorien auch verändert werden. Schließlich werden unsere psychologischen Theorien nicht nach irgendwelchen absoluten Kriterien von richtig oder falsch beurteilt. Stattdessen beurteilen wir sie danach, wie gut sie die Fakten widerspiegeln, soweit wir diese kennen, und – vielleicht am wichtigsten – wie nützlich die Theorien in verschiedenen Anwendungsbereichen sind.

Banduras Theorie wird den Fakten, soweit wir sie kennen, relativ gut gerecht. Sie gibt Forschungsergebnisse relativ gut wieder und hat über mehrere Jahrzehnte hinweg erfolgreich neue Befunde und neue Ideen inkorporiert. Banduras Ansichten zur Selbstwirksamkeit und seine Aussage, dass wir Agenten unserer eigenen Handlungen seien, stimmt bspw. stark mit aktuellen Auffassungen zu Erwartungswert und Selbstbestimmung in der Motivationstheorie überein (▶ Kap. 10).

Auch ist die Theorie in praktischem Sinne nützlich. Die Theorie des Beobachtungslernens wurde bspw. häufig verwendet, um den Einfluss des Fernsehens auf Aggression und Gewalt unter Kindern und Erwachsenen zu verstehen. Die Theorie bietet außerdem nützliche Erklärungen für die Wirksamkeit – oder die fehlende Wirkung – von Einsperren und anderen Bestrafungsformen.

Verschiedene Aspekte von Banduras Theorie haben in der Psychologie großen Einfluss ausgeübt. Seine Theorie des Beobachtungslernens ist beinahe zum Synonym für den Bereich der sozialen Lerntheorie geworden. Und seine Ansichten zur Selbstwirksamkeit haben eine große Zahl aktueller Forschungsarbeiten stimuliert.

Zusammenfassung

1. Soziales Lernen kann jedes Lernen meinen, das als Resultat sozialer Interaktion auftritt (Definition über den Prozess) oder eine Art von Lernen beschreiben, die an der Entdeckung von akzeptablen und nicht akzeptablen Verhaltensweisen in verschiedenen sozialen Situationen beteiligt ist. Sozial akzeptierte Verhaltensweisen unterscheiden sich von Kultur zu Kultur, außerdem von einer Altersgruppe zur andern und manchmal auch bei den verschiedenen Geschlechtern.

2. Die Haupteinflussfaktoren der Sozialisation sind die wesentlichen kulturellen Institutionen: Familie, Schule, Kirche usw.

3. Banduras Theorie des sozialen Lernens ist eine Theorie der Imitation (Beobachtungslernen oder Modelllernen), die aus der Triebreduktionstheorie der Imitation von Miller und Dollard abgeleitet ist und stark auf Skinners Theorie der operanten Konditionierung basiert, wobei zusätzlich die Bedeutung kognitiver Variablen anerkannt wird.

4. Imitationsverhaltensweisen sind operante Reaktionen, die den Gesetzen des operanten Lernens unterliegen. Als Modelle fungieren Menschen oder symbolische Verhaltensmuster, wie sie durch Bücher, Anleitungen, Religionen, das Fernsehen usw. geliefert werden.

5. Beobachtungslernen beruht auf vier miteinander verbundenen Prozessen: Aufmerksamkeitsprozesse (Notwendigkeit der Aufmerksamkeit); Behaltensprozesse (Notwendigkeit der Fähigkeit, sich an das Beobachtete zu erinnern und es zu repräsentieren), motorische Reproduktionsprozesse (Notwendigkeit, das beobachtete Verhalten reproduzieren zu können) und motivationale Prozesse (Notwendigkeit der Motivation, eines Grundes für die Imitation).

6. Imitation kann unmittelbar verstärkt werden (durch das Modell oder die Konsequenzen der Imitationshandlung) oder stellvertretend (wenn gesehen wird, wie jemand anderes für dieses Verhalten belohnt oder bestraft wird).

7. Konditionierte emotionale Reaktionen (CERs), die durch klassische Konditionierung erworben werden, sind oft an der Entscheidung beteiligt, ob ein Verhalten imitiert wird oder nicht.

8. Beobachtungslernen kann sich im **Modelleffekt** (neuartige, genau imitierende Reaktion), im **Hemmungs-** oder **Enthemmungseffekt** (Unterdrückung oder Auftreten von unerwünschtem Verhalten) und im **Auslöseeffekt** (soziale Fazilitierung ähnlicher Reaktionen) zeigen.

9. Bandura integriert behavioristische und kognitive Modelle in seiner Beschreibung von drei Verhaltenskontrollsystemen, die verschiedene Klassen von Reaktionen beinhalten: solche, die unter unmittelbarer Stimuluskontrolle stehen, solche, die durch ihre Ergebnisse beeinflusst werden und solche, die durch symbolische Prozesse gelenkt werden.

10. Wir sind Agenten unserer eigenen Handlungen, sagt Bandura, was sich in unserer Intentionalität, unserer Vorausschau, unserer Selbstreaktivität und Selbstreflektion zeigt.

11. Einer der wichtigsten Aspekte von Selbsterkenntnis zeigt sich in der persönlichen Einschätzung von Kompetenz, der sogenannten **Selbstwirksamkeit**. Positive Bewertungen hängen mit hoher Leistung und guter körperlicher und geistiger Gesundheit zusammen. Die Selbstwirksamkeit wird durch die Ergebnisse unseres Verhaltens (enaktive Einflüsse), durch Vergleiche mit dem Verhalten anderer Personen (stellvertretende Einflüsse) und durch die Auswirkungen von Überredung (überredende Einflüsse) und von Arousal (emotive Einflüsse) beeinflusst.

12. Banduras Theorie reflektiert wissenschaftliche Befunde gut, ist sehr kompatibel mit aktuellen Entwicklungen in der Theorie des sozialen Lernens und der Motivationstheorie und sie besitzt wichtige praktische Implikationen für Erziehung, Schulunterricht und Therapie.

V Zusammenfassung

12 Analyse, Synthese und Integration – 329

Analyse, Synthese und Integration

Ein Theoretiker ist ein Künstler, jemand mit dem Talent, das Wichtige vom Unwichtigen zu trennen und diese wunderbaren Ordnungen zu konstruieren.
George Johnson

12.1	Die zwei großen Ansätze der Lerntheorie – 331	12.3	Synthese und Bewertung – 341
		12.3.1	Stärken und Schwächen – 343
12.2	Zusammenfassungen der Schlüsseltheorien – 332	12.4	Zwei eklektische Integrationen – 345
12.2.1	Behavioristisch geprägte Theorien – 332	12.4.1	Robert Gagné: Instructional Design Theorie – 345
12.2.2	Übergang zum modernen Kognitivismus – 335	12.4.2	Jerome Bruner: Modelle des Lernenden – 349
12.2.3	Moderner Kognitivismus – 337		
12.2.4	Faktoren, die das Lernen beeinflussen – 339	12.5	Ein letztes Wort – 351

Wir verbrachten den Morgen damit, geräuschlos den Beaver River hinunterzugleiten, weit jenseits der letzten unbewohnten Hütten. Die alte Dame saß mit ihrer Schwimmweste im Bug, keiner von uns sagte sehr viel, wir schauten nur und zeigten auf die Schellenten, die am Ufer entlangglitten und auf die Gänsesäger in ihrem Winterkleid im niedrigen Wasser unter den überhängenden Weiden. Weißkopfseeadler überwachten die Uferlinie aus der Luft und die alte Dame sagte, ich solle den Motor jetzt noch nicht anwerfen, solch einen Ort und solch einen Tag solle man nicht verderben.

Als die Strömung uns bis hinter die Mündung des namenlosen Flüsschens getragen hatte, bis zu den Untiefen, die den Anfang der Stromschnellen bilden, sagte die alte Dame, wir könnten nun anhalten, meine Feinde würden mich hier nicht finden, und ich fragte mich, woher sie das wusste. Sie nahm mir das Ruder aus der Hand und stieß es fest vom Boden ab und steuerte uns auf die lange Sandbank an der Kante der Insel, und ich entfachte ein Feuer, während die alte Dame die Angel auswarf und einen Zander fing, den wir kochten und aßen, während ein Grauhäher auftauchte, so wie sie es immer tun, um zu schauen, ob wir etwas Essbares dalassen würden, was wir auch taten.

Später sagte die alte Dame, es wäre nun Zeit für das allerletzte Kapitel, und ich schaltete noch einmal den Rekorder ein, und auf diesem Band kann man sowohl den Fluss wie auch die Geräusche von Enten und Singvögeln hören.

In diesem Kapitel…

Dieses Kapitel, sagte die alte Dame, stellt sich einer sehr komplizierten Aufgabe: der Zusammenfassung und Bewertung aller Theorien über das Lernen, die in den vorangegangenen Kapiteln dieses Buches beschrieben wurden. Es gibt zwei großartige Techniken, wie man mit komplexen Dingen umgehen kann, fuhr sie fort, und ich konnte nicht entscheiden, ob sie es ernst meinte oder nicht: zu stark vereinfachen oder lügen. Sie sagte, sie hätte in diesem ehrgeizigen Kapitel eine dieser Techniken wiederholt verwendet, aber sie sagte nicht welche. Sie sagte, dass in diesem Kapitel eine Zusammenfassung der zuvor besprochenen großen Lerntheorien präsentiert würde, und dass nach einer daraufolgenden kurzen Bewertung zwei Synthesen den Abschluss bilden würden. Kurz gesagt: Das Kapitel ist eine Zusammenfassung, eine Analyse und eine Integration der Inhalte der elf vorausgegangenen Kapitel.[1]

Lernziele

Wenn ich direkt mit Ihren Lesern sprechen würde, sagte die alte Dame, würde ich ihnen (wenn sie mir zuhören würden) sagen: »Vieles in der Wissenschaft ist eine geteilte Halluzination, ein Netzwerk selbstverstärkender Überzeugungen« (Johnson, 1992, S. 53).

▼

---

[1] Die alte Dame sagte, vielleicht sollte ich Ihnen verraten, dass viele Inhalte dieses Kapitels auch am Anfang des Buches hätte stehen können oder sogar hätten stehen sollen. Sie erklärte, dieses abschließende Kapitel sei wie das Skelett des Buches, sein Rahmen. Sie sagte, es sei wie bei »Des Kaisers neue Kleider«; die ersten elf Kapitel seien die verschiedenen kaiserlichen Kleider. Sie sagte, wenn man den Kaiser sofort gesehen hätte, hätte man besser erkennen können, wie die Kleider an seinem Gerüst hingen. Aber sie sagte, sie glaube, es bestünde die Gefahr, dass der nackte Kaiser zwar nicht zu schockierend oder zu skandalös, aber doch einfach zu verwirrend für einen naiven – und sensiblen – Studenten sein könnte. Sie sagte, all das jetzt zu sagen, zum Schluss, ist die Essenz imperialer Macht – der Kaiser ohne Kleider.

12.1 · Die zwei großen Ansätze der Lerntheorie

> ▼
>
> Und ich glaube, sie würden die Köpfe schütteln und sagen, »Heißt das, ich habe meine Zeit verschwendet, indem ich diese Theorien zu Lernen und Verhalten gelernt habe, diese geteilten Halluzinationen?« Ich würde mit Nein antworten, erklärte die alte Dame, denn es gibt nichts Nützlicheres als eine Theorie, auch wenn sie eine Erfindung, eine Phantasie ist. Eine Theorie muss nicht wahr sein, obwohl sie andere wichtige Dinge sein muss: nützlich, logisch, konsistent, klar usw.
>
> Daher sagen Sie Ihren Studenten, sie sollen weiterlernen, sagte die alte Dame, wobei sie geistesabwesend einen Kiesel in den Fluss warf. Sagen Sie ihnen, sie sollen dieses letzte Kapitel lesen und gut darüber nachdenken. Und wenn sie fertig sind, sollen alle mit ihren Großmüttern darüber diskutieren, weil darin verborgene Wahrheiten und Einsichten enthalten sind, die sogar jemanden so Weises wie sie beeindrucken könnten. Wenn Großmutter und Student darüber gesprochen haben, werden die Studenten schließlich verstehen,
> - warum wir Theorien dringend brauchen
> - wie Theorien wirklich funktionieren
> - wie die Essenz jeder großen Theorie dieses Buches aussieht
> - warum Theorien zu Lernen und Verhalten tatsächlich Modelle für lernende Menschen sind
> - wie eine Synthese dieses gesamten Buches aussehen kann.
>
> Es besteht auch eine geringe Chance, dass sie gelernt haben werden, zu vereinfachen – ohne zu lügen.

12.1 Die zwei großen Ansätze der Lerntheorie

Theorien werden nicht nur erdacht, weil sie nützlich sein könnten, las die alte Dame aus ihren Notizen vor. Menschen scheinen sie auch dringend zu benötigen – oder zumindest die Ordnung dringend zu benötigen, die sie liefern. Sehen Sie, vieles hier auf diesem Planeten und im menschlichen Verhalten ist Chaos; Menschen wünschen sich aber Ordnung. »Es gibt eine uralte menschliche Sehnsucht«, sagt Johnson, »rationale Ordnung in eine chaotische Welt zu bringen. Der Detektiv tut es, der Zauberer tut es. Darum lieben die Menschen Sherlock Holmes. Die Wissenschaft ist aus der Magie entstanden. Wissenschaft ist ein moderner Ausdruck dessen, was die alten Zauberer taten. Die Welt ist ein Durcheinander, und die Menschen möchten, dass sie ordentlich ist« (1992, S. 14).

Aber die Wissenschaft funktioniert nicht genauso, wie sie dargestellt wird, teilt uns Johnson mit.

Es geht nicht nur darum, eine Theorie zu haben, Hypothesen aus ihr abzuleiten, diese zu testen und die Theorie zu verwerfen, wenn die Hypothesen sich nicht bestätigen. Viele Theoretiker lieben ihre Theorien so sehr, dass sie kaum bereit sind, sie aufzugeben. Manchmal halten sie noch an ihnen fest, nachdem alle anderen sie bereits aufgegeben haben.

Wie Johnson erklärt, ist eine Theorie eine Art von Architektur, ein bisschen so wie eine Kathedrale. Wenn die Theorie altert und unnütz zu werden droht, bauen Theoretiker nicht einfach eine nagelneue. Kluge Theoretiker stützen ihre alten Ideen ab; sie bauen neue Tragbalken und Dachsparren ein, stützen die alten Wände, überarbeiten das nachlassende Fundament, flicken das Dach, streichen hier und dort ein bisschen an, polieren das alte Gold usw. Die weniger klugen versuchen es weiterhin mit dem, was sie haben (und die Ratten nisten sich ein). Später in diesem Kapitel werfen wir einen kurzen Blick auf die

332   Kapitel 12 · Analyse, Synthese und Integration

Beispiele zweier Theoretiker, die versucht haben, das Beste aus den anderen Theorien zu synthetisieren – die ihre Kathedralen umgebaut haben, mit Verweisen auf neue Religionen und unter Hinzufügung zeitgenössischer Altäre, an denen die neuen Gläubigen beten können.

Wie zu Anfang erwähnt, beinhaltet Lernen tatsächliche oder potenzielle Veränderungen des Verhaltens, die aus Erfahrung resultieren. Daher werden die Begriffe **Lerntheorie** und **Verhaltenstheorie** oft synonym verwendet.

In der Vielfalt von Möglichkeiten, wie man menschliches Verhalten oder Lernen betrachten kann, können zwei größere Orientierungen identifiziert werden; diese führen zu der traditionellen Unterteilung psychologischer Theorien. Eine Orientierung geht davon aus, dass menschliches Verhalten zumindest in manchen Aspekten durch Aktivitäten wie Denken, Fühlen, Beabsichtigen, Wollen, Erwarten, Nachdenken, Erinnern und Bewerten beeinflusst wird. Diese Prozesse definieren, was man sich unter »Geist« vorstellt. Es sind kognitive (oder intellektuelle) Prozesse, daher ist diese Orientierung die der Kognitionspsychologen.

Die andere Orientierung widerspricht der ersten nicht einfach, sondern behauptet, dass durch die Erforschung der nebulösen Prozesse des Geistes wenig wissenschaftlich gültiges Wissen über menschliches Verhalten gewonnen werden kann. Stattdessen konzentrieren sich Vertreter dieser Orientierung auf die Untersuchung von tatsächlichem Verhalten und den beobachtbaren Bedingungen, die zu Verhalten führen. Dies ist daher die Orientierung der behavioristischen Psychologen.

12.2 Zusammenfassungen der Schlüsseltheorien

Obwohl wenige Positionen gänzlich und ausschließlich behavioristisch oder kognitiv sind, sind diese Etiketten doch nützlich zur Beschreibung der allgemeinen Orientierung eines Theoretikers und der Art von Themen, mit denen sich die Theorie höchstwahrscheinlich beschäftigt. So befassen sich behavioristische Theorien hauptsächlich mit der Untersuchung von Beziehungen zwischen Stimuli, Reaktionen und den Konsequenzen von Verhalten. Im Gegensatz dazu interessieren sich Kognitionspsychologen weniger für Stimuli und Reaktionen als vielmehr für intellektuellere Prozesse: unter anderem für Problemlösen, Entscheidungsfindung, Wahrnehmung, Informationsverarbeitung, Konzeptbildung, Bewusstsein und Gedächtnis. In ❏ Tab. 12.1 (adaptiert von ❏ Tab. 1.2) werden die Hauptrichtungen der Lerntheorie unterschieden. Jede dieser Richtungen wird in den folgenden Abschnitten zusammengefasst.[2]

12.2.1 Behavioristisch geprägte Theorien

Zu den wichtigsten behavioristisch geprägten Theorien gehören die Theorien von Pawlow, Watson, Guthrie, Thorndike, Hull und Skinner.

Pawlow: klassische Konditionierung
Der russische Physiologe Iwan Pawlow schuf die Grundlagen für viele Forschungsarbeiten und Theorien zu menschlichem Lernen und Verhalten, die in den darauffolgenden 100 Jahren in der ganzen Welt

---

[2] Die alte Dame deutete auf den Rekorder, um anzuzeigen, dass ich ihn ausschalten solle. Sie sagte, sie glaube, dass einige Studenten sich für einen weiteren Gedanken von Blaise Pascal interessieren könnten, der besagt, dass es in der Wissenschaft zwei sehr verwandte Extreme gibt: Das eine ist reine, natürliche Ignoranz, der Zustand, in dem jeder Mensch geboren wird; das andere ist ein Zustand, der von jenen erhabenen Seelen erreicht wird, die alles gelernt haben, was Menschen nur wissen können, und die schließlich zu der Erkenntnis gelangen, dass sie nichts wissen, dass sie sich wieder in einem Zustand der Ignoranz befinden. Dies ist aber eine viel weisere Ignoranz als der erste Zustand, eine Ignoranz, die die Dinge klarer sieht und beurteilt. Laut Pascal sind diejenigen unglücklich, die nur den halben Weg zwischen den Extremen zurückgelegt haben – diejenigen, die viel von dem gelernt haben, was die Wissenschaft weiß, die aber nicht verstanden haben, dass sie nichts wissen. Dies sind diejenigen, die in der Welt am meisten Schwierigkeiten machen und die die Dinge am wenigsten klar sehen (Pascal, 1820, S. 121). Ich wollte protestieren, erklären, dass wir nicht ignorant, auch nicht halb ignorant sind, aber die alte Dame begann wieder, ihr Manuskript zu lesen, und ich beeilte mich, den Rekorder wieder einzuschalten. Trotzdem verpasste ich ihre ersten Worte.

12.2 · Zusammenfassungen der Schlüsseltheorien

□ Tab. 12.1. Wichtigste Unterschiede zwischen Lerntheorien

	Interessierende Variablen	Repräsentative Theoretiker und Modelle
Behaviorismus	Stimuli Reaktionen Verstärkung CS US	Pawlow Watson Guthrie Thorndike Hull Skinner
Übergang: der Beginn des modernen Kognitivismus	Evolutionspsychologie Soziobiologie Stimuli Reaktionen Verstärkung Mediation (Vermittlung) Zweck Ziele Erwartungen Repräsentation	Rescorla-Wagner Wilson Hebb Tolman Köhler Koffka Wertheimer
Kognitive Theorien	Wahrnehmen Organisieren Entscheidungsfindung Informationsverarbeitung Problemlösen Bewusstsein Aufmerksamkeit Gedächtnis	Bruner Piaget Wygotski Informationsverarbeitung Computermodelle Modelle zu Gedächtnis und Motivation

entwickelt wurden – und dies weitestgehend als Resultat einer einzigen Untersuchung an einem Hund, der trainiert wurde, in Reaktion auf einen Ton zu speicheln. Das von Pawlow beschriebene und mit seinen berühmten Hunden illustrierte Modell klassischer Konditionierung ist Bestandteil beinahe jedes aktuellen Einführungsseminars in die Psychologie. Darüber hinaus ist es die Basis, auf der sich die ersten behavioristischen Positionen in der Psychologie entwickelten. Warum? Zum Teil, weil es eine anscheinend einfache Erklärung für sowohl menschliches wie tierisches Verhalten lieferte; vielleicht noch mehr, weil es den Grundstein für einen Ansatz legte, der sich vermehrt auf objektive, replizierbare, wissenschaftliche Methoden stützte, im Gegensatz zu den eher subjektiven und introspektiven Ansätzen, die bis dahin weit verbreitet waren. Interessanterweise werden viele Prinzipien der klassischen Konditionierung (bspw. Generalisierung und Löschung) weiterhin in der klinischen Psychologie, in der Erziehung, in der Industrie und anderswo verwendet.

Watson: amerikanischer Behaviorismus

Pawlows klassische Konditionierung wurde von John B. Watson, einem der ersten nordamerikanischen Psychologen, welche die Wissenschaft Psychologie in vollständig objektiven Begriffen definierten, schnell aufgegriffen und verteidigt. Watson sah Psychologie als eine Wissenschaft, die sich eher mit dem Beobachtbaren als dem rein Hypothetischen beschäftigt – eine Definition, die den nordamerikanischen Behaviorismus begründete. Watson nahm an, dass Individuen mit einem Verhaltensrepertoire geboren werden, das lediglich aus einigen Reflexen besteht, und dass diese frühen Reaktionen durch wiederholte Paarung mit anderen Stimuli auf diese konditioniert werden.

Watson war auch ein wichtiger Fürsprecher des Environmentalismus. Er war der Überzeugung, dass Persönlichkeit, Intelligenz und alle anderen menschlichen Qualitäten durch die Umwelt (die Umwelt-Seite in der historischen Erbe/Umwelt-Debatte) bestimmt werden. Eine seiner bekannteren Aussagen lautete, dass er aus einem Dutzend gesunder Kinder alles machen könne, was er wolle, vorausgesetzt, er habe freie Hand in ihrer Erziehung.

Guthrie: One-Shot Lernen (Lernen durch ein einmaliges Ereignis)

Wie Watson war auch Guthrie ein strenger Behaviorist. Seine Theorie kann in mehreren Hauptgesetzen zusammengefasst werden, deren wichtigstes Folgendes besagt: Immer wenn eine Reaktion auf einen Stimulus folgt, wird dieselbe Reaktion bei der nächsten Präsentation des Stimulus wahrscheinlich wieder gezeigt. Guthrie behauptete also, dass das Lernen mit der ersten Paarung eines Stimulus mit einer Reaktion abgeschlossen ist und dass weitere Übung die Reaktion nicht stärken wird, obwohl Übung dazu beiträgt sicherzustellen, dass die Person (oder das Tier) die Reaktion in vielen verschiedenen Situationen lernt.

Obwohl Lernen in einem einzigen Durchgang geschieht und abgeschlossen ist und danach relativ permanent ist, sagte Guthrie, dass es möglich ist, unerwünschte Gewohnheiten durch das Erlernen neuer Gewohnheiten zu beseitigen, die mit den alten inkompatibel sind. Guthrie schlug drei Methoden vor, mit denen dies zu erreichen sei: die Ermüdungstechnik, die Schwellentechnik und die Methode inkompatibler Stimuli.

Man beachte, dass weder für Watson noch für Guthrie die Verhaltenskonsequenzen für das Auftreten von Lernen relevant sind. Laut Guthrie besteht die Wirkung von Bestrafung oder Belohnung einfach darin, die Stimulussituation zu verändern, wodurch das Verlernen einer Reaktion verhindert wird.

Thorndike: Versuch und Irrtum und das Law of Effect

Konsequenzen können aber sehr wichtig sein, argumentierte der Behaviorist Edward L. Thorndike, dem allgemein das Verdienst zugesprochen wird, durch sein **Law of Effect** das Thema Verstärkung in die zeitgenössische Lerntheorie eingeführt zu haben. Dieses Gesetz besagt, dass Lernen eine Konsequenz der Verhaltensauswirkungen ist. Insbesondere solche Reaktionen, die zu einem zufriedenstellenden Zustand führen, werden tendenziell wiederholt. Zuerst hatte Thorndike auch angenommen, dass unangenehme und ärgerliche Zustände einen entgegengesetzten Effekt hätten, diese Annahme zog er allerdings nach 1930 zurück. Ebenso hatte er vor 1930

geglaubt, dass Stimulus-Reaktions-Ereignisse, die geübt werden, tendenziell stärker verbunden werden, während solche, die nicht genutzt werden, tendenziell vergessen werden (das Gesetz der Übung). Diese Überzeugung widerrief Thorndike später ebenfalls. Damit ist Thorndike ein Beispiel für einen Theoretiker, der seine Ideen unter Berücksichtigung neuer Befunde und Einsichten wesentlich modifizierte.

Für Thorndike besteht Lernen in der Ausbildung von Verknüpfungen zwischen Stimuli und Reaktionen – weitgehend als Funktion der Reaktionskonsequenzen. Er bezeichnete den Lernprozess als einen Prozess des **stamping in** (Einprägen), beim Vergessen hingegen kommt es zum **stamping out** (Ausstanzen). Sein System umfasst eine Reihe von Nebengesetzen, dessen wichtigstes das Gesetz multipler Reaktionen ist. Dieses Gesetz besagt, dass Menschen bei Konfrontation mit einer Problemsituation mit vielfältigen Verhaltensweisen reagieren, solange bis eine der Reaktionen verstärkt wird; mit anderen Worten: Lernen geschieht durch Versuch und Irrtum. Zusätzliche Gesetze besagen, dass Verhalten generalisierbar ist, dass Menschen auf die auffallendsten Merkmale der Umgebungssituation reagieren, dass der kulturelle Hintergrund das Verhalten beeinflusst und dass Lernen durch Kontiguität geschieht.

Hull: ein hypothetisch-deduktives System

Hull führte den wissenschaftlichen Ansatz von Behavioristen wie Watson, Guthrie und Thorndike ins Extrem, indem er ein streng objektives und äußerst komplexes hypothetisch-deduktives System entwickelte. Er widmete sich einer der monumentalsten Aufgaben, die jemals von einem Psychologen in Angriff genommen wurden – der Aufgabe, alles Wissen über menschliches Verhalten zu formalisieren, um eine Vorhersage von Reaktionen auf Grundlage des Wissens über Stimuli zu ermöglichen. Das System wurde niemals vervollständigt, dennoch stellt Hulls Werk einen überwältigend ehrgeizigen Versuch formaler Theoriebildung dar.

Hulls Untersuchungen und daraus abgeleitete Formeln und Gleichungen befassen sich mit drei Aspekten menschlichen Verhaltens: Eingangsvariablen (zu denen physikalische Stimuli wie auch Faktoren wie Antriebszustand, zuvor gelernte Gewohnheiten und verfügbare Belohnungsmenge gehören), inter-

12.2 · Zusammenfassungen der Schlüsseltheorien

venierende Variablen (dazu gehören hauptsächlich die angenommenen Auswirkungen der Eingangsvariablen auf das Lebewesen) und Ausgangsvariablen (die Merkmale des tatsächlichen Verhaltens wie Reaktionslatenz, Häufigkeit der Reaktionen und Zeit bis zur Löschung). Das System kann teilweise mittels der Gleichung $_sE_R = {_s}H_R \times D \times V \times K$ zusammengefasst werden.

Hulls endgültiges System enthält 17 Postulate, 133 Theoreme und Hunderte von Korrolarien, die seine Vorstellungen über das Lernen beschreiben. Eines der zentralen Theoriekonzepte ist Gewohnheit, eine S-R-Verbindung. Eine Sammlung solcher Verbindungen bildet eine Hierarchie zielbezogener Gewohnheiten, dabei handelt es sich um eine hypothetische Präferenz-Reihenfolge von verwandten alternativen Verhaltensweisen. Gewohnheiten sind insofern verwandt, als sie gemeinsame Ziele haben, die in Hulls Konzept fraktionierter antizipatorischer Zielreaktionen repräsentiert sind. Eine antizipatorische Zielreaktion ist eine beliebige der zahlreichen belohnungsbezogenen Reaktionen, die ein Lebewesen ausführt, während es sich dem Ziel nähert. Während eine Ratte um die letzte Ecke in einem Labyrinth biegt, kann sie bspw. ihre Lefzen lecken. Fraktionierte antizipatorische Zielreaktionen sind wichtig, weil sie Hulls behavioristische Definition von Erwartung oder Zweck repräsentieren, außerdem lassen sie bereits wichtige kognitive Schwerpunkte erahnen.

Hulls Verwendung des Konzeptes intervenierender Variablen könnte als eine Verbindung zwischen seinem System und stärker kognitiv ausgerichteten Interessen erscheinen. Man beachte jedoch, dass diese Variablen unmittelbar mit Eingangs- und Ausgangsvariablen verknüpft sind. Hull hat sie nicht als einfache Interferenzen oder Metaphern konzipiert.

Skinner: operante Konditionierung

Skinner nimmt eine herausragende Position als einer der großen Theoretiker in der Psychologie des 20. Jahrhunderts ein. Er entwickelte ein Modell operanter Konditionierung – ein Modell, das auf der Annahme basiert, Lernen resultiere aus der Verstärkung von Reaktionen, die das Lebewesen von sich aus zeigt. Vieles in Skinners Werk beschäftigt sich mit den Auswirkungen verschiedener Arten der Präsentation von Verstärkung (anders ausgedrückt: mit Verstärkerplänen) auf die Lernrate, die Reaktionsra-

te und die Löschungsrate (Löschung meint das Ausbleiben einer Reaktion, nachdem keine Verstärkung mehr gegeben wird). Zu seinen wichtigsten Resultaten zählt, dass Lernen in frühen Stadien durch kontinuierliche Verstärkung fazilitiert wird, dass aber Löschung nach intermittierender Verstärkung langsamer erfolgt. Obwohl Skinner in großem Umfang mit Tieren experimentierte, sind viele seiner Ergebnisse auch allgemein auf menschliches Verhalten anwendbar.

Eine von Skinner entwickelte Technik zur Vermittlung komplexer Verhaltensweisen bei Tieren ist Shaping – eine Verstärkung sukzessiver Annäherungen an das gewünschte Verhalten. Es wird von professionellen Tiertrainern häufig eingesetzt.

Skinner diskutiert die Anwendbarkeit seiner Arbeiten auf menschliches Verhalten in mehreren Büchern, bspw. in *Walden Two* (1948), *Science and Human Behavior* (1953) und *Beyond Freedom and Dignity* (1971). Darüber hinaus werden viele Prinzipien aus Skinners Theorie häufig in Erziehung, Medizin, Werbung, Psychotherapie usw. verwendet.

Eine sehr bekannte Anwendung im Erziehungsbereich ist die programmierte Instruktion – die bewusste Anordnung von Material zur Nutzung der Verstärkungswirkungen. Verhaltensmodifikation, eine Methode mit verschiedenen systematischen Programmen zur Verhaltensänderung und -kontrolle, die vorwiegend auf Skinner'schen Prinzipien basiert, wird häufig in Erziehung und Psychotherapie verwendet.

12.2.2 Übergang zum modernen Kognitivismus

Watsons Forderung, dass der Behaviorismus sich auf beobachtbare Ereignisse beschränken müsse, stellte selbst für solch strenge Behavioristen wie Thorndike und Hull eine problematische Einschränkung dar. Hull bspw. stellte fest, dass er unbeobachtbare fraktionierte antizipatorische Zielreaktionen einführen musste, um beobachtbare Verbindungen zu erklären. Und Thorndike (1931), der anfänglich die Gestaltpsychologen massiv angegriffen hatte, weil sie Lernen mit Einsicht erklärten, stellte fest, dass er von »ideationalem Lernen« sprach, um Einsichtslernen zu erklären.

Evolutionspsychologie

Die Theorien von Thorndike und Skinner wurden durch Darwins Ideen stark beeinflusst. In gewissem Sinne sind sie Theorien zum Überleben der fittesten Reaktionen. In der Evolutionspsychologie spiegelt sich ebenfalls ein grundlegender Einfluss Darwins. Ihr wichtigstes Merkmal ist ihr Fokus auf Biologie und Genetik als Erklärungsquellen für menschliches Lernen und Verhalten. Untersuchungen von Phänomenen wie Autoshaping und instinktiver Überlagerung, in denen Tiere trotz Verstärkungskontingenzen, die andersartige Reaktionen fordern, in instinktive Verhaltensmuster zurückfallen, liefern starke Unterstützung für die Evolutionspsychologie. Es scheint so, als würden biologische Beschränkungen dafür sorgen, dass bestimmte Arten von Lernen (und Verhalten) sehr wahrscheinlich und andere Reaktionen weitaus unwahrscheinlicher sind.

Soziobiologie, ein wichtiger Zweig der Evolutionspsychologie, betrachtet ererbte Prädispositionen als Ursachen, die allem Sozialverhalten zugrundeliegen. Sie bezieht ihre Belege hauptsächlich aus der Ethologie, dem Studium des Verhaltens nichtmenschlicher Tiere in ihrer natürlichen Umgebung.

Wie Wright (1994) anmerkt, kämpfen Evolutionspsychologen weiterhin gegen eine Überzeugung, welche die Psychologie für den größten Teil dieses Jahrhunderts dominiert hat: Biologie spiele keine Rolle, das Wichtigste beim Studium menschlichen Verhaltens sei vielmehr die Anerkennung der Formbarkeit des Geistes und der Macht der Kultur, den menschlichen Charakter zu formen. Laut Wright behauptet diese Doktrin, dass es so etwas wie die menschliche Natur nicht gäbe. Wright hingegen behauptet, es gäbe die menschliche Natur. Sie zeige sich in den Ähnlichkeiten, die man in den vielen Kulturen der Welt findet: bspw. die menschliche Neigung, sich mit sozialem Status zu beschäftigen; verschiedene grundlegende Unterschiede zwischen Männern und Frauen; die Neigung von Menschen auf der ganzen Welt, Schuld zu empfinden, Gerechtigkeit und Vergeltung anzustreben, Stolz, Reue, Liebe und Empathie zu fühlen.

Der zeitgenössische Evolutionspsychologe glaubt allerdings nicht, dass alle Erklärungen in der genetisch determinierten menschlichen Natur zu finden sind. Formbarkeit – die Reaktivität auf Realitäten der Umwelt und der Kultur – ermöglicht erst Lernen und Adaptation. Und dieser Formbarkeit liegt das großartige, komplexe, menschliche Gehirn zugrunde, dessen chemische und elektrische Geheimnisse wir zu entdecken beginnen.

Hebb: Neurophysiologie des Lernens

Hebbs Versuch, höhere geistige Prozesse zu erklären, ist eine noch deutlichere Abkehr von einigen Einschränkungen des Behaviorismus. Sein neurophysiologischer Vorschlag ist etwas spekulativ und zielt darauf, Denken und Lernen über eine Betrachtung der neuronalen Aktivität zu erklären. Er geht davon aus, dass Denken Aktivität zwischen Neuronengruppen erfordert, die in geschlossenen Kreisen (closed loops) angeordnet sind (den sogenannten **Zellverbänden**), oder Aktivität in komplexeren Anordnungen solcher Kreise (sogenannten **Phasensequenzen**). Die zentrale Annahme in Hebbs Theorie ist, dass die Übertragung zwischen den Neuronen als Funktion wiederholten gleichzeitigen Feuerns vereinfacht wird. Dieses Phänomen neuronaler Aktivität soll Lernen erklären. Ein Zellverband reagiert auf einen einfachen sensorischen Input (bspw. die Farbe eines Objektes oder einen Teil eines seiner Dimensionen), wohingegen Aktivität in einer Phasensequenz dem gesamten Objekt entspricht. Durch Lernen bilden Zellverbände und Phasensequenzen schließlich eine Korrespondenz zur Umwelt aus: Weil verschiedene Teile eines Objektes normalerweise in Kontiguität wahrgenommen werden, sind Zellverbände, die die verschiedenen Aspekte eines Objekts repräsentieren, oft simultan aktiv, daher bildet sich eine Verbindung zwischen ihnen heraus. Interessanterweise werden viele von Hebbs Ansichten über neuronale Aktivität durch spätere Forschungsarbeiten unterstützt, die ausgefeiltere Verfahren zur Darstellung von Hirnaktivität benutzen (EEGs und MEGs bspw.) oder Veränderungen in ereigniskorrelierten Potenzialen (EKPs) und ereigniskorrelierten Feldern (EKFs) registrieren.

Hebb ist weitgehend für die Entwicklung einer arousal-basierten Motivationstheorie verantwortlich. Diese Theorie gründet auf der Annahme, dass ein mittleres Arousalniveau optimales menschliches Funktionieren ermöglicht und dass das Verhalten von Lebewesen infolgedessen dazu dient, dieses Niveau aufrecht zu erhalten. Andere Theoretiker (bspw. Bruner) haben dieselben Ansichten später in ihre Systeme integriert.

12.2 · Zusammenfassungen der Schlüsseltheorien

Tolman: Verhalten hat einen Zweck

Tolman war einer der ersten nordamerikanischen Psychologen, der von einer behavioristischen Orientierung ausgehend schließlich ein System entwickelte, das weitaus stärker kognitiv als behavioristisch ausgerichtet ist: eine Theorie des zweckorientierten Behaviorismus.

Tolmans System reflektiert drei grundlegende Überzeugungen. Erstens: alles Verhalten ist zweckgerichtet. Damit meinte Tolman, dass Verhalten gerichtet, auf Ziele gelenkt ist, nicht durch Stimuli (wie in Hulls System), sondern durch Kognitionen – durch Bewusstsein. Diese Kognitionen haben die Form von Belohnungserwartungen, die das Lebewesen entwickelt.

Zweitens betonte Tolman die molaren anstelle der molekularen Aspekte von Verhalten. Mit anderen Worten: Er beschäftigte sich nicht mit diskreten S-R-Ereignissen, sondern vielmehr mit den globaleren Aspekten von Verhalten.

Drittens behauptete Tolman, dass das als Funktion von Verstärkung Gelernte keine Verbindung zwischen Reaktion und Stimulus oder zwischen Reaktion und Verstärkung sei, sondern eine Kognition, ein Wissen, dass auf bestimmte Verhaltensweisen wahrscheinlich Belohnung folgt. Dieses Wissen oder diese Erwartung lenkt das Verhalten, daher erschien es Tolman vernünftig, sein System als zweckorientierten Behaviorismus zu bezeichnen.

Die Gestaltpsychologen: Kognitionspsychologie aus Deutschland

Der erste kognitive Ansatz in der amerikanischen Psychologie steht in Zusammenhang mit der Schule der Gestaltpsychologie. Diesen Namen erhielt das System von einer Gruppe deutscher Psychologen – Wolfgang Köhler, Kurt Koffka und Max Wertheimer – die in die Vereinigten Staaten emigrierten und dort viel forschten, lehrten und veröffentlichten.

Die Gestaltpsychologie bildet einen wichtigen Wendepunkt in der Geschichte der Lerntheorien, da die Gestaltpsychologen etwa die Hälfte ihrer Forschungsarbeiten an Menschen durchführten, während die behavioristischen Psychologen für den größten Teil ihrer Forschung Tiere verwendeten.

Der Standpunkt der Gestaltpsychologie ist kognitiv, weil er sich mit Wahrnehmung befasst und weil er sich gegen die Annahme wendet, menschliches

Lernen funktioniere über Versuch und Irrtum. Die Erklärung der Gestaltpsychologen lautet dagegen, dass Menschen durch Einsicht lernen.

Der gestaltpsychologische Ansatz ist synthetisch: Sogar physikalische Objekte können über die Analyse ihrer Bestandteile nicht vollständig erfasst oder verstanden werden. »Das Ganze ist mehr als die Summe seiner Teile« wurde zum bekannten Slogan der Gestaltpsychologie.

Der Schwerpunkt der Gestaltpsychologen lag auf der Entdeckung der Gesetze, die der Wahrnehmung zugrundeliegen. Die Gestaltpsychologen erarbeiteten »Gesetze« wie Geschlossenheit, Nähe, Symmetrie, Kontinuität und Prägnanz.

12.2.3 Moderner Kognitivismus

Die Chronologie dieses Textes (vom Behaviorismus zum Kognitivismus) könnte den Eindruck erwecken, als wären neuere Theorien aufgeklärter, genauer und nützlicher, sodass sie ältere Theorien mittlerweile vollständig ersetzt haben. Dies trifft nicht gänzlich zu. Viele Aspekte früherer Standpunkte haben überlebt und erscheinen weiterhin in zeitgenössischen Theorien und Anwendungen, wenn auch nicht immer ohne weiteres erkennbar. Der Behaviorismus ist weiterhin eine vitale und wachsende Richtung in der Psychologie, gut repräsentiert in der aktuellen Fachliteratur und in zahllosen Erziehungs- und Therapieprogrammen. Aber die kognitiven Metaphern sind nun in der Mehrzahl.

Bruner: über die gegebene Information hinausgehen

Bruner entwickelte eine lose zusammenhängende Theorie, die darauf abzielte, verschiedene Phänomene der Wahrnehmung, Entscheidungsfindung, Informationsverarbeitung, Konzeptbildung und Entwicklung zu erklären. Seine frühen Werke befassen sich hauptsächlich mit Konzeptlernen, seine späteren Interessen liegen weitgehend im Bereich der Entwicklung.

Bruners Theorie wird manchmal als eine Kategorisierungstheorie bezeichnet. Kategorisieren bedeutet, Objekte so zu behandeln, als wären sie in gewisser Weise äquivalent; dementsprechend kann man sich eine Kategorie als eine Regel vorstellen, mit deren

Hilfe Objekte gemäß ihrer Eigenschaften (Attribute) klassifiziert werden. Bruner widmete einen großen Teil seiner frühen Arbeiten der Untersuchung von Strategien, die Menschen verwenden, wenn sie lernen, Stimulusereignisse zu kategorisieren.

Bruners Ansatz zum Lernen und Problemlösen basiert auf der Annahme, dass der Wert des Gelernten daran gemessen werden kann, wie gut es dem Lernenden erlaubt, über die gegebene Information hinauszugehen. Er argumentiert, dass Konzepte und Wahrnehmungen nützlich sind, wenn sie in Systemen verwandter Kategorien (Kodiersystemen) organisiert sind, die allgemeingültig sind. Einer von Bruners wichtigsten Beiträgen hat mit seiner Rolle in der sogenannten kognitiven Revolution zu tun – seiner Vorreiterrolle in Ansätzen, die den Beschränkungen des Behaviorismus widersprechen.

Piaget: Entwicklung und Adaptation

Piagets Theorie ist ein System für sich, schwerlich mit anderen Positionen zu vergleichen. Obwohl Piagets Schwerpunkt auf der Entwicklung liegt, sind viele seiner Aussagen aufgrund der engen Beziehung zwischen Lernen und Entwicklung auch für Lernen und Verhalten relevant.

Piaget beschreibt Entwicklung als die Evolution der kindlichen Fähigkeit, mit der Welt zunehmend angemessener, realistischer und logischer zu interagieren. Daher bildet ein Teil seines Werkes die Beschreibung der verschiedenen kindlichen Entwicklungsstufen: der sensomotorischen Stufe (Geburt bis zwei Lebensjahre), der präoperationalen Stufe (2. bis 7. Lebensjahr, mit präkonzeptuellem und intuitivem Denken), der Phase der konkreten Operationen (7. bis 11./12. Lebensjahr) und der Stufe der formalen Operationen (11./12. bis 14./15. Lebensjahr). Jede Stufe ist durch charakteristische Fähigkeiten und Fehler beim Problemlösen gekennzeichnet, resultiert aus Aktivitäten und Fähigkeiten der vorausgegangenen Stufe und ist eine Vorbereitung auf die nächste Stufe.

Ein weiterer Aspekt von Piagets Werk befasst sich mit denjenigen Eigenschaften von Kindern, die es ihnen ermöglichen, Entwicklungsfortschritte zu machen. Er beschreibt Intelligenz als einen biologisch orientierten Prozess charakterisiert durch eine Kombination aus dem Gebrauch zuvor erworbener Fertigkeiten (Assimilation) und der Anpassung von Verhalten gemäß den Erfordernissen (Akkomodation). Ein optimales Gleichgewicht zwischen diesen Prozessen (Equilibration) sorgt für ein maximal adaptives Verhalten.

Kinder konstruieren ihren Blick auf Realität, sagt Piaget, anstatt einfach zu entdecken oder passiv zu lernen. So entwickeln sie Ansichten zu Zeit, Raum, Kausalität, Logik, Geometrie usw.

Wygotski: Kultur und Sprache

Wenn der sowjetische Psychologe Lew Wygotski älter als nur 34 Jahre geworden wäre, hätte er sicherlich eine sehr prominente Position zwischen den Größen der Psychologie inne. Dieser »Mozart« der Psychologie kannte offenbar alle führenden Theorien seiner Zeit und hatte bereits eine einflussreiche Theorie zu menschlichem Lernen und Entwicklung formuliert. Diese Theorie weist der Kultur und insbesondere ihrer wichtigsten Erfindung, der Sprache, eine besonders wichtige Rolle zu. Wygotski sagt, dass höhere geistige Prozesse durch kulturelle Interaktion zusammen mit Sprache, die uns von der Kultur gegeben ist, ermöglicht werden.

Wygotski interessierte sich besonders für die intellektuelle Entwicklung von Kindern. Er arbeitete im Bereich der **Pädologie**, der damals populären sowjetischen Disziplin der kindlichen Entwicklung, in der Tests zur Feststellung des Entwicklungsstandes von Kindern verwendet wurden. Eine wichtige Ansicht Wygotskis lautete, dass Kinder, die allein X können, möglicherweise auch X plus, sagen wir Y, können werden, wenn sie die Hilfe eines kompetenten Erwachsenen oder älteren Kindes haben. Dieses »Y«, das das Kind auf Aufforderung und durch sonstige Unterstützung bewältigen kann, ist die **Zone proximalen Wachstums**. Gutes Unterrichten und Lernen erfordert laut Wygotski, dass Erzieher oder Eltern dem Kind Aufgaben stellen, die innerhalb dieser Zone liegen – nicht so einfach, dass sie vom Kind leicht allein bewältigt werden können, und auch nicht so schwierig, dass das Kind sie auch mit Unterstützung nicht erfolgreich meistern kann.

Scaffolding (Gerüstbau) ist ein allgemeiner Begriff für die Art von Unterstützung, die geschulte Erzieher und Eltern Kindern bieten. Dabei kann es sich um Demonstrieren, Erklären, Anbieten von schriftlichen oder realen Modellen, systematische Entwicklung von erforderlichen Fertigkeiten, Stel-

12.2 · Zusammenfassungen der Schlüsseltheorien

len von Suggestivfragen, Vorschläge, Fehlerkorrektur usw. handeln – alles innerhalb der **Zone proximalen Wachstums**.

Neuronale Netzwerke: Verbindungen

Der Computer mit seinen Systemen und Funktionen ist zu einer mehr und mehr gebräuchlichen Metapher für menschliche kognitive Aktivität geworden. Diese Metapher vergleicht menschliche Neurologie, speziell das Gehirn (Wetware) mit der Hardware des Computers und die Software des Computers mit menschlichen kognitiven Funktionen. Die zwei gängigsten Computermetaphern sind die symbolische (basierend auf den Funktionen des digitalen Computers) und die konnektionistische (basierend auf den Funktionen des PDP-Computers). Symbolische Modelle gehen davon aus, dass alles Wissen in Symbolen repräsentiert und über Regeln manipuliert werden kann; konnektionistische Modelle berücksichtigen, dass manche Lernformen implizit sind (und nicht explizit) und nicht leicht verbalisiert werden können.

Konnektionistische Modelle bestehen aus miteinander verbundenen Units anstelle zentraler Prozessoren und werden deshalb auch als neuronale Netzwerke bezeichnet. In neuronalen Netzwerken wird Wissen durch die Verbindungsmuster und Verbindungsstärken repräsentiert. Konnektionistische Modelle führen zu Maschinen, deren Funktionen denen des Menschen in manchen Aspekten ähneln, da sie nicht vollständig logisch oder vorhersagbar sind. Diese Modelle stellen allerdings eher Beschreibungen als Erklärungen dar, sie generieren nicht immer plausible Resultate und funktionieren nicht immer, wie ein Mensch es täte.

Dennoch wird manchmal behauptet, der Mensch stünde kurz davor Maschinen herzustellen, die tatsächlich denken können – die alle Variablen, Kontingenzen und Qualifikationen berücksichtigen, die ein Mensch bedenken würde. Diese Maschinen denken nicht in einer vollständig vorhersagbaren, linearen, altmodisch-logischen Weise, sondern mittels fuzzy logic in der Weise eines neuronalen Netzwerkes, bei dem der Programmierer nicht wirklich vorher weiß, wie der Computer sich entscheiden wird, weil das Problem zu komplex ist, um symbolisch programmiert zu werden.[3]

12.2.4 Faktoren, die das Lernen beeinflussen

Gedächtnis und Motivation gehören zu den wichtigen Faktoren, die untrennbar mit menschlichem Lernen verbunden sind. Eigentlich ist die Untersuchung des Gedächtnisses nur eine andere Art und Weise, das Lernen zu untersuchen. Motivation befasst sich per definitionem mit den Ursachen und den Gründen für Verhalten und für Verhaltensänderungen (die, wie man sich erinnern wird, Lernen definieren). Es gibt für diese Bereiche Theorien sowohl behavioristischer wie kognitiver Orientierung, obwohl aktuelle Forschungsarbeiten zu Lernen und Gedächtnis tendenziell eher auf kognitiven Modellen basieren.

Gedächtnis

Ein gängiges Modell des Gedächtnisses ist eine Metapher, die besagt: Menschen verarbeiten Informationen und erinnern sich an diese so, als besäßen sie zwei separate Gedächtnisspeicher-Bereiche oder -Prozesse. Einen, der mit dem Kurzzeitgedächtnis (KZG, eher Sekunden als Minuten anhaltend) assoziiert ist, und einen anderen, der mit dem Langzeitgedächtnis (LZG) assoziiert ist. KZG ist ein aktiver, fortlaufender Prozess, der leicht störbar und in seiner Kapazität begrenzt ist, LZG ist eher passiv, relativ stabil und von der Kapazität her praktisch unbegrenzt.

---

[3] Die alte Dame legte das Manuskript in den Sand und bedeutete mir, mehr Holz ins Feuer zu legen. Während ich Treibholz auf die verglühenden Holzstücke legte, fragte ich die alte Dame nach der Rolle, die Computer ihrer Ansicht nach bei der Klärung des menschlichen Denkens spielen würden, in – sagen wir – 10 Jahren. Für einen Augenblick schaute sie, als würde sie meine Frage ignorieren, aber dann beantwortete sie eine andere, eine, die ich nicht gestellt hatte. Sie sagte, dass diese denkenden Maschinen keine wirkliche Bedrohung darstellten, dass sie uns nicht ersetzen würden. Sie sagte, das läge daran, dass sie nichts fühlen. Sie kümmert nichts. Sie haben keine Emotionen. Aber, erklärte sie, trotz dieses Mangels an Gefühl wird der Tag kommen, an dem Computer agieren werden, als würden sie sich kümmern, und viele Leute werden getäuscht werden und viele werden deswegen schreckliche Angst bekommen. Und dann begann sie wieder, das Manuskript zu lesen, und ich schaltete den Rekorder wieder ein.

Aktuelle Modelle des Langzeitgedächtnisses sind eher assoziationistisch (sie gehen also davon aus, dass alles Wissen miteinander in Beziehung steht), und sie unterscheiden oft zwischen explizitem, potenziell bewusstem Gedächtnis (dem sogenannten **deklarativen** Gedächtnis) und den impliziten, unbewussten, nicht verbalisierbaren Wirkungen von Lernen (dem sogenannten **nichtdeklarativen** oder **prozeduralen** Gedächtnis). Zum expliziten oder deklarativen Gedächtnis gehört das semantische Gedächtnis (stabiles, abstraktes Wissen) und das episodische Gedächtnis (persönliche, autobiographische Erinnerungen, an bestimmte Zeiten und Orte gekoppelt). Untersuchungen an Amnestikern und bildgebende Untersuchungen der Gehirnaktivität zeigen, dass an diesen Gedächtnistypen unterschiedliche Teile des Gehirns beteiligt sein könnten.

Motivation

Die Motivationstheorie spricht das **Warum** des Verhaltens an – eine Frage mit vielen Antworten. Manche Verhaltensweisen sind reflektorisch: einfache ungelernte Reaktionen auf spezifische Situationen. Andere können aus Instinkten hervorgehen, wobei es sich um komplexere, ererbte Tendenzen handelt, die allen Angehörigen einer Spezies gemeinsam sind. Wieder andere können durch Impulse (sogenannte **Triebe**) verursacht sein, die mit grundlegenden biologischen Bedürfnissen wie denen nach Nahrung und Wasser assoziiert sind oder vielleicht mit psychologischen Bedürfnissen wie dem nach Leistung, Zuneigung oder Selbstachtung.

Kognitive Motivationstheorien präsentieren ein aktiveres Bild des menschlichen Verhaltens – eines, das sich stark von dem eines reaktiven Organismus unterscheidet, der durch Hunger und Triebe gedrängt wird, über die er wenig, wenn überhaupt, Kontrolle hat. Maslows Theorie berücksichtigt die Bedeutung sowohl von grundlegenden (Mangel-)Bedürfnissen wie auch von Metabedürfnissen (Wachstumsbedürfnissen), wobei das höchste menschliche Bedürfnis das nach Selbstverwirklichung ist. Die Arousaltheorie betrachtet die motivierenden Konsequenzen zu geringen und zu hohen Arousals. Die Theorie der kognitiven Dissonanz beschreibt, wie Konflikte zwischen Überzeugungen, Verhalten und Erwartungen Verhaltensweisen auslösen, die darauf ausgerichtet sind, diese Konflikte zu verringern oder zu eliminie-

ren. Die Selbstbestimmungs-Theorie betrachtet das menschliche Bedürfnis nach Autonomie und Selbstbestimmung. Die Attributionstheorie exploriert die systematischen Tendenzen von Menschen, die Resultate ihres Verhaltens auf Ursachen zu attribuieren, die sie entweder kontrollieren können oder nicht. Und Albert Banduras Beschreibung der Rolle von Selbstwirksamkeitsbeurteilungen zeigt, wie persönliche Einschätzungen von Kompetenz und Effizienz mit Durchhaltevermögen, Leistung und positivem Selbstkonzept zusammenhängen. Diesen neueren kognitiven Ansätzen der Motivationsforschung ist gemeinsam, dass gemäß ihrer Auffassung Verhalten durch den bewussten Versuch, das Selbst und die Umwelt zu begreifen, gekennzeichnet ist.

Soziales Lernen

Soziales Lernen bezieht sich sowohl auf das Lernen sozial angemessenen Verhaltens wie auch auf die Prozesse, in denen Menschen durch soziale Interaktion lernen. Der Begriff **soziales Lernen** ist mittlerweile beinahe synonym zu den Begriffen **Imitationslernen** oder **Beobachtungslernen** oder **Modelllernen**. Banduras Theorie des Beobachtungslernens beschreibt drei mögliche Effekte der Beobachtung von Modellen: (1) Wir lernen neues Verhalten als Resultat der Beobachtung von anderen (Modellen), die dieses Verhalten zeigen (der **Modell**effekt), (2) unerwünschtes Verhalten kann durch die Beobachtung der Konsequenzen solchen Verhaltens weitgehend gefördert oder verhindert werden (der **Hemmungs**- und **Enthemmungs**effekt), und (3) der Anblick von belohntem Verhalten bei Modellen kann dazu führen, dass vom Beobachter ähnliche, aber nicht identische Verhaltensweisen gezeigt werden (der **Auslöse**effekt).

Banduras Theorie des Beobachtungslernens basierte ursprünglich stark auf einem Skinner'schen Modell der operanten Konditionierung: Imitationsverhalten wird gelernt, weil es entweder **unmittelbar** (bspw. durch das Modell, oder wegen der unmittelbaren Konsequenzen des imitierten Verhaltens) oder **stellvertretend** (eine Art Verstärkung aus zweiter Hand, wobei die Konsequenzen des Modellverhaltens für den Beobachter verstärkend wirken) verstärkt wird.

Aber wie Bandura erklärt, stehen nicht alle menschlichen Verhaltensweisen unter der unmittel-

12.3 · Synthese und Bewertung

baren Kontrolle ihrer Resultate – wie Skinner wahrscheinlich behauptet hätte. Manche Verhaltensweisen werden eher unmittelbar durch Stimuli kontrolliert – wie bspw. bei der klassischen Konditionierung. Andere Verhaltensweisen, die möglicherweise weitaus wichtiger für das Verständnis menschlichen Verhaltens sind, stehen unter symbolischer Kontrolle. Wirklich wichtig sind laut Bandura weniger die direkten und unmittelbaren Konsequenzen einer Handlung oder eines Stimulus, als vielmehr die besondere menschliche Fähigkeit, sich die Konsequenzen einer Handlung vorzustellen, Ursache- und Wirkungsbeziehungen zu entdecken, zu antizipieren. Infolge dieser Fähigkeit zeigen wir heute enthusiastisch Verhalten, das in den nächsten Wochen, Monaten oder sogar Jahren keinerlei Aussicht auf Verstärkung bietet.

Diese drei Verhaltenskontrollsysteme – Stimuluskontrolle, Ergebniskontrolle und symbolische Kontrolle – bilden eine klare und nützliche Zusammenfassung der in diesem Text besprochenen, zentralen Lerntheorien. Sie illustrieren die Fortentwicklung von dem frühen Bestreben, die Beziehung zwischen Stimuli und Verhalten zu verstehen, über die Betonung der Verhaltenskonsequenzen, die sich bspw. in Thorndikes und Skinners Theorien zeigt, bis hin zu einer zunehmend kognitiveren Orientierung. In der letzten Analyse, sagt Bandura, sind Menschen die **Agenten** ihrer eigenen Handlungen. Als Agenten zeigen sie ganz klar Intentionalität, Vorausschau und Selbstreflektion.

12.3 Synthese und Bewertung

Die vorausgegangenen Abschnitte fassen die meisten Lerntheorien, die in diesem Buch beschrieben wurden, zusammen. In ◨ Tab. 12.2 und ◨ Abb. 12.1 werden diese Informationen in einer Synthese gezeigt. ◨ Tabelle 12.2 enthält eine Liste von Schlüssel-

◨ Tab. 12.2. Schlüsselbegriffe

Behavioristisch geprägte Theorien

Watson	Guthrie	Thorndike	Hull	Skinner
Behaviorismus	Kontiguität	Effekt	Gewohnheitsstärke	Operant
Klassische	Lernen durch ein	Satisfier	Hypothetisch-deduktiv	Respondent
Konditionierung	einmaliges Ereignis	Annoyer	Reaktionspotenzial	Verstärkerpläne
Reflexe	Gewohnheiten	Einprägen	Antrieb	Löschung
Environmentalismus	Schwelle	Ausstanzen	Zielreaktionen	Ratten
Kontiguität	Ermüdung	Versuch und Irrtum	Hierarchien zielbezo-	Shaping
	Inkompatible Stimuli	Konnektionismus	gener Gewohnheiten	Aberglaube
			Intervenierende	Programmierte Instruktion
			Variablen	Verhaltensmodifikation

Kognitiv geprägte Theorien

Hebb	Tolman	Gestalt-psychologen	Bruner	Piaget	Wygotski	Informationsverar-beitungsmodelle
Zellverband	Zweck-	Wahrnehmung	Kategori-	Equilibration	Kultur	Neuronale
Phasen-	orientiert	Ganzes	sierung	Stufen	Sprache	Netzwerke
sequenz	Molar	Prägnanz	Konzept-	Assimilation	Soziales	Konnektionismus
Neuro-	Intention	Geschlossenheit	bildung	Akkomodation	Sprechen	Parallel distributed
physiologie	Erwartung	Einsicht	Attribute	Operationen	Inneres	processing
Arousal	Zeichen-		Kodiersysteme	Logik	Sprechen	Symbolische
	Bezeichnetes		Strategien	Invarianz	Egozen-	Modelle
	Ortslernen				trisches	Künstliche
					Sprechen	Intelligenz
					Zone proxi	Wetware
					malen	Hardware
					Wachstums	Software
					Scaffolding	

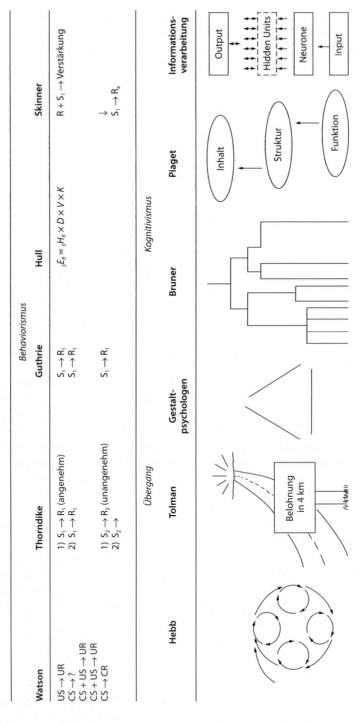

Abb. 12.1. Darstellung der wesentlichen Inhalte der vorausgegangenen elf Kapitel in Diagramm- und Symbolform

12.3 · Synthese und Bewertung

begriffen, die den einzelnen Theorien zuzuordnen sind. ◘ Abbildung 12.1 enthält eher Visualisierungen; sie zeigt Darstellungen von Aspekten jeder Theorie in Form von Diagrammen oder Symbolen. Man beachte, dass nichts davon den Anspruch erhebt, eine vollständige Darstellung der betreffenden Theorie zu sein.

12.3.1 Stärken und Schwächen

In diesem Buch folgt nach der Beschreibung jeder größeren Lerntheorie eine Bewertung. Dieser Abschnitt wiederholt diese Bewertungen nicht, sondern führt lediglich die wichtigsten Punkte der früheren Bewertungen an einer Stelle zusammen. Die folgenden Kommentare stellen keine erschöpfende Auflistung aller guten und schlechten Merkmale jeder Theorie dar. Außerdem ist Kritik und Bewertung immer relativ subjektiv – oft eine Frage des Geschmacks, der Erziehung oder der Religion. Daher sind diese Bewertungen nur als Anhaltspunkte zu verstehen.

Behaviorismus
Ein Hauptkritikpunkt des Behaviorismus lautet, dass er durch seine mechanistische Sichtweise auf das Menschsein das menschliche Tier entmenschlicht habe. Kritiker weisen darauf hin, dass Menschen Bewusstsein besitzen, dass Fühlen einen großen Anteil am Verhalten hat und dass die Interaktion des Menschen mit seiner Umwelt sicherlich über Stimulus und Reaktion hinausgeht. Die Kritiker behaupten darüber hinaus, dass sämtliche Varianten von Konditionierung viele Aspekte menschlichen Verhaltens nicht erklären können. Manche reagieren auch negativ auf die Verwendung von Tieren in Untersuchungen, deren Ergebnisse danach auf menschliches Verhalten übertragen werden. Andere zeigen Besorgnis und Angst bei dem Gedanken, dass eine Wissenschaft des menschlichen Verhaltens genutzt werden könnte, um Denken und Handeln zu formen und zu kontrollieren.

Behavioristen führen zu ihrer Verteidigung an, dass man nur dann zu gültigen und verlässlichen Schlussfolgerungen gelangen kann, wenn man sich mit denjenigen Aspekten menschlichen Funktionierens befasst, die klar mess- und definierbar sind.

Behavioristen verweisen mit Verachtung auf die chaotische und konfuse Natur »mentalistischerer« Psychologien. Sie fragen, was Bilder, Gefühle und Empfindungen sind und welchen Wert sie für die Entwicklung einer Wissenschaft des Verhaltens haben könnten.

Deutlich ist, dass der Behaviorismus Objektivität betont und dabei etwas an Relevanz einbüßt. Dennoch hat der Ansatz anwendbare Forschungsarbeiten und Theorien in großem Umfang produziert und besitzt weiterhin enormen Einfluss auf die Entwicklung der Lerntheorie. Ein großer Teil der gegenwärtigen Betonung von experimentellem Vorgehen und wissenschaftlicher Strenge stammt aus den Arbeiten von Leuten wie Guthrie, Watson und insbesondere Hull. Die Betonung einer praktischen Anwendbarkeit von Theorien ist stark auf das Werk Thorndikes zurückzuführen. Und der Beitrag Skinners zu einer praktischen Wissenschaft des Verhaltens kann kaum überschätzt werden.

Ein Übergang: Evolutionspsychologie und früher Kognitivismus
Die frühen Behavioristen waren überzeugt, dass ihre Theorien oder andere, die wie ihre auf objektiven wissenschaftlichen Daten basierten, umfassend anwendbar sein würden. Wenn man eine Ratte konditionieren kann, auf einen Hebel zu drücken, oder einen Delphin, einen Ball zu werfen, oder ein Pferd, sich auf die Knie niederzulassen, dann kann man sicher jedem Tier – und sicherlich auch jedem Menschen – beibringen, alles und jedes zu tun.

So funktioniert es aber nicht. Sogar bei Tieren kann eine Anzahl scheinbar einfacher Verhaltensweisen nur unter großen Schwierigkeiten oder gar nicht konditioniert werden. Bestimmte biologische Beschränkungen reglementieren offenbar stark, was Tiere lernen können. Daher ziehen es Schweine, die Verstärkung erhalten, wenn sie hölzerne Münzen in ein Sparschwein stecken, oftmals vor, mit diesen Münzen herumzuwühlen, auch wenn dies bedeutet, dass sie nichts zu fressen bekommen. Diese und ähnliche Beobachtungen zeigen deutlich, dass die Psychologie der Biologie mehr Aufmerksamkeit schenken muss, fordert eine Gruppe von Psychologen. Ein Resultat dieser Schwerpunktsetzung ist die Soziobiologie, ein Ansatz, der eine genetische Erklärung für Sozialverhalten liefern will.

Ein wichtiger Beitrag von Evolutionspsychologie und Soziobiologie besteht darin, die Aufmerksamkeit verstärkt auf die biologischen Wurzeln menschlichen Verhaltens gelenkt zu haben. Mit Bezug darauf betrachten mehr und mehr Psychologen die Rolle des menschlichen Gehirns für Lernen und Verhalten. Einer der Pioniere dieser Richtung ist Hebb.

Der von Hebb vorgebrachte Theorievorschlag basiert neben Fakten zugegebenermaßen auch auf neurophysiologischer Spekulation. Kritik wurde laut, es sei unwahrscheinlich, dass ein solcher Ansatz neue Entdeckungen über das Lernen liefert oder dass er mehr liefern kann als eine Erklärung für bereits bekannte oder vermutete Aspekte des Lernens. Natürlich kann auch das entgegengesetzte Argument vorgebracht werden. Man kann entgegenhalten, dass nicht die gesamte Hebb'sche Theorie auf Spekulation basiert, dass es Informationsquellen über die menschliche Neurologie gibt, die jenseits psychologischer Experimente liegen, und dass neue Informationen über neuronale Aktivität im menschlichen Gehirn unser Verständnis von Lernen und Verhalten schnell verbessern werden. Die neuronalen Netzwerk-Modelle des neuen Konnektionismus sind mit Hebbs Spekulationen äußerst kompatibel und verdanken ihm sehr viel. Darüber hinaus haben Hebbs Vorstellungen zu Arousal signifikant zu zeitgenössischen Motivationstheorien beigetragen.

Der Neobehaviorist Hebb fühlte sich verpflichtet, die objektive, wissenschaftliche Vorgehensweise bei psychologischen Untersuchungen beizubehalten. Er reagierte aber auch auf das Bedürfnis, Schlussfolgerungen über grundlegend wichtige geistige Prozesse wie Denken und Vorstellen zu berücksichtigen, wodurch er einen Übergang vom Behaviorismus zum Kognitivismus lieferte.

Tolman, ein anderer Neobehaviorist, gab dem Behaviorismus ebenfalls eine neue Wendung, indem er die Rolle des Ziels mit einbezog. Viele Kognitionspsychologen der ersten Generation waren Anhänger Tolmans.

Die ersten psychologischen Theorien, die eindeutig dem modernen Kognitivismus zugerechnet werden, sind die der Gestaltpsychologen Köhler, Wertheimer und Koffka.

Anders als Behavioristen wie Tolman, der glaubte, dass Lernen und Problemlösen durch Versuch und Irrtum geschieht, glaubten die Gestaltpsychologen, dass Menschen durch Einsicht lernen. Dementsprechend galt ihr Hauptaugenmerk kognitiven Themen wie Einsicht, Wahrnehmung und Problemlösen. Diese Theorien werden manchmal wegen ihrer Ungenauigkeit kritisiert. Gleichzeitig haben sie aber Eingang in die Praxis psychologischer Beratungstätigkeit gefunden und auch zur späteren Entwicklung kognitiver Theorien beigetragen.

Kognitivismus

Kritiker der kognitiven Ansätze zum menschlichen Lernen gründen ihre Einwände manchmal auf dem zuweilen weniger präzisen und subjektiveren Ansatz der Kognitionspsychologen bei Informationssammlung und Theoriebildung. Die extensive Verwendung von Jargon durch viele zeitgenössische Kognitionspsychologen sowie der anscheinende Mangel an Übereinstimmung zwischen verschiedenen Theorien haben ebenfalls Verwirrung verursacht und Kritik hervorgerufen.

Sowohl Bruner wie auch Piaget wurden für ihre manchmal verwirrende Terminologie und für ihre oft obskuren und unpraktischen Metaphern kritisiert. Kritik an Piaget galt darüber hinaus seinen unpräzisen experimentellen Methoden, seinen nichtrepräsentativen Stichproben, der extrem kleinen Probandenzahl in den meisten seiner Untersuchungen, der fehlenden statistischen Auswertung in seinen frühen Untersuchungen und seiner Tendenz, aus seinen Daten zu übergeneralisieren und zu überinterpretieren. Die Kritik an Wygotski richtete sich gegen seinen Mangel an Präzision und gegen die globale und allumfassende Art seiner Theoriebildung. Kognitionstheoretiker treten dieser Kritik bisweilen entgegen, indem sie darauf hinweisen, dass sie sich mit Themen befassen, die für menschliches Verhalten relevanter sind als Fragen, die sich nur auf Stimuli, Reaktionen und Reaktionskonsequenzen beziehen, und dass die Untersuchung dieser Themen manchmal Schlussfolgerungen aus relativ begrenzten Daten erfordert.

Bruner, Piaget und Wygotski haben weiterhin enormen Einfluss auf die Kindererziehung und insbesondere auf die schulische Praxis. Piaget kommt das Verdienst zu, eine Generation von Lehrern, Eltern und Erziehern in faszinierte Beobachter von Kindern und ihrer Entwicklung verwandelt zu haben. In den

12.4 · Zwei eklektische Integrationen

letzten Jahrzehnten hat auch Wygotskis Theorie zunehmende Popularität bei Erziehern gewonnen.

12.4 Zwei eklektische Integrationen

Historisch betrachtet suchte die Lerntheorie nach der besten Methode, menschliches Verhalten zu erklären – eine Suche, die klar auf der Annahme basierte, dass es eine beste Erklärung gibt. Aber was, wenn es sie nicht gibt? Was, wenn die Psychologie annimmt, dass es wegen der verschiedenen Arten menschlichen Lernens einen Bedarf an vielen unterschiedlichen Erklärungen gibt?

Einige Theoretiker haben genau diese Annahme zugrundegelegt, und die resultierenden Theorien integrieren typischerweise verschiedene Konzepte, die traditionell unterschiedlichen Standpunkten zugeordnet wurden. Zu diesen Denkern gehören Robert Gagné und Jerome Bruner. Ihre Theorien können als sehr nützliche Synthesen vieler der in diesem Buch besprochenen Theorien angesehen werden.

12.4.1 Robert Gagné: Instructional Design Theorie

Menschen lernen auf viele verschiedene Arten, behauptet Gagné. Sie lernen durch einfache Pawlow'sche Konditionierung, durch Skinner'sche Konditionierung und durch stärker kognitive Prozesse. Diese verschiedenen Arten des Lernens zeigen sich am deutlichsten in den unterschiedlichen Resultaten des Lernprozesses – von denen es fünf gibt (◘ Tab. 12.3).

Gagné beschreibt die fünf zentralen Resultate von Lernen als unterschiedliche Arten gelernter Fertigkeiten. Daher gibt es **intellektuelle Fertigkeiten**, verbale Informationen, **kognitive Strategien, Einstellungen** und **motorische Fertigkeiten** (Gagné, Briggs & Wager, 1992). Intellektuelle Fertigkeiten haben mit dem **Wie** des Lernens zu tun und sind eng mit den in den vorausgegangenen Kapiteln beschriebenen Lerntheorien verbunden. Die übrigen vier Bereiche haben mehr mit dem **Was** des Lernens zu tun.

Eines der wichtigsten Merkmale von Gagnés Theorie ist, dass sie den förderlichen Bedingungen für jedes dieser Lernresultate besondere Aufmerksamkeit widmet (Gagné, Briggs & Wager, 1988). Die Theorie zielt auf Klärung sehr praktischer Aspekte, wie der Gestaltung von Instruktionsprogrammen, und ist wahrscheinlich die einflussreichste Instructional Design Theorie der letzten Jahrzehnte (Richey, 2000; Zemke, 1999).

Obwohl Menschen auf unterschiedliche Weise lernen und obwohl die Resultate von Lernen anhand verschiedener Ergebnisse erklärt werden können, behauptet Gagné, dass neun Lehrschritte in jeder Art Unterricht gewinnbringend eingesetzt werden können. Nach einem kurzen Blick auf die Resultate von Lernen und auf die Bedingungen, die diese Resultate unterstützen, wenden wir uns diesen Lehrschritten zu.

Verbale Information

Verbale Information ist das Lernresultat mit der wahrscheinlich größten Bedeutung für Lehrer. Die Definition von verbaler Information stimmt mit dem überein, was normalerweise als **Wissen** bezeichnet wird. Obwohl sie nicht immer aus rein verbalem Input stammt (oder verbal gespeichert ist), kann verbale Information in Form eines Satzes ausgedrückt werden.

Kognitive Strategien

Kognitive Strategien sind die spezifischen Mittel, mittels derer Menschen ihre intellektuellen Funktionen steuern. Dabei handelt es sich um Pläne (Strategien), die regulieren, wie Menschen mit Lernen, Erinnern, Aufmerksamkeit, Synthese, Abstraktion, Gestaltung usw. umgehen. Es sind Fertigkeiten, die das Individuum sich offensichtlich zum größten Teil selbst beibringt, auch wenn Schulen (und Lehrerausbildungsprogramme) dazu normalerweise viele Lippenbekenntnisse ablegen.

Einstellungen

Einstellungen sind affektive (emotionale) Reaktionen, die allgemein als positiv oder negativ beschrieben werden können und die wichtige motivationale Qualitäten besitzen. Gagné nimmt an, dass eine wesentliche Art, wie Einstellungen gelernt werden, Imitation im Sinne Banduras beinhaltet. In Gagnés

346 **Kapitel 12** · Analyse, Synthese und Integration

◻ **Tab. 12.3.** Gagnés zentrale Lernresultate, illustriert mit unterrichtsrelevanten Vorschlägen		
Lernresultate	**Beispiele**	**Bedingungen, die diese Resultate fördern**
1. Intellektuelle Fertigkeiten		
Regeln höherer Ordnung	Der Lernende erkennt Zusammenhänge zwischen Modellen des Lernenden und Lerntheorien	Überprüfung relevanter Regeln; verbale Instruktionen, die beim Abruf von Regeln helfen; verbale Instruktionen zur Lenkung des Denkens
Regeln	Der Lernende identifiziert neue Theorien als kognitiv	Dem Lernenden wird das erwünschte Lernresultat bewusst gemacht; relevante Konzepte werden überprüft; konkrete Beispiele werden geboten
Konzepte	Der Lernende klassifiziert Objekte anhand von Größe und Farbe	Beispiele präsentieren; der Lernende sucht nach Beispielen; Verstärkung
Diskriminationen	Der Lernende unterscheidet zwischen verschiedenen gedruckten Buchstaben	Gleichzeitige Darbietung der zu diskriminierenden Stimuli; Verstärkung (Bestätigung); Wiederholung
Einfache Lernformen (Signallernen; Stimulus-Reaktions-Lernen; Chaining)	Der Lernende wird konditioniert, positiv auf die Schule zu reagieren	Verstärkung; Modelle; positive Erfahrungen in verschiedenen Schulkontexten
2. Verbale Information	Der Lernende notiert Gagnés fünf Hauptlernbereiche	Informationen, die den Inhalt organisieren; bedeutungsvoller Kontext; Hilfen für Behalten und Motivation
3. Kognitive Strategien	Der Lernende entwickelt eine persönliche Strategie für das Erinnern von Guthries drei Methoden zum Durchbrechen von Gewohnheiten	Häufige Darbietung von neuen und herausfordernden Problemen
4. Einstellungen	Der Lernende zieht es vor, ein Lehrbuch anstatt eines Romans zu lesen	Modelle; Verstärkung; verbale Anleitung
5. Motorische Fertigkeiten	Der Lernende schreibt eine Zusammenfassung dieses Kapitels	Modelle; verbale Anleitung; Verstärkung (Kenntnis der Resultate); Übung

Worten: »Eine Einstellung ist ein erworbener internaler Zustand, der die Auswahl persönlicher Handlungen beeinflusst« (Gagné & Driscoll, 1988, S. 58).

Motorische Fertigkeiten

Motorische Fertigkeiten meint die Vielzahl organisierter, sequentieller Aktionen, die den Gebrauch von Muskeln involvieren. Dazu gehören alle komplexen Verhaltensweisen, die ein organisiertes Muster kontrollierter Muskelbewegungen erfordern. Schreiben, Sprechen, Hühnchen rupfen und einen Spucknapf auf 22 Schritt treffen sind alles Beispiele für motorische Fertigkeiten.

Intellektuelle Fertigkeiten

Der Verhaltensbereich, dem Gagné die größte Aufmerksamkeit widmete, sind intellektuelle Fertigkeiten. Dazu gehören alle Fertigkeiten, die an Informationserwerb, Problemlösen, Erkennen von Regeln und Sprechenlernen, um nur einige zu nennen, beteiligt sind. In frühen Versionen seiner Theorie unterschied Gagné (1974) zwischen acht verschiedenen Arten des Lernens. Bei den ersten vier handelte es sich klar um Beispiele Pawlow'scher und Skinner'scher Konditionierung (bspw. Signallernen, Stimulus-Reaktions-Lernen und Lernen von Ketten); die letzten vier stellten kognitivere Arten des Lernens dar. In seinen jüngeren Werken fasst er dagegen die vier ersten Typen unter der Überschrift »einfache Lernformen« zusammen (Gagné & Dick, 1983). Zur Illustration dessen, wie Gagnés Standpunkt die in

12.4 · Zwei eklektische Integrationen

diesem Buch dargestellten Haupttheorien integriert, werden die ursprünglichen acht Lernformen hier kurz zusammengefasst.

Zu Beginn muss allerdings noch auf zwei Punkte hingewiesen werden. Erstens, die Lernformen sind nicht vollständig unabhängig voneinander, sondern hierarchisch strukturiert. Die einfachste Lernform ist die Voraussetzung, dass der Lernende zu komplexeren Lernformen übergehen kann. Zweitens, die Lernformen unterscheiden sich hauptsächlich durch die Bedingungen, die das Lernen ermöglichen.

Typ 1: Signallernen

Definition: einfache Pawlow'sche Konditionierung
Beispiel: Eine Autohupe ertönt. Ein Mann zuckt erschrocken zusammen. Derselbe Mann sieht ein anderes Auto. Er zuckt erneut zusammen, obwohl die Hupe nicht ertönt.
Wichtige Theoretiker: Pawlow, Watson

Typ 2: Stimulus-Reaktions-Lernen

Definition: die Ausbildung einer einzelnen Verbindung zwischen einem Stimulus und einer Reaktion.
Beispiel: Eine fettes Schwein wird langsam im Uhrzeigersinn gedreht, während ein Psychologe sanft sagt: »Drehen«. Nach jeder vollständigen Drehung bekommt das Schwein eine Apfelhälfte. Der Psychologe tut dies 2 Jahre lang jeden Tag. Nach 730 Äpfeln und 1.459 Drehungen (der Psychologe hat einmal eine Apfelhälfte selbst gegessen) dreht sich das Schwein, sobald der Psychologe »Drehen« sagt. Dies ist langsames Stimulus-Reaktions-Lernen.
Wichtige Theoretiker: Skinner, Thorndike, Hull

Typ 3: Chaining – Motorische Ketten

Definition: Die Verknüpfung einer Sequenz von motorischen Aktionen auf Stimuli hin.
Beispiel: Man sieht einen Mann, der sein Gebiss herausnimmt. Er führt seine Hand zum Mund, öffnet den Mund und steckt die Hand hinein, legt Daumen und Zeigefinger auf den rechten oberen Eckzahn und zieht. Dann tut er dasselbe für das untere Gebiss. Die Stimulus-Reaktions-Kette kann wie folgt vereinfacht werden:

Wichtige Theoretiker: Guthrie, Thorndike, Skinner

Typ 4: Chaining – Verbale Assoziationen

Definition: die Verknüpfung einer Sequenz von verbalen Stimulus-Reaktions-Aktionen.
Beispiel: eins, zwei, drei, vier, fünf...
Wichtige Theoretiker: Hull, Hebb, Bruner, Wygotski

Typ 5: Diskriminationslernen

Definition: lernen, zwischen sehr ähnlichen Stimuli zu unterschieden. Das Diskriminationslernen ist »im Kern eine Frage der Ausbildung vieler verschiedener Ketten« (Gagné, 1965, S. 115).
Beispiel: Das Lernen einer Fremdsprache involviert das Lernen verbaler Ketten in dieser Sprache. Weil diese Ketten in der Muttersprache bereits vorhanden sind, muss der Lernende zwischen den beiden diskriminieren.
Wichtige Theoretiker: Skinner, Bruner, Hebb, Wygotski

Typ 6: Konzeptlernen

Definition: Konzeptlernen beinhaltet Reaktionen auf Objekte entsprechend ihrer Ähnlichkeiten. Gagné unterscheidet zwischen konkreten Konzepten, auf die man zeigen kann (Hund) und definierten Konzepten (Onkel oder Religion).
Beispiel: Ein Junge lernt, dass ein Englischer Setter ein Hund ist. Er sieht eine Katze und sagt »Wauwau«. Er hat ein Konzept für »Wauwau« entwickelt, wenn auch ein falsches.
Wichtige Theoretiker: Hebb, Bruner, Skinner, Piaget, Wygotski

Typ 7: Regellernen

Definition: »Eine Regel ist eine auf Schlussfolgerungen basierende Fähigkeit, die es dem Individuum ermöglicht, auf eine Klasse von Stimulussituationen mit einer Klasse von Verhaltensweisen zu reagieren« (Gagné, 1970, S. 191). Regeln ermöglichen es dem Lernenden, tatsächlich Dinge zu tun, anstatt nur einfach die Regel zu benennen.
Beispiel: Eine einfache Regel wird durch die Aussage definiert »Psychologie macht Spaß«. Zum Verständ-

S → R	-------	S → R	------------	S → R	----------------	S → R
Hand am Mund	Mund öffnen	Geöffneter Mund	Hand einführen	Hand eingeführt	Finger in Position bringen	Finger in Position	Ziehen

◘ Tab. 12.4. Gagnés neun Lehrschritte

Neun Lehrschritte	Zweck	Mögliche Unterrichtsstrategie
Aufmerksamkeit gewinnen	Aufnahme neuer Information ermöglichen	Verwendung einer spannenden Einleitung, um Aufmerksamkeit herzustellen
Lernende über Lernziele informieren	Erwartungen aufbauen	Lernende informieren, wozu sie bei Befolgung der Instruktionen in der Lage sein werden
Vorwissen aktivieren	Anker liefern, an den neues Lernmaterial angeknüpft werden kann	Schüler an relevantes vorhandenes Wissen erinnern, nach relevantem vorhandenen Wissen fragen
Den Stimulus (Lernstoff) darbieten	Lernende ermutigen, das Material zu beachten und zu lernen	Neue Informationen darbieten
Lernanleitungen liefern	Schülern beim Verständnis, bei der Organisation und beim Erkennen der Relevanz helfen, unter Verwendung von semantischer Enkodierung (Verbalisierung)	Erklären, illustrieren, elaborieren, Verbindungen aufzeigen, Anwendungen demonstrieren (vielleicht mittels verschiedener Unterrichtsmedien)
Reaktion (Leistung) auslösen	Dem Lernenden ermöglichen, das Gelernte oder Lernprobleme zu zeigen	Nach Wiederholung, Anwendungen, Zusammenfassungen, Generalisierungen fragen
Rückmeldung geben	Dem Lernenden eine Verstärkung für seine Lernanstrengung bieten	Verbale oder andere Verstärkungsformen verwenden
Leistung kontrollieren und beurteilen	Dem Lernenden eine Gelegenheit zum Abruf des Gelernten bieten	Formale oder informelle Testprozeduren verwenden, um die Unterrichtstechniken und ihre Wirksamkeit zu überprüfen
Abruf und Transfer verbessern	Dem Lernenden eine Gelegenheit zur Anwendung und Generalisierung des Gelernten bieten	Übungen in verschiedenen Kontexten durchführen

nis dieser Regel ist das Verständnis der Konzepte **Psychologie** und **Spaß** erforderlich.
Wichtige Theoretiker: Bruner, Piaget, Wygotski.

Typ 8: Regeln höherer Ordnung

Definition: die Kombination einfacher Regeln zur Erzeugung komplexerer Regeln, die die Lösung von Problemen ermöglichen.

Beispiel: Um eine Bodenfläche zu berechnen, die aus 24 Fliesen besteht, deren jede 12 × 12 Zoll misst, kombiniert der Lernende die Regeln: 12 Zoll entspricht einem Fuß; die Fläche einer Fliese, die 1 × 1 Fuß misst, beträgt 1 Quadratfuß; die Gesamtfläche entspricht der Summe der einzelnen Flächen ihrer Komponenten.

Wichtige Theoretiker: Bruner, Piaget, Wygotski.

Implikationen von Gagnés Theorie für den Unterricht: neun Lehrschritte

Gagnés Schwerpunkt hat sich allmählich auf stärker kognitive Erklärungen verlagert, insbesondere auf ihre Nützlichkeit für den Unterricht (Gagné & Medsker, 1996). »Lernen«, erklärt er, »ist etwas, das im Kopf einer Person stattfindet – im Gehirn« (Gagné & Driscoll, 1988, S. 3).[4]

Gagné beschrieb darüber hinaus neun Lehrschritte, die er für alle fünf Lernresultate, die in ◘ Tab. 12.3 zusammengefasst sind, für wichtig hielt. Diese Schritte schaffen die Grundlage für alles Lernen. Mit anderen Worten: Sie sind die **Vorbedingungen für Lernen** (Gagné, Briggs & Wager, 1992). Sie sollten allen Lehrern als Basis für die Organisation des Unterrichts, für die Auswahl von Unterrichts-

---

[4] Sie sollten Ihre Leser darauf hinweisen, dass diese Aussage eine falsche Dichotomie enthält, sagte die alte Dame. Auf der einen Seite die Kognitionspsychologen, die glauben, dass Lernen im Kopf stattfindet, und auf der anderen Seite die Behavioristen, die – als logische Schlussfolgerung – annehmen müssen, dass Lernen irgendwo anders stattfindet. Tatsächlich würde aber keiner der Theoretiker, die in diesem Buch besprochen wurden, leugnen, dass Lernen im Kopf stattfindet. Der Punkt ist, dass sich Gagnés Schwerpunkt, wie der anderer Kognitionspsychologen, auf Ereignisse verlagert hat, die im Kopf stattfinden. Im Gegensatz dazu halten Behavioristen es für sinnvoller, sich mit Ereignissen außerhalb des Kopfes zu befassen.

12.4 · Zwei eklektische Integrationen

materialien und für die Beurteilung dienen. Diese Lehrschritte sind in ◘ Tab. 12.4 zusammengefasst.

12.4.2 Jerome Bruner: Modelle des Lernenden

Wie Jerome Bruner (1985) behauptet, sind Lerntheorien eigentlich Modelle des Lernenden. Wenn wir uns die verschiedenen vorgeschlagenen Lerntheorien ansehen, erhaschen wir einen Blick auf die Modelle des lernenden Menschen, die ihnen zugrundeliegen.

Tabula Rasa
Eines der ältesten Modelle des Lernenden ist die **tabula rasa** (»leere Tafel«). Diese Sichtweise basiert auf der Auffassung, dass der Mensch ohne Vorwissen, mit wenig Vorlieben und ohne Gedanken geboren wird, wenn auch eventuell mit einigen Reflexen. Zum Zeitpunkt der Geburt sind alle gleich, besagt das Modell: Die Erfahrung schreibt mit der Zeit ihre Botschaften auf die Tafel, sie formt aus dem Säugling allmählich das Kind und schließlich den Erwachsenen, sie ist es, die für alle resultierenden Unterschiede zwischen Menschen verantwortlich ist.

Das Tabula Rasa Modell wird zuweilen mit der Metapher eines leeren Gefäßes illustriert. Laut dieser Metapher entspricht der Geist des Säuglings einem zum Zeitpunkt der Geburt völlig leeren Gefäß, es hat dieselbe Kapazität wie das Gefäß jedes anderen Säuglings. Mit der Zeit wird das Wasser der Erfahrung langsam in das Gefäß geschüttet und am Ende sind einige Gefäße höher gefüllt als andere. Manche haben auch ein schlimmes Leck.

Das Tabula Rasa Modell zeigt sich deutlich in den Theorien der Behavioristen, die versuchten, diejenigen Regeln zu finden und zu erklären, mittels derer die Erfahrung ihre Botschaften schreibt oder ihr Wasser eingießt – also die Regeln der klassischen und operanten Konditionierung. Als Watson be-

hauptete, er könne aus einem Dutzend gesunder Kleinkinder machen, was er wollte, tat er dies, weil er fest daran glaubte, dass alle Kinder zum Zeitpunkt der Geburt gleich und für die Einflüsse von Erfahrung gleichermaßen empfänglich sind.[5]

Hypothesengenerator
Einige Theoretiker widersprachen der mechanistischen Sicht auf den Lernenden, die sich im Tabula Rasa Modell manifestiert. Diese Theoretiker argumentierten, lernende Menschen seien nicht so passiv, sie würden nicht durch Stimuli, Belohnungen und Bestrafungen, welche die Erfahrung für sie bereithält, einfach hierhin oder dorthin geschubst. Stattdessen seien sie durch Intentionalität gekennzeichnet. Sie wählen Erfahrungen und – was vielleicht noch wichtiger ist – sie interpretieren diese mittels ihrer eigenen Ansichten über die Welt (ihren eigenen persönlichen Hypothesen).

Hulls antizipatorische Zielreaktionen liefern einen ersten Blick – wenn auch einen vorsichtig behavioristischen – auf den Lernenden als **Hypothesengenerator**. Tolmans zweckorientierter Behaviorismus liefert eine noch klarere Darstellung von Verhalten, das von Intentionen anstatt einfach von externalen Ereignissen geleitet wird.

Nativismus
Die Komplexität dessen, was der Säugling und das Kind lernen muss, und die Leichtigkeit und Schnelligkeit, mit der sie es lernen, legen ein weiteres Modell nahe – eines, das den lernenden Menschen nicht als eine leere Tafel ansieht, sondern als jemanden, der einen Geist besitzt, welcher durch eingebaute Beschränkungen und Fähigkeiten gekennzeichnet ist. Der **Nativismus** behauptet, dass der Geist in relevanten Aspekten bereits vorgeformt ist, bevor es erstmals zu Lernen kommt. Bruner argumentiert, dass der Geist des Säuglings keine »blühende, summende Konfusion« ist, wie James gedacht hatte. Er ist vielmehr bemerkenswert entwickelt und gut vorbereitet, zu dem hochkomplexen, kultur-verwen-

---

[5] Ich möchte Ihren superintelligenten Lesern sagen, verkündete die alte Dame etwas anmaßend, dass es eine Art von Karikatur, eine irreführende Übertreibung ist, zu sagen, dass die meisten Behavioristen dieses Tabula Rasa Modell übernommen haben. Obwohl zutrifft, dass Aspekte des Tabula Rasa Modells in der Überzeugung der Behavioristen zur Konditio-

nierbarkeit aller Menschen widergespiegelt werden, gestand sogar der erste Behaviorist Watson ein, dass Säuglinge mit einfachen Reflexen geboren werden – also nicht völlig leer. In ähnlicher Weise nimmt Skinners Darwin'sche Metapher (das Überleben verstärkter Reaktionen) Bezug auf die Bedeutung des ererbten Verhaltensrepertoires eines Lebewesens.

350 Kapitel 12 · Analyse, Synthese und Integration

denden und kultur-produzierenden Geist des Erwachsenen zu werden (Bruner, 2000).

Nativistische Modelle sind zentral für die Arbeiten von Ethologen, die das Verhalten von Lebewesen in ihrem natürlichen Umfeld studieren und
zu verstehen suchen. Prägungsverhalten wie die
»Folge«reaktion junger Gänse sind ethologischen
Erklärungen zufolge klare Belege für eine vorverdrahtete Neurologie, die Verhalten beschränkt und
determiniert. Ein sehr ähnliches Modell liegt der
psychologischen Entdeckung zugrunde, dass manche Verhaltensweisen leichter konditioniert werden
können als andere, ebenso wie der soziobiologischen
Überzeugung, dass eine Vielzahl wichtiger sozialer
Verhaltensweisen genetisch vorprogrammiert sind.

Auch die Theorien der Gestaltpsychologen reflektieren dieses nativistische Modell bemerkenswert
gut. Die Neigungen, eher das Ganze anstatt Teile
wahrzunehmen, die bestmögliche Form wahrzunehmen und nach Mustern und Ähnlichkeiten zu
suchen, illustrieren allesamt vorverdrahtete Tendenzen. Ähnlich argumentiert Chomsky (1972), wenn
er sagt, dass Menschen über eingebaute neurologische sprachbezogene Fähigkeiten verfügen, welche
die Leichtigkeit und Schnelligkeit des Spracherwerbs
bei Kindern erklären.

Konstruktivismus

Psychologen wie Bruner, Piaget und Wygotski behaupten, die Welt würde nicht gefunden oder entdeckt, sondern konstruiert. Das resultierende Modell, der Konstruktivismus, sieht den Lernenden als
einen, der Wissen konstruiert. Es besagt, dass Kinder durch ihre Interaktion mit der Welt entdecken,
wie sie aus Erfahrungen Bedeutungen extrahieren
können. So entdecken Kinder in zunehmendem
Maße die Regeln, welche die Beziehungen zwischen
Ereignissen, Objekten und Phänomenen der wirklichen Welt bestimmen, darüber hinaus auch Regeln zur Abstraktion von Bedeutung und Erzeugung
von Konzepten. Der konstruktivistische Lernende
ist selbstmotiviert, strebt Können an und wird getrieben durch einen Drang nach Wissen, Organisation, Verständnis und Schaffung von Bedeutung.
Auch Erwachsene streben weiterhin danach, Bedeutung zu erschaffen, und – vielleicht noch weit mehr
als das Kind – danach, die Bedeutung ihres Lebens
zu begreifen. Zu diesem Zweck erzählen sie sich Ge-

schichten und schildern persönliche Erlebnisse. Und
sie kämpfen darum, die Anfänge, die Mitte, und
auch die Enden dieser Geschichten zu verstehen, damit sie für sie Sinn machen und sie auf diese Weise
den Sinn ihres eigenen Lebens begreifen (Bruner,
2002).

Wie wir in ▶ Kap. 7 sahen, ist Bruners Beschreibung des Lernenden als einem, der Erfahrungsdaten
sieht, um Konzepte zu bilden und elaborierte mentale Strukturen in Korrespondenz zur Welt zu organisieren, ein konstruktivistisches Modell. Dasselbe
gilt für Piagets Sichtweise auf den Lernenden als
jemanden, der assimiliert und akkommodiert, um
zunehmend ausgefeiltere Repräsentationen und Re-
gelsysteme für den Umgang mit der Welt zu entwickeln.

Vom Anfänger zum Experten (Novice-to-Expert)

Ein aktuelleres Modell des Lernenden befasst sich
laut Bruner (1985) weniger mit der Theorie als mit
der praktischen Aufgabe, Lernende, die Anfänger
sind, zu Experten zu machen. Ein Ansatz, den dieses
Anfänger-zu-Experte-Modell nahelegt, besteht darin Experten und Anfänger zu analysieren, die Unterschiede zwischen ihnen zu beschreiben und daraus Methoden zu entwickeln, um den Anfänger dem
Experten ähnlicher zu machen. Das Anfänger-zu-
Experte-Modell zeigt sich in informationsverarbeitenden Ansätzen, in denen Computer zur Simulation von Lernaspekten verwendet werden. Der Konnektionismus versucht bspw. mittels neuronaler
Netzwerk-Modelle die Funktionsweise des menschlichen Gehirns nachzuahmen; mit anderen Worten:
Er versucht, ein Expertensystem zu schaffen. In sehr
ähnlicher Weise versuchen symbolische Computermodelle wie Schachprogramme, diejenigen Strategien zu entdecken, die der Könnerschaft im Schach
zugrundeliegen.

Im Gegensatz zu anderen Modellen ist das An-
fänger-zu-Experte-Modell eher domänenspezifisch
als allgemein. Das bedeutet, es werden unterschiedliche Modelle für unterschiedliche Bereiche entwickelt (wie für Schachspiel oder das Lesen einer
Seite).

Diese fünf Modelle des lernenden Menschen
werden in ◻ Tab. 12.5 zusammengefasst.

◻ Tab. 12.5. Modelle des Lernenden

Modell	Definition	Theorien, die dieses Modell reflektieren
Tabula Rasa	Der Lernende ist ein leeres Gefäß, das darauf wartet, gefüllt zu werden	Watson, Guthrie, Pawlow, Skinner, Thorndike
Hypothesengenerator	Der Lernende besitzt Intentionalität und bewertet Erfahrungen mittels persönlicher Erwartungen und Vermutungen	Tolman, Hull
Nativismus	Der Lernende wird mit einigen Beschränkungen und Prädispositionen geboren, die das Lernen gewisser Dinge (wie Sprache) hochwahrscheinlich machen	Ethologen, Soziobiologen, Gestaltpsychologen
Konstruktivismus	Der Lernende erfindet Regeln, entdeckt Konzepte und baut Repräsentationen der Welt auf	Piaget, Bruner, Wygotski
Anfänger-zu-Experte	Der Lernende ist ein Anfänger in bestimmten Bereichen und wird allmählich zum Experten, während Unterschiede zwischen der Funktionsweise des Experten und des Anfängers eliminiert werden	Informationsverarbeitende Modelle, Konnektionismus (neuronale Netzwerk-Modelle)

12.5 Ein letztes Wort

Wie dieses Buch aufzeigt, gibt es historisch gesehen eine Vielfalt unterschiedlicher Erklärungen für Lernen und daher eine Vielfalt unterschiedlicher Modelle des Lernenden. In der Geschichte hat sich lange Zeit die Auffassung gehalten, dass ein Modell und eine Theoriegruppe richtiger, nützlicher, besser als die anderen sein müsse. »Es war die Eitelkeit einer vorangegangenen Generation«, sagt Bruner, »zu glauben, dass der Kampf der Lerntheorien letztlich zu einem Sieg von einer Theorie über all die anderen führen würde« (1985, S. 8).

Keine der Theorien hat alle anderen klar besiegt, vielleicht weil es nicht nur eine Art von Lernen gibt. Am Ende werden sich wahrscheinlich solche Modelle als am nützlichsten erweisen, die dies am stärksten berücksichtigen und all die verschiedenen Lernformen einbeziehen, die in der Vielfalt der Lernumstände möglich sind. Ein solches Modell würde berücksichtigen, dass die Stärke des lernenden Menschen in der enormen Bandbreite seiner möglichen Kompetenzen und Adaptationen liegt.

Idealisiert dargestellt ist der lernende Mensch eher flexibel als starr, eher offen als geschlossen, eher erfinderisch als rezeptiv, eher veränderlich als festgefügt und eher poetisch als prosaisch. Modelle des Lernenden und resultierende Theorien sollten dies reflektieren.

Zusammenfassung

1. Es scheint ein menschliches Bedürfnis nach Vereinfachung, nach Schaffung von Ordnung im Chaos, nach Theorien zu geben. Ein Problem bei der Zusammenfassung der Lerntheorie besteht darin, zu vereinfachen ohne zu lügen.

2. Die Hauptgruppen von Lerntheorien reflektieren verschiedene Schwerpunkte und verschiedene Ansätze der Datengewinnung und Theoriebildung. Behavioristen befassen sich hauptsächlich mit objektiven, beobachtbaren Ereignissen (Stimuli, Reaktionen, Verstärker); Kognitionspsychologen interessieren sich stärker für geistige Prozesse (Denken, Problemlösen, Wahrnehmung, Entscheidungsfindung).

3. Pawlow, Watson, Guthrie, Thorndike, Hull und Skinner sind Behavioristen. Evolutionspsychologen und Psychologen wie Hebb und Tolman repräsentieren die Anfänge eines Übergangs zwischen Behaviorismus und Kognitivismus. Die Gestaltpsychologie reflektiert frühe Versuche, kognitiv basierte Theorien zu entwickeln.

▼

▼

Bruner, Piaget, Wygotski und Theoretiker, deren Modelle auf Computern basieren, sind Kognitionpsychologen.

4. Die Untersuchung des Gedächtnisses ist ein anderer Zugang, um Lernen zu erforschen. Die Motivationsforschung befasst sich mit den Ursachen und Gründen für Verhalten und Verhaltensänderungen. Gedächtnismodelle sind primär kognitiv; bei Motivationsmodellen gibt es behavioristische (Bedürfnisse, Triebe) und kognitive (Attributionen, Selbstkonzepte, Bedürfnis nach Leistung) Ansätze. Die soziale Lerntheorie beschäftigt sich hauptsächlich mit der Art und Weise, wie wir sozial angemessene Verhaltensweisen erlernen. Banduras Theorie des sozialen Lernens liefert eine wichtige und äußerst integrative Beschreibung des Beobachtungslernens.

5. Hauptkritikpunkte am Behaviorismus betreffen seine Mechanisierung des Menschen und seine Unfähigkeit, geistige Ereignisse wie Denken, Fühlen und Verstehen zu erklären. Hauptkritikpunkte an der Kognitionspsychologie betreffen ihren weniger präzisen und subjektiveren Ansatz und ihre Verwendung von nicht immer klar definierten technischen Begriffen.

6. Sowohl behavioristische als auch kognitionspsychologische Modelle, ebenso wie die mehr biologisch fundierten Orientierungen, beeinflussen die psychologische Theorie und Praxis weiterhin. Zu den wichtigsten Beiträgen behavioristischer Ansätze gehört eine große Sammlung von Methoden zur Behandlung von Verhaltensproblemen, emotionalen Störungen sowie auch zur Verhaltensänderung im Unterricht.

7. Gagné integriert verschiedene Lerntheorien in seine Beschreibung von fünf hierarchischen Lernformen, die den intellektuellen Fertigkeiten zugrundeliegen (einfache Lernformen, Diskriminationslernen, Konzeptlernen, Regellernen, Lernen von Regeln höherer Ordnung) sowie vier weitere Bereiche des Lernens (verbale Information, kognitive Strategien, Einstellungen und motorische Fertigkeiten). Seine Beschreibung der Bedingungen, die all diese Lernformen fördern, und die der neun Lehrschritte, die dazu verwendet werden können, haben wichtige Implikationen für den Unterricht.

8. Bruner beschreibt fünf Modelle des Lernenden, wie sie von verschiedenen Lerntheorien reflektiert werden: Tabula Rasa (leeres Gefäß, behavioristisch), Hypothesengenerator (Intention und Vorhersage; Tolman, Hull), Nativismus (vorverdrahtete Beschränkungen und Prädispositionen; Ethologen, Gestaltpsychologen), Konstruktivismus (Entwicklung und Aufbau kognitiver Repräsentationen; Piaget, Bruner, Wygotski), und Anfänger-zu-Experte-Modelle (Computersimulationen, informationsverarbeitende Modelle, neuronale Netzwerke).

9. Keine Theorie hat bislang die Schlacht der Lerntheorien gewonnen. Diese Schlacht wurde weitgehend aufgegeben, nachdem erkannt wurde, dass es nicht nur eine Art von Lernen gibt und dass es daher wahrscheinlich nicht nur eine Art von Erklärung gibt.

Literatur

Abravanel, E., & Ferguson, S. A. (1998). Observational learning and the use of retrieval information during the second and third years. *Journal of Genetic Psychology, 159,* 455–476.

Aguado, L. (2003). Neuroscience of Pavlovian conditioning: A brief review. *Spanish Journal of Psychology, 6,* 155–167.

Ahmad, K., Casey, M., & Bale, T. (2002). Connectionist simulation of quantification skills. *Connection Science: Journal of Neural Computing, Artificial Intelligence, and Cognitive Research, 14,* 165–201.

Ahmad, K. C., & Matthew, B. T. (2002). Connectionist simulation of quantification skills. *Connection Science: Journal of Neural Computing, Artificial Intelligence & Cognitive Research, 14,* 165–201.

Alberto, P. A., & Troutman, A. C. (2003). *Applied behavior analysis for teachers.* Upper Saddle River, NJ: Prentice-Hall.

Albonetti, C. A., & Hepburn, J. R. (1996). Prosecutorial discretion to defer criminalization: The effects of defendant's ascribed and achieved status characteristics. *Journal of Quantitative Criminology, 12,* 63–81.

Alcock, J. (2001). *The triumph of sociobiology.* New York: Oxford University Press.

Alexander, R. D. (1989). Evolution of the human psyche. In P. Mellars & C. Stringer (Eds.), *The human revolution.* Princeton, NJ: Princeton University Press.

Allman, W. F. (1989). *Apprentices of wonder: Inside the neural network revolution.* New York: Bantam.

Alter, I. (1996). On novelty and exploration in the psychoanalytic situation. *Psychoanalysis and Contemporary Thought, 19,* 611–630.

Altmann, E. M., & Gray, W. D. (2002). Forgetting to remember: The functional relationship of decay and interference. *Psychological Science, 13,* 27–33.

APA Guidelines for Ethical Conduct in the Care and Use of Animals. (2002). Washington, DC: American Psychological Association.

Ames, C. (1992). Classrooms: Goals, structures, and student motivation. *Journal of Educational Psychology, 84,* 261–271.

Amit, D. J. (1995). The Hebbian paradigm reintegrated: Local reverberations as internal representations. *Behavioral and Brain Sciences, 18,* 617–657.

Amsel, A. (1989). *Behaviorism, neobehaviorism, and cognitivism in learning theory: Historical and contemporary perspectives.* Hillsdale, NJ: Erlbaum.

Amsel, A. (1992). B. F. Skinner and the cognitive revolution. *Journal of Behavior Therapy and Experimental Psychiatry, 23,* 67–70.

Anastasi, A. (1958). Heredity, environment and the question »how?« *Psychological Review, 65,* 197–208.

Anderson, J. R. (1995). *Learning and memory: An integrated approach.* New York: Wiley.

Annett, J. M. (1996). Olfactory memory: A case study in cognitive psychology. *Journal of Psychology, 130,* 309–319.

Anscombe, E., & Geach, P. T. (Eds.). (1954). *Descartes: Philosophical writings.* New York: Thomas Nelson.

Atkins, M. S., Osborne, M. L., Benn, D. S., Hess, L. E., & Halperin, J. M. (2001). Children's competitive peer aggression during reward and punishment. *Aggressive Behavior, 27,* 1–13.

Atkinson, J. W., & Shiffrin, R. M. (1968). Human memory: A proposed system and its control processes. In K. W. Spence & J. T. Spence (Eds.), *The psychology of learning and motivation* (Vol. 2). New York: Academic Press.

Aubrey, C. (1993). An investigation of the mathematical knowledge and competencies which young children bring into school. *British Educational Research Journal, 19,* 27–41.

Ausubel, D. P. (1977). The facilitation of meaningful verbal learning in the classroom. *Educational Psychologist, 12,* 162–178.

Ausubel, D. P., & Robinson, F. G. (1969). *School learning: An introduction to educational psychology.* New York: Holt, Rinehart & Winston.

Baddeley, A. D. (1997). *Human memory: Theory and practice* (Rev. ed.). East Sussex, UK: Psychology Press.

Baddeley, A. D. (2002). Is working memory still working? *European Psychologist, 7,* 85–97.

Baddeley, A. D., & Hitch, G. J. (1974). Working memory. In G. Bower (Ed.), *The psychology of learning and motivation.* New York: Academic Press.

Baeyens, F., Vansteenwegen, D., Hermans, D., & Eelen, P. (2001). Human evaluative flavor-taste conditioning: Conditions of learning and underlying processes. *Psychologica Belgica, 41,* 169–186.

Bahrick, H. P., Bahrick, P. O., & Wittlinger, R. P. (1975). Fifty years of memory for names and faces: A cross-sectional approach. *Journal of Experimental Psychology, 104,* 54–75.

Baillargeon, R. (1987). Object permanence in $3^1/2$- and $4^1/2$-month-old infants. *Developmental Psychology, 23,* 655–664.

Baillargeon, R. (1993). The object concept revisited. In C. Granrud (Ed.), *Visual perception and cognition in infancy: Carnegie-Mellon Symposia on Cognition* (Vol. 23). Hillsdale, NJ: Erlbaum.

Bakhurst, D., & Shanker, S. G. (2001). Introduction: Bruner's way. In D. Bakhurst & S. G. Shanker (Eds.), *Jerome Bruner: Language, culture, self.* Thousand Oaks, CA: Sage.

Balfour, M. E., Yu, L., & Coolen, L. M. (2004). Sexual behavior and sex-associated environmental cues activate the mesolimbic system in male rats. *Neuropsychopharmacology, 29,* 718–730.

Ballou, M., Matsumoto, A., & Wagner, M. (2002). Toward a feminist ecological theory of human nature: Theory building in response to real-world dynamics. In M. Ballou & L. S. Brown (Eds.) *Rethinking mental health and disorder: Feminist perspectives* (pp. 99–141). New York: Guilford Press.

Banaji, M. R., & Crowder, R. G. (1989). The bankruptcy of everyday memory. *American Psychologist, 44,* 1185–1193.

Bandura, A. (1969). *Principles of behavior modification.* New York: Holt, Rinehart & Winston.

Bandura, A. (1977). *Social learning theory.* Englewood Cliffs, NJ: Prentice-Hall.

Bandura, A. (1981). Self-referent thought: A developmental analysis of self-efficacy. In J. H. Flavell & L. Ross (Eds.), *Social cognitive development: Frontiers and possible futures.* Cambridge, UK: Cambridge University Press.

Bandura, A. (1986). *Social foundations of thought and action: A social cognitive theory.* Englewood Cliffs, NJ: Prentice-Hall.

Bandura, A. (1991). Social cognitive theory of self-regulation. *Organizational Behavior and Human Performance, 50,* 248–287.

Bandura, A. (1993). Perceived self-efficacy in cognitive development and functioning. *Educational Psychologist, 28,* 117–148.

Bandura, A. (1995). Exercise of personal and collective efficacy in changing societies. In A. Bandura (Ed.), *Self-efficacy in changing societies.* New York: Cambridge University Press.

Bandura, A. (2001). Social cognitive theory: An agentic perspective. *Annual Review of Psychology, 52,* 1–26.

Bandura, A. (2002). Growing primacy of human agency in adaptation and change in the electronic era. *European Psychologist, 7,* 2–16.

Bandura, A., Pastorelli, C., Barbaranelli, C., Caprara, G. V., & Gian, V. (1999). Self-efficacy pathways to childhood depression. *Journal of Personality and Social Psychology, 76,* 258–269.

Bandura, A., & Walters, R. (1963). *Social learning and personality development.* New York: Holt, Rinehart & Winston.

Barnard, C. W., Wolfe, H. D., & Graveline, D. E. (1962). Sensory deprivation under null gravity conditions. *American Journal of Psychiatry, 118,* 92–125.

Barrett, L., Dunbar, R., & Lycett, J. (2002). *Human evolutionary psychology.* New York: Palgrave.

Batsell, W. R., Jr., & George, J. W. (1996). Unconditioned stimulus intensity and retention interval effects. *Physiology and Behavior, 60,* 1463–1467.

Beauvois, J. L. (2001). Rationalization and internalization: The role of internal explanations in attitude change and the generalization of an obligation. *Swiss Journal of Psychology, 60,* 215–230.

Beilin, H., & Fireman, G. (2000). The foundation of Piaget's theories: Mental and physical action. In H. W. Reese, (Ed.), *Advances in child development and behavior* (Vol. 27). San Diego: Academic Press.

Bellezza, F. S. (1996). Mnemonic methods to enhance storage and retrieval. In E. L. Bjork & R. A. Bjork (Eds.), *Memory: Handbook of perception and cognition* (2nd ed.). San Diego: Academic Press.

Beltran, C. J. (2000). Donald Olding Hebb: An intellectual biography. *Dissertation Abstracts International: Section B: The Sciences & Engineering, 61,* 2739.

Benjafield, J. G. (1996). *A history of psychology.* Boston: Allyn & Bacon.

Berg, W. K., & Berg, K. M. (1987). Psychophysiological development in infancy: State, startle, and attention. In J. D. Osofsky (Ed.), *Handbook of infant development* (2nd ed.). New York: Wiley.

Berlyne, D. E. (1960). *Conflict, arousal, and curiosity.* New York: McGraw-Hill.

Berlyne, D. E. (1965). *Structure and direction in thinking.* New York: Wiley.

Berlyne, D. E. (1966). Curiosity and exploration. *Science, 153,* 25–33.

Bernard, L. L. (1924). *Instinct: A study in social psychology.* New York: Holt, Rinehart & Winston.

Bernstein, I. L., & Webster, M. M. (1980). Learned taste aversion in humans. *Physiology & Behavior, 25,* 363–366.

Bexton, W. H., Heron, W., & Scott, T. H. (1954). Effects of decreased variation in the sensory environment. *Canadian Journal of Psychology, 8,* 70–76.

Bijou, S. W., & Sturges, P. S. (1959). Positive reinforcers for experimental studies with children: Consumables and manipulatables. *Child Development, 30,* 151–170.

Bitterman, M. E. (1967). Learning in animals. In H. Helson & W. Bevan (Eds.), *Contemporary approaches to psychology.* Princeton, NJ: Van Nostrand.

Bitterman, M. E. (1969). Thorndike and the problem of animal intelligence. *American Psychologist, 24,* 444–453.

Bjorklund, D. F. (1997). In search of a metatheory for cognitive development (or Piaget is dead and I don't feel so good myself). *Child Development, 68,* 144–148.

Blanchard, E. B. (2002). Biofeedback and hypertension: A déjà–vu experience. *Applied Psychophysiology and Biofeedback, 57,* 107–109.

Blanchard, E. B., Andrasik, F., Ahles, T. A., Teders, S. J., & O'Keefe, D. (1980). Migraine and tension headache: A meta-analytic review. *Behavior Therapy, 11,* 613–631.

Bolles, R. C. (1970). Species-specific defense reactions and avoidance learning. *Psychological Review, 77,* 32–48.

Bolles, R. C. (1975). *Theory of motivation* (2nd ed.). New York: Harper & Row.

Bolles, R. C. (1979). *Learning theory* (2nd ed.). New York: Holt, Rinehart, & Winston.

Boring, E. G. (1950). *A history of experimental psychology* (2nd ed.). New York: Appleton-Century-Crofts.

Boujabit, M'B. Bontempi, B., Destrade, C., & Gisquet- Verrier, P. (2003). Exposure to a retrieval cue in rats induces changes in regional brain glucose metabolism in the amygdala and other related brain structures. *Neurobiology of Learning & Memory, 79,* 57–71.

Bouton, M. E., & Peck, C. A. (1992). Spontaneous recovery in cross-motivational transfer (counterconditioning). *Animal Learning and Behavior, 20,* 313–321.

Bowers, T. G. R. (1989). *The rational infant: Learning in infancy.* New York: Freeman.

Bowlby, J. (1982). *Attachment and loss: Vol. 1. Attachment* (2nd ed.). London: Hogarth.

Bradshaw, G. L., & Anderson, J. R. (1982). Elaborative encoding as an explanation of levels of processing. *Journal of Verbal Learning and Verbal Behavior, 21,* 165–174.

Bradshaw, J. L. (1989). *Hemispheric specialization and psychological function.* New York: Wiley.

Branscombe, N. A., Castle, K., Dorsey, A. G., Surbeck, E., & Taylor, J. B. (2003). *Early childhood curriculum: A constructivist perspective.* Boston: Houghton Mifflin.

Literatur

Bransford, J. D., Brown, A. L., & Cocking, R. R. (Eds.). (2000). *How people learn: Brain, mind, experience, and school*. Washington, DC: National Academy Press.

Brehm, J. W., & Cohen, A. R. (1962). *Explorations in cognitive dissonance*. New York: Wiley.

Brehm, J. W., & Self, E. A. (1989). The intensity of motivation. *Annual Review of Psychology, 40,* 109–131.

Breland, K., & Breland, M. (1951). A field of applied animal psychology. *American Psychologist, 6,* 202–204.

Breland, K., & Breland, M. (1961). The misbehavior of organisms. *American Psychologist, 16,* 681–684.

Breland, K., & Breland, M. (1966). *Animal behavior.* New York: Macmillan.

Brewer, K. R., & Wann, D. L. (1998). Observational learning effectiveness as a function of model characteristics: Investigating the importance of social power. *Social Behavior and Personality, 26,* 1–10.

Broadbent, D. E. (1952). Speaking and listening simultaneously. *Journal of Experimental Psychology, 43,* 267–273.

Broadbent, N. J., Clark, R. E., Zola, S., & Squire, L. R. (2002). The medial temporal lobe and memory. In L. R. Squire & D. L. Schacter (Eds.), *Neuropsychology of memory* (3rd ed.). New York: Guilford Press.

Brody, B. A. (2001) Defending animal research: An international perspective. In E. F. Paul & J. Paul (Eds.), *Why animal experimentation matters: The use of animals in medical research. New studies in social policy.* New Brunswick, NJ: Transaction.

Brooks, R. A. (2002). *Flesh and machines: How robots will change us.* New York: Pantheon Books.

Brown, A. S. (2002). Consolidation theory and retrograde amnesia in humans. *Psychonomic Bulletin & Review, 9,* 403–425.

Brown, H. D., & Kosslyn, S. M. (1993). Cerebral lateralization. *Current Opinion in Neurobiology, 3,* 183–186.

Brown, P. L., & Jenkins, H. M. (1968). Auto-shaping of the pigeon's key peck. *Journal of the Experimental Analysis of Behavior, 11,* 1–8.

Brown, R. E., & Milner, P. M. (2004). The legacy of Donald O. Hebb: More than the Hebb Synapse. *Nature Reviews Neuroscience, 4,* 1013–1019.

Bruer, J. T. (1997). Education and the brain: A bridge too far. *Educational Researcher, 26,* 4–16.

Bruner, J. S. (1957a). On going beyond the information given. In J. S. Bruner and others (Eds.), *Contemporary approaches to cognition.* Cambridge, MA: Harvard University Press.

Bruner, J. S. (1957b). On perceptual readiness. *Psychological Review, 64,* 123–152.

Bruner, J. S. (1964). The course of cognitive growth. *American Psychologist, 19,* 15.

Bruner, J. S. (1966). Toward a theory of instruction. Cambridge, MA: Harvard University Press.

Bruner, J. S. (1983). *In search of mind: Essays in autobiography.* New York: Harper & Row.

Bruner, J. S. (1985). Models of the learner. *Educational Researcher, 14,* 5–8.

Bruner, J. S. (1990a). Metaphors of consciousness and cognition in the history of psycology. In D. E. Leary (Ed.), *Metaphors in the history of psychology.* New York: Cambridge University Press.

Bruner, J. S. (1990b). *The proper study of man.* Cambridge, MA: Harvard University Press.

Bruner, J. S. (1990c). *Acts of meaning.* Cambridge, MA: Harvard University Press.

Bruner, J. S. (1996a). Frames for thinking: Ways of making meaning. In D. R. Olson & N. Torrance (Eds.), *Modes of thought: Explorations in culture and cognition.* New York: Cambridge University Press.

Bruner, J. S. (1996b). *The culture of education.* Cambridge, MA: Harvard University Press.

Bruner, J. S. (1997a). Celebrating divergence: Piaget and Vygotsky. *Human Development, 40,* 63–73.

Bruner, J. S. (1997b). Comment on »Beyond competence.« *Cognitive Development, 12,* 341–343.

Bruner, J. S. (1997c). A narrative model of self-construction. In J. G. Snodgrass & R. L. Thompson (Eds.), The self across psychology: Self-recognition, self-awareness, and the self-concept. *Annals of the New York Academy of Sciences, 818,* 145–161.

Bruner, J. S. (1997d). Will the cognitive revolutions ever stop? In D. M. Johnson & C. E. Erneling (Eds.), *The future of the cognitive revolution.* New York: Oxford University Press.

Bruner, J. S. (2000). Human infancy and the beginnings of human competence. In J. A. Bargh, & D. K. Apsley (Eds.), *Unraveling the complexities of social life: A festschrift in honor of Robert B. Zajonc.* Washington, DC: American Psychological Association.

Bruner, J. S. (2002). *Making stories: Law, literature, life.* New York: Farrar, Straus & Giroux.

Bruner, J. S., Goodnow, J. J., & Austin, G. A. (1956). *A study of thinking.* New York: Wiley.

Buckley, K. W. (1994). Misbehaviorism: The case of John B. Watson's dismissal from Johns Hopkins University. In J. T. Todd & E. K. Morris (Eds.), *Modern perspectives on John B. Watson and classical behaviorism.* Westport, CT: Greenwood Press.

Bukacinski, D., Bukacinski, M., & Lubjuhn, T. (2000). Adoption of chicks and the level of relatedness in common gull, Larus canus, colonies: DNA fingerprinting analyses. *Animal Behaviour, 59,* 289–299.

Bulgren, J. A., Schumaker, J. B., & Deshler, D. D. (1994). The effects of a recall enhancement routine on the test performance of secondary students with and without learning disabilities. *Learning Disabilities Research and Practice, 9,* 2–11.

Burnham, J. C. (1994). John B. Watson: Interviewee, professional figure, symbol. In J. T. Todd & E. K. Morris (Eds.), *Modern perspectives on John B. Watson and classical behaviorism.* Westport, CT: Greenwood Press.

Burns, J. D., & Malone, J. C., Jr. (1992). The influence of »preparedness« on autoshaping, schedule performance, and choice. *Journal of the Experimental Analysis of Behavior, 58,* 399–413.

Buxton, C. E. (1940). Latent learning and the goal gradient hypothesis. [Special issue]. *Duke University: Contributions to Psychological Theory, 2.*

Cameron, J., & Pierce, W. D. (1994). Reinforcement, reward, and intrinsic motivation: A meta-analysis. *Review of Educational Research, 64,* 363–423.

Campbell, M., Hoane, A. J. Jr., & Hsu, F-h. (2002). Deep blue. In J. Schaeffer & J. van den Herik (Eds.), *Chips challenging champions: Games, computers and artificial intelligence.* New York: Elsevier.

Carpenter, S. L., & McKee-Higgins, E. (1996). Behavior management in inclusive schools. *Rase: Remedial and Special Education, 17,* 195–203.

Carporeal, L. R. (2001). Evolutionary psychology: Toward a unifying theory and a hybrid science. *Annual Review of Psychology, 52,* 607–628.

Carrillo, M. C., Thompson, L. T., Gabrieli, J. D. E., & Disterhoft, J. F. (1997). Variation of the intertrial interval in human classical conditioning. *Psychobiology, 25,* 152–157.

Casteel, C. A. (1997). Attitudes of African American and Caucasian eighth grade students about praises, rewards, and punishments. *Elementary School Guidance and Counseling, 31,* 262–272.

Cermak, L. (1976). *Improving your memory.* New York: McGraw-Hill.

Cermak, L. S., & Craik, F. I. (Eds.). (1979). *Levels of processing in human memory.* Hillsdale, NJ: Erlbaum.

Chang, F. (2002). Symbolically speaking: A connectionist model of sentence production. *Cognitive Science, 26,* 609–651.

Cherry, E. C. (1953). Some experiments on the recognition of speech, with one and with two ears. *Journal of the Acoustical Society of America, 25,* 975–979.

Chomsky, N. (1972). *Language and mind* (Rev. ed.). New York: Harcourt Brace Jovanovich.

Chotro, M. G., & Alonso, G. (2003). Stimulus preexposure reduces generalization of conditioned taste aversions between alcohol and non-alcohol flavors in infant rats. *Behavioral Neuroscience, 117,* 113–122.

Churchland, P. S., & Sejnowski, T. J. (1992). *The computational brain.* Cambridge, MA: MIT Press.

Cicero, F. R. & Pfadt, A. (2002). Investigation of a reinforcement-based toilet training procedure for children with autism. *Research in Developmental Disabilities, 23,* 319–331.

Cohen, G. (1996). *Memory in the real world* (2nd ed.). East Sussex, UK: Psychology Press.

Cole, S. O. (2002). Evolutionary psychology: Sexual ethics and our embodied nature. *Journal of Psychology & Theology, 30,* 112–116.

Collias, N. E. (2000). Filial imprinting and leadership among chicks in family integration of the domestic fowl. *Behaviour, 137,* 197–211.

Collins, B. E., & Hoyt, M. F. (1972). Personal responsibility for consequences: An integration and extension of the »forced compliance« literature. *Journal of Experimental and Social Psychology, 8,* 558–593.

Cooper, R., & Shallice, T. (1995). *Soar and the case for unified theories of cognition. Cognition, 55,* 115–149.

Covington, M. V. (2000). Goal theory, motivation, and school achievement: An integrative review. *Annual Review of Psychology, 51,* 171–200.

Cowley, G. (1989, March). How the mind was designed. *Newsweek, 113,* 56–58.

Cox, B. D., (1997). The rediscovery of the active learner in adaptive contexts: A developmental historical analysis of transfer of training. *Educational Psychologist, 32,* 41–55.

Craik, F. I. M. (1977). Depth of processing in recall and recognition. In S. Dornic (Ed.), *Attention and performance.* New York: Academic Press.

Craik, F. I. M., & Lockhart, R. S. (1972). Levels of processing: A framework for memory research. *Journal of Verbal Learning and Verbal Behavior, 11,* 671–684.

Crawford, M. L., Harwerth, R. S., Smith, E. L., & von Noorden, G. K. (1993). Keeping an eye on the brain: The role of visual experience in monkeys and children. *Journal of General Psychology, 120,* 7–19.

Crespi, L. (1942). Quantitative variation of incentive and performance in the white rat. *American Journal of Psychology, 55,* 467–517.

D'Esposito, M., & Postle, B. R. (2002). The neural basis of working memory storage, rehearsal, and control processes. In L. R. Squire & D. L. Schacter (Eds.), *Neuropsychology of memory* (3rd ed.). New York: Guilford Press.

Dadds, M. R., Bovbjerg, D. H., Redd, W. H., & Cutmore, T. R. H. (1997). Imagery in human classical conditioning. *Psychological Bulletin, 122,* 89–103.

Darley, J. M. & Latané, B. (1968). Bystander intervention in emergencies: Diffusion of responsibility. *Journal of Personality and Social Psychology, 8,* 377–383.

Darwin, C. (1859/1962). *The origin of species by means of natural selection, or the preservation of favoured races in the struggle for life.* New York: Collier.

Dasen, P. R. (1972). Cross-cultural Piagetian research: A summary. *Journal of Cross-Cultural Psychology, 3,* 23–29.

Dasen, P. R. (Ed.). (1977). *Pigetian psychology: Cross-cultural contributions.* New York: Gardner.

Davis, J. T. (2001). Revising psychoanalytic interpretations of the past: An examination of declarative and non-declarative memory processes. *International Journal of Psychoanalysis, 82,* 449–462.

Davis, P. W. (1996). Threats of corporal punishment as verbal aggression: A naturalistic study. *Child Abuse and Neglect, 20,* 289–304.

Davydov, V. V. (1995). The influence of L. S. Vygotsky on education theory, research, and practice. *Educational Researcher, 24,* 12–21.

Dayan, P., & Abbott, L. F. (2001). *Theoretical neuroscience: Computational and mathematical modeling of neural systems.* Cambridge, MA: MIT Press.

Debigare, J. (1984). The phenomenon of verbal transformation and the Cell-Assembly Theory of D. O. Hebb: An operational model. *Canadian Journal of Psychology, 38,* 17–44.

Deci, E. L., & Flaste, R. (1995). *Why we do what we do: The dynamics of personal autonomy.* New York: G. P. Putnam's Sons.

Deci, E. L., Koestner, R., & Ryan, R. M. (1999). A meta-analytic review of experiments examining the effects of extrinsic rewards on intrinsic motivation. *Psychological Bulletin, 125,* 627–668.

Deci, E. L., & Ryan, R. M. (1985). *Intrinsic motivation and self-determination in human behavior.* New York: Plenum.

Literatur

DeLancey, C. (2002). *Passionate engines: What emotions reveal about mind and artificial intelligence*. New York: Oxford University Press.

Delius, J. D. (1992). Categorical discrimination of objects and pictures by pigeons. *Animal Learning and Behavior, 20,* 301–311.

deMause, L. (1974). The evolution of childhood. In L. deMause (Ed.), *The history of childhood*. New York: Psychohistory Press.

Demorest, A. P., & Siegel, P. F. (1996). Personal influences on professional work: An empirical case study of B. F. Skinner. *Journal of Personality, 64,* 243–261.

DeVries, R. (1997). Piaget's social theory. *Educational Researcher, 26,* 4–18.

Dewsbury, D. A. (2002). The Chicago Five: A family group of integrative psychobiologists. *History of Psychology, 5,* 16–37.

Dickinson, A. M., & Poling, A. D. (1996). Schedules of monetary reinforcement in organizational behavior management: Latham and Huber (1992) revisited. *Journal of Organizational Behavior Management, 16,* 71–91.

Dickman, S. J. (2002). Dimensions of arousal: Wakefulness and vigor. *Human Factors, 44,* 429–442.

Domjan, M., & Galef, B. G., Jr. (1983). Biological constraints on instrumental and classical conditioning: Retrospect and prospect. *Animal Learning and Behavior, 11,* 151–161.

Domjan, M., Huber-McDonald, M., & Holloway, K. S. (1992). Conditioning copulatory behavior to an artificial object: Efficacy of stimulus fading. *Animal Learning and Behavior, 20,* 350–362.

Doyle, W. (1986). Classroom organization and management. In M. C. Wittrock (Ed.), *Handbook of research on teaching* (3rd ed.), New York: Macmillan.

Draaisma, D. (2000). *Metaphors of memory: A history of ideas about the mind.* (P. Vincent, Trans.). New York: Cambridge University Press.

Dulit, E. (1972). Adolescent thinking à la Piaget: The formal stage. *Journal of Youth and Adolescence, 1,* 281–301.

Dweck, C. S. (1986). Motivational processes affecting learning. *American Psychologist, 41,* 1040–1048.

Dymond, S., & Barnes, D. (1997). Behavior-analytic approaches to self-awareness. *Psychological Record, 47,* 181–200.

Ebbinghaus, H. (1885/1964). *Memory* (H. A. Ruger & C. E. Busenius, Trans.). New York: Dover.

Eccles, J. S., & Wigfield, A. (2002). Motivational beliefs, values, and goals. *Annual Review of Psychology, 53,* 109–132.

Eckland, B. K. (1977). Darwin rides again. *American Journal of Sociology, 82,* 693–697.

Egner, T., & Gruzelier, J. H. (2001). Learned self-regulation of EEG frequency components affects attention and event-related brain potentials in humans. *NeuroReport, 12,* 4155–4159.

Eisenman, R., & Kristsonis, W. (1995). How children learn to become sex offenders. *Psychology: A Quarterly Journal of Human Behavior, 32,* 25–29.

Epstein, W. (1988). Has the time come to rehabilitate Gestalt theory? Meetings of the American Psychological Association (1986, Washington, DC). *Psychological Research, 50,* 2–6.

Estes, W. K. (1991). Cognitive architectures from the standpoint of an experimental psychologist. *Annual Review of Psychology, 42,* 1–28.

Evans, R. I. (1989). *Albert Bandura: The man and his ideas – a dialogue.* New York: Praeger.

Eysenck, H. J. (1982). Neobehavioristic (S-R) theory. In G. T. Wilson & C. M. Franks (Eds.), *Contemporary behavior therapy: Conceptual and empirical foundations.* New York: Guilford.

Falmagne, J. C. (1985). *Elements of psychophysical theory.* New York: Oxford University Press.

Farnham-Diggory, S. (1990). *Schooling.* Cambridge, MA: Harvard University Press.

Fechner, G. (1860/1966). *Elements of psychophysics* (Vol. 1; H. E. Adler, Trans.) New York: Holt Rinehart.

Fernandez, M., Wegerif, R., Mercer, N., & Rojas-Drummond, S. (2002). Re-conceptualizing »scaffolding: and the zone of proximal development in the context of symmetrical collaborative learning. *Journal of Classroom Interaction, 36,* 40–54.

Festinger, L. A. (1957). *A theory of cognitive dissonance.* Stanford, CA: Stanford University Press.

Festinger, L. A. (1962, October). Cognitive dissonance. *Scientific American, 207,* 93–106.

Flavell, J. H. (1985). *Cognitive development* (2nd ed.). Englewood Cliffs, NJ: Prentice-Hall.

Franken, R. E. (2002). *Human motivation.* Belmont, CA: Wadsworth/Thompson Learning.

Fredrikson, M., Annas, P., & Wik, G. (1997). Parental history, aversive exposure and the development of snake and spider phobia in women. *Behaviour Research and Therapy, 35,* 23–28.

Freeman, D. (1983). *Margaret Mead and Samoa: The making and unmaking of an anthropological myth.* Boston: Harvard University Press.

Freeman, W. J. (2003). Neurodynamic models of brain in psychiatry. *Neuropsychopharmacology, 28,* S54–S63.

Friedman, D. (2003). Cognition and aging: A highly selective overview of event-related potential (ERP) data. *Journal of Clinical & Experimental Neuropsychology, 25,* 702–720.

Gabler, I. C., & Schroeder, M. (2003a). *Constructivist methods for the secondary classroom.* Boston: Allyn & Bacon.

Gabler, I., & Schroeder, M. (2003b). *Seven constructivist methods for the secondary classroom: A planning guide for invisible teaching.* Boston: Allyn & Bacon.

Gagné, R. M. (1965). *The conditions of learning* (1st ed.). New York: Holt, Rinehart & Winston.

Gagné R. M. (1970). *The conditions of learning* (2nd ed.). New York: Holt, Rinehart & Winston.

Gagné, R. M. (1974). *Essentials of learning for instruction.* Hinsdale, IL: Dryden.

Gagné, R. M., & Dick, W. (1983). Instructional psychology. *Annual Review of Psychology, 34,* 261–295.

Gagné, R. M., & Driscoll, M. P. (1988). *Essentials of learning for instruction* (2nd ed.). Englewood Cliffs, NJ: Prentice-Hall.

Gagné, R. M., & Medsker, K. L. (1996). *The conditions of learning: Training applications.* Fort Worth, TX: Harcourt Brace.

Gagné, R. M., Briggs, L. J., & Wager, W. W. (1988). *Principles of instructional design* (3rd ed.). New York: Holt, Rinehart & Winston.

Gagné, R. M., Briggs, L. J., & Wager, W. W. (1992). *Principles of instructional design* (4th ed.). New York: Holt Rinehart.

Galef, B. G. (1988). Evolution and learning before Thorndike: A forgotten epoch in the history of behavioral research. In R. C. Bolles & M. D. Beecher (Eds.), *Evolution and learning*. Hillsdale, NJ: Erlbaum.

Gallo, A., Duchatelle, E., Elkhessaimi, A., Le Pape, G., & Desportes, J-P. (1995). Topographic analysis of the rat's bar behaviour in the Skinner box. *Behavioural Processes, 33,* 319–328.

Galton, F. (1870). *Hereditary genesis: An inquiry into its laws and consequences.* New York: Appleton.

Garcia, J., & Koelling, R. A. (1966). Relation of cue to consequence in avoidance learning. *Psychonomic Science, 4,* 123–124.

Garcia, J., Ervin, F. E., & Koelling, R. A. (1965). Learning with prolonged delay of reinforcement. *Psychonomic Science, 5,* 121–122.

Gardner, H. (1987). *The mind's new science: A history of the cognitive revolution.* New York: Basic Books.

Gathercole, S. E., & Baddeley, A. D. (1993). *Working memory and language.* Mahwah, NJ: Erlbaum.

Geen, R. G. (1984). Preferred stimulation levels in introverts and extroverts: Effects on arousal and performance. *Journal of Personality & Social Psychology, 46,* 1303–1312.

Gelman, R. (1978). Cognitive development. *Annual Review of Psychology, 29,* 297–332.

Gelman, R., Meck, E., & Merkin, S. (1986). Young children's numerical competence. *Cognitive Development, 1,* 1–29.

Gibbons, F. X., Eggleston, T. J., & Benthin, A. C. (1997). Cognitive reactions to smoking relapse: The reciprocal relation between dissonance and self-esteem. *Journal of Personality and Social Psychology, 72,* 184–195.

Gilovich, T. (1991). *How we know what isn't so: The fallibility of human reason in everyday life.* New York: Free Press.

Glasser, W. (1998). *Choice theory: A new psychology of personal freedom.* New York: HarperCollins.

Glasser, W. (2002). *Unhappy teenagers: A way for parents and teachers to reach them.* New York: HarperCollins.

Glick, J. (1975). Cognitive development in crosscultural perspective. In F. D. Horowitz, E. M. Hetherington, S. Scarr-Salapatek, & G. M. Siegel (Eds.), *Review of child development research* (Vol. 4). Chicago: University of Chicago Press.

Goldblum, N. (2001). *The brain-shaped mind: What the brain can tell us about the mind.* New York: Cambridge University Press.

Goldman, W. P., & Seamon, J. G. (1992). Very long-term memory for odors: Retention of odor-name associations. *American Journal of Psychology, 105,* 549–563.

Gottselig, J. M., Brandeis, D., Hofer-Tinguely, G., Borbely, A. A., Achermann, P., & Gottselig, J. M. (2004). Human central auditory plasticity associated with tone sequence learning. *Learning & Memory, 11,* 162–171.

Gould, D., Greenleaf, C., & Krane, V. (2002). Arousal- anxiety and sport behavior. In T. Horn (Ed.), *Advances in sport psychology* (2nd ed.), Champaign, Il.: Human Kinetics.

Gould, J. E. (2002). *Concise handbook of experimental methods for the behavioral and biological sciences.* Boca Raton, FL: CRC Press.

Gould, S. J. (2002a). *I have landed: the end of a beginning in natural history.* New York: Harmony Books.

Gould, S. J. (2002b). *The structure of evolutionary theory.* Cambridge, MA: Belknap Press of Harvard University Press.

Graham, S. (1997). Using attribution theory to understand social and academic motivation in African American youth. *Educational Psychologist, 32,* 21–34.

Grakalic, I., & Riley, A. L. (2002). Asymmetric serial interactions between ethanol and cocaine in taste aversion learning. *Pharmacology, Biochemistry & Behavior, 73,* 787–795.

Greenham, S. L., Stelmack, R. M., & van der Vlugt, H. (2003). Learning disability subtypes and the role of attention during the naming of pictures and words: An event-related potential analysis. *Developmental Neuropsychology, 23,* 339–358.

Greenspoon, J. (1955). The reinforcing effect of two spoken sounds on the frequency of two responses. *American Journal of Psychology, 68,* 409–416.

Gregory, K. M., Kim, A. S., & Whiren, A. (2003). The effect of verbal scaffolding on the complexity of preschool children's block constructions. In D. E. Lytle (Ed.), *Play and educational theory and practice. Play and culture studies* (Vol 5). Westport, CT: Praeger.

Groeger, J. A. (1997). *Memory and remembering: Everyday memory in context.* New York: Addison Wesley.

Groome, L. J., Mooney, D. M., Holland, S. B., & Bentz, L. S. (1997). The heart rate deceleratory response in low-risk human fetuses: Effect of stimulus intensity on response topography. *Developmental Psychobiology, 30,* 103–113.

Guidelines for the treatment of animals in behavioural research and teaching (Jan 2002). *Animal Behaviour, 63*(1), 195–199.

Guillem, F., Bicu, M., Pampoulova, T., Hooper, R., Bloom, D., Wolf, M., et al. (2003). The cognitive and anatomo-functional basis of reality distortion in schizophrenia: A view from memory event-related potentials. *Psychiatry Research, 117,* 137–158.

Gunderson, K. (1964). The imitation game. In A. R. Anderson (Ed.), *Mind and machines.* Englewood Cliffs, NJ: Prentice-Hall.

Guthrie, E. R. (1935). *The psychology of learning.* New York: Harper.

Guthrie, E. R. (1952). *The psychology of learning* (rev. ed.). New York: Harper.

Guthrie, E. R., & Horton, G. P. (1946). *Cats in a puzzle box.* New York: Rinehart.

Guthrie, E. R., & Powers, F. F. (1950). *Educational psychology.* New York: Ronald Press.

Hackenberg, T. D. (1995). Jacques Loeb, B. F. Skinner, and the legacy of prediction and control. *Behavior Analyst, 18,* 225–236.

Halpern, D. F., & Coren, S. (1990). Laterality and longevity: Is left-handedness associated with younger age at death? In S. Coren (Ed.), *Left-handedness: Behavioral implications and anomalies.* Amsterdam: Elsevier.

Hamburger, H., & Richards, D. (2002). *Logic and language models for computer science.* Upper Saddle River, NJ: Prentice-Hall.

Hamilton, W. D. (1970). Selfish and spiteful behaviour in an evolutionary model. *Nature, 228,* 1218–1220.

Hamilton, W. D. (1971). Geometry for the selfish herd. *Journal of Theoretical Biology, 31,* 295–311.

Hamilton, W. D. (1972). Altruism and related phenomena, mainly in social insects. *Annual Review of Ecology and Systematics, 3,* 193–232.

Hanley, G. P., Piazza, C. C., & Fisher, W. W. (1997). Noncontingent presentation of attention and alternative stimuli in the treatment of attentionmaintained destructive behavior. *Journal of Applied Behavior Analysis, 30,* 229–237.

Harlan, J. C., & Rowland, S. T. (2002). *Behavior management strategies for teachers.* Springfield, IL: Thomas.

Harnish, R. M. (2002). *Minds, brains, computers: An historical introduction to the foundations of cognitive science.* Malden, MA: Blackwell.

Harpaz, Y. (2003). http://human-brain.org/

Harris, B. (1979). Whatever happened to little Albert? *American Psychologist, 34,* 151–160.

Harrison, A. W., Rainer, R. K., Hochwarter, W. A., & Thompson, K. R. (1997). Testing the self-efficacy- performance linkage of social-cognitive theory. *Journal of Social Psychology, 137,* 79–87.

Harvey, V. S., & Retter, K. (2002). Variations by gender between children and adolescents on the four basic psychological needs. *International Journal of Reality Therapy, 21,* 33–36.

Haslam, S. A., & McGarty, C. (2001). A 100 years of certitude? Social psychology, the experimental method and the management of scientific uncertainty. *British Journal of Social Psychology, 40*(1), 1–21.

Hastie, R. (2001). Problems for judgment and decision making. *Annual Review of Psychology, 52,* 653–683.

Hawking, S. (1996). *A brief history of time* (Updated and expanded tenth anniversary ed.). New York: Bantam Books.

Hays, R. (Ed.). (1962). Psychology of the scientist: IV. Passages from the »idea books« of Clark L. Hull. *Perceptual and Motor Skills, 15,* 807–882.

Hebb, D. O. (1949). *The organization of behavior.* New York: Wiley.

Hebb, D. O. (1958). *A textbook of psychology* (1st ed.). Philadelphia: Saunders.

Hebb, D. O. (1960). The American revolution. *American Psychologist, 15,* 735–745.

Hebb, D. O. (1966). *A textbook of psychology* (2nd ed.). Philadelphia: Saunders.

Hebb, D. O. (1972). *A textbook of psychology* (3rd ed.). Philadelphia: Saunders.

Hebb, D. O. (1980). D. O Hebb. In G. Lindzey (Ed.), *A history of psychology in autobiography* (Vol. 7). San Francisco: Freeman.

Hembree, R. (1988). Correlates, causes, effects and treatment of test anxiety. *Review of Educational Research, 58,* 47–77.

Henson, R. (2001). Neural working memory. In J. Andrade (Ed.), *Working memory in perspective.* Philadelphia: Psychology Press.

Herman, J., & Stimmel, B. (Eds.). (1997). *The neurobiology of cocaine addiction: From bench to bedside.* Binghamton, NY: Haworth Press.

Hermann, D., Raybeck, D., & Gruneberg, M. (2002). *Improving memory and study skills: Advances in theory and practice.* Seattle: Hogrefe & Huber.

Heron, W. (1957, January). The pathology of boredom. *Scientific American, 196,* 52–56.

Herrnstein, R. J. (1977). Doing what comes naturally: A reply to Professor Skinner. *American Psychologist, 32,* 1013–1016.

Herrnstein, R. J., Loveland, D. H., & Cable, C. (1976). Natural concepts in the pigeon. *Journal of Experimental Psychology: Animal Behavior Processes, 2,* 285–302.

Higbee, K. L. (1977). *Your memory: How it works and how to improve it.* Englewood Cliffs, NJ: Prentice-Hall.

Hilgard, E. R., & Bower, G. H. (1966). *Theories of Learning* (3rd ed.). New York: Appleton-Century-Crofts.

Hinde, R. A., & Stevenson-Hinde, R. (Eds.). (1973). *Constraints on learning: Limitations and predispositions.* New York: Academic Press.

Hintzman, D. L. (1990). Human learning and memory: Connections and dissociations. *Annual Review of Psychology, 41,* 109–139.

Hoerster, A., Curio, E., & Witte, K. (2000). No sexual imprinting on a red bill as a novel trait. *Behaviour, 137,* 1223–1239.

Hogan, K., & Pressley, M. (1997). Scaffolding scientific competencies within classroom communities of inquiry. In K. Hogan & M. Pressley (Eds.), *Scaffolding student learning: Instructional approaches and issues.* Albany: State University of New York.

Holcomb, H. R. III (1993). *Sociobiology, sex, and science.* New York: State University of New York Press.

Holyoak, K. J., & Spellman, B. A. (1993). Thinking. *Annual Review of Psychology, 44,* 265–315.

Hosen, R., Hosen, D. S., & Stern, L. (2001). The complexity of motivated human choices that affect psychological well-being. *Psychology & Education: An Interdisciplinary Journal, 38,* 3–27.

Howe, M. L., & O'Sullivan, J. T. (1997). What children's memories tell us about recalling our childhoods: A review of storage and retrieval processes in the development of long-term retention. *Developmental Review, 17,* 148–204.

Hsueh, Y. (2001). Basing much of the reasoning upon the work of Jean Piaget, 1927–1936. *Archives de Psychologie, 69,* 39–62.

Hsueh, Y. (2002). The Hawthorne experiments and the introduction of Jean Piaget in American industrial psychology, 1929–1932. *History of Psychology, 5*(2), 163–189.

Hu, Y. H , & Hwang, J.-N. (2002). Introduction to neural networks for signal processing. In Y. H. Hu & J.-N. Hwang (Eds.), *Handbook of neural network signal processing,* http://www.engnetbase.com/pdf/ ENGnetBASE/2359/2359_PDF_toc.pdf, Boca Raton, FL: CRC Press.

Huang, I-N., (1997). Recognition of student names past: A longitudinal study with N = 1. *Journal of General Psychology, 124,* 35–47.

Hull, C. L. (1943). *Principles of behavior.* New York: Appleton-Century-Crofts.

Hull, C. L. (1951). *Essentials of behavior.* New Haven, CT: Yale University Press.

Hull, C. L. (1952). *A behavior system*. New Haven, CT: Yale University Press.

Ilyas, M., & Kumar, H. (1996). Building intelligence into computer-based systems: Some methodological problems of educational computing. *Indian Journal of Psychometry and Education, 27*, 99–106.

Inhelder, B. (1982). Outlook. In S. Modgil & C. Modgil (Eds.), *Jean Piaget: Consensus and controversy*. London: Praeger.

Inhelder, B., & Piaget, J. (1958). *The growth of logical thinking from childhood to adolescence*. New York: Basic Books.

Inoue, Y., & Sadamoto, T. (2002). Effects of single trial of heart-rate biofeedback during ramp bicycling exercise. *Perceptual & Motor Skills, 94*, 127–134.

Irwin, O. C., & Weiss, L. A. (1934). The effect of clothing on the general and vocal activity of the new born infant. *University of Iowa Studies in Child Welfare, 9*, 149–162.

Isurin, L., & McDonald, J. L. (2001). Retroactive interference from translation equivalents: Implications for first language forgetting. *Memory & Cognition, 29*, 312–319.

Jack, S. L., Shores, R. E., Denny, R. K., & Gunter, P. L. (1996). An analysis of the relationship of teachers' reported use of classroom management strategies on types of classroom interactions. *Journal of Behavioral Education, 6*, 67–87.

James, W. (1890/1950). *Principles of psychology* (Vol. 1). New York: Holt.

Jang, J. S. R., Sun, C. T., & Mizutani, E. (1997). *Neuro- fuzzy and soft computing: A computational approach to learning and machine intelligence*. Upper Saddle River, NJ: Prentice-Hall.

Janssen, J. (2002). Fantasy becomes reality. Treatment of sexual fantasies of sex offenders. *Tijdschrift voor Psychotherapie, 28*, 223–246.

Jenkins, R., Burton, A. M., & Ellis, A. W. (2002). Long- term effects of covert face recognition. *Cognition, 86*, B43–B52.

Jensen, P., & Toates, F. M. (1993). Who needs »behavioural needs«? Motivational aspects of the needs of animals. *Applied Animal Behaviour Science, 37*, 161–181.

Johanson, D. J., & Shreeve, J. (1989). *Lucy's child*. New York: Morrow.

Johnson, D. W., & Johnson, R. T. (1994). *Learning together and alone: Cooperative, competitive, and individualistic learning* (4th ed.). Boston: Allyn & Bacon.

Johnson, G. (1992). *In the palaces of memory: How we build the worlds inside our heads*. New York: Vintage.

Johnson, M. K., Bransford, J. D., & Solomon, S. (1973). Memory for tacit implications of sentences. *Journal of Experimental Psychology, 98*, 203–205.

Joncich, G. (1968). *The sane positivist: A biography of Edward L. Thorndike*. Middleton, CT: Wesleyan University Press.

Jones, M. C. (1974). Albert, Peter, and John B. Watson. *American Psychologist, 29*, 581–583.

Kamil, A. C., & Mauldin, J. E. (1988). A comparative ecological approach to the study of learning. In R. C. Bolles, & M. D. Beecher (Eds.), *Evolution and learning*. Hillsdale, NJ: Erlbaum.

Kamin, L. J. (1968). »Attention-like« processes in classical conditioning. In M. R. Jones (Ed.), *Miami Symposium on the Prediction of Behavior: Aversive stimulation*. Miami, FL: University of Miami Press.

Kamin, L. J. (1969). Predictability, surprise, attention and conditioning. In B. A. Campbell & R. M. Church (Eds.), *Punishment and aversive behavior*. New York: Appleton-Century-Crofts.

Kandel, E. R. (1985). Cellular mechanisms of learning and the biological bases of individuality. In E. R. Kandel & J. R. Schwartz (Eds.), *Principles of neural science* (2nd ed.). New York: Elsevier.

Kandel, E. R., Schwartz, J. H., & Jessell, T. M. (Eds.), (2000). *Principles of neural science* (4th ed.). New York: McGraw-Hill.

Keane, M. M., Gabrieli, J. D., Monti, L., Fleischman, D. A., Cantor, J. M., & Noland, J. S. (1997). Intact and impaired conceptual memory processes in amnesia. *Neuropsychology, 11*, 59–69.

Keith-Lucas, T., & Guttman, N. (1975). Robust singletrial delayed backward conditioning. *Journal of Comparative and Physiological Psychology, 88*, 468–476.

Keller, F. S. (1969). *Learning: Reinforcement theory* (2nd ed.). New York: Random House.

Kelley, H. H. (1992). Common-sense psychology and scientific psychology. *Annual Review of Psychology, 43*, 1–23.

Kellogg, R. T. (2003). *Cognitive psychology* (2nd ed.). Thousand Oaks, CA: Sage.

Kenrick, D. T., Maner, J. K., Butner, J., Li, N. P., & Becker, D. V. (2002). Dynamical evolutionary psychology: Mapping the domains of the new interactionist paradigm. *Personality and Social Psychology Review, 6*, 347–356.

Keri, S. (2003). The cognitive neuroscience of category learning. *Brain Research Reviews, 43*, 85–109.

Kiianmaa, K., Hyytia, P., Samson, H. H., Engel, J. A., Svensson, L., Soderpalm, B., et al. (2003). New neuronal networks involved in ethanol reinforcement. *Alcoholism: Clinical & Experimental Research, 27*, 209–219.

Killeen, P. R. (2003). Complex dynamic processes in sign tracking with an omission contingency (negative automaintenance). *Journal of Experimental Psychology: Animal Behavior Processes, 29*, 49–60.

Kimble, G. A. (1993). A modest proposal for a minor revolution in the language of psychology. *Psychological Science, 4*, 253–255.

Klaus, M., & Kennell, J. (1983). *Bonding: The beginnings of parent-infant attachment* (Rev. ed.). St. Louis: Mosby.

Knowlis, D. T., & Kamiya, J. (1970). The control of electroencephalographic alpha rhythms through auditory feedback in the associated mental activity. *Psychophysiology, 6*, 476–484.

Kobes, B. K. (1991). On a model for psycho-neural coevolution. *Behavior and Philosophy, 19*, 1–17.

Koffka, K. (1922). Perception: An introduction to Gestalt theory. *Psychological Bulletin, 19*, 531–585.

Koffka, K. (1925). *The growth of the mind*. New York: Harcourt, Brace & World.

Koffka, K. (1935). *Principles of Gestalt psychology*. New York: Harcourt, Brace & World.

Köhler, W. (1925). *The mentality of apes* (E. Wister, Trans.). New York: Harcourt, Brace & World.

Köhler, W. (1927). *The mentality of the apes*. New York: Harcourt, Brace & World.

Literatur

Köhler, W. (1929). *Gestalt psychology*. New York: Liveright.

Köhler, W. (1969). *The task of Gestalt psychology*. Princeton, NJ: Princeton University Press.

Kolb, B. (2003). The impact of the Hebbian learning rule on research in behavioural neuroscience. *Canadian Psychology, 44*, 14–16.

Kolb, B., & Whishaw, I. Q. (1998). Brain plasticity and behavior. *Annual Review of Psychology, 49*, 43–64.

Kollins, S. H., Newland, M. C., & Critchfield, T. S. (1997). Human sensitivity to reinforcement in operant choice: How much do consequences matter? *Psychonomic Bulletin and Review, 4*, 208–220.

Koriat, A., Goldsmith, M., & Pansky, A. (2000). Toward a psychology of memory accuracy. *Annual Review of Psychology, 51*, 481–537.

Kosslyn, S. M., Behrmann, M., & Jeannerod, M. (1995). The cognitive neuroscience of mental imagery. In M. Behrmann, S. M. Kosslyn, & M. Jeannerod (Eds.), *The neuropsychology of mental imagery*. Tarrytown, NY: Elsevier.

Kozulin, A., & Gindis, B., Ageyev, V. S., & Miller, S. M. (Eds.). (2003). *Vygotsky's educational theory in cultural context. Learning in doing*. New York, NY: Cambridge University Press.

Krech, D., Rosenzweig, M., & Bennett, E. L. (1960). Effects of environmental complexity and training on brain chemistry. *Journal of Comparative and Physiological Psychology, 53*, 509–519.

Krech, D., Rosenzweig, M., & Bennett, E. L. (1962). Relations between brain chemistry and problem-solving among rats in enriched and impoverished environments. *Journal of Comparative and Physiological Psychology, 55*, 801–807.

Krech, D., Rosenzweig, M., & Bennett, E. L. (1966). Environmental impoverishment, social isolation, and changes in brain chemistry and anatomy. *Physiology and Behavior, 1*, 99–104.

Kress, T., & Daum, I. (2003). The principle of learning based on multiple brain structures. In R. H. Kluwe, G. Lüer, & F. Rösler, (Eds.), *Principles of learning and memory*. Cambridge, MA: Birkhäuser.

Kuhn, D. (1972). Mechanisms of change in the development of cognitive structures. *Child Development, 43*, 833–844.

Kurcz, I. (1995). Inevitability and changeability of stereotypes: A review of theories. *Polish Psychological Bulletin, 26*, 113–128.

Lambert, E. B., & Clyde, M. (2003). Putting Vygotsky to the test. In D. E. Lytle (Ed.), *Play and educational theory and practice. Play and culture studies* (Vol. 5). Westport, CT: Praeger.

Lana, R. E. (2002). The behavior analytic approach to language and thought. *Journal of Mind & Behavior, 23*, 31–49.

Lantolf, J. P. (2003). Vygotsky's psychology-philosophy. A metaphor for language theory and learning. *Modern Language Journal, 87*, 137–138.

Larsen, D. J. (1999). Eclecticism: Psychological theories as interwoven stories. *International Journal for the Advancement of Counselling, 21*, 69–83.

Lashley, K. S. (1924). Studies of cerebral function in learning. *Archives of Neurological Psychiatry, 12*, 249–276.

Latimer, C., & Stevens, C. (1997). Some remarks on wholes, parts, and their perception. *Psycoloquy, 8*, NP.

Lear, J. (1996). The introduction of Eros: Reflections on the work of Hans Loewald. *Journal of the American Psychoanalytic Association, 44*, 673–698.

Leask, S. J., & Crow, T. J. (1997). How far does the brain lateralize? An unbiased method for determining the optimum degree of hemispheric specialization. *Neuropsychologia, 35*, 1381–1387.

Leclerc, G., Lefrançois, R., Dube, M., Hebert, R., & Gaulin, P. (1998). The self-actualization concept: A content validation. *Journal of Social Behavior and Personality, 13*, 69–84.

Lefrançois, G. R. (1968). A treatment hierarchy for the acceleration of conservation of substance. *Canadian Journal of Psychology, 22*, 277–284.

Lefrançois, G. R. (2000). *Psychology for teaching: A bear is not a choirboy* (10th ed.). Belmont, CA: Wadsworth.

Lehar, S. (2003). *The world in your head: A Gestalt view of the mechanism of conscious experience*. Mahwah, NJ: Erlbaum.

Lehman, E. B., McKinley-Pace, M. J., Wilson, J. A., & Slavsky, M. D. (1997). Direct and indirect measures of intentional forgetting in children and adults: Evidence for retrieval inhibition and reinstatement. *Journal of Experimental Child Psychology, 64*, 295–316.

Lepper, M. R. (1981). Intrinsic and extrinsic motivation in children: Detrimental effects of superfluous social controls. In W. A. Collins (Ed.), *Aspects of the development of competence: The Minnesota Symposium on Child Psychology* (Vol. 14). Hillsdale, NJ: Erlbaum.

Lepper, M. R., & Greene, D. (1975). Turning play into work: Effects of adult surveillance and extrinsic rewards on children's intrinsic motivation. *Journal of Personality and Social Psychology, 31*, 479–486.

Lerman, D. C., Iwata, B. A., Shore, B. A., & DeLeon, I. G. (1997). Effects of intermittent punishment on self-injurious behavior: An evaluation of schedule thinning. *Journal of Applied Behavior Analysis, 30*, 187–201.

Letourneau, E. J., & O'Donohue, W. (1997). Classical conditioning of female sexual arousal. *Archives of Sexual Behavior, 26*, 63–78.

Li, P., & MacWhinney, B. (2002). PatPho: A phonological pattern generator for neural networks. *Behavior Research Methods, Instruments, & Computers, 34*, 408–415.

Li, X. (2002). Connectionist learning: A comparison of neural networks and an optical thin-film multilayer model. *Connection Science: Journal of Neural Computing, Artificial Intelligence & Cognitive Research, 14*, 49–63.

Liben, L. (1975). Perspective-taking skills in young children: Seeing the world through rose-colored glasses. *Paper presented at the meeting of the Society for Research in Child Development*, Denver, CO.

Lilly, J. C. (1972). *The center of the cyclone: An autobiography of inner space*. New York: Julian.

Lindberg, A. C., Kelland, A., & Nicol, C. J. (1999). Effects of observational learning on acquisition of an operant response in horses. *Applied Animal Behaviour Science, 61*, 187–199.

Lindblom, J., & Ziemke, T. (2003) Social situatedness of natural and artificial intelligence: Vygotsky and beyond. *Adaptive Behavior, 11*, 79–96.

Lobb, M. S. (2001). The theory of self in Gestalt therapy: A restatement of some aspects. *Gestalt Review, 5,* 276–288.

Loftus, E. F. (1979). *Eyewitness testimony.* Cambridge, MA: Harvard University Press.

Loftus, E. F., Feldman, J., & Dashiell, R. (1995). The reality of illusory memories. In D. L. Schacter, J. T. Coyle, G. D. Fischbach, M. M. Mesulam, & L. E. Sullivan (Eds.), *Memory distortion: How minds, brains, and societies reconstruct the past.* Cambridge, MA: Harvard University Press.

Logue, A. W. (1988). A comparison of taste aversion learning in humans and other vertebrates: Evolutionary pressures in common. In R. C. Bolles & M. D. Beecher (Eds.), *Evolution and learning.* Hillsdale, NJ: Erlbaum.

Lorenz, K. (1952). *King Solomon's ring.* London: Methuen.

Lourenco, O., & Machado, A. (1996). In defense of Piaget's theory: A reply to 10 common criticisms. *Psychological Review, 103,* 143–164.

Lubin, D. A., Cannon, J. B., Black, M. C., Brown, L. E., & Johns, J. M. (2003). Effects of chronic cocaine on monoamine levels in discrete brain structures of lactating rat dams. *Pharmacology, biochemistry, and behavior, 74,* 449–454.

Luria, A. R. (1968). *The mind of a mnemonist.* New York: Avon.

MacCulloch, M. J., & Feldman, P. (1996). Eye movement desensitisation treatment utilises the positive visceral element of the investigatory reflex to inhibit the memories of posttraumatic stress disorder: A theoretical analysis. *British Journal of Psychiatry, 169,* 571–579.

Macfarlane, D. A. (1930). The role of kinesthesis in maze learning. *University of California Publications in Psychology, 4,* 277–305.

Magnussen, S., Greenlee, M. W., Aslaksen, P. M., & Kildebo, O. O. (2003). High-fidelity perceptual long-term memory revisited – and confirmed. *Psychological Science, 14,* 74–76.

Malone, J. C. Jr. & Cruchon, N. M. (2001). Radical behaviorism and the rest of psychology: A review/ precis of Skinner's About Behaviorism. *Behavior & Philosophy, 29,* 31–57.

Mandler, G. (1985). *Cognitive psychology: An essay in cognitive science.* Hillsdale, NJ: Erlbaum.

Mandler, G. (1996). The situation of psychology: Landmarks and choicepoints. *American Journal of Psychology, 109,* 1–35.

Markman, A. B., & Gentner, D. (2001). Thinking. *Annual Review of Psychology, 52,* 223–247.

Martens, B. K., & Hiralall, A. S. (1997). Scripted sequences of teacher interaction: A versatile, low-impact procedure for increasing appropriate behavior in a nursery school. *Behavior Modification, 21,* 308–323.

Martinie, M. A., & Joule, R. V. (2000). Trivialization and rationalization acts in a false attribution paradigm: Two alternative modes for reducing dissonance. [French]. Trivialisation et rationalisation en acte dans le paradigme de la fausse attribution: Deux voies alternatives de reduction de la dissonance. *Revue Internationale de Psychologie Sociale, 13,* 93–114.

Masia, C. L., & Chase, P. N. (1997). Vicarious learning revisited: A contemporary behavior analytic interpretation. *Journal of Behavior Therapy and Experimental Psychiatry, 28,* 41–51.

Maslow, A. H. (1970). *Motivation and personality* (2nd ed.). New York: Harper & Row.

Massaro, D. W., & Cowan, N. (1993). Information processing models: Microscopes of the mind. *Annual Review of Psychology, 44,* 383–425.

Mayes, A. R. (2002). Exploring the neural bases of complex memory. In L. R. Squire & D. L. Schacter (Eds.), *Neuropsychology of memory* (3rd ed.). New York: Guilford Press.

Mayo, E. (1930). The work of Jean Piaget. *Ohio State University Bulletin, 35,* 140–146.

McClelland, J. L., & Rumelhart, D. E. (Eds.). (1986). *Parallel distributed processing: Explorations in the microstructure of cognition* (Vol. 2). Cambridge, MA: Bradford/MIT Press.

McCloskey, M., & Cohen, N. J. (1989). Catastrophic interference in connectionist networks: The sequential learning problem. *Psychology of Learning and Motivation: Advanced Research and Theory, 24,* 109–165.

McConnell, J. V. (1962). Memory transfer through cannibalism in planarians. *Journal of Neuropsychiatry, 3* (Suppl. 1).

McConnell, J. V. (1976). Worm-breeding with tongue in cheek and the confessions of a scientist hoist by his own petard. *UNESCO Courier, 32,* 12–15.

McDougall, W. (1908). *An introduction to social psychology.* London: Methuen.

McKeachie, W. J. (1997). McConnell: Mischievous but not malevolent? *American Psychologist, 52,* 269.

Mead, M. (1935). *Sex and temperament in three primitive societies.* New York: Morrow.

Medici de Steiner, C. (1995). Analysing children's dreams. *International Journal of Psychoanalysis, 76,* 45–49.

Medin, D. L., & Florian, J. E. (1992). Abstraction and selective coding in exemplar-based models of categorization. In A. F. Healy, S. M. Kosslyn, & R. M. Shiffrin (Eds.), *From learning processes to cognitive processes: Essays in honor of William K. Estes* (Vol. 2). Hillsdale, NJ: Erlbaum.

Medin, D. L., & Ross, B. H. (1992). *Cognitive psychology.* Fort Worth, TX: Harcourt Brace.

Medin, D. L., Lynch, E. B., & Solomon, K. O. (2000). Are there kinds of concepts? *Annual Review of Psychology, 51,* 121–147.

Mellor, D. H. (1989). How much of the mind is a computer. In P. Sleak & W. R. Albury (Eds.), *Computers, brains and minds.* Boston: Kluwer.

Meltzoff, A. N., & Moore, M. K. (1989). Imitation in newborn infants: Exploring the range of gestures imitated and the underlying mechanisms. *Developmental Psychology, 25,* 954–962.

Mervis, C. B., & Rosch, E. (1981). Categorization of natural objects. *Annual Review of Psychology, 32,* 89–115.

Miller, G. A. (1956). The magical number seven, plus or minus two: Some limits on our capacity for processing information. *Psychological Review, 63,* 81–97.

Miller, N. E. (1951). Learnable drives and rewards. In S. S. Stevens (Ed.), *Handbook of experimental psychology.* New York: Wiley.

Miller, N. E. (1969). Learning of visceral and glandular responses. *Science, 163,* 434–445.

Miller, N. E., & Carmona, A. (1967). Modification of a visceral response, salivation in thirsty dogs, by instrumental training with water reward. *Journal of Comparative and Physiological Psychology, 63,* 1–6.

Miller, N. E., & Dollard, J. C. (1941). *Social learning and imitation.* New Haven, CT: Yale University Press.

Miller, R. (1990). Beyond reductionism: The emerging holistic paradigm in education. *Humanistic Psychologist, 18,* 314–323.

Mills, J. A. (1998). *Control: A history of behavioral psychology.* New York: New York University Press.

Milner, P. M. (1989). A cell assembly theory of hippocampal amnesia. Special Issue: Memory. *Neuropsychologia, 27,* 23–30.

Miskin, M. (1995). Cerebral memory circuits. In J. King & K. H. Pribram (Eds.), *Scale in conscious experience: Is the brain too important to be left to specialists to study?* Mahwah, NJ: Erlbaum.

Mitchell, C. J., & Lovibond, P. F. (2002). Backward and forward blocking in human electrodermal conditioning: Blocking requires an assumption of outcome additivity. *Quarterly Journal of Experimental Psychology, 55B,* 311–329.

Modgil, S., & Modgil, C. (Eds.). (1982). *Jean Piaget: Consensus and controversy.* London: Praeger.

Monti, L. A., Gabrieli, J. D., Wilson, R. S., Beckett, L. A., Grinnell, E., Lange, K. L., Reminger, S.L. (1997). Sources of priming in text rereading: Intact implicit memory for new associations in older adults and in patients with Alzheimer's disease. *Psychology and Aging, 12,* 536–547.

Moore, J. D., Redfield, L. W., & Johnson, L. W. (Eds.) (2001). *Artificial intelligence in education: AI-ED in the Wired and Wireless future.* Amsterdam: IOS Press.

Moray, N. (1959). Attention in dichotic listening: Affective cues and influence of instruction. *Quarterly Journal of Experimental Psychology, 11,* 56–60.

Morgado, L. (2003). The role of representation in Piagetian theory: Changes over time. In T. Brown & L. Smith (Eds.), *Reductionism and the development of knowledge.* Mahwah, NJ: Erlbaum.

Morrison, A. R. (2001). A scientist's perspective on the ethics of using animals in behavioral research. In M. E. Carroll & J. Bruce Overmier (Eds.), *Animal research and human health: Advancing human welfare through behavioral science.* Washington, DC: American Psychological Association.

Morwitz, V. G., & Pluzinski, C. (1996). Do polls reflect opinions or do opinions reflect polls? The impact of political polling on voters' expectations, preferences, and behavior. *Journal of Consumer Research, 23,* 53–67.

Mowrer, O. H., & Mowrer, W. M. (1938). Enuresis: A method for its study and treatment. *American Journal of Orthopsychiatry, 8,* 436–459.

Murawski, D. A. (1993). Passion vine butterflies: A taste for poison. *National Geographic, 184,* 123–137.

Murchison, C. (Ed.). (1936). *A history of psychology in autobiography* (Vol. 3). Worcester, MA: Clark University Press.

Murray, D. J. (1995). *Gestalt psychology and the cognitive revolution.* New York: Harvester Wheatsheaf.

Nairne, J. S. (2002). Remembering over the short-term: The case against the standard model. *Annual Review of Psychology, 53,* 53–81.

Nathawat, S. S., Singh, R., & Singh, B. (1997). The effect of need for achievement on attributional style. *Journal of Social Psychology, 137,* 55–62.

Necka, E. (2000). Intelligence, cognitive strategies, and arousal: Can we control non-cognitive factors that influence our intellect? In U. von Hecker, S. Dutke, & G. Sedek (Eds.), *Generative mental processes and cognitive resources: Integrative research on adaptation and control.* Boston: Kluwer Academic.

Neisser, U. (1976). *Cognition and reality: Principles and implications of cognitive psychology.* San Francisco: Freeman.

Neisser, U. (1978). Memory: What are the important questions? In M. M. Gruneberg, P. E. Morris, & R. N. Sykes (Eds.), *Practical aspects of memory.* San Diego: Academic Press.

Neruda, P. (1972). *The captain's verses.* New York: New Directions.

Newell, A. (1973). Artificial intelligence and the concept of mind. In R. C. Schank & C. M. Colby (Eds.), *Computer models of thought and language.* San Francisco: Freeman.

Newell, A. (1989). Putting it all together. In D. Klahr & K. Kotovsky (Eds.), *Complex information processing: The impact of Herbert A. Simon.* Hillsdale, NJ: Erlbaum.

Newell, A. (1990). *Unified theories of cognition.* Cambridge, MA: Harvard University Press.

Newell, A., Shaw, J. C., & Simon, H. A. (1958). Elements of a theory of human problem-solving. *Psychological Review, 65,* 151–166.

Newell, A., & Simon, H. A. (1972). *Human problem solving.* Englewood Cliffs, NJ: Prentice-Hall.

Norcross, J. C., & Tomcho, T. J. (1994). Great books in psychology: Three studies in search of a consensus. *Teaching of Psychology, 21,* 86–90.

Nucci, L., & Turiel, E. (2001). Message from the Jean Piaget Society. *Cognitive Development, 16,* 657–658.

O'Brien, G., & Opie, J. (2002). Radical connectionism: Thinking with (not in) language. *Language & Communication, 22,* 313–329.

O'Donohue, W., & Ferguson, K. E. (2001). *The psychology of B. F. Skinner.* Thousand Oaks, CA: Sage.

Olds, J. (1956). Pleasure centers in the brain. *Scientific American, 195,* 105–116.

Olds, J., & Milner, P. (1954). Positive reinforcement produced by electrical stimulation of septal area and other regions of rat brain. *Journal of Comparative and Physiological Psychology, 47,* 419–427.

O'Leary, K. D., & Becker, W. C. (1968). The effects of a teacher's reprimands on children's behavior. *Journal of School Psychology, 7,* 8–11.

O'Leary, K. D., Kaufman, K. F., Kass, R. F., & Drabman, R. S. (1974). The effects of loud and soft reprimands on the behavior of disruptive students. In A. R. Brown & C. Avery (Eds.), *Modifying children's behavior: A book of readings.* Springfield, IL: Thomas.

O'Neil, W. M. (1991). In what sense do Tolman's intervening variables intervene? *Australian Journal of Psychology, 43,* 159–162.

Olson, D. R. (1963). *The role of verbal rules in the cognitive processes of children.* Unpublished doctoral dissertation, University of Alberta, Edmonton.

Olton, D. S. (1992). Tolman's cognitive analyses: predecessors of current approaches in psychology. *Journal of Experimental Psychology: General, 121,* 427–428.

Opper, S. (1977). Concept development in Thai urban and rural children. In P. R. Dasen (Ed.), *Piagetian psychology: Cross-cultural contributions*. New York: Gardner.

Orlofsky, D. D. (2001). *Redefining teacher education: The theories of Jerome Bruner and the practice of training teachers*. New York: Peter Lang.

Oswick, C., Keenoy, T., & Grant, D. (2002). Metaphor and analogical reasoning in organization theory: Beyond orthodoxy. *Academy of Management Review, 27*, 294–303.

Overskeid, G. (2002). Psychological hedonism and the nature of motivation: Bertrand Russell's anhedonic desires. *Philosophical Psychology, 15*, 77–93.

Page, R. A. (1992). Clark Hull and his role in the study of hypnosis. *American Journal of Clinical Hypnosis, 34*, 178–184.

Pajares, M. F. (1992). Teachers' beliefs and educational research: Cleaning up a messy construct. *Review of Educational Research, 62*, 307–332.

Papert, S. (1980). *Mindstorms: Children, computers, and powerful ideas*. New York: Basic Books.

Papert, S. (1993). *The children's machine: Rethinking school in the age of the computer*. New York: Basic Books.

Pascal, B. (1820). *Pensées de Blaise Pascal*. Paris: Ledentu, Libraire, quai des Augustins, no. 31.

Pashler, H., & Medin, D. (Eds.). (2002). *Steven's handbook of experimental psychology* (3rd ed.), *Vol. 2: Memory and cognitive processes*. New York: Wiley.

Patrick, H., Hicks, L., & Ryan, A. M. (1997). Relations of perceived social efficacy and social goal pursuit to self-efficacy for academic work. *Journal of Early Adolescence, 17*, 109–128.

Paul, D. B., & Blumenthal, A. L. (1989). On the trail of Little Albert. *Psychological Record, 39*, 547–553.

Pearce, J. M., & Bouton, M. E. (2001). Theories of associative learning in animals. *Annual Review of Psychology, 52*, 111–139.

Penfield, W. (1969). Consciousness, memory and man's conditioned reflexes. In K. H. Pribram (Ed.), *On the biology of learning*. New York: Harcourt Brace Jovanovich.

Penner, D. E. (2000–2001). Cognition, computers, and synthetic science: Building knowledge and meaning through modeling. In W. G. Segada (Ed.), *Review of research in education, 25*, 1–35.

Peterson, L. R., & Peterson, N. J. (1959). Short-term retention of individual verbal items. *Journal of Experimental Psychology, 58*, 193–198.

Petty, R. E., Wegener, D. T., & Fabrigar, L. R. (1997). Attitudes and attitude change. *Annual Review of Psychology, 48*, 609–647.

Phillips, J. M., & Gully, S. M. (1997). Role of goal orientation, ability, need for achievement, and locus of control in the self-efficacy and goal-setting process. *Journal of Applied Psychology, 82*, 792–802.

Piaget, J. (1926). *The language and thought of the child*. New York: Harcourt, Brace & World.

Piaget, J. (1929). *The child's conception of the world*. New York: Harcourt, Brace & World.

Piaget, J. (1930). *The child's conception of physical causality*. London: Kegan Paul.

Piaget, J. (1932). *The moral judgment of the child*. London: Kegan Paul.

Piaget, J. (1946). *Le dévelopement de la notion de temps chez l'enfant* [The development of the notion of time in the child]. Paris: Presses Universitaires de France.

Piaget, J. (1950). *The psychology of intelligence*. New York: Harcourt, Brace & World.

Piaget, J. (1951). *Play, dreams and imitation in childhood*. New York: Norton.

Piaget, J. (1961). *On the development of memory and identity*. Worcester, MA: Clark University Press.

Piaget, J. (1972). Intellectual development from adolescence to adulthood. *Human Development, 15*, 1–12.

Piaget, J. (1976). *The grasp of consciousness*. Cambridge, MA: Harvard University Press.

Piaget, J. (1980). *Les formes élémentaires de la dialectique*. Paris: Gallimard.

Piaget, J. (2001). *Studies in reflecting abstraction*. (R. Campbell, Ed. and Trans.) Sussex, UK: Psychology Press.

Piaget, J., & Inhelder, B. (1941). *Le développement des quantités chez l'enfant*. Neuchatel: Délachaux et Niestlé.

Piaget, J., & Inhelder, B. (1956). *The child's conception of space*. New York: Norton.

Plato. (427–347 BC) *Republic 5*. (1993 translation and introduction by S. Halliwell). Warminster: Aris & Phillips.

Plenge, M., Curio, E., & Witte, K. (2000). Sexual imprinting supports the evolution of novel male traits by transference of a preference for the colour red. *Behaviour, 137*, 741–758.

Poldrack, R. A., & Packard, M. G. (2003). Competition among multiple memory systems: Converging evidence from animal and human brain studies. *Neuropsychologia, 41*, 245–251.

Pope, A. T., & Bogart, E. H. (1996). Extended attention span training system: Video game neurotherapy for attention deficit disorder. *Child Study Journal, 26*, 39–50.

Pope, D. J., & Whiteley, H. E. (2003). Developmental dyslexia, cerebellar/vestibular brain function and possible links to exercise-based interventions: A review. *European Journal of Special Needs Education, 18*, 109–123.

Porter, S., & Birt, A. R. (2001). Is traumatic memory special ? A comparison of traumatic memory characteristics with memory for other emotional life experiences. *Applied Cognitive Psychology, 15*, S101–S117.

Powell, R. A., Symbaluk, D. G., & Macdonald, S. E. (2002). *Introduction to learning and behavior*. Belmont, CA: Thomson Learning.

Premack, D. (1965). Reinforcement theory. In D. Levine (Ed.), *Nebraska Symposium on Motivation*. Lincoln: University of Nebraska Press.

Prytula, R. E., Oster, G. D., & Davis, S. F. (1977). The »rat rabbit« problem: What did John B. Watson really do? *Teaching of Psychology, 4*, 44–46.

Pulvermuller, F. (1996). Hebb's concept of cell assemblies and the psychophysiology of word processing. *Psychophysiology, 33*, 317–333.

Purdy, J. E., Harriman, A., & Molitorisz, J. (1993). Contributions to the history of psychology: XCV. Possible relations between theories of evolution and animal learning. *Psychological Reports, 73*, 211–223.

Quigley, J. (2001). Psychology and grammar: The construction of autobiographical self. *Theory & Psychology, 11*, 147–170.

Literatur

Raphael, B. (1976). *The thinking computer: Mind inside matter.* San Francisco: Freeman.

Reber, A. S. (1989). Implicit learning and tacit knowledge. *Journal of Experimental Psychology: General, 118,* 219–235.

Reese, E. P. (1966). *The analysis of human operant behavior.* Dubuque, IA: Brown.

Reilly, S., & Grutzmacher, R. P. (2002). Autoshaping in the rat: Conditioned licking response to a stimulus that signals sucrose reinforcement. *Behavioural Processes, 59,* 15–24.

Rescorla, R. A. (1980). *Pavlovian second-order conditioning: Studies in associative learning.* Hillsdale, NJ: Erlbaum.

Rescorla, R. A. (1988). Pavlovian conditioning: It's not what you think it is. *American Psychologist, 43,* 151–160.

Rescorla, R. A., & Holland, P. C. (1976). Some behavioral approaches to the study of learning. In M. R. Rosenzweig & E. L. Bennet (Eds.), *Neuromechanisms of learning and memory.* Boston: MIT Press.

Rice, B. (1982). The Hawthorne defect: Persistence of a flawed theory. *Psychology Today,* February, *16,* 70–74.

Richardson, J. T. E. (1995). The efficacy of imagery mnemonics in memory remediation. In M. Behrmann, S. M. Kosslyn, & M. Jeannerod (Eds.), *The neuropsychology of mental imagery.* Tarrytown, NY: Elsevier.

Richey, R. C. (Ed.). (2000). *The legacy of Robert M. Gagné.* Syracuse, NY: ERIC Clearinghouse on Information & Technology.

Riesen, A. H., Chow, K. L., Semmes, J., & Nissen, H. W. (1951). Chimpanzee vision after four conditions of light deprivation. *American Psychologist, 6,* 282.

Rilling, M. (1996). The mystery of the vanished citations: James McConnell's forgotten 1960's quest for planarian learning, a biochemical engram, and celebrity. *American Psychologist, 51,* 589–598.

Robertson, R., Garcia Y., & Garcia, J. (1988). Darwin was a learning theorist. In R. C. Bolles & M. D. Beecher (Eds.), *Evolution and learning.* Hillsdale, NJ: Erlbaum.

Rockwell, W. T. (1994). Beyond determination and indignity: A reinterpretation of operant conditioning. *Behavior & Philosophy, 22,* 53–66.

Roethlisberger, S. J., & Dickson, W. J. (1939). *Management and the worker.* Cambridge, MA: Harvard University Press.

Rogers, C. R., & Skinner, B. F. (1956). Some issues concerning the control of human behavior: A symposium. *Science, 124,* 1057–1066.

Rolls, E. T. (2000). Memory systems in the brain. *Annual Review of Psychology, 51,* 599 630.

Romanes, G. J. (1883). *Animal intelligence.* New York: D. Appleton. Reissued as Robinson, D. W. (Ed.). (1977). *Animal intelligence: George John Romanes.* Washington, DC: University Publications of America.

Rosch, E. (1973). Natural categories. *Cognitive Psychology, 4,* 328–350.

Rosch, E. (1977). Human categorization. In N. Warren (Ed.), *Advances in cross-cultural psychology* (Vol. 1). London: Academic Press.

Rosenzweig, M. R., Leiman, A. L., & Breedlove, M. S. (1999). *Biological psychology: An introduction to behavioral, cognitive, and clinical neuroscience.* Sunderland, MA: Sinauer Associates.

Rosler, F., Heil, M., & Roder, B. (1997). Slow negative brain potentials as reflections of specific modular resources of cognition. *Biological Psychology, 45,* 109–141.

Roth, W. T., Ford, J. M., Pfefferbaum, A., & Elbert, T. R. (1995). Methodological issues in event-related brain potential and magnetic field studies. In F. E. Bloom & D. J. Kupfer (Eds.), *Psychopharmacology: The fourth generation of progress: An official publication of the American College of Neuropsychopharmacology.* New York: Raven Press.

Rotter, J. B. (1954). *Social learning and clinical psychology.* Englewood Cliffs, NJ: Prentice-Hall.

Rovee-Collier, C., Hayne, H., & Colombo, M. (2001). *The development of implicit and explicit memory.* Philadelphia: John Benjamins.

Rowan, J. (1998). Maslow amended. *Journal of Humanistic Psychology, 38,* 81–92.

Rozin, P., & Kalat, J. W. (1971). Specific hungers and poison avoidance as adaptive specializations of learning. *Psychological Review, 78,* 459–486.

Rumelhart, D. E. (1992). Towards a microstructural account of human reasoning. In S. Davis (Ed.), *Connectionism: Theory and practice.* New York: Oxford University Press.

Rush, K. S., Crockett, J. L., & Hagopian, L. P. (2001). An analysis of the selective effects of NCR with punishment targeting problem behavior associated with positive affect. *Behavioral Intervention, 16,* 127–135.

Russell, J. (1999). Cognitive development as an executive process – in part: A homeopathic dose of Piaget. *Developmental Science, 2,* 247–295.

Russell, J. A. (2003). Core affect and the psychological construction of emotion. *Psychological Review, 110,* 145–172.

Russo, M., & Jain, L. C. (2001). *Fuzzy learning and applications.* Boca Raton, FL: CRC Press.

Sagan, C. (1977). *The dragons of Eden.* New York: Ballantine Books.

Sahakian, W. S. (1981). *Psychology of learning: Systems, models, and theories* (2nd ed.). Chicago: Markham.

Sakagami, S. F., & Akahira, Y. (1960). Studies on the Japanese honeybee, Apis cerafabricius: 8. Two opposing adaptations in the post-stinging behavior of honeybees. *Evolution, 14,* 29–40.

Sales, B. D., & Folkman, S. (Eds.), (2000). *Ethics in research with human participants.* Washington, DC: American Psychological Association.

Salomon, G., & Perkins, D. N. (1998). Individual and social aspects of learning. In P. D. Pearson & A. Iran-Nejad (Eds.), *Review of Research in Education, 23,* 1–24.

Samelson, F. (1980). J. B. Watson's little Albert, Cyril Burt's twins, and the need for a critical science. *American Psychologist, 35,* 619–625.

Santiago-Delefosse, M. J., & Delefosse, J. M. O. (2002). Spielrein, Piaget and Vygotsky: Three positions on child thought and language. *Theory & Psychology, 12,* 723–747.

Schacter, D. L., Norman, K. A., & Koutstaal, W. (1998). The cognitive neuroscience of constructive memory. *Annual Review of Psychology, 49,* 289–318.

Schauss, S. L., Chase, P. N., & Hawkins, R. P. (1997). Environment-behavior relations, behavior therapy and the process of persuasion and attitude change. *Journal of Behavior Therapy and Experimental Psychiatry, 28,* 31–40.

Scher, S. J., & Rauscher, F. (2003). Nature read in truth or in flaw: Locating alternatives in evolutionary psychology. In S. J. Scher & F. Rauscher (Eds.), *Evolutionary psychology: Alternative approaches.* Boston: Kluwer.

Schmuck, R. A., & Schmuck, P. A. (1997). *Group processes in the classroom* (7th ed.). Madison, WI: Brown & Benchmark.

Schneider, H. J. (1996). Violence in the mass media. *Studies on Crime and Crime Prevention, 5,* 59–71.

Schultz, D. P. (1965). *Sensory restriction: Effects on behavior.* New York: Academic Press.

Schunk, D. H. (1984). Self-efficacy perspective on achievement behavior. *Educational Psychologist, 19,* 48–58.

Scrimsher, S., & Tudge, J. (2003). The teaching/ learning relationship in the first years of school: Some revolutionary implications of Vygotsky's theory. *Early Education and Development, 14,* 293–312.

Searle, J. (1980). Minds, brains, and programs. *Behavioral and Brain Sciences, 3,* 417–424.

Sears, I. R., Maccoby, E. P., & Lewin, H. (1957). *Patterns of child rearing.* Evanston, IL: Row, Peterson.

Sejnowski, T. J., & Rosenberg, C. R. (1987). Parallel networks that learn to pronounce English text. *Complex Systems, 1,* 145–168.

Seligman, M. E. P. (1975). *Helplessness: On depression, development, and death.* San Francisco: Freeman.

Seligman, M. E. P., & Hager, J. L. (1972). *Biological boundaries of learning.* New York: Appleton-Century- Crofts.

Semb, G. B., & Ellis, J. A. (1994). Knowledge taught in school: What is remembered? *Review of Educational Research, 64,* 253–286.

Shanks, N. (2002). *Animals and science: A guide to the debates.* Santa Barbara, CA: ABC-Clio.

Shebilske, W. L., Jordan, J. A., Goettle, B. P., & Paulus, L. E. (1998). Observation versus hands-on practice of complex skills in dyadic, triadic, and tetradic training teams. *Human Factors, 40,* 525–540.

Shotter, J. (2001). Towards a third revolution in psychology: From inner mental representations to dialogically-structured social practices. In D. Bakhurst & S. G. Shanker (Eds.), *Jerome Bruner: Language, culture, self.* Thousand Oaks, CA: Sage.

Siegel, P. F. (1996). The meaning of behaviorism for B. F. Skinner. *Psychoanalytic Psychology, 13,* 343–365.

Siegert, R. J., & Ward, T. (2002) Evolutionary psychology: Origins and criticisms. *Australian Psychologist, 37,* 20–29.

Siegler, R. S., & Liebert, R. M. (1972). Effects of presenting relevant rules and complete feedback on the conservation of liquid quantity task. *Developmental Psychology, 7,* 133–138.

Simon, H. A. (1990). Invariants of human behavior. *Annual Review of Psychology, 41,* 1–19.

Skaalvik, E. M., & Rankin, R. J. (1995). A test of the internal/external frame of reference model at different levels of math and verbal self-perception. *American Educational Research Journal, 32,* 161–184.

Skinner, B. F. (1938). *The behavior of organisms: An experimental analysis.* New York: Appleton-Century-Crofts.

Skinner, B. F. (1948). *Walden two.* New York: Macmillan.

Skinner, B. F. (1950). Are theories of learning necessary? *Psychological Review, 57,* 193–216.

Skinner, B. F. (1951, December). How to teach animals. *Scientific American, 185,* 26–29.

Skinner, B. F. (1953). *Science and human behavior.* New York: Macmillan.

Skinner, B. F. (1957). *Verbal behavior.* New York: Appleton-Century-Crofts.

Skinner, B. F. (1961). *Cumulative record* (Rev. ed.). New York: Appleton-Century-Crofts.

Skinner, B. F. (1969). *Contingencies of reinforcement: A theoretical analysis.* New York: Appleton-Century-Crofts.

Skinner, B. F. (1971). *Beyond freedom and dignity.* New York: Knopf.

Skinner, B. F. (1973). Answers for my critics. In H. Wheeler (Ed.), *Beyond the punitive society: Operant conditioning: Social and political aspects.* San Francisco: Freeman.

Skinner, B. F. (1976). *Particulars of my life.* New York: Knopf.

Skinner, B. F. (1979). *The shaping of a behaviorist.* New York: Knopf.

Skinner, B. F. (1983). *A matter of consequences.* New York: Knopf.

Skinner, B. F. (1986). Why I am not a cognitive psychologist. In T. J. Knapp & L. C. Robertson (Eds.), *Approaches to cognition: Contrasts and controversies,* Hillsdale, NJ: Erlbaum.

Skinner, B. F. (1989). *Recent issues in the analysis of behavior.* Columbus, OH: Merrill.

Skinner, B. F. (1996). Some responses to the stimulus »Pavlov«. *Integrative Physiological and Behavioral Science, 31,* 254–257.

Slanger, E., & Rudestam, K. E. (1997). Motivation and disinhibition in high risk sports: Sensation seeking and self-efficacy. *Journal of Research in Personality, 31,* 355–374.

Slifer, K. J., Babbitt, R. L., & Cataldo, M. D. (1995). Simulation and counterconditioning as adjuncts to pharmacotherapy for invasive pediatric procedures. *Journal of Developmental and Behavioral Pediatrics, 16,* 133–141.

Smedslund, J. (1961). The acquisition of conservation of substance and weight in children. I. Introduction. *Scandinavian Journal of Psychology, 2,* 110.

Smeijsters, H., & van den Berk, P. (1995). Music therapy with a client suffering from musicogenic epilepsy: A naturalistic qualitative single-case research. Special Issue: European Consortium for Arts Therapy Education (ECARTE). *Arts in Psychotherapy, 22,* 249–263.

Smith, B. (1988). Gestalt theory: An essay in philosophy. In B. Smith (Ed.), *Foundations of Gestalt theory.* Munich, Germany: Philosophia Verlag München Wien.

Smith, B. D., & Vetter, H. J. (1996). A behavioral approach: B. F. Skinner. In G. H. Jennings (Ed.), *Passages beyond the gate: A Jungian approach to understanding the nature of American psychology at the dawn of the new millennium.* Needham Heights, MA: Simon & Schuster.

Smith, G. P. (1995). Pavlov and appetite. *Integrative Physiological and Behavioral Science, 30,* 169–174.

Smith, L. D. (1990). Metaphors of knowledge and behavior in the behaviorist tradition. In D. E. Leary (Ed.), *Metaphors in the history of psychology.* New York: Cambridge University Press.

Literatur

Smith, L. D. (2002). On prediction and control: B. F. Skinner and the technological ideal of science. In W. E. Pickren & D. A. Dewsbury, Donald A. (Eds.), *Evolving perspectives on the history of psychology*. Washington, DC: American Psychological Association.

Sommer, R., & Sommer, B. (2002). *A practical guide to behavioral research*. New York: Oxford University Press.

Sonderegger, T. B. (1970). Intracranial stimulation and maternal behavior. *APA Convention Proceedings, 78th meeting,* 245–246.

Sonnier, I. L. (1991). Hemisphericity: A key to understanding the individual differences among teachers and learners. *Journal of Instructional Psychology, 18,* 17–22.

Sperling, G. (1963). A model for visual memory tests. *Human Factors, 5,* 19–31.

Sprenger, M. B. (2002). *Becoming a »Wiz« at brain-based teaching: How to make every year your best year.* Thousand Oaks, CA: Corwin Press.

Squire, L. R. (1987). *Memory and brain.* New York: Oxford University Press.

Squire, L. R., Knowlton, B., & Musen, G. (1993). The structure and organization of memory. *Annual Review of Psychology, 44,* 453–495.

St. Julien, J. (1997). Explaining learning: The research trajectory of situated cognition and the implications of connectionism. In D. I. Kirshner & J. A. Whitson (Eds.), *Situated cognition: Social, semiotic, and psychological perspectives.* Mahwah, NJ: Erlbaum.

Stagner, R. (1988). *A history of psychological theories.* New York: Macmillan.

Standing, L. (1973). Learning 10,000 pictures. *Quarterly Journal of Experimental Psychology, 25,* 207–222.

Steier, D., & Mitchell, T. M. (Eds.). (1996). *Mind matters: A tribute to Allen Newell.* Mahwah, NJ: Erlbaum.

Sternberg, R. J., & Ben-Zeev, T. (2001). *Complex cognition: The psychology of human thought.* New York: Oxford University Press.

Takaku, S. (2001). The effects of apology and perspective taking on interpersonal forgiveness: A dissonance-attribution model of interpersonal forgiveness. *Journal of Social Psychology, 141,* 494–508.

Tannenbaum, J. (2001). The paradigm shift toward animal happiness: What it is, why it is happening, and what it portends for medical research. In E. F. Paul & J. Paul (Eds.), *Why animal experimentation matters: The use of animals in medical research. New studies in social policy.* New Brunswick, NJ: Transaction.

Terrace, H. S. (1963). Errorless transfer of a discrimination across two continua. *Journal of the Experimental Analysis of Behavior, 67,* 223–232.

The Jean Piaget Society. (2002). Constructivism (Special Issue). *Cognitive Development, 17*(September– December).

The Scientific American Book of the Brain. (1999). New York: Scientific American.

Thiele, T. E., Kiefer, S. W., & Badia-Elder, N. E. (1996). Delayed generalization testing produces enhanced alcohol aversions in rats. *Alcohol, 13,* 201–207.

Thomas, M., & Karmiloff-Smith, A. (2003). Connectionist models of development, developmental disorders, and individual differences. In R. J. Sternberg & J. Lautrey (Eds.), *Models of intelligence: International perspectives.* Washington, DC: American Psychological Association.

Thomas, R. K. (1997). Correcting some Pavloviana regarding »Pavlov's bell« and Pavlov's »mugging.« *American Journal of Psychology, 110,* 115–125.

Thomas, R. M. (2000). *Comparing theories of child development* (5th ed.). Belmont, CA: Wadsworth.

Thorndike, E. L. (1898). Animal intelligence: An experimental study of the associative processes in animals. *Psychological Review Monograph Supplement, 2*(8).

Thorndike, E. L. (1911). *Animal intelligence: Experimental studies.* New York: Hafner (facsimile of 1911 edition; published in 1965).

Thorndike, E. L. (1913–1914) *Educational Psychology* (Vol. 1, 2, 3). New York: Teachers College Press.

Thorndike, E. L. (1913a). *Educational psychology: Vol. 1. The psychology of learning.* New York: Teachers College Press.

Thorndike, E. L. (1913b). *Educational psychology: Vol. 2. The original nature of man.* New York: Teachers College Press.

Thorndike, E. L. (1922). *The psychology of arithmetic.* New York: Macmillan.

Thorndike, E. L. (1923). The influence of first year Latin upon the ability to read English. *School and Society, 17,* 165–168.

Thorndike, E. L. (1931). *Human learning.* Cambridge, MA: MIT Press.

Thorndike, E. L. (1935). *The psychology of wants, interests, and attitudes.* New York: Appleton-Century- Crofts.

Thorndike, E. L. (1936/1949). *Selected writings from a connectionist's psychology.* New York: Appleton-Century-Crofts. (Original work published in 1936).

Thorne, B. M. (1995), Robert Thompson: Karl Lashley's heir? *Journal of the History of the Behavioral Sciences, 31,* 129–136.

Thorpe, W. H. (1963). *Learning and instinct in animals* (2nd ed.). London: Methuen.

Tinklepaugh, O. L. (1928). An experimental study of representative factors in monkeys. *Journal of Comparative Psychology, 8,* 197–236.

Toch, H. H., & Schulte, R. (1961). Readiness to perceive violence as a result of police training. *British Journal of Psychology, 52,* 389–394.

Todd, J. T., & Morris, E. K. (Eds.) (1994). *Modern perspectives on John B. Watson and classical behaviorism.* Westport, CT: Greenwood Press.

Tolman, E. C. (1932). *Purposive behavior in animals and men.* Berkeley: University of California Press.

Tolman, E. C. (1951). *Collected papers in psychology.* Berkeley: University of California Press.

Tolman, E. C. (1952). Autobiography. In E. G. Boring, H. S. Langfeld, H. Werner, & R. M. Yerkes (Eds.), *A history of psychology in autobiography* (Vol. 4). Worcester, UK: Clark University Press.

Tolman, E. C. (1959). Principles of purposive behavior. In S. Koch (Ed.), *Psychology: A study of a science* (Vol. 2). New York: McGraw-Hill.

Tolman, E. C. (1967). *Purposive behavior in animals and men.* New York: Appleton-Century-Crofts.

Tolman, E. C., & Honzik, C. H. (1930). Insight in rats. *University of California Publications in Psychology, 4,* 215–232.

Tolman, E. C., Ritchie, B. F., & Kalish, D. (1946). Studies in spatial learning: II. Place learning versus response learning. *Journal of Experimental Psychology, 36,* 221–229.

Tomasello, M. (1996). Piagetian and Vygotskian approaches to language acquisition. *Human Development, 39,* 269–276.

Tomie, A., Di Poce, J., Derenzo, C. C., & Pohorecky, L. A. (2002). Autoshaping of ethanol drinking: An animal model of binge drinking. *Alcohol & Alcoholism, 37,* 138–146.

Toulmin, S. (1978). The Mozart of psychology. *New York Review of Books, 25,* 51–57.

Trivers, R. (2002). *Natural selection and social theory: Selected papers of Robert Trivers.* New York: Oxford University Press.

Trivers, R. L. (1974). Parent-offspring conflict. *American Zoologist, 14,* 249–264.

Tropea, D., Capsoni, S., Tongiorgi, E., Giannotta, S., Cattaneo, A., & Domenici, L. (2001). Mismatch between BDNF mRNA and protein expression in the developing visual cortex: The role of visual experience. *European Journal of Neuroscience, 13,* 709–721.

Tulving, E. (1974). Cue-dependent forgetting. *American Scientist, 62,* 74–82.

Tulving, E. (1989). Remembering and knowing the past. *American Scientist, 77,* 361–367.

Tulving, E. (1991). Memory research is not a zerosum game. *American Psychologist, 46,* 41–42.

Tulving, E. (2002). Episodic memory: From mind to brain. *Annual Review of Psychology, 53,* 1–25.

Tulving, E., Schacter, D. L., McLachlan, D. R., & Moscovitch, M. (1988). Priming of semantic autobiographical memory: A case study of retrograde amnesia. *Brain and Cognition, 8,* 3–20.

Turing, A. M. (1950) Computing machinery and intelligence. *Mind, 59,* 433–460.

Umoren, J. A. (1992). Maslow hierarchy of needs and OBRA 1987: Toward need satisfaction by nursing home residents. *Educational Gerontology, 18,* 657–670.

Uttal, W. R. (2000). *The war between mentalism and behaviorism: On the accessibility of mental processes.* Mahwah, NJ: Erlbaum.

Uttal, W. R. (2002). *A behaviorist looks at form recognition.* Mahwah, NJ: Erlbaum.

Van der Veer, R. (1996). Vygotsky and Piaget: A collective monologue. *Human Development, 39,* 237–242.

Van Leeuwen, M. S. (2002). Of hoggamus and hogwash: Evolutionary psychology and gender relations. *Journal of Psychology & Theology, 30,* 101–111.

Vargas, J. S. (2001). B. F. Skinner's contribution to therapeutic change: An agency-less contingency analysis. In W. T. O'Donohue, T. William, & D. A. Henderson (Eds.), *A history of the behavioral therapies: Founders' personal histories.* Reno, NV: Context Press.

Vernon, D., Egner, T., Cooper, N., Compton, T., Neilands, C., Sheri, A., & Gruzelier, J. (2003). The effect of training distinct neurofeedback protocols on aspects of cognitive performance. *International Journal of Psychophysiology, 47,* 75–85.

Vogel, J. J., Bowers, C. A., & Vogel, D. S. (2003). Cerebral lateralization of spatial abilities: A meta-analysis. *Brain & Cognition, 52,* 197–204.

von Glasersfeld, E. (1997). Homage to Jean Piaget (1896–1980). *Irish Journal of Psychology, 18,* 293–306.

Vrooman, J. R. (1970). *René Descartes: A biography.* New York: G. P. Putnam's Sons.

Vygotsky, L. (1962). *Thought and language* (E. Hamsman & G. Vankan, Eds. and Trans.). Cambridge, MA: MIT Press.

Vygotsky, L. S. (1978). *Mind in society.* Cambridge, MA: Harvard University Press.

Vygotsky, L (1987). The historical meaning of the crisis in psychology: a methodological investigation. In *The Collected Works of Vygotsky* (R. Van Der Veer, Trans.). New York: Plenum. (Original work published 1927)

Wade, N. (1976). Sociobiology: Troubled birth for a new discipline. *Science, 191,* 1151–1155.

Wagman, M. (2002). *Problem-solving process in humans and computers: Theory and research in psychology and artificial intelligence.* Westport, CT: Praeger.

Waldrop, M. M. (1992). *Complexity: The emerging science at the edge of order and chaos.* New York: Simon & Schuster.

Walker, J. E., & Shea, T. M. (1991). *Behavior management: A practical approach for educators* (5th ed.). New York: Merrill.

Walters, G. C., & Grusec, J. E. (1977). *Punishment.* San Francisco: Freeman.

Walters, R. H., & Llewellyn, T. E. (1963). Enhancement of punitiveness by visual and audiovisual displays. *Canadian Journal of Psychology, 17,* 244–255.

Walters, R. H., Llewellyn, T. E., & Acker, W. (1962). Enhancement of punitive behavior by audiovisual displays. *Science, 136,* 872–873.

Wan, F., & Salili, F. (1996). Perceived effectiveness of reward and punishment strategies by Hong Kong secondary school students. *Psychologia: An International Journal of Psychology in the Orient, 39,* 261–275.

Watson, J. B. (1913). Psychology as the behaviorist views it. *Psychological Review, 20,* 158–177.

Watson, J. B. (1914). *Behavior: An introduction to comparative psychology.* New York: Holt.

Watson, J. B. (1928). *The ways of behaviorism.* New York: Harper.

Watson, J. B. (1930). *Behaviorism* (2nd ed.). Chicago: University of Chicago Press.

Watson, J. B., & Rayner, R. (1920). Conditioned emotional reactions. *Journal of Experimental Psychology, 3,* 1–14.

Watson, R. (1996). Rethinking readiness for learning. In D. R. Olson & N. Torrance (Eds.), *The handbook of education and human development: New models of learning, teaching and schooling.* Oxford, UK: Blackwell.

Watson, R. I. (1971). *The great psychologists* (3rd ed.). Philadelphia: Lippincott.

Webster, S., & Coleman, S. R. (1992). Contributions to the history of psychology: LXXXVI. Hull and his critics: The reception of Clark L. Hull's behavior theory, 1943–1960. *Psychological Reports, 70,* 1063–1071.

Weidman, N. (1994). Mental testing and machine intelligence: The Lashley-Hull debate. *Journal of the History of the Behavioral Sciences, 30,* 162–180.

Weiner, B. (1980). *Human motivation.* New York: Holt Rinehart.

Weiner, B. (Ed.). (1974). *Cognitive views of human motivation.* New York: Academic Press.

Literatur

Weiner, B. (1986). *An attributional theory of motivation and emotion*. New York: Springer-Verlag.

Weiner, B. (1992). *Human motivation: Metaphors, theories and research*. Newbury Park, CA: Sage.

Wertheimer, M. (1959). *Productive thinking* (Rev. ed.). New York: Harper & Row.

Westby, G. (1966). Psychology today: Problems and directions. *Bulletin of the British Psychological Society, 19*(65).

Westermann, R. (1989). Festinger's theory of cognitive dissonance: A revised structural reconstruction. In H. Westmeyer (Ed.), *Psychological theories from a structuralist point of view*. New York: Springer-Verlag.

White, K. G. (2002). Psychophysics of remembering: The discrimination hypothesis. *Current Directions in Psychological Science, 11*, 141–145.

Whitehead, A. N., & Russell, B. (1925). *Principia mathematica* (Vol. 1, 2nd ed.). Cambridge, UK: Cambridge University Press.

Whyte, G., Saks, A. M., & Hook, S. (1997). When success breeds failure: The role of self-efficacy in escalating commitment to a losing course of action. *Journal of Organizational Behavior, 18*, 415–432.

Wickelgren, W. A., 1981. Human learning and memory. *Annual Review of Psychology, 32*, 21–52.

Wilcoxon, H. C., Dragoin, W. B., & Kral, P. A. (1971). Illness-induced aversions in rat and quail: Relative salience of visual and gustatory cues. *Science, 171*, 826–828.

Wilson, E. O. (1975). *Sociobiology: The new synthesis*. Cambridge, MA: Belknap.

Wilson, E. O. (1976). Academic vigilantism and the political significance of sociobiology. *Bio-Science, 183*, 187–190.

Wilson, K., & Tally, W. (1990). The "Palenque" project: Formative evaluation in the design and development of an optical disc prototype. In B. Flagg (Ed.), *Formative evaluation for educational technologies*. Hillsdale, NJ: Erlbaum.

Windholz, G. (1996a). Hypnosis and inhibition as viewed by Heidenhain and Pavlov. *Integrative Physiological and Behavioral Science, 31*, 155–162.

Windholz, G. (1996b). Pavlov's conceptualization of paranoia within the theory of higher nervous activity. *History of Psychiatry, 7*, 159–166.

Windholz, G. (1997). Ivan P. Pavlov: An overview of his life and psychological work. *American Psychologist, 52*, 941–946.

Wise, R. A. (1996). Addictive drugs and brain stimulation reward. *Annual Review of Neuroscience, 19*, 319–340.

Witte, K., Hirschler, U., & Curio, E. (2000). Sexual imprinting on a novel adornment influences mate preferences in the Javanese mannikin Lonchura leucogastroides. *Ethology, 106*, 349–363.

Wixted, J. T. (2004). The psychology and neuroscience of forgetting. *Annual Review of Psychology, 55*, 235–269.

Wolfgram, C., & Goldstein, M. L. (1987). The search for the physical basis of memory. *Bulletin of the Psychonomic Society, 25*, 65–68.

Wolpe, J. (1958). *Psychotherapy by reciprocal inhibition*. Stanford, CA: Stanford University Press.

Wood, N., & Cowan, N. (1995a). The cocktail party phenomenon revisited: How frequent are attention shifts to one's name in an irrelevant auditory channel? *Journal of Experimental Psychology: Learning, Memory, and Cognition, 21*, 255–260.

Wood, N., & Cowan, N. (1995b). The cocktail party phenomenon revisited: Attention and memory in the classic selective listening procedure of Cherry (1953). *Journal of Experimental Psychology: General, 124*, 243–262.

Woodworth, R. S., & Sheehan, M. R. (1964). *Contemporary schools of psychology* (3rd ed.). New York: Ronald Press.

Wright, R. (1994). *The moral animal: Evolutionary psychology and everyday life*. New York: Pantheon.

Wulf, S. (1938). Tendencies and figural variations. In W. D. Ellis (Ed.), *A source book of Gestalt psychology*. New York: Harcourt, Brace & World. (Original work published 1922.)

Wyatt, W. J. (2001). Some myths about behaviorism that are undone by B. F. Skinner's »The Design of Cultures,« *Behavior & Social Issues, 11*, 28–30.

Wynn, V. E., & Logie, R. H. (1998). The veracity of long-term memories – Did Bartlett get it right? *Applied Cognitive Psychology, 12*, 1–20.

Yerkes, R. M., & Dodson, J. D. (1908). The relationship of strength of stimulus to rapidity of habit formation. *Journal of Comparative Neurological Psychology, 18*, 459–482.

Zanna, M. P., & Cooper, J. (2000). Dissonance and the pill: An attribution approach to studying the arousal properties of dissonance. In E. T. Higgins & A. W. Kruglanski (Eds.), *Motivational science: Social and personality perspectives: Key reading in social psychology*. Philadelphia: Psychology Press.

Zeaman, D. (1949). Response latency as a function of amount of reinforcement. *Journal of Experimental Psychology, 39*, 466–483.

Zemke, R. (1999). Toward a science of training. *Training, 36*, 32–36.

Zimmerman, B. J., Bandura, A., & Martinez-Pons, M. (1992). Self-motivation for academic attainment: The role of self-efficacy beliefs and personal goal setting. *American Educational Research Journal, 29*, 663–676.

Zubek, J. P. (1969). *Sensory deprivation: Fifteen years of research*. New York: Appleton-Century-Crofts.

Zubek, J. P., & Wilgosh, L. (1963). Prolonged immobilization of the body: Changes in performance in the electroencephalogram. *Science, 140*, 306–308.

Stichwortverzeichnis

A

Abruf 257
Agonist 141
Aggression 134
Adaption 127, 207, 210
Aktivierungsmuster 243
Akquisition (▶ Erwerb) 38, 39
Akquisitionsrate 98
Algorithmus 235, 241, 244
Alpha-Rekorder 136
Alphawellen 293
Altruismus 133, 147
Analogie
– Reaktion über 72
Anatomie 6
Anfänger-zu-Experte (▶ Novice-to-Expert) 350
Angleichen 175, 183
Anlage-Umwelt-Kontroverse 46
Annoyer 67, 73, 84
Anpassungsfähigkeit 128
Anreizmotivation 293
Anreizwert 78
Anthropomorphismus 62
Antrieb 77
Antriebsreduktions-Theorie 77
APA-Richtlinien 19
Aplysia 157–158, 164
Arbeitsgedächtnismodell nach Baddeley 263, 280
Arousal 162–163
– -funktion 295
– -niveau 294
Attribut 195
– kritisches 196
Ausgangsvariable 74, 82
Auswahlstrategien 199
Auszeit 111

B

Back-propagation-Regel 245
Bedürfnis, internales 301
Behaviorismus 20, 41–49

– mechanistischer 165–166
– radikaler 117
Benennungsfehler 16
Beobachtung 12, 13
Beobachtungslernen 311–312, 322
Bereitschaft (▶ Preparedness) 132, 147
Bestrafung 95–96, 110–112
Betawellen 293
Bewusstsein 177
Bias 14, 205
– Versuchsleiter-Bias 17
– Versuchspersonen-Bias 16
Biofeedback 136–137
Black Box 232
Blockieren 126
Brute force 240, 241

C

Chunking 262, 278
Cocktailparty-Phänomen 260
Cogito 5
Computersimulation 233–235
Contrapreparedness (▶ Gegen-bereitschaft) 132, 135, 147

D

Darwin, C. 62, 63, 127, 128, 133, 146, 336
Dekonditionierung 53
Denken (▶ auch Kognition)
– deduktives 212–213
– induktives 212–213
– intuitiv 213
– propositionales 219
– relationales 173
– transduktives 212–213
Denkprozess 153
Desensibilisierung 55
– systematische 114
Diskrimination 106-107

Disposition 7
Dissonanzverringerung 297
Doppelblindversuch 17
Dualismus 5

E

Effekt
– Auslöseeffekt 318, 325
– Enthemmungseffekt 317, 325
– Hemmungseffekt 317, 325
– Modelleffekt 316, 325
Efferenz 160
Eingangsvariable 74, 75, 82
Einprägen 65, 66
Einsicht 173, 178–179, 182
Einstellung 345
Elektroenzephalogramm 274
Elemente, Dominanz 68
Engramm 139
Entdeckungslernen 204
Entzugsbestrafung 97
Environmentalismus 333
Epistemologie 4, 25
– genetische 220
Equilibration 207, 220
Erfahrung 6
Ermüdungstechnik 53
Erwartung 168, 170, 181, 182
Erwartungs-Wert-Theorie 304, 308
Erwerb (▶ Akquisition) 38, 39
Erziehung, holistische 144
Ethik 18
Eugenik 46
Evolutionspsychologie 134, 336
Exekutive, zentrale 263
Experiment 25
Explorationstrieb 292
Explorationverhalten 296
Extinktion (▶ Löschung) 38, 100, 101–102, 114–115, 335

Stichwortverzeichnis

F

Fertigkeit
– intellektuelle 346
– motorische 346
Fitness 128
Flashbulb Memory 267
Fokussieren
– konservatives 199
– spielerisches 200
Fuzzy Logic 242, 247, 339

G

Gedächtnis 339
– deklaratives 268, 281, 340
– episodisches 269–271
– explizites 254, 257
– implizites 254
– nichtdeklaratives 268, 281, 340
– olfaktorisches 265
– prozedurales 340
– semantisches 269–271
– temporäres 261
Gegenbereitschaft (▶ Contrapreparedness) 132, 135, 147
Gegenkonditionierung 45
Gehirnverletzung 139
Geist 193
Generalisierung 107
General Problem Solver 240–241, 251
Geschlossenheit 160
Geschmacksaversion 123, 132, 146, 286
Gesetz
– der Bereitschaft (▶ Law of Readiness) 68
– der Reaktion über Analogie 69
– der Übung (▶ Law of Exercise) 66, 70
– der Wirkung (▶ Law of Effekt) 67, 71, 121, 334
Gestalt 174
Gestalttheorie 209

Gewohnheitsstärke 77
Gliazellen 139
Großhirn (Zerebrum) 143

H

Habituation 158
Hardware 237
Hawthorne-Effekt 17, 205
Hebb-Regel 159, 163
Hemisphäre 143
Hemmungspotenzial 79
– akkumuliertes 79
Heuristik 11, 241–242, 244
Hidden Unit 245, 248
Hierarchie 81, 85
Hinweisfunktion 295
Hypothese 8, 12
Hypothesengenerator 349

I

Idealismus 5
Identität 215
Imitation 318
Information, verbale 345
Informationsverarbeitung 191, 203
Inhibition
– latente 123, 146
Intelligenz
– künstliche 233
– sensomotorische 210
Intention 83
Intentionalität 320
Interaktion, soziale 220, 225
Interferenz 258, 280
– proaktive 277
– retroaktive 277
Internalisation 209
Introspektion 20, 30, 41
Instruktion
– programmierte 115
Invarianz 215

K

Karte, kognitive 167-168
Kategorie 195–196, 197, 201, 338
Kategorisierung 194–195, 228, 337
Kausalattribution 302
Kette 105
Klassifikation von Lerntheorien 21
Kognition (▶ auch Denken) 166, 169, 198
Kognitivismus 20, 164, 166
Kompensation 215
Konditionierung
– höherer Ordnung 39, 126–127
– interozeptive 36
– klassische 92
– operante 92
– verbale 106
Konnektionismus 65
Konstruktion von Bedeutung 203
Konstruktivismus 179, 204, 220, 224, 350
Kontiguität 36-37, 52, 65, 84, 122
Kontingenz 37, 92
– aversive 109
Kontingenzvertrag 113
Kontrolle 15
– Ergebniskontrolle 319
– Stimuluskontrolle 319
– symbolische 319, 341
Kontrollgruppe 14
Konzept 195
– disjunktives 198
– konjunktives 198
– natürliches 189
– relationales 198
Konzeptbildung 190, 197, 228
Kultur 225

L

Langzeitdepression 158
Lanzeitpotenzierung 158

Law
- of Effect (▶ Gesetz der Wirkung) 67, 71, 121, 334
- of Exercise (▶ Gesetz der Übung) 66, 70
- of Readiness (▶ Gesetz der Bereitschaft) 68
Lateralisierung 144
- ideationale 71
- instrumentelle 67
Leistungsbedürfnis 302
Lernen
- durch ein einmaliges Ereignis 49, 50, 334
- explizites 243
- implizites 243, 251
- Paar-Assoziations- 258
- serielles 258
- latentes 169
Lernprinzipien 8
Lerntheorie 332
Locus of Control 301
Logic Theorist 240, 250
Löschung (▶ Extinktion) 38, 100-102, 114-115, 335
Löschungsrate 98

M

Magnetresonanztomographie, funktionelle 274
Mangelbedürfnis 290, 307
Metapher 180–181, 183, 203, 235, 237, 248, 250, 255, 280, 344
Materialismus 5
Methode 12
- der inkompatiblen Stimuli 54
- hypothetisch-deduktive 89
- schrittweiser Annäherung 104
Mnemotechnik 282
Modell
- Exemplarmodell 202
- Knotenmodell 271
- konnektionistisches 245, 257, 281
- modales 259

- Prototypmodell 202
- symbolisches 245, 312
Modelleffekt 316
Molar 166, 178
Molekular 166
Motiv 284–285, 307
Motivation 75, 340
Motivationstheorie 163
Movement Produced Stimulus, MPS (▶ Stimulus, bewegungserzeugter)

N

Nativismus 349
Nettoreaktionspotenzial 79
Neobehaviorist 75, 165
Nerv 155
Nervensystem
- konzeptuelles 154
- zentrales 154
Neugiertrieb 292
Neurofeedback 136–137
Neuron 139, 147, 155, 182
Neurotransmitter 156
Normalisierung 176, 183
Notizblock, visuell-räumlicher 263
Novice-to-Expert (▶ Anfänger-zu-Experte)

O

Objektkonstanz 209, 211
Occam's Razor 10
One-Shot-Learning (▶ Lernen, durch ein einmaliges Ereignis)
Operant 92
Operation 95, 338
Operationalisierung 13

P

Parallel Distributed Processing (PDP)-Computer 234, 239, 244, 250, 339
Perzept 195
Phase, sensible 287–288
Phasensequenz 157, 159, 161, 163, 336
- übergeordnete 161
Phobie 288
Population 14
Positivismus 181
Positronenemissionstomographie 274
Potenzial, ereigniskorreliertes 141, 274, 282
Prägnanz 174
Premack-Prinzip 110
Preparedness (▶ Bereitschaft) 132, 147
Prinzip
- der Ähnlichkeit 175
- der gegenüberliegenden Kontrolle 144
- der Geschlossenheit 174
- der Kontinuität 174
- der Nähe 175
- der Zusammengehörigkeit 72
Problemlösen 190

R

Randomisierung 14
Reaktion 33, 129
- konditionierte 34
- konditionierte emotionale 315
- Latenz der 80
- multiple 68
- unkonditionierte 33
Reaktionsamplitude 80
Reaktionskosten 111
Reaktionsmuster 52
Reaktionspotenzial 78–79, 81
Reaktionsrate 98

Reaktionsschwelle 80
Realität 4
– virtuelle 249
Reductio ad Absurdum 236
Reflex 35
Reizstärkendynamik 78
Repräsentation
– ikonische 194, 228
– inaktive 194, 228
– mentale 204
– symbolische 194, 228
– verbale 313
– visuelle 313
Rescorla-Wagner-Modell 125
Respondent 92
Reversibilität 215
Rückwärtskonditionierung 37

S

Satisfyer 67, 73, 84
Scannen
– simultanes 199
– sukzessives 199
Schema 207, 266
Schlussfolgerung 12
Schwelle, absolute 31
Schwellentechnik 53
Selbstreaktivität 321
Selbstreflektion 231
Selbstwirksamkeitsbeurteilung 302-304, 307-308, 323
Selektivität 124
Sensitivierung 158
Seriation 217
Shaping 117
Shifts, assoziative 72
Signallernen 34
Sinnessystem 145
Skinnerbox 93, 109
Skript 266
Software 237
SOAR (State, Operator And Result) 241, 251
S-O-R-Theorie 75
Sozialisation 310-311

Sozialpsychologie 298
Sparsamkeitsprinzip 10
Speicherung 257
Spontanerholung 101
Sprache 47, 108, 203, 225, 229, 338
spurabhängig 277
Spurkonditionierung 123
Stärke, assoziative 125
Stimulation 51
– chemische 141
– elektrische 140
– exterozeptive 51
– propriozeptive 51
Stimulus 33, 135
– aversiver 306
– bewegungserzeugter 51, 81
– diskriminativer 94,105
– konditionierter 34, 43, 48
– unkonditionierter 33, 43, 48
Stimulusdiskrimination 39
Stimulusgeneralisierung 39
Strategie, kognitive 198, 345
Stream of Consciousness 31
Struktur, kognitive 210
Stufen 208
Synapse 145, 156
System
– hypothetisch-deduktives 73, 85, 334
– limbisches 140, 142
– Loci- 279
– phonetisches 279

T

Tabula Rasa 349
Theorie, sozialkognitive 312
Tiere 17
Token 109, 113, 291
Transfer 45, 69
Triebreduktion 289
Turing-Test 235, 250
Tutor-System 249, 251

U

Überlebenswert 132
Übertragung, neuronale 156
Unterrichten, direktes 179
Unterrichtsstrategie 348
Unterschiedsschwelle 32

V

Variable 13, 117
– abhängige 90
– intervenierende 74, 76-77
– unabhängige 90
Verarbeitungsebenen 264
Verfahren, bildgebende 141
Vergessen 101, 102
Verhalten 20, 24, 41, 108, 153, 190
– operantes 92
– Oszillation des 80
– Ursachen 90
Verhaltensänderung 6, 7
Verhaltensfeld 177-178
Verhaltensmodifikation 48, 110, 113
Verhaltenspotenzial 7
Verhaltenstheorie 332
Verhaltenstherapie 113
Assoziation, Verlagerung 69
Vermeidungslernen 97
Verschärfen 176, 183
Verstärker 94, 103, 117
– primärer 97
– sekundärer 97
Verstärkerplan 99
Verstärkung 36, 65, 77, 83-85, 170, 335
– differentielle 104-105, 130
– direkte 315
– kontinuierliche 98, 99
– negative 95-97, 112-113
– positive 95, 96
– stellvertretende 315
Versuch und Irrtum 64, 84, 171, 173, 178, 334

Verzerrung 16
Volkspsychologie 9
Vorausschau 320
Voreinstellung 68

W

Wachstumsbedürfnis 290, 308
Weber-Gesetz 32
Wende, kognitive 171
Wetware 237, 339
Wilson, Edward. O. 133
Wundt, Wilhelm 31

Z

Zellverband 157, 159-160, 163,
 182, 336
Zerebrum 143
Zielreaktion 81
– partielle antizipierende 81, 85
Zone des proximalen Wachstums
 225–226, 229, 338

Quellenverzeichnis

Seite	Abbildung	Quelle
31	W. Wundt	© Archives of the History of American Psychology, The University of Akron
33	I. P. Pawlow	© Sovfoto-Eastfoto
40	2.8	Aus Lefrançois, G. R. (2000). *Psychology for teaching* (10th ed.). London: Thompson Learning
44	J. B. Watson	© Archives of the History of American Psychology, The University of Akron
50	E. R. Guthrie	Courtesy Special Collections, Photograph Selections Database, University of Washington Libraries, neg. S-01540-A
64	3.1	Aus Thorndike, E. L. (1898). Animal Intelligence. *Psychological Review Monograph Supplement, 2* (8)
64	3.2	Aus Thorndike, E. L. (1898). Animal Intelligence. *Psychological Review Monograph Supplement, 2* (8)
66	E. L. Thorndike	© Archives of the History of American Psychology, The University of Akron
70	3.3	Daten aus Thorndike, E. L. (1931). *Human Learning* (p. 9, Table 1). Cambridge MA: MIT Press
71	3.4	Daten aus Thorndike, E. L. (1931). *Human Learning* (p. 44). Cambridge MA: MIT Press
74	C. L. Hull	© Archives of the History of American Psychology. Courtesy Manuscripts and Archives, Yale University Library
76	3.5	Aus Hilgard, E. R. & Bower, G. H. (1966). *Theories of Learning* (3rd ed.). New York: Appleton-Century-Crofts
91	B. F. Skinner	Courtesy of the B. F. Skinner Foundation
92	4.1	© Wadsworth/SV
100	4.4	© 1938 by Appleton-Century-Crofts. Aus Skinner, B. F. (1938). *The Behavior of organism* (p. 67). Reprinted by permission of Prentice Hall
101	4.5	© 1938 by Appleton-Century-Crofts. Aus Skinner, B. F. (1938). *The Behavior of organism* (p. 75). Reprinted by permission of Prentice Hall
101	4.6	© 1938 by Appleton-Century-Crofts. Aus Skinner, B. F. (1938). *The Behavior of organism* (p. 69). Reprinted by permission of Prentice Hall
155	D. O. Hebb	Courtesy McGill University Archives, University of California, Berkeley
165	E. C. Tolman	© Dorothy Moore. Courtesy University Archives, University of California, Berkeley
172	K. Koffka	© Underwood and Underwood. Courtesy Smith College Archives, Smith College
172	W. Köhler	© Archives of the History of American Psychology, The University of Akron, Mary Henle Papers
172	M. Wertheimer	© Archives of the History of American Psychology, The University of Akron
192	J. S. Bruner	Courtesy of Harvard University Archives
206	J. Piaget	© Archives of the History of American Psychology, The University of Akron
256	9.1	Aus Luria, A. R. (1968). *The Mind of a Mnemonist* (p. 17). © 1968, Basic Books. Reprinted with permission of the author
262	9.4	Aus Peterson, L. R. & Peterson, M. J. (1959). Shortterm Retention of Individual Verbal Items. *Journal of Experimental Psychology, 58*, 197

378 Quellenverzeichnis

265	9.6	Aus Goldman, W. P. & Seamon, J.G. (1992). Very-Long-Term Memory for Odors. *American Journal of Psychology, 105*, 549-563 (Table 1, p. 553). © 1992 by the Board of Trustees of the University of Illinois. Reprinted by permission of University of Illinois Press
300	10.7	Basierend auf Daten aus Lepper, M. R. & Greene, D. (1975). Turning Play into Work. *Journal of Personality and Social Psychology, 31*, 479-486.
311	A. Bandura	Foto: Chuck Painter, Stanford News Service. Courtesy Stanford University
314	11.1	Aus: Bandura, A. (1977) *Social Learning Theory* (p. 23). Reprinted by permission of Pearson Education Inc, Upper Saddle River, NJ.

Printing: Ten Brink, Meppel, The Netherlands
Binding: Stürtz, Würzburg, Germany